微观经济学原理

（第 12 版）

［美］卡尔·凯斯　雷·费尔　莎伦·奥斯特　著
李煜鑫　蒋彦庆　李一杭　李洋　译

PRINCIPLES OF MICRO-ECONOMICS

(Twelfth Edition)

CASE · FAIR · OSTER

东方出版中心

图书在版编目（CIP）数据

微观经济学原理：第12版 /（美）卡尔·凯斯,（美）雷·费尔,（美）莎伦·奥斯特著；李煜鑫等译. —上海：东方出版中心, 2022.8

ISBN 978-7-5473-1858-4

Ⅰ.①微… Ⅱ.①卡… ②雷… ③莎… ④李… Ⅲ.①微观经济学－教材 Ⅳ.①F016

中国版本图书馆CIP数据核字（2021）第156735号

上海市版权局著作权合同登记：图字 09-2021-0236

微观经济学原理：第12版

著　　者　[美]卡尔·凯斯　等
策　　划　刘　鑫　刘　军
责任编辑　曹雪敏　刘　鑫
封面设计　Lika

出版发行　东方出版中心有限公司
地　　址　上海市仙霞路345号
邮政编码　200336
电　　话　021-62417400
印 刷 者　山东临沂新华印刷物流集团有限责任公司

开　　本　787mm × 1092mm　1/16
印　　张　39.5
字　　数　963千字
版　　次　2022年8月第1版
印　　次　2022年8月第1次印刷
定　　价　128.00元

关于作者

卡尔·凯斯（Karl E. Case）是美国韦尔斯利学院的经济学荣誉教授，在该学院从事教学工作已有34年，曾担任过多个部门的主席。凯斯教授是哈佛大学住房研究联合中心（Joint Center for Housing Studies at Harvard University）的高级研究员，也是Fiserv Case Shiller Weiss房地产研究公司的联合创始人之一，该公司提供标准普尔Case-Shiller房价指数。他是标准普尔指数咨询委员会的成员，并与雷·费尔教授一起在波士顿联邦储备银行的学术顾问委员会任职。

在来韦尔斯利前，凯斯教授曾任哈佛大学经济学学科"教学主管"（Head Tutor，指导本科生学习），其间获得阿林·杨格教学奖。凯斯教授是AEA经济学教育委员会成员，曾任《经济学观察》和《经济学教育》的副编辑（Associate Editor）。

1968年，凯斯教授在迈阿密大学获得学士学位，并服过三年兵役。1976年获得哈佛大学经济学博士学位。

凯斯教授的研究领域包括房地产、住房以及公共财政等，且先后写过（包括与他人合著）五本书——《经济学原理》（*Principles of Economics*），《经济学与税收政策》（*Economics and Tax Policy*），《产权税：改革的需要》（*Property Taxation: The Need for Reform*）等，并在专业期刊上发表过大量论文。

在过去的25年里，他的研究主要集中在房地产市场和价格上。他撰写了大量的专业文章，其中许多文章试图找出繁荣与萧条周期的因果及其与地区和国家经济表现的关系。

雷·费尔（Ray C. Fair）是美国耶鲁大学的经济学教授。他是耶鲁考尔斯基金会的成员，也是世界计量经济学会的成员。费尔教授于1964年在弗雷斯诺州立大学获得经济学学士学位，1968年在麻省理工学院获得经济学博士学位。1968年至1974年，费尔教授在普林斯顿大学任教，1974年之后来到耶鲁大学。

费尔教授的主要研究领域是宏观经济学和计量经济学，尤其是宏观计量经济模型的建立问题。另外，费尔教授还涉足金融、投票行为学、体育运动的演进等领域。他发表过的作品包括《宏观计量经济模型的确立、估计和分析》（*Specification, Estimation, and Analysis of Macroeconometric Models*，哈佛出版社，1984年），《宏观计量经济模型的检验》（*Testing Macroeconometric Models*，哈佛出版社，1994年），《宏观经济是如何运行的》（*Estimating How the Macroeconomy Works*，哈佛出版社，2004年）以及《预测总统选举和其他事件》（*Predicting Presidential Elections and Other Things*，斯坦福大学出版社，2012年）。

费尔教授在耶鲁大学讲授初级和中级宏观经济学，并为研究生教授宏观经济理论以及宏观计量经济学。

费尔教授的美国及多国模型可以在网上免费获得。网址为http://fairmodel.econ.yale.edu。许多教师都认为，让学生使用互联网上的国别模型，即使对于初级宏观经济学课程来说也是非常有益的。

莎伦·奥斯特（Sharon M. Oster）是美国耶鲁大学的经济学与管理学教授，耶鲁大学管理学院前院长。奥斯特教授曾与凯斯教授、费尔教授共同编著了本书的第9版。奥斯特教授拥有霍夫斯特拉大学经济学学士学位和哈佛大学经济学博士学位。

奥斯特教授的研究领域是产业组织。她致力于诸多不同行业的创新传播问题、法规对商业的影响以及竞争战略。她在这些领域发表了大量文章并撰写了好几本书，包括《现代竞争分析》（*Modern Competitive Analysis*）和《非营利组织的战略管理》（*The Strategic Management of Nonprofits*）。

在加入耶鲁大学管理学院之前，奥斯特教授曾在耶鲁大学经济学院任教多年。在此期间，奥斯特教授负责本科生初级和中级宏观经济学的课程以及几个关于产业组织的研究生课程。自1982年，奥斯特教授主要在管理学院为MBA学生讲授核心的微观经济学课程，并开设有关竞争战略的课程。奥斯特教授还为商业组织和非营利组织提供广泛咨询，并曾在多家上市公司和非营利组织的董事会任职。

简明目录

目 录

第三部分　市场不完善和政府的作用　321

第五部分　方法论　555

前　言

从本书首版发行到现在的第 12 版，我们的目标始终如一，那就是让学生对经济的运行以及经济学的力量和广度着迷。不论哪个版本，总是这样开头：“对经济学的研究应当从一种‘好奇的感觉’开始。”我们希望读者在阅读完本书之后可以对各市场经济体的运行有一个大致的了解，并且知道它们的成功之处以及它们存在的缺陷。我们也希望读者可以感受到经济思维的艺术性和科学性，并开始以一种不同的方式看待一些政策甚至个人决策。 xvii

本版新增

- 在第 12 版中，我们依旧对前几个版本中就已出现的“实践中的经济学”一栏做出调整。在这些栏目里，我们努力去引起专业学生对经济学思考方式的关注。例如我们选取的案例很多都是最新研究，并且其中大多是年轻学者在做的研究。本书中该栏出现的新变化包括：
  - 第 3 章中从行为经济学的角度来探究经常晴天是否会增加敞篷车的购买量。
  - 第 6 章中通过有关印第安人保留地的数据探究消费税的归宿。
  - 第 6 章中我们引用了最近的一份研究，即优步（Uber）司机和普通出租车司机到底有何不同。
  - 最近许多人喜欢网购服饰，因而第 15 章引用了最近的一份文献，该文献探究的是增加可供选择的鞋子种类能为消费者产生多大的价值。
  - 第 21 章中我们引用了一份用儿童的身高来审视印度饥饿与性别不平等问题的研究。
  - 第 22 章是一个全新的章节，其中包含三个案例，“搬向机遇”计划，出生时体重与婴儿死亡率的关系，以及最低工资的影响。

  在其他案例中，我们通过最近的事件和生活中的情景来展示经济学模型的魅力：
  - 第 8 章中我们用泰勒·斯威夫特演唱会的例子来解释固定成本和可变成本。
  - 第 9 章以谷歌在搜索市场的优势为例探究规模经济。
  - 第 13 章解释了什么是“网络中立性”并用其来探究电信市场的结构。
  - 第 16 章研究公司如何使用碳价来激励管理者们在有关环境的投资当中做出更加谨慎的决策。

我们希望学生可以看到经济学作为工具在生活中的广泛应用，以及在这一领域的很多新研究是多么有趣。在每一个案例之后，我们都增设了问题以让学生从案例本身回到教材所讲的分析方法的运用，从而加强对基本经济学原理的理解。

- 正如前一版，我们已经对一些章节做出调整，使其更加精简和更具有可读性。在此版中，第 16 章进行了相当大的改动，包括对环境问题做出更加全面和最新的分析。这一章目前聚焦于外部性、公共产品以及共同资源，而社会选择则被放到有关公共财政的章节。第 18 章在引发世界更多关注的不平等问题上也有较大变动。最后，第 21 章也进行了一定修订，纳入了更多能促进当代经济发展的方法，如对“千年挑战”的讨论。
- 我们增加了一个全新的章节——第 22 章“对研究的批评性思考”，对这一章我们也非常期待。或许在一本初级经济学的课本中还是第一次出现这样的章节。该章包含了经济学的研究方法论，其中我们强调
xviii 了实证经济学的一些关键问题：选择问题、因果关系、统计显著性和回归分析。最近，方法论已经成为经济学的关键部分，我们也努力尝试让初学者了解什么是经济学方法论。
- 在各个章节最后还新增了许多新的问题和习题。

基础

第 12 版《微观经济学原理》的主题和前面 11 版是一样的。本书的目的在于介绍经济学原理，并对经济的运行提供一个基本的理解。这需要综合经济学理论、制度以及其在现实世界的应用。在本书的每一个章节我们都尽量保持这些要素的平衡。

以下是本书的三个独特之处：

1. 对关键概念的三层次解读（故事—图形—方程式）；

2. 清晰直观的组织结构；

3. 全球化的视野。

概念的三层次解读：故事—图形—方程式

教授经济学原理的老师面对的是整个教室的学生，他们的能力、背景和学习风格都有很大差异。对有些学生而言，无论如何表达，分析性的内容总是很难；而对另外一些人，图形和方程式会显得很自然。老师和教材作者面临的问题是，如何将核心概念教授给尽可能多的学生而又不使某些高水平的同学感到厌烦。我们的解决办法就是用以下三种方式来表达绝大部分核心概念：

首先，在一个简单直观的**故事**或是伴有表格说明的文字示例的背景中，讲述一个概念。其次，用**图形**来呈现上述故事或例子。最后，在合适的地方用上数学**方程式**。

微观部分的组织结构

微观部分各章节的组织方式依然秉承我们一贯的宗旨——理解基本经济理论以及市场运行规律最好的方法，首先是学习完全竞争模型，包括对产出市场（商品和服务）和投入市场（土地、劳动力和资本）以及它们之间的联系进行讨论；然后在此基础上学习非竞争市场结构，如垄断和寡头。当学生们理解了一个简单的完全竞争系统是如何运作的以后，他们就会开始思考经济的各个部分是如何“组合在一起”的。我们认为这种教授经济学的方式与某些较为传统的方式相比更好一些，后者诱使学生把经济学看作一系列互相分离、互不兼容的市场模型。

首先学习完全竞争模型，还可以使学生感受到市场的力量。除非学生们已经知道了一个简单的完全竞争市场是如何生产和分配商品与服务的，否则他们无法讨论市场的有效性以及市场引发的问题。这就是我们学习第 6 至 11 章的目的。

第 12 章“一般均衡与完全竞争效率”是很关键的一章——它把简单
的完全竞争市场和对市场不完善以及政府的作用联系在一起。第 13 至 15 xix
章涵盖了三类非竞争性市场——垄断、垄断竞争和寡头垄断。第 16 章涵盖了外部性和公共产品。第 17 章，也是本书的新增章节，涵盖了不确定性和信息不对称。第 18、19 章涵盖了收入分配和税收以及公共财政的问题。图Ⅱ.2 可以让你们对本书的组织架构有一个大致的了解。

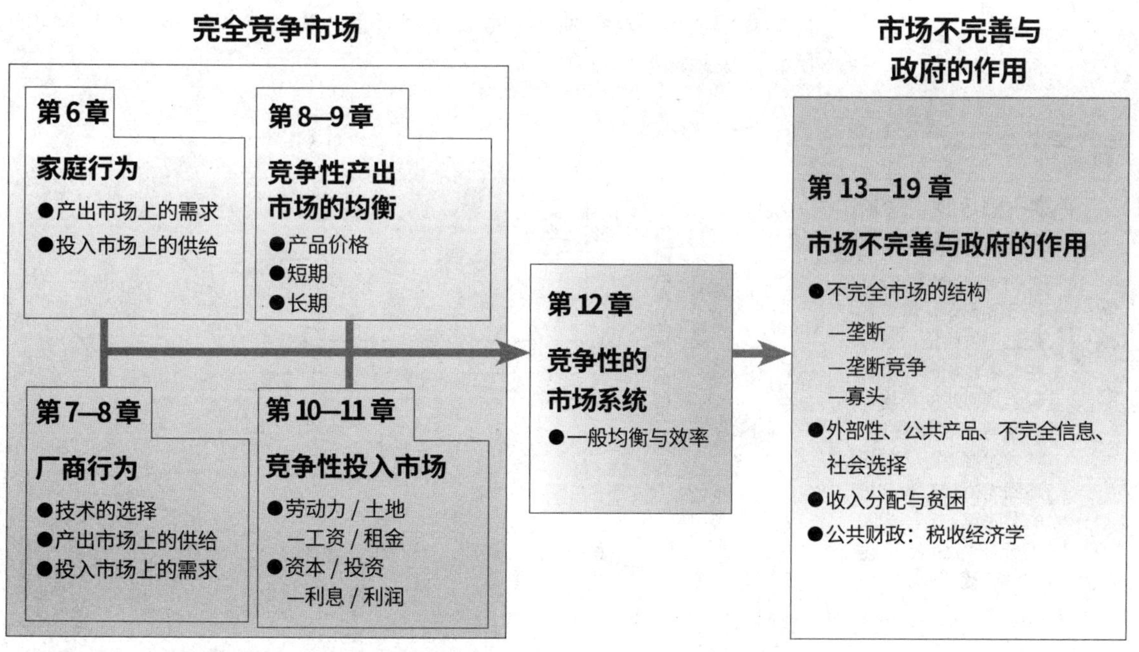

▲ 图Ⅱ.2　理解微观经济学和政府的作用

全球化视野

与以前的各版本一样，我们仍然将一些国际性的案例与应用整合进相关章节。以封闭经济的思维编写初级经济学教材的时代早已一去不返，这一点是毋庸置疑的。

学习工具

作为教材的作者，同时又是老师，我们理解，经济学原理这门课程极具挑战性。本书在编写和设计方面的特色，就是通过现实生活中的例子与应用来展现并加深学生对关键经济学概念的理解。

实践中的经济学

如前所述，“实践中的经济学”一栏着眼于最新的研究或事件，这些研究或事件跟该章中的一个关键概念相对应，从而帮助学生思考经济学在其日常生活及其周围世界里广泛又有趣的应用。每一栏后都有 1 至 2 个问题，这些问题将学生正在学习的内容与其实际生活联系起来。

xx

图形

阅读和理解图形对于掌握经济学概念至关重要。第 1 章后的附录“如何读懂图形”向读者介绍了如何才能更好地理解本书中 200 多幅图形。我们使用不同的曲线来表明生产者行为和消费者行为，并用不同的阴影来表示曲线的变化。

▶ 图 3.9　需求过剩或短缺

当价格为每蒲式耳 1.75 美元时，需求量超过了供给量。当存在需求过剩时，价格有上涨的倾向。当需求量等于供给量时，需求过剩消除，市场达到均衡状态。这里的均衡价格是 2.00 美元，均衡数量是 40 000 蒲式耳。

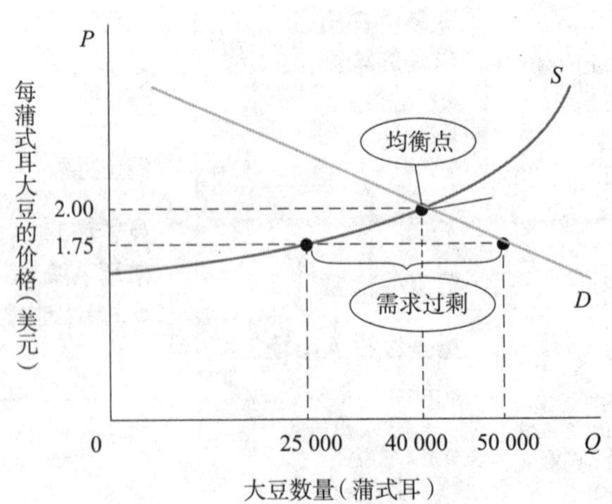

习题与答案

每一章以及每个附录的最后都会有一组习题，通过这些习题学生可以回顾并运用他们在该章所学的知识。这些习题并不是简单的记忆问答题，而是要求学生们用图形或是其他经济学方法去分析现实问题和做政策决定。带星号的题目会稍微难一些。很多题目已经进行了更新。

谢辞 xxvi

我们衷心地感谢所有帮助我们编写本书第 12 版的人员。感谢编辑戴维·亚历山大（David Alexander）和项目负责人林赛·斯隆（Lindsey Sloan）的帮助和热情付出。

感谢项目经理罗伯塔·谢尔曼（Roberta Sherman）和项目管理团队负责人杰弗里·霍尔科姆（Jeffrey Holcomb）确保本书出版的顺利进行。除此之外，我们还要感谢 Integra 软件服务公司的斯蒂芬妮·拉加（Stephanie Raga），协助我们按时完成了计划。感谢杰内尔·福施勒（Jenell Forschler）负责调研了本书中出现的很多图片。

特别感谢帕齐·巴林（Patsy Balin）、米里耶勒·道迪（Murielle Dawdy）和特雷西·沃尔德曼（Tracy Waldman）协助我们调研。

最后我们要感谢所有校对和审读人员，他们确保了本书第 12 版的准确性。感谢他们在我们筹备本书第 12 版时提供的宝贵意见。

xxvii

第 12 版的审稿人

Bahram Adrangi, University of Portland
Anthony Andrews, Governors State University
J Jeffrey Blais, Rhode Island College
Paula M. Cole, University of Denver
Karen Fitzner, DePaul University
James Frederick, UNC at Pembroke
Richard Gearhart, California State University, Bakersfield
Wayne Hickenbottom, University of Texas at Austin
Janet Koscianski, Shippensburg University
Tim Kwock, University of Hawaii West Oahu
Sangjoon Lee, Alfred University
David Lehmkuhl, Lakeland College
Benjamin Liebman, St. Joseph's University
Basel Mansour, New Jersey City University
Chris Phillips, Somerset Community College
Sarah Quintanar, University of Arkansas at Little Rock
Daniel Sichel, Wellesley College
John Solow, University of Iowa
Jadrian Wooten, Penn State University
Linus Yamane, Pitzer College

之前各版的审稿人

以下人士大力协助，在不同阶段审读了本书此前各版本以及教学 / 学习包：

Cynthia Abadie, Southwest Tennessee Community College
Shawn Abbott, College of the Siskiyous
Fatma Abdel-Raouf, Goldey-Beacom College
Lew Abernathy, University of North Texas
Rebecca Abraham, Nova Southeastern University
Basil Adams, Notre Dame de Namur University
Jack Adams, University of Maryland
Douglas K. Adie, Ohio University
Douglas Agbetsiafa, Indiana University, South Bend
Sheri Aggarwal, University of Virginia
Carlos Aguilar, El Paso Community College
Ehsan Ahmed, James Madison University
Ferhat Akbas, Texas A&M University
Sam Alapati, Rutgers University
Terence Alexander, Iowa State University
John W. Allen, Texas A&M University
Polly Allen, University of Connecticut
Stuart Allen, University of North Carolina at Greensboro
Hassan Aly, Ohio State University
Alex Anas, University at Buffalo, The State University of New York
David Anderson, Centre College
Joan Anderssen, Arapahoe Community College
Jim Angresano, Hampton-Sydney College
Kenneth S. Arakelian, University of Rhode Island
Harvey Arnold, Indian River Community College
Nick Apergis, Fordham University
Bevin Ashenmiller, Occidental College
Richard Ashley, Virginia Technical University
Birjees Ashraf, Houston Community College Southwest
Kidane Asmeron, Pennsylvania State University
Musa Ayar, University of Texas, Austin
James Aylesworth, Lakeland Community College
Moshen Bahmani, University of Wisconsin—Milwaukee
Asatar Bair, City College of San Francisco
Diana Bajrami, College of Alameda
Mohammad Bajwa, Northampton Community College
Rita Balaban, University of North Carolina, Chapel Hill
A. Paul Ballantyne, University of Colorado, Colorado Springs
Richard J. Ballman, Jr., Augustana College
King Banaian, St. Cloud State University
Nick Barcia, Baruch College
Henry Barker, Tiffin University
Robin Bartlett, Denison University
Laurie Bates, Bryant University
Kari Battaglia, University of North Texas
Leon Battista, Bronx Community College
Amanda Bayer, Swarthmore College
Klaus Becker, Texas Tech University
Richard Beil, Auburn University
Clive Belfield, Queens College
Willie J. Belton, Jr., Georgia Institute of Technology
Daniel K. Benjamin, Clemson University
Charles A. Bennett, Gannon University
Emil Berendt, Siena Heights University
Daniel Berkowitz, University of Pittsburgh
Kurt Beron, University of Texas, Dallas
Derek Berry, Calhoun Community College
Tibor Besedes, Georgia Institute of Technology
Thomas Beveridge, Durham Technical Community College

Anoop Bhargava, Finger Lakes CC
Eugenie Bietry, Pace University
Kelly Blanchard, Purdue University
Mannie Bloemen, Houston Community College
Mark Bock, Loyola College in Maryland
Howard Bodenhorn, Lafayette College
Bruce Bolnick, Northeastern University
Frank Bonello, University of Notre Dame
Jeffrey Bookwalter, University of Montana
Antonio Bos, Tusculum College
Maristella Botticini, Boston University
George Bowling, St. Charles Community College
G. E. Breger, University of South Carolina
Charles Callahan, III, State University of New York at Brockport
Dennis Brennan, William Rainey Harper Junior College
Anne E. Bresnock, California State Polytechnic University, Pomona, and the University of California, Los Angeles
Barry Brown, Murray State University
Bruce Brown, California State Polytechnic University, Pomona
Jennifer Brown, Eastern Connecticut State University
David Brownstone, University of California, Irvine
Don Brunner, Spokane Falls Community College
Jeff Bruns, Bacone College
David Bunting, Eastern Washington University
Barbara Burnell, College of Wooster
Alison Butler, Willamette University
Fred Campano, Fordham University
Douglas Campbell, University of Memphis
Beth Cantrell, Central Baptist College
Kevin Carlson, University of Massachusetts, Boston
Leonard Carlson, Emory University
Arthur Schiller Casimir, Western New England College
Lindsay Caulkins, John Carroll University
Atreya Chakraborty, Boston College
Suparna Chakraborty, Baruch College of the City University of New York
Winston W. Chang, University at Buffalo, The State University of New York
Janie Chermak, University of New Mexico
David Ching, University of Hawaii – Honolulu
Harold Christensen, Centenary College
Daniel Christiansen, Albion College
Susan Christoffersen, Philadelphia University
Samuel Kim-Liang Chuah, Walla Walla College
Dmitriy Chulkov, Indiana University, Kokomo
David Colander, Middlebury College
Daniel Condon, University of Illinois at Chicago; Moraine Valley Community College
Karen Conway, University of New Hampshire
Cesar Corredor, Texas A&M University
David Cowen, University of Texas, Austin
Tyler Cowen, George Mason University
Amy Cramer, Pima Community College, West Campus
Peggy Crane, Southwestern College
Barbara Craig, Oberlin College
Jerry Crawford, Arkansas State University
James Cunningham, Chapman University
Scott Cunningham, Baylor University
Elisabeth Curtis, Dartmouth
James D'Angelo, University of Cincinnati
David Dahl, University of St. Thomas
Sheryll Dahlke, Lees-McRae College
Joseph Dahms, Hood College
Sonia Dalmia, Grand Valley State University
Rosa Lea Danielson, College of DuPage
David Danning, University of Massachusetts, Boston
Minh Quang Dao, Eastern Illinois University
Amlan Datta, Cisco Junior College
David Davenport, McLennan Community College
Stephen Davis, Southwest Minnesota State University
Dale DeBoer, Colorado University, Colorado Springs
Dennis Debrecht, Carroll College
Juan J. DelaCruz, Fashion Institute of Technology and Lehman College
Greg Delemeester, Marietta College
Yanan Di, State University of New York, Stony Brook
Amy Diduch, Mary Baldwin College
Timothy Diette, Washington and Lee University
Vernon J. Dixon, Haverford College
Alan Dobrowolksi, Manchester Community College
Eric Dodge, Hanover College
Carol Dole, Jacksonville University
Michael Donihue, Colby College
Leslie Doss, University of Texas San Antonio
Shahpour Dowlatshahi, Fayetteville Technical Community College
Joanne M. Doyle, James Madison University
Robert Driskill, Ohio State University
James Dulgeroff, San Bernardino Valley College
Kevin Duncan, Colorado State University
Yvonne Durham, Western Washington University

Debra Sabatini Dwyer, State University of New York, Stony Brook
Gary Dymski, University of Southern California
David Eaton, Murray State University
Jay Egger, Towson State University
Erwin Ehrhardt, University of Cincinnati
Ann Eike, University of Kentucky
Eugene Elander, Plymouth State University
Ronald D. Elkins, Central Washington University
Tisha Emerson, Baylor University
Michael Enz, Western New England College
Erwin Erhardt III, University of Cincinnati
William Even, Miami University
Ali Faegh, Houston Community College
Noel J. J. Farley, Bryn Mawr College
Mosin Farminesh, Temple University
Dan Feaster, Miami University of Ohio
Susan Feiner, Virginia Commonwealth University
Getachew Felleke, Albright College
Lois Fenske, South Puget Sound Community College
William Field, DePauw University
Deborah Figart, Richard Stockton College
Barbara Fischer, Cardinal Stritch University
Mary Flannery, Santa Clara University
Bill Foeller, State University of New York, Fredonia
Fred Foldvary, Santa Clara University
Roger Nils Folsom, San Jose State University
Mathew Forstater, University of Missouri-Kansas City
Kevin Foster, The City College of New York
Richard Fowles, University of Utah
Sean Fraley, College of Mount Saint Joseph
Johanna Francis, Fordham University
Roger Frantz, San Diego State University
Mark Frascatore, Clarkson University
Amanda Freeman, Kansas State University
Morris Frommer, Owens Community College
Brandon Fuller, University of Montana
David Fuller, University of Iowa
Mark Funk, University of Arkansas, Little Rock
Alejandro Gallegos, Winona State University
Craig Gallet, California State University, Sacramento
N. Galloro, Chabot College
Bill Galose, Drake University
William Ganley, Buffalo State, SUNY
Martin A. Garrett, Jr., College of William and Mary
Tom Gausman, Northern Illinois University
Shirley J. Gedeon, University of Vermont
Jeff Gerlach, Sungkyunkwan Graduate School of Business
Lisa Giddings, University of Wisconsin, La Crosse
Gary Gigliotti, Rutgers University
Lynn Gillette, Spalding University
Donna Ginther, University of Kansas
James N. Giordano, Villanova University
Amy Glass, Texas A&M University
Sarah L. Glavin, Boston College
Roy Gobin, Loyola University, Chicago
Bill Godair, Landmark College
Bill Goffe, University of Mississippi
Devra Golbe, Hunter College
Roger Goldberg, Ohio Northern University
Joshua Goodman, New York University
Ophelia Goma, DePauw University
John Gonzales, University of San Francisco
David Gordon, Illinois Valley College
Richard Gosselin, Houston Community College
Eugene Gotwalt, Sweet Briar College
John W. Graham, Rutgers University
Douglas Greenley, Morehead State University
Thomas A. Gresik, University of Notre Dame
Lisa M. Grobar, California State University, Long Beach
Wayne A. Grove, Le Moyne College
Daryl Gruver, Mount Vernon Nazarene University
Osman Gulseven, North Carolina State University
Mike Gumpper, Millersville University
Benjamin Gutierrez, Indiana University, Bloomington
A. R. Gutowsky, California State University, Sacramento
Anthony Gyapong, Penn State University, Abington
David R. Hakes, University of Missouri, St. Louis
Bradley Hansen, University of Mary Washington
Stephen Happel, Arizona State University
Mehdi Haririan, Bloomsburg University of Pennsylvania
David Harris, Benedictine College
David Harris, San Diego State University
James Hartley, Mount Holyoke College
Bruce Hartman, California Maritime Academy of California State University
Mitchell Harwitz, University at Buffalo, The State University of New York
Dewey Heinsma, Mt. San Jacinto College
Sara Helms, University of Alabama, Birmingham
Brian Hill, Salisbury University
David Hoaas, Centenary College
Arleen Hoag, Owens Community College
Carol Hogan, University of Michigan, Dearborn

Harry Holzer, Michigan State University
Ward Hooker, Orangeburg-Calhoun Technical College
Bobbie Horn, University of Tulsa
John Horowitz, Ball State University
Ali Faegh, Houston Community College
Daniel Horton, Cleveland State University
Ying Huang, Manhattan College
Janet Hunt, University of Georgia
E. Bruce Hutchinson, University of Tennessee, Chattanooga
Creed Hyatt, Lehigh Carbon Community College
Ana Ichim, Louisiana State University
Aaron Iffland, Rocky Mountain College
Fred Inaba, Washington State University
Richard Inman, Boston College
Aaron Jackson, Bentley College
Brian Jacobsen, Wisconsin Lutheran College
Rus Janis, University of Massachusetts
Jonatan Jelen, The City College of New York
Eric Jensen, The College of William & Mary
Aaron Johnson, Missouri State University
Donn Johnson, Quinnipiac University
Paul Johnson, University of Alaska, Anchorage
Shirley Johnson, Vassar College
Farhoud Kafi, Babson College
R. Kallen, Roosevelt University
Arthur E. Kartman, San Diego State University
Hirshel Kasper, Oberlin College
Brett Katzman, Kennesaw State University
Bruce Kaufman, Georgia State University
Dennis Kaufman, University of Wisconsin, Parkside
Pavel Kapinos, Carleton College
Russell Kashian, University of Wisconsin, Whitewater
Amoz Kats, Virginia Technical University
David Kaun, University of California, Santa Cruz
Brett Katzman, Kennesaw State University
Fred Keast, Portland State University
Stephanie Kelton, University of Missouri, Kansas City
Deborah Kelly, Palomar College
Erasmus Kersting, Texas A&M University
Randall Kesselring, Arkansas State University
Alan Kessler, Providence College
Dominique Khactu, The University of North Dakota
Gary Kikuchi, University of Hawaii, Manoa
Hwagyun Kim, State University of New York, Buffalo
Keon-Ho Kim, University of Utah
Kil-Joong Kim, Austin Peay State University
Sang W. Kim, Hood College
Phillip King, San Francisco State University
Barbara Kneeshaw, Wayne County Community College
Inderjit Kohli, Santa Clara University
Heather Kohls, Marquette University
Janet Koscianski, Shippensburg University
Vani Kotcherlakota, University of Nebraska, Kearney
Barry Kotlove, Edmonds Community College
Kate Krause, University of New Mexico
David Kraybill, University of Georgia
David Kroeker, Tabor College
Stephan Kroll, California State University, Sacramento
Joseph Kubec, Park University
Jacob Kurien, Helzberg School of Management
Rosung Kwak, University of Texas at Austin
Sally Kwak, University of Hawaii-Manoa
Steven Kyle, Cornell University
Anil K. Lal, Pittsburg State University
Melissa Lam, Wellesley College
David Lang, California State University, Sacramento
Gary Langer, Roosevelt University
Anthony Laramie, Merrimack College
Leonard Lardaro, University of Rhode Island
Ross LaRoe, Denison University
Michael Lawlor, Wake Forest University
Pareena Lawrence, University of Minnesota, Morris
Daniel Lawson, Drew University
Mary Rose Leacy, Wagner College
Margaret D. Ledyard, University of Texas, Austin
Jim Lee, Fort Hays State University
Judy Lee, Leeward Community College
Sang H. Lee, Southeastern Louisiana University
Don Leet, California State University, Fresno
Robert J. Lemke, Lake Forest College
Gary Lemon, DePauw University
Alan Leonard, Wilson Technical Community College
Mary Lesser, Iona College
Ding Li, Northern State University
Zhe Li, Stony Brook University
Larry Lichtenstein, Canisius College
Benjamin Liebman, Saint Joseph's University
Jesse Liebman, Kennesaw State University
George Lieu, Tuskegee University
Stephen E. Lile, Western Kentucky University
Jane Lillydahl, University of Colorado at Boulder
Tony Lima, California State University, East Bay
Melissa Lind, University of Texas, Arlington
Al Link, University of North Carolina Greensboro

Charles R. Link, University of Delaware
Robert Litro, U.S. Air Force Academy
Samuel Liu, West Valley College
Jeffrey Livingston, Bentley College
Ming Chien Lo, St. Cloud State University
Burl F. Long, University of Florida
Alina Luca, Drexel University
Adrienne Lucas, Wellesley College
Nancy Lutz, Virginia Technical University
Kristina Lybecker, Colorado College
Gerald Lynch, Purdue University
Karla Lynch, University of North Texas
Ann E. Lyon, University of Alaska, Anchorage
Bruce Madariaga, Montgomery College
Michael Magura, University of Toledo
Marvin S. Margolis, Millersville University of Pennsylvania
Tim Mason, Eastern Illinois University
Don Mathews, Coastal Georgia Community College
Don Maxwell, Central State University
Nan Maxwell, California State University at Hayward
Roberto Mazzoleni, Hofstra University
Cynthia S. McCarty, Jacksonville State University
J. Harold McClure, Jr., Villanova University
Patrick McEwan, Wellesley College
Ronnie McGinness, University of Mississippi
Todd McFall, Wake Forest University
Rick McIntyre, University of Rhode Island
James J. McLain, University of New Orleans
Dawn McLaren, Mesa Community College
B. Starr McMullen, Oregon State University
K. Mehtaboin, College of St. Rose
Martin Melkonian, Hofstra University
Alice Melkumian, Western Illinois University
William Mertens, University of Colorado, Boulder
Randy Methenitis, Richland College
Art Meyer, Lincoln Land Community College
Carrie Meyer, George Mason University
Meghan Millea, Mississippi State University
Jenny Minier, University of Miami
Ida Mirzaie, The Ohio State University
David Mitchell, Missouri State University
Bijan Moeinian, Osceola Campus
Robert Mohr, University of New Hampshire
Shahruz Mohtadi, Suffolk University
Amyaz Moledina, College of Wooster
Gary Mongiovi, St. John's University
Terry D. Monson, Michigan Technological University
Barbara A. Moore, University of Central Florida
Joe L. Moore, Arkansas Technical University
Myra Moore, University of Georgia
Robert Moore, Occidental College
Norma C. Morgan, Curry College
W. Douglas Morgan, University of California, Santa Barbara
David Murphy, Boston College
John Murphy, North Shore Community College, Massachusetts
Ellen Mutari, Richard Stockton College of New Jersey
Steven C. Myers, University of Akron
Veena Nayak, University at Buffalo, The State University of New York
Ron Necoechea, Robert Wesleyan College
Doug Nelson, Spokane Community College
Randy Nelson, Colby College
David Nickerson, University of British Columbia
Sung No, Southern University and A&M College
Rachel Nugent, Pacific Lutheran University
Akorlie A. Nyatepe-Coo, University of Wisconsin LaCrosse
Norman P. Obst, Michigan State University
William C. O'Connor, Western Montana College
Constantin Ogloblin, Georgia Southern University
David O'Hara, Metropolitan State University
Albert Okunade, University of Memphis
Ronald Olive, University of Massachusetts, Lowell
Martha L. Olney, University of California, Berkeley
Kent Olson, Oklahoma State University
Jaime Ortiz, Florida Atlantic University
Theresa Osborne, Hunter College
Donald J. Oswald, California State University, Bakersfield
Mete Ozcan, Brooklyn College
Alexandre Padilla, Metropolitan State College of Denver
Aaron Pankratz, Fresno City College
Niki Papadopoulou, University of Cyprus
Walter Park, American University
Carl Parker, Fort Hays State University
Spiro Patton, Rasmussen College
Andrew Pearlman, Bard College
Charlie Pearson, Southern Maine Community College
Richard Peck, University of Illinois at Chicago
Don Peppard, Connecticut College
Elizabeth Perry, Randolph College
Nathan Perry, University of Utah
Joe Petry, University of Illinois-Urbana-Champaign
Joseph A. Petry, University of Illinois

Mary Ann Pevas, Winona State University
Chris Phillips, Somerset Community College
Jeff Phillips, Morrisville Community College
Frankie Pircher, University of Missouri, Kansas City
Tony Pizelo, Spokane Community College
Dennis Placone, Clemson University
Mike Pogodzinski, San Jose State University
Linnea Polgreen, University of Iowa
Elizabeth Porter, University of North Florida
Bob Potter, University of Central Florida
Ed Price, Oklahoma State University
Abe Qastin, Lakeland College
Kevin Quinn, St. Norbert College
Ramkishen S. Rajan, George Mason University
James Rakowski, University of Notre Dame
Amy Ramirez-Gay, Eastern Michigan University
Paul Rappoport, Temple University
Artatrana Ratha, St. Cloud State University
Michael Rendich, Westchester Community College
Lynn Rittenoure, University of Tulsa
Travis Roach, Texas Tech University
Brian Roberson, Miami University
Michael Robinson, Mount Holyoke College
Juliette Roddy, University of Michigan, Dearborn
Michael Rolleigh, University of Minnesota
Belinda Roman, Palo Alto College
S. Scanlon Romer, Delta College
Brian Rosario, University of California, Davis
Paul Roscelli, Canada College
David C. Rose, University of Missouri-St. Louis
Greg Rose, Sacramento City College
Richard Rosenberg, Pennsylvania State University
Robert Rosenman, Washington State University
Robert Rosenthal, Stonehill College
Howard Ross, Baruch College
Paul Rothstein, Washington University
Charles Roussel, Louisiana State University
Jeff Rubin, Rutgers University
Mark Rush, University of Florida
Dereka Rushbrook, Ripon College
Jerard Russo, University of Hawaii
Luz A. Saavedra, University of St. Thomas
William Samuelson, Boston University School of Management
Allen Sanderson, University of Chicago
David Saner, Springfield College – Benedictine University
Ahmad Saranjam, Bridgewater State College
David L. Schaffer, Haverford College
Eric Schansberg, Indiana University – Southeast
Robert Schenk, Saint Joseph's College
Ramon Schreffler, Houston Community College System (retired)
Adina Schwartz, Lakeland College
Jerry Schwartz, Broward Community College
Amy Scott, DeSales University
Gary Sellers, University of Akron
Atindra Sen, Miami University
Chad Settle, University of Tulsa
Jean Shackleford, Bucknell University
Ronald Shadbegian, University of Massachusetts, Dartmouth
Linda Shaffer, California State University, Fresno
Dennis Shannon, Southwestern Illinois College
Stephen L. Shapiro, University of North Florida
Paul Shea, University of Oregon
Geoff Shepherd, University of Massachusetts Amherst
Bih-Hay Sheu, University of Texas at Austin
David Shideler, Murray State University
Alden Shiers, California Polytechnic State University
Gerald Shilling, Eastfield College
Dongsoo Shin, Santa Clara University
Elias Shukralla, St. Louis Community College, Meramec
Anne Shugars, Harford Community College
Richard Sicotte, University of Vermont
William Simeone, Providence College
Scott Simkins, North Carolina Agricultural and Technical State University
Larry Singell, University of Oregon
Priyanka Singh, University of Texas, Dallas
Sue Skeath, Wellesley College
Edward Skelton, Southern Methodist University
Ken Slaysman, York College
John Smith, New York University
Paula Smith, Central State University, Oklahoma
Donald Snyder, Utah State University
Marcia Snyder, College of Charleston
David Sobiechowski, Wayne State University
John Solow, University of Iowa
Angela Sparkman, Itawamba Community College
Martin Spechler, Indiana University
David Spigelman, University of Miami
Arun Srinivasa, Indiana University, Southeast
David J. St. Clair, California State University at Hayward
Sarah Stafford, College of William & Mary
Richard Stahl, Louisiana State University
Rebecca Stein, University of Pennsylvania
Mary Stevenson, University of Massachusetts,

Boston
Susan Stojanovic, Washington University, St. Louis
Courtenay Stone, Ball State University
Ernst W. Stromsdorfer, Washington State University
Edward Stuart, Northeastern Illinois University
Chris Stufflebean, Southwestern Oklahoma State University
Chuck Stull, Kalamazoo College
Kenneth Slaysman, York College of Pennsylvania
Della Sue, Marist College
Abdulhamid Sukar, Cameron University
Christopher Surfield, Saginaw Valley State University
Rodney B. Swanson, University of California, Los Angeles
James Swofford, University of Alabama
Bernica Tackett, Pulaski Technical College
Michael Taussig, Rutgers University
Samia Tavares, Rochester Institute of Technology
Timothy Taylor, Stanford University
William Taylor, New Mexico Highlands University
Sister Beth Anne Tercek, SND, Notre Dame College of Ohio
Henry Terrell, University of Maryland
Jennifer Thacher, University of New Mexico
Donna Thompson, Brookdale Community College
Robert Tokle, Idaho State University
David Tolman, Boise State University
Susanne Toney, Hampton University
Karen M. Travis, Pacific Lutheran University
Jack Trierweler, Northern State University
Brian M. Trinque, University of Texas at Austin
HuiKuan Tseng, University of North Carolina at Charlotte
Boone Turchi, University of North Carolina
Kristin Van Gaasbeck, California State University, Sacramento
Amy Vander Laan, Hastings College
Ann Velenchik, Wellesley College
Lawrence Waldman, University of New Mexico
Chris Waller, Indiana University, Bloomington
William Walsh, University of St. Thomas
Chunbei Wang, University of St. Thomas
John Watkins, Westminster
Janice Weaver, Drake University
Bruce Webb, Gordon College
Ross Weiner, The City College of New York
Elaine Wendt, Milwaukee Area Technical College
Walter Wessels, North Carolina State University
Christopher Westley, Jacksonville State University
Joan Whalen-Ayyappan, DeVry Institute of Technology
Robert Whaples, Wake Forest University
Leonard A. White, University of Arkansas
Alex Wilson, Rhode Island College
Wayne Winegarden, Marymount University
Jennifer Wissink, Cornell University
Arthur Woolf, University of Vermont
Paula Worthington, Northwestern University
Bill Yang, Georgia Southern University
Ben Young, University of Missouri, Kansas City
Darrel Young, University of Texas
Michael Youngblood, Rock Valley College
Jay Zagorsky, Boston University
Alexander Zampieron, Bentley College
Sourushe Zandvakili, University of Cincinnati
Walter J. Zeiler, University of Michigan
Abera Zeyege, Ball State University
James Ziliak, Indiana University, Bloomington
Jason Zimmerman, South Dakota State University

我们欢迎对第 12 版提出批评。请致信 David Alexander，Executive Editor，Pearson Economics，501 Boylston Street，Boston，MA 02116，他会转交我们。

卡尔·凯斯
雷·费尔
莎伦·奥斯特

第一部分

经济学概述

第 1 章 经济学的研究范围和方法

本章概述和学习目标

1

对经济学的研究应当从一种“好奇的感觉”开始。在这里我们先停一下，想想你一天的生活。可能是从当地面包店制作的面包圈开始，面粉是在美国明尼苏达州磨成的，而磨面粉用的小麦是在堪萨斯种植的。放学以后你和一位朋友开车通过州际高速公路，这条高速公路是耗时 20 年和花费了数十亿美元才建起来的公路系统的一部分。你在加油站停车加油，汽油是在路易斯安那加工的，而原油则是从沙特阿拉伯运来的。然后，你用笔记本电脑给你在墨西哥城的兄弟打网络电话，计算机是在印度尼西亚组装的，但它的零部件是在中国生产的。你每天使用和消费着数以万计的东西。有人把工人和原料组织起来生产这些产品，然后进行分配。为了圆满完成这一过程，人们需要做出数以千计的决策。最终这一切呈现到了你的面前。

在美国，占总人口几乎一半的大约 1.5 亿人在数十万种不同的工作岗位上工作，每年生产价值近 18 万亿美元的商品和服务。有些人找不到工作，同时也有些人选择不工作。美国每年进口价值超过 3 000 亿美元的汽车和零部件以及价值超过 3 500 亿美元的石油和石油产品；同时它出口价值约 1 400 亿美元的农产品，包括食品。在现代经济中，消费者的选择范围，包括对商品的选择范围遍布全球。

经济学是研究个人和社会如何决策使用自然和先辈提供的稀缺资源的学科。这个定义中的关键词是决策。经济学是一种行为科学或社会科学。在很大程度上，它是研究人们如何做出选择的学科。人们做出的选择加总起来就得到了社会的选择。

2 **经济学：** 研究个人和社会如何决策使用由自然和前几代人提供的稀缺资源。

本章和第 2 章的目的是详细阐述这一定义，并介绍经济学的主题。生产什么？是如何产生的？谁得到了它？为什么？结果好还是坏？可以改进吗？

1.1 学习目标

确定研究经济学的三个主要原因。想想你生活中的例子，理解机会成本或有效市场的原则可以对你的决策产生影响。

1.1 为什么要学习经济学？

学习经济学有三个主要原因：学习一种思维方式，理解社会，做一个明智的决策者。

1.1.1 学习一种思维方式

学习经济学的最重要原因也许就是学习一种思维方式。经济学的三个最基本的概念是：机会成本、边际主义和有效市场的运作。

机会成本　经济中发生的事情是成千上万个个体选择的共同结果。人们必须决定如何在市场所提供的所有商品和服务中分配他们的收入。人们必须决定自己是不是要工作，是不是要上学，存多少钱等。厂商必须决定生产什么，生产多少，产品的价格，以及工厂的选址等。经济学的分析为这些类型的决策提供了一种结构化的方法。

几乎所有的决策都包括取舍。在分析决策制定过程时反复出现的一个核心概念是“机会成本”。在做出某个特定决策时，其全部“成本”包括由于没有采用其他决策而放弃的东西。当做出一个决策时，我们不得不放弃的所有决策中最好的一个叫作这个决策的**机会成本**。

机会成本： 当我们做选择或做决定时，我们放弃的最佳替代选项。

当被问到一场电影的花费时，大部分人会提到电影票的价格。对于一位经济学家来说，这仅是答案的一部分：去看一场电影不仅要花钱买票还要花费时间。去看电影的机会成本是你用同样的金钱和时间可以做的其他事情的价值。如果你决定在工作日请假，你得到的闲暇的机会成本就是如果你工作的话可以得到的收入。大学教育的一部分成本是全职工作所能带来的收入。

稀缺的： 有限的。

之所以提出机会成本这一概念是因为资源是稀缺的。**稀缺**就是“有限”的意思。考虑一下我们最重要的资源之一——时间。每天只有 24 个小时，我们只能生活在这种限制下面。巴西农村的农民必须决定是继续在家乡种地还是到城市里去找一份工作。一个美国佛蒙特大学的曲棍球运动员必须决定她是继续待在校队还是用更多的时间来提高学业。

边际主义： 分析决策或决定产生的额外或增量成本或收益的过程。

边际主义　在分析决策的时候，第二个关键的概念是**边际主义**。在权衡一个决策的成本和收益时，只需考虑仅仅由这个选择所带来的成本和收益。比如你住在美国新奥尔良，正在考虑去艾奥瓦州看望你妈妈这一行为的成本和收益。如果你正因为公事要到堪萨斯城出差，那么去看望妈妈的成本就只是从堪萨斯城到艾奥瓦州的额外的（或者说边际的）时间和费用成本了。

边际成本的概念在许多例子里都很有用处。如果一个将要起飞的飞机上还有空座位，那么增加一个额外乘客的边际成本基本上是零。也就是说增加了这一个乘客，这次飞行的总成本几乎没有变化。因此，通过 www.priceline.com 或其他网站预留几个可以大幅折扣出售的座位，将这些座位以很大的折扣出售也是有利可图的，即使这些座位的票价远远低于这次飞行摊在每个座位上的平均成本。只要航空厂商将依然空着的座位售出，就可以增加利润。

有效市场——没有免费午餐 设想你要在暴风雨来临之前从一家忙碌 3
的杂货店结账离开，那里一共有 7 台收款机，每一台前面都有几个人在排队等候。你应该选择排哪一队？显然，你应该去最短的那一队！但如果每个人都这么想——就像通常那样——随着人们到处移动，所有的队伍将变得一样长。经济学家经常不是很严谨地把“好买卖”或是无风险的投机活动也叫作“盈利机会”。如果一个收款台前的队伍比其他队伍都要短，我们就说这里存在一个“盈利机会”，尽管这种用法不很严谨。通常这种“盈利机会”很稀少。因为在任何时间都有很多人在寻找着这种机会，因此这种机会就变得很少。像这种任何“盈利机会”都几乎稍纵即逝的市场叫作**有效市场**（市场是指消费者和销售者互动并从事交易的机构，我们将在第 2 章对市场进行详细讨论）。

有效市场：一种获利机会稍纵即逝的市场。

用于说明有效市场这一概念的通俗说法是“没有免费的午餐”。当一个股票经纪人打电话告诉你一个股市的内幕消息时，你会作何反应呢？你要加以怀疑。股市上每天有成千上万的人在寻找内幕消息。如果关于某只股票将会升值的内部消息是真的话，马上就会有很多人去买这只股票，那么该股票的价格也就会迅速上升。当然，经济学家的这种几乎不存在“盈利机会”的观点会被过度使用。一个故事很好地说明了这一点。两个人一块走路，其中一个人是经济学家，另一个不是。那个不是经济学家的人看到路边有一张 20 美元的钞票，就说：“地上有一张 20 美元的钞票。”而那个经济学家回答道：“这是不可能的，如果有钞票的话，一定早有人把它捡走了。”

显然“盈利机会”有时还是存在的。总会有一个人最先知道这个消息，总是有某些人比其他人的洞察力更敏锐。然而，信息的传递速度毕竟是很快的，而且很多人都具有敏锐的洞察力。所以巨型盈利机会十分罕见这一被普遍接受的观点是非常正确的，并且对于决策也具有十分重要的意义。

经济学研究教会我们的是帮助我们做出决策的一种思考方式。

1.1.2 理解社会

学习经济学的另外一个原因是为了更好地理解这个社会。过去的和现在的经济决策对社会生活的特征都有着巨大的影响。目前的物质环境和人们的物质生活水准以及工作机会的种类和数量等都是经济系统的产物。

工业革命：英国在18世纪末和19世纪初期间，新的制造技术和改善的交通运输引起了现代工厂系统和人口从农村到城市的大规模迁移。

经济变革对社会的影响从未像18世纪末和19世纪初期的英格兰那样明显，我们现在称之为**工业革命**。农业生产率的增加、新的制造技术的出现和更有效率的运输方式的发展，引发了英国人口由农村向城市的大规模迁移。在18世纪初，大约2/3的英国人口从事农业。到了1812年，只有1/3的人口仍然从事农业；到了1900年，这一数字就不到1/10了。人们涌进过分拥挤的城市，在工厂里长时间地工作。在两个世纪的时间里英格兰人的生活完全改变了。然而在历史的长河中，这只不过是弹指一挥间。

因此，经济学这门学科在这个时期开始成型并不奇怪。社会评论家和哲学家看到这些社会变化后，意识到他们应该扩充自己的理论以解释这些变化了。亚当·斯密的《国富论》完成于1776年。之后又出现了大卫·李嘉图、卡尔·马克思、托马斯·马尔萨斯等人的著作。每个人都想解释究竟发生了什么事情。谁在建立工厂？为什么建立？什么决定了工人的工资水平和食物的价格？未来会发生什么事情？未来应该发生什么？提出这些问题的人们就是最初的经济学家。

社会变革往往是由经济学驱动的。考虑一下万维网早期的发展。人们彼此之间以及与世界其他地方沟通的方式的变化，主要是由逐利的个人厂商所创造的，它影响了我们生活的方方面面，从我们与朋友和家人的互动方式，到我们所拥有的工作以及城市和政府的组织方式。

> 经济学是社会科学的一个重要组成部分。

4

1.1.3 做一个明智的决策者

经济学知识是一个明智的决策者所不可或缺的。在2008年至2013年期间，世界上大部分地区都面临着严重的经济衰退和缓慢的复苏，全球数百万人失业。一个明智的决策者必须了解经济衰退中发生的事情，以及政府在帮助经济复苏上能够和不能够做到什么。

经济学对于理解地方和联邦层面的一系列其他日常政府决策也至关重要。政府为什么要为公立学校和公路付费，而不是为手机付费？美国总统贝拉克·奥巴马领导的联邦政府试图为美国公民提供全民医疗服务。这项政策的利弊是什么？在某些州，球赛的倒票是非法的。这是一个好政策吗？每天，在全球范围内，人们围绕这些问题参与政治决策，这些问题都取决于对经济学的理解。

> 要成为一位明智的决策者，需要对经济学有基本的了解。

1.2 经济学的研究范围

1.2 学习目标
描述微观经济学、宏观经济学和经济学的各个领域。

大部分第一次选修经济学课程的学生都会惊奇地发现，他们要学的内容十分广泛。一些学生原来以为经济学要教他们股票市场的知识或者如何理财，另外一些则以为经济学只研究通货膨胀、失业这样的问题。实际上，上面提出的这些问题都在经济学的研究范围内，但它们不过是经济学研究的问题中很小的一部分。经济学家运用工具研究更广泛的主题。

要了解你将要学习的内容的深度和广度，最简单的方法莫过于简要探究一下经济学有着怎样的架构。首先，经济学有两个主要的分支：微观经济学和宏观经济学。

1.2.1 微观经济学与宏观经济学

微观经济学主要研究单个行业的运行和厂商及家庭的个体经济决策行为。厂商关于生产什么和如何定价的选择及家庭关于购买什么和购买多少的选择，帮助解释了为什么经济的产出是现在这个样子的。

微观经济学：经济学的一个分支，研究个体产业的运作和个体决策单位，即厂商和家庭的行为。

微观经济学研究的另一个大问题是谁得到了生产出来的商品和服务。决定产出分配方式的因素属于微观经济学研究的范畴。微观经济学帮助我们理解资源如何在家庭间分配。什么决定了谁是富人谁是穷人？

宏观经济学把经济看作一个整体。它不试图解释什么因素决定了单个厂商或单个行业的产出以及单个家庭或一些家庭的消费模式，而是研究决定国民产出或国民生产的因素。微观经济学关注家庭收入，宏观经济学研究国民收入。

宏观经济学：经济学的一个分支，研究全国范围内的整体——收入、就业、产出等——的经济行为。

微观经济学的关注焦点在于个别产品的价格和产品之间的相关价格，而宏观经济学研究经济的整体价格水平和价格水平的上涨（或下跌）速度。微观经济学研究一年里在某个特定的行业或地区会有多少人被雇用（或解雇），以及什么原因决定了一家厂商或一个行业雇用的劳动力的数量。宏观经济学则研究总的就业和失业的问题：经济作为一个整体有多少就业机会，有多少愿意工作的人无法找到工作。

5

实践中的经济学

iPod 和世界

如果不首先了解经济跨境联系的方式，就不可能理解经济的运作方式。2014 年，美国每年进口商品和服务超过 2.8 万亿美元，出口额每年超过 2.3 万亿美元。

几百年来，自由贸易的优势一直是激烈辩论的主题。反对者认为购买国外生产的商品会使美国人失去工作并损害美国生产商的利益。支持者认为可以从贸易中得到好处——所有国家都可以从专业化生产它们的最佳商品和服务中获益。

在现代世界中，追踪产品的制作地点并不总是很容易。贴上“中国制造”的标签往往会产生误导。最近对两个标志性的美国产品 iPod（多媒体数字播放器）和芭比娃娃的研究，使这种复杂性变得清晰。

芭比娃娃是美泰（Mattel）公司最畅销和最长销的产品之一。芭比娃娃是在美国设计的。它由中国台湾的塑料塑造，这种塑料最初来自中东的石油。芭比的头发来自日本，而她的衣服布料大多来自中国内地。芭比娃娃的大部分组装也在中国内地完成，正如我们所看到的那样，使用来自全球各地的部件。在美国以 10 美元的价格出售的洋娃娃，在离开中国香港时具有 2 美元出口价值，其中只有 35 美分是付给劳动力的，其余大部分用于覆盖运输和原材料成本。因为芭比娃娃是从中国内地组装通过中国香港运到美国来的，所以有些人认为它是在中国内地生产的。然而，对于这款芭比娃娃来说，10 美元零售价中的 8 美元是美国拿到的！[1]

iPod 的例子也是如此。三位经济学家格雷格·林登（Greg Linden）、肯尼思·克雷默（Kenneth Kraemer）和贾森·戴德里克（Jason Dedrick）最近的一项研究发现，一旦包括苹果公司支付其知识产权、分销成本和部分组件生产成本的开支，iPod 零售价格的 80% 都被美国获取。[2] 此外，对于 iPod 的其他一些部件，很难确切地说出它们的产地。硬盘驱动器是一种相对昂贵的组件，由在日本的东芝公司生产，但该硬盘驱动器的一些组件实际上是在亚洲其他地方生产的。事实上，对于由许多小部件组成的 iPod 来说，如果不拆解它的话几乎不可能准确地说出每件产品是在哪里制造的。

所以，下次当你看到一个标有“中国制造”的标签时，请记住，从经济学的角度来看，人们经常需要深入挖掘才能看到事情的真相。

思考

1. 你认为 iPod 和芭比娃娃零件生产地的决策依据是什么？

[1] 有关芭比娃娃的讨论，参见 Robert Feenstra, “Integration of Trade and Disintegration of Production in the Global Economy,” *Journal of Economic Perspectives*, Fall 1998: 31-50。

[2] Greg Linden, Kenneth Kraemer, and Jason Dedrick, “Who Profits from Innovation in Global Value Chains?” *Industrial and Corporate Change*, 2010: 81-116.

> 总而言之，微观经济学研究的是个体：家庭、厂商、行业，它看到并且探讨“树木”。宏观经济学研究的是整体，它看到并且分析“森林”。

表 1.1 总结了经济学的这两个分支以及它们所研究的一些问题。

1.2.2 经济学的不同领域

个别经济学家将研究重点放在许多不同领域。表 1.2 列出了经济学的各子领域，以及该子领域的经济学家可能考察的样本研究或政策问题。

表 1.1　微观经济问题和宏观经济问题的例子 6

经济学分支	生产	价格	收入	雇佣关系
微观经济学	单个行业和厂商的产品 / 产出	单个商品和服务的价格	收入和财富的分配	单个厂商和行业的就业
	生产多少钢材 有多少办公空间 有多少辆车	医疗服务的价格 汽油的价格 食品的价格 公寓的租金	汽车行业的工资 最低工资 管理层工资 贫穷	钢铁行业的工作机会 一个厂商的职员数量 财务人员的数量
宏观经济学	国民产品 / 产出	总价格水平	国民收入	经济中的就业和失业
	工业总产值 国内生产总值 产出的增长	消费者价格 生产者价格 通货膨胀率	工资和薪水总额 厂商利润总额	总的工作机会 失业率

表 1.2　经济学的各领域

行为经济学	当我们自动将人们纳入储蓄计划并允许他们退出而不是要求他们注册时，家庭储蓄总量会增加吗?
比较经济体系	资源分配过程在市场以及命令和控制体制之间有何不同?
计量经济学	基于条件矩不等式我们可以做出什么推论?
经济发展	增加发展中国家女孩的就业机会能提高她们的受教育程度吗?
经济史	铁路的增长和交通运输的改善如何更普遍地改变了 19 世纪的美国银行系统?
环境经济学	碳税对排放有什么影响? 税收是比管制更好还是更差?
金融	高频交易对社会有益吗?
健康经济学	患者的共同支付是否会改变被保险患者对药物的决策和使用?

续表

经济思想史	亚里士多德如何看待公平价格？
工业组织	我们如何解释航空业的价格战？
国际经济学	自由贸易的好处和成本是什么？关注环境会改变我们对自由贸易的看法吗？
劳动经济学	增加最低工资会减少就业机会吗？
法律和经济学	目前的美国专利法会提高还是降低创新率？
公共经济学	为什么腐败在某些国家比在其他国家更普遍？
城市和区域经济学	经济开发区是否改善了中心城市的就业机会？

7 **1.3 学习目标**

设想一个由于错误的因果推测而做出错误决策的例子，确定经济政策的四个主要目标。

1.3 经济学的研究方法

实证经济学： 经济学的一种方法，旨在理解行为和系统的运作而不做出决断。它描述了存在的内容以及它的工作原理。

规范经济学： 经济学的一种方法，分析经济行为的结果，评估其好坏，并可能规定行动方针，也被称为政策经济学。

经济学提出并试图回答两类问题：实证类问题和规范类问题。**实证经济学**只是要理解经济行为和经济系统的运作，而不判断这种运作结果的好坏。它力图描述已经存在的经济现象并解释它们是如何运作的。比如，不熟练工人的工资率是如何决定的？废除企业所得税将发生什么？这些问题的答案都属于实证经济学的研究范畴。

与此相对应，**规范经济学**关注的是经济行为的结果，以及结果的好坏和它能否改善。规范经济学包括对各种行为方式的判断和开出行为的处方。政府应该资助高等教育还是管制高等教育的收费？美国政府是否应该允许进口商出售那些会与本国产品形成竞争的外国产品？是否应该减少或是取消遗产税？规范经济学又常常被称为政策经济学。

当然，很多规范的问题也包括了实证的问题。要知道政府是否应该采取某种措施，首先必须要知道政府是不是有采取这种措施的能力，其次要弄清楚采取这种措施后可能产生的结果。

1.3.1 理论和模型

模型： 理论的一种正式表述，它通常是对两个或多个变量之间关系假说的数学表述。

变量： 一种随着观测点或时间的变化而变化的量度。

在物理学、化学、气象学、政治学和经济学等许多学科中，理论家们建立了正规的表现模型。**模型**是理论的一种正规表述，它通常是对两个或多个变量之间关系假说的数学陈述。

变量是一种可以随着时间或观测点的变化而变化的量度。收入是一个变量，因为不同的人收入不同，而且同一个人在不同的时间的收入也不同。一夸脱牛奶的价格是一个变量，在不同的商店和不同的时间有不同的价格，还有数不清的诸如此类的例子。

因为所有模型都是通过剥离现实的某些部分使得现实简化而得到的，所以模型是抽象概念。经济学的批评者通常将抽象视为一种弱点。然而，大多数经济学家认为抽象是一种很有效的工具。

理解这种抽象是如何帮助我们研究现实问题的最简单办法，就是想一想地图的作用。地图是现实的简化和抽象。一个城市或者一个省级行政单位在地图上以一系列线条和颜色出现。可以剥离多少现实而不至于失去关键部分，取决于地图的用途。如果你想开车从圣路易斯去菲尼克斯，你仅仅需要知道沿途的主要州际公路和街道。但是如果你想在菲尼克斯到处转转，就需要知道每一条街道和小巷的位置。

像地图一样，经济模型是抽象概念，它剥离了细节而只保留对解决问题有重要作用的那些方面。将不相干细节删除的原则叫作**奥卡姆剃刀原则**，以 14 世纪的经院哲学家奥卡姆的威廉命名。

奥卡姆剃刀原则：一种主张无关细节应该被删减的原则。

但我们要小心：虽然抽象是揭示和分析行为的特定方面的有力工具，但它很有可能将现实过于简单化。经济模型为了得到某些基本概念，经常剥离大量的社会和政治条件。但当一种经济理论被用于制定实际的政府或机构的政策时，为了确保政策有可能有效果，必须重新引入那些政治和社会的条件。

这里的关键在于根据模型的用途来确定简化和抽象的程度。让我们回到地图的例子中：你不会想用为汽车司机设计的地图来指导自己徒步穿越旧金山——因为这里有很多陡峭山坡。

其他所有条件相同 通常情况下，任何你想用模型来解释的东西都不只 8
依赖于一个因素。比如你想解释美国拥有汽车的人驾驶的总千米数。显然有很多因素会影响到驾驶总千米数。首先是有多少人在驾驶，而这一数量又受到驾龄的变化、人口的增长以及州法律变化的影响。其他因素还包括汽油的价格、家庭的收入、家庭里孩子的数量和年龄、从住所到工作单位的距离、购物区的位置以及公共交通设施的数量和质量。当这些变量中的任何一个发生变化时，家庭成员驾驶的千米数也将随之变化。如果任何一个变量的变化影响到全国的很多家庭，那么总驾驶千米数就会发生变化。

通常，我们需要分离这些因素。比如，假设我们想要了解汽油征税税率的提高对驾驶的影响。这一提高的税收会抬高加油站汽油的价格，导致驾驶行为减少。

为了分离某一单独因素的影响，我们用**其他所有条件相同，或其他所有条件不变**的办法。我们问：其他所有条件不变的情况下，汽油价格的变化对驾驶行为有什么影响？假定没有其他任何变化发生，即收入、孩子的数量、人口和法律等都保持不变的情况下，如果汽油价格上涨 10 个百分点，人们驾驶的千米数将减少多少。使用其他所有条件不变的方法是抽象过程的一部分。在制定经济理论时，这个概念有助于我们简化现实，专注于我们感兴趣的关系。

其他所有条件相同，或其他所有条件不变：令其他变量的值保持不变时，分析两个变量之间的关系。

用文字、图形和方程式表达模型 思考以下陈述：较低的机票价格会导致人们更频繁地飞行。汽油价格上涨导致人们减少开车并购买更多节能型汽车。这些观察结果本身让人感兴趣。但厂商、政府或个人要做出正确决策，往往需要了解更多。价格上涨时驾驶会下降多少？定量分析也是经济学的重要组成部分。在本书中，我们将使用图形和方程式来捕捉经济观察和预测的定量方面。本章的附录回顾了一些绘图技术。

应注意的问题和容易犯的错误 在建立理论和模型的时候，把相关性和因果关系分开尤其重要。

什么是真正的因果？ 在经济学的许多方面，我们都会对原因和结果感兴趣。但因果常常很难区分。最近，很多美国人开始担心苏打水的消费和肥胖有因果关系。一些地区已经开始对苏打水征税，试图提高价格，以减少人们的饮用量。这管用吗？回答这个问题很难。假设我们看到一个城市提高了税收，并且差不多同时，苏打水消耗量下降。增加的税收和价格是否确实导致了行为的全部或大部分变化？或许投票给苏打水增税的城市比其邻近城市更注重健康意识，而恰恰是该市的健康意识本身解释了增税政策的制定以及苏打水消费量的减少。在这种情况下，提高邻近城镇的税收并不一定会减少苏打水消费。从相关性中排除因果关系并不总是容易的，特别是当人们想要对问题进行定量回答时。

在我们的日常生活中，我们经常混淆因果关系。当两个事件发生在一个序列中时，我们很自然地会认为 A 是引起 B 的原因。我走在梯子下面，然后弄伤了我的脚趾。是梯子导致我运气不好吗？大多数人都会嘲笑这个判断。但每天我们都听到股市分析师也会出现类似的因果关系判断。“由于以色列和叙利亚之间的谈判取得进展，今天道琼斯工业平均指数上涨了 100 点。”他们怎么知道是这么回事？投资者在任何一天都会对许多新闻事件做出回应。弄清楚哪一个（如果有的话）导致股市上涨并不容易。从连续发生的两件事中推断因果关系的错误被称作**后此谬误**（“在此之后，因而由此造成”）。“实践中的经济学”栏目讲述了在观察同等结果时因果关系的混淆。

后此谬误：字面意思是，“在此之后，因而由此造成”。在思考因果关系时容易犯这类错误：如果A事件发生在B事件之前，并不一定是A事件导致了B事件的发生。

检验理论和模型：实证经济学 在自然科学中，如果一个理论不能解释人们所观察到的现象，或者有另一个理论可以更好地解释这一现象，那么这个理论就被人们否定。收集和应用数据来检验经济学理论，被称为**实证经济学**。

实证经济学：收集和使用数据来检验经济理论。

有许多大型数据库可用来辅助经济研究。比如研究劳动力市场的经济学家现在可以依据随机抽取的成千上万个工人的实际工作经历来验证行为理论的正确性，这些工人从 20 世纪 60 年代起连续不断地接受经济学家们的调查。宏观经济学家不间断地监测和研究国家的经济行为，借助互联网分析由政府机构和私人厂商收集到的成千上万项数据。谷歌、优步（Uber）和亚马逊等厂商拥有大量有关个人消费者的数据，它们在有博士学位的经济学家的帮助下分析这些数据，以了解消费者的购买行为并提高其业务的赢利能力。在进行此分析时，经济学家已经知道了对

实践中的经济学 9

你的室友会严重影响你的成绩吗?

大多数父母都关心他们孩子交什么样的朋友。他们常常担心，如果其中一个孩子有一个行为不端的朋友，他们自己的孩子就会误入歧途。事实上，在生活的许多方面，有强烈的迹象表明同伴效应很重要。如果一个孩子的朋友肥胖、难以融入校园生活或从事犯罪活动，那么这个孩子有较大可能存在相同的问题。然而，在研究同伴效应时，不难看出我们在文中描述的因果关系的问题。一定程度上，孩子决定自己交什么样的朋友。当一位父亲担心他儿子的朋友会对他儿子产生不良影响的时候，也许应该同样担心他儿子对朋友的选择说明了他儿子的什么倾向。究竟是这些朋友导致了自己儿子的不良行为，还是自己儿子的不良倾向导致他这样选择朋友？

考虑到伙伴群体的选择通常只是部分能由自己决定的问题，确定同伴效应的因果关系很困难。但最近几项关于室友对大学成绩影响的经济学研究，很好地解决了因果关系难题。与许多其他学校一样，达特茅斯学院对新生的室友进行了随机分配。在这种情况下，学生伙伴群体——他或她的室友——的部分问题不是一个选择问题，而是一个机缘问题。达特茅斯学院教授布鲁斯·萨塞尔多特（Bruce Sacerdote）利用新生学业和社会表现的数据，结合他们的背景资料，测试了不同类型室友的同伴效应。[1] 萨塞尔多特发现，考虑许多背景特征之后，同伴效应对学生的平均成绩、学习努力程度和学生会成员的影响仍然强烈。

当然，室友只是伙伴群体的一部分。在美国空军学院，学生被分配到 30 人的中队，与他们一起吃饭、学习、生活和做校内运动。同样，这些群体被随机分配，因此人们没有同样的相互选择的问题。斯科特·卡雷尔（Scott Carrell）、理查德·富勒顿（Richard Fullerton）和詹姆斯·韦斯特（James West）发现，对于这个激烈的同龄人群体，学术努力和表现会产生强烈的同伴效应。[2] 底线：明智地选择你的朋友！

思考

1. 你认为自主选择室友的大四学生与被随机分配室友的大一新生相比，其学业水平会更高还是更低？为什么？

[1] Bruce Sacerdote, "Peer Effects with Random Assignment: Results for Dartmouth Roommates," *Quarterly Journal of Economics*, 2001: 681-704.

[2] Scott E. Carrell, Richard L. Fullerton, and James E. West, "Does Your Cohort Matter? Measuring Peer Effects in College Achievement," *Journal of Labor Economics*, 2009: 439-464.

因果关系问题要特别小心。

在自然科学中，通常在实验室中进行的对照实验是测试理论的标准方法。近年来，在田野调查与实验室研究中使用实验作为工具来验证经济理论越来越普遍。一位经济学家，芝加哥的约翰·李斯特（John List），测试了改变在贸易展览中由体育纪念品经销商运营的拍卖方式对于其价格的影响。（该实验使用了一张标准的棒球明星卡尔·里普金［Cal Ripkin Jr］卡。）另一位经济学家，UCLA 的基思·陈（Keith Chen），他利用猴子实验来研究人类决策的更深层次的生物学根源。

1.3.2 经济政策

经济理论帮助我们理解世界是如何运作的，但经济政策的制定需要第二步。我们必须有目标。我们想改变什么？为什么？系统运行方式有什么好处和坏处？我们可以做得更好吗？

10 这些问题要求我们必须明确给出判断一种产出优于另一种的依据。变得更好的含义是什么？做这个判断通常应用 4 个标准。

衡量经济成果的标准：

1. 效率
2. 平等
3. 增长
4. 稳定

效率　在物理学中，“效率”是指一个系统输出的能量与其输入的能量之比。比如说一个有效率的汽车发动机，是指在某一给定功率下每英里（1 英里≈ 1.61 千米）消耗燃料少的发动机。

效率：在经济学中，“效率”意味着“分配效率”。有效的经济是一种能够以尽可能低的成本生产人们想要的东西的经济。

在经济学中，**效率**指的是分配的有效性。一个有效率的经济系统可以用最小的可能成本生产出人们需要的产品。如果一个经济系统把资源分配到没有人需要的商品和服务的生产上去，它就是低效率的。如果某个社会中的所有成员都是素食者，而社会的一半资源却用来生产肉类，这个结果就是低效率的。

有效改进的最典型例子是自愿交换。如果我和你都想要对方拥有的某种东西并且同意交换，那么我们的情况都变好了，而没有人受到损失。如果一个厂商重新组织生产或者采用新的技术，使得在保持原有质量不变的情况下用较少的资源就能生产出更多的产品，那么这就是一个有效改进。至少节约的资源有可能用于生产更多其他东西。

在很多情况下都会出现低效率。有时候政府管制或者税收法律造成的经济决策扭曲就会导致低效率。假定俄亥俄州的土地最适合生产玉米，而堪萨斯州的土地最适合生产小麦，一项规定堪萨斯州只能生产玉米和俄亥俄州只能生产小麦的法令就是低效率的。如果没有法律规定造成环境污染的厂商必须对其行为负责，那么厂商就缺乏使污染最小化的动力，其结果也是低效率的。

平等　效率有一个相当精确的定义，应用起来也有严格的尺度，然而**平等**（公平）的标准却往往掌握在评判者的手中。对很多人来说，公平意味着收入和财富的更平均分配。对于其他人来说，公平涉及给人们应得的收入。2013 年，法国经济学家托马斯·皮凯蒂在受欢迎的新书《21 世纪资本论》中，引起了我们对西方世界不平等程度的新的历史数据的关注。

平等：此处指公平。

增长　随着技术的进步、新机械的发明以及新知识的获取，社会不断创造出新的商品和服务并改进原有的事物。在美国经济发展初期，几乎有一半的人口从事农业生产以满足人们对食品的需求。现在全美国只有不足 2% 的人口还在从事农业生产。

当我们发明了新的、更好的方法来生产我们已有的商品和服务，或者开发新的商品和服务时，经济的总产出增加了。**经济增长**就是经济中总产出的增加。如果产出比人口增加得更快，人均产出和人们的生活水平就会得到提高。农村和农业型的社会转变为现代工业社会就是经济增长和人均产出增加的结果。

经济增长：一个经济体的总产出增加。

一些政策鼓励经济增长，而另一些却阻碍经济增长。比如税收法律可以设计成鼓励新生产技术的开发和应用。在某些社会中，研究和开发是由政府资助的。在发展中国家修建铁路、公路、桥梁和运输系统可以促进经济增长。如果企业和富裕的人们把财富投资到其他国家而不是自己国家，本国的经济增长就会减缓。

稳定　经济**稳定**是指一国的总产出在低通货膨胀率和资源得到充分利用的条件下保持稳定或增长。20 世纪五六十年代，美国经济在一个长时期增长相对平稳，价格相对稳定并且失业率较低。然而，20 世纪七八十年代的经济就不是很稳定，美国经历了两次快速价格膨胀（超过 10 个百分点）和两次严重失业。比如在 1982 年，有 1200 万人口（总劳动力的 10.8%）在寻找工作。20 世纪 90 年代初是另一次不稳定，1990 年到 1991 年美国发生了一次经济衰退。2008 至 2009 年，包括美国在内的世界大部分地区的经济进入了衰退期，产量大幅下降、失业率提高，其影响一直持续到 2013 年。这显然是一个不稳定的时期。

稳定：一种国家产出稳步增长、低通货膨胀和资源充分利用的状况。

经济不稳定的原因和政府应该采取什么措施来稳定经济，是宏观经济学的研究课题。

1.4 一个起点 11

这一章是为我们后面的学习所做的准备。本章的第一部分把你带入了一个探讨重要事件和问题的激动人心的学科。如果你对经济史和经济系统一无所知的话，你就无法理解社会是如何运行的。

本章的第二部分介绍了经济学的推理方法以及经济学用到的一些工具。我们相信学会运用这种强有力的方法进行思考将有助于你更好地理解世界。

当我们进一步学习的时候，不断地回顾前面章节的内容是很重要的。这本书计划性很强，步步为营，每一章、每一节都以其前面的部分为基础。在读每一章以前，请先看看它的目录、浏览一下它的内容，以便了解它在全书中的地位，这对你的学习将会很有帮助。

总结

1. 经济学研究个人和社会如何决策使用自然和前几代人提供的稀缺资源。

1.1 为什么要学习经济学？ 页 4

2. 研究经济学有很多理由，包括（a）学习思维方式，（b）理解社会，（c）成为知情的公民。
3. 我们做出选择或决定时放弃的最佳决策是该决定的机会成本。

1.2 经济学的研究范围 页 7

4. 微观经济学处理的是单个市场和以个体决策行为为单位的行业的运作问题：商业厂商和家庭。
5. 宏观经济学着眼于整个经济。它涉及整体的经济行为——国民产出、国民收入、总体价格水平和一般通货膨胀率。
6. 经济学是一门广泛而多样化的学科，有许多特殊的研究领域。这些包括经济史、国际经济学和城市经济学。

1.3 经济学的研究方法 页 10

7. 经济学提出并试图回答两种问题：实证的和规范的。实证经济学试图了解经济体的行为和运作，而不会判断结果是好还是坏。规范经济学着眼于经济行为的结果，询问它们是好还是坏，以及它们是否可以改进。
8. 经济模型是经济理论的正式陈述。模型是从现实中简化和抽象而来。
9. 保持“其他一切不变”对确认一个变量对另一个变量的影响是非常有用的，这就是所谓的“其他所有条件相同”的方法。
10. 模型和理论可以用很多方式表达。最常见的方式是文字、图形和方程式。
11. 在经济学中找出因果关系通常很困难。因为一个事件发生在另一个事件之前，第二个事件也不一定是由于第一个事件发生的。假设“之后”意味着“因为”，这是犯下了后此谬误。
12. 实证经济学涉及收集和使用数据来检验经济理论。原则上，最好的模型是产生最准确预测的模型。
13. 制定政策时，必须谨慎地指定做判断的标准。经济学中使用了四个特定标准：效率、公平、增长和稳定性。

术语和概念回顾 12

其他所有条件相同，或其他所有条件不变，页 11
经济增长，页 15
经济学，页 4
效率，页 14
有效市场，页 5
实证经济学，页 12
平等，页 15
工业革命，页 6
宏观经济学，页 7
边际主义，页 4
微观经济学，页 7
模型，页 10
规范经济学，页 10
奥卡姆剃刀原则，页 11
机会成本，页 4
实证经济学，页 10
后此谬误，页 12
稀缺性，页 4
稳定性，页 15
变量，页 10

习题

1.1 为什么要学习经济学

学习目标： 确定研究经济学的三个主要原因。想想你生活中的例子，理解机会成本或有效市场原则可以对你的决策产生影响。

1.1 限制我们行为的稀缺资源之一就是时间。我们每个人一天只有 24 小时。给定一个日期，你如何在各个相互冲突的方案中分配时间？你如何权衡所有选择？一旦你选择了最重要的使用时间的方式，你为什么不把所有的时间花在它上面呢？在你的答案中使用机会成本的概念。

1.2 每周五晚上，古斯塔沃在拉斯维加斯 M 度假村的无限量海鲜自助餐中只需 39.99 美元就可以吃到蟹腿。平均而言，他每周五消耗 28 条蟹腿。对古斯塔沃而言，每条蟹腿的平均成本是多少？额外增加一只蟹腿的边际成本是多少？

1.3 对于以下每种情况，确定所涉及的全部成本（包含机会成本）：

a. 莫妮克辞去了她每年 50 000 美元的会计职位，成为一名女性庇护所的全职志愿者。

b. 阿格瑞宗厂商投资 1 200 万美元建立新的库存跟踪系统。

c. 泰勒过生日时从他的祖母那里收到 500 美元，并将它们全部用来购买哈雷·戴维森厂商的股票。

d. 赫克托决定从杜兰大学毕业后在欧洲做暑期背包旅行。

e. 在获得硕士学位后，莫莉决定攻读得克萨斯大学行为科学博士。

f. 桑贾伊决定利用他的休假时间来装饰他家的外墙。

g. 唱了一夜的卡拉 OK，蒂法尼忘记了设闹钟，在微积分期末考试期间睡过头了。

1.4 在福布斯 2015 年世界亿万富翁榜单中，比尔·盖茨排名第一，净资产为 792 亿美元。这个“世界上最富有的人”是否面临稀缺，或稀缺性只会影响那些收入有限且净资产较低的人？

资料来源：“The World’s Billionaires,” *Forbes*, *March 2*, 2015。

1.2 经济学的研究范围

学习目标： 描述微观经济学、宏观经济学和经济学的各个领域。

2.1 **[与页 8“实践中的经济学”相关]** 登录 www.census.gov/foreign-trade/statistics/state/。在“商品和国家贸易”部分中，单击“出口和进口”，然后单击你所在州的“出口”。在那里，你将找到你所在州生产的前 25 种商品清单，这些商品出口到世界各地。在查看该列表时，有无使你感到惊讶的信息？你知道生产这些产品的厂商吗？搜索互联网，找到一家厂商。做一些研究并写一篇关于这家厂商的简报：它生产了什么，雇用了多少人，以及你获得的其他关于这家厂商的信息。你甚至可以致电该厂商获取信息。

2.2 解释以下各项是宏观经济问题还是微观经济问题的例子。

a. 美国联邦航空管理局（FAA）正在考虑增加罗纳德·里根华盛顿国家机场的起飞和降落时段。

b. 总统提议增加年收入超过 275 000 美元的人的边际税率，并降低收入低于 275 000 美元的人的边际税率。

c. 沃尔玛宣布，到 2016 年 2 月，它将把员工的起薪增加到每小时 10 美元。

d. 美国国会将失业救济金的最长期限从 26 周延长至 52 周。

13 ## 1.3 经济学的研究方法

学习目标：设想一个由于错误的因果推测而做出错误决策的例子，确定经济政策的四个主要目标。

3.1 2007 年夏天，美国住房市场和抵押贷款市场均出现下滑。大多数美国城市的房价在 2006 年年中开始下降。随着价格下跌和未售出房屋的库存增加，新房的产量从 2005 年的 230 万套下降到 2007 年的 150 万套左右。随着新建工程的急剧下降，预计建筑就业将下降，这一点将有可能减缓国民经济的增长并增加一般失业率。访问 www.bls.gov 并查看最近的总就业和建筑就业数据。是否在 2007 年 8 月上升或下降？失业率发生了什么变化？请访问 www.fhfa.gov 并查看房价指数。房价自 2007 年 8 月以来上涨还是下跌？最后，请访问 www.bea.gov 查看最新的 GDP 发布。查看过去两年住宅和非住宅投资（表 1.1.5）。你是否看到一个固定的模式？它是否解释了就业数字？解释你的答案。

3.2 以下哪些陈述是实证经济分析？哪些是规范分析？

a. 美元贬值将增加美国的出口。

b. 提高联邦汽油税将导致美国的运输成本增加。

c. 佛罗里达州应将其州彩票的所有收入用于改善公共教育。

d. 消除与古巴的贸易禁运将增加美国现有的古巴雪茄数量。

e. 作为一项公共安全措施，得克萨斯州不应通过立法，允许拥有隐藏手枪许可证的人在大学校园内携带隐藏武器。

3.3 2012 年，科罗拉多州和华盛顿州成为第一批将大麻合法化用于娱乐用途的州，此后又加入了俄勒冈州、阿拉斯加州和华盛顿特区。据报道，2014 年，科罗拉多州来自休闲用大麻的税收收入超过 5 000 万美元，其中大部分被安排用于学校建设。税收增加的潜力和这些收入可以带来的好处使得许多其他州正在考虑将休闲用大麻合法化。

a. 回想一下，效率意味着以最低的成本生产人们想要的东西。你能否提出有利于允许休闲用大麻的州的效率论据？

b. 大麻使用合法化可能与非货币成本有关？这些成本是否会影响你在 a 部分中提出的效率论点？

c. 使用公平的概念，争论或反对休闲用大麻的合法化。

d. 如果全部 50 个州合法化大麻，你认为流向州政府的税收收入会怎样？

3.4 **[与页 13“实践中的经济学”相关]** 大多数大学生目前或曾经有室友。想想你与一个或多个学生分享生活空间的时候，并描述这个人（或这些人）对你大学经历的影响，比如你的学习习惯，你上过的课程，你的平均成绩，以及你度过课外时间的方式。现在描述你认为你对你的室友的影响。这些室友是你选择住在一起的人，还是随机分配的？如果你认为这会对你或他们的行为产生影响，请说明一下。

3.5 解释以下陈述中的缺陷。

a. 定期吃羽衣甘蓝的人比不吃羽衣甘蓝的人更有可能每天锻炼。因此，每天锻炼会导致人们吃羽衣甘蓝。

b. 每当芝加哥小熊队在第八局中落后两分的时候，只要自称是小熊队狂热粉丝的卡桑德拉决定和她的宠物雪貂波波一起看比赛，小熊队就会赢。昨晚小熊队在第八局落后两分的情况下，卡桑德拉冲过去抓住波波，正如她所料，小熊队赢得了比赛。显然，小熊队获胜是因为卡桑德拉和波波一起看了比赛。

c. 一家大型零售家具店的经理发现，将他生产效率最低的销售人员送到为期一周的激励培训研讨会，导致这些员工的销售额增加了 15%。基于这一成功，经理决定花钱将他所有的其他销售人员送到这个研讨会，这样每个人的销售额都会增加。

第 1 章附录：如何读懂图形

14 **学习目标**

了解如何以图形方式表示数据。

经济学是社会科学中应用定量分析最多的学科。如果你草草地翻阅这本书或者任何一本其他的经济学教材，你都会看到数不清的表格和曲线图。这些表格和曲线图有很多作用。首先，它们说明了很多重要的经济关系；其次，它们使复杂的问题变得容易理解和分析；最后，一些难以用单一数据列表表示的模式和规律，通常可以比较清楚地在一个图形中表示出来。

图形：一组数字或数据的二维表示。

图形就是对一系列数字或数据的二维表示。用图形表示数字的方法有很多种。

时间序列图

查看单个常量或变量如何随时间变化通常很有用。呈现此信息的一种方法是在图形上绘制变量的值，每个值对应于不同的时间段。这种图形称为**时间序列图**。在时间序列图上，时间沿水平刻度测量，绘制的变量沿垂直刻度测量，图 1A.1 是时间序列图，显示 1975 年至 2014 年间美国经济中的每年个人可支配收入总额[①]。该图基于表 1A.1 中的数据。通过图形显示的这些数据，我们可以看到，除了 2009 年的小幅下滑之外，1975 年至 2014 年期间每年的可支配收入总额有所增加。

时间序列图：描述一个变量随着时间变化的图像。

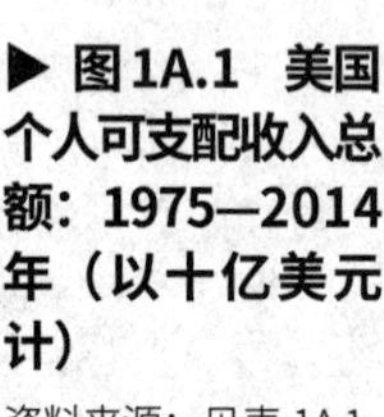

▶ **图1A.1　美国个人可支配收入总额：1975—2014 年（以十亿美元计）**

资料来源：见表 1A.1。

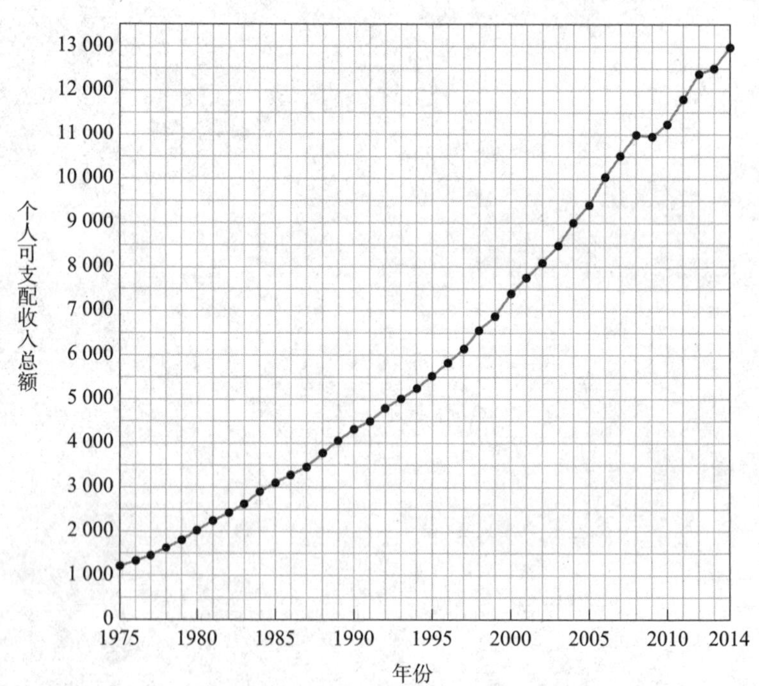

① 表 1A.1 和图 1A.1 中所示的收入计量是可支配的个人收入（单位是十亿美元）。这是美国所有家庭的个人收入总额减去他们支付的税额。

表 1A.1　美国的个人可支配收入总额：1975—2014 年（以十亿美元计） 15

年份	个人可支配收入总额	年份	个人可支配收入总额
1975	1 219	1995	5 533
1976	1 326	1996	5 830
1977	1 457	1997	6 149
1978	1 630	1998	6 561
1979	1 809	1999	6 876
1980	2 018	2000	7 401
1981	2 251	2001	7 752
1982	2 425	2002	8 099
1983	2 617	2003	8 486
1984	2 904	2004	9 002
1985	3 099	2005	9 401
1986	3 288	2006	10 037
1987	3 466	2007	10 507
1988	3 770	2008	10 994
1989	4 052	2009	10 943
1990	4 312	2010	11 238
1991	4 485	2011	11 801
1992	4 800	2012	12 384
1993	5 000	2013	12 505
1994	5 244	2014	12 981

资料来源：美国商务部经济分析局。

绘制两个变量

比单个变量的简单图形更重要的是同时包含两个变量信息的图形。绘制两个变量的最常用方法是通过绘制两条垂直线构建的图形：水平线或 ***X* 轴**，以及垂直线或 ***Y* 轴**。轴包含在 0（零）处相交的测量刻度。这一点被称为**原点**。在垂直刻度上，正数位于水平轴上方（即原点上方），负数位于水平轴下方。在水平刻度上，正数位于垂直轴的右侧（原点的右侧），负数位于其左侧。图形与 *Y* 轴相交的点称为 ***Y* 轴截距**。图形与 *X* 轴相交的点称为 ***X* 轴截距**。当在一个图上绘制两个变量时，每个点代表一对数字。第一个数字在 *X* 轴上测量，第二个数字在 *Y* 轴上测量。

X 轴： 变量的水平线。

Y 轴： 变量的垂直线。

原点： 水平轴和垂直轴相交的点。

Y 轴截距： 图形与 *Y* 轴相交的点。

X 轴截距： 图形与 *X* 轴相交的点。

绘制家庭收入和消费数据

表 1A.2 列出了 2012 年美国劳工统计局（BLS）的数据。该表显示美国按收入排序的家庭平均收入和平均支出。例如，2012 年排前五分之一（20%）家庭的平均收入为 167 010 美元。前 20% 的平均支出为 99 368 美元。

图 1A.2 以图形方式显示了表 1A.2 中的数字。沿着水平刻度，*X* 轴，我们测量平均收入。沿着垂直刻度，*Y* 轴，我们测量平均消费支出，表中的五对数字中的每一对都由图形上的一个点表示。因为所有数字都是正数，所以我们只需要显示坐标系的右上象限。

16

表 1A.2　2012 年消费支出和收入

	税前平均收入	平均消费支出
收入最低的 1/5 家庭	9 988 美元	22 154 美元
收入第四高的 1/5 家庭	27 585 美元	32 632 美元
收入第三高的 1/5 家庭	47 265 美元	43 004 美元
收入第二高的 1/5 家庭	75 952 美元	59 980 美元
收入最高的 1/5 家庭	167 010 美元	99 368 美元

资料来源：《2012 年消费者支出》，美国劳工统计局。

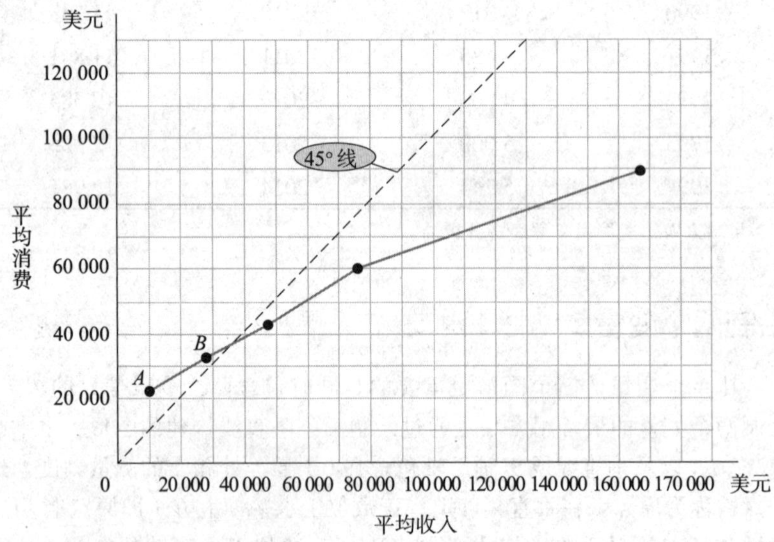

▲ 图 1A.2　家庭消费和收入

图是数据的简单二维几何表示。该图显示表 1A.2 中的数据。沿着水平刻度（*X* 轴），我们衡量家庭收入。沿着垂直刻度（*Y* 轴），我们衡量家庭消费。

注意：在 *A* 点，消费等于 22 154 美元，收入等于 9 988 美元。在 *B* 点，消费等于 32 632 美元，收入等于 27 585 美元。

资料来源：见表 1A.2。

为了帮助你阅读此图，我们绘制了一条虚线，连接消费和收入相等的所有点。这个 45 度线不代表任何数据，而是表示 X 轴上的所有变量与 Y 轴上的变量完全对应的线，例如（10 000，10 000），（20 000，20 000）和（37 000，37 000）。粗线追踪数据，虚线的目的是帮助你阅读图形。

阅读图形时需要注意几点。你应该注意的第一件事是当你从左向右移动时，线条是向上还是向下倾斜。图 1A.2 中的粗线向上倾斜，表明收入和支出之间似乎存在**正相关关系**：家庭收入越高，倾向于消费越多。如果我们绘制了沿 Y 轴接受福利金支付的每个群体的百分比，该线可能会向下倾斜，表明福利金在较高的收入水平下较低。因此，收入水平和福利支付是**负相关关系**。

正相关： 两个变量 X 和 Y 之间的关系，其中 X 的减少与 Y 的减少相关，并且 X 的增加与 Y 的增加相关。

负相关： 两个变量 X 和 Y 之间的一种关系，其中 X 的减少与 Y 的增加相关，并且 X 的增加与 Y 的减少相关。

斜率

线条或曲线的**斜率**表示变量之间的关系是正还是负，以及当 X（水平轴上的变量）变动时，Y（垂直轴上的变量）相应有多少变化。两点之间的直线的斜率是在 Y 轴上测量的量的变化除以在 X 轴上测量的量的变化。我们通常会使用 Δ（希腊字母 *delta*）来表示变量的变化。在图 1A.3 中，点 A 和 B 连线的斜率是 ΔY 除以 ΔX。有时很容易记住斜率为“运行中的上升”，即表示水平变化基础上的垂直变化。

斜率： 一种测量变量间关系的正负以及 Y（垂直轴表示的变量）随 X（水平轴表示的变量）变化程度的工具。

确切地说，图形上两点之间的 ΔX 是简单地 X_2 减去 X_1，其中 X_2 是第二点的 X 值，X_1 是第一点的 X 值。类似地，ΔY 定义为 Y_2 减去 Y_1， 17
其中 Y_2 是第二点的 Y 值，Y_1 是第一点的 Y 值。斜率等于

$$\frac{\Delta Y}{\Delta X}=\frac{Y_2-Y_1}{X_2-X_1}$$

当我们在图 1A.3（a）中从 A 点移动到 B 点时，X 和 Y 都增加了，因此斜率是正数。但是，我们在图 1A.3（b）中从 A 点移动到 B 点时，

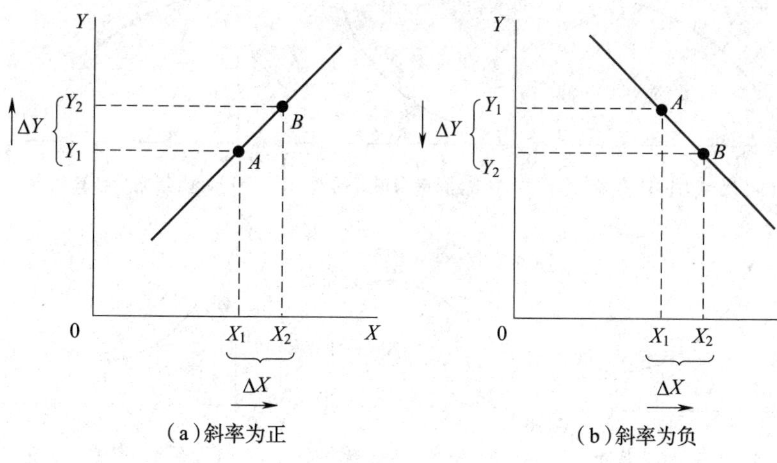

（a）斜率为正　　（b）斜率为负

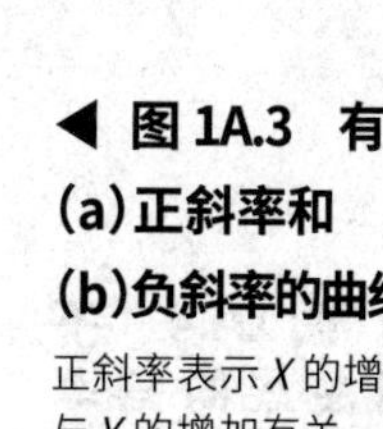

◀ 图 1A.3　有(a)正斜率和(b)负斜率的曲线

正斜率表示 X 的增加与 Y 的增加有关，而 X 的减少与 Y 的减少有关。负斜率表示相反情况——当 X 增加时，Y 减小；当 X 减小时，Y 增加。

X 增加了［（X_2-X_1）是一个正数］，Y 却减小了［（Y_2-Y_1）是一个负数］。所以图 1A.3（b）中的斜率就是负数，因为一个负数除以一个正数的商是一个负数。

为了计算图 1A.2 中 A、B 两点间的斜率，我们要计算 ΔY 和 ΔX。由于 Y 轴表示消费，因此 ΔY 是 10 478［（Y_2-Y_1）=（32 632–22 154）］。由于 X 轴表示收入，因此 ΔX 是 17 597［（X_2-X_1）=（27 585–9 988）］。A、B 两点间的斜率等于

$$\Delta Y/\Delta X=10\ 478/17\ 597=+0.60$$

在图 1A.2 中另一个值得指出的现象是所有的点几乎都在一条直线上（但是如果非常仔细地观察，就会发现从左向右两点间的斜率逐渐减小，也就是线段逐渐变得平缓了）。一条直线的斜率是固定的，也就是说在直线上任取两点并计算斜率，结果都是一样的。水平线的斜率为 0（$\Delta Y=0$），垂线的斜率无穷大，因为 ΔY 大得无法测量。

和直线的斜率不同，曲线的斜率是不断变化的。以图 1A.4 中的曲线为例。图 1A.4（a）中的曲线斜率为正，但是从左向右移动时，斜率逐渐减小。判断斜率是增大还是减小的最简单方法，是设想你沿着一座小山从左向右走。如果山比较陡峭，就像图 1A.4（a）中曲线的开始部分一样，你在 X 方向的每一步都会带来 Y 方向的更大幅升高；如果山不是很陡，就像图 1A.4（a）中曲线的后面部分一样，你在 X 方向的每一步带来的 Y 方向的升高幅度减小了。因此，山陡峭时的斜率（$\Delta Y/\Delta X$）比山平缓时要大。图 1A.4（b）中曲线的斜率也是正的，而且从左向右
18 斜率逐渐增大。

斜率为负时的分析与此类似。图 1A.4（c）中曲线的斜率为负，从左向右移动时，斜率（绝对值）逐渐增大。这次设想沿着一座山下滑。

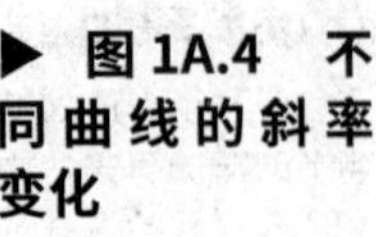
▶ **图 1A.4　不同曲线的斜率变化**

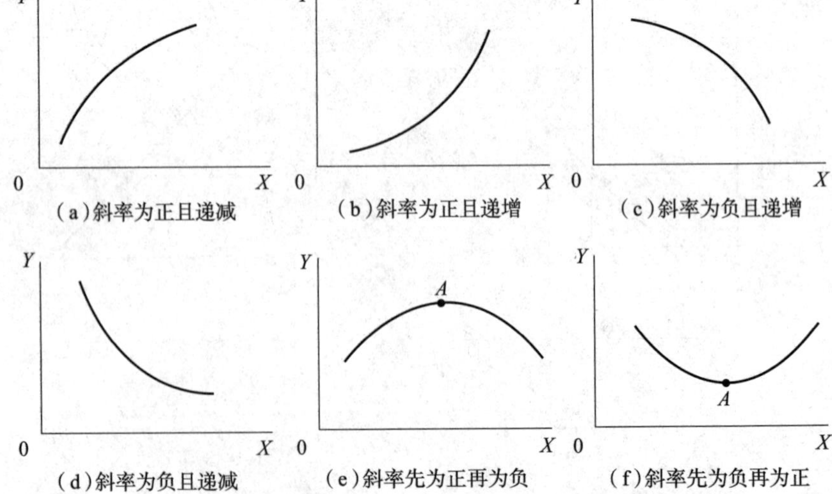

开始时在图 1A.4（c）上的下降很平缓（斜率小），但是随着你沿坡逐渐下降（向右侧前进），你的下降速度越来越快（斜率大）。图 1A.4(d) 中的曲线斜率为负，从左向右移动时，斜率（绝对值）逐渐减小。

在图 1A.4（e）中，随着 X 的增加，斜率由正变负。在图 1A.4（f）中，斜率由负变正。在两个图中的 A 点，斜率都为 0（记住，斜率的定义是 $\Delta Y/\Delta X$，在 A 点，Y 没有变化［$\Delta Y=O$］，因此，A 点的斜率为 0）。

注意事项

当你分析一个图时，非常重要的一点就是仔细考虑坐标轴中的点代表的经济含义。表 1A.3 和图 1A.5 都是关于消费和收入的曲线，但是含义同表 1A.2 和图 1A.2 截然不同。首先，图 1A.5 中的每个点代表一个不同年份，而图 1A.2 中的每个点代表同一时间点（2012 年）上的不同家庭组。其次，图 1A.5 中的点代表全国总的消费和收入，单位是十亿美元；而图 1A.2 中，各个点代表平均的家庭收入和支出，单位是美元。

比较这两个图很有意思。图 1A.5 中总消费曲线的所有点均位于 45 度线以下，这意味着总消费总是小于总收益。然而，图 1A.2 中的平均家庭收入和消费图跨越了 45 度线，这意味着对于一些家庭来说，消费大于收入。

19

表 1A.3　1930—2014 年美国的个人可支配收入总额和总消费（以十亿美元计）

	个人可支配收入总额	总消费
1930	75	70
1940	78	71
1950	215	192
1960	377	332
1970	762	648
1980	2 018	1 755
1990	4 312	3 826
2000	7 401	6 792
2010	11 238	10 202
2011	11 801	10 689
2012	12 384	11 083
2013	12 505	11 484
2014	12 981	11 928

资料来源：美国商务部，经济分析局。

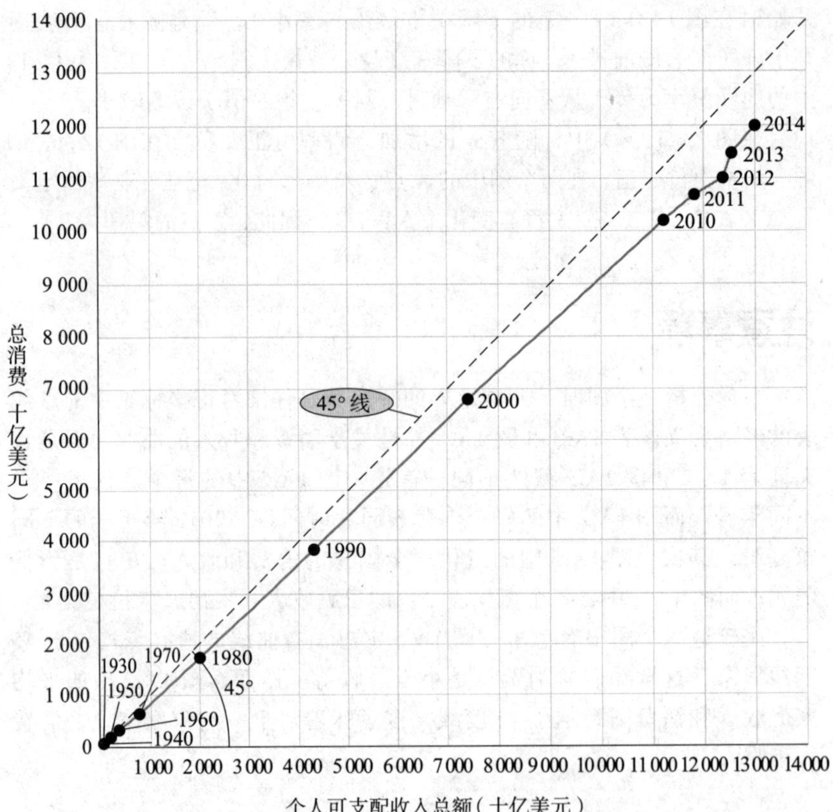

▶ 图 1A.5　个人可支配收入和消费

仔细考虑图中由坐标轴定义的空间中的点所代表的内容非常重要。在这张图中，我们绘制了消费收入图，如图 1A.2 所示。但这里每个观察点都是不同年份的国民收入和总消费，以十亿美元计算。

资料来源：见表 1A.3。

20

附录总结

1. 图形是一组数字或数据的二维表示。时间序列图说明了单个变量如何随时间变化而变化。
2. 两个变量的图包括 *X*（水平）轴和 *Y*（垂直）轴。两个轴相交的点称为原点。图形与 *Y* 轴相交的点称为 *Y* 轴截距。图形与 *X* 轴相交的点称为 *X* 轴截距。
3. 直线或曲线的斜率表示当 *X*（水平轴上的变量）变化时，绘制的两个变量之间的关系是正还是负，以及 *Y*（垂直轴上的变量）相应有多少变化。两点之间连线的斜率是在 *Y* 轴上测量的量的变化除以在 *X* 轴上测量的量的变化。

附录：术语和概念回顾

附录习题

第 1 章附录：如何读懂图形

学习目标： 了解如何以图形方式表示数据。

1A.1 将以下每组数字用曲线图表示，画一条连接各个点的线并计算每条线的斜率。

1		2		3		4		5		6	
X	*Y*	*X*	*Y*	*X*	*Y*	*X*	*Y*	*X*	*Y*	*X*	*Y*
1	5	1	25	0	0	0	40	0	0	0.1	100
2	10	2	20	10	10	10	30	10	10	0.2	75
3	15	3	15	20	20	20	20	20	20	0.3	50
4	20	4	10	30	30	30	10	30	10	0.4	25
5	25	5	5	40	40	40	0	40	0	0.5	0

1A.2 在图形中绘制下表中的收入和消费数据，收入在 X 轴上。数据是否表明收入与消费之间存在正相关关系？

按百分比计算的家庭数量	税前平均收入	平均消费支出
最后 20%	$5 500	$16 000
60%–80%	12 000	22 500
40%–60%	37 800	35 000
20%–40%	59 000	46 800
前 20%	95 000	72 500

1A.3 对于图 1 中的每个图，确定曲线是正斜率还是负斜率。给出每条曲线斜率情况的直观解释。

21

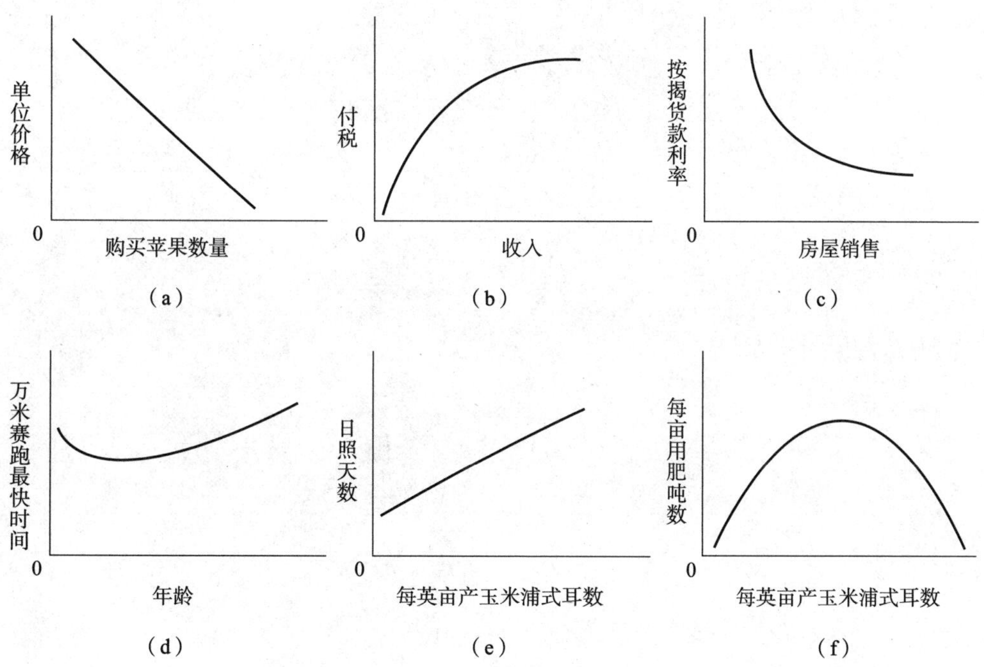

▲ **图 1**

1A.4 下表显示了有机火鸡的价格与戈弗雷自由放养的雄火鸡的出售数量之间的关系。

a. 火鸡的价格和戈弗雷自由放养的雄火鸡的出售数量之间是正相关关系还是负相关关系？请说明。

b. 将表中的数据绘制成图，绘制一条连接各个点的线，并计算线的斜率。

每只火鸡的价格	火鸡的数量	月份
$16	70	9 月
20	80	10 月
52	160	11 月
36	120	12 月
8	50	1 月

1A.5 计算下图中 A 点和 B 点的需求曲线斜率。

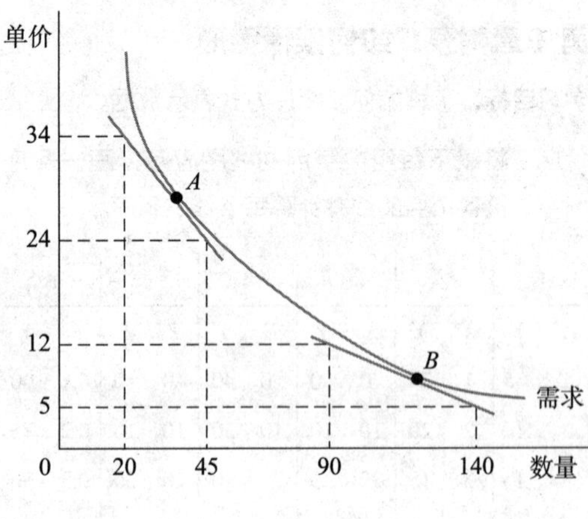

第 2 章 经济问题：稀缺性和决策

本章概述和学习目标

2.1 稀缺性、选择和机会成本 页 30

理解为什么在一个社会中一个人即使所有工作都比第二个人做得更好，对于这两个人来说，22
分工和交换仍然是有益的。

2.2 经济系统和政府的角色 页 45

了解计划经济和市场经济决定生产什么时的核心差异。

2.3 前瞻 页 48

在上一章中，我们向你提供了一些经济学家提出的问题以及他们解决问题所使用的一般方法。当你阅读上一章时，你们中的一些人可能对经济学涵盖的主题范围感到惊讶。观察一下教授你们经济学的老师们的研究范围，你会发现经济学的研究领域极其广泛。你的老师们有的研究苹果公司和三星公司如何在智能手机中竞争。有的则会关注劳动力市场的歧视现象。还有一些人可能正在探索印度小额信贷的影响。从表面上看，这些问题似乎彼此不同。但是，每个问题的根本关注点在于如何在一个资源稀缺的世界中进行决策。经济学探讨了个人如何在稀缺资源的世界中做出选择，以及这些个人选择如何共同决定整体社会的三个关键特征：

- 生产什么？
- 如何生产？
- 分配给谁？

这一章将深入研究这些问题。从某种意义上来说，本章的全部内容就是为经济学下一个完整的定义。本章将提出经济学要研究的中心问题并提供一个框架来指导你学习本书的其他部分。一个基础假设就是人们的欲望是无限的，但是资源是有限的。有限的（或者说稀缺的）资源使得个体和社会不得不在使用资源（不同的商品和服务组合）时，在家庭生产的最终分配方案中进行决策。

这些问题是实证的，或者客观的。在我们问出“这个系统运作的结果是好还是坏？能够进行改进么？”这类问题之前，我们必须首先理解系统是如何运作的。

经济学家在一个资源稀缺的世界研究选择问题。我们说的资源是什么？如果你看下图 2.1，你会发现资源的含义非常广泛。资源包括自然的产

23

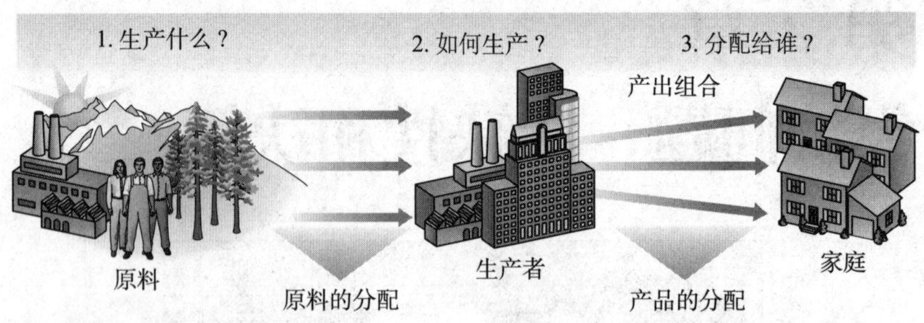

▲ **图 2.1　三个基本问题**

每个社会都有一些系统或过程将其稀缺资源转化为有用的商品和服务。在这样做时，它必须决定生产什么、如何生产以及分配给谁。必须分配的主要资源是土地、劳动力和资本。

物，如矿产和木材，还包括前人生产出来的产品，比如房屋和设备。人力资本（人们的时间和才能）也是资源的一个重要部分。

资本：被生产出来然后用于生产其他商品和服务的东西。

生产出来然后被投入其他商品和服务的生产中的东西被称为资本资源，或者简单地称为**资本**。楼房、设备、桌椅、软件、公路、桥梁和高速路都是一个国家资本的一部分。

生产要素（或要素）：生产过程的投入品。资源的另一个术语。

生产：将稀缺资源转化为有用的商品和服务的过程。

投入或资源：自然或前几代提供的任何可以直接或间接用于满足人类需求的东西。

产出：对家庭有价值的商品和服务。

社会可以动用的基本资源通常被称为**生产要素**，或者简单地称为**要素**。生产的三要素是土地、劳动力和资本。把稀缺的资源转换成有用的商品和服务的过程被称为**生产**。在很多社会中，商品和服务的生产多由私有厂商完成。美国的私有航空厂商使用土地（跑道）、劳动力（飞行员和机械师）还有资本（飞机）来提供交通服务。然而，在所有社会，某些生产都是由公共部门或政府完成的。举例来说，政府生产或提供的商品和服务包括国防、公共教育、警察和消防等。

生产的资源或要素是生产过程中的**投入品**；对于家庭有价值的商品和服务是生产过程中的**产出品**。

2.1 稀缺性、选择和机会成本

2.1 学习目标

理解为什么在一个社会中一个人即使所有工作都比第二个人做得更好，对于这两个人来说，分工和交换仍然是有益的。

在本章的后半部分，我们将讨论全球经济格局。在你能够了解不同类型的经济系统之前，熟练掌握稀缺性、决策和机会成本这些基本经济学概念非常重要。

2.1.1 单人经济体中的稀缺性与选择

最简单的经济形式是一个人独自生活在一个岛屿上。设想一下一次空难的唯一幸存者比尔发现自己被冲到了这样一个孤岛上。在这里，个体和社会是一体，社会和私人之间没有分别。但是在这里所要做出的基本经济决策与在复杂的经济环境下几乎相同。也就是说，虽然比尔可以得到他生产的所有产品，他仍然必须决定如何分配岛上的资源、生产什么、如何生产和什么时候生产等问题。

首先，比尔必须决定他想生产什么。请注意我们没有用需求一词。需求是指绝对的必需品，但是除了足够的水、基本的营养和可以遮风遮雨的安身之所以外，什么是绝对的必需品是很难定义的。在任何情况下，比尔都要把他需要的东西按优先权排序以做出某种选择。

然后，他必须要考虑到可能性。给定这个小岛上的有限条件，他可以做些什么来满足自己的需要呢？无论在多么简单还是多么复杂的社会里，人们可以做到的事情都是受到限制的。在这个单人社会里，比尔受限于时间、他的身体状况、他的知识、他的技能，以及岛上的资源和气候。

在资源有限的条件下，比尔必须决定如何最好地利用它们以满足他不同层次的需要。食物应该是他的首要需要。他应该把时间花在采集水果和浆果上面？抑或他应该整理出一块土地并开始耕种？这些问题的答案取决于这个岛的特征、它的气候、岛上的动植物（有没有水果和浆果）、比尔的技能和知识（他懂得耕种吗？），以及他的偏好（他也许是一个素食者）。

机会成本　受限制情况下的决策和稀缺性是经济学的两个核心概念。无 24
论是讨论像比尔这样的个体行为还是分析复杂社会中各种群体的行为，都会用到这两个概念。

由于时间和资源的稀缺，如果比尔选择打猎，他采集的水果和浆果就会减少。在肉与水果之间，他需要做出取舍。在食物和住处之间存在同样的取舍。正如我们在第 1 章提到过的那样，当做出一个决策时不得不放弃的其他决策中最好的那一个，就是这个决策的**机会成本**。

机会成本：当我们做选择或决策时，我们放弃的最佳替代决策。

比尔偶尔也会决定休息，躺在沙滩上享受阳光。从某种意义上说，这些享受是没有代价的——他不用为这些行为付费。但是实际上这样做是有机会成本的。这些闲暇的实际成本是比尔在这段时间里本来可以生产的其他东西的价值。

在这种社会中所做的取舍经常生动地在真实的电视节目中展现，这些电视节目显示在一些荒岛上竞争的陌生人群体，每个人都在选择是捕鱼、采集浆果、建造一座小屋更好，还是建立一个联盟更好。做出这些选择之一涉及放弃实行另一个选择的机会，在许多节目中我们可以看到做出这些选择所带来的后果。

2.1.2 两人或多人经济体中的稀缺性与选择

现在设想一下空难的另一个幸存者科琳也出现在岛上了。既然比尔不再孤独了，事情也变得复杂起来，他必须做出一些新的决定。比尔和科琳关于生产什么的偏好很可能是不一致的，他们的知识和技能也很可能不同。也许科琳非常擅长追踪猎物，而比尔对建筑很有研究。他们在需要做的工作中如何进行分工？东西生产出来以后，这两个幸存者还必须决定如何在两个人之间分配它们。他们的产品应该怎样被分配呢？

只有比尔一个人在岛上的时候，回答这些基本问题的原则很清楚。他自己的计划就是“中心计划”，他只需要决定想要什么以及怎么去做就可以了。但是当其他人出现在岛上的一刹那，他们就有必要做出一些新的决策了。也许两个人中的某一个做了首领，全权处理两个人的事情。也许两个人决定合作，他们处在平等的地位，做出共同的计划，或者凡事都一起处理，一起生产。也许最后他们决定各自单独住在岛屿的一端。即使他们分开住，也会通过分工和交换从彼此的存在中受益。

现代工业社会也必须回答科琳和比尔面临的这些问题，但是对于更大范围的经济，其机制自然就更为复杂。与只有两个人生活不同，美国有超过 3 亿的人口。所要做的决策仍然是这些：生产什么，如何生产，分配给谁。

分工、交换和比较优势　如果每个社会成员都从事自己最擅长的工作，那么整个社会都能从中受益，这一观点由来已久，而且也是经济学中最重要、最有力量的思想之一。19 世纪，英国著名经济学家大卫·李嘉图精确地表述了这一观点。按照李嘉图的**比较优势理论**，社会分工和自由交换可以使所有交换方受益，即使某些交换方在生产的各个方面都比另一些更有效率。李嘉图的基本观点在科琳和比尔的小社会以及其他社会中同样成立。

比较优势理论：李嘉图的理论认为，专业化和自由交换将使所有交换方受益，即便是那些可能“绝对”更有效率的生产者。

为了使问题简化，假定科琳和比尔每周只有两项工作要做：采集食物果腹和砍伐原木取暖。如果科琳一天的伐木数量比比尔多，而比尔一天采集的坚果和浆果比科琳多，分工显然可以带来更多的总产出。如果科琳只伐木而比尔只采集坚果和浆果，只要可以交换，他们两个人都会受益。

相反，假定不论是砍伐原木还是采集食物，科琳都比比尔做得好。特别是科琳每天可以采集 10 蒲式耳的食物，而比尔只可以采集 8 蒲式耳；而且科琳每天可以砍 10 根原木，而比尔只可以砍 4 根。从这个意义上来说，我们可以说科琳在两种活动中相对于比尔有**绝对优势**。

绝对优势：如果一个生产者能够使用更少的资源生产该产品（每单位的绝对成本更低），那么就说其在生产商品或服务方面具有绝对优势。

想想这种情况并把关注点放在生产率水平上，你可能会得出结论，让科琳搬到小岛的另一边，自己一个人生活，对她有好处。因为她在砍伐原木和采集食物方面生产效率都更高，让她自己过活不是更好么？她怎么会从与比尔一起分享他们的产出中受益呢？李嘉图对经济学的持久贡献之一就是他对这种情况的分析。他的分析如图 2.2 所示，显示了科琳和比尔应如何划分岛屿的工作以及他们将从专业化和交换中获得多少收益，即使在这个例子中，一方在所有领域都比另一方更好。

25

实践中的经济学

冷冻食品和机会成本

2012 年，价值 440 亿美元的冷冻食品在美国食品杂货店销售，其中四分之一以冷冻正餐和主菜的形式出售。在 20 世纪 50 年代中期，冷冻食品的销售额仅为 10 亿美元，占整个食品杂货店销售额的很小一部分。一个行业观察者将这种增长归因于冷冻食品的味道比过去好得多。你能想到其他可能发生的事吗？

过去 50 年中冷冻正餐主菜市场的增长可以很好地说明机会成本在我们生活中扮演的角色。在此期间，美国经济中最重要的社会变化之一是妇女参与劳动力中的比例增加。1950 年，只有 24% 的已婚妇女工作；到 2013 年，这一比例已上升至 58%。制作一餐需要两个基本要素：食物和时间。当丈夫和妻子一起工作时，家务劳动的时间的机会成本——包括做饭——都会增加。这告诉我们，在过去的 50 年里，在家里做饭的成本变得更高了。一个自然的结果是让人们转向省力的方式来做饭。冷冻食品是机会成本增加问题的明显解决方案。

另一个更微妙的基于机会成本的解释是，在职会刺激冷冻食品的消费。1960 年，第一台微波炉被推出。这种设备被迅速推广到美国人的厨房中。微波被证明是一种快速解冻和烹饪冷冻主菜的方法。因此，这项技术降低了制作冷冻正餐的机会成本，增强了这些膳食相对于家常饭菜的优势。一旦考虑到机会成本，微波炉使得烹饪冷冻食品更便宜，而家常饭菜则变得更加昂贵。

你们中间的企业家们也可能认识到，我们所描述的家庭烹饪餐的机会成本的上升，部分归因于微波的传播，从而形成了一个强化循环。事实上，许多企业家发现经济学的简单工具——就像机会成本的概念一样——可以帮助他们预测将来生产哪些产品会有利可图。双职工家庭的增长刺激了许多企业家为家务劳动寻找节省劳动的解决方案。

你们中的公共政策专业学生可能有兴趣知道，一些研究人员将美国肥胖增长的部分原因，归结为冷冻食品和微波炉市场增长导致做饭的机会成本下降。（参见 David M. Cutler，Edward L. Glaeser，and Jesse M. Shapiro，"Why Have Americans Become More Obese？" *Journal of Economic Perspectives*，Summer 2003：93–118。）

思考

1. 许多人认为苏打水消费也会导致肥胖增加。许多学校已经禁止在自动售货机上销售苏打水。利用机会成本的概念来解释为什么有些人认为这些禁令会减少消费。你同意吗？

26 问题的关键在于科琳的时间是有限的：这个限制会产生机会成本。尽管比尔在所有任务上的能力都不如科琳，但让他花时间做一些东西可以释放出科琳的时间，这是有价值的，比尔的时间价值体现在他的比较优势上。如果一个生产者能以更少的机会成本生产商品和服务，这个生产者对于另一个生产者就有**比较优势**。首先考虑比尔，他每天可以采集 8 蒲式耳食物或砍伐 4 根原木，为了多得到 8 蒲式耳食物，他必须放弃砍伐 4 根原木。因此，比尔生产 8 蒲式耳食物的机会成本是 4 根原木。再考虑科琳，她每天可以生产 10 蒲式耳的食物，或者她可以砍伐 10 根原木。也就是说，为了多得到 1 蒲式耳食物，她要放弃砍伐 1 根原木；所以对科琳来说，8 蒲式耳食物的机会成本就是 8 根原木。在采集食物方面，比尔相对于科琳有比较优势，因为他为了得到 8 蒲式耳食物仅需放弃 4 根原木，而科琳需要放弃 8 根。

比较优势：如果一个生产者能够以较低的机会成本生产该产品，那么就说其在生产商品或服务时具有比较优势。

现在想想科琳为了得到 10 根原木而必须放弃的东西。为了砍伐 10 根原木，她不得不工作一整天。如果她花一天时间砍伐 10 根原木，她就放弃了一天能采集到的 10 蒲式耳食物。因此，对于科琳来说，10 根原木的机会成本是 10 蒲式耳食物。比尔为了 10 根原木又要放弃什么呢？为了砍伐 4 根原木，他不得不工作一整天。如果他花一天时间砍伐原木，他就放弃了 8 蒲式耳食物。他因此为每根原木放弃了 2 蒲式耳食物。也就是说，对于比尔来说，10 根原木的机会成本是 20 蒲式耳食物。在砍伐原木方面，科琳相对于比尔有比较优势，因为她为了得到 10 根原木仅须放弃 10 蒲式耳食物，而比尔需要放弃 20 蒲式耳。

李嘉图认为，双方都可以从专业化和贸易中受益，即使其中一方在生产两种产品方面都具有绝对优势。让我们看看它在当前示例中的工作原理。

假设科琳和比尔都想得到同等数量的原木和食物。如果科琳仅靠自己的话，每一种都平均分配时间，一天中，她能够生产 5 根原木和 5 蒲式耳食物。而比尔若想生产出同等数量的原木和食物，考虑到他的技能，他将不得不花更多的时间在木头上而不是食物上。通过花费三分之一的时间在采集食物上，花费三分之二的时间在砍伐原木上，他每一种都可以生产 $2\frac{2}{3}$ 个单位。总而言之，单独行动时，我们这对幸存者共生产了 $7\frac{2}{3}$ 单位的原木和食物，其中大部分是由科琳生产的。显然科琳是比比尔更好的生产者。她为什么要与笨拙、慢吞吞的比尔联手呢？

答案在于专业化带来的收益，如图 2.2 所示。在方块 a 中，我们展示了让比尔和科琳各自独自砍伐原木和采集食物的结果：$7\frac{2}{3}$ 根原木和相同数量的食物。现在，回想一下我们的计算结果，表明科琳在砍柴方面具有比较优势，让我们看看如果我们将科琳分配到木材任务并让比尔花一整天时间采集食物会发生什么。该系统在图 2.2 的方框 b 中描述。在一天结束时，两人最终得到 10 根原木（全部由科琳完成），8 蒲式耳的食物（全部由比尔生产）。通过联手和专业化，两者增加了两种产品的生产。这种产量的增加为科琳和比尔合作提供了动力。联合起来，每

（a）没有专业化的日常生产，假设科琳和比尔都想消费相同数量的原木和食物 27

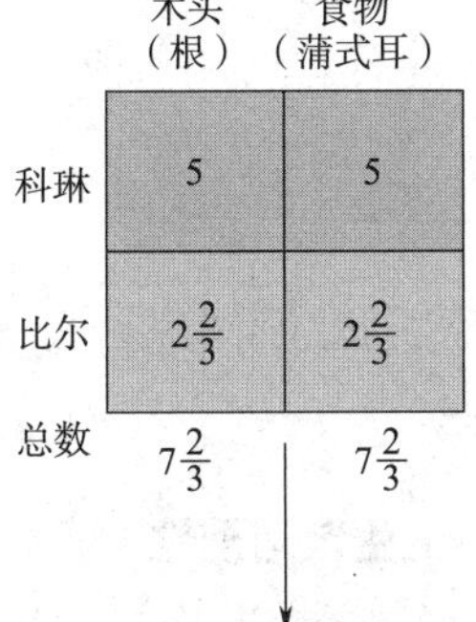

	木头（根）	食物（蒲式耳）
科琳	5	5
比尔	$2\frac{2}{3}$	$2\frac{2}{3}$
总数	$7\frac{2}{3}$	$7\frac{2}{3}$

（b）专业化的日常生产

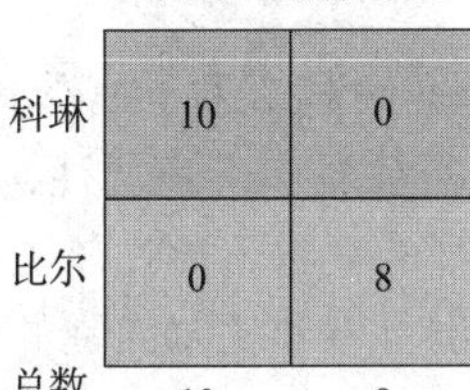

	木头（根）	食物（蒲式耳）
科琳	10	0
比尔	0	8
总数	10	8

◀图 2.2 比较优势与分工的好处

图板（a）显示了科琳和比尔基于各自的才能尽最大的努力劳动，并假设他们每个人都希望消费等量的食物和木材所得到的产出。注意科琳是将白天时间在两者间平均分配，而比尔如果希望平衡两种商品的产量，他必须将三分之二的时间用于木材砍伐。图板（b）显示双方专业化分工时会发生什么。请注意，每种商品都能产出更多单位。

个人都可以获得比他或她单独生产更多的收益。这个收益——$2\frac{1}{3}$根额外的原木和$\frac{1}{3}$蒲式耳的食物——代表了专业化分工的好处。当然，如果比尔和科琳真的都赞成两种商品的等量生产，他们可以调整工作时间来达到这个目的；这里的要点是总产量随着增加专业化而增加。

比尔和科琳的简单例子应该开始让你了解为什么大部分经济学家认可自由贸易的价值。即使一个国家在制造一切产品方面绝对比另一个国家好，我们的例子也表明，从专业化和贸易中会有所收获。

生产可能性和分工收益的图像表达 我们可以用图来说明科琳和比尔可能的生产情况，以及他们从分工和交换中获得的好处。

图 2.3（a）展示了在技能和岛上条件的限制下，科琳一个人能够生产的食物和木材的所有可能组合。图板（b）是对比尔的分析。如果科琳把她所有的时间都花在生产木材上，她最多可以生产 10 根原木，即 ACB 线与垂直轴相交点。同样地，ACB 线与水平轴相交点是 10 蒲式耳食物，这是科琳把全部时间都花在生产食物上所能得到的。我们也在图上标注了可能的 C 点，在这一点，她平均分配她的时间，生产 5 蒲式耳食物和 5 根原木。

图板（b）中的比尔可以通过将自己的全部时间用于木材或食物生产来获得多达 4 根原木或 8 蒲式耳食物。同样，我们在他的图上标记了一个 F 点，他在这个点生产 $2\frac{2}{3}$蒲式耳食物和 $2\frac{2}{3}$根原木。请注意，比

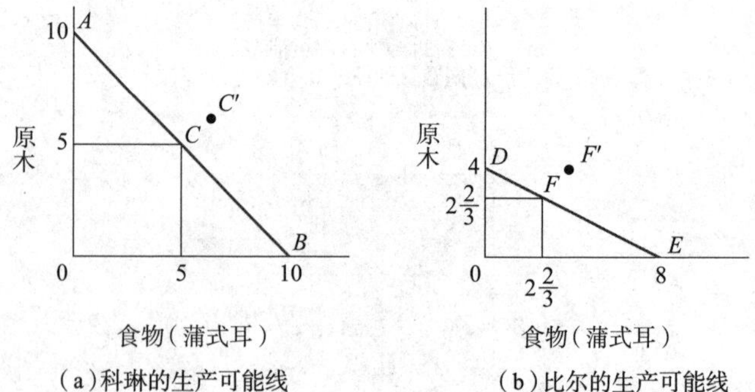

▲ 图 2.3 有无交换情况下的生产可能性

图形同样表明了科琳和比尔可以在一天的劳动中各自独立生产的食物和木材的组合。科琳可以沿着 ACB 线独立地获得任何点，而比尔可以沿着 DFE 线生产任何食物和木材的组合。专业化和交换将允许比尔和科琳将原始线向右移动，转移到像 *C′* 和 *F′* 这样的点。换句话说，分工和交换比单独行动能获得更多收益。

尔的生产线比科琳的低。生产线越靠右，个体就越有生产力；也就是说，他或她可以生产的两种商品越多。还要注意两条线的斜率不一样。科琳为一根原木放弃 1 蒲式耳的食物，而比尔为 1 根原木放弃了 2 蒲式耳的食物。不同的斜率显示出科琳和比尔面临的不同机会成本。他们还
28 开辟了专业化分工带来收益的可能性。接下来将尝试通过斜率相同的一个例子来证明不同斜率的重要性。

当合作的可能性出现，两人分别专注于木材或食物的生产时会发生什么？在图 2.2 中，我们已经看到专业化将允许这两个人从生产 $7\frac{2}{3}$ 根原木和相同数量的食物到生产 10 根原木和 8 蒲式耳的食物。科琳和比尔可以分配 $2\frac{1}{3}$ 根额外的原木和 $\frac{1}{3}$ 蒲式耳额外的食物，例如图 2.3 中的 *C′* 和 *F′* 点，而这些没有合作就无法实现。在这个案例中，我们不知道比尔和科琳将如何分配他们创造的剩余食物和木材。但是有剩余意味着他们两个都可以比单独做得更好。

权衡当前和未来预期的成本和收益 在很多时候我们都会发现，自己在今天可以得到的收益和明天可以得到的收益之间进行权衡。在这里应用机会成本的概念也是很有帮助的。

独自住在岛上的时候，比尔不得不在自己耕种跟采集野生坚果和浆果之间选择。采集野生坚果和浆果可以提供目前需要的食物；而如果一切顺利的话，采集种子并整理出一块地来耕种可以提供将来需要的食物。如果用现在的时间进行耕种可以使比尔在未来获得的食物比不耕种时有所增加，那么现在的这些努力就是值得的。通过耕种，比尔用当前的价值换来了未来的价值。

用现期收益来交换未来收益的一个最简单例子就是储蓄行为。当你把今天挣的钱存起来留在以后用时，你放弃了本来可以在今天就拥有的

某些商品，用它们来交换明天会拥有的某些商品。因为明天的商品都是不确定的，一定要对未来事件和预期价值做出判断。10 年后你的收入会是多少？你可能会活多少年？

我们无时无刻不在细小的方面做着这种现期收益和未来收益的取舍。如果你决定不参加宿舍的聚会而是复习功课，你就是在用现在的乐趣交换未来预期的较高成绩。如果你决定在一个非常寒冷的日子里走出家门跑上 5 千米，你就是在用现在的不舒适交换未来更好的身材。

资本品和消费品　如果一个社会把它的一部分资源投入研究和开发或者作为资本投入，这个社会就是在用当前利益交换预期的未来收益。像我们在这一章的前半部分提到的那样，广义地说，资本就是已经被生产出来的，并将被用于生产未来的其他有价值的商品或服务的东西。

创造资本就意味着用当前的收益交换未来收益。比尔和科琳也许会为了在未来修一所漂亮的房子而去伐木，这就放弃了采集浆果或者躺在沙滩享受阳光的可能。在现代社会里，用来生产资本品的资源本来是可以用来生产**消费品**的，也就是用于当前消费的产品。大型工业设备不能直接满足人们的需要，但是用来生产它们的资源本来是可以用来生产直接满足人们需要的产品的，如食品、服装、玩具或者高尔夫球杆。

消费品：为当前消费生产的商品。

资本无处不在。公路属于资本，一旦建成，就可以在未来的很多年里在上面驾驶汽车或者运输货物。房屋也属于资本，一个新的制造业厂商在成立以前必须在适当的地方投入一些资本。它的厂房、设备和存货等都属于资本。由于资本参与生产过程中，随着时间的流逝，它就产生了有价值的服务。

资本不一定是有形的。当你花时间和精力提高自己的技能或者接受教育的时候，你就是在进行人力资本投资——你自己的人力资本。这些资本在未来的日子里将一直存在，并给你带来收益。由软件厂商制作并可在线获得的计算机程序可能在发布时没有花费任何费用，但其真正的无形价值来自程序本身所体现的构思。它也是资本。

用资源生产新的资本品叫作**投资**（在日常用语中，投资这个词通常指购买股票或债券的行为，比如“我投资在一些国库券上了”。然而在经济学中，投资总是指资本的创造，如建筑、设备、公路和房屋等的购买或投入使用）。一项明智的资本投资可以在未来带来比今天花费的成本更大的收益。比如，当你投资于一栋房子的时候，你一定会考虑它在未来会带来多少收益。也就是说，你希望住在里面得到的收益会比你在今天用同样的钱购买其他东西而得到的收益要高。因为资源是稀缺的，每一项资本投资的机会成本就是放弃的现在的消费。

投资：利用资源产生新资本的过程。

生产可能性边界（ppf）：一张显示在有效使用所有社会资源的情况下可以生产的所有商品和服务组合的图形。

29

2.1.3 生产可能性边界

生产可能性边界（production possibility frontier）是一个简单的图

形工具，它说明了受限制决策的原理、机会成本和稀缺性经济。生产可能性边界展示了当社会的所有资源都得到有效利用时，可以生产的商品和服务的所有组合。图 2.4 是一个假想经济的生产可能性边界。在查看图 2.3 中科琳和比尔的选择时，我们已经看到了生产可能性边界的简化版本。这里我们将更详细地介绍生产可能性边界。

Y 轴表示资本品的数量，*X* 轴表示消费品的数量。曲线下方和左侧的所有点（图中的阴影部分）表示社会在有限的资源和当前的技术条件下可以实现的资本品和消费品的组合。曲线上方和右侧的点，比如点 *G*，表示目前无法实现的组合。你可以回忆一下我们的科琳和比尔的例子，新的交换和专业化分工的可能性使他们能够扩大他们的集体生产可能性并移动到像 *G* 这样的点。如果一个经济体处在图中的 *A* 点，它就完全不生产消费品，所有的资源都用来生产资本品。如果一个经济体处在图中的 *B* 点，它就把所有的资源都用来生产消费品，完全不生产资本品。

虽然所有的经济体都生产各种产品，但是不同的经济体有不同的侧重点。2012 年，美国总产出的 13% 是新增资本。在日本，历史上这一比例高得多，而在刚果，只有 7%。日本在它的生产可能性曲线上更接近 *A* 点，刚果更接近 *B* 点，而美国处于两者之间的某个位置。

生产可能性曲线上的点表示资源被全部利用以及生产是有效率的（回想一下第 1 章中提到的，有效率的经济就是可以以最小的成本生产人们需要的产品的经济。生产有效性是指以最小的成本生产出给定的产出组合）。没有未使用的资源，也没有浪费。在阴影区域中，不包括边界上的点，表示资源没有得到充分利用，或者表示生产是低效率的。例如，一个处于图 2.4 中 *D* 点的经济体可以生产出更多的资本品和消费品，比如移动到 *E* 点。这种移动是可以实现的，因为在 *D* 点资源没有被全部利用或者没有被有效利用。

负斜率和机会成本　正如我们看到的科琳和比尔的例子那样，生产可能性边界的斜率是负的。因为一个社会的选择受到可用资源和现有技术

▶图 2.4　生产可能性边界

生产可能性边界描述了一系列的经济学概念。最重要的之一就是机会成本。生产更多的资本品的机会成本，就是更少的消费品。从 *E* 点到 *F* 点，资本品的数量从 550 单位增加到 800 单
30 位，但消费品的数量从 1 300 单位降低到 1 100 单位。

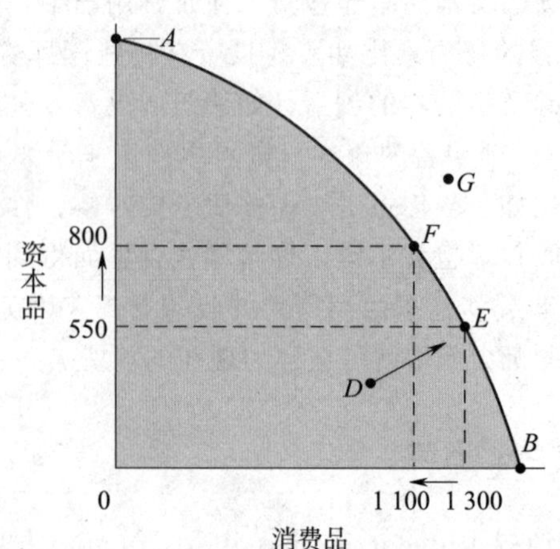

条件的限制，当资源被全部地且有效率地使用时，要生产更多的资本品就一定要减少消费品的生产。新增资本品的机会成本就是为此而放弃的消费品的产量。

资源的稀缺性可以由生产可能性边界的负斜率来说明（如果你需要回顾一下斜率的概念，参考第 1 章的附录）。在图 2.4 中，从 *E* 点移动到 *F* 点，资本的生产增加了 250（800–550）单位（正向变化），但是资本品生产的增加只能通过把资源从消费品生产中转移出来才能实现。因此，从 *E* 点移动到 *F* 点时，消费品的生产减少了 200（1 300–1 100）单位（负向变化）。曲线的斜率，也就是资本品变化与消费品变化的比值是负的。

一个社会的生产可能性边界的斜率叫作**边际转换率**（MRT）。在图 2.4 中，点 *E* 和点 *F* 之间的边际转换率就是资本品变化（一个正的数值）与消费品变化（一个负的数值）的比值。它告诉我们要想得到 1 单位的其他产出，不得不放弃 1 单位的某种产出。

边际转化率（MRT）： 生产可能性边界（ppf）的斜率。

机会成本递增法则　生产可能性边界的负斜率表明一个社会面临着在两种产品之间的“取舍”。在科琳和比尔的例子中，我们将生产可能性边界显示为一条直线。这里的生产可能性边界是什么意思？

在我们简单的例子中，比尔为他生产的每一块原木放弃了两蒲式耳食物。比尔每小时收获木材或生产食物的能力并不取决于他花在这项活动上的时间。同样，无论科琳生产多少，她都面临着同样的食物与木材的交换。在我们刚才介绍的语言中，比尔和科琳的边际转换率是不变的；因此生产可能性边界是一条直线。但事实并非总是如此。也许第一蒲式耳的食物很容易生产，例如低悬的水果。也许得到第一根木头比第二根木头容易，因为第二根树木更远。基于生产可能性边界，社会上越多人试图增加一种商品的生产而不是另一种商品的生产，这种商品的生产就越难。在图 2.4 的例子中，随着我们将越来越多的资源用于生产资本品，使用社会资源来制造资本品而不是消费品的机会成本增加。为什么会这样？一个常见的解释是，当社会试图只生产少量某种产品时，它可以使用最适合这些商品的资源——人、土地等。由于社会将大部分资源用于一种商品而不是其他商品，因此获得更多这种商品的生产往往变得越来越困难。

让我们看一下美国俄亥俄州和堪萨斯州生产的玉米和小麦之间的“取舍”。近年来，俄亥俄州和堪萨斯州一共生产了 5.1 亿蒲式耳玉米和 3.8 亿蒲式耳小麦。表 2.1 列出了这两个数字跟俄亥俄州和堪萨斯州假定可能存在的其他一些玉米和小麦生产的组合。图 2.5 是根据表 2.1 中的数据绘制出来的。

假如社会对玉米的需求突然大幅度增加，农民会把原来种植小麦的一些土地改种玉米。这一变化在图 2.5 中用从 *C* 点（玉米 =510，小麦 = 380）沿生产可能性边界向左上移动到 *A* 点和 *B* 点表示。这时，增加玉米的产出变得越来越困难。最适宜种植玉米的土地一定已经种植玉米了，最适宜种植小麦的土地也一定种上了小麦。当试图生产更多的玉米

31 **▶ 图 2.5 俄亥俄州和堪萨斯州的玉米和小麦生产**

生产可能性边界表明，当把资源从生产小麦转向生产玉米时，玉米的机会成本就增加了。从 E 点向 D 点移动时，5 000 万蒲式耳的小麦就可以换来 1 亿蒲式耳的玉米。从 B 点向 A 点移动时，1 亿蒲式耳的小麦只能换来 5000 万蒲式耳的玉米。每蒲式耳玉米的成本（用减少的小麦产量来衡量）增加了。

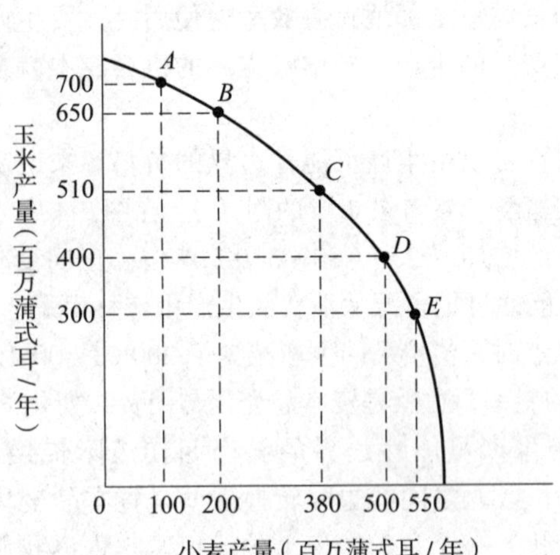

时，用到的土地一定是越来越不适合玉米生产的。当从小麦生产中拿出更多的土地来种植玉米时，这些土地也一定是更加适合小麦的生产。换句话说，生产更多玉米的机会成本（用以往的小麦产量来衡量）是增加的。

从 E 点向 D 点移动时，表 2.1 中的数据表明，可以在只损失 5 000 万（5.5 亿–5 亿）蒲式耳小麦的情况下得到 1 亿（4 亿–3 亿）蒲式耳的玉米。也就是说，1 蒲式耳小麦可以换来 2 蒲式耳的玉米。然而，当已经用尽种植玉米的土地能力以后，生产更多的玉米变得越来越困难，机会成本也越来越大。从 B 点向 A 点移动时，用 1 亿（2 亿–1 亿）蒲式耳的小麦只能换来 5 000 万（7 亿–6.5 亿）蒲式耳的玉米。这时 1 蒲式耳小麦只能换来 0.5 蒲式耳的玉米了。如果对小麦的需求增加了，就会沿着可能性边界向右下移动，生产小麦就会变得越来越困难，用以往的玉米产量来衡量小麦的机会成本会增加。这就是**机会成本递增法则**。

失业 在 20 世纪 30 年代的“大萧条”时期，美国经历了一次长时间的失业，数百万的工人失去了工作。在 1933 年，有 25% 的城市工人失业，直到 1940 年，这一数字一直都在 14% 以上。1944 年，美国政府增加的国防开支创造了几百万个工作机会，才使失业率逐渐降低。最近，在 2007 年底到 2010 年之间，美国失去了 800 多万个就业岗位，失业人数超过了 1 500 万。

表 2.1 俄亥俄州和堪萨斯州总的玉米和小麦生产的生产可能性安排

生产可能性曲线上的点	玉米总产量（百万蒲式耳 / 年）	小麦总产量（百万蒲式耳 / 年）
A	700	100
B	650	200
C	510	380
D	400	500
E	300	550

除了失业本身带来的艰难处境以外，工人的失业也意味着资本“失业”。在经济衰退时期，工厂的总生产能力一般都得不到完全利用。当劳动力和资本存在“失业”时，我们没有生产出我们有能力生产的全部产品。

存在失业的经济对应着生产可能性曲线内部的点，比如图 2.4 中的 *D* 点。从类似 *D* 点的点移动到边界上意味着实现了资源的完全利用。

低效率 即使是土地、劳动力、资本资源得到完全利用的经济也可能是运行在它的生产可能性边界之内的（就像图 2.4 中的 *D* 点一样）。这表示它对资源的使用是低效率的。

浪费和管理不善是厂商运营低于其潜力的结果。如果你是一家面包店的老板，而你忘记订购面粉，那么你的工人和烤箱会在你弄清楚该怎么做之前被闲置。

有时候低效率来自整个经济的管理不善，而不是单个私人厂商的管理不善。假设俄亥俄州的土地和气候最适宜生产玉米，而堪萨斯州的土地和气候最适宜生产小麦。如果美国国会通过法案，强迫俄亥俄州的农民用 50% 的土地种植小麦，堪萨斯州的农民用 50% 的土地种植玉米，那么小麦和玉米的生产都达不到潜在的生产水平。这时的经济就处在类似图 2.6 中 *A* 点的位置——在生产可能性边界之内。允许每个州专门生产其最适宜耕种的作物可以同时增加两种作物的产量，使经济到达类似图 2.6 中 *B* 点的位置。

产出的有效组合 为了做到高效率，一个经济体应该生产人们需要的东西。也就是说，除了应该做到在生产可能性边界上运行之外，经济还应该力图在生产可能性边界上*适当的点*运行。这被称为*产出有效性*，与生产有效性相对。假定一个社会把它全部的资源都投入牛肉的生产上，并且牛肉加工工业应用了最新的技术，其运行是高效率的。但如果这个社会中的每个人都是素食主义者并且没有交换，其结果就是资源的完全浪费。

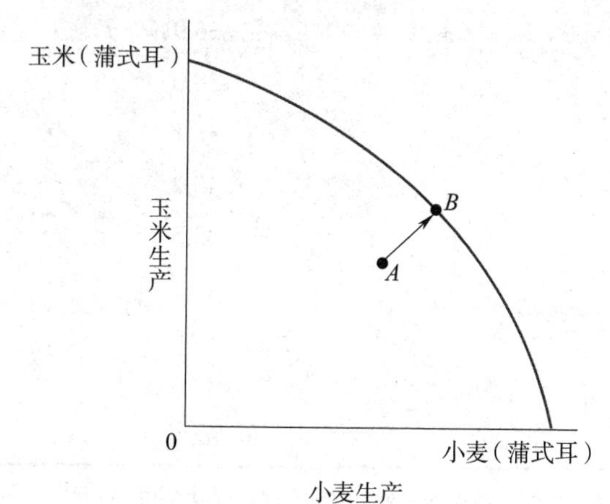

32

◀图 2.6 农业土地分配不当造成的低效率

效率低下总是导致生产的组合由生产可能性边界内的点显示，比如点 *A*。提高效率将使生产可能性移动到生产可能性边界上的一点，例如 *B* 点。

重要的是要记住，生产可能性边界代表了当前农业技术条件下可用的选项。从长远来看，随着技术改善的情况发生，总产出就会增长。

经济增长： 经济总产出增加。当一个社会获得新资源或学习使用现有资源生产更多产品时，就会出现增长。

经济增长 **经济增长**的特征是经济中总产出的增加。当社会得到新的资源或者掌握了用现有资源生产更多产品的方法时，就实现了经济增长。新的资源可能是劳动力或者资本存量的增加：新机器和设备（资本）的生产和使用可以提高工人的劳动生产率（给一个人一把铁锹，他可以挖一个更大的坑；给他一个挖土机，他可以挖的坑就大得惊人）。劳动生产率的提高还可以来自技术进步和革新——新的、效率更高的生产技术的发明和应用。

在过去的几十年里，美国的农业生产率有显著的提高。根据美国农业部统计的数据（如表 2.2 所示），从 20 世纪 30 年代后半期开始，每英亩玉米产量增加了 6 倍，生产需要的劳动力也大幅度减少了。小麦的生产率也有所提高，只是增长率略低：每英亩的产出增长了 2 倍多，劳动力需求降低了近 90%。这些增长是应用更高效的种植技术、更多更好的资本品（拖拉机、联合收割机等设备），科学知识的进步以及工艺的变革（杂交种子、化肥等）联合作用的结果。像在图 2.7 中可以看到的那样，这些变化使生产可能性边界向右上移。

33 表 2.2 美国玉米和小麦产量的增加情况，1935—2009

	玉米		小麦	
	每英亩产量（蒲式耳）	每百蒲式耳所需工时	每英亩产量（蒲式耳）	每百蒲式耳所需工时
1935—1939	26.1	108	13.2	67
1945—1949	36.1	53	16.9	34
1955—1959	48.7	20	22.3	17
1965—1969	78.5	7	27.5	11
1975—1979	95.3	4	31.3	9
1981—1985	107.2	3	36.9	7
1985—1990	112.8		38.0	
1990—1995	120.6		38.1	
1998	134.4		43.2	
2001	138.2		43.5	
2006	145.6		42.3	
2007	152.8		40.6	
2008	153.9		44.9	
2009	164.9		44.3	

来源：U. S. Department of Agriculture，Economic Research Service，Agricultural Statistics，Crop Summary。

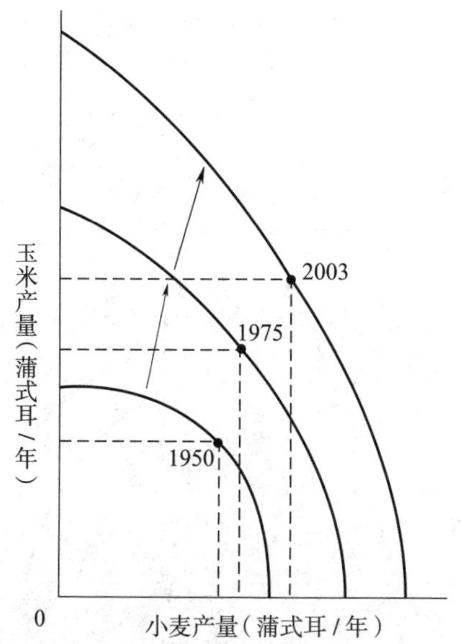

◀图 2.7　经济增长使生产可能性边界向上和向右移动

生产力的提高增强了美国生产玉米和小麦的能力。如表 2.2 所示，玉米的生产力增长比小麦更为显著。因此，生产可能性边界的变化并不平行。

增长的来源和贫穷国家的困境　经济增长可能由很多原因引起。长期经济增长的两个最重要的原因是资本积累和技术进步。对于比较贫困的国家来说，资本是必不可少的；它们必须修建起发展高效运行的工业所必需的通信网络工程和交通运输系统。它们还需要资本品来发展农业部门。

我们曾介绍过，资本品的生产是以牺牲消费品的生产为代价的，对于技术进步来说同样如此。技术进步需要的研发也是消耗资源的，也是 34
有代价的。用来生产资本品（道路、拖拉机、重工业工厂）和发展新技术的资源本来是可以用来生产消费品的。

当一个国家的大部分人口都非常贫困时，从消费品（比如食品和服装）生产中拿出一些资源是非常困难的。而且在一些国家里，那些足够富有的可以投资于国内工业的人们宁愿在国外投资以避免国内的政治骚乱。这就造成了在比较贫困的国家里，往往需要政府从税收收入中拿出一部分来进行资本品生产和技术研究。

所有这些因素都造成了贫困国家和富裕国家之间差距的扩大。图 2.8 用生产可能性边界描述了这一现象。在左下的图中富裕国家资本品生产的比例较高，而在左上的图中贫困国家生产的绝大部分产品都是消费品。在右侧两个图中，可以看到这样的结果：富裕国家的生产可能性边界向右上移动的程度和速度都比较大。

罗伯特·詹森（Robert Jensen）对印度南部工业的研究充分说明了资本品和技术发展对欠发达国家工人地位的重要性。传统的电话需要在电线和塔架上进行大量投资，因此许多欠发达地区没有固定电话。另一方面，移动电话只需要较低的投资；因此，在许多地区，人们从没有电话直接升级到手机。詹森发现，在小型渔村，手机的出现使渔民能够决定某一天在哪里出售自己钓上来的鱼，导致鱼类浪费大量减少并增加了捕捞利润。新型通信技术助力发展是我们这个时代令

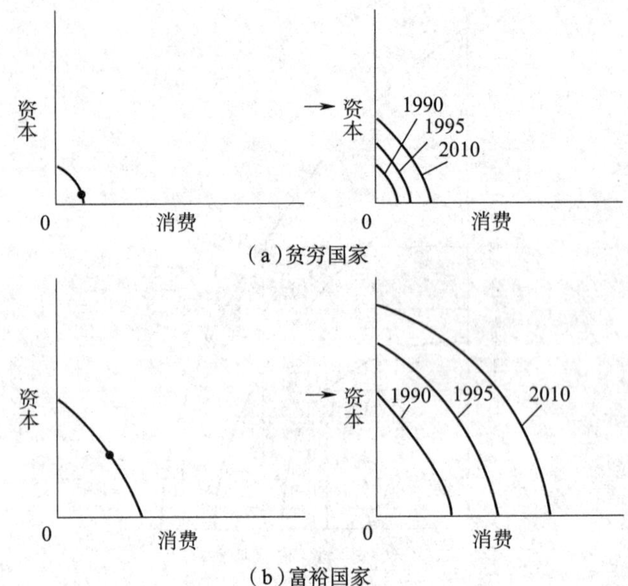

▶ **图 2.8　贫穷和富裕国家的资本品和增长**

富裕国家比贫穷国家更容易将资源用于资本生产，流入资本生产的资源越多，经济增长的速度就越快。因此，贫穷国家和富裕国家之间的差距随着时间的推移而增长。

人兴奋的特征之一。（参见 Robert Jensen，"The Digital Provide: Information Technology，Market Performance，and Welfare in the South Indian Fisheries Sector，" *Quarterly Journal of Economics*，2007：879-924。）

虽然生产可能性边界只是作为一种抽象存在，但它说明了我们将在本书其余部分使用的一些重要概念：稀缺性、失业、低效率、机会成本、机会成本递增法则、经济增长，以及贸易收益。

2.1.4 经济问题

回想一下所有经济体系面临的三个基本问题：（1）生产什么？（2）如何生产？（3）分配给谁？

当比尔一个人在岛上的时候，回答这些问题的机制很简单：他只需要考虑自己的需要和偏好、岛上资源的限制以及自己的技能和时间，然后就可以做出决定了。在开始工作的时候，他分配岛上可用资源的问题很简单——其实或多或少就是分配他自己的时间。这里就并不存在产品分配的问题了，因为比尔就是社会，他应该得到全部产品。

只要在这个简单的经济中再引入一个人（在这里是科琳）就会改变所有这些机制。合作与协调可以得到各自单干时无法实现的额外收益。当一个社会由很多很多人组成时，协调和合作的问题就更加庞大复杂了，社会总体可以增加的潜力也就更大了。在更大的、更复杂的经济体中，分工可能是异常细致的。一个现代工业社会可以提供的产品的多样性是 100 年前任何人都想象不到的，职业的多样性也是如此，分工在其中扮演了重要角色。

现代工业社会中协调合作的程度也是难以想象的。即使间或出现了低效率，也会有某种东西推进经济系统朝生产人们所需要的产品的方向

实践中的经济学 35

富人和穷人之间的权衡取舍

对所有社会的所有个体而言，资源相对于人们的需求都是有限的。然而，在富裕国家与贫穷国家之间，个人面临的权衡取舍存在很大差异。

1990 年，世界银行将世界极端贫困人口定义为每天收入低于 1 美元的人。在发展经济学家和决策者中，这个数字可以作为一个粗略的经验法则。在近些年的一项调查中，麻省理工学院的两位经济学家阿比吉特·班纳吉（Abhijit Banerjee）和埃丝特·迪弗洛（Esther Duflo）对全世界 13 个国家生活在这一水平线的人们进行了调查。[1] 他们通过对比这些人与美国的消费者所面临的消费取舍，发现了什么呢？

以下结论应该不会让你感到惊讶，对于极端贫困的人来说，食物是预算中的一个更大的组成部分。平均来讲，在 13 个国家中，消费的 56% 至 78% 用于食品。在美国，平均预算的不到 10% 用于食品。然而，即使是最贫穷的消费者，生理需求并非都是决定因素。班纳吉和迪弗洛的研究发现，在印度的乌代布尔，几乎 10% 的典型食品预算用于糖和加工食品，而不是更有营养价值的谷物。因此即使在这些低收入水平下，仍有一些决策余地。更有趣的也许是，接受调查的人中有近 10% 的预算用于举办婚礼、葬礼和其他节日活动。在娱乐场所很少的社会中，班纳吉和迪弗洛认为我们可能会看到更多的对于节日的需求，这表明即使在极端贫困的社会中，家庭决策也起着重要作用。

思考

1. 为什么我们可以看到贫穷国家对节日的需求大于富裕国家对节日的需求？可用的选择会对这一现象产生怎样的影响？

[1] Abhijit Banerjee and Esther Duflo, "The Economic Lives of the Poor," *Journal of Economic Perspective*, Winter 2007: 141-167.

发展。在资源稀缺的条件下，大而复杂的经济系统将如何回答那三个基本经济问题呢？这就是经济问题，也就是这里要讨论的问题。

2.2 经济系统和政府的角色

2.2 学习目标 36

了解计划经济和市场经济决定生产什么时的核心差异。

到目前为止，我们已经描述了经济体系必须回答的问题。现在我们转向系统的机制。政府在决定生产什么和如何生产方面发挥了什么作用？在许多情况下，政府可能能够改善市场的运作。

2.2.1 计划经济

计划经济：一种中央政府直接或间接设定产出目标、收入和价格的经济体制。

在纯粹的**计划经济**中，基本的经济问题由中央政府来回答。通过政府对国有厂商的所有权和中央计划的组合，政府直接或间接地设定了产出目标、收入和价格。

目前，对于世界上大多数国家而言，私营厂商在生产决策中至少起着一定的作用。而今天的争论在于政府在经济中应该扮演怎样的角色并介入到什么程度。理论上，政府的介入会提高国家资源分配的效率和公平。与此同时，一个运作不良的政府可能会破坏激励机制，导致腐败，并导致浪费社会资源。

2.2.2 自由放任经济：自由市场

自由放任经济：字面意思来自法语："允许（他们）这样做。"指一种个人和厂商在没有任何政府指导或监管的情况下追求自身利益的经济体制。

市场：买卖双方互动和参与交易的场所。

和计划经济相反的另一极是**自由放任经济**。自由放任这个词是按照字面意思从法语直译过来的，它的意思是"允许（他们）这样做"，这意味着经济中完全没有政府的干预。在这种经济里，个人和厂商在追求自己的利益时完全没有中央指导或管制，无数个个体的决策加总起来就决定了最终所有的基本经济结果。在自由放任的经济系统中回答这些基本经济问题的核心机构是**市场**，在经济学中市场是指购买者和销售者互相打交道并从事交换的机构。简言之：

> 有一些市场很简单，有一些市场很复杂，但是它们都包括参与交易的购买者和销售者。在自由放任经济中，购买者和销售者的行为决定着生产什么、如何生产以及分配给谁这三个问题。

在以后的章节中将深入研究市场系统，然而在这里不妨先进行一个简单的"预习"。

消费者主权：消费者通过选择购买什么（以及不购买什么）来最终决定生产什么（或不生产什么）。

消费者主权　在自由的、没有管制的市场中，只有当供给者可以赢利的时候才会进行商品和服务的生产与销售。简单地说，可以赢利就意味着厂商可以以高于生产成本的价格出售商品和服务。除非有人需要你销售的产品，否则你就不会赢利。这样的逻辑就引出了**消费者主权**的概念：任何自由市场中的产出组合最终都是由消费者的口味和偏好决定的，消费者通过购买或不购买来进行"投票"。厂商的兴衰是对消费者需求做出反应的结果。在这里，中央指令或计划都是没有必要的。

个体生产决策：自由厂商　在自由市场体系下，个体生产者还必须确
37 定如何组织和协调其商品或服务的实际生产。在自由市场经济下，生产者可大可小。一个计算机发烧友可以开一个设计网站的公司。从更大的范围上来说，一群家具设计师可以把大量的设计草图汇集在一起，筹集

几百万美元建立一个比较大的企业。诸如微软、三菱、苹果、英特尔这样的巨型厂商每年都可以销售价值几百亿美元的产品。然而无论厂商大小，市场经济中的产出决策都是由单个的私人组织依据各自的利益做出的。

自由市场体制的拥护者认为，市场的利用可以使产品的生产更有效率，并更好地适应不同的且不断变化着的消费者偏好。如果某个生产者的生产是低效率的，就会有其他竞争者跟上来，和其争夺市场份额，并最终取代该生产者的地位。因此，在自由市场经济中，竞争使生产者不得不在生产中应用更有效率的技术，并且生产消费者需要的商品。

产品的分配　在自由市场的体系下，产品的分配——谁得到什么——也是以一种分散管理的方式来决定。由于收入的来源是通过工作而挣来的工资，因此它至少部分地是个体决策的结果。只有当市场提供的工资（以及这些工资可以购买的商品和服务）足够补偿你由于工作而放弃的东西时，你才会为了这些工资而工作，你可能会发现通过接受更多教育或培训可以增加收入。

价格理论　自由市场体系中的基本调节机制是价格。价格是每单位产品售出的金额，它反映了社会愿意支付的数额。投入品（劳动力、土地和资本）的价格决定了生产一种产品的成本。不同种类劳动力的价格或说工资率决定了在不同的工作岗位和不同的职业工作的报酬。由于市场经济中的很多独立决策都包含对价格和成本的比较，因此很多经济理论聚焦于影响和决定价格的因素就毫不奇怪了。这就是微观经济理论常常被简称为价格理论的原因。总而言之：

> 在自由市场体系中，基本经济问题的解答不需要中央政府的计划或指导。这就是自由市场中“自由”的含义——这个系统是独立运行的，不受外部的干预。为了自己的利益，个人会开办企业并生产人们需要的商品和服务。人们会决定是否学习技能，是否工作，是否购买、销售、投资或将他们赚取的收入储蓄起来。这里的基本协调机制是价格。

2.2.3 混合系统、市场和政府

纯粹的计划经济和自由放任经济之间的差异十分巨大，但是世界上并不存在这样的纯粹形式，所有的真实系统在一定意义上都是“混合”的。也就是说，即使是在政府主导的经济中，私营厂商和独立决策也是存在的。

相反，市场经济中也一定有政府的干预和管制。美国从本质上说是自由市场经济，但是 2014 年总产出中政府采购占了 18% 还多一点。美国政府（地方政府、州政府、联邦政府）直接雇用的劳动者大约占劳动者

总数的 14%（包括现役军人的话这一比例会达到 15%）。政府还通过税收和社会福利支出对收入进行了重新分配，并且对很多经济活动进行管制。

这本书研究的主要问题之一，实际上也是经济中的一个重要问题，就是自由且没有管制的市场的优势与政府干预的必要性之间的交锋。认识到市场在哪些方面起作用，在哪里有可能失灵，并发掘政府在处理市场失灵时的作用，这是政策经济学的主要课题。在这本书里会反复回到这个争论上来。

38

2.3 前瞻

这一章从一个很广阔的范围描述了经济问题，概括了所有经济系统都必须回答的问题，还宽泛地讨论了两种经济系统。在第 3 章里，我们将分析市场体系的运行方式。

总结

1. 每个社会都有一些把自然和前人提供的资源转化为某种有用形式的系统或者机制。经济学就是研究这一过程和其结果的学科。
2. 生产者拥有资源并将其转化为可使用的产品或产出。私人厂商、家庭和政府都会生产一些东西。

2.1 稀缺性、选择和机会成本　页 30

3. 所有的社会都要回答三个基本问题：生产什么？如何生产？分配给谁？这三个问题就组成了经济学要研究的问题。
4. 一个人独自在孤岛上同样要做出复杂社会必须做出的那些基本决策。当社会由不止一个人组成时，分配问题、合作问题和分工问题就都产生了。
5. 因为在所有的社会中，资源相对于人类的需要都是稀缺的，所以用资源去生产一种商品或服务就意味着不能用它们去生产其他商品和服务。这就是机会成本的概念，它对理解经济学起着关键作用。
6. 用资源生产会在将来带来收益的资本品就意味着不能用它们生产当前使用的消费品。
7. 即使一个人或一个国家在生产上比另一个人或另一个国家绝对更有效率，如果人们专门生产他们具有比较优势的产品，大家也都会受益。
8. 生产可能性边界是这样一条曲线，它显示了当所有社会资源都得到有效运用时，可以实现的所有商品和服务组合。它还说明了一些重要的经济学概念：稀缺性、失业、低效率、机会成本递增和经济增长。
9. 如果一个社会生产出更多的产品——通过获取更多的资源，或者学会利用现有资源生产更多的产品，经济增长就产生了。生产率提高可能来自增加的资本，也可能来自新的、更高效的生产技术的发现和运用。

2.2 经济系统和政府的角色　页 45

10. 在一些现代社会中，政府在回答三个基本问题方面发挥着重要作用。在纯粹的计划经济中，中央机构直接或间接地设定产出目标、收入和价格。
11. 自由放任经济中，个人独立追求自身利益并最终决定所有基本经济成果，而没有任何中央机构指导或监管。
12. 市场是买卖双方互动和从事交易的机构。一些市场只涉及简单的面对面交易：另一些则包括一系列复杂交易，通常是远距离或者通过电子手段进行的。
13. 现实中没有纯粹的计划经济和纯粹的自由放任经济，所有的经济系统都是混合的。中央计划经济中也存在私人厂商、独立决策和相对自由的市场；政府在市场经济中也起着重要的作用，比如美国。
14. 经济学中的一个重要争论围绕的就是自由的、无管制市场的优势，跟政府干预经济的必要性之间的比较。自由市场生产人们需要的东西，竞争迫使厂商采用高效的生产技术。政府需要干预经济的原因是自由市场会产生低效率和收入分配不公平的问题，而且会经历周期性通货膨胀和失业。

术语和概念回顾

绝对优势，页 32
资本，页 30
计划经济，页 46
比较优势，页 34
消费品，页 37
消费者主权，页 46
经济增长，页 42
生产要素（或要素），页 30
投入或资源，页 30
投资，页 37
自由放任经济，页 46
边际转换率（MRT），页 39
市场，页 46
机会成本，页 31
产出，页 30
生产，页 30
生产可能性边界（ppf），页 37
比较优势理论，页 32

习题 39

2.1 稀缺性、选择和机会成本

学习目标：理解为什么在一个社会中一个人即使所有工作都比第二个人做得更好，对于这两个人来说，分工和交换仍然是有益的。

1.1 对于以下各项，描述一些潜在的机会成本：

a. 回家过感恩节假期

b. 每天骑自行车 20 英里

c. 美国联邦政府使用税收收入在佛罗里达州购买 10 000 英亩土地用作鸟类保护区

d. 外国政府补贴其国家航空厂商以降低机票价格

e. 在地中海游轮旅行中将客舱升级为阳台套房

f. 熬夜观看《权力的游戏》第 5 季

1.2 “只要所有的资源都得到充分利用，而且经济系统中的每个厂商都以现有的最好技术生产其产品，那么经济运行的结果就是有效的。你是否同意这句话？请说明理由。

1.3 你是宾夕法尼亚州默斯伯格一家小城报馆主编的实习生。你的老板（主编）让你为这周的报纸起草社论初稿。你的任务是描述新建一座横跨市中心铁轨的桥梁的成本与收益。目前，住在这座小城的大多数人必须开车两千米通过堵塞的交通抵达现有的桥梁，再去主要的购物和上班中心。这座新桥将以未来 20 年征收所得税的方式花掉默斯伯格居民 2 500 万美元。修建这座桥的机会成本是多少？如果这座桥建起来，居民们可能得到的收益是什么？还有什么因素需要你在撰写这篇社论时考虑？

1.4 亚历克西和托尼拥有一辆食品卡车，只提供两种物品，街头炸的玉米饼和古巴三明治。如表中所示，亚历克西每小时可制作 80 个街头炸玉米饼，但只能制作 20 个古巴三明治。托尼速度快一些，可以在一小时内制作 100 个街头炸玉米饼或 30 个古巴三明治。亚历克西和托尼可以出售他们能够生产的所有街头炸玉米饼和古巴三明治。

每小时产出		
	街头炸玉米饼	古巴三明治
亚历克西	80	20
托尼	100	30

a. 对于亚历克西和托尼来说，街头炸玉米饼的机会成本是多少？ 谁在街头炸玉米饼的生产方面具有比较优势？请说明理由。

b. 谁在古巴三明治的生产中具有比较优势？为什么？

c. 假设亚历克西每周工作 20 小时。假设亚历克西独自开展业务，请绘制他可以在一周内生产的街头炸玉米饼和古巴三明治的可能组合。托尼也一样吗？

d. 如果亚历克西将他的一半时间（20 小时中的 10 小时）用于制作街头炸玉米饼，而将另一半用于制作古巴三明治，那么他每周会各生产多少个？ 如果托尼采取同样的做法，他会各生产多少个？他们两人一共将生产多少街头炸玉米饼和古巴三明治？

e. 假设亚历克西花了 20 个小时的时间在街头炸玉米饼上，托尼在古巴三明治上花
40 了 17 个小时，在街头炸玉米饼上花了 3 个小时。每一种商品会生产多少件？

f. 假设亚历克西和托尼可以每个 2 美元出售他们所有的街头炸玉米饼，以每个 7.25 美元出售他们所有的古巴三明治。如果他们每个人每周工作 20 个小时，他们应该如何在生产街头炸玉米饼和古巴三明治之间分配时间？他们的最大合计收入是多少？

1.5 简要描述下面每个决策中包含的取舍。要列出和每个决策有关的一些机会成本，尤其注意当前消费和未来消费之间的取舍。

a. 紧张的高三生活结束以后，史瑞斯决定暑假好好休息而不是在进入大学之前打工。

b. 弗兰克体重超重了，他决定每天开始锻炼并节食。

c. 梅非常认真地对她的车进行日常保养，即便每年 4 次保养共要花费她 2 个小时的时间和 100 美元。

d. 吉姆为了赶时间而在上班的路上闯了红灯。

*1.6 猎户国和天蝎国的国家地貌以丘陵为主。两者都生产花岗岩和蓝莓。每个国家的劳动力为 800 人。下表列出了每个国家每个工人每月的生产量。假设每个国家的每个工人生产率是恒定的并且都相同。

	花岗岩的数量（吨）	蓝莓的数量（蒲式耳）
猎户国工人	6	18
天蝎国工人	3	12

一个工人每月的生产能力

a. 哪个国家在花岗岩生产方面具有绝对优势？在生产蓝莓方面呢？

b. 哪个国家在花岗岩生产方面具有比较优势？在生产蓝莓方面呢？

c. 画出每个国家的生产可能性边界。

d. 假设两个国家之间不存在贸易，如果两个国家都希望拥有相同数量的花岗岩和蓝莓，那么它们如何将工人分配给这两个部门呢？

e. 请说明专业化和贸易可能使两个国家都超出它们的生产可能性边界。

*1.7 把下面的描述和图 1 中的每个图形结合起

* 注意，全书带星号的习题更具有挑战性。

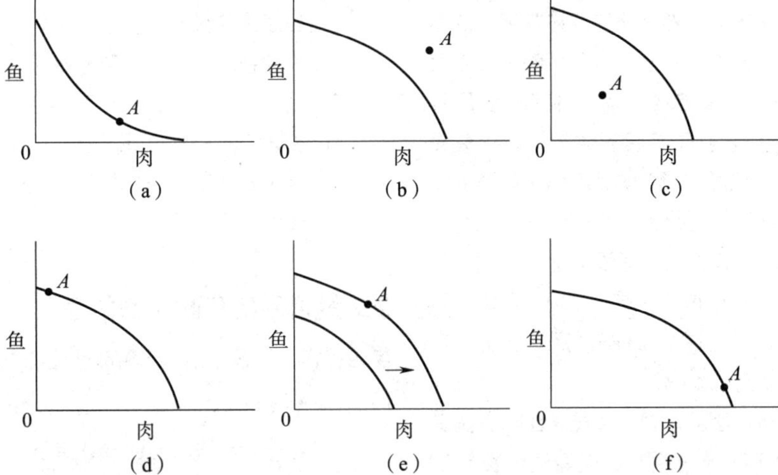

▲ **图 1**

来。假定经济运行或者试图运行在 A 点，社会中的大部分成员喜欢吃肉类而不喜欢吃鱼。注意：某些描述适用于不止一个图，某些图存在不止一个描述。

a. 肉类和鱼类的生产低效率。

b. 生产高效率。

c. 低效率的产出组合。

d. 肉类和鱼类生产的技术进步。

e. 机会成本递增法则。

f. 不可能实现的组合。

1.8 一个拥有固定资源的国家可以生产下表中任何一种地毯和地毯织机的组合：

地毯码数（百万）	地毯织机台数（千）
0	45
12	42
24	36
36	27
48	15
60	0

这些数字是在假定原来生产的织机现在仍然可以用于制造地毯的情况下得出的。

a. 应用表中数据画出生产可能性边界（地毯在垂直轴表示）。

b. 这个国家是否符合“机会成本递增”法则？简要解释。（提示：地毯生产增加的时候，地毯的机会成本［用织机数量衡量］如何变化？）

c. 如果这个国家选择同时生产地毯和地毯织机，那么随着时间的推移，生产可能性边界会如何变化？为什么？

现在假设发现了一种新技术，允许每个现有织机可以生产额外 50% 的地毯码数。

d. 在你原来画出的图上说明新技术对生产可能性曲线的影响。

e. 假设在新技术出台之前，该国生产了 1.5 万台织机。引入新技术以后，该国生产了 2.7 万台织机。新技术对地毯生产有何 41
影响？（计算出变化前后地毯的码数）

1.9 **［与页 33“实践中的经济学”相关］** 围绕马克・阿吉亚尔（Mark Aguiar）和埃里克・赫斯特（Erik Hurst）对消费者食品采购进行的大规模调查的分析表明，退休人员在同一市场购买食物的费用低于在职人员。使用机会成本的概念来解释这个事实。

*1.10 贝蒂・洛乌有洗车和汽车美容业务。她花 20 美元洗车，这个过程花了她 20 分钟，不需要任何帮助或材料。对于需要 1 小时的汽车美容，她除了材料费，另收取 50 美元。同样，不需要任何帮助。贝蒂・洛乌的定价模式有什么让人不解之处吗？请说明理由。

1.11 在 2014 年美国国家橄榄球联盟常规赛结束时，路易斯安那州彩票允许客户在最后的第二次机会抽奖中输入他们未获奖的新奥尔良圣徒队刮刮彩票游戏门票，并有机会赢得 2015 年圣徒队赛季奖套餐体验。这个套餐包括 4 张赛德兰广场门票和 2015 年圣徒队主场比赛的场地通行证、赛季停车证和每场主场比赛的过夜住宿。假设你进入了这个第二次机会，并赢得了圣徒队 2015 赛季的赛季奖套餐体验。在 2015 赛季期间出席圣徒队的比赛会有成本吗？

1.12 在得克萨斯州西部，高中橄榄球比在美国其他任何地区都更受欢迎。在橄榄球赛季期间，小型城镇在周五晚上就像关闭了一样，因为当地的球场宛如战场，接下来的一周，比赛的结果就是每个城镇人们的谈话内容。考虑到这些城镇中有许多距离任何中型或大型城市 100 英里或更远，这些西得克萨斯州小城镇的高中橄榄球极度普及，可能有什么经济上的原因？

1.13 比拉蓬国能够以下表中的数据表示的组合生产冲浪板和皮划艇。每个数字的单位为“千个”。将这些数据绘制在生产可能性图上，并解释数据显示比拉蓬国机会成本增加的原因。

	A	B	C	D	E
冲浪板	0	20	40	60	80
皮艇	28	24	18	10	0

1.14 解释以下每种情况如何影响一个国家的生产可能性曲线。

a. 通过了一项法律，使所有美国公民免费攻读社区大学。

b. 意外暖和的春天导致佛罗里达州和加利福尼亚州的柑橘类水果丰收。

c. 移民法规的变化大大增加了进入美国的移民工作者的人数。

d. 在经济衰退期间，失业工人可以领取失业保险的时间从 26 周增加到 96 周，导致工人失业时间拉长。

e. 脱盐技术的创新使得盐水更有效地转化为淡水。

f. 核电厂的辐射泄漏导致 10 000 平方英里区域长期的人员撤离，这大大降低了该国的生产能力。

2.2 经济系统和政府的角色

学习目标： 了解计划经济和市场经济决定生产什么时的核心差异。

2.1 描述计划经济和自由放任经济。世界上任何经济体系是否都反映了最纯粹的指令或自由放任的经济形式？请说明。

2.2 假设一个简单的社会经济只有一种资源，劳动力。劳动力只可以用来生产两种商品——必需品 X（食品），奢侈品 Y（音乐和欢乐）。假设劳动力由 100 名工人组成。一个劳动者每月可以生产 5 个单位必需品（通过狩猎和采集）或每月生产 10 个单位奢侈品（通过写歌、弹吉他、跳舞等）。

a. 在图上，绘制生产可能性边界。生产可能性边界在哪里与 *Y* 轴相交？在哪里与 *X* 轴相交？这些要点有什么意义？

b. 假设经济生产在生产可能性边界内部的一个点上。给出至少两个可能发生这种情况的原因。如何才能将经济推向生产可能性边界上的点？

c. 假设你成功地将经济提升到了生产可能性边界上的点。你会选择什么样的点？你的小社会如何决定它想要的点？

d. 一旦你选择了生产可能性边界上的一个点，你仍然需要决定你的社会生产将如何划分。如果你是独裁者，你会如何决策？如果你将产品分销到自由市场，会发生什么？

第 3 章

需求、供给与市场均衡

第 1 章和第 2 章介绍了经济学的基本规律、研究方法和研究对象。现在我们有了新的任务：分析市场经济是如何运行的。本章和下一章会对单一市场的运作方式作基本的阐述，并介绍一些在微观经济学和宏观经济学中会用到的术语和概念。

第 2 章讨论的简单的岛屿社会中，比尔和科琳直接解决了经济问题。他们分配自己的时间，利用岛上的资源来满足自己的需要。这种交换方式是相对简单的。在大型的社会中，人们之间通常保持着一定的距离，因此交换方式会更加复杂。市场就是进行交换的场所。

从这一章开始，我们将探讨市场机制中发挥作用的一些基本要素。讨论的目的是解释在没有任何中央计划或指导的情况下，家庭和厂商如何进行个体决策，并回答三个基本问题：生产什么？ 如何生产？产品分配给谁？下面我们从一些定义开始讲解。

本章概述和学习目标

43 **3.1 学习目标**

理解厂商、企业家和家庭在市场中的角色。

3.1 厂商和家庭：基本的决策单位

在本书中，我们围绕两个基本决策单位的行为展开讨论和分析：厂商是经济中基本的生产单位，家庭是经济中的消费单位。两者都是由从事不同工作、扮演不同角色的人组成的。因此经济学关注的是人的行为和人与人之间的互动。

厂商：将资源（投入）转化为产品（产出）的组织。厂商是市场经济中的主要生产单位。

当一个人或一群人决定通过把投入（即广义上的资源）转化为产出，即在市场上销售的产品时，**厂商**就产生了。有一些厂商生产商品，另一些厂商提供服务；有一些厂商规模很大，很多厂商规模很小，还有一些厂商的规模介于它们之间。所有厂商的存在都是为了将资源转化为人们所需要的商品和服务。科罗拉多交响乐团吸收劳动力、土地、建筑、音乐人才、乐器等投入，并将它们结合起来，举办音乐会演出。这一生产过程可能十分复杂。例如，乐团中的首席长笛手结合了训练、天赋、从前的演奏经验、乐谱、乐器、指挥的诠释以及个人对音乐的感受，从而为整个演奏贡献了他的力量。

大多数厂商之所以存在是为了给它们的所有者带来利润，但也有一些不是。例如，哥伦比亚大学符合对一家厂商的描述：它以劳动力、土地、技能、书籍和建筑的形式吸收投入，并提供一种我们称为*教育*的服务。尽管大学以一定的价格出售这项服务，但它的存在并不是为了赢利；相反，它的存在是为了提供尽可能高质量的教育和研究。

尽管如此，大多数厂商的存在都是为了赢利。它们从事生产是因为它们能以高于生产成本的价格销售它们的产品。对厂商行为的分析是建立在这样的假设之上的：*厂商的决策是为了实现利润最大化*。有时厂商遭受损失而不是赢利。当厂商遭受损失时，我们会假设它们采取行动将损失降到最低。

企业家：组织、管理和承担企业风险，实践新想法或制造新产品并将其转变为成功事业的人。

企业家是组织、管理和承担厂商风险的人。当创建一家新厂商时，必须有人负责组织，安排融资，雇佣员工，并承担风险。这个人就是**企业家**。有时现有的厂商会推出新产品，有时新厂商会在旧的想法上发展或改进，但所有这些的根本推动力是企业家精神。

家庭：经济中的消费单位。

在一个经济体中，消费单位是**家庭**。一个家庭可以由任何数量的人组成：一个单身的人，一对有 4 个孩子的已婚夫妇，或者合住一所房子的 15 个不相关的人。家庭的决定是基于个人的品味和偏好。家庭购买成员们想要的并且负担得起的东西。在美国这样一个庞大、多元、开放的社会里，市场上的消费者有着截然不同的偏好。在曼哈顿的任何一条街上，向任何方向走 6 个街区，或者从芝加哥环线南行到伊利诺伊州的乡村，都足以让任何人相信，想要概括出人们喜欢什么、不喜欢什么是一件困难的事。

尽管家庭之间的偏好悬殊，但也有一些共同点。所有家庭——即使是非常富有的家庭——最终的收入都是有限的，所有人都必须以某种方式为他们购买的商品和服务付费。虽然家庭可能对他们的收入有一定的限制——他们可以选择工作更多或更少时间，但是他们也受到现有工作岗位、当前薪资、自身能力以及他们积累和继承的财富（或缺少的资金）的限制。

3.2 投入市场和产出市场：循环流动

3.2 学习目标

理解家庭作为厂商供给者和产品购买者的作用。

产品或产出市场：商品和服务交换的市场。 44

投入或要素市场：用于生产商品和服务的资源交换的市场。

家庭和厂商在两种基本市场上相互作用：产品市场（或者说产出市场）和投入市场（或者说要素市场）。供家庭使用的商品和服务是在**产品或产出市场**上交易。在产出市场上，厂商是供给者，家庭是需求者。

为了生产商品和服务，厂商必须在**投入或要素市场**上购买资源。厂商从提供这些生产要素的家庭购买投入品。当一家厂商决定在产出市场中生产（提供）一定量的产品时，它必须同时决定生产某种产品所需的各项生产要素的需求量。为了生产智能手机，三星和苹果需要投入许多生产要素，包括硬件和软件以及各种类型的劳动力，既包括熟练的也包括不熟练的。

图 3.1 显示了在简单市场经济中进行的经济活动的*循环流动*。需要注意的是，该流动反映了在投入和产出市场上商品和服务流动的方向。例如，真实的商品和服务通过产品市场从厂商流向家庭。劳动力服务通过投入市场从家庭流向厂商。货物和服务的付费（通常以货币形式呈现）向相反的方向流动。

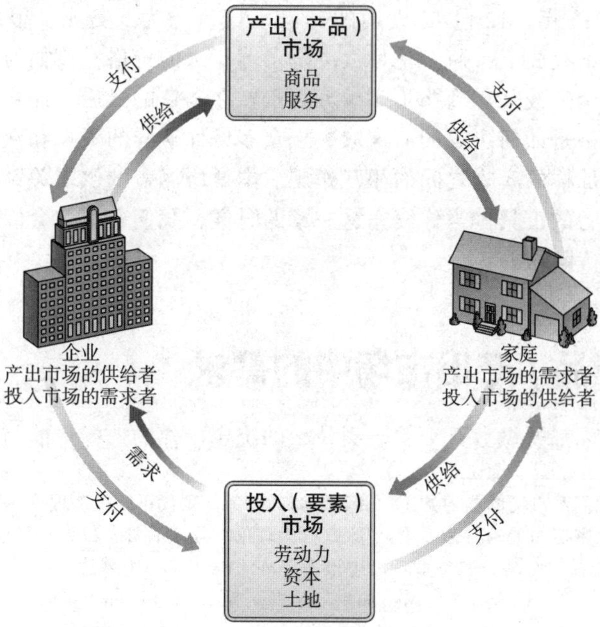

▲ 图 3.1　经济活动的循环流动

像这样的图形显示了经济活动的循环流动，因此称为循环流动图。图中的商品和服务顺时针流动：家庭提供的劳动力服务流向厂商，厂商生产的商品和服务流向家庭。支付的钱款（通常是货币）流动的方向正好相反（逆时针方向）：为商品和服务支付的钱款从家庭流向厂商，劳动报酬从厂商流向家庭。

劳动力市场： 一种投入或要素市场，在这个市场中，家庭为用人单位提供劳动力以获取报酬。

资本市场： 一种投入或要素市场，在这个市场中，家庭为了获取利息或未来利润的索取权，将存款提供给需要资金来购买资本品的厂商。

土地市场： 一种投入或要素市场，在这个市场中，家庭提供土地或其他不动产以换取租金。

生产要素： 生产过程的投入品。土地、劳动力和资本是生产的三大要素。

在生产要素市场中，家庭提供资源。大多数家庭通过工作赚取收入——在**劳动力市场**上向用人单位提供劳动力，花费时间和技能赚取薪资。家庭也可以将累积或继承的储蓄贷款给厂商以获取利息，或者用储蓄来换取未来的利润，就像家庭购买厂商股票一样。在**资本市场**中，家庭提供厂商用于购买资本品的资金。家庭也可以提供土地或其他不动产以获取**土地市场**上的租金。

生产过程中的投入也被称为**生产要素**。土地、劳动力和资本是生产的三个关键因素。在本章中，我们会交替使用投入和生产要素两个术语。因此，投入市场和要素市场是同一回事。

45 生产要素的供给及其价格最终决定了家庭收入。因此，一个家庭的收入来源取决于它所选择提供的生产要素的类型。是否留在学校，获得多少和什么样的培训，是否开办自己的企业，工作多少小时，是否参加工作，以及如何对储蓄进行投资都是能够影响收入水平的家庭决策。①

正如你所看到的：

> 投入和产出市场通过厂商和家庭的行为联系在了一起。厂商决定其产品的数量和特性，以及所需投入生产要素的类型和数量。家庭决定其所需产品的类型和数量，以及所提供生产要素的数量和类型。

在2015年，12包12盎司的苏打水售价约为5美元。很多人都会在寝室的某处放上一瓶。是什么决定了苏打水的价格？该如何解释你在特定的某个月或某年内购买多少苏打水？在本章的最后，你将看到产品的市场价格是如何决定的。这取决于众多像你这样的买家和众多像苏打水制造商那样的卖家之间的相互作用。本章所涵盖的供求关系模型是经济学最有力的工具。当你读完这一章的时候，我们希望你会以一种不同的方式看待购物。

3.3 产品 / 产出市场中的需求

3.3 学习目标

理解决定需求曲线位置和形状的因素，理解使需求曲线上的点沿曲线移动的因素，以及使需求曲线移动的因素。

每周你都要做数百个关于买什么的决定。你的选择可能与你的朋友

① 我们对市场的描述始于厂商和家庭的行为。现代正统经济理论本质上是两种截然不同但密切相关的行为理论。“家庭行为理论”或“消费者行为学”起源于19世纪功利主义者的作品，如杰里米·边沁（Jeremy Bentham）、威廉·杰文斯（William Javons）、卡尔·门格（Carl Menger）、莱昂·瓦尔拉（Leon Walras）、维尔弗雷多·帕累托（Vilfredo Pareto）和埃奇沃思（F.Y.Edgeworth）。“厂商理论”是从早期古典政治经济学家亚当·斯密（Adam Smith）、大卫·李嘉图（David Ricardo）和托马斯·马尔萨斯（Thomas Malthus）等人的理论发展而来的。1890年，阿尔弗雷德·马歇尔（Alfred Marshall）出版了《经济学原理》第一版，这本书将古典经济学家和功利主义者的主要观点综合在一起，引入了“新古典经济学”的概念。尽管这些年来经济学理论发生了许多变化，我们建立的基本结构依然可以在马歇尔的著作中找到。

或父母不同。然而，对于你们所有人来说，决定买什么、买多少取决于六个因素：

- 所提到的产品的价格。
- 家庭可支配收入。
- 家庭积累财富的数量。
- 家庭可获得的其他产品的价格。
- 家庭的品味和偏好。
- 家庭对未来收入、财富和价格的预期。

需求量是指一个家庭在一定时期内愿意购买的某种产品的数量，条件是在现有的市场价格下，它能买到它想要的所有东西。当然，家庭最终购买的产品数量取决于市场上实际可以买到的产品数量。条件是它能买到它想要的所有东西这个表达式对于需求量的定义很重要，因为它考虑到供给量和需求量不相等的可能。

需求量：一个家庭在一定时期内，愿意并且能够在当前市场价格下购买的某种产品的数量。

3.3.1 需求量的变化与需求的变化

在影响产品需求量的因素中，产品的价格是第一位的。这并非偶然。在单个市场中，最重要的关系是市场价格和需求量之间的关系。这就是我们工作的起点。基于这个事实，我们来看看当仅有产品的价格变化时，一个典型的个体需求量会发生什么变化。经济学家将这种方法称为其他所有条件相同，或“其他所有条件不变”。当一种商品的价格发 46
生变化时，我们将研究个人或家庭的需求量的变化，保持收入、财富、其他产品的价格、家庭的偏好和预期收入不变。如果那 12 瓶苏打水的价格减半，在一周内你还会再买多少箱（一箱等于 12 瓶）？

在考虑这个问题时，重点关注产品价格的变化，并保持其他所有条件不变的假设是很重要的。如果下一周你突然发现自己有比预期更多的钱（或许是一位阿姨给的奖励），你可能会另外购买 12 瓶苏打水，即使价格没有发生变化。为了确保我们清楚地区分价格变化和其他影响需求的变化，在本章的剩下部分，我们将准确地解释相应的术语。具体来说：

> 产品价格的变化会影响每个时期的需求量。任何其他因素（如收入或偏好）的变化都会影响需求。因此，我们说可口可乐价格上涨可能会导致可口可乐需求量减少。但是，我们说收入的增加可能会导致对大多数商品的需求增加。

3.3.2 价格和需求量：需求法则

需求计划：显示在给定的时间段内，一个家庭愿意以不同的价格购买多少给定的产品。

需求计划显示一个人或家庭在每个时间段（每周或每月）愿意以不同价格购买多少产品。很明显，决策取决于许多相互作用的因素。

以亚历克斯为例，她刚从大学毕业，在当地一家银行有一份基层的工作。大四的时候，亚历克斯得到了一笔汽车贷款，买了一辆二手迷你库柏（Mini Cooper）。迷你车用一加仑汽油能跑 25 英里。亚历克斯和几个朋友住在离工作地点 10 英里的房子里，并且喜欢去 50 英里外探望她的父母。

亚历克斯决定自己开车去上班、参加聚会、探望家人，甚至去兜风的频率，这些取决于很多因素，包括她的收入和她是否喜欢开车。但汽油的价格也是重要的影响因素，在需求法则中我们关注的正是这种价格与需求数量的关系。当汽油价格为每加仑 3 美元，亚历克斯可能决定每天开车上班，每周去看望父母一次，每周再开车 50 英里参加其他活动。这种驾驶模式一周可行驶 250 英里，而她的迷你车需要耗费 10 加仑汽油。因此，表 3.1 中的需求计划显示，以每加仑 3 美元的价格，亚历克斯愿意购买 10 加仑汽油。我们可以看到这个需求计划反映了很多关于亚历克斯的信息，包括她在哪里生活和工作，以及她在业余时间喜欢做什么。

现在假设中东地区的一场国际危机导致加油站的汽油价格上升到每加仑 5 美元。假设其他一切都保持不变，这会如何影响亚历克斯对汽油的需求？现在开车更贵了，如果亚历克斯决定早上乘公共汽车或和朋友一起拼车，也是在我们意料之中的。她也可能不经常去看望父母了。根据表 3.1 中给出的需求计划表，当价格达到 5 美元时，亚历克斯将汽油的预期消耗量减少了一半，到只有 5 加仑。相反，汽油价格大幅下跌，亚历克斯可能会花更多的时间开车，事实上，这正如我们在表中看到的。相同的信息以图像的方式呈现称为**需求曲线**。亚历克斯的需求曲线如图 3.2 所示。在图 3.2 中我们注意到水平轴表示商品数量（q），垂直轴表示商品价格（P），这是我们在本书中遵循的惯例。

需求曲线：一种说明一个家庭愿意以不同的价格购买多少给定的产品的图形。

向下倾斜的需求曲线 表 3.1 中的数据显示，在较低的价格下，亚历克斯购买的汽油更多；在较高的价格下，她购买的更少。因此，*需求量和价格之间存在负相关或反相关关系*。价格上涨，需求量下降；价

表 3.1 亚历克斯的汽车需求计划

价格（每加仑）	需求量（加仑 / 周）	价格（每加仑）	需求量（加仑 / 周）
$ 8.00	0	3.00	10
7.00	2	2.00	14
6.00	3	1.00	20
5.00	5	0.00	26
4.00	7		

47

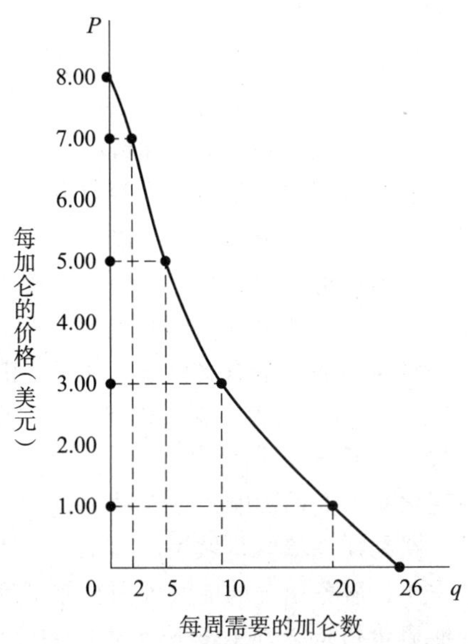

◀ 图 3.2　亚历克斯的需求曲线

表示价格（*P*）和需求量（*q*）之间的关系的图像称为需求曲线。需求曲线呈负斜率，表明价格下降导致需求量增加。注意，产品市场的需求是由家庭选择决定的。

格下跌，需求量上升。因此，需求曲线总是向下倾斜。价格和需求量之间的负相关关系通常被称为**需求定律**，经济学家阿尔弗雷德·马歇尔在 1890 年的教科书中首次使用这个术语。

需求定律：价格与需求量之间是负相关关系：其他所有条件相同时，随着价格的上涨，需求量在一定时间内减少；随着价格的下跌，需求量在一定时间内增加，其他一切都保持不变。

或许有的人会觉得需求曲线太抽象，难以理解。当然我们很少能完美地画出自己对各种产品的需求曲线。在想要购买商品时，我们面临的只有一个价格，其他的价格与本次购买无关。但是需求曲线可以帮助分析者理解，家庭面临较高或较低的价格时很可能采取的行动。比如，我们知道，如果某种商品的价格升到足够高，市场对它的需求量最终会降到零。因此需求曲线是一种有用的工具，它可以帮助我们解释经济行为，预测人们对可能出现的价格变化会有什么反应。

马歇尔对社会“法则”的定义很好地表达了这一思想：

> “法则”这个词不过是对趋势的一般性表述或说明，它也许不那么肯定，不那么明确……社会法则就是对社会趋势的说明。也就是说，一个社会团体中的成员在某种情况下可能会采取的一系列行动。②

消费者们在价格较低时购买较多的产品，在价格较高时购买较少的产品，这似乎是合理的。家庭必须将收入分配给各种各样的商品和服务。在每加仑 3 美元、每加仑 25 英里的情况下，亚历克斯往返工作 20 英里花费 2.40 美元。相比坐公共汽车来说，这可能是一个很好的选择。在每加仑 5 美元的情况下，往返工作现在花费 4 美元。随着价格的上

② Alfred Marshall，*Principles of Economics*，8th ed.（New York：Macmillan，1948），p.33.（第一版于 1890 年出版）

涨，如果亚历克斯开车的话，她可能需要放弃早餐的拿铁，这对她来说可能是一个巨大的牺牲。现在看来坐公共汽车更加划算了。随着汽油价格的上涨，以其他类型消费来衡量的驾驶的机会成本也在上升，这就是为什么亚历克斯最终会减少驾驶。我们在消费时会货比三家。

48 经济学家使用*效用*的概念来解释需求曲线的斜率。我们购买商品和服务是因为它们给予我们效用或满足感。在给定的时间段内，我们消耗越来越多的产品时，每消费 1 单位该产品可以给我们带来的额外满足感越来越少。你从第二个冰淇淋筒中获得的效用可能比从吃第一个冰淇淋筒中获得的效用要少，第三个冰淇淋筒的效用甚至更少。以此类推，边际效用递减规律是经济学中的一个重要概念。如果多消费 1 单位某种商品对你的价值越来越少，你愿意为它支付的价格也就越来越低。因此，预期该商品的需求曲线向下倾斜是合理的。

思考一下价格变化对人们的影响，也有助于我们了解需求法则背后的东西。举个例子：路易斯在墨西哥城生活和工作。他年迈的母亲住在智利的圣地亚哥。去年，服务南美的航空公司打起了价格战，墨西哥城和圣地亚哥之间的航班价格从 2 万比索下降到 1 万比索。路易斯的行为会怎样改变？

首先，他比较富裕。去年他飞回智利三次，总共花费了 6 万比索。今年他也可以飞回智利三次，购买与去年完全相同的商品和服务的组合，却可以省下 3 万比索。因为他比较富裕，他的收入可以买到更多，他也许会更加频繁地回家。其次，乘飞机回家的机会成本发生了变化。在价格战之前，路易斯每次飞往智利都要失去获取价值 2 万比索的其他商品和服务的机会。在价格战之后，他每次只失去获取价值 1 万比索的其他商品和服务的机会。这种取舍已经改变了。这两种效应都有可能导致价格下降时需求量的增加。

总而言之：

> 在其他所有条件相同的情况下，当价格上涨时，预计需求量通常会下降；当价格下跌时，预计需求量通常会上升。需求曲线的斜率为负值。

需求曲线的其他性质　对于亚历克斯的需求曲线还有两点值得注意。首先，它与 y 轴（也就是价格轴）相交。这意味着存在一个很高的价格，在该价格下她不会购买汽油。在这种情况下，当油价达到每加仑 8 美元时，亚历克斯就会停止开车。只要家庭收入和财富有限，所有需求曲线都将与价格轴相交。对于任何商品，总有一个价格高于一个家庭所能承受的最高价格。即使商品或服务很重要，所有家庭最终都会受收入和财富的限制。

其次，亚历克斯的需求曲线与 x 轴（也就是数量轴）相交。即使是在零价格的情况下，她开车的次数也有上限。如果汽油是免费的，她会用 26 加仑，但不会更多。需求曲线与数量轴相交是一个常识问题。即使在价格为零的情况下，一段时间内的需求也是有限的，哪怕只是受制于时间。

总结一下我们对需求曲线形状的认识：

1. 它们的斜率为负。价格上涨可能导致需求量减少，而价格下跌又可能导致需求量增加。

2. 它们与数量（x）轴相交，这是时间限制和边际效用递减的结果。

3. 它们与价格（y）轴相交，这是收入和财富有限的结果。

这就是我们所能说的，不能进一步概括。个体家庭需求曲线的实际形状——无论是陡峭还是平坦，无论是凸起还是凹陷——都取决于家庭的独特品味和偏好以及其他因素。一些家庭可能对价格变化很敏感，其他家庭可能对价格变化反应甚微。在某些情况下，有大量的替代品可以使用，而在其他情况下则没有。因此，为了充分了解需求曲线的形状和位置，我们必须依赖于家庭需求的其他决定因素。

3.3.3 家庭需求的其他决定因素 49

在影响家庭对某种产品需求的众多可能因素中，我们只考虑了产品本身的价格。其他因素还包括家庭收入和财富、其他商品和服务的价格、品味和偏好以及预期收入。

收入和财富　在进行下一步研究之前，先要定义两个容易混淆的概念：收入和财富。一个家庭的**收入**是指一段特定时间内，家庭成员得到的所有工资、薪水、分红、利息、租金以及其他形式收入的总和。因此收入是一个流量：我们必须为它规定一段时间——月收入或年收入。你在任何时间段内的花费都可以高于或低于你的收入。如果你的花费比收入少，就能够进行储蓄。如果你想在某一段时间里的消费比收入高，就必须借钱或者利用之前积累的储蓄。

收入：给定时间内家庭的全部薪水、工资、利润、利息、租金和其他形式的收入的总和。这是一种流量式度量的方式。

财富是一个家庭拥有的资产减去它的负债后的总价值。财富的另一种说法是净资产——一个家庭变卖全部财产并还清全部债务后剩下的总价值。财富是一个存量：它是在一个时间点的观测值。如果在一段时间内你的消费小于收入，你进行了储蓄，你节省下来的金额就会被计入你的财富。储蓄是影响财富存量的一个流量。当你的消费比收入高时，你在负储蓄——你减少了自己的财富。

财富或净资产：家庭的总资产减去总负债。这是一种存量式度量的方式。

收入比较高的家庭和有较多积蓄或继承了大量财产的家庭可以买更多的商品和服务。通常较高的收入 / 财富水平会带来较高的需求，较低的收入 / 财富水平会带来较低的需求。如果一种商品的需求在人们收入增加的时候增加，在人们收入减少的时候也减少，这种商品就叫**正常品**。例如，电影票、餐馆膳食和衬衫等都是正常品。

正常品：当收入较高时需求上升，而当收入较低时需求下降的商品。

然而在经济学中进行随意的推广可能会出现问题。有时候对某种商品的需求在家庭收入增加时反而降低。当一个家庭的收入增加时，它很可能会增加对高质量肉类的购买量——它对牛排的需求增加了，但是它对低质量肉类，比如（动物）颈部至肩部肉的需求很可能就减少了。在收入较高时，人们支付得起乘飞机的费用，所以在长途旅行的时候，坐得起飞机的人就不愿意坐公共汽车了。因此，较高的收入会导致某人乘坐公共汽车的次数减少。如果一种商品的需求在人们收入增加时倾向于减少，这种商品就叫作**劣等品**。

劣等品：收入增加时需求趋于下降的商品。

其他商品和服务的价格 没有一个消费者是孤立地看待某种商品并决定对它的购买数量的。相反，每个决策都是一系列同时做出的更大的决策的一部分。家庭必须将收入分配到许多不同的商品和服务上。因此，任何一种商品的价格都可以而且确实会影响家庭对其他商品的需求。最明显的情况出现在当商品之间可以相互替代时。对亚历克斯来说，乘坐公共汽车是她在汽油涨价时的另一种选择。

当一种商品价格的上涨导致对另一种商品的需求增加（正向关系）时，我们就说这两种商品是**替代品**。一种商品价格的下跌导致对其替代品的需求下降。替代品是指可以互相代替使用的商品。

替代品：可以彼此替代的商品；当一方的价格上涨时，对另一方的需求就会增加。

作为替代品，两种产品不一定是完全相同的。完全相同的产品被称为**完全替代品**。日本车和美国车不是相同的。尽管如此，所有的汽车都有四个轮子，都能够载人，都以汽油为燃料。因此，一个国家生产的汽车价格的显著变化，可能会影响对其他国家的汽车的需求。餐馆的饭菜是在家里吃的饭菜的替代品，坐飞机从纽约到华盛顿特区去是坐火车去的替代品。我们在“实践中的经济学”部分对教科书市场的替代品进行了描述。

完全替代品：完全相同的产品。

如果两种产品通常必须“结合在一起使用”，也就是说——它们之间是互相补充的。培根和鸡蛋是**互补品**，汽车和汽油也是。当两种商品互为互补品时，一种商品的价格下降会导致对另一种商品的需求增加，反之亦然。例如，对于 iPad 和 Kindle，低价格的电子书能够刺激对这些设备的需求。

互补品：需要一起使用的商品；一种商品的价格下降导致对另一种商品的需求增加，反之亦然。

品味和偏好 收入、财富和商品价格是决定一个家庭能够购买的商品和服务组合的三个因素。如果你的月收入仅为 400 美元，你就租不起月租金为 1 200 美元的公寓。但在这些限制的范围内，你或多或少有选择购买什么的自由。你最终的选择取决于你个人的口味和偏好。

偏好的变化可以并且确实在市场行为中得以展现。30 年前，主要大城市的马拉松赛只吸引了几百人参加。现在已经有数万人参加。对跑鞋、运动服、秒表等以及其他与跑步相关产品的需求量也都大幅增加了。

在价格和收入的限制下，偏好塑造了需求曲线的形状，但我们很难对品味和偏好进行概括。首先，它们是不稳定的：5 年前，吸烟的人比现在多，拥有智能手机的人比现在少。其次，偏好是独特的：有些人喜

实践中的经济学 50

你买了这本教科书吗?

众所周知，大学教科书很贵。而且，一开始，似乎很少有替代品可供现金短缺的本科生使用。毕竟，如果你的教授把史密斯的《生物学原理》布置给你，你就不能去看看琼斯的《化学原理》是否更便宜而买它。事实证明，正如朱迪 · 希瓦利埃（Judy Chevalier）和奥斯坦 · 古尔斯比（Austan Goolsbee）最近的一项研究[1]所发现的，即使教师需要特定的课本，当价格很高时，学生也会找到替代品。即使在教科书市场，学生的需求也在下降!

希瓦利埃和古尔斯比收集了 1997—2001 年 1 600 多所大学的教科书数据，以进行他们的研究。在那个时期，大学书店出售了大部分新的和二手的大学教科书。接下来，他们研究了大学主要专业经济学、生物学和心理学的课程注册情况。在每门课程中，他们都能得知分配了哪本教科书。一开始，人们可能会认为新的和二手的教科书总数应该与课程注册人数相匹配。毕竟，教材是必需的。事实上，他们发现教科书的价格越高，教科书销量就越低于班级入学人数。

那么，学生们找到了什么样的替代品来代替所需的课本呢？虽然这篇论文没有确凿的证据，但学生们给了他们很多建议。许多人决定与室友分享书籍。其他人更多地使用图书馆。这些解决方案并不完美，但当价格足够高时，学生发现去图书馆是值得的。

思考

1. 如果要在课程中为所需教材构建需求曲线，那么需求曲线将在何处与水平轴相交?
2. 更难回答的问题是：在一本新的课本出版的前一年，许多大学书店不会购买旧版。考虑到这一事实，你认为在一本新版本的教材预期出版之前的一年里，课程注册人数同新的和二手的教材销售量之间的差距会发生什么变化?

[1] Judith Chevalier and Austan Goolsbee, "Are Durable Goods Consumers Forward Looking? Evidence From College Textbooks," *Quarterly Journal of Ecomomics*, 2009: 1853-1884.

欢写信，而另一些人仍然喜欢使用电子邮件；有些人喜欢狗，而另一些人则喜欢猫。个人需求的多样性几乎是无限的。

经济学中一个有趣的问题是，为什么在一些市场上，消费者口味的偏差会导致多种多样的产品，而在另一些市场上，尽管消费者口味似乎有着不同，但产品的区别却很有限。在美国，所有的人行道都是类似的灰色，但是房屋被漆成了彩虹色。然而，从表面上看，人们并不喜欢在人行道上的多样性，而喜欢在房屋上的多样性。为了回答这类问题，我们需要超越需求曲线。而我们将在下一章中重新讨论这个问题。

51

实践中的经济学

人们在阳光明媚的日子购买敞篷车！

汽车是耐用品。大多数买新车的人都希望能使用多年。汽车也有许多不同的功能，包括尺寸、动力和样式。这些特点反过来又影响着消费者对某一种或另一种汽车的需求。作为经济学家，我们期望人们选择他们购买的汽车类型，并考虑将在未来几年享受这些汽车的哪些功能。如果我预计未来几个月或几年内会有大量降雪，那么四轮驱动汽车可能会更具吸引力。如果我所在的地区大部分时候天气晴朗，阳光充足，敞篷车会很有趣。

另一方面，考虑到汽车的耐用性，如果某一天的天气影响了购车，我们会感到惊讶。如果一个潜在的购车者在11月的一个异常温暖和阳光明媚的日子醒来，我们可能会惊讶于他或她突然决定买一辆敞篷车。阳光明媚的日子适合远足，但不适合买一辆经久耐用的好东西，比如一辆敞篷车，因为敞篷车的乐趣取决于一系列阳光明媚的日子。然而，在近年的研究中，美国西北大学的经济学家梅根·比斯（Meghan Busse）和她的合著者在调查了4 000多万宗汽车交易后发现，购车者在选择汽车时，受到购车时临时天气波动的严重影响。[1] 一场暴风雪使人们在下周购买四轮驱动汽车的可能性增加了6%，即使该地区的平均降雪量保持不变。秋季或春季一天的温度比正常水平高出10度，敞篷车的购买量就增加了近3%。

研究这个案例的行为经济学家会说，雪或太阳是汽车的一个特征——它的四轮驱动或软顶——对消费者的购买决定更加显著或重要。

思考

1. 经济学家预测，我购买敞篷车的兴趣还取决于我认为其他人有多喜欢敞篷车。这个预测与汽车的耐久性有什么关系？

[1] Meghan Busse, Devon Pope, Jaron Pope, and Jorge Silva-Russo, "The Psychological Effect of Weather on Car Purchases," *Quarterly Journal of Economics*, February 2015.

预期　你今天做出的购买决策必然取决于今天的商品价格及你当前的收入和财富状况。但是你会预测自己未来的财产状况，对未来的价格变化也会有预期，而这些都会影响你今天的决定。

预期可以从很多方面影响需求。当人们购买房屋或者汽车时，购买价格的一部分往往是通过贷款支付的，并要在未来的若干年里还清。因此在决定购买什么样的房子或者汽车时，人们很可能不仅要考虑今天的收入，还必须考虑自己未来可能出现的收入状况。

看看下面这个例子，对比一个靠25 000美元奖学金生活的医学院毕业班学生和一个每小时赚 12 美元的全职工人，后者未来的收入不会有大的变化。事实上两个人目前收入差不多。但是即使他们的品味相同，需求的差别也会很大，因为医学院学生预期他未来的收入会比现在高很多。

经济理论已经越来越多地认识到预期的重要性，我们将用很多时间来讨论预期对各方面的影响，而不仅仅是对需求的影响。然而目前最重要的是理解需求不仅仅是由当前收入、价格和偏好决定的。

3.3.4 需求曲线的移动与沿需求曲线的移动

回想一下，需求曲线显示了需求量和商品价格之间的关系。这样的需求曲线是在保持收入、偏好和其他商品的价格都不变的情况下构建出来的。如果收入、偏好或其他商品价格发生变化，我们就必须在价格和需求数量之间构建一种全新的关系。

让我们再次回到亚历克斯的例子中。（见表 3.1 和图 3.2）假设在得出图 3.2 中的需求曲线时，亚历克斯有一份兼职，每周获得税后 500 美元的薪水。如果亚历克斯面临每加仑 3 美元的价格，并且选择每周行驶 250 英里，那么她的每周总开支是每加仑 3 美元乘以 10 加仑，即每周 30 美元。这相当于她收入的 6.0%。

假设现在她在税后每周能得到 700 美元的加薪。亚历克斯的高收入很可能会提高亚历克斯使用汽油的数量，不管她以前使用过什么。新情况如表 3.2 以及图 3.3 所示。注意，在图 3.3 中，亚历克斯的整个曲线向右移动了，在价格为 3 美元 / 加仑时，曲线显示需求量从 10 加仑增加到 15 加仑。在价格为 5 美元 / 加仑的情况下，亚历克斯的需求量从 5 加仑增加到 10 加仑。

表 3.2　收入增加导致亚历克斯的需求计划的转变 52

价格（美元 / 加仑）	供给表 D_0 每月汽油需求量（加仑 / 周，每周收入 500 美元）	供给表 D_1 每月需求量（加仑 / 周，收入 700 美元 / 周）
$ 8.00	0	3
7.00	2	5
6.00	3	7
5.00	5	10
4.00	7	12
3.00	10	15
2.00	14	19
1.00	20	24
0.00	26	30

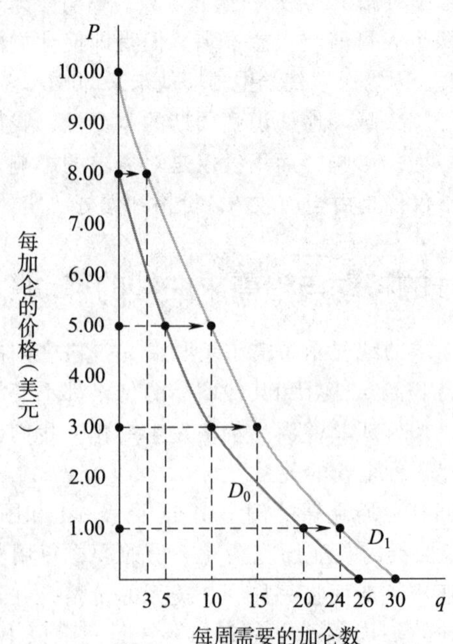

▶ 图 3.3　收入增加后需求曲线的移动

当一件商品的价格发生变化时，我们的需求量会沿着该商品的需求曲线移动。当任何其他影响需求变化的因素（收入、偏好等）发生变化时，需求曲线就会发生移动，在这个例子中，是从 D_0 到 D_1。汽油是一种正常品，因此收入增加会使需求曲线向右移动。

当收入增加时，亚历克斯对汽油的需求上升，需求增加意味着汽油对亚历克斯来说是一种正常品。

53 现在，我们描绘亚历克斯原本的需求曲线的条件已经改变了。换言之，影响亚历克斯对汽油需求的因素之一（这个例子里是她的收入）已经发生了转变，所以现在构建了一个新的价格和需求量之间的关系。这种变化被称为**需求曲线的移动**。

需求曲线的移动：需求曲线发生的变化，反映一种商品的需求量和价格之间的新关系。这种变化是原有条件的变化引起的。

区分需求量的变化（即沿着需求曲线的移动）和需求的变化是很重要的。需求计划和需求曲线显示了在其他所有条件相同的情况下，商品或服务的价格与其在每段时间内的需求量之间的关系。如果价格变化，需求量也会随之变化——这是**沿需求曲线的移动**。然而当影响需求的任意一个其他因素变化时，一个新的价格和需求量之间的关系随之建立，这就是需求曲线的移动。移动的结果就是一条新的需求曲线。收入、偏好或其他商品价格的变化会导致需求曲线的移动：

沿需求曲线的移动：由价格变化引起的需求量变化。

一种商品或服务价格的变化导致
└──→需求量的变化（**沿需求曲线的移动**）。
收入、偏好的改变或者其他商品或服务价格的变化导致
└──→需求变化（**需求曲线的移动**）。

图 3.4 说明了沿着需求曲线移动与需求曲线移动的区别。在图 3.4（a）中，家庭收入的增加导致对汉堡包（一种劣等品）的需求下降，或者从 D_0 向左移动到 D_1（因为数量是在横轴上衡量的，下降意味着向左移动）。相反，当收入增加时，对牛排（一种正常品）的需求会增加，需求曲线向右移动。

54

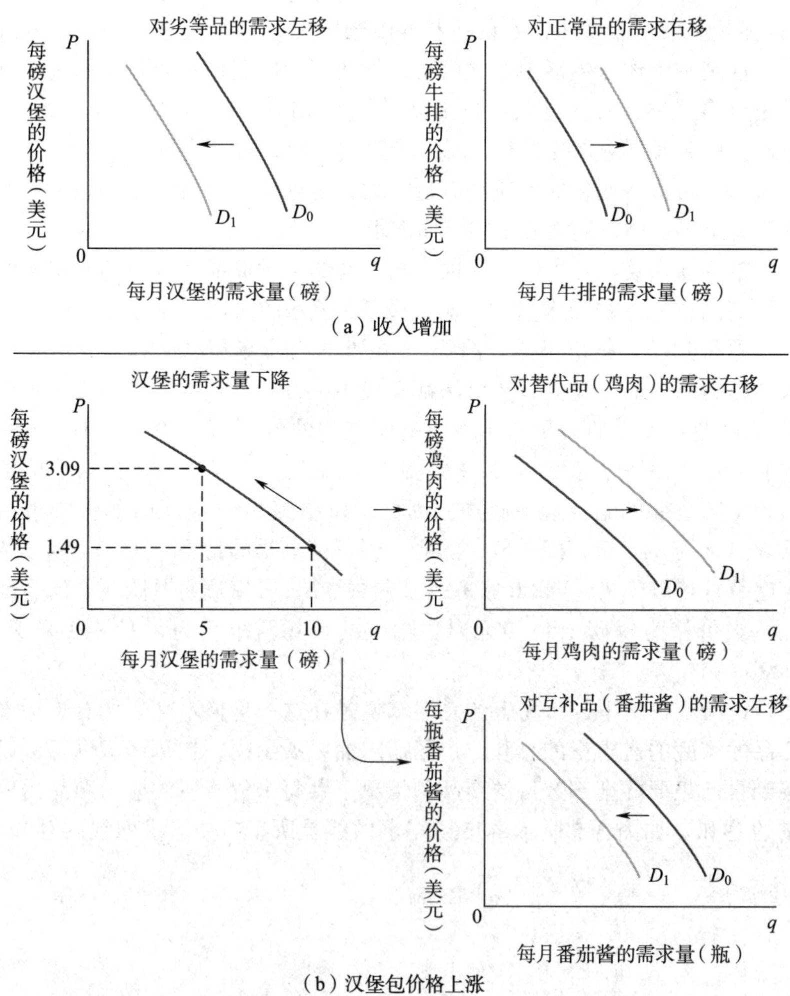

▲ 图 3.4　需求曲线移动与沿需求曲线的移动

(a) 当收入增加时，劣等品的需求曲线向左移动，正常品的需求曲线向右移动。
(b) 如果汉堡的价格上涨，汉堡的需求量就会下降——这是沿需求曲线的移动。同样，汉堡价格上涨将使鸡肉（汉堡的替代品）需求曲线向右移动，而番茄酱（汉堡的补充品）需求曲线向左移动。

在图 3.4（b）中，汉堡包的价格从每磅 1.49 美元上涨到 3.09 美元，导致每个家庭每月购买的汉堡包数量减少。换句话说，价格的升高导致每月的需求量从 10 磅下降到 5 磅。这一变化表示为沿着汉堡包需求曲线的移动。这家人买了更多的鸡肉，而不是汉堡包。家庭对鸡肉（汉堡的替代品）的需求上升——需求曲线向右移动。与此同时，对番茄酱（汉堡包的互补品）的需求下降了——需求曲线向左移动。

3.3.5 从家庭需求到市场需求

到目前为止，我们一直在讨论是什么决定了个人对产品的需求。我们的问题是：当 12 瓶汽水的价格是 5 美元时，你每周愿意买多少瓶汽水？这是一个你在生活中经常需要回答的问题。我们看到答案取决于口袋里有多少钱，有多喜欢苏打水，以及还能以什么价格买到其他饮料。下次去商店看到价格变化时，我们希望你在购买时三思而后行。

个人对价格变化的反应很有趣，尤其是就个人而言。但要想更全面地了解市场价格，还需要了解市场需求。

市场需求：指在一段时期内，市场上购买某一商品或服务的所有家庭对该商品或服务的需求量的总和。

市场需求就是在一段时间内市场上购买某种商品或服务的所有家庭对该商品或服务的需求量的总和。图 3.5 显示的是由三条独立的需求曲线加总得到的一条市场需求曲线。（虽然这个市场需求曲线只是由三个人的行为得出的，而大多数市场都有成千上万，甚至数百万的需求者组成。）如图 3.5 中的表格所示，当一磅咖啡的价格为 3.50 美元时，A 家庭和 C 家庭每个月都会购买 4 磅咖啡，而 B 家庭不购买。在这个价格下，B 家庭很可能会选择喝茶。因此，价格为 3.50 美元时的咖啡市场需求总计为 4+4 磅，即 8 磅。然而，当每磅咖啡的价格为 1.50 美元，A 家庭每月可以购买 8 磅；B 家庭每月购买 3 磅；C 家庭每月购买 9 磅。因此，当价格为每磅 1.50 美元时，咖啡的市场需求变为每月 8+3+9 磅，即 20 磅。

在给定价格下，市场上的总需求量是在这一价格水平下所有购买该商品的家庭的需求量的总和。市场需求曲线展示出，在每个家庭都可以买到自己想要的全部数量的商品的情况下，每个价格所对应的商品需求量的总和。如图 3.5 所示，市场需求曲线是所有单个需求曲线的总和，

55

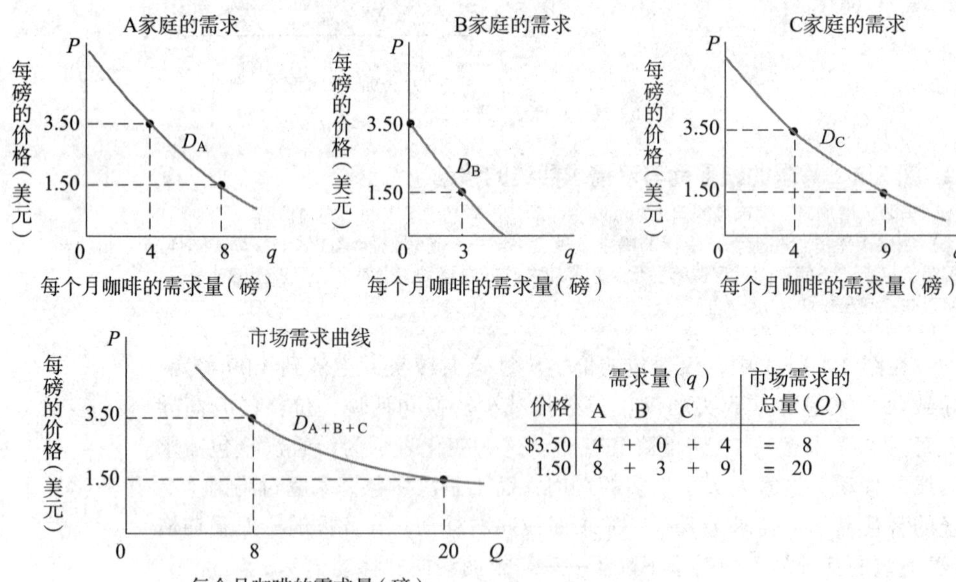

价格	需求量（q） A	B	C	市场需求的总量（Q）
$3.50	4 +	0 +	4	= 8
1.50	8 +	3 +	9	= 20

▲ 图 3.5　由个体需求曲线推导出市场需求

市场的总需求就是：在这个市场上，所有家庭购物需求的总和。它是所有个体需求曲线的总和，也就是在每个价格水平下所有个体需求的数量之和。

即每个价格所对应的需求量的总和。因此，市场需求曲线的形状和位置取决于各个需求曲线的形状、位置和数量。如果市场中有更多人，就需要添加更多需求曲线，市场需求曲线将向右移动。市场需求曲线也可能因偏好的变化、收入的变化、替代品或互补品价格的变化而发生变化。

本书的一般规则是，大写字母表示整个市场，小写字母表示个别家庭或厂商。因此，在图 3.5 中，Q 表示市场需求的总量，而 q 表示单个家庭的需求数量。

图 3.5 中的需求曲线有一个有趣的特征，在不同的价格下，需要产品的人的类型可能会发生变化。当苹果公司在 2007 年秋季将其 iPhone（苹果手机）的价格减半时，它宣布希望将 iPhone 推向更广泛的群体。当价格下跌时，和图 3.5 中家庭 B 收入水平一样的人们才得以进入本来在他们的支付能力之外的市场。苹果公司在 2014 年秋季推出一款新的改进款 iPhone，但价格更高，它的首次销售可能是针对那些拥有更多资源并且比普通老式 iPhone 用户对技术的理解更好的人。产品的早期使用者与后期使用者通常是不同的。

3.4 产品 / 产出市场中的供给

3.4 学习目标

能够区分导致供给曲线自身移动的因素与导致供给曲线上的点沿曲线移动的因素。

在几页之前，我们以一个简单的问题开始对供求关系进行探索：为什么在 2015 年，12 瓶苏打水的平均价格是 5 美元？到目前为止，我们已经看到了答案的一角：考虑到美国市场的偏好、收入和替代产品，很多人愿意花至少 5 美元买 12 瓶苏打水！现在我们转向市场的另一半：我们如何理解许多出售苏打水的厂商的行为？是什么决定了它们出售苏打水的意愿？我们将它们称为市场的供给方。

厂商建立工厂，雇佣工人，购买原材料，因为它们相信它们可以以超过成本的价格销售生产的产品。换句话说，厂商提供像苏打水这样的商品和服务，因为它们认为这样做有利可图。因此，供给决策取决于取得利润的潜力。由于**利润**是收入与成本之差，因此供给决策可能会取决于收入的变化和生产成本的变化。如果苏打水的价格很高，每 12 包装会为供给商带来更多收入，因为收入不过是每单位销售价格乘以销售数量。因此，正如购买者的情况一样，价格对于解释供给商在市场中的行为非常重要。它通常也会使供给商花费一些资源来生产它们带入市场的产品。它们必须雇用工人，建造工厂，并购买投入品。因此，厂商的供给行为也将取决于生产成本。 56

利润：收入和成本之差。

在后面的章节中，我们将重点关注厂商如何决定生产它们的商品和服务，并更正式地探讨相关的成本状况。现在，控制其他所有条件相同，我们将通过关注产出供给决策以及供给量和产出价格之间的关系，开始我们对厂商行为的检验。

3.4.1 价格和供给量：供给定律

供给量：在一定时间段内，厂商愿意并能够以一定价格出售的某种产品的数量。

供给计划：显示产品厂商将在不同价格下销售多少产品。

供给量是一段时间内在某一价格下，厂商愿意并能够提供的某种产品的数量。**供给计划**显示了一个厂商在不同价格下可以提供的某种产品的数量。

让我们看下农产品市场的情况。表 3.3 详细列举了一个有代表性的农民在不同价格下可以提供的大豆数量，不妨把这个农民称作克拉伦斯·布朗。如果市场上大豆价格是每蒲式耳 1.5 美元或者更低，布朗就不会提供大豆了。农民布朗计算了种植大豆的成本，包括他的时间和土地的机会成本，结果生产 1 蒲式耳大豆的成本比 1.5 美元要高。而当大豆的价格涨到每蒲式耳 1.75 美元时，布朗就开始在自己的农场种植大豆了。当价格从每蒲式耳 1.75 美元涨到 2.25 美元时，布朗每年提供的大豆也从 10 000 蒲式耳增加到 20 000 蒲式耳。较高的价格使得把原来种小麦的土地改种大豆或者把原来休耕的土地种上大豆都变得有利可图了。较高的价格还可能使已经种植大豆的土地播种变得更加密集，人们会使用比较昂贵的农药或机械来提高亩产量，而这些生产资料在大豆价格较低时使用是不划算的。

根据农民布朗的经验，我们可以合理地预计，在其他所有条件相同的情况下，市场价格的上涨会导致布朗和像他这样的农民的供给量增加。换句话说，一种商品的供给量与其价格之间的关系是正向的。这就是**供给定律**：市场价格的升高将导致供给量的增加，市场价格的下降将导致供给量的减少。

供给定律：商品的价格和供给量之间的正相关关系：在其他所有条件相同的情况下，市场价格的上涨会导致供给量的增加，市场价格的下降会导致供给量的减少。

供给计划传递的信息可以用**供给曲线**来清楚地表示，供给曲线的斜率是正的。如图 3.6 中布朗的供给曲线斜率为正，反映了价格与供给量之间的这种正相关关系。

供给曲线：用图形说明一家厂商将以不同价格出售多少产品。

注意到在布朗的供给计划中，价格从 4 美元增加到 5 美元时，供给量没有增加。通常单个农场对价格升高做出反应的能力是受到它短期生产规模或者说生产能力限制的。比如布朗生产更多大豆的能力取决于他

表 3.3　克拉伦斯·布朗的大豆供给计划

价钱（每蒲式耳）	供给的数量（每年的蒲式耳数）
$1.50	0
1.75	10 000
2.25	20 000
3.00	30 000
4.00	45 000
5.00	45 000

57

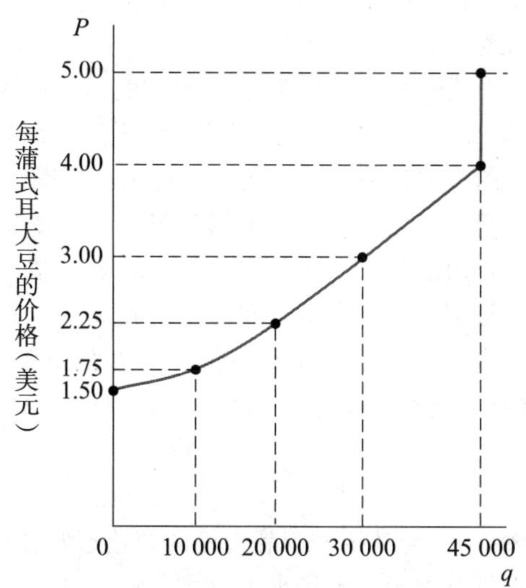

◀ 图 3.6　克拉伦斯 · 布朗的个人供给曲线

当产品的价格升高时，供给者会提供更多的产品。供给曲线的斜率是正的。请注意供给曲线：供给是由厂商的选择决定的。

农场的规模、土地的肥沃程度和使用的设备等。产出仍为每年 45 000 蒲式耳表明他已经在农场规模、土地肥沃程度以及现有技术上达到了生产极限。

然而在更长的时期内，布朗可能得到更多的土地，或者改变技术的使用，这些都使生产更多的大豆成为可能。短期和长期这两个概念在经济学里有非常精确的含义，我们将在后面详细讨论。在这里只需要明白时间因素对供给决策的影响是很大的。当价格发生变化时，厂商立即做出的反应与其一个月或者一年以后做出的反应会大不相同。短期和长期供给曲线通常也是不同的。

3.4.2 供给的其他决定因素

在列出的可能影响某个厂商产品的产量的因素中，到目前为止，我们只讨论了产品的价格。其他影响供给的因素包括产品的生产成本和相关产品的价格。

生产成本　一个厂商要赢利，它的收入必须超过成本。像农民布朗这样的个体生产者会考虑在特定价格下应该供给多少，生产者会考虑他的成本。布朗的供给决策可能会随着生产成本的变化而改变。生产成本取决于许多因素，包括可用的技术、厂商所需投入品的价格和数量（劳动力、土地、资本、能源等）。

随着时间的推移，技术变革会对生产成本产生巨大的影响。以农业为例，肥料的引进，复杂农业机械的发展，以及利用生物工程提高单个作物的产量，都对农产品的生产成本产生了巨大的影响。技术同样降低了生产平板电视的成本。当技术进步降低生产成本时，产量很可能会增加。当每英亩产量增加时，单个农民能够而且确实生产更多。随着廉价的生产微处理器的技术的发展，电子计算器和后来的个人电脑、智能手机的生产也得以蓬勃发展。

58 生产成本也直接受到生产要素价格的影响。2008 年春季，全球油价从 2002 年的每桶 20 美元以下升至 100 美元以上。结果，它导致了出租车司机面临更高的汽油价格，航空公司面临更高的燃油价格，制造厂商面临更高的热力费用。其结果是：出租车司机花在寻找顾客上的时间可能减少了，航空公司削减了一些利润较低的航线，以及一些制造工厂不再让工人额外加班了。这个故事说明：投入品价格的上涨会提高生产成本，从而使生产者减少供给。相反的情况发生在 2009—2010 年，当时油价回落至每桶 75 美元，最近的一次发生在 2014—2015 年，当时油价再次下跌。

相关产品的价格 厂商对相关产品价格的变化通常会做出反应。例如，如果一块土地既可以用于种玉米也可以用于种大豆，大豆价格的上涨可能会导致个体农民将种植玉米的土地转为种大豆。因此，大豆价格的上涨实际上影响了玉米的供给量。

同样，如果牛肉价格上涨，生产者可能会增加牛的养殖量。然而，因为皮革来自牛皮。牛肉价格的上涨实际上可能增加皮革的供给。

总结：

> 假设厂商的目标是利润最大化，那么厂商决定供给多少产量或产品取决于：
>
> 1. 该商品或服务的价格。
> 2. 生产该产品的成本，而该成本又取决于：
>   - 所需投入品（劳动力、资本和土地）的价格；
>   - 可用于生产产品的技术。
> 3. 相关产品的价格。

3.4.3 供给曲线的移动与沿供给曲线的移动

沿供给曲线的移动：供给量的变化是由价格的变化引起的。

供给曲线的移动：供给曲线发生的变化对应于商品供给量与商品价格之间的新关系。这种变化是原始条件的变化引起的。

供给曲线表示了一个厂商提供的商品或服务的数量与该种商品或服务市场价格之间的关系。在其他所有条件相同的情况下，价格上涨可能导致供给量的增加。请记住：供给曲线是在保持除了价格之外的其他因素都不变的情况下得到的。此时，产品价格的变化会导致供给量的变化，也就是说——**沿供给曲线的移动**。如你所见，供给决策也受到价格以外其他因素的影响。价格和数量之间的新关系是在价格变化以外的因素出现时产生的，结果是**供给曲线的移动**。当价格以外的因素导致供给曲线发生移动时，我们就说供给曲线发生了变化。

回顾之前所学的，生产成本取决于投入品的价格和现有的生产技术。

现在假设大豆生产技术已经取得重大突破：基因工程已经培育出一种抗病虫害的超级种子。这样的技术变革将使广大农民能够在任何市场价格水平上供给更多的大豆。表 3.4 和图 3.7 描述了这种变化。以每蒲式耳 3 美元的价格，农民们用旧种子生产时，大豆的生产数量将是 3 万蒲式耳（如表 3.4 中供给计划 S_0）；由于采用新种子的生产成本较低，产量较高，现在他们生产了 4 万蒲式耳（如表 3.4 中供给计划 S_1）。按每蒲式耳 1.75 美元计算，他们本来可以用旧种子生产 1 万蒲式耳；但随着成本的降低和产量的提高，他们使用新种子时，产量可以上升到 2.3 万蒲式耳。

投入品价格的上涨也可能导致供给曲线发生移动。例如，如果农民布朗面临更高的燃料价格，他的供给曲线将向左移动，也就是说，他在任何给定的市场价格下都会减产。如果布朗的大豆供给曲线向左移动，

表 3.4　一种新抗病虫害种子问世后的大豆供给计划转变

	供给计划 S_0	供给计划 S_1
每蒲式耳价格（美元）	供给量（蒲式耳）（每年采用旧种子）	供给量（蒲式耳）（每年采用新种子）
\$1.50	0	5 000
1.75	10 000	23 000
2.25	20 000	33 000
3.00	30 000	40 000
4.00	45 000	54 000
5.00	45 000	54 000

59

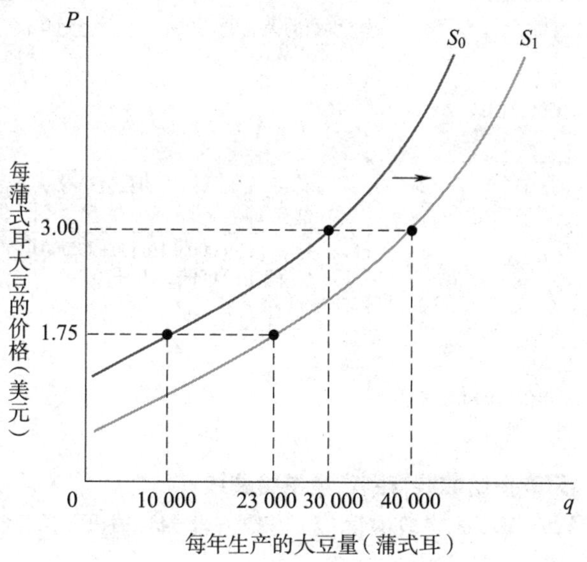

◀ 图 3.7　新型种子的培育带来的大豆供给曲线的移动

当产品价格发生变化时，我们沿这种产品的供给曲线移动，即供给量上升或下降。当任何其他影响供给的因素发生变化时，供给曲线会发生移动。

曲线与价格轴相交的位置更高，这意味着需要更高的市场价格才能使布朗开始考虑种植大豆。

与对需求的讨论一样，区分沿着供给曲线的移动（供给量的变化）和供给曲线的移动（供给变化）非常重要：

一种商品或服务价格的变化导致

└──►供给量的变化（**沿供给曲线的移动**）。

生产成本、投入品价格、技术或相关商品和服务的价格的变化导致

└──►供给的变化（**供给曲线的移动**）。

3.4.4 从个体供给到市场供给

到目前为止，我们一直关注单一生产者的供给行为。对于大多数市场而言，许多供给商将产品生产给消费者，而所有这些生产商的行为决定了供给。

市场供给：由单个产品的所有生产商在每个期间提供的所有产品的总和。

市场供给的定义与市场需求类似。它只是每个时期所有生产者对某种产品供给的简单加总。图 3.8 显示了一条市场供给曲线是如何从三条

60

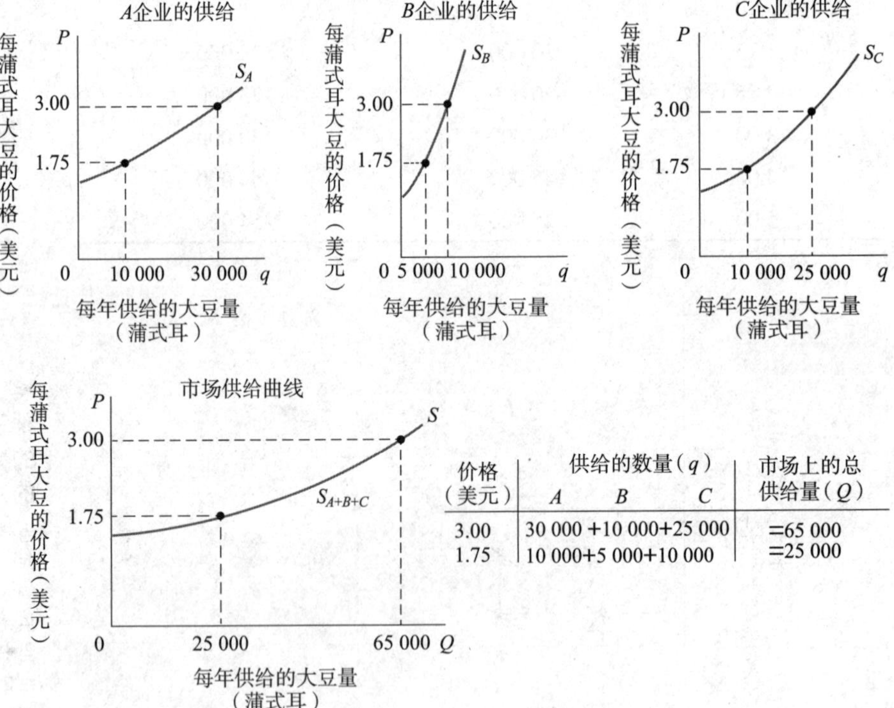

价格（美元）	供给的数量（q） A	B	C	市场上的总供给量（Q）
3.00	30 000 +	10 000+	25 000	=65 000
1.75	10 000+	5 000+	10 000	=25 000

▲ **图 3.8　从个体厂商供给曲线得到市场供给曲线**

市场上的总供给是市场上所有厂商供给的数量之和。它是在每一价格水平下所有个体供给量的加总。

个体供给曲线得到的。（在一个由更多厂商组成的市场中，总的市场供给量将是该市场上每个生产者提供的产品数量之和。）如图3.8中的表格所示，以3美元的价格，A农场供给30 000蒲式耳大豆，B农场供给10 000蒲式耳，C农场供给25 000蒲式耳。在这个价格下，市场供给总量为30 000+10 000+25 000，即65 000蒲式耳。然而，以1.75美元的价格，供给的总量仅为25 000蒲式耳（10 000+5 000+10 000）。因此，市场供给曲线是某一市场上所有厂商的个体供给曲线的加总，也就是在某个价格水平下所有个体供给数量之和。

市场供给曲线的位置和形状取决于个体供给曲线的位置和形状。市场供给曲线还取决于在该市场中参与生产的厂商的数量。如果某个市场上的厂商可以赚到高额利润，那么其他厂商可能会试图进入这个领域。职业橄榄球的受欢迎程度和赢利能力已经导致三次新联盟的成立。当有新的厂商进入某一个行业时，供给曲线向右移动。当厂商倒闭或"退出"某个市场时，供给曲线就会向左移动。

3.5 市场均衡

3.5 学习目标

能够解释一个不处于均衡状态的市场如何对恢复均衡做出反应。

到目前为止，我们已经确定了一些产品市场上影响家庭需求量和厂商供给量的因素。我们的讨论始终强调市场价格作为需求量和供给量的决定因素。现在我们来了解市场中的供给和需求如何相互作用以确定最终的市场价格。

在前面的讨论中，我们将决定需求量的家庭决策和决定供给量的厂商决策分离。然而，市场的运作显然取决于供给者和需求者之间的相互作用。在任何时候，市场必然处于下面三种状态之一：

（1）当前价格下的需求量大于供给量，这种状态叫作*需求过剩*。

（2）当前价格下的供给量大于需求量，这种状态叫作*供给过剩*。

（3）当前价格下的供给量等于需求量，这种状态叫作**均衡**。均衡状态下的价格没有变化的趋势。

均衡：当供给数量和需求数量相等时存在的状态。在均衡状态下，价格没有变化的趋势。

3.5.1 需求过剩

若当前价格水平下，需求量大于供给量时，存在**需求过剩或短缺**。图3.9说明了这种情况，显示了同一图形上的供给曲线和需求曲线。正如所看到的，在价格为每蒲式耳1.75美元（50 000蒲式耳）时，市场需求超过农民目前供给量（25 000蒲式耳）。

需求过剩或短缺：当前价格水平下，需求量超过供给量时所存在的状态。

当一个不受管制的市场上出现需求过剩时，由于需求者们会为了有限的供给相互竞争，价格会有上升的趋势。调整机制可能不同，但结果总是相同的。例如，想一想拍卖的机制。在拍卖中，产品被直接出售给出价最高的竞买者。当拍卖商从一个较低的价格开始叫价时，许多人愿意竞标该产品。开始的时候，这个场景中存在短缺：需求量超过供给

61 **▶ 图 3.9　需求过剩或短缺**

当价格为每蒲式耳 1.75 美元时，需求量超过了供给量。当存在需求过剩时，价格有上涨的倾向。当需求量等于供给量时，需求过剩消除，市场达到均衡状态。这里的均衡价格是 2.00 美元，均衡数量是 40 000 蒲式耳。

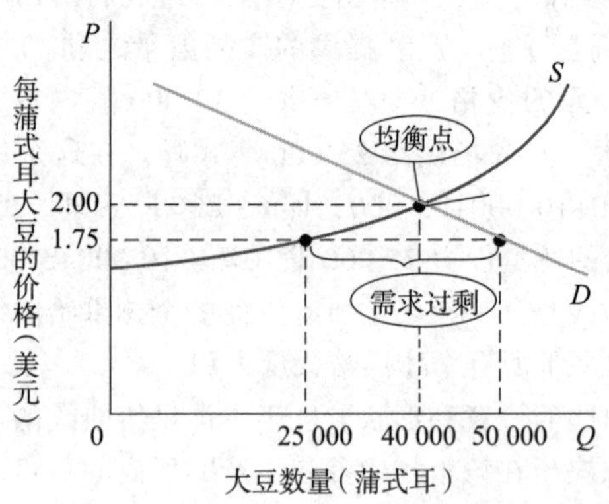

量。当潜在购买者提供越来越高的价格，有一些竞标者退出，直到出价最高的人得到这件商品。价格上涨直到需求量和供给量相等。

当价格为 1.75 美元（如图 3.9 所示）时，农民每年以 25 000 蒲式耳的速度生产大豆，但按此价格，需求量为 50 000 蒲式耳。大多数农产品都出售给了当地的经销商，而这些经销商又在主要市场中心大量销售，如果市场上需求量超过供给量，则会推高大豆价格。当价格上涨到 1.75 美元以上时，会发生两件事情：（1）当买家退出市场并且可能选择替代品时，需求量下降；（2）供给量增加，因为农民发现产品的售价升
61 高时，会增加大豆的种植面积。③

这个过程一直持续到不均衡被消除为止。在图 3.9 中，这发生在价格上涨到 2 美元时，其中需求量从每年 50 000 蒲式耳下降到 40 000 蒲式耳，供给量从每年 25 000 蒲式耳增加到 40 000 蒲式耳。当需求量和供给量相等且没有进一步变化时，该过程达到了均衡，这种情况没有进一步调整的自然趋势。从图形上看，均衡点是供给曲线和需求曲线相交的点。

物品越来越多地通过互联网拍卖。像易贝（eBay）这样的厂商将汽车、葡萄酒、电脑、机票等各种买家和卖家联系起来。全球的参与者同
62 时参与竞拍。这些拍卖的定价原则都是一样的：如果存在需求过剩，价格就会升高。

当需求量超过供给量时，价格往往会上涨。当市场价格上涨时，需求量下降，供给量上升，直到达到均衡，此时需求量等于供给量。

这一过程就叫作价格配给。如果市场运行不受外界干预，那么价格

③　当然，一旦农民在一个特定的季节决定了生产计划，他们就不能对产量进行调整。在表 3.3 中得出克拉伦斯 · 布朗在不同价格水平下的供给计划，假设种植多少大豆的决定取决于大豆在播种时的价格。在图 3.9 中，正的斜率表明较高的价格使增加大豆种植面积变得有利可图。最终的价格只有在最后产量确定时才可以得到。但是，出于我们的目的，在这里没有考虑这一关于时间的问题。为了更好理解，我们可以把供给和需求看作生产的流量，或者是生产率，也就是说，我们所讨论的是每个生产周期内生产出的蒲式耳的数量。在某些生产周期中，这一比率可能会有所调整。

的上涨会把产品分配到愿意并且能支付最高的那些人手中。只要买卖双方可以互动，愿意出更高价钱的人就可以通过某种渠道使大家知道这一事实（第 4 章将详细讨论价格体系是如何作为配给手段的）。

3.5.2 供给过剩

供给过剩或盈余：在当前价格水平下，供过于求时所存在的状态。

如果在当前的价格水平下，供给量大于需求量，就说明存在**供给过剩或盈余**。与存在短缺时的情况相类似，当出现过剩时，价格调整机制也是因市场而异。例如，如果汽车经销商在秋天新车型即将上市时发现自己还有未售卖掉的旧款车，他们很可能就会降低旧款车的价格。有时候经销商通过打折以吸引顾客购买，有时候顾客自己就可以和经销商讨价还价。圣诞节一过去，大部分商店就会通过大幅度降价来促销积压货品。这是因为当前价格下的供给量超过了需求量，商店不得不降低价格。许多网站的存在只不过是为了销售折扣服装和其他未能在上一季度以全价出售的商品。

图 3.10 描述了另外一种供给过剩的情况。当大豆的价格为每蒲式耳 3 美元时，农民以每年 65 000 蒲式耳的数量供给大豆，但是购买者的需求只有 25 000 蒲式耳。由于有 40 000 蒲式耳大豆没有卖掉，因此市场价格开始下降。当价格从 3 美元降到 2 美元时，大豆的供给量从每年 65 000 蒲式耳降到了 40 000 蒲式耳，较低的价格也使得需求量从 25 000 蒲式耳增加到 40 000 蒲式耳。当价格为 2 美元时，需求量和供给量相等。从这里的数据看来，2 美元和 40 000 蒲式耳就是均衡价格和均衡产量。

虽然价格的调整机制在不同市场上都是不同的，但最后的结果却是一样的：

> 假设在当前价格水平下，供给量超过了需求量，价格就有下降的趋势。随着价格的下降，供给量可能会减少，需求量可能会增加，直至达到均衡价格，供给量等于需求量为止。

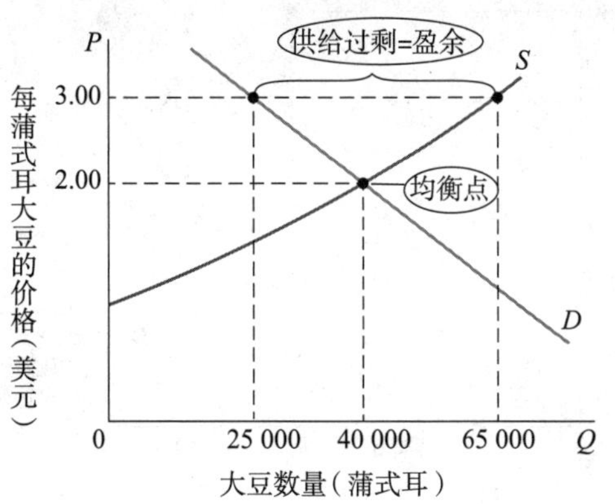

◀ **图 3.10 供给过剩或盈余**

当价格为 3 美元时，供给量比需求量大 40 000 蒲式耳。这一供给过剩会导致价格的下降。

63 ### 3.5.3 均衡的变化

当供给曲线和需求曲线发生移动时，均衡价格和均衡数量也会发生变化。下面这个例子有助于说明这一点，并展示当需求或供给任一者变化时，市场上的均衡如何重新确定。

南美是咖啡豆的主要生产地。在 20 世纪 90 年代中期，巴西和哥伦比亚遭遇了严重的寒流，使世界市场上的咖啡价格达到最高纪录——每磅 2.40 美元。哥伦比亚 2005 年的恶劣天气和最近的 2012 年恶劣天气造成了类似的供给变化。

图 3.11 描述了寒流是如何使咖啡价格上涨的。最初，市场处于均衡状态，均衡价格为 1.20 美元。在这一价格下，需求量等于供给量（132 亿磅）。需求曲线（标记为 D）和初始供给曲线（标记为 S_0）的交点，代表的就是价格 1.20 美元，数量 132 亿磅（记住：只有当需求量等于供给量时才存在均衡，就是供给曲线和需求曲线的交点）。

寒流导致咖啡豆供给的减少，供给曲线向左移动。在图 3.11 中，新的供给曲线（表示寒流之后的价格和供给量之间关系的供给曲线）记作 S_1。

在初始均衡价格 1.20 美元上，出现了咖啡豆的短缺。如果价格保持在 1.20 美元，则需求量也将保持不变，仍然保持在 132 亿。然而，在这一价格水平下，供给量减少到 66 亿磅了。所以价格为 1.20 美元时，需求量大于供给量。

如果市场上存在需求过剩，价格就会升高，实际情况也的确如此。如图所示，价格升高到 2.40 美元才达到新的均衡。在这一价格水平下，供给量再次等于需求量，此时的均衡数值是 99 亿磅——新的供给曲线（S_1）与需求曲线的交点。

64 咖啡的价格从 1.20 美元涨到 2.40 美元时，发生了两件事情。一是需求量减少（沿着需求曲线的运动），人们转而用茶、热可可代替咖

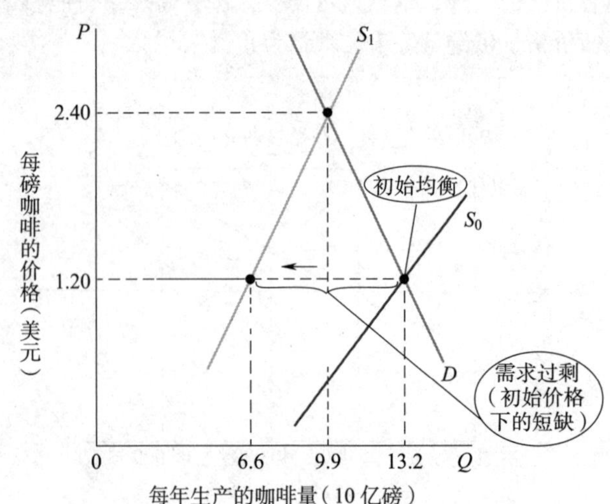

▶ 图 3.11　咖啡市场：供给曲线的移动与随后的价格调整

寒流袭来之前，咖啡的市场均衡价格是 1.20 美元，在这个价格下，需求量等于供给量。寒流导致供给曲线向左移动（从 S_0 到 S_1），使均衡价格提高到 2.40 美元。

啡。二是供给量开始增加，当然增加的幅度还是要受到寒流带来的损失的限制。(还有一种可能就是其他可以种植咖啡豆的国家或地区原来可能由于生产成本高而没有进行生产，但是随着咖啡价格的升高，生产变得有利可图，它们也开始生产咖啡并进入世界市场。）也就是说，较高的价格造成了供给量沿着新的供给曲线（在原来的供给曲线左侧）增加。最终的均衡在较高的价格水平（2.40 美元）和较低的市场交易量（99 亿磅）上形成，只有那些愿意支付每磅 2.40 美元的人才会购买咖啡。

图 3.12 总结了供给、需求曲线的移动并最终导致均衡价格和均衡数量变化的 10 个例子，仔细阅读每个图，并确保自己理解了它们。

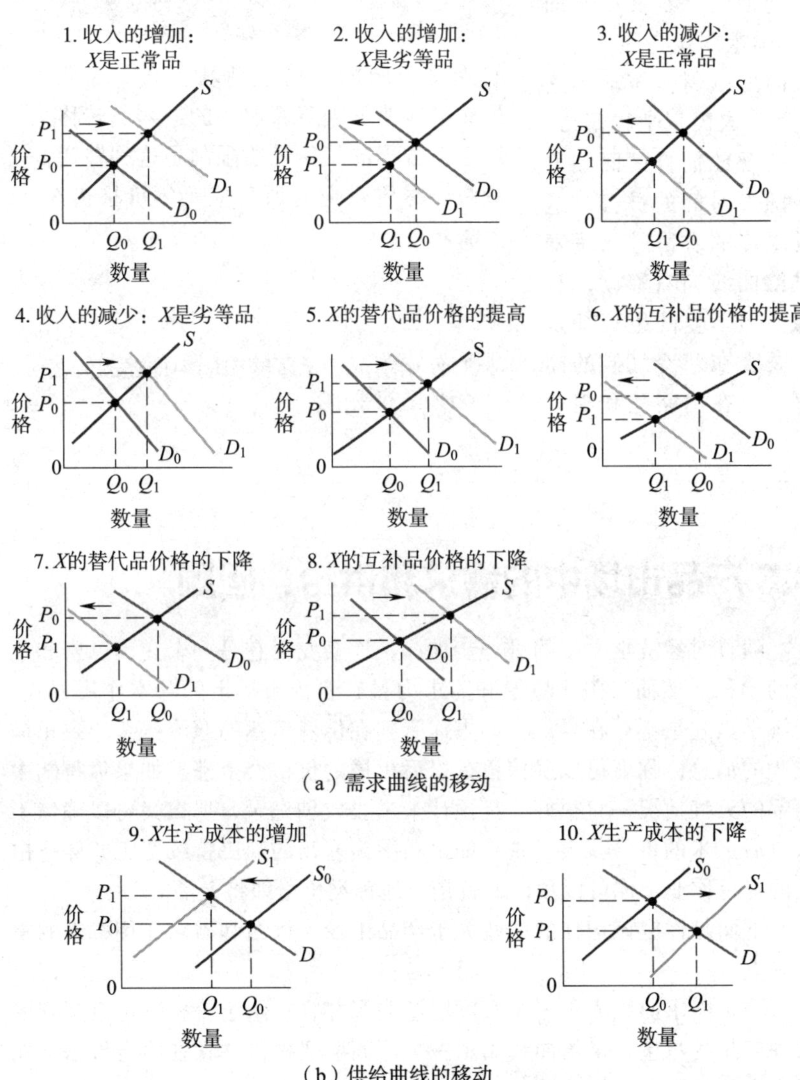

▲ **图 3.12　产品 X 的供给、需求曲线移动的例子**

65

实践中的经济学

藜麦

不管是素食主义者，还是普通的食品爱好者，可能在过去几个月内的某个时候都有吃过藜麦。藜麦，一种高蛋白谷物，在食品爱好者中找到了一个巨大的市场。它曾被秘鲁和玻利维亚的人们食用，并且是印加人的最爱。素食主义的增长有效地将藜麦的需求曲线右移。

随着供给曲线向上倾斜，需求的这种转变导致价格上涨。农民越来越富裕，而一些当地消费者发现他们自己面临着主食价格的上涨。随着时间的推移，这些更高的价格鼓励更多的农民进入藜麦市场。这将使得供给曲线向右移动，有助于缓和价格上涨。但藜麦的生长却是一件棘手的事情。藜麦在寒冷气候的高海拔地区生长最好。它在由骆驼和绵羊的粪便施肥的土壤上茁壮生长。因此，虽然供应明显随着新农民的进入而转移，但生产过程的特殊性质限制了这种转变，最终，尽管供应有所反应，但价格仍在上涨。

思考

1. 使用图形表示藜麦市场中描述的价格和数量的变化。

3.6 产品市场中的需求和供给：回顾

随着对经济学学习的进一步加深，你会发现它是一个充满思辨和争论的学科。然而，关于供给和需求力量在自由市场上的基本作用方式，经济学里几乎不存在异议。如果你听到在佛罗里达的寒流侵袭导致柑橘减产的消息，你就可以确信不久以后柑橘的价格会上涨。如果你得知中西部的天气情况一直很好，且预计玉米收成创纪录，那么又可以确信不久以后玉米的价格就会下跌。如果马萨诸塞州的渔民持续罢工并停止白天的捕鱼作业，你可以预计的就是当地鱼类价格即将上涨。

下面是你应该记住的一些关于产品市场上供给和需求作用机制的重要观点：

（1）需求曲线表示一个家庭愿意购买并且在给定价格下可以买到的某种产品的数量。供给曲线表示一个厂商愿意提供并且在给定价格下能够卖出的某种产品的数量。

（2）需求量和供给量永远指的是在单位时间段内的度量——每天、每月或者每年。

66

实践中的经济学

报纸价格为何上涨?

2006 年，美国巴尔的摩一家日报的平均价格是 0.50 美元。2007 年，平均价格上涨至 0.75 美元。对于较高的均衡价格，三位不同的分析师有三种不同的解释。

分析师 1：巴尔的摩报纸的价格上涨是好消息，因为这意味着人们对公共问题了解得更多。这些数据清楚地表明，巴尔的摩市民对报纸的重视程度有所提高。

分析师 2：巴尔的摩报纸的价格上涨对巴尔的摩市民来说是个坏消息。这些较高价格反映的纸张、油墨和分销成本的提高，将进一步降低人们对公共问题的认识。

分析师 3：巴尔的摩报纸的价格上涨是报纸试图赚钱的一个不幸结果，因为许多消费者已经转向互联网免费获取新闻报道。

作为经济学家，我们在研究这些解释时面临两个任务：基于我们对经济原则的了解，它们是否有意义？如果它们确实有道理，我们能找出哪种解释适用于说明巴尔的摩报纸价格上涨的情况吗？

分析师 1 在说什么？她关于消费者对报纸日益增长的关注的观察，告诉我们一些关于需求曲线的事情。分析师 1 似乎认为，消费者的口味发生了变化，更倾向于报纸，这意味着需求曲线向右移动。随着供给向上倾斜，这种转变将导致价格上涨。所以分析师 1 的说法是可信的。

分析师 2 指的是新闻纸的成本增加。这将导致报纸的生产成本上升，使得供给曲线向左移动。向下倾斜的需求曲线也导致价格上涨。分析师 2 也有一个看似合理的解释。

由于分析师 1 和分析师 2 有基于经济原则的合理解释，我们可以查看证据，看看谁实际上是正确的。如果你回到图 3.12 中，你会发现一个线索。当需求曲线向右移动时（如分析师 1 的解释），价格将会上涨，但数量也会上涨，如图（a）所示。当供给向左移动时（如分析师 2 的解释），价格上涨，但数量下降，如图（b）所示。因此，我们将看看在此期间报纸发行量发生了什么，看看价格上涨是来自需求方还是供给方。事实上，在包括巴尔的摩在内的大多数市场中，购买报纸的数量一直在下降，因此分析师 2 最有可能是正确的。

不过要小心。两位分析师可能都是对的。如果需求向右移动，但供给向左移动的幅度更大，价格将上涨，销售量将下降。

分析师 3 怎么样？分析师 3 显然从未上过经济学课程！免费上网获取新闻是印刷媒体的替代品。这种替代品的价格下降应该将报纸的需求曲线向左移动。结果应该是较低的价格，而不是价格上涨。报纸出版商面对新竞争“试图赚钱”的事实并没有改变供求规律。

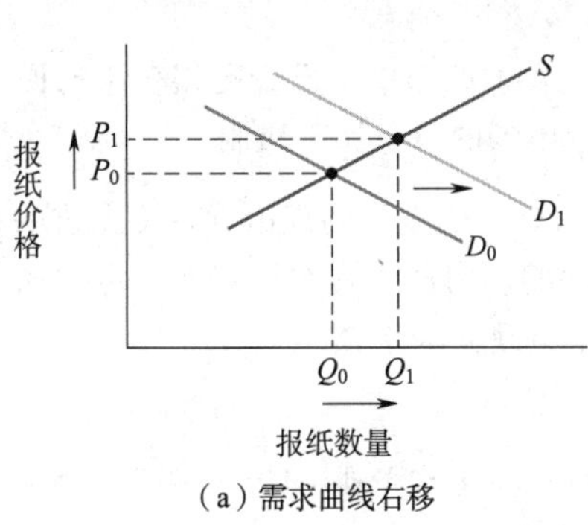

（a）需求曲线右移

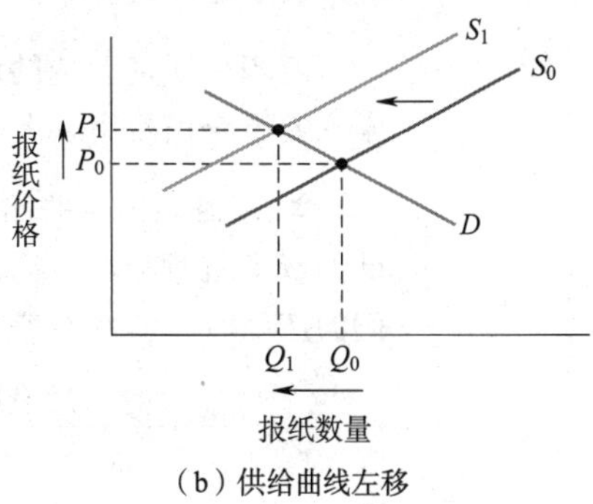

（b）供给曲线左移

（3）对某种产品的需求是由这种产品的价格、家庭收入和财富、其他商品和服务的价格、人们的品味和偏好以及预期所决定的。

（4）对某种产品的供给是由这种产品的价格、生产成本、相关产品的价格决定的。生产成本是由现有生产技术和投入品价格决定的。

（5）注意沿着供给 / 需求曲线移动和供给 / 需求曲线本身的移动之间的区别。当某种产品的价格发生变化时，这种产品的需求和供给数量也会发生变化——这就是沿着曲线的移动。当其他影响供给或需求的因素发生变化时，曲线本身发生移动，或者说它的位置发生了改变。

（6）只有在当前价格下的供给量等于需求量的时候，才存在市场均衡。

67 3.7 前瞻：市场和资源分配

你应该已经可以开始理解市场是如何回答那三个基本经济问题的了：生产什么？如何生产？分配给谁？厂商会选择可以带来利润的产品进行生产。如果产品的售价足够在支付生产成本之后留下一部分利润，厂商就极有可能会生产这种产品。资源将沿着有盈利机会的方向流动。

■ 需求曲线反映了人们愿意并有能力为产品支付多少，需求曲线受到收入、财富、偏好、其他产品价格和预期的影响。由于产品价格是由供给和需求共同决定的，所以价格反映了人的支付意愿。如果人们的偏好或收入发生变化，资源分配会随之发生变化。分析一下如果需求增加（市场需求曲线的移动）会带来什么变化。从均衡开始，家庭只是开始购买更多产品。在均衡价格下，需求量大于供给量。当存在需求过剩的时候，价格开始上涨，而随着价格的上涨，厂商在这个行业得到的利润就更高；较高的利润反过来会激励现有厂商扩大生产，并鼓励新的厂商进入这一行业。因此，独立私营厂商对价格和盈利机会做出的反应决定了“生产什么”，集中指挥是没有必要的。

亚当·斯密在 200 多年前就看到了市场的这种自我调节性：

> 每个个体通过追求自己的利益促进了社会的发展。有一只看不见的手引导他去实现一种目标，虽然这种目标并不是他所刻意追求的。④

亚当·斯密创造的词“看不见的手”已经是很普遍的说法了，经济学家们至今仍然用它来表示市场的自我调节机制。

■ 以盈利为目的的厂商有一个充分的理由选择最先进的技术——较低的成本就意味着较高的利润。因此，各个厂商在决定“如何生产”它们的产品时，依然不需要中央政府的干预。

---

④ Adam Smith，*The Wealth of Nations*，Modern Library Edition（New York：Random House，1937），p. 456（1st ed.，1776）.

■ 到目前为止很少涉及分配问题——分配给谁？可以在简单的供给和需求曲线图中看到这个问题的一部分答案。如果一种产品供不应求，价格就会升高；随着价格的升高，只有那些愿意并且有能力继续购买的人才会买，其他的人就会停止购买。

下一章将对这些问题进行更详细的讨论。资源在市场体系中的最终配置（产出的组合和产品的分配）究竟是如何确定的呢？

总结

1. 在由很多人组成的社会中，产品一定要满足广泛的品味和偏好，因此生产者要进行专业分工。

3.1 厂商和家庭：基本的决策单位 页 54

2. 当一个人或一些人决定进行生产，把资源或者说投入品转化为商品（市场上销售的产品）时，厂商就诞生了。厂商是市场经济中的基本生产单位。我们认为厂商决策是以利润最大化为目的的。
3. 家庭是经济中的主要消费单位。所有家庭的收入都是受到限制的。

3.2 投入市场和产出市场：循环流动 页 55

4. 家庭和厂商在两个基本市场上互动：产品 / 产出市场和投入 / 要素市场。供家庭使用而生产的商品和服务在产出市场上进行交易。在产出市场上，互相竞争的厂商是供给方，而互相竞争的家庭是需求方。在投入市场上，互相竞争的厂商是需求方，而互相竞争的家庭是供给方。
5. 最终，厂商决定了其生产的产出品的数量和特征、其所需的投入品的类型和数量，以及生产中使用的技术。家庭最终决定了其所需的产品与其所提供的投入品的类型和数量。

3.3 产品 / 产出市场中的需求 页 56

6. 单个家庭对一种产品的需求量取决于：（1）价格，（2）收入，（3）财富，（4）其他产品的价格，（5）品味和偏好，（6）对未来的预期。
7. 需求量是一段时间内单个家庭愿意购买的某种产品的数量，如果它可以以当前的价格买到其需要的全部产品的话。
8. 需求计划显示了一个家庭在不同的价格下愿意购买的某种产品的数量。在需求曲线中可以以图形方式呈现相同的信息。
9. 需求法则指出，在其他所有条件相同的情况下，价格和需求量之间存在着反向关系 / 负相关关系：随着价格的升高，需求量减少；随着价格的下降，需求量增加。需求曲线向下倾斜。
10. 所有的需求曲线最终都要和价格轴相交，因为通常都存在这样一个价格，超过这个价格以后，家庭就没有能力购买或者不愿意购买了。此外，所有的需求曲线最终都要与数量轴相交，因为只要是在一定时间内，大部分商品的需求都是有限的，即使价格为零。 68
11. 如果收入的增加会导致对一种商品的需求增加，这种商品就叫作正常品。如果收入的增加会导致对一种商品的需求下降，这种商品就叫作劣等品。

12. 如果X商品价格上涨会导致对Y商品的需求增加，这两种商品就叫作替代品。如果X商品价格升高会导致对Y商品的需求下降，这两种商品就叫作互补品。
13. 市场需求就是每段时期内在市场上购买某种商品或服务的所有家庭对这种商品或服务的需求量之和。它是每个价格水平下所有个体需求量的加总。

3.4 产品/产出市场中的供给 页 69

14. 一个厂商的供给量取决于：（1）这种商品或服务的价格；（2）生产这种产品的成本，包括所需投入品的价格和可以用来生产这种产品的技术；（3）相关产品的价格。
15. 市场供给量就是每段时期内所有生产者对某种产品的供给量之和。它是每个价格水平下所有个体供给量的加总。
16. 区分沿着需求和供给曲线的移动跟需求和供给曲线（本身）的移动非常重要。需求曲线显示了价格和需求量之间的关系。供给曲线反映了价格和供给量之间的关系。价格的变化是沿着曲线的移动。品味、收入、财富、预期或其他商品和服务价格的变化，都会导致需求曲线的移动；成本、投入品价格、技术或相关商品和服务价格的变化，都会导致供给曲线的移动。

3.5 市场均衡 页 75

17. 如果当前价格下需求量超过供给量，需求过剩（或者说短缺）就会出现，且价格趋于上涨。当市场上的价格上涨时，需求量下降，供给量上升，直到达到供给量等于需求量时的均衡。在均衡状态下，价格就没有进一步变化的趋势了。
18. 当供给数量超过当前价格所需数量时，存在供给过剩（或盈余），且价格趋于下降。当价格下降时，供给量减少，需求量增加，直到达到供给量和需求量相等的均衡价格。

术语和概念回顾

资本市场，页 56
互补品，互补的商品，页 62
需求曲线，页 58
需求计划，页 57
企业家，页 54
均衡，页 75
需求过剩或短缺，页 75
供给过剩或盈余，页 77
生产要素，页 56
厂商，页 54
家庭，页 54
收入，页 61
劣等品，页 62
投入或要素市场，页 55
劳动力市场，页 56
土地市场，页 56
需求定律，页 59
供给定律，页 70
市场需求，页 68
市场供给，页 74
沿需求曲线的移动，页 66
沿供给曲线的移动，页 72
正常品，页 61
完全替代品，页 62
产品或产出市场，页 55
利润，页 69
需求量，页 57
供给量，页 70
需求曲线的移动，页 66
供给曲线的移动，页 72
替代品，页 62
供给曲线，页 70
供给计划，页 70
财富或净资产，页 61

习题

69

3.1 厂商和家庭：基本的决策单位

学习目标：理解厂商、企业家和家庭在市场中的作用。

1.1 列出三个科技行业企业家及其创建的厂商的例子。解释这些人如何符合企业家的定义。

3.2 投入市场和产出市场：循环流动

学习目标：理解家庭作为厂商供给者和产品购买者的角色。

2.1 确认以下每一项交易是在投入市场还是在产出市场进行，以及厂商或家庭是需求还是提供相应的商品或服务。

a. 安德森每周在县法院做 37 个小时的书记员。

b. 林梅为父母购买了一个为期 3 周的地中海游轮旅行。

c. 卡特彼勒在亚拉巴马州亨茨维尔工厂的就业人数翻了一番。

d. 为了建造一个新的度假胜地和高尔夫球场，万豪向格雷森家族收购了 250 英亩的牧场。

3.3 产品 / 产出市场中的需求

学习目标：理解决定需求曲线位置和形状的因素，理解使需求曲线上的点沿需求曲线移动的因素，以及使需求曲线移动的因素。

3.1 **[与页 63“实践中的经济学”相关]** 职业体育联盟的商品销售是一项数十亿美元的业务，NBA、NFL 和 MLB 等联盟对官方联盟商品有严格的许可规则。假设你是一个狂热的 NBA 球迷，并希望购买一个“球员版”的 NBA 球衣。去 NBA 商店的网站 store.nba.com，点击“球衣”。选择一个球队，然后点击“球员版”，找到球衣的价格。对另外两个联盟也要这样做。你发现的球衣是完全替代品还是仅仅是替代品？为什么？你认为还有其他产品可以作为你所查到的球员版球衣的替代产品吗？简单解释一下。

3.2 解释以下每一项陈述是否描述了需求的变化或需求量的变化，并说明每一项变化是增加还是减少。

a. 朱利奥认为轮胎价格下个月会上涨，所以他今天为他的皮卡车买了一套轮胎。

b. 一篇发表的文章断言吃羽衣甘蓝会导致脱发，羽衣甘蓝的销量下降了 75%。

c. 欧因客公司的销售业绩显著下降，因为它的培根味泡泡糖价格翻了一番。

d. 联邦最低工资的增加导致快餐销售量的下降。

e. 花生酱价格的意外下降导致香蕉销量的增加。

3.3 对于前一个问题中的五个陈述（A—E），绘制需求图，表示需求量或需求的一定变化。

3.4 **[与页 64“实践中的经济学”相关]** 在威斯康星州赫利镇，一个反常的炎热夏季，7 月气温上升并在 95 华氏度左右维持了一周。这比一年中这个最热的月份平均 77 度的高温高出近 20 度。这股意料之外的热浪导致家庭对中央空调系统的购买大幅增加，这在美国这一地区并不常见。哪些需求决定因素是家庭购买这些空调系统的决定中最可能的因素，这些购买如何影响中央空调系统的需求曲线？

3.4 产品 / 产出市场中的供给

学习目标：能够区分导致供给曲线自身移动的因素与导致供给曲线上的点沿供给曲线移动的因素。

4.1 健身追踪器市场由五家厂商组成，下表数据代表各厂商以不同价格供给的数量。填写市场供给量栏，绘制显示市场数据的供给图。

供 给 图

价格（美元）	A厂商	B厂商	C厂商	D厂商	E厂商	市场
25	5	3	2	0	5	
50	7	5	5	3	6	
75	9	7	8	6	7	
100	11	10	11	9	8	

4.2 以下几组语句包含常见错误。识别并解释每个错误：

a. 供给减少，导致价格上涨。价格上涨导致供给增加。因此，价格回落到原来的水平。

b. 夏威夷菠萝供给增加，导致松果价格下
70 降。价格下降意味着夏威夷家庭对菠萝的需求将增加，这将减少菠萝的供给并提高其价格。

3.5 市场均衡

学习目标：能够解释一个不处于均衡状态的市场如何对恢复均衡做出反应。

5.1 用供给和需求曲线说明下列事件：

a. 随着无线上网技术的普及以及平板电脑重量的减轻，人们对于平板电脑的需求大幅上升。随着新技术在网上的传播，平板电脑的生产也变得越来越容易和便宜。尽管需求发生了变化，但价格还是下跌了。

b. 2013 年，马萨诸塞州的蔓越莓产量总计为 185 万桶，比 2012 年的 212 万桶下降了 15%。需求的减少甚至超过了供给，使得 2013 年蔓越莓的价格从 2012 年的 47.90 美元降至每桶 32.30 美元。

c. 在 20 世纪 90 年代末高新技术爆炸的年代，圣何塞的办公空间需求十分紧俏，租金很高。然而，随着 2001 年 3 月份开始的美国经济衰退，圣何塞（硅谷）的办公空间市场遭受了严重冲击，每平方英尺的租金下降。2005 年圣何塞的就业人数增长缓慢，租金又开始上涨。为了简化起见，假设这几年没有建设新的办公空间。

d. 在东欧国家实行经济改革之前，面包的价格受到政府控制，大大低于均衡水平。改革实施后，价格被放松管制，面包价格大幅上涨。结果，面包需求量下降，供给量急剧上升。

e. 钢铁行业正在游说政府对进口钢材征收较高的税。俄罗斯、巴西和日本都生产并且在国际市场上出售钢材，每吨价格为 610 美元，远远低于没有进口时的美国国内均衡价格。如果不允许进口钢材进入该国，（美国钢材市场的）均衡价格为每吨 970 美元，绘制不允许进口时美国的供给和需求曲线。如果美国的购买者可以从国际市场上以每吨 610 美元的价格买到他们所需的全部钢材，曲线如何变化；求出需要进口钢材的数量，并在图中标记。

5.2 9 月 13 日，星期六，洛杉矶道奇队和旧金山巨人队在旧金山 AT&T 公园球场打棒球比赛。两支球队都是冠军的有力争夺者。比赛门票被订购一空，很多想去看比赛的球迷没有买到票。而同一天，迈阿密马林鱼队和费城费城人队打比赛，在费城只有 26 163 人买票。费城国民银行公园球场可以容纳 43 651 人；旧金山的 AT&T 公园球场可以容纳 41 915 人。为了简化分析，假定所有常规赛的票价都是每张 40 美元。

a. 分别绘制两场比赛入场券的供给和需求曲线（提示：供给是固定的。它不会随价格变化）。每场比赛绘制一个图。

b. 有没有什么价格政策可以填满费城比赛的棒球场？

c. 一旦门票被出售，价格系统在配给旧金山比赛门票中不会起作用。你是怎么知道这一点的？你认为门票是如何配给的？

5.3 你是否同意下面这些陈述？简要解释你的答案，并用供求曲线来说明每个答案。

a. 一种商品价格的上涨，导致对另一种商品需求的下降，因此两种商品是替代品。

b. 供给量的变化导致商品价格下跌。这种变化一定是供给的增加。

c. 在 2009 年里，大部分美国人的收入大幅下降。这一变化很可能会导致正常品和劣等品的价格都下降。

d. 两种正常品不能互为替代品。

e. 如果需求和供给同时增加，价格显然会升高。

f. A 商品的价格下降导致 B 商品的价格升高，因此，A、B 两种商品为互补品。

5.4 2014 年 10 月美国政府的两项政策会影响卷烟市场。卷烟广告和包装标签中要求标明并且让公众认识到吸烟对健康带来的危害。直到 2014 年，农业部坚持对烟草实行保护价格。在这项政策下，保护价格高于市场的均衡价格，同时政府限制了可用于烟草种植的土地数量。对于减少卷烟消费这一目标，这两项政策是否不一致？用图形说明这两项政策对卷烟市场的影响。

5.5 在 2006 年至 2010 年期间，美国的住房供给量从每年超过 227 万套的房屋开工率降至不到 50 万套，下降幅度超过 80%。与此同时，新家庭的数量也逐渐减少。没有工作的学生搬来和父母一起住，来美国的移民不断减少，而且已经在美国的移民很多都回本国了。如果家庭数量减少，那就是需求下降。如果建造的新单元更少，则供给量减少。

a. 绘制标准供求关系图，图中显示了每月购买的新住房单元的需求量，以及每月建成并投放市场的新单元的供给量。假设供给量和需求量都为 45 000 套，价格为 200 000 美元。

b. 在同一张图上，需求下降。如果这个市场表现得和大多数市场一样，会发生什么？

c. 现在假设价格没有立即变化。即使需求低于供给，卖方也决定不调整价格。如果需求下降后房价保持不变，待售房屋数量（未售出新房的库存）会发生什么变化？

d. 现在假设新房投放市场的供给量下降了，但价格仍然保持在 20 万美元。你能提供一个不使价格下跌而使市场恢复均衡的 71
方法吗？

e. 访问 www.census.gov/newhomesales。查看当前新闻稿，其中包含最近一个月和过去一年的数据。你能观察到什么趋势？

5.6 对于以下每种陈述，绘制一个图，说明对鸡蛋市场可能产生的影响。在每种情况下，说明对均衡价格和均衡数量的影响。

a. 卫生局局长警告人们高胆固醇食物会引起心脏病发作。

b. 熏猪肉（一种互补品）的价格下降。

c. 鸡饲料价格上涨。

d. 恺撒沙拉开始在宴会上流行（拌色拉用的调料是用生鸡蛋做的）。

e. 技术革新减少了包装过程中鸡蛋的破损率。

*5.7 假定美国市场上鸡蛋的需求和供给曲线可以由下面方程表示：

$$Q_d=100-20P$$

$$Q_s=10+40P$$

其中 Q_d= 美国人每年愿意购买多少百万打鸡蛋；Q_s= 美国的养殖场每年愿意出售多少百万打鸡蛋；P= 每打鸡蛋的价格。

a. 填写下面表格中的空白部分。

价格（每打）	需求量（Q_d）	供给量（Q_s）
0.50 美元		
1.00 美元		
1.50 美元		
2.00 美元		
2.50 美元		

b. 用表中的信息计算均衡价格和均衡数量。

c. 绘制需求和供给曲线，并指出均衡价格和均衡数量。

*5.8 住房政策分析家们在讨论增加低收入家庭可以入住的住房单元的最佳方法。一种策略是需求方策略——向人们提供房屋“代金券”，这种“代金券”由政府支付，可以用来租借私营市场上提供的住房。另一种是供给方策略——由政府向房屋供给者提供补助

或建造公共住房。

a. 用供给和需求曲线说明供给方和需求方策略。哪种策略会导致更高的房租?

b. 房屋代金券（需求方策略）的批评者指出，由于向低收入家庭提供的住房很有限，而且根本不会对更高的租金有所反应，因此需求代金券只会提高租金而使房东受益。用供给和需求曲线说明他们的观点。

*5.9 假定比萨的市场需求由方程 Q_d=300–20P 给出，比萨的市场供给由方程 Q_s=20P–100 给出，其中 P= 价格（每个比萨）。

a. 绘制价格为 5 ~ 15 美元时比萨的供给和需求计划。

b. 在均衡状态下会卖出多少个比萨？价格是多少?

c. 如果供给者把比萨的价格定为 15 美元，会发生什么事情？解释市场调节过程。

d. 假设比萨的替代品汉堡包的价格涨了一倍。这导致比萨的需求翻了一番。（在每个价格水平下，消费者的比萨需求量是以前的两倍。）写出比萨新的市场需求方程。

e. 算出比萨新的均衡价格和数量。

5.10 **[与页 80“实践中的经济学”相关]** 藜麦的日益流行对糙米市场产生了影响。藜麦的纤维、蛋白质和铁含量较高，正取代糙米，成为许多注重健康的人的主食。绘制供求关系图，显示藜麦需求的增长如何影响糙米市场。描述糙米的均衡价格和数量发生了什么变化。糙米生产商如何将价格或数量恢复到初始均衡价格或数量？简要说明糙米生产商是否有可能在不改变消费者行为的情况下将价格和数量返还至初始均衡点。

5.11 下表为太阳能无线键盘市场。将这些数据绘制在供需图上，并确定均衡价格和数量。解释如果市场价格设为 60 美元会发生什么，并在图上标示出来。解释如果市场价格设为 30 美元会发生什么，并在图上标示出来。

价格（美元）	需求量	供给量
10	28	0
20	24	3
30	20	6
40	16	9
50	12	12
60	8	15
70	4	18

5.12 **[与页 81“实践中的经济学”相关]** 分析师 1 认为，巴尔的摩的报纸需求曲线可能已经向右移动，因为人们的文化程度提高了。再想想另外两个可能导致需求曲线向右平移的看似合理的故事。

第 4 章 供给和需求的应用

每一个社会都有一个制度体系，它决定着生产什么、如何生产以及分配给谁。在一些社会中，这些决定是通过计划机构或政府统一指导做出的。然而，在每个社会中，许多决策都是通过市场运作以分散的方式做出的。

所有社会中都存在着市场，第 3 章对市场的运作方式进行了简单的描述。在本章中，我们将继续对需求、供给和价格体系进行研究。

本章概要和学习目标

73 **4.1 学习目标**
了解最低限价和最高限价在市场中的作用。

价格配给：当需求量超过供给量时，市场系统向消费者分配商品和服务的过程。

4.1 价格体系：配给制和资源配置

市场体系，也叫作价格体系，它执行两个重要且密切相关的功能。首先，它提供了一个自动分配稀缺的商品和服务的机制。也就是说，当需求量超过供给量的时候，市场作为一种**价格配给**手段，在消费者之间分配商品和服务。其次，价格系统最终决定了资源在生产者之间如何分配以及产出的最终组合。

4.1.1 价格配给

先考虑一下价格系统消除短缺的简单过程。假设图 4.1 显示了小麦的供需曲线。小麦在世界各地生产，俄罗斯和美国提供大量供给。小麦在世界市场上销售，用于生产一系列食品，从谷物和面包到加工食品，这些产品存在于普通消费者的厨房中。因此，大型食品厂商需要小麦，因为它们为家庭生产面包、谷物和蛋糕。

如图 4.1 所示，2010 年春季小麦均衡价格为每吨 160 美元。按此价格计算，全球农民预计将向市场提供 6 170 万吨小麦。供给与需求相等。在价格为每吨 160 美元的时候市场达到均衡，因为在该价格下，需求数量等于供给数量。（你应该还记得均衡是供给曲线和需求曲线的交点，在图 4.1 中，这一点是 *C* 点。）

2010 年夏天，俄罗斯经历了有史以来最热的夏天。火灾席卷俄罗斯，摧毁了俄罗斯的大部分小麦作物。世界上几乎三分之一的小麦都产于俄罗斯，这种环境灾害对世界小麦供给的影响是巨大的。在图中，通过预测俄罗斯和世界其他地区种植的所有小麦收获量而绘制的小麦供给曲线，现在将向左移动，从 2010 年春季到 2010 年秋季，这一供给曲线的变化导致了在 160 美元的原有价格下会产生需求过剩的情况。按此价格，需求量为 6 170 万吨，但俄罗斯大部分小麦供给量被

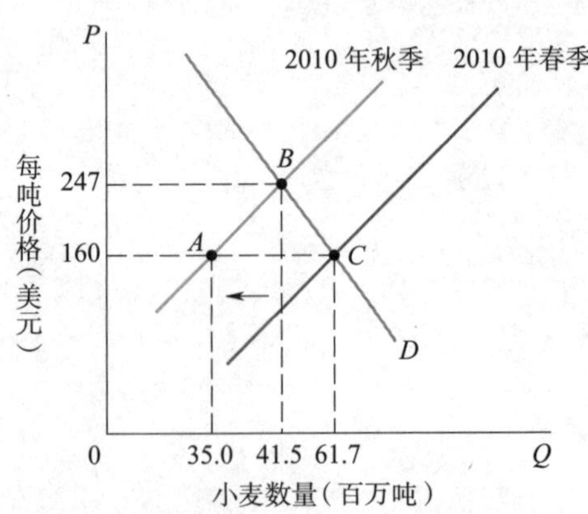

▲ 图 4.1　小麦市场

2010 年夏季俄罗斯的火灾导致世界小麦供给量向左移动，导致价格从每吨 160 美元增加到 247 美元。均衡点从 C 移动到 B。

火灾摧毁，使全世界只剩余 3 500 万吨供给。需求量超过原价供给量 2 670 万吨。

供给减少导致小麦价格大幅上涨。随着价格的上涨，可用的供给是“配给的”。只有那些愿意并且能够支付最多的人能够获得商品。您可以在图 4.1 中清楚地看到市场的配给功能。随着价格从 160 美元开始上涨，需求量沿着需求曲线下降，均衡点从 C 点（6 170 万吨）转向 B 74
点（4 150 万吨）。小麦价格的上涨意味着像面包和以小麦为主要原料的麦片等产品的价格也会上涨。为了应对价格的变化，人们烘烤的蛋糕会越来越少，并且开始越来越多地食用黑麦面包，饮食从麦片转向玉米片。

随着价格上涨，小麦种植者也改变了他们的行为，尽管短期内供给的反应是有限的。俄罗斯之外的农民，看到价格上涨，就会更加小心地收割庄稼，从每一根茎秆上收获更多珍贵的谷物。也许一些小麦从储存中取出并被运进市场。供给量从 3 500 万吨（A 点）增加到 4 150 万吨（B 点）。价格的上涨鼓励了有能力的渠道增加供给，在一定程度上弥补了俄罗斯小麦产量的损失。

在每吨价格 247 美元、交易量为 4 150 万吨处，我们得到了新的均衡。市场将决定谁能获得小麦：*总供给量越低，产品就越会分配给那些愿意并有能力支付更高价格的人。*

这种“支付意愿”的概念对于可用供给分配至关重要，而意愿既取决于欲望（偏好），也取决于收入或者说财富。支付意愿并不一定意味着只有富人才会在价格上涨时继续购买小麦。对于任何继续以更高的价格购买小麦的人来说，他的享受是以其他商品和服务的更高成本为代价的。

总而言之：

> 价格调整是自由市场上的配给机制。价格配给意味着在自由市场上，只要某种商品出现配给供给——也就是说存在短缺，这种商品的价格就会上涨，直到供给量等于需求量为止，也就是直到市场出清为止。

你可以想到的任何一个市场上都有一个“出清价格”。考虑一下著名油画的市场，如杰克逊·波洛克（Jackson Pollock）的《1948 年第 5 号》，如图 4.2 所示。当价格比较低时，对如此重要的一幅作品一定存在着巨大的需求过剩。人们将它的价格哄抬得越来越高，直到只剩下一个需求者。可以想象，这个价钱是非常高的。事实上，波洛克的这幅画在 2006 年创纪录地卖到了 1.4 亿美元。如果某种产品的供给像一幅名画一样，供给极其匮乏，那么它的价格就被称为是*由需求决定的*。也就是说，它的价格完全是由出价最高的竞买者愿意支付的金额决定的。

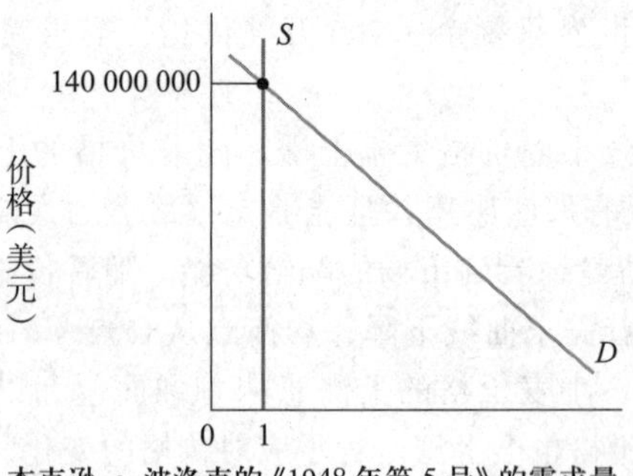

▲ 图 4.2　稀有绘画作品的市场

任何市场上都有出清价格，即使供给是十分有限的。在拍卖一件独一无二的绘画作品时，竞买者的出价会逐渐升高到消除需求过剩，直到只剩下一个竞买者愿意购买这件世上唯一的作品。有些人估计如果《蒙娜丽莎》被拍卖，价格将高达 6 亿美元。

75 可以把“任何市场都有一个‘出清价格’”解释为“一切物品都有它自己的价格”，但是这种解释并不确切。假设你拥有一个家传的银手镯，很可能无论别人出多高的价钱你都不会把它卖掉。这是否意味着市场在这里不起作用了，或者说供给量不等于需求量呢？当然不是。这仅仅意味着你就是那个出价最高的人。拒绝所有报价意味着你必须愿意放弃任何人开出的任何价钱。

4.1.2 市场上的约束和其他配给机制

有时，政府和私营厂商都愿意使用市场体系以外的某种其他机制来定量配给当前价格上有需求过剩的商品。旨在停止价格配给的政策通常有一些合理的解释。

最常用的理由是公平。房东向租客收取高额租金是不公平的，石油厂商抬高汽油价格是不公平的，保险厂商收取巨额保费是不公平的，等等。毕竟，争论在于，我们别无其他的选择，只有付钱——住房和保险费是必需的，人们需要汽油才能上班。第 95 页的“实践中的经济学”描述了 2012 年飓风桑迪后人们对物价上涨的投诉。不管控制价格的理由如何，下面的例子将清楚地表明，试图绕过市场定价系统往往比最初看起来更困难，成本也更高。

石油、汽油和 OPEC　世界上最重要的价格之一是原油价格。每天有数以百万桶的石油交易。它是几乎所有产品的主要原材料。它为我们的家庭供暖，并被用来生产汽车所需的汽油。它的生产导致了大规模的环境灾难和战争。它的价格波动很大，导致了重大的宏观经济问题。但石油和其他商品一样，其价格是由供需基本面决定的。石油提供了一个很好的例子，说明市场是如何运作的，以及市场有时是如何失灵的。

石油输出国组织（OPEC）是一个由 12 个国家（分别是阿尔及利亚、安哥拉、厄瓜多尔、伊朗、伊拉克、科威特、利比亚、尼日利亚、卡塔尔、沙特阿拉伯、阿拉伯联合酋长国和委内瑞拉）构成的组织。即便由于高压水砂破裂法的新发展，美国生产的石油供给量一直在增长，在 2015 年该组织依然占据全球石油市场产出份额的三分之一。1973 年和 1974 年，石油输出国组织对美国的原油运输实行禁运。随之而来的是当地天然气泵的汽油数量大幅减少，因为当时石油输出国组织的市场份额很大。

如果允许市场体系运作，精炼汽油价格将急剧上涨，直到供给量等于需求量。然而，政府认为，只向那些愿意和能够支付最高价格的人配给汽油是不公平的，国会规定了每加仑含铅普通汽油的**最高限价**为 0.57 美元。最高限价的目的是让汽油对于人们“负担得起”，但它也使短缺持续下去。在限价条件下，需求量仍然大于供给量，可用汽油必须以某种方式在所有潜在的需求者之间进行分配。

最高限价：卖方为某一商品可能收取的最高价格，通常由政府规定。

通过仔细观察图 4.3，可以看到最高限价的影响。如果价格是由供给和需求的相互作用决定的，那么价格将增加到每加仑 1.50 美元左右。然而，国会规定以每加仑 0.57 美元以上的价格出售汽油是违法的。在这个价格水平下，需求量超过了供给量，存在短缺。由于不允许价格系统发挥作用，人们必须找到一种替代的配给机制来分配市场上可用的汽油供给。

人们尝试了许多方法。所有非价格配给系统中最常见的是**排队**，也就是在队伍中等待。1974 年的时候，经常是从早上 5 点开始，加油站前面就已经排着很长很长的队伍了。在这种配给机制下，汽油还是流向了那些愿意付出最高价格的人，不过这次人们需要付出的价格要用消耗的时间和产生的恼怒情绪，而不是美元来衡量。①

排队：排队作为分配商品和服务的一种手段，是一种非价格分配机制。

---

① 也可以正式地表明，这种结果是低效的——这导致了社会总价值的净损失。首先，排队等候是有成本的，时间也是有价值的。由于实行价格配给，没有人需要排队等候，因此这段排队等候时间的价值被节省下来了。其次，如果对某些得到汽油的人来说，汽油的价值比某些没有得到汽油的人低，那么就会产生额外的价值损失。考虑下面的例子：假设汽油的市场价格不受约束的话会上升到 2 美元，而现在政府把价格限制在 1 美元，因此买汽油经常要排很长的队伍。对于汽车驾驶者 A，10 加仑汽油值 35 美元，但是她没有买到汽油，因为她的时间很宝贵，排队等候很不划算，对驾车者 B 来说，10 加仑只值 15 美元，但是对他来说，时间远没有 A 的时间那么宝贵，所以他买到了汽油。最后的结果是，如果 A 付钱给 B，从他手中买汽油，那么 A、B 的境况都得到了改善。如果 A 付给 B 30 美元购买汽油，那么 A 得到 5 美元的改善而 B 得到 15 美元的改善，而且 A 不必再排队等候了。因此非价格配给的分配结果会导致价值的净损失。这种损失叫作净福利损失。见本章后面的内容。

76

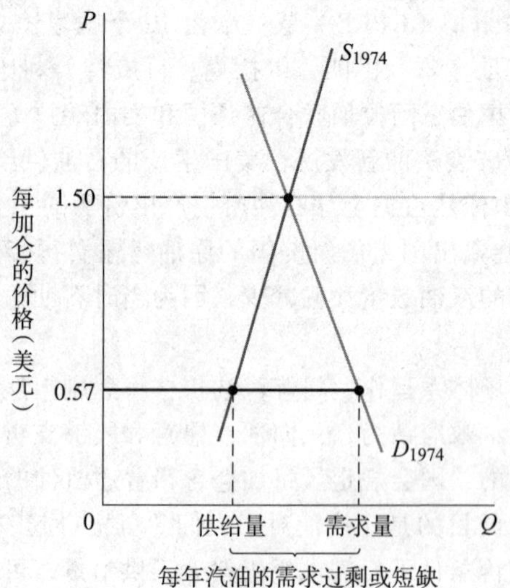

▲ 图 4.3 最高限价导致的需求过剩（短缺）

在 1974 年，政府规定含铅普通汽油的最高价格不能超过每加仑 57 美分。如果价格是由需求和供给的相互作用决定的，那么价格会涨到大约每加仑 1.50 美元。当价格为每加仑 57 美分时，需求量就会超过供给量，因为价格系统无法发挥作用，人们必须找到一种替代的配给机制来分配市场上有限的汽油供给。

优待客户：在需求过剩的情况下，接受经销商特殊待遇的人员。

汽油危机期间使用的另一种非价格配给手段是**优待客户**。许多加油站老板决定不向普通大众出售汽油，而是为朋友和优待客户保留他们稀缺的石油供给。毫无疑问，许多顾客试图通过向加油站老板们支付额外的费用，以使自己受到优待。老板们还会收取高昂的服务费。通过这些手段，他们提高了汽油的实际价格，但为了避开最高限价，他们把较高的价格隐藏在服务中。

配给券：凭票或优惠券使个人有权每月购买一定数量的特定产品。

还有一种划分可用供给的方法是使用**配给券**。该方法曾经在 1974 年和 1979 年得到使用过，那时，有人建议给家庭发放定量配给券或优惠券，使他们有权每个月购买一定数量的汽油。通过这种方法，无论收入多少，每个人都能得到相同数量的汽油。20 世纪 40 年代，美国也实行了这种方法，当时政府对肉类、糖、黄油、轮胎、尼龙长袜和许多其他物品实行了战时最高限价。

然而，当没有禁止配给券交易时，其结果几乎与价格配给机制的结果完全相同。那些愿意并且能够支付最高价格的人购买配给券，并用它们购买汽油、巧克力、新鲜鸡蛋或任何以限定价格[②]出售的任何其他商品。这意味着受限制商品的价格将有效地上升到市场清算价格。例如，假设你决定不出售自己拥有的配给券，那么你就放弃了通过出售配给券获得的收益。因此，您购买的商品的“有效”价格将高于限制价格（如果只考虑机会成本）。即使出售配给券是违法的，也几乎不可能阻止黑市交易。在**黑市**中，配给券的非法交易会以市场决定的价格进行。

黑市：以市场决定的价格进行非法交易的市场。

② 当然，如果你被分配了一些票，并且出售了它们，你的境况会比在价格配给制下更好。因此，配给券是重新分配收入的一种方式。

77

实践中的经济学

飓风桑迪的故事：为什么我的旅馆房间这么贵？

2012 年 10 月，飓风桑迪袭击了美国东北部。尤其是在纽约、新泽西和康涅狄格州，洪水造成了混乱。风暴过后，随着个人和公共工作人员开始处理善后事宜，一些物品的价格开始上涨。此时，应该能够预测哪些价格可能上涨得最多。

在桑迪来袭之前，我们预计这些州的大多数市场与其他地区一样，或多或少处于均衡状态。在风暴过后，真正可以提价的商家，只有那些面临需求曲线右移的大转变或者市场中供给曲线左移的转变的商家。否则，如果商家发布桑迪提高了价格的消息，他们的货架上最终只会留下更多剩余商品。因此，如果我们想要预测飓风桑迪之后哪些价格会上涨，我们所需要做的就是看看那些在飓风过后需求或供给曲线发生大幅变化的厂商。随着许多人被迫离开家园，酒店房间变得稀缺。断电后，发电机变得更有价值。随着树木的倒下，更多的客户开始申请树木移除服务。换句话说，所有这些厂商都看到了市场需求曲线的大幅移动，它们会发现迅速提高产出水平是很困难的。我们不可能在一夜之间真正建起一座假日酒店，而价格上涨成为可能。

事实证明，加油站的汽油价格也上涨了。然而，考虑到道路和企业关闭的状况，人们很可能会认为在桑迪之后，开车会少一些。在这里，更可能的问题是供给曲线的变化，因为运输卡车司机发现人们很难补给加油站。供给曲线的转变使得价格上涨成为可能，特别是考虑到那些确实需要上班的人真的需要这种燃料！

正如我们在文中所建议的那样，在某些情况下，政府政策会在紧急情况发生后控制允许价格上涨的程度。在飓风桑迪的情况下，三个州都提出针对众多厂商哄抬价格的欺诈投诉，几乎都是酒店、树木移除、加油站和发电机销售业务。在新泽西州，颁布了一项禁止哄抬价格的法律，禁止在紧急情况下提高 10% 以上的价格。康涅狄格州和纽约州的定义更为明确，但不太精确。在这些州，哄抬价格包括紧急情况下“不合理地过度”的价格上涨。经济学在将该定义转化为数字时没有多大帮助。但在这一点上，我们希望你能看到经济学可以帮助我们预测哪些类型的厂商可能被指控犯罪。

思考

1. 飓风桑迪过后，考虑到运输问题，随着供给曲线向左或向内移动，汽油价格上涨。运输问题可能也影响了脆谷乐的配送。您是否预计脆谷乐的价格也会大幅上涨？请说明理由。

78 **音乐会和体育赛事门票的配给机制** 体育赛事的门票如世界职业棒球大赛、美国橄榄球超级杯大赛和世界杯，在开放的市场上都有着极高的价格。在许多情况下，价格大大高于原始发行价格。其中有史以来最热门的篮球门票之一是2010年波士顿凯尔特人队和洛杉矶湖人队的NBA决赛系列赛之一，湖人队在七场比赛中获胜。其中一场在洛杉矶的比赛，场边座位的网络售价为19 000美元。

您可能会问，为什么利润最大化的厂商不会收取最高价格？答案取决于具体的赛事。如果芝加哥小熊队进入世界职业棒球大赛，芝加哥人将以数千美元的高价购买所有放出的门票。但如果小熊队实际上收取了2 000美元的门票，那么忠诚的球迷会非常愤怒。“贪婪的小熊队敲球迷竹杠。”媒体会尖叫。工资尚可的普通忠实粉丝将无法负担这些价格。下个赛季，或许一些愤怒的球迷会改变忠诚度，转而支持白袜队。在一定程度上，为了避免疏远忠实的粉丝，冠军赛的价格被压低。有意思的是，看看这个案例，你会发现一张低于市场价格的票价如何发挥作用：

让我们来看看斯台普斯中心的一场音乐会，该中心有20 000个座位。因此，门票供给量固定为20 000张。当然，有好的座位和坏的座位，但为了简单起见，我们假设所有的座位都是相同的，并且所有的门票的推广者每张门票收取50美元。如图4.4所示。供给以20 000的垂直线表示。改变价格并不会改变座位供给。在图中，50美元价格的需求量为38 000，因此在此价格下，有18 000的需求过剩。

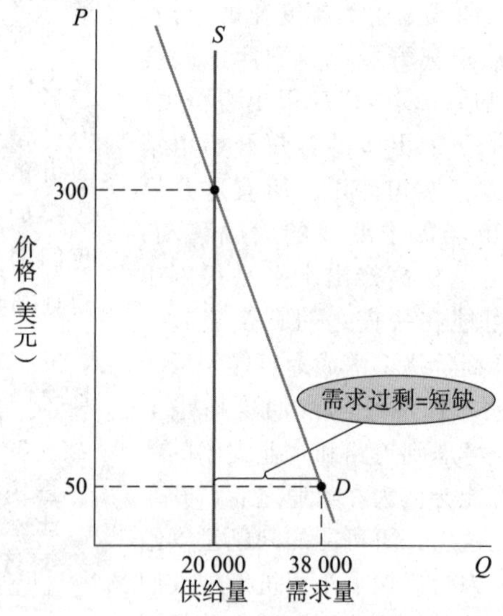

▲ 图4.4 斯台普斯中心一场音乐会的供需情况

按面值50美元计算，音乐会的座位需求量过大。当价格为50美元时，需求量大于固定在20 000个座位上的供给量。图形显示，在每张票300美元的价格下，需求量将等于供给量。

谁能买到 50 美元的门票？与汽油一样，可以使用各种配给机制。最常见的是排队，排队等候。门票将在特定时间开始销售，人们会出现并等待。现在，门票销售方在网上有虚拟候诊室。世界职业棒球大赛的门票将在 9 月的特定时间开始销售，登录网站的人员会在适当的时候进入电子队列并购买门票。门票通常会在几分钟内售罄。

当然，也有优待客户。当地的政治家、赞助商，以及艺术家的亲友或运动员的亲友通常不需要排队就能获得门票。

但是，“一旦尘埃落定”，技术的力量和机会成本的概念就会接管。 79
即使你以相对较低的价格，即 50 美元买到了票，那也不是真正的成本。真正的代价是坐在票座上所放弃的东西。如果易贝、StubHub 或 Ticketmaster 上的用户愿意为你的门票支付 300 美元，那么这就是你为了参加音乐会必须付出的代价或牺牲。很多人甚至是铁杆球迷都会选择出售这张票。这再一次证明，我们很难阻止市场将票定量分配给那些愿意并且能够支付最多的人。

无论私人组织和政府的初始意愿多么好，阻止价格系统起作用或不让“愿意支付的价格”发言都是很困难的。每当使用一种非价格配给系统的时候，价格体系都在背后偷偷起作用。由于优待客户和黑市的存在，最后的分配结果可能比单纯价格配给得到的结果更不公平。

4.1.3 价格和资源分配

把市场体系看作是一种在竞争的需求者之间分配稀缺商品和服务的机制，是很有启发性的。但市场决定的不仅仅是最终产出的分配。它还决定了生产什么，以及如何在不同用途之间分配资源。

考虑到消费者偏好的变化会导致对特定商品或服务的需求增加。例如，在 20 世纪 80 年代，人们开始比以前更频繁地去餐馆吃饭。研究人员认为，这种趋势在今天仍在继续，部分原因是社会变化（如双职工家庭的数量急剧增加），部分原因是收入增加。市场通过将资金和劳动力资源转移到更多更好的餐馆来应对这种需求变化。

随着在餐馆就餐需求的增加，外出就餐价格上涨，餐饮业赢利能力增强。更高的利润吸引了新的厂商，并为老餐馆提供了扩张的动力。寻求利润的新资本流入餐厅业务，劳动也是如此。新餐馆需要厨师。厨师们需要培训，随着需求的增加而来的工资上涨也为他们提供了获得培训的动力。为应对培训需求的增加，新的烹饪学校开学，现有学校开始开设烹饪艺术课程。这个故事还可以继续讲下去，但是基本观点已经很清楚了：

产出市场需求变化引起的价格变化导致利润的上升或下降。利润吸引资本；亏损导致撤资。更高的工资吸引劳动力，并鼓励工人获得技能。在系统的核心，投入和产出市场的供给、需求和价格决定了资源分配，以及所生产的商品和服务的最终组合。

4.1.4 最低限价

最低限价： 最低价格，低于这一价格不得交易。

最低工资： 为劳动力价格设定的最低限价。

正如我们所看到的，价格配给被视为不公平而强加的最高限价，这导致了其他的配给机制效率低下，甚至可能同样不公平。对于最低限价，也可以提出一些相同的论点。**最低限价**是一个最低价格，低于这个价格是不获准交易的。如果最低限价高于均衡价格，结果将是供给过剩；供给量将大于需求量。

最低限价最常见的例子是**最低工资**，这是为劳动力价格设定的下限。根据联邦法律，雇主（需要劳动力）向工人（提供劳动力）支付的工资不得低于每小时 7.25 美元（2015 年）。许多州的最低工资要高得多；例如，华盛顿特区在 2015 年的最低工资是每小时 9.47 美元。最低工资的批评人士认为，最低工资高于均衡水平，可能导致雇佣的劳动力减少。

80 **4.2 学习目标**

分析石油进口税的经济影响。

4.2 供给和需求分析：石油进口税

供求关系是一种强有力的分析工具。下面就用这个工具来分析一项对进口石油征税的提案。对进口石油征税的想法引起了激烈的争论，到目前为止，我们所学到的工具将向我们展示征收这种税的效果。

2012 年，美国进口了 45% 的石油。其中 22% 来自波斯湾国家。鉴于世界上这一地区的政治动荡，许多政治人士号召尝试减少对外国石油的依赖。为了实现这一目标，政治家和经济学家经常建议的一个工具是进口石油税或关税。

供给和需求分析使得进口税支持者的论点更易于理解。图 4.5（a）显示了截至 2012 年底的美国石油市场。世界石油价格略高于 80 美元，美国被认为能够以这个价格购买所有它想要的石油。这意味着国内生产商每桶的价格不能超过 80 美元。标有“供给（美国）”的曲线显示了国内供给商在每个价格水平下的产量。以 80 美元的价格，国内产量为每天 700 万桶。美国生产商将在供给曲线上的 *A* 点生产。2012 年美国的石油需求总量约为每天 1 300 万桶。以 80 美元的价格，美国的需求量是需求曲线上的 *B* 点。

总需求量（每天 1 300 万桶）与国内生产量（每天 700 万桶）之间的差额为总进口量（每天 600 万桶）。

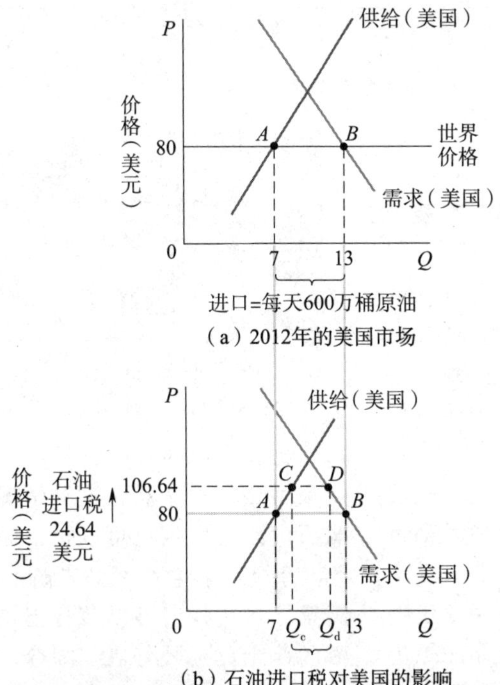

▲ 图 4.5　2012 年美国原油市场

2012 年，世界原油市场价格约为每桶 80 美元。当年美国国内平均每天生产约 700 万桶，而原油需求平均每天略低于 1 300 万桶。生产和消费之间的差额是由每天约 600 万桶的净进口量构成的，正如我们在图板 a 中看到的那样。

如果政府在这个市场上征收 33.33% 或每桶 26.64 美元的税，那么世界价格将提高到每桶 106.64 美元。价格上涨导致需求量低于 1 300 万桶的原始水平，而价格上涨导致国内产量高于原始水平。正如我们在图板 b 中看到的，其结果是降低了进口水平。

现在假设政府对进口石油征收 33.33% 的税。因为进口价格是每桶 80 美元，这个税率转化为税是 26.64 美元，这将美国进口商每桶支付的价格提高到 106.64 美元（80 美元 +26.64 美元）。这一新的、更高的价格意味着美国生产商也可以对每桶原油收取高达 106.64 美元的费用。但是，需要注意的是，该税仅针对进口石油支付。因此，为国内原油支付的全部 106.64 美元将流向国内生产商。

图 4.5（b）显示了税收结果。首先，由于价格上涨，需求量下降。这是从 *B* 点到 *D* 点沿需求曲线的移动。与此同时，国内生产商的供给量也在增加。这是从 *A* 点到 *C* 点沿供给曲线的变化。随着国内供给量的增加和国内需求量的减少，进口量减少，我们可以清楚地看到，Q_d-Q_c 小于原来的每天 60 亿桶。

这项税收也为联邦政府创造了收入。征收的总税收等于每桶税收（26.64 美元）乘以进口桶数（Q_d-Q_c）。

这一切意味着什么？归根结底，石油进口税将增加国内生产量，降低整体消费。到了有人认为美国人消耗的石油太多的程度，那么减少消费可能是件好事。我们还看到税收提高了美国的石油价格。

81

实践中的经济学

莎士比亚剧的定价机制

每年夏天，纽约公园里都会有莎士比亚剧的免费表演。演出在当天下午1点开始，门票在公园的德拉科特剧院按先到先得的原则发放。人们通常在早上6点公园开放时开始排队；到上午10点，排队的长度通常足以分发所有可用的票。

当你仔细观察排队买票的人时，他们中的大多数似乎还很年轻。很多人都带着书包，这说明他们是纽约许多大学中的一所的学生。当然，所有的大学生都可能是狂热的莎士比亚迷，但你能想出另一个原因吗？此外，当你观看其中一部戏剧并环顾四周时，观众看起来比站在队伍中的人更老，衣着也更齐整。怎么回事？

虽然门票在金钱成本方面是“免费的”，但其真实价格包括排队花费的时间价值。因此，对于那些时间价值低于高工资收入者（比如来自高盛的投资银行家）的人（例如学生），门票更便宜。门票的实际成本是0美元加上排队时间的机会成本。如果平均每个人排4个小时的队，就像中央公园的情况一样，对于工资高的人来说，票的真实成本可能非常高。例如，一个每小时挣300美元的律师排队等候的话将放弃1 200美元。当发现排队的人都是时间成本较低的群体时，你应该不会感到惊讶。

观看演出的人呢？想想我们关于企业家力量的讨论。在这种情况下，排队购买门票的学生也可以扮演制作人的角色。事实上，学生可以相对便宜地排队买票。然后他们可以转身把票卖给高工资的莎士比亚爱好者。如今，易贝是免费门票的重要交易场所，由排队等候的时间成本较低的个人销售。克雷格名单（Craigslist）甚至提供了一份愿意为你排队的人的名单。

当然，我们偶尔也会在中央公园的队列里遇到一两个忙碌的商务人士。最近，本书的作者之一遇到了一个这样的人，当问他为什么排队而不是使用易贝来购票时，他回答说，这让他想起他年轻时排队等待摇滚音乐会的情景。

思考

1. 许多博物馆都会在每周的某一个工作日提供免费入场券。在免费的那天，我们通常会观察到，去博物馆的人比起在一个典型的星期六更有可能是老年人。为什么？

4.3 供给、需求与市场效率 82

4.3 学习目标

解释消费者剩余和生产者剩余如何产生。

显然，供给和需求曲线有助于解释市场和市场价格如何分配稀有资源。回想一下，当试图理解“系统是如何运转”时，我们是正在学习“实证经济学”。

供给和需求曲线也可以用来说明市场效率的概念，这是“规范经济学”的一个重要方面。要理解这些概念，首先必须了解消费者剩余和生产者剩余的概念。

4.3.1 消费者剩余

如果认真回顾课堂上所讲述的供给和需求关系，你会发现市场迫使我们对个人偏好进行大量的披露。如果可以在价格和收入的约束下自由地进行选择，而且假如你决定买一个售价为 2.5 美元汉堡包，那么你就“透露”了一个汉堡包对你来说至少值 2.50 美元。消费者通过他们选择购买什么和做什么来透露他们的特征。

“购买透露偏好”这一理念是经济学家所做的许多估值的基础。图 4.6（a）中简单市场的需求曲线很清楚地说明了这一点。在当前市场价格 2.50 美元下，消费者每个月会购买 700 万个汉堡包。在这个市场上，认为汉堡包值 2.50 美元或者更多的人就会买，认为汉堡包不值那么高价钱的人就不会买。

然而，如图所示，有些人对汉堡包的估价超过了 2.50 美元。例如，以 5 美元的价格，消费者仍然会购买 100 万个汉堡包。这 100 万个汉堡包对他们的买家来说每个价值 5.00 美元。如果消费者只花每个 2.50 美元就可以买到这些汉堡，那么他们将获得每个汉堡 2.50 美元的**消费者剩余**。消费者剩余是指一个人愿意为一种商品支付的最高金额与其当前市场价格之间的差额。愿意支付 5.00 美元购买一个汉堡包的人所获得的消费者剩余大约等于 *A* 点和 2.50 美元价格之间的阴影区域。

消费者剩余：一个人愿意为某一商品支付的最高金额与其当前市场价格之间的差额。

图 4.6（a）中的第二个 100 万个汉堡包的价值也高于市场价格，尽管消费者剩余收益略有减少。市场需求曲线上的 *B* 点显示了消费者愿意为第二个 100 万个汉堡包支付的最大金额。这些人赚取的消费者剩余等于 *B* 和 2.50 美元价格之间的阴影区域。同样，对于第三个 100 万个汉堡包，支付的最大意愿由 *C* 点给出；消费者剩余略低于 *A* 点和 *B* 点的水平，但仍然很显著。

图 4.6（a）中数据显示的消费者剩余总值大致等于图 4.6（b）中阴 83
影三角形的面积。为了理解这是为什么，考虑以连续更低的价格向消费者提供汉堡包。如果商品实际售价为 2.50 美元，那么需求曲线上靠近 *A* 点的商品将获得大量剩余；而在 *B* 点的商品将获得较小剩余。在 *E* 点的那些不会得到剩余。

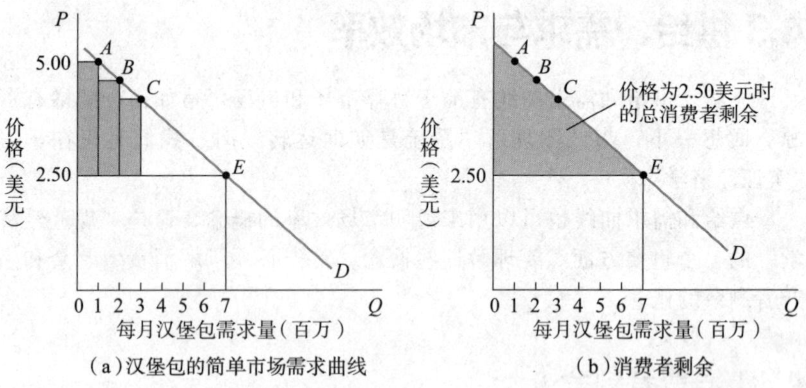

▲ 图 4.6　市场需求和消费者剩余

如图 4.6（a）所示，一些消费者（见 *A* 点）愿意为每个汉堡包支付高达 5.00 美元的价格。由于市场价格仅为 2.50 美元，他们每消费一个汉堡包，就会获得 2.50 美元的消费者剩余。其他人（见 *B* 点）愿意支付低于 5.00 美元的款项，并获得较少的剩余。由于汉堡包的市场价格仅为 2.50 美元，图 4.6（b）中阴影部分三角形的面积等于总消费者剩余。

4.3.2 生产者剩余

相似地，市场上的供给曲线表示了在不同的价格下，厂商愿意生产和供给市场的产品数量。大概是因为价格足以弥补生产的成本和机会成本，生产者可以赚取足够的利润从而留在市场中。当谈到生产成本的时候，我们指的是生产者为了生产放弃的任何其他东西。

如图 4.7（a）所示的一条简单的市场供给曲线非常清楚地说明了这一点。在目前的市场价格水平为 2.50 美元时，生产者将会生产和销售 700 万个汉堡包。这仅仅是一个价格下的生产量，供给曲线告诉我们每个价格之下的供给量。

然而需要注意的是，如果价格仅为 0.75 美元（75 美分），尽管产量会少得多，因为此时大部分的生产者将会停止供给，但是仍有一些生产者在供给汉堡包。实际上，生产者此时大约向市场供给 100 万个汉堡。这些厂商必须有更低的成本：它们或者更高效，或者可以以更低的价格获得生牛肉，或者可以雇佣到更廉价的劳动力。

生产者剩余：当前市场价格与厂商生产成本之间的差额。

如果这些高效率、低成本的生产者能够对每一个汉堡包收取 2.50 美元的费用，它们将获得所谓的**生产者剩余**。生产者剩余是指厂商目前的市场价格与生产成本之间的差额。第一个 100 个汉堡包将产生 2.50 美元减去 0.75 美元的生产者剩余，即每个汉堡包 1.75 美元：总计 175 万美元。第二个 100 万个汉堡包也将产生生产者剩余，因为 2.50 美元的市场价格超过了生产者生产这些汉堡包的总成本，后者高于 0.75 美元，但远低于 2.50 美元。

在 2.50 美元的市场价格下，汉堡包生产商获得的生产者剩余的总价值大体上等于图 4.7（b）中阴影三角形面积。那些仅能获得微薄利润的生产者大约在供给曲线上 *E* 点附近，它们将会获取很少的生产者剩余。

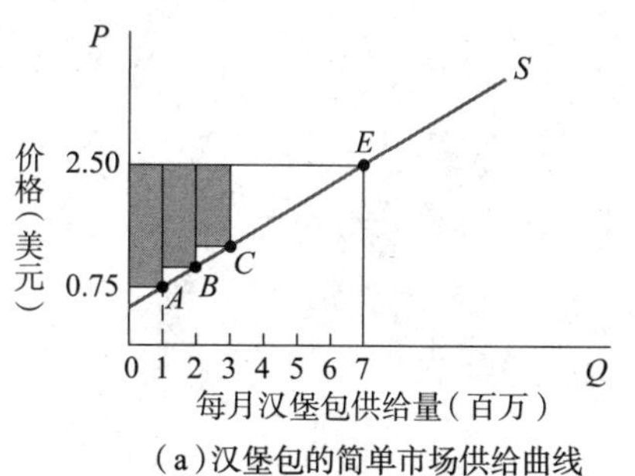

（a）汉堡包的简单市场供给曲线

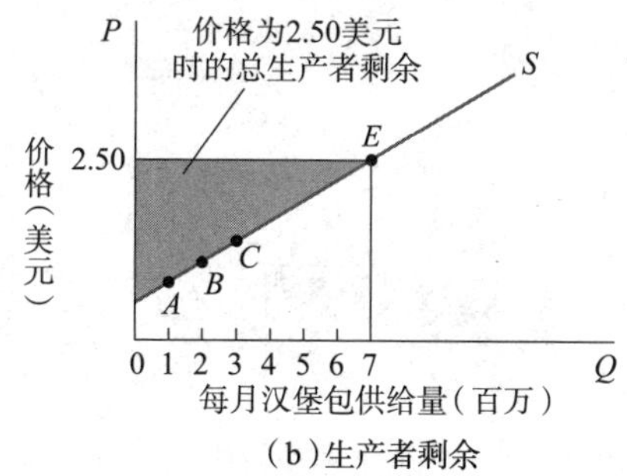

（b）生产者剩余

▲ 图 4.7 市场供给和生产者剩余

如图 4.7（a）所示，一些生产商愿意以每个汉堡包 0.75 美元的价格生产汉堡包。而它们每个汉堡包被支付 2.50 美元，因此它们获得了 1.75 美元的生产者剩余。其他一些生产者愿意在每个汉堡包低于 2.50 美元的价格下生产，它们也能够获得生产者剩余。因为汉堡包的市场价格就是 2.50 美元，所以图 4.7（b）中阴影部分三角形的面积代表总生产者剩余。

4.3.3 竞争市场使得消费者剩余和生产者剩余的总和最大化 84

在前面的例子当中，价格在 2.50 美元时，汉堡包的供给数量和汉堡包的需求数量是相等的。图 4.8 显示了在生产 700 万个汉堡包的时候，消费者和生产者各自总的净收益。消费者获得的收益是在他们的支付价格之上，等于需求曲线和 2.50 美元价格线之间的浅色阴影区域；该区域等于他们获得的消费者剩余。生产者获得的报酬是在他们的成本之上，处于供给曲线和 2.50 美元价格线之间的深色阴影部分，这一部分等于他们获得的生产者剩余。

现在，如果生产量减少到 400 万个汉堡，考虑对消费者和生产者的影响。仔细查看图 4.9（a）。在产量为 400 万时，消费者愿意支付 3.75 美元购买汉堡，还有一些厂商其成本使得以 1.50 美元的低价供给汉堡是值得的，但是有一些东西会阻止产量停在 400 万。此时的结果是消费者剩余和生产者剩余都将受损。从图 4.9（a）可以看出，如果产量从 400 万扩大到 700 万，市场将产生更多的消费者剩余和更多的生产者剩余。生产不足和生产过剩造成的生产者剩余及消费者剩余的总损失被称为**无谓损失**。在图 4.9（a）中，无谓损失等于三角形 ABC 的面积。

无谓损失：生产不足或生产过剩造成的生产者剩余及消费者剩余的总损失。

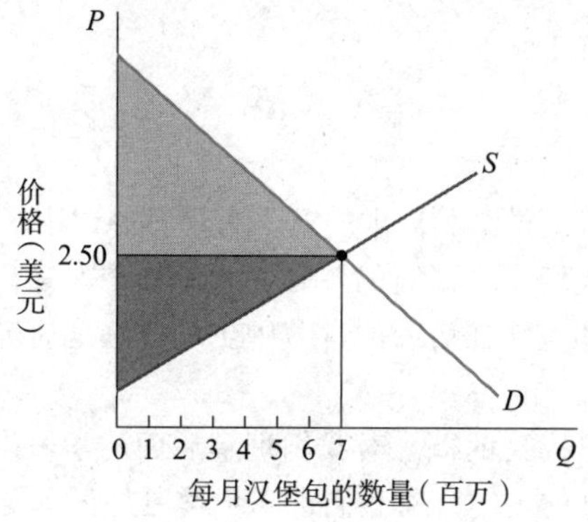

◀ 图 4.8 消费者剩余和生产者剩余的总和

当供给曲线和需求曲线在均衡价格相交时，消费者剩余和生产者剩余的总和最大。

85

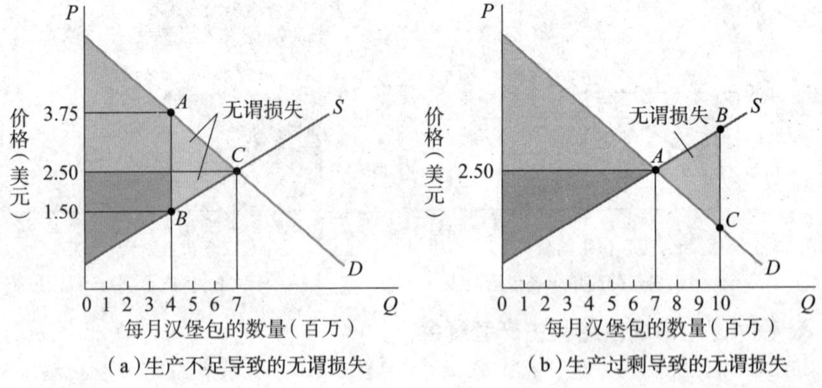

▲ 图 4.9　无谓损失

图 4.9（a）展示了每个月生产 400 万个汉堡包而不是 700 万个汉堡包时的后果。消费者剩余和生产者剩余总和减少了相当于三角形 ABC 的面积，这被称为生产不足引起的无谓损失。图 4.9（b）展示了每个月生产 1 000 万个汉堡包而不是 700 万个汉堡包时的后果。由于汉堡包的产量由 700 万增长到 1 000 万，生产的总成本超过了消费者愿意支付的价格，导致了相当于三角形 ABC 面积的无谓损失。

图 4.9（b）说明了生产者剩余和消费者剩余的无谓损失是如何由生产过剩引起的。在 700 万之上，每生产一个汉堡，消费者愿意支付的价格都低于生产成本。生产超过 700 万个汉堡所需的资源成本超过了消费者获得的收益，导致生产者剩余和消费者剩余的净损失等于三角形 ABC 的面积。

4.3.4 生产不足和生产过剩导致无谓损失的可能原因

在接下来的几章大部分将讨论完全竞争市场，在完全竞争市场中，价格由供给和需求之间自由地相互作用决定。正如你将看到的，当供给和需求自由地相互作用时，竞争市场将会以最低的成本生产出人们想要的产品，也就是说，竞争市场是有效率的。然而，从第 13 章开始，我们将开始放宽一下假设，探究一些导致市场失灵的原因。垄断力量给了厂商“少生产，高定价”的动机，税收和补贴扭曲了消费者的选择，外部成本包括污染和拥堵可能导致特定产品生产不足或生产过剩，而人为的最高限价和最低限价也可能带来相同的后果。

4.4 前瞻

我们已经学习了供给和需求的基本力量，并讨论了市场 / 价格系统。这些基本概念是我们未来研究的基础。无论你现在是研究微观经济学还是宏观经济学，都应该在后面的章节中更加详细地研究市场的作用和市场参与者的行为。

因为前四章里提到的概念对我们理解后面的学习内容十分重要，简要回顾一下这部分的内容，对我们进一步学习是很有帮助的。

总结

4.1 价格体系：配给制和资源配置

页 90

1. 在市场经济中，市场体系（或者说价格体系）发挥着两个作用。它决定了资源在生产者之间如何分配以及最终的产出组合。它还在有能力支付和愿意支付的基础上对商品和服务进行配置。在这个意义上，它是一种*价格配给*工具。
2. 政府和私人厂商有时候会决定不采用市场系统来配给需求过剩的商品。非价格配给系统的例子包括*排队*、*优待客户*和*配给券*。这些政策的根本原因通常是“公平起见”。
3. 试图绕过市场上的价格配给并应用其他配给机制要比乍看上去困难得多，也昂贵得多。为优待客户、黑市和额外费用提供了机会的方案通常会使分配的结果比自由市场下的结果更不“公平”。供给曲线显示了生产者愿意向市场提供的数量与商品价格之间的关系。

4.2 供给和需求分析：石油进口税

页 98

4. 供需关系是一种有利的分析工具。比如，供给和需求分析表明石油进口税可以减少石油需求量，促进国内生产，并为政府带来收入。

4.3 供给、需求与市场效率　页 101 86

5. 供需曲线也可以用来说明市场效率的概念，市场效率是“规范经济学”的一个重要方面。
6. *消费者剩余*是一个人愿意为一种商品支付的最高价格和这种商品当前的市场价格之间的差额。
7. *生产者剩余*是指当前市场价格与厂商生产成本的最低价格之间的差额。
8. 在完全竞争的自由市场均衡下，消费者剩余和生产者剩余的总和达到最大化。
9. 生产不足或生产过剩造成的生产者剩余及消费者剩余的总损失，被称为*无谓损失*。

术语和概念回顾

习题

4.1 价格体系：配给制和资源配置

学习目标：了解最低限价和最高限价在市场中的作用。

1.1 用供给和需求曲线说明下列情况：

a. 2014 年 11 月，安迪·沃霍尔（Andy Warhol）的丝网印刷作品《三重精灵》（*Triple Elvis*，费鲁斯式）在纽约佳士得拍卖行以 8 190 万美元的价格售出。

b. 2015 年 3 月，美国生猪的售价为每磅 62 美分，低于 2014 年的每磅 98 美分。这主要是由于在此期间供给量增加了。

c. 2015 年，有机产品的需求持续上升，占美国超市所有产品销量的 11%。与此同时，自 2007 年以来，种植有机作物的农民人数增加了 119%。总体结果是有机产品平均价格下降，有机产品销售量增加。

1.2 每条需求曲线最终一定会与数量轴相交，因为在收入一定的情况下，总会有一个价格高到使人们对这个物品的需求降为 0，你是否同意这个观点？请说明理由。

1.3 如果某个主要体育赛事或某场音乐会的入场券存在需求过剩，卖黄牛票的人就会有盈利
87 机会。用供给和需求曲线简单地解释这一说法。一些人认为，卖黄牛票的人是为大家的利益服务的，是“有效率的”。你同意这一观点吗？简要解释一下。

1.4 为了“保护”一些农产品的价格，农业部为每英亩没有耕种的土地向农民以现金形式发放补贴。农业部指出，补贴增加了耕种的“成本”，因此可以减少农产品供给并提高竞争性生产的农产品价格。批评者们则认为，由于补贴就是付钱给农民，因此它会减少成本并导致较低的价格。哪种说法是正确的？为什么？

1.5 底特律两居室公寓的租金已从 2014 年 9 月的均价 796 美元降至 2015 年 3 月的 717 美元。在此期间，底特律对两居室公寓的租住需求也在下降。这很难解释，因为需求法则表明，价格下降会导致需求增加。你同意吗？解释你的答案。

1.6 用供给和需求曲线说明以下内容：

a. 在约瑟夫·海勒（Joseph Heller）的小说代表作《第二十二条军规》中，联邦政府向其中一个角色支付一定的工资，让他不要种植苜蓿。故事里提到，“他没有种植的苜蓿越多，政府给他的钱就越多，于是他便用这笔不劳而获的钱购买新的田产，以此来增加他没有种植的苜蓿数量”。

b. 2015 年，由于对动物保护的关注，墨西哥风味快餐厅（Chipotle）暂停了旗下三分之一餐厅的猪肉销售，这对其向客户销售的鸡肉主菜数量产生了很大的影响。

c. 从 2007 年到 2014 年，美国的收入中位数下降了 8%，这导致了对汽油的需求发生改变。在同一时期，原油价格下跌了 35%，导致汽油的供给量改变。在新的均衡点，汽油的销售量比以前少了。（原油是汽油的生产原料。）

1.7 用供给和需求曲线说明以下内容：

a. 美国全国篮球协会（NBA）因工资封顶而导致的劳动力需求过剩的情况。

b. 汽油价格大幅下降对电动汽车需求的影响。

1.8 **[与页 95“实践中的经济学”相关]** 该文指出，在新泽西州，反对价格欺诈的法律禁止在紧急情况下价格上涨超过 10%。假设飓风桑迪之前，便携式发电机的均衡价格为 100 美元，均衡数量为每月 200 台。在桑迪之后，需求增加到每月 500 台，发电机销售商将价格提高到法律允许的最大值。你认为更高的新的价格足以满足日益增长的需求吗？用供给和需求关系图来解释你的答案。

1.9 2015 年 4 月，美国能源信息管理局预计，2015 年剩余时间中，普通汽油的平均零售价格将为每加仑 2.45 美元。对汽油价格做些调查。这个预测准确吗？在你的城市或城镇，普通汽油的价格是多少？如果汽油的价格低于每加仑 2.45 美元，原因是什么？同样地，如果汽油的价格高于 2.45 美元，那么价格更高的原因是什么？以供给和需求曲线说明。

1.10 许多邮轮厂商提供 5 天的行程。这些航班中有相当一部分在周四离开港口，周一晚些时候返回。为什么会这样呢？

1.11 **[与页 100“实践中的经济学”相关]** 在中央公园为了获得莎士比亚剧免费入场券而排的队伍往往很长。一位当地的政治家建议，如果公园为排队等候的人提供音乐，这将是一项伟大的服务。你觉得这个建议怎么样？

1.12 下图表示小麦市场。均衡价格为每蒲式耳 20 美元，均衡数量为 1 400 万蒲式耳。

a. 解释一下，如果政府在这个市场上设定每蒲式耳小麦 10 美元的最高限价，将会发生什么？如果最高限价定在 30 美元，又会怎么样呢？

b. 解释一下，如果政府在这个市场上设定每蒲式耳 30 美元的最低限价，将会发生什么？如果最低限价是 10 美元，又会怎么样呢？

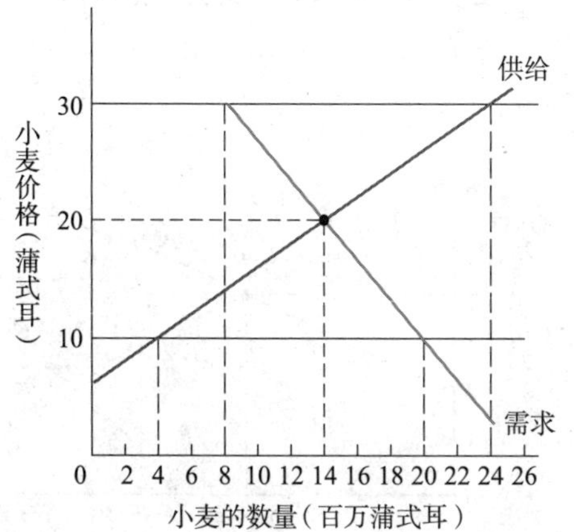

4.2 供给和需求分析：石油进口税

学习目标：分析石油进口税的经济影响。

2.1 假设世界石油价格为每桶 60 美元，美国可以以这个价格购买它想要的所有石油。假设美国的石油需求和供给计划如下：

每桶价格（美元）	美国的需求量	美国的供给量
55	26	14
60	24	16
65	22	18
70	20	20
75	18	22

a. 在图纸上画出美国的供给和需求曲线。

b. 随着石油贸易自由化，美国人将为他们的石油支付什么价格？美国人会购买多少数量的石油？其中有多少将由美国生产商提供？进口多少？在美国石油市场图上说明总进口量。

c. 假设美国对进口石油征收每桶 5 美元的税。美国人会购买多少数量的石油？其中有多少将由美国生产商提供？进口多少？政府要收多少税？

d. 通过解释国内石油消费者、国内石油生产商、国外石油生产商和美国政府这些团体中谁得到帮助和谁受到损害，简要总结石油进口税的影响。

2.2 使用上一个问题中的数据回答以下问题。现在假设美国不允许石油进口。

a. 美国的石油均衡价格和均衡数量是多少？

b. 如果美国对石油市场设定每桶 65 美元的最高限价并且禁止进口，是否会出现石油供给过剩或需求过剩？如果有的话，是多少？

c. 在最高限价下，供给量和需求量不同。这两者中哪一个将决定购买多少石油？简要解释原因。

4.3 供给、需求与市场效率 88

学习目标：解释消费者剩余和生产者剩余如何产生。

3.1 利用下图，计算当价格为 12 美元，产量为每天 50 万支时流感疫苗的总消费者剩余。在同样的均衡条件下，计算总生产者剩余。如果价格继续保持为 12 美元，但是产量降低为每天 20 万支流感疫苗时，计算总消费者剩余和总生产者剩余。并计算生产不足导致的无谓损失。

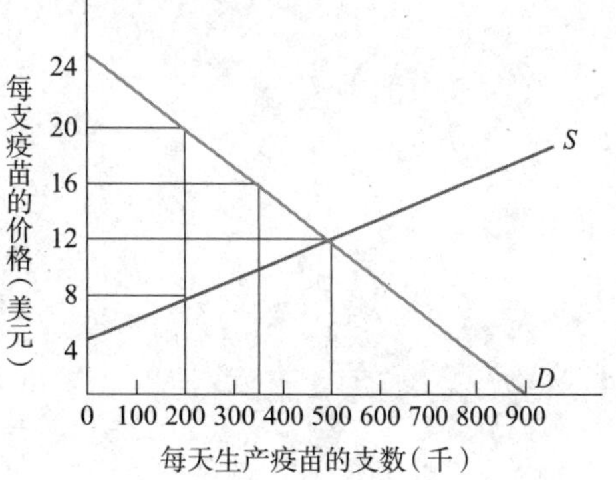

3.2 假设一杯卡布奇诺的市场需求用 Q_D=24-4P 表示，一杯卡布奇诺的市场供给量用 Q_S=8P-12 表示，其中 P 为价格（每杯）。

a. 绘制卡布奇诺的供给和需求计划表。

b. 均衡价格和均衡数量是多少？

c. 计算消费者剩余和生产者剩余，并在图上加以标识。

3.3 2010 年 4 月 20 日，英国石油厂商拥有的一个石油钻井平台在墨西哥湾发生爆炸，造成石油泄漏到海湾，估计随后超过 2 个月每天泄露 150 万至 250 万加仑石油。由于石油泄漏，政府关闭了超过 25% 的联邦水域，这毁灭性打击了该地区的商业捕鱼业。解释减少捕捞水域的供给量会增加还是减少消费者剩余和生产者剩余，并以图形的方式说明这些变化。

3.4 下图表示 DVD 的市场。

a. 在市场处于均衡状态时，找出消费者剩余和生产者剩余的价值，并在图形上标出这些区域。

b. 如果在这个市场上出现生产不足，只生产了 900 万张 DVD，那么消费者剩余和生产者剩余的数量会发生什么变化？无谓损失的价值是多少？在图形上标出这些区域。

c. 如果这个市场生产过剩，生产了 2 700 万张 DVD，那么消费者剩余和生产者剩余的数量会有什么变化？生产过剩会导致无谓损失吗？如果会，无谓损失是多少？在图形上标出这些区域。

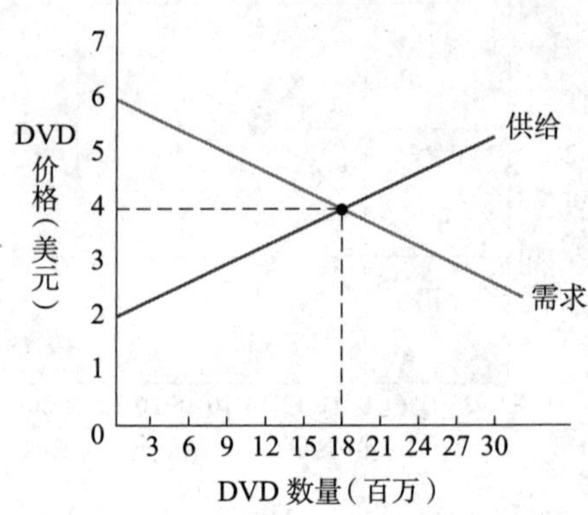

第 5 章
弹　　性

本章概述和学习目标

我们之前介绍的供求模型告诉我们，商品价格的变化如何影响消费者和厂商的行为。当麦当劳的汉堡降价时，你应当明白为何它们的销量会增加。许多大学想让它们的橄榄球比赛座无虚席，你应该明白为什么低票价可以帮助它们做到这一点。如果一国政府想降低该国的吸烟率，你应当知道为什么通过征税来提升烟草价格或许对此有所帮助。

但在许多情况下，包括刚才给出的例子在内，仅仅知道变化的方向是不够的。为了帮助我们做出正确的决定，我们真正需要知道的是市场反应具体有多大。如果价格降低，来观看橄榄球比赛的球迷会多多少？大学会不会通过同时提高票价以及在比赛中提供免费热狗来吸引更多的球迷？对于营利性厂商来说，了解降价后能够出售的产品数量是他们提高获利能力的关键。麦当劳应该降低其巨无霸汉堡的价格吗？对麦当劳而言，答案取决于价格的下降能够提高多少汉堡的销量，以及这种增加是否以赛百味的三明治还是麦当劳自己的麦乐鸡销量的下降为代价。有多少潜在的新吸烟者会因为政府干预下更高的香烟价格而不敢再吸烟？诸如此类的问题是经济学的核心。要回答这些问题，我们需要了解市场反应的程度。

实际测量的重要性，怎么说都不为过。实际上目前很多经济研究都包括对衡量人们行为的定量数据的收集和分析。对于企业或者政府而言，分析大数据集（通常称为大数据）的能力是改进决策的关键。

经济学家通常用**弹性**的概念来测量市场的反应程度。弹性量化了一个变量在一秒钟内对一个变化的反应程度。我们经常通过观察价格的变化来考虑反应程度或弹性：当产品价格变化时，需求是如何变化的，这就是需求的价格弹性。当价格变化时，供给会如何反应？这就是供给的

弹性：用来量化一个变量对另一个变量变化的反应的一般概念。

价格弹性。正如麦当劳的例子，有时重要的是要知道一种商品（例如巨无霸汉堡）的价格如何影响对另一种商品（如麦乐鸡）的需求。这叫作需求的交叉价格弹性。

90 但弹性的定义远远超出对价格变化的反应这一界定。正如我们即将看到的，我们可以将弹性用于理解收入变化或几乎任何其他影响市场供求的因素的变化所产生的影响。我们首先讨论需求的价格弹性。

5.1 学习目标

了解为什么弹性作为一种对斜率变化反应程度的衡量标准更为合适，并懂得如何对其进行衡量。

5.1 需求的价格弹性

你已经学习了需求法则是如何运作的。其他所有条件相同，当价格上涨时，需求量可能会下降。当价格下降时，需求量可能会上升。价格与需求量之间这种正常的逆向关系反映在需求曲线的负斜率里。

5.1.1 斜率和弹性

需求曲线的斜率可能以粗略的方式揭示了需求量对价格变化的反应程度，但斜率很可能对我们造成误导。考虑图 5.1 中的两条需求曲线，两者极为相似。两者之间的唯一区别是需求量在左边的图中以磅为单位，在右边的图中以盎司为单位。然而，当我们计算每个斜率的数值时，会得到不同的答案。左图曲线的斜率为$-\frac{1}{5}$，右图曲线的斜率为$-\frac{1}{80}$；但是这两条曲线反映的是几乎相同的行为。如果我们把 y 轴的单位从美元换成美分，两个斜率分别变为–20 和–1.25。（如果你不知道这些数值是怎么计算得来的，回头复习一下第 1 章的附录。）

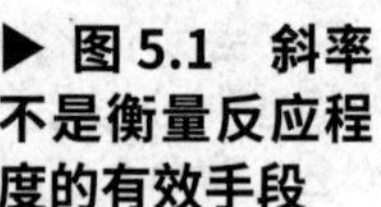

▶ 图 5.1　斜率不是衡量反应程度的有效手段

将度量单位从磅更改为盎司会显著改变需求曲线斜率的数值，但两个图中的买方行为是相同的。

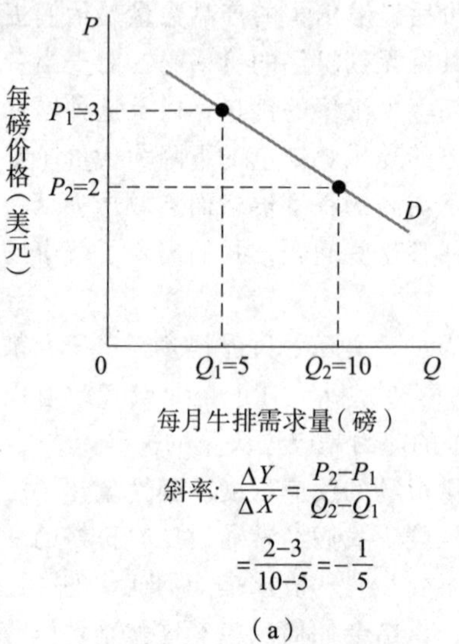

斜率：$\frac{\Delta Y}{\Delta X}=\frac{P_2-P_1}{Q_2-Q_1}$

$=\frac{2-3}{10-5}=-\frac{1}{5}$

（a）

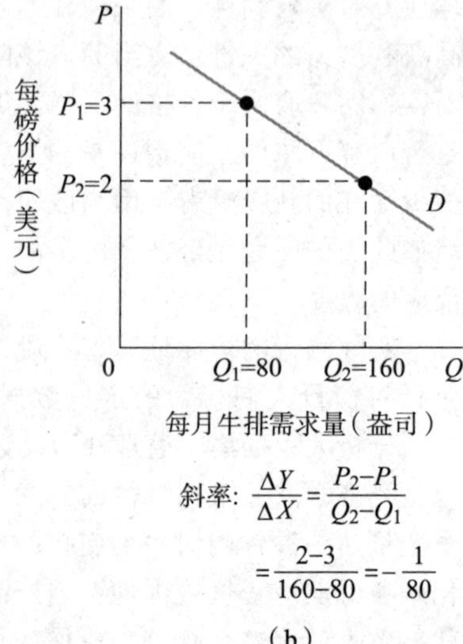

斜率：$\frac{\Delta Y}{\Delta X}=\frac{P_2-P_1}{Q_2-Q_1}$

$=\frac{2-3}{160-80}=-\frac{1}{80}$

（b）

斜率的数值依赖于衡量两个坐标轴所代表的变量的单位。为了解决这个问题，我们把价格和数量的变化换算成*百分比*。通过观察给定价格变化*百分比*下的需求量变化*百分比*，我们有一个反应程度的度量，它不随度量单位的变化而变化。图 5.1 中，价格上涨导致牛排需求量下降了 5 磅，即 80 盎司——无论我们以磅还是盎司来衡量，都比原来的 10 磅，即 160 盎司减少了 50%。

总体来说，我们将弹性定义为一个变量的变化百分比与第二个变量的变化百分比之比。因此，**需求的价格弹性**就是需求量变化百分比与价格变化百分比的比率。

需求的价格弹性：需求量变化百分比与价格变化百分比的比率，度量的是需求量对价格变化的反应。

$$\text{需求的价格弹性} = \frac{\text{需求量变化百分比}}{\text{价格变化百分比}}$$

变化的百分比应始终带有符号（正或负号）。正向的变化即增加， 91
取（+）号；负向的变化即减少，取（–）号。需求法则表明，需求的价格弹性几乎总是一个负数：价格上涨（+）将导致需求量减少（–），反之亦然。因此，分子和分母应该有相反的符号，于是比率为负数。

5.1.2 弹性的种类

需求弹性可以在 0 到负无穷大之间变化。弹性为 0 表示需求量对价格变化根本没有反应。弹性为 0 的需求曲线被称为**完全无弹性需求**曲线，如图 5.2（a）所示。在一条需求曲线上，即使是最小的价格上涨也会将其需求量减少到零，这被称为**完全弹性需求**曲线，如图 5.2（b）所示。

完全无弹性需求：指需求量对价格变化根本没有反应。

完全弹性需求：指需求量在价格稍有上涨时降至零。

哪种商品可能拥有一条完全弹性需求曲线呢？假设有两个相同的摊贩在海滩上卖甜蜜使者（Good Humor）冰淇淋。如果一个摊贩提高价

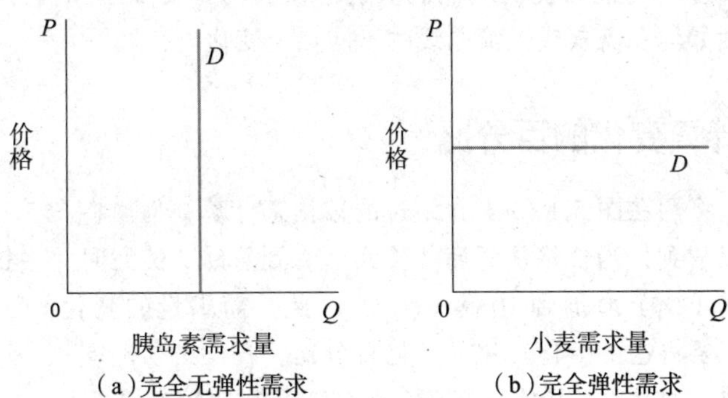

（a）完全无弹性需求　　（b）完全弹性需求

▲ 图 5.2　完全无弹性与完全弹性需求曲线

图 5.2（a）显示了胰岛素完全无弹性需求曲线。其需求价格弹性为 0。需求量是固定的；当价格改变时需求根本不变。图 5.2（b）显示了小麦种植户面临的完全弹性需求曲线。微小的价格上涨将需求量推至零。从本质上讲，完全弹性需求意味着单个生产商可以以现行市场价格出售其想要卖出的所有产品，但不能收取更高的价格。

格，所有的买家都会涌向另一个摊贩。在这种情况下，小幅度的价格上涨会使第一个摊贩失去他所有的生意；这里的需求是完全富有弹性的。需求完全无弹性的产品很难找到，但一些关键的医疗产品，如胰岛素，可能很接近完全无弹性，原因在于即便是价格的大幅增长可能也难以引起需求量的微弱反应。

富于弹性的需求：指在绝对值上，需求量变化百分比大于价格变化百分比的需求关系（需求弹性的绝对值大于 1）。

缺乏弹性的需求：指对价格变化有一定但不是很大反应的需求。缺乏弹性的需求的数值总是在 0 到 1 之间。

单位弹性：指产品需求量变化百分比与价格变化百分比在绝对值上相等的一种需求关系（需求弹性的绝对值为 1）。

当然，绝大多数产品的弹性都介于这两个极端之间。当弹性的绝对值[①]超过 1.0，我们称需求是**富于弹性**的。在这种情况下，数量变化百分比的绝对值大于价格变化百分比的绝对值。这时消费者对价格变化的反应比较大。当弹性的绝对值小于 1.0，我们称需求是**缺乏弹性**的。在这些市场中，消费者对价格变化的反应会小很多。例如，对石油的需求是缺乏弹性的，因为即使价格上涨，也很难用其他产品替代石油。对雀巢雪糕的需求更具弹性，部分原因在于它有更多的替代品。

92 需求弹性为–1 是一种特殊的情况。这里我们说需求拥有**单位弹性**。在这种情形下，以绝对值计算，价格变动百分比与需求量变动百分比完全相同。正如在本章后面讨论收入和弹性之间的关系时你将看到的，单位弹性需求曲线具有一些有趣的特性。

一个忠告：对符号问题一定要小心！由于通常情况下需求弹性是负的（需求曲线斜率为负），因此人们在提到和讨论它们的时候经常省略负号。例如，一份技术文件可能会说，住房的需求“似乎对价格缺乏弹性，或者说弹性小于 1（大约是 0.6）”。作者的真正意思是，弹性的估计值为–0.6，介于–1 和 0 之间，其绝对值小于 1。

5.2 学习目标

掌握计算弹性的几种不同方法，并了解收入和弹性在经济意义上的联系。

5.2 弹性的计算

在许多领域，懂得需求或供给弹性将是了解政府经济政策是否明智，或商业行为能否提高利润的关键。重要的是要知道如何计算弹性，以及弹性如何在需求或供给曲线的不同点上变化。

5.2.1 计算变化的百分比

我们将用在图 5.1（a）介绍过的数据来计算弹性。在图 5.1（a）中我们可以看到，当价格从每磅 3 美元下降到每磅 2 美元时，牛排的需求量从 5 磅（Q_1）增加到 10 磅（Q_2）。因此，需求量的变化等于 Q_2-Q_1，即 5 磅。要将这一变化转化为变化百分比，我们必须确定一个计算百分比的基数，通常以初始需求量（Q_1）作为基数比较方便。

要以初始值为基数计算需求量的百分比变化，我们运用以下公式：

① 绝对值或绝对大小表示应忽略符号。–4 的绝对值是 4。

$$需求量变化百分比 = \frac{需求量的变化}{Q_1} \times 100\%$$
$$= \frac{Q_2 - Q_1}{Q_1} \times 100\%$$

在图 5.1（a）中，Q_2=10，Q_1=5。因此，

$$需求量变化百分比 = \frac{10-5}{5} \times 100\% = \frac{5}{5} \times 100\% = 100\%$$

我们对这个公式可以这么理解：需求量从 5 磅增加到 10 磅就是比 5 磅增加了 100%。请注意，如果你使用图 5.1（b）中需求量以盎司为单位度量的数据，那么得到的结果完全相同。从 Q_1（80 盎司）到 Q_2（160 盎司）也是增加了 100%。

我们可以用类似的方法来计算价格的变化百分比。再次以价格（P）的初始值——即 P_1——作为计算百分比的基数。以 P_1 作为基数，得到计算 P 变化百分比的公式为

$$价格变化百分比（\%）= \frac{价格变化}{P_1} \times 100\%$$
$$= \frac{P_2 - P_1}{P_1} \times 100\%$$

在图 5.1（a）中，P_2=2，P_1=3。因此，P 的变化，即 ΔP，是一个 93
负数：$P_2 - P_1$=2–3=1。把 P_1 和 P_2 的值代入前面的方程，我们得到

$$价格变化百分比 = \frac{2-3}{3} \times 100\% = \frac{-1}{3} \times 100\% = -33.3\%$$

换句话说，价格从 3 美元降到 2 美元相当于下降了 33.3%。

5.2.2 作为百分比比值的弹性

当需求量和价格的变化都转化为百分比之后，计算弹性就只是简单的除法了。回忆弹性的定义：

$$需求的价格弹性 = \frac{需求量变化百分比}{价格变化百分比}$$

如果需求是富于弹性的，需求量变化百分比与价格变化百分比的比值的绝对值将大于 1。如果需求是缺乏弹性的，则比值的绝对值将在 0 到 1 之间。如果两个百分比恰好相等，也就是价格的某个变化百分比导

致需求量发生同样的百分比变化，弹性绝对值为 1.0，也就是单位弹性。

把前面计算的百分比代入弹性的计算公式，我们发现价格下降 33.3% 导致需求量增加了 100%；因此，

$$需求的价格弹性 = \frac{+100\%}{-33.3\%} = -3.0$$

根据这些计算，从 2 美元到 3 美元的范围来看，对牛排的需求是富于弹性的。在这个范围内的一个小幅度的降价将导致牛排需求量的大幅度增加。

5.2.3 中点公式

虽然很简便，但使用 P 和 Q 的初始值作为计算变化百分比的基数可能会产生误差。让我们回到图 5.1（a）中的牛排需求示例，其中我们的需求量变化为 5 磅。使用初始值 Q_1 作为基数，我们计算出这一变化比基数增加了 100%。现在假设牛排的价格又涨回到 3 美元，导致需求量又减少到 5 磅，这次需求量减少的百分比是多少？现在有 Q_1=10 和 Q_2=5。运用之前使用的相同公式，我们得到

$$需求量变化百分比 = \frac{需求量的变化}{Q_1} \times 100\%$$

$$= \frac{Q_2 - Q_1}{Q_1} \times 100\%$$

$$= \frac{5-10}{10} \times 100\% = -50\%$$

因此，从 5 磅增加到 10 磅是增加了 100%（因为用作基数的初始值是 5），但从 10 磅减少到 5 磅只是减少了 50%（因为用作基数的初始值是 10）。这一差异并没有实际意义，因为在这两种情况下，我们都是在需求曲线的同一区间计算弹性的，改变计算的“方向”不应改变弹性的大小。

为了解决在选择基数时的问题，我们遵循一个简单的惯例。在计算百分比时，我们使用中点，或者说这些变量的平均值，而不是 Q 和 P 的初始值作为基数。也就是说。我们使用 P_1 和 P_2 最中间的点的值作为计算价格变化百分比的基数，使用 Q_1 和 Q_2 最中间的点的值作为计算需求量变化百分比的基数。这被称为**中点公式**。在这一章中，我们将看到许多例子。

中点公式：是一种更精确的计算百分比的方法，使用 P_1 和 P_2
94 的平均值作为计算价格变化百分比的基数，使用 Q_1 和 Q_2 的平均值作为计算需求量变化百分比的基数。

点弹性 最后一种计算弹性的方法是更直接地利用斜率，称为**点弹性**。

我们已将弹性定义为需求量的变化百分比除以价格的变化百分比。我们可以将其写成如下形式：

$$\frac{\frac{\Delta Q}{Q_1}}{\frac{\Delta P}{P_1}}$$

点弹性：一种通过计算斜率来度量弹性的衡量标准。

其中，Δ 表示微小的变动，P_1 和 Q_1 表示原始价格和需求量。这可以重新排列并写为：

$$\frac{\Delta Q}{\Delta P}\cdot\frac{P_1}{Q_1}$$

注意$\frac{\Delta Q}{\Delta P}$是斜率的倒数。

因此，当我们在 P_1，Q_1 点附近对价格进行小的变动时，计算需求曲线弹性的另一种方法是将斜率的倒数乘以$\frac{P_1}{Q_1}$。在我们的例子里，从图 5.1（a）中可以看出斜率为$-\frac{1}{5}$，因此斜率的倒数为-5。当 P_1 为 3 和 Q_1 为 5 时，我们可以计算出该点的弹性为（-5）（3/5）=-3，与我们在前一页计算出的结果完全一样。

点弹性通过计算需求曲线上某一点的弹性而不是曲线上某一段的弹性，来避免前面的问题。这一点很重要，因为正如我们已经看到并将进一步探讨的，当我们沿着一条线性的需求曲线移动时，弹性会发生变化。

5.2.4 线性需求曲线上的弹性变化

在线性的需求曲线上的每一点都有相同的斜率。这就是为什么它是一条直线。与此相反，弹性随着我们沿线性需求曲线移动而变化。

在我们通过计算来说明弹性是如何沿着需求曲线变化的之前，先考虑一下为什么弹性会随着价格的变化而变化是很有用的。例如麦当劳削减巨无霸汉堡包价格的决定。假设麦当劳发现，以目前 3 美元的价格，一个小的价格削减将产生大量想要汉堡包的新顾客。简而言之，需求是相当有弹性的。如果麦当劳继续削减价格会发生什么？以 3 美元的原价，麦当劳的顾客相对较少。由于销售额很低，很容易使销售额大幅度增长。随着价格从 2.5 美元下降到 2.0 美元，现有的客户群也在增长，增长 10% 或 20% 将更加困难。你的客户从 100 人增加到 110 人和从 10 人到 20 人的意义显然是不一样的。当我们沿着一条典型的直线需求曲线向下移动时，价格弹性会下降，这并不奇怪。随着价格的降低和需求量的增加，需求的弹性会降低。这一经验对厂商的定价策略具有重要意义。

考虑表 5.1 中所示的需求计划和图 5.3 中的需求曲线，它们描述了赫伯对写字楼餐厅的工作日午餐数量上的选择。如果餐厅的午餐价格为 10 美元，赫伯每个月只会在那里吃 2 次。如果午餐价格跌至 9 美元，他每个月会在那里吃 4 次。如果午餐只卖 1 美元，他每月会在那里吃 20 次。

95

表 5.1　写字楼餐厅午餐的需求计划

每餐价格（美元）	需求量（每月午餐数量）
11	0
10	2
9	4
8	6
7	8
6	10
5	12
4	14
3	16
2	18
1	20
0	22

我们可以在图 5.3 的需求曲线上计算 *A* 点到 *B* 点之间的需求价格弹性。从 *A* 点到 *B* 点，午餐价格从 10 美元下降到 9 美元（下降了 1 美元），赫伯每月在写字楼餐厅的用餐次数从 2 增加到 4（增加 2）。

运用中点公式，代入表 5.1 中的数字，我们计算出需求量变化百分比，如下所示：

$$\text{需求量变化百分比} = \frac{4-2}{(2+4)/2} \times 100\% = \frac{2}{3} \times 100\% = 66.7\%$$

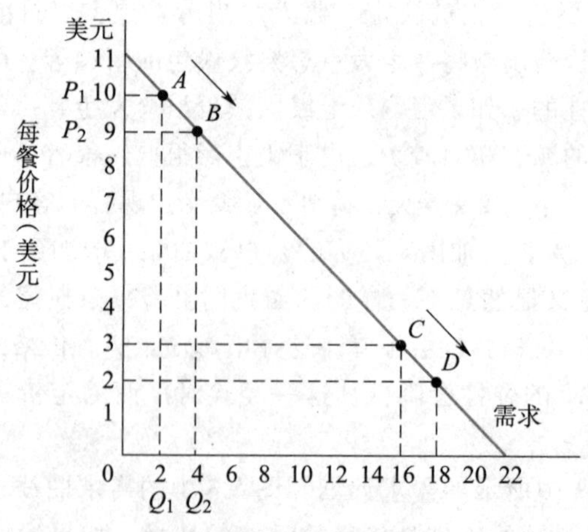

▲ 图 5.3　写字楼餐厅午餐的需求曲线

在 *A* 点到 *B* 点之间，需求很富于弹性，需求弹性为–6.33。在 *C* 点和 *D* 点之间，需求很缺乏弹性，需求弹性为–0.294。

同样，对于价格的变化百分比，我们得到：

$$价格变化百分比 = \frac{9-10}{(9+10)/2} \times 100\% = \frac{-1}{9.5} \times 100\% = -10.5\%$$

最后，我们将两者相除得到弹性。 96

$$需求弹性 = \frac{需求量变化百分比}{价格变化百分比}$$

$$= \frac{66.7\%}{-10.5\%} = -6.33$$

需求量变化百分比是价格变化百分比的 6.33 倍。也就是说，赫伯在 *A* 点到 *B* 点之间的需求对价格非常敏感，他在 *A* 点到 *B* 点之间的需求是富于弹性的。

现在考虑沿着图 5.3 中相同需求曲线从 *C* 点移动到 *D* 点。在 3 美元的价格下，赫伯每个月在大楼餐厅吃 16 次。如果价格降至 2 美元，他会每个月在那里吃 18 次。这些变化在数字形式上跟 *A*、*B* 两点间价格和需求量变化完全一样，当价格下降 1 美元时，需求量增加了 2 次。然而以百分比形式表示的变化差别却很大。

以中点为基数，在 *A* 点和 *B* 点之间的平均价格达到 9.50 美元时，降价 1 美元只相当于降低了 10.5%。同样，当 *C* 点和 *D* 点之间平均价格只有 2.50 美元时，降价 1 美元相当于降低了 40%。当赫伯平均每月只在餐厅吃 3 次饭时，需求量增加 2 次就是增加了 66.7%，但当他平均每月在餐厅吃 17 次饭时，需求量增加 2 次只增加了 11.76%。因此，*C* 点和 *D* 点之间的需求弹性等于 11.76% 除以–40%，即–0.294（你自己运用中点公式计算出这些数字）。

A 点和 *B* 点之间的变化百分比不同于 *C* 点和 *D* 点之间的变化百分比，弹性也不同。赫伯的需求在 *A* 点和 *B* 点之间是很富于弹性的（–6.4）；价格下降 10.5% 导致需求量增加 66.7%。但是，他的需求在 *C* 点和 *D* 点之间是缺乏弹性的（–0.294）；价格下降 40% 只导致需求量增加 11.76%。

我们从这个例子看出，当我们沿着需求曲线向下移动时，赫伯的需求变得不那么富有弹性。对于线性需求曲线，这总是正确的，如果我们回顾点弹性公式，很容易看出这点。弹性被定义为$\frac{\Delta Q}{\Delta P} \cdot \frac{P}{Q}$。虽然$\frac{\Delta Q}{\Delta P}$是斜率的倒数，且在需求曲线上保持不变，但$\frac{P}{Q}$随着需求曲线的向下移动而下降，因此弹性也会下降。

图 5.4 显示了弹性沿线性需求曲线变化的方式。在需求曲线的中点，弹性为单位弹性（等于–1）。在较高的价格下，需求是富于弹性的，在较低的价格下，需求是缺乏弹性的。

从中我们再次看出，扎实的经济学和数学基础是有用的。在价格较

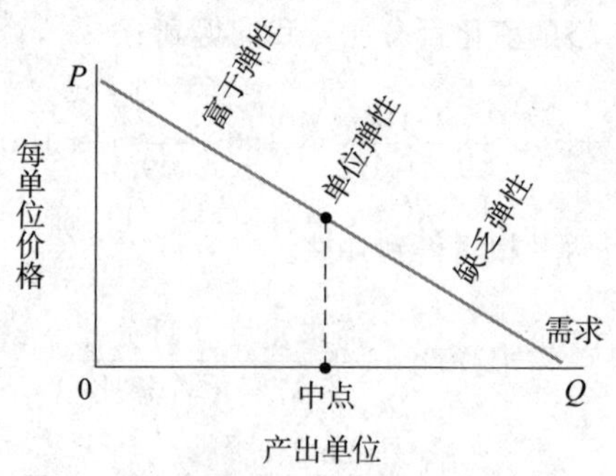

▲ 图 5.4　沿着需求曲线变化的点弹性

高和销量较低的情况下，价格的变化很容易对销售水平产生重大影响。价格越低，餐馆数量的增加就越难。对于厂商来说，这是一个需要牢记的重点。

97

5.2.5 弹性和总收益

正如我们在第 4 章所见到的，石油生产国通过控制供应成功地保持了油价的高位。减少供应，抬高价格，这些增加了石油生产国的总收益。但我们不会期望这一战略对每个人都有效。如果香蕉出口国组织（OBEC）也做了同样的事情，这一战略就不会奏效。

为什么会这样？区分石油市场和香蕉市场的关键因素是两个市场的顾客对价格变化的反应。香蕉有很多合理的替代品。随着香蕉价格的上涨，人们只会吃更少的香蕉，因为他们可以选择吃更多的菠萝或橙子。许多人根本不愿意为香蕉支付更高的价格。如果香蕉出口国组织提高价格，它的销量会大幅下降，收入会减少。

为什么石油市场与此不同？答案在需求弹性中。石油需求量对价格变化的反应不如香蕉的反应那么大，换句话说，石油的需求和香蕉的需求相比，更缺乏弹性。因此，在石油行业，消费者不会因为价格上涨而在很大程度上减少消费。结果，价格上涨会导致行业收入增加。弹性的一个有用特征是，了解价格弹性的价值可以让我们很快看到一家厂商的收入随着价格上涨和下跌会发生什么。当需求缺乏弹性时，提高价格会增加收入；当（如香蕉的例子）需求具有弹性时，价格上涨会减少收入。

我们现在可以用更正规的弹性概念来更精确地解释为什么价格上涨对石油生产商有利，而对香蕉生产商无利。在任何市场中，$P \times Q$ 是生产商获得的总收益（TR）。

$$TR=P \times Q$$

总收益 = 价格 × 数量

石油生产国的总收益是每桶石油的价格（P）乘以其成员国销售的总桶数（Q）。对于香蕉生产国而言，总收益是每串香蕉的价格乘以销售的总串数。

当市场价格上涨时，需求量下降。正如我们已经看到的，当价格（P）下降时，需求量（Q_D）增加。这在所有市场中都是如此。P 和 Q_D 这两个因素在相反的方向上移动：

价格变动对需求量的影响：$P\uparrow \longrightarrow Q_D\downarrow$

和

$P\downarrow \longrightarrow Q_D\uparrow$

由于总收益是 P 和 Q 的乘积，因此，对于价格上涨，TR 的上升或下降取决于价格增加的百分比和需求量减少的百分比哪个更大。如果需求量减少的百分比小于价格增加的百分比，那么总收益将上升。当需求缺乏弹性时，就会出现这种情况。在这种情况下，价格上升的百分比超过了数量下降的百分比，$P \times Q=$（TR）上升。

价格上涨对需求缺乏弹性产品的影响：$P\uparrow \times Q_D\downarrow = TR\uparrow$

但是，如果价格上涨导致的需求量下降的百分比大于价格上涨的百 98
分比，那么总收益将下降。当需求富于弹性时，就会出现这种情况。价格上涨百分比小于需求减少的百分比：

价格上涨对需求富于弹性产品的影响：$\uparrow P \times Q_D\downarrow = TR\uparrow$

对于价格下跌情况刚好相反。当需求富于弹性时，价格的下降会带来总收益的增长：

价格下跌对需求富于弹性产品的影响：$\downarrow P \times Q_D\uparrow = TR\uparrow$

当需求缺乏弹性时，降价会减少总收益：

价格下跌对需求缺乏弹性产品的影响：$\downarrow P \times Q_D\uparrow = TR\downarrow$

回顾这些方程的逻辑，确保你完全理解其推理。当我们降低价格时，拥有一个反应快（或有弹性）的市场是很好的，因为这意味着我们正在大幅增加销售量。但是，当我们考虑提高价格时，相同的反应速度就变得不具有吸引力了，因为这意味着我们正在失去顾客。当然，反向逻辑在缺乏弹性的市场中起作用。注意，如果存在单位弹性，当价格变化时，总收益不变。

面对缺乏弹性的需求，石油生产商看到收入随着价格的上涨而增加，相反，香蕉出口国组织面对弹性需求失去了太多业务，降价导致其收入下降。

5.3 学习目标

确定需求弹性的决定因素。

5.3 需求弹性的决定因素

我们已经开始看到弹性对决策有多么重要，但弹性是由什么决定的呢？为什么我们认为对石油的需求是缺乏弹性的，而对香蕉的需求是富于弹性的？

5.3.1 替代品的可得性

影响需求弹性最主要的因素是替代品的可得性。想想沿着一条乡村道路排列着的几个农场摊，如果每个摊都销售质量大致相同的新鲜玉米，那么即使你的母亲拥有高超的种植技艺，也会发现自己很难收取比其他竞争者更高的价格，因为沿着道路就有很多近乎完全的替代品出售。因此，对你母亲的玉米的需求弹性很大：价格上涨将导致你母亲种的玉米需求量的迅速下降。

以石油与香蕉为例，由于缺乏替代品，石油需求在很大程度上缺乏弹性。大多数汽车、数百万家庭和大多数工业使用石油产品。目前关于气候控制的辩论以缺乏产生碳排放的石油产品的替代品为出发点，因为减少排放很难。石油需求缺乏弹性产生的影响远远超出石油市场本身。

5.3.2 “无关紧要”的重要性

当一种产品只占我们总预算的一个很小部分时，我们往往很少关注它的价格。例如，如果你偶尔拿起一包薄荷糖，你可能不会注意到价格从 25 美分增加到 35 美分，可是实际上价格上涨了 40%（使用中点公式计算为 33.3%）。在这些情况下，我们不太可能对价格变化做出太大反应，而且需求可能是缺乏弹性的。

5.3.3 奢侈品与必需品

奢侈品，如游艇或阿玛尼西装，往往相对有需求弹性，而必需品，如食品，则较缺乏需求弹性。当价格上涨时，游艇是很容易被舍弃的（至少对大多数人来说），但很少有人能完全放弃购买食物。在许多方面，奢侈品和必需品的区别在于确实让我们回到了替代品的问题上。虽

99

实践中的经济学

熟食店的短期和长期弹性

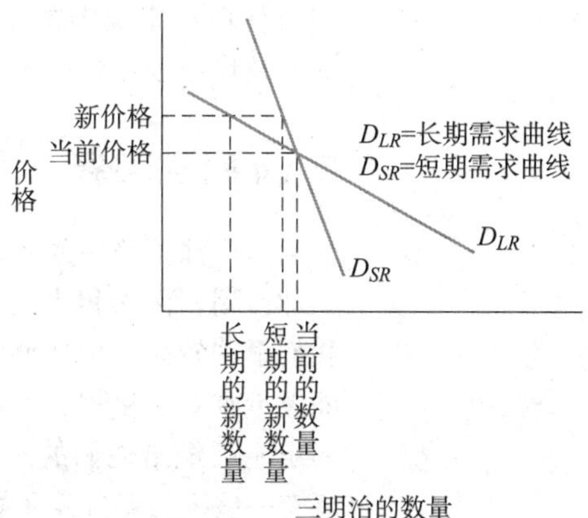

弗兰克经营着一家街角熟食店，一个星期一的早晨，他决定把三明治的价格提高 10%。弗兰克了解一些经济学知识，由于需求曲线斜率是下降的，所以他预计价格上涨会使他失去一些生意，但他决定无论如何尝试一下。在这一天结束时，弗兰克发现他的在三明治上的收入实际上已经上升了。他为自己感到很高兴，弗兰克雇用某人来制作标识来显示三明治的新价格。然而，在当月末，他发现三明治收入下降了。究竟发生了什么事？

关于这种情况，首先要注意的是，价格上涨后的收入变化出现了不一致。看到价格上涨（或下降）与收入之间的联系，经济学家会立即想到弹性。我们记得在这一章前面讲到，当需求具有弹性时（即绝对值大于 1），价格上涨会减少收入，因为小幅度的价格上涨会导致需求量的大幅度减少，从而降低收入。相反，当需求没有弹性时（即绝对值不到 1），价格上涨对抑制需求和收入增长作用不大。在这种情况下，周一的价格上涨带来收入增长；因此，这种模式告诉我们，弗兰克客户的需求似乎缺乏弹性。但是，从长期来看，需求似乎更具弹性（一个月后收入下降）。提出这种困惑的另一种方法是询问，为什么月度需求曲线可能具有不同于他日常需求曲线的弹性。

要回答这个问题，你需要考虑决定弹性的因素。需求弹性的最基本决定因素是替代品的可得性。在这个例子中，我们要看的产品是三明治。首先，你可能认为周一的三明治替代品与这个月剩下时间里的三明治替代品是一样的，但这是不正确的。一旦你在弗兰克的店里，计划买一个三明治，你的需求往往是相对缺乏弹性的，因为你去其他地方或选择不同的午餐食品来替代的能力是相对有限的。你已经来到了弗兰克熟食店所在的小镇，你可能已经选择了薯条和饮料来搭配你的三明治了。而一旦你知道弗兰克的三明治很贵，你就可以制定不同的计划，扩大替代品的选择范围会增加你的弹性。一般来说，长期需求曲线往往比短期需求曲线更具弹性，因为客户有更多的时间来考虑替代品的可得性。

上图显示了弗兰克三明治的长期和短期需求之间的预期关系。注意，如果你把价格提高到当前水平以上，短期曲线上的预期数量变化会小于长期曲线上的预期数量变化。

思考

1. 提供一个购买情况的例子，在这个例子中你认为你自己的短期和长期需求弹性差异很大，但在某一秒内它们又很相似。是什么因素导致了这些差异呢？

然可能没有一种产品与游艇完全一样，但有许多东西能成为游艇的替代品从而给我们带来快乐。而食物的需求不能被食物以外的任何东西所满足。你还应该注意到，虽然我们对食物大类的需求是缺乏弹性的，但我们对任何特定类型的食物——如香蕉——的需求通常是非常富于弹性的。替代原则在帮助我们预测弹性方面还有很长的路要走。

100 5.3.4 时间因素

当产油国第一次减产并成功推高原油价格时，几乎没有替代品可供立即使用。需求相当缺乏弹性，价格大幅上涨。然而，在过去30年中，我们根据较高的价格调整了自己的行为。如今制造的汽车平均每加仑汽油能行驶更多里程，一些司机已经减少了他们的驾驶次数。数以百万计的房主已经给他们的家安装了隔热设施，大多数人已经关掉了恒温器，还有一些人已经开发了替代能源。

如果你的大学决定在年中提高宿舍或食品服务的价格，你很难马上搬走。从短期来看，你对宿舍空间或用餐计划的需求相对缺乏弹性。但是到下学期，你们中的许多人可能会找到替代住房！当然，短期内需求缺乏弹性是租房者——包括大学寝室的学生——坚持签订合同，在需求变更之前保证租金不变的一个原因！

所有这些都说明了一个重要的点：短期内的需求弹性和长期内的需求弹性的差别可能很大。从长期来看，需求可能会变得更有弹性，或者说更灵敏，原因很简单，因为家庭有充足的时间进行调整，而生产商会开发新的替代品。第121页“实践中的经济学”提供了弹性时间因素的另一种视角。

5.4 学习目标

定义并举例说明收入弹性、交叉价格弹性和供给弹性。

5.4 其他的重要弹性

到目前为止，我们一直在讨论需求的价格弹性——用于测量需求量对价格变化的反应程度。然而，像我们早已说过的那样，弹性是一个范围很广的概念。下面简要了解三种重要的其他弹性。

5.4.1 需求的收入弹性

需求的收入弹性：衡量需求量对收入变化的反应程度的一种弹性测度。

需求的收入弹性用于衡量需求量对收入变化的反应，其定义为：

$$\text{需求的收入弹性} = \frac{\text{需求量变化百分比}}{\text{收入变化百分比}}$$

有很多原因表明，测量收入弹性是很重要的。在过去十年中，中国经济腾飞，家庭收入增加。富裕起来的消费者对新产品的需求是什么？

事实证明，收入弹性很高的商品之一是清洁的空气。随着中国人民越来越富有，他们对空气质量的要求也越来越高。我们观察到的一种现象是对空气过滤器的需求增加。厂商在考虑人们未来的需求时会对收入弹性感兴趣。

收入弹性可能为正也可能为负。在收入增加期间，人们增加了对某些商品的支出（正收入弹性），但减少了对其他商品的支出（负收入弹性）。珠宝的需求收入弹性是正的，而卷烟的需求收入弹性为负。随着许多低收入国家的收入增加，出生率下降，这意味着对儿童产品具有负的需求收入弹性。此外，随着大多数国家的收入增加，对教育和医疗保健的需求也增加，这是一种正收入弹性。

101

5.4.2 需求的交叉价格弹性

需求的交叉价格弹性衡量一种商品的需求量对另一种商品价格变化的反应程度，其定义为：

需求的交叉价格弹性：衡量一种商品的需求量对另一种商品价格变化的反应的一种弹性测度。

$$\text{需求的交叉价格弹性} = \frac{Y\text{产品需求量变化百分比}}{X\text{产品价格变化百分比}}$$

和收入弹性类似，交叉价格弹性可以为正也可以为负。正的交叉价格弹性表明 X 产品价格的升高会导致 Y 产品需求的增加，即两种产品是替代品。对于麦当劳来说，巨无霸汉堡包和麦乐鸡是具有正交叉价格弹性的替代品。在我们前面的例子中，当麦当劳降低了巨无霸的价格时，消费者会在两种食品之间进行替换，从而卖出的麦乐鸡数量下降了。如果交叉价格弹性为负，则 X 产品价格的升高会导致 Y 产品需求的减少，即两种产品是互补品。热狗和橄榄球比赛是具有负交叉价格弹性的互补品。

正如我们已经看到的那样，了解交叉价格弹性可能是厂商业务战略的一个重要组成部分。电子游戏和游戏机之间的交叉价格弹性是高且正的：电子游戏越好、越便宜，人们越想购买游戏机。制造这些游戏系统的厂商，如微软和索尼，花了大量的努力来确保它们的平台上有让人感兴趣的游戏。

5.4.3 供给弹性

到目前为止，我们一直关注的是市场的消费者部分，但弹性对生产者也很重要。

供给弹性：衡量一种商品供应量对该商品价格变化的反应程度的指标。在产出市场上可能是正的。

供给弹性衡量一种商品的供给量对该种商品价格变化的反应程度，其定义为：

102

实践中的经济学

欧洲的税率和移民

随着欧盟的成立，劳动力在欧洲的流动变得相当容易。这对于受过高等教育的欧洲人尤其如此，他们通常拥有在许多不同领域有用的技能，并且可能会使用多种语言。尽管欧盟国家集中分享了许多政策，但它们可以自由设定自己的所得税税率。因此，关于各国是否利用税率吸引来自其他国家的高技能、高生产力的人，存在着相当大的争议。读完这一章后，你应该看到，关键的经济问题涉及弹性：高技能工人对其所得税税率的变化有多大的弹性（反应性）？

这正是来自伦敦、巴黎、哥本哈根和伯克利的经济学家们利用一组丹麦的数据提出的问题[1]。丹麦和欧洲的许多国家一样，对高收入者征收相对较高的税。例如，2009 年，丹麦年平均收入 10 万欧元的人将缴纳 55% 的个人所得税。丹麦为了引入高级人才，针对这些外国人颁布了一项税收减免政策。来到丹麦之后的 3 年期间，收入超过 10 万欧元的外国人面临的是 30% 的较低税率，而不是通常的更高的累进税率。这里提出的关键问题是人们对此的反应：为应对这种变化，劳务移民的弹性是多少？

研究人员发现这个政策的效应是巨大的：移民弹性几乎为 2。税率降低 10%，导致移民增加 20%。在政策实施几年后，丹麦收入最高的 0.5% 的外国人比例从 4.0% 增加到了 7.5%。作者得出结论，对于这一群体的工人来说，整个欧洲的劳动力供应似乎相当有弹性。

思考

1. 你认为欧盟的哪些特点会增加劳动力的弹性？

[1] Henrik Kleven，Camille Landais，Emmanuel Saez，Esben Schultz，"Migration and Wage effects of Taxing Top Earners：Evidence from the Foreigners' Tax Scheme in Denmark，" *Quarterly Journal of Economics*，1（2014）：333-378.

$$供给弹性 = \frac{供给量变化百分比}{价格变化百分比}$$

在产出市场上，供给弹性一般为正数，也就是——其他所有条件相同的情况下，较高的价格会导致供给量的增加（回忆一下在前两章对向上倾斜的供给曲线的讨论）。

供给弹性反映的是厂商对价格上涨适应的难易度和向市场增加供给的难易度。在某些行业，厂商增加产量相对容易。圆珠笔属于这一类，正如大多数已经开发的软件一样。对于这些产品，供给弹性很高，在石油工业中，供给弹性很低，很像需求。

然而在要素市场上，研究弹性时存在一些有趣的问题。也许人们研究最多的弹性是**劳动力供给弹性**，它是用来测量劳动力供给对劳动力价格（工资率）变化的反应的。经济学家已经研究了家庭劳动力供给对诸如福利、社会保障、所得税系统，需求导向的助学金和失业保险等政府计划的反应程度。第 124 页的“实践中的经济学”探讨了劳动力弹性。

劳动力供给弹性：衡量劳动力供给量对劳动力价格变化的反应程度的指标。

简单地说，劳动力供给弹性定义为：

$$\text{劳动力供给弹性} = \frac{\text{劳动力供给量变化百分比}}{\text{工资率变化百分比}}$$

乍看上去，工资的增加应该导致劳动力供给量的增加，也就是供给曲线应该向上倾斜，劳动力供给弹性为正，但是实际情况不一定如此。工资的增加使劳动者的境况得到了改善：他们工作同样的时间，收入却增加了。而他们用这些增加的收入“购买”的东西之一可能是更多的闲暇时间。“购买”闲暇也就是减少工作时间，“闲暇”的价格就是这段时间本来可以得到的工资。因此，对某些群体来说，在某一水平之上的工资的增加很可能会导致劳动力供给量的减少。

5.5 当我们提高税收时会发生什么：弹性的运用

5.5 学习目标

了解消费税向消费者转移的方式。

想象一下你是一个有预算问题的城市的新市长。有一天，你去杂货店购物，发现很多人在买鳄梨。大多数买家看起来很富有。那天晚些时候，你做了点功课，并了解到在你的城市每天有 1 000 个鳄梨出售。这 103
看起来是解决预算问题的一个绝佳机会。快速的计算可能会让你认为，给定每天出售 1 000 个鳄梨的销量，如果每个鳄梨有 1.00 美元的税收会给城市带来 36.5 万美元的税收。经济学家将此类单位税称为**消费税**。在美国，我们对其他产品中的汽油和卷烟征收消费税。

消费税：一种针对特定商品的单位税。

假设你征收这项税，告诉所有卖鳄梨的商店，它们每卖一个鳄梨，就得向市政府支付 1 美元。到年底，你的税务部门发现鳄梨税实际上只筹集了 18.25 万美元，是你预期的一半。你认为在你的计算中哪里出了问题？

答案在于我们对弹性知识的了解，可以用两张图形看出来。在税收征收之前，全市每天销售 1 000 个鳄梨。我们假设这个数量的单位原价是 2.00 美元。我们在图 5.5 中表示这一点。

从图中我们可以看出，在 A 点，供给与需求是平衡的。从供给曲线上看，店主愿意以 2.00 美元的价格卖出 1 000 个鳄梨。在这个价格下，店主可以向农民购买鳄梨，并涵盖他们开店的成本。我们还可以看到消费者在价格为 2 美元时愿意购买 1 000 个鳄梨。

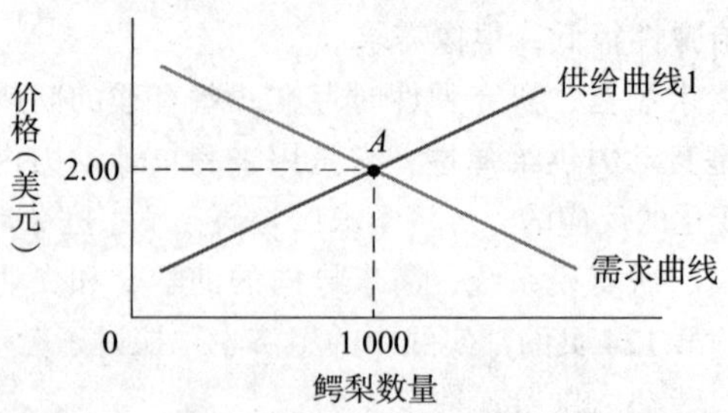

▲ **图 5.5 鳄梨市场上的初始均衡**

在市长征收鳄梨税后，商店所有者的成本有所变化。除了向农民付款购买他们的鳄梨之外，他们还必须向市长付款！由于新增的税，商店的成本每单位增加了 1.00 美元。 商店老板最初愿意以 2.00 美元提供 1 000 美元的鳄梨，那么生产相同的供应需要 3.00 美元。如果他们每个鳄梨获得 3.00 美元然后向市长支付他们的 1.00 美元，他们将回到他们税前的位置，提供 1 000 个鳄梨给市场。

事实上，同样的逻辑适用于整个供给曲线。每一点都因为税收向上移动了 1 美元。在第 3 章中，我们展示了成本增加导致的供给曲线的同样的变化。在这里成本是税收。图 5.6 向我们展示了当征税并且供给曲线向上移动 1.00 美元时这个市场会发生什么变化。供给曲线 2 表示在征收 1.00 美元税后店主的供给量。在 B 点供给等于需求时存在新的均衡。在这个新的均衡状态下，商家出售了 500 个鳄梨，鳄梨的价格上涨到了 2.50 美元。然而，注意这 2.50 美元最终没有全部给店主。这 2.50 美元，政府收到 1.00 美元，店主收到 1.50 美元。客户支付的价格（此处为 2.50 美元）与店主收到的价格（此处为 1.50 美元）之间存在楔形或间隙。楔形代表政府税。

104 在这里有几点需要注意。首先，市长征收的税只有他预期的一半，因为税后的鳄梨销售数量下降了一半。为什么会这样呢？店主对税收造成的成本增加做出反应。为了卖出最初的 1 000 单位，他们要求每个鳄梨售价为 3.00 美元。但鳄梨的消费者对这种提高价格的行为同样会做

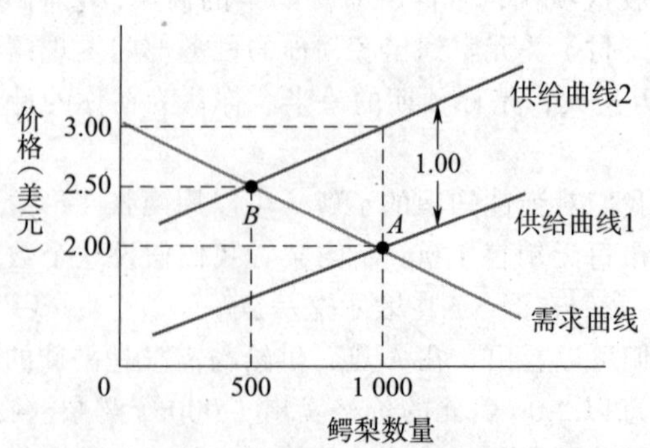

▲ **图 5.6 征收 1 美元税后的鳄梨市场的均衡**

出反应！需求曲线的下降告诉我们在价格开始上涨时人们对鳄梨的需求会更少。这正是我们在第 121 页“实践中的经济学”里所看到的发生在弗兰克熟食店的故事。事实上，鳄梨的需求曲线在这个地区相对来说是有弹性的：当价格上涨 25% 时，我们看到需求量减少了 50%。这不应该让你感到惊讶：因为市场上存在很多鳄梨的替代品！

你还应该注意到，很可能没有人对新的税收感到满意。继续购买鳄梨的消费者已经看到他们支付的价格上涨了 0.50 美元。其他消费者根本不再购买鳄梨，因为它们太贵了。店主们出售的鳄梨越来越少，收入也越来越少，因为他们每只鳄梨收到 2.50 美元，但必须支付给市长 1.00 美元，净赚只有 1.50 美元。而市长的税收收入也低于他的预期。

罪魁祸首是什么？是需求弹性。税收带来的成本的增加导致客户偏离原来的消费量。曲线越有弹性，我们就会看到越多的调整。消费者完全没有弹性，店主可能会将价格提高 1 美元，而消费者则会为原来的 1 000 个鳄梨支付 3 美元的价格。市长会收到 365 000 美元的税，而唯一受伤的群体就是顾客，他们现在会支付更高的价格。市长应该找一个弹性较小的产品征税！

分析征税时发生的事情是一个令人兴奋的经济学领域，这显然对政策制定有着重要的意义。我们将在第 19 章以及之后的内容中讨论公共财政时回到这个话题。

5.6 前瞻

本章的目的是让你相信测度是重要的。如果我们所能说的是一个经济因素的变化会导致另一个经济因素的变化，那么我们就不能说这个变化是否重要或者某个特定政策是否有效。 最常用的测量工具是弹性，当我们更深入地探索经济学时，这个术语将会再次出现。

现在我们回到基础经济学的研究中来，详细研究家庭行为。回想一下，家庭在产品市场上需要商品和服务，但在投入或要素市场上提供劳动力和资本。

总结

1. 弹性是测量反应程度的一种常用工具，它可以用来量化很多不同的关系。如果某个变量 A 随着另一变量 B 的变化而变化，那么 A 对 B 的弹性就等于 A 变化的百分比除以 B 变化的百分比。
2. 需求曲线的斜率是一种不恰当的测量反应程度的方法，因为斜率的数值取决于应用什么测量单位。基于这个原因，弹性是用百分比计算的。

5.1 需求的价格弹性　页 110

3. 需求的价格弹性就是一种商品需求量变化的百分比与这种商品价格变化百分比的比值。

4. **完全无弹性需求**的需求量对价格变化完全没有反应，其弹性值为零。
5. 在**缺乏弹性**的需求中，需求量对价格变化有反应，但是反应不大，其弹性值在–1 到 0 之间。
6. 在**富于弹性**的需求中，需求量变化的百分比在绝对值上大于价格变化的百分比，其弹性值小于–1。
7. 需求的**单位弹性**描述了这样一种关系——一种产品价格一定比例的变化就会导致这种产品的需求量同比例的变化，单位弹性的弹性值为–1。
8. **完全弹性需求**则描述了这样一种关
105 系——一种产品价格的微小变化就会导致对这种产品的需求量下降到零。

5.2 弹性的计算　页 112

9. 有许多计算弹性的方法。最常见的方法是**中点公式**，它使用价格和数量的中点值作为基数来计算需求曲线上两点之间的弹性，以及**点弹性**，它通过使用斜率以及该点的价格和数量值计算某一点的弹性。
10. 如果需求富于弹性，价格升高造成的需求量减少百分比就会大于价格升高的百分比，因此总收益（$P\times Q$）下降。如果需求缺乏弹性，价格的升高就会增加总收益。
11. 如果需求富于弹性，价格下降造成的需求量增加百分比就会大于价格降低的百分比，因此总收益（$P\times Q$）上升。如果需求缺乏弹性，价格降低造成的需求量增加的百分比就会小于价格降低的百分比，因此总收益下降。

5.3 需求弹性的决定因素　页 120

12. 需求弹性取决于：（1）替代品的可得性，（2）这种商品是奢侈品还是必需品，（3）考虑的时间范围。

一种缺乏弹性需求并拥有极少合适替代品的产品，被认为是必需品，而这一般存在于短期的需求中。

5.4 其他的重要弹性　页 122

13. 其他还有几个重要的弹性。**需求的收入弹性**测量需求量对收入变化的反应程度。**需求的交叉价格弹性**测量一种商品的需求量对另一种商品价格变化的反应。**供给弹性**测量一种商品的供给量对这种商品价格变化的反应。**劳动力供给弹性**测量劳动力供给对劳动力价格变化的反应。

5.5 当我们提高税收时会发生什么：弹性的运用　页 125

14. 需求的弹性在一定程度上决定了消费税的征收将如何影响消费者、供应商以及从税收中获得的最终收入。

术语和概念回顾

习题

5.1 需求的价格弹性

学习目标：了解为什么弹性作为一种对斜率变化反应程度的衡量标准更为合适，并懂得如何对其进行衡量。

1.1 汉堡包需求如下图所示，汉堡包价格如图 a 中的美元和图 b 中的便士所示。计算每个需求曲线的斜率，并解释为什么斜率不是衡量需求量对价格变化反应程度的合适指标。你能从这些数字中透露的信息思考出一个更有用的度量吗？

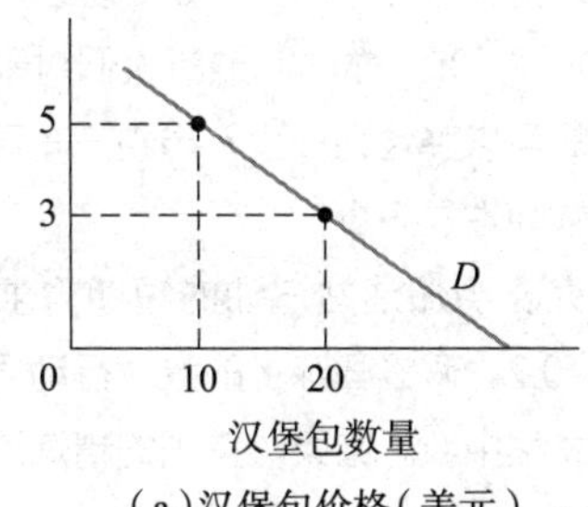

(a)汉堡包价格(美元)

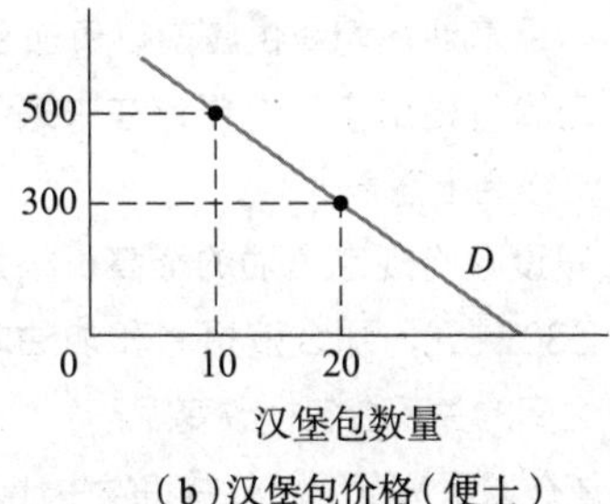

(b)汉堡包价格(便士)

5.2 弹性的计算

学习目标：掌握计算弹性的几种不同方法，并了解收入和弹性在经济意义上的联系。

2.1 填写表中 a、b 和 c 处数据。

	价格变化百分比	需求量变化百分比	弹性
对苹果 iWatch 的需求	a	−25%	−1.0
情人节那天对玫瑰的需求	+50%	b	−0.2
对电子烟的需求	−10%	+38%	c

2.2 使用前一个问题中的表格来解释以下问题。

a. 你会建议苹果提高或降低 iWatch 的价格来增加收入吗？ 106

b. 如果花店的唯一目标是增加收入，你会建议它们在情人节提高玫瑰的价格吗？

c. 你会建议电子香烟供应商降价来增加收入吗？

2.3 用中点公式计算以下每个需求变化的弹性。

需求项目	P1	P2	Q1	Q2
腰果	每磅 $7.50	每磅 $6.00	每月 800 磅	每月 1 000 磅
便携式硬盘驱动器（1TB）	$80	$120	每年 75	每年 65
12 号铜线	每直线英尺（1 英尺≈0.3 米）0.6	每直线英尺 0.45	每周 2 500 直线英尺	每周 5 000 直线英尺
牙膏	每支 $2.00	每支 $2.40	每月 10 支	每月 9 支

2.4 一家体育用品商店把一种流行品牌运动鞋的需求曲线估计为价格的函数。用下面的图形回答以下问题。

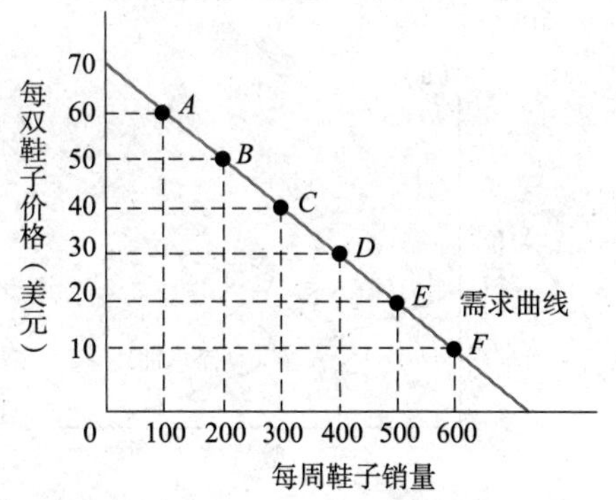

107

a. 用中点公式计算 A 点和 B 点之间、C 点和 D 点之间、E 点和 F 点之间的需求弹性。

b. 如果商店当前要价为 50 美元，那么把价格涨到 60 美元以后，销售运动鞋得到的总收益将如何变化（计算价格变化前后的 $P \times Q$）？当初始价格分别降到 40 美元和 20 美元时，重复这一计算。

c. 解释为什么 a 的答案可以用来预测 b 的答案。

2.5 对于以下每个情形，你是否同意下面的说法并解释你的答案。

a. 如果可卡因的需求弹性是 –0.2，而毒品强制管理规定成功地大幅削减了毒品的供给，导致街头上毒品价格上升了 50%，人们将会降低对于可卡因的消费。

b. 圣诞树经销商每年都会从美国新英格兰地区的森林里向纽约和波士顿运送数以万计的圣诞树。在过去的两年中，市场竞争十分激烈，导致圣诞树价格下跌了 10%，如果需求的价格弹性是 –1.3，经销商整体会因为价格下降而收入降低。

c. 如果对于某种产品的需求存在单位弹性，或者是弹性是 –1，那么价格上升会导致卖方整体受益这个结论总是正确的。

2.6 对于下面的说法，你是否同意？请解释你的答案。

a. 图 a 中的需求曲线是富于弹性的。

b. 图 b 中的需求曲线是缺乏弹性的。

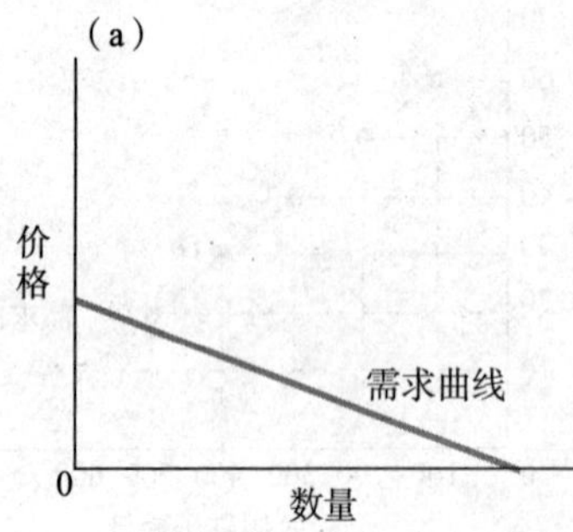

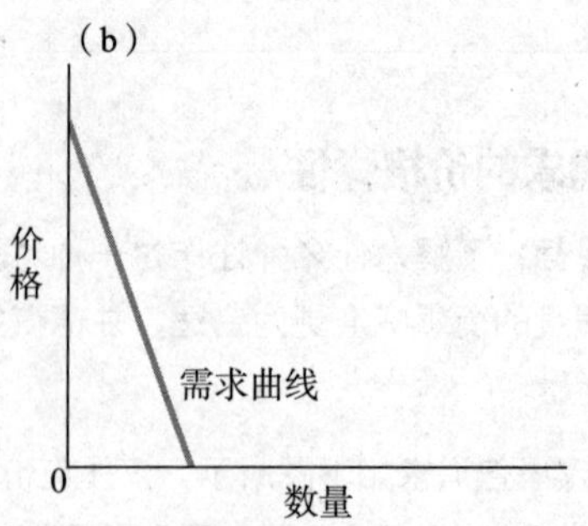

2.7 在大多数城市里出租汽车的费用是受到管制的。几年以前，波士顿的出租汽车司机得到一个涨价 10% 的机会，他们预计收入也会因此增加 10%。但是结果令他们失望了。当政府同意价格上涨 10% 以后，收入仅仅增加了 5%。你由此推断人们对乘坐出租汽车的需求弹性为多少？出租汽车司机估计的需求弹性是多少？

*2.8 研究表明加油站汽油的短期需求价格弹性为 –0.2。假设国际上的敌对行动导致原油供应突然中断。结果，美国的精炼汽油供应下降了 10%。

a. 如果汽油在切断供应前以每加仑 2.30 美元的价格出售，你预计在未来几个月里价格会上涨多少？

b. 假设政府规定汽油的最高价格为每加仑 2.30 美元，那么消费者和加油站所有者之间的关系会怎样改变呢？

2.9 描述在以下情况下总收益将发生什么。

a. 价格下降，需求富于弹性。

b. 价格下降，需求缺乏弹性。

c. 价格上升，需求富于弹性。

d. 价格上升，需求缺乏弹性。

e. 价格上升，需求是单位弹性。

f. 价格下降，需求完全无弹性。

g. 价格上升，需求完全有弹性。

2.10 使用中点公式和下图，计算价格从 3 美元

---

* 注意：标有星号的习题难度更具挑战性。

变为 8 美元以及价格从 8 美元变为 14 美元时的需求价格弹性。

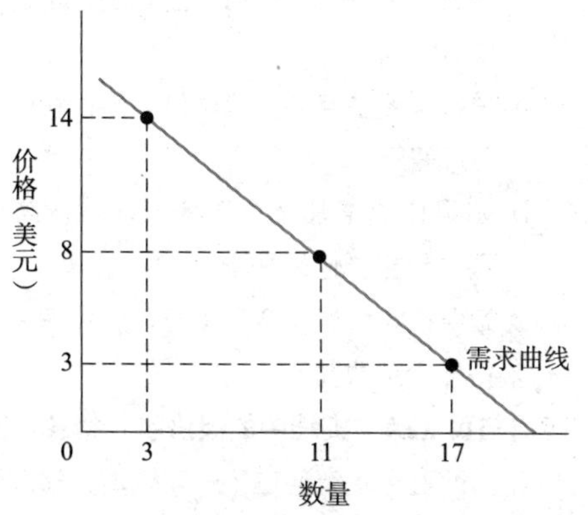

2.11 使用下面的总收益图来确定总收益曲线中反映富于弹性的需求、缺乏弹性的需求和单位弹性的需求的部分。解释你的答案。

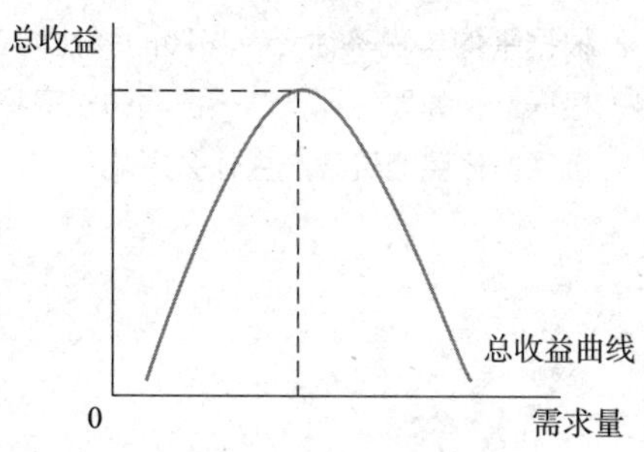

5.3 需求弹性的决定因素

学习目标： 确定需求弹性的决定因素。

3.1 **［与页 121“实践中的经济学”相关］** 在弗兰克熟食店，弗兰克注意到顾客的弹性在短期和长期内是不同的。弗兰克还注意到，他增加的三明治价格对他的商店有其他影响。特别是，苏打水的销售量下降，而酸奶的销售量上升。你如何解释这个案例？

3.2 对于以下每种产品，解释需求可能是富于弹性的还是缺乏弹性的。

a. 自来水

b. 橘子汁

c. 巨无霸汉堡包

d. 胰岛素

e. 三星 LED 电视

f. 汽车轮胎

5.4 其他的重要弹性

学习目标： 定义并举例说明收入弹性、交叉价格弹性和供给弹性。

4.1 在 2005 年之前，房价似乎一直在上涨，从未下跌过。当住房需求增加时，房地产市场的价格也会上涨，但不总是上涨很多，要使房价大幅度上涨，住房供给就必须相对缺乏弹性，即无论何时房价上涨，如果供给量快速增长，那么房价涨幅都将保持在较低水平。许多人建议政府增加房地产市场供给的弹性，什么样的政策会使需求增加时价格保持低水平？请解释。

4.2 对于以下每一项陈述，说明相关弹性与其数值（负、正、大于 1、零等）。

a. 劳动力供给缺乏弹性，但略向后弯曲。

b. 在收入增加的时期，对欧洲度假的需求增加了。

c. 当热狗价格下跌时，对热狗面包的需求上升。

d. 当三星银河平板电脑的价格下跌时，对苹果迷你版 iPad 的需求就会下降。

e. 毕加索最著名的画作《格尔尼卡》收藏在马德里的索菲亚王后国家艺术中心博物馆，不以任何价格出售。

f. 在经济严重衰退和收入下降的时期，对芝士通心粉的需求上升。

4.3 下表列出了三组产品的交叉价格弹性值。你能推导这些产品组合之间的关系吗？

	产品 A 和 B	产品 C 和 D	产品 E 和 F
交叉价格弹性	−8.7	+5.5	0.0

4.4 需求的收入弹性测量需求量对收入变化的反应程度。解释需求发生了什么，以及在以下

情况下代表了什么样的商品。

a. 收入在增长，需求的收入弹性为正。

b. 收入在增长，需求的收入弹性为负。

c. 收入在减少，需求的收入弹性为正。

d. 收入在减少，需求的收入弹性为负。

5.5 当我们提高税收时会发生什么：弹性的运用

学习目标：了解消费税向消费者转移的方式。

5.1 世界著名的波比啤酒是在西波比小镇酿造的。目前，西波比镇对所有的波比啤酒征收每箱 2 美元的税，酿酒厂每年以每箱 20 美元的总价格销售 2 万箱。西波比市市长决定花 2 万美元在镇上的广场树立自己的雕像，他想从销售波比啤酒的额外税收中筹集资金。他要求三个镇议会成员中的每一个都提出一个计划来筹集这额外的 2 万美元，他们的计划如下：议会成员辛普森建议每箱啤酒增加 1 美元的税收，议会成员米尔豪斯建议每箱啤酒增加 2 美元的税收，议会成员弗兰德斯建议每箱啤酒减少 0.50 美元的现行税。对于三个议会成员的计划，分别确定以下各项：

a. 总共需要生产多少箱啤酒才能使税收增加 2 万美元？

b. 如果税收增加了 2 万美元，波比啤酒的需求价格弹性是多少？

c. 如果税收增加了 2 万美元，波比啤酒将获得多少总收益？

5.2 **[与页 124“实践中的经济学”相关]** 2014 年，西班牙政府通过了一项法律，修改了一项对于外国运动员的规定，即所谓的“贝克汉姆法”。这项新法律将要求外国职业运动员在收入超过 30 万欧元时支付 52% 的西班牙标准税率，高于从 2005 年开始支付的 24%。对于顶级球员，在“贝克汉姆法”下根据平均年税率估计，移民的弹性为 1.87。根据这种弹性估计，这一提高的税率将对顶级球员移民西班牙产生什么影响？

第二部分

市场体系

家庭和厂商的选择

109　前面几章讨论了影响供给和需求的基本力量，接下来在这部分我们将探究经济体中的两个重要决策单位（家庭和厂商）的基本行为。

图Ⅱ.1 描述了一个简单的竞争性经济体。该图是第 55 页图 3.1 给出的循环流动图的扩展版本，其目的在于指导读者完成本书第二部分（第 6 章到第 12 章）的理解和学习。

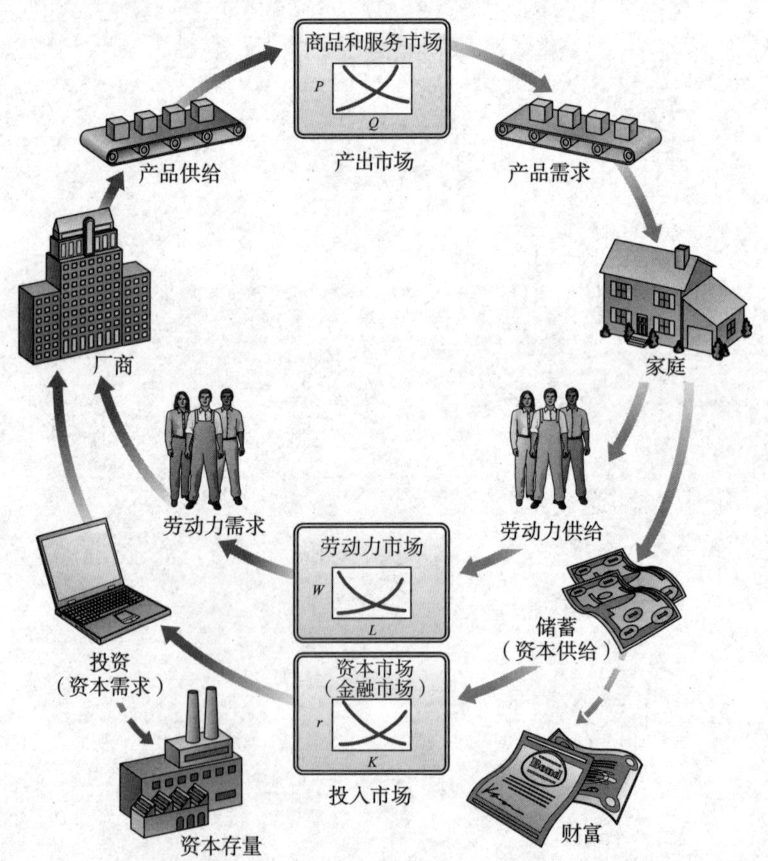

▶ 图Ⅱ.1　厂商和家庭决策

家庭在产出市场上产生需求，在投入市场上提供劳动力和资本。为了简化分析，我们在这个循环流动图中没有包括政府和国际领域，这些将会在后面的章节中详细讨论。

家庭和厂商在两种市场中相互作用，即图Ⅱ.1 顶部所示的产出（产品）市场和底部所示的投入（要素）市场。家庭对产品产生需求，并提供生产产品所需的投入品；与之相对应，厂商提供产品，并对投入品产生需求。第 6 章主要探讨家庭行为，首先分析家庭对产品的需求，然后介绍家庭在劳动力市场和资本市场上的供给。 110

第二部分的其余章节主要研究厂商行为以及厂商与家庭之间的相互作用。第 7 章至第 9 章分析厂商在产出市场中的短期和长期行为。第 10 章主要研究一般情况下厂商在投入市场中的行为，尤其关注劳动力市场和土地市场。第 11 章详细讨论资本市场。第 12 章把前面的研究综合起来，分析整个市场体系的运行。在第 12 章之后，本书的第三部分将分析市场的不完全性以及政府干预经济的各种可能性及隐患。图Ⅱ.2 给出了第 6 章至第 19 章的学习提纲。

仔细观察图Ⅱ.1 中的供求关系图，我们将注意到劳动力市场和资本市场的供给曲线是描述家庭行为的，原因在于作为投入品的劳动力和资本均由家庭提供；而劳动力和资本的需求曲线是描述厂商行为的，这是因为厂商对这些投入品产生需求。

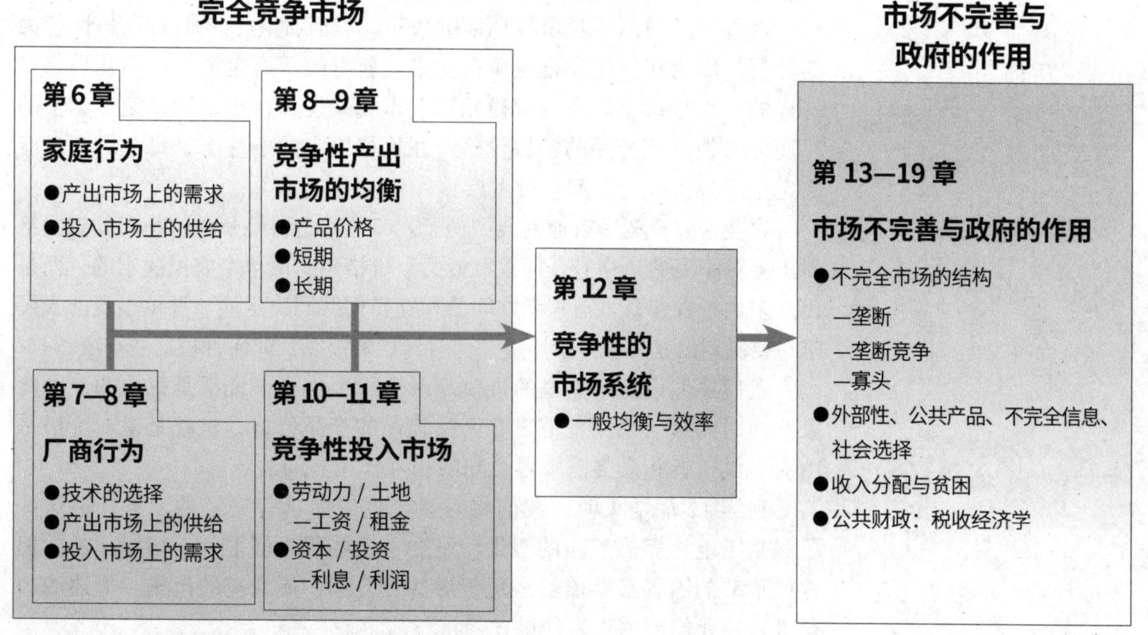

▲ 图Ⅱ.2　理解微观经济学和政府的作用

为了理解整个经济系统的运作，我们从基础部分开始学习。从第 6 至 8 章开始，本书描述了简单的完全竞争市场中家庭和厂商的决策。在第 9 至 11 章中，我们将看到**厂商**和**家庭**是如何在**产出市场**（产品市场）和**投入市场**（劳动力、土地和资本市场）中相互作用以决定价格、工资和利润的。一旦理解了简单的完全竞争的经济体是如何运作的，我们就可以逐渐放开假设。第 12 章是很关键的一章，它将完全竞争市场跟市场不完善以及政府作用联系了起来。在第 13 至 19 章中，我们将讨论三类非竞争市场结构（垄断、垄断竞争和寡头）、外部性、公共产品、不确定性和信息不对称、收入分配以及税收和政府财政等内容。

111 在图Ⅱ.1中，和我们制作公路地图一样，很多真实世界中的细节都被省略掉了。图Ⅱ.1也希望可以像地图那样，在加入更为复杂的市场结构和政府干预之前，帮助你理解基本的市场力量。

在开始讨论家庭选择之前，我们首先需要做一些基本假设，这些假设适用于本书的第6章至第12章。

首先，我们假设家庭和厂商拥有在市场中做出决策所需的所有知识。特别地，我们假设家庭拥有市场上存在的全部商品的质量和价格知识，厂商对工资率、资本成本、技术和产品价格了如指掌。这种假设通常被称为**完全知识**假设。

第二个假设是**完全竞争**。完全竞争是一种精确定义的产业结构形式。（这里的“完全”一词并不是指美德，它只是意味着“所有”或“全部”。）在一个完全竞争的行业里，没有任何一家厂商能控制价格，也就是说，没有任何一家厂商的规模大到足以影响其产品的市场价格或者其购买的投入品的价格。这源于竞争性行业的两个特征：首先，一个竞争性行业是由许多厂商组成的，每个厂商相对于行业的规模来说都很小。其次，在完全竞争行业中，每个厂商生产的产品完全相同，厂商无法将它们的产品与其他厂商的产品区分开来，即在完全竞争的行业中，产品是**同质**的。

这些特征限制了竞争性厂商的决策，并且简化了我们对竞争性行为的分析。因为在一个完全竞争行业中，所有的厂商生产的产品几乎都是一样的，而且每个厂商的规模相对于市场来说都很小，所以完全竞争的厂商无法控制其产品的销售价格。在价格给定的条件下，每个厂商只能决定生产多少以及如何进行生产。

农业是完全竞争行业的典型例子。一位南达科他州种植小麦的农民绝对不会对小麦的价格有任何控制能力。价格不是由单个农民决定的，而是由众多供给者和众多需求者之间的相互作用共同决定的。种植小麦的农民唯一要决定的是种植多少小麦、何时开始种植以及如何种植这些小麦。

我们还假设每个家庭的规模相对于整个市场来说都是很小的，因此家庭面对的是一系列他们自身无法控制的产品价格，也就是说，价格是由众多供给者和众多需求者之间的相互作用共同决定的。

到第12章结束时，我们将对整个经济体具有完整的了解，但这些了解基于上述相当严格的假设。最初，这些假设似乎是不切实际的，但这些章节的内容最终能够适用于那些更复杂、更现实的市场。上述的简化可以使我们能够更好地讲述经济学故事。

完全知识： 假设家庭拥有市场上关于商品的质量和价格的所有知识，厂商拥有关于工资率、资本成本、技术和产品价格的所有知识。

完全竞争： 这是一种产业结构，其中有许多厂商，每个厂商相对于该行业规模都很小，并且生产完全相同的产品，没有一家厂商的规模大到足以控制价格的地步。

同质产品： 没有差别的产品，彼此相同或无法区分的产品。

第 6 章 家庭行为和消费者选择

本章概要和学习目标

在市场经济中，人们每天都在做决定。其中一些决定涉及他们计划购买的产品：午餐的时候是购买一瓶可乐、一杯茶，还是只喝水？应该买一台笔记本电脑还是继续使用旧的台式机？还有一些决定与劳动力市场有关，比如，应该继续深造还是去工作？许多决策都涉及时间因素，如果你决定买一台笔记本电脑，你可能不得不动用存款甚至借钱，这将使你未来可以购买产品的选择变得更少。

对许多人来说，上一段列举的各种决策似乎各不相同，然而，正如你将在本章中学习的，从经济学的角度来看，这些决策有很多共同点。在本章中，我们将制定一系列规则来理解产品市场和劳动力市场中的决策——包括现在和未来的决策。

在阅读本章时，你可能想要思考下列几个问题，而在结束这一章的学习时你将能够回答这些问题。比如棒球，即使这项运动在过去比现在流行，也从来没有过全年无休赛季。事实上，没有任何专业运动有全年无休赛季，那么这种休息机制对于运动员来说是必需的吗？或者有什么其他和家庭选择相关的原因可以解释这种现象吗？当汽油价格上涨时，人们开车的次数会减少，还有一项研究表明，此时人们也会从购买品牌产品转向仿制品或一般商店品牌。[①] 为什么会这样呢？对于家庭选择的

① Dora Gicheva，Justine Hastings，and Sofia Villas-Boas，“Investigating Income Effects in Scanner Data: Do Gasoline Prices Affect Grocery Purchases?” *American Economic Review*，May 2010: 480–484.

研究将有助于你了解市场经济中的许多决策。

在本章中，一个主题贯穿了全部分析过程，那就是选择约束的思想。我们在市场存在的约束下做出决策。家庭消费选择受到收入、财富
113 和现有价格的约束，而家庭对于劳动力供给和就业选择的决策，明显受到就业机会和现有市场工资结构的约束。

6.1 学习目标

解释预算约束的来源，以及它在家庭需求中所起的作用。

6.1 产出市场中的家庭选择

对于每个家庭来说，都必须做出以下三个基本决策：

1. 对每种产品的需求量

2. 提供多少劳动力

3. 今天花费多少，以及为明天储蓄多少

在我们开始研究产出市场的需求时，必须记住，需求曲线中包含的选择只是庞大的家庭选择问题的一部分，与之密切相关的另外两个决策（工作多长时间和进行多少储蓄）同样重要，且必须与产品需求决策同时做出。

6.1.1 家庭需求的决定因素

正如我们在第 3 章中所看到的那样，有许多因素会影响到单个家庭对某一特定商品或服务的需求，包括：

- 产品的价格
- 家庭可以获得的收入
- 家庭的积蓄
- 家庭可以买到的其他产品的价格
- 家庭的品味和偏好
- 家庭对未来收入、财富和价格的预期

回想一下，需求计划和需求曲线反映了其他所有条件相同的情况下需求量和价格之间的关系。价格的变化会导致需求量沿着需求曲线移动，而收入、其他商品价格或偏好的变化会使需求曲线向左或向右移动。在这一章中，我们将更加深入地介绍需求曲线，这也将进一步帮助我们运用供求知识更有效地解决问题。

6.1.2 预算约束

理解和学习家庭选择过程的第一步是找出家庭可能做出的所有选择。仔细查看上述影响家庭需求的决定因素列表，我们发现前四项实际上决定了家庭可以实现的选择集。有关家庭收入和财富的信

息，连同产品价格的信息，告诉了我们哪些商品和服务组合是可以负担的，哪些是负担不起的。①收入、财富和价格定义了所谓的家庭**预算约束**。

预算约束：收入、财富和产品价格对家庭选择的限制。

下面的例子可以很好地说明收入、财富和价格对选择的约束：芭芭拉最近毕业于美国中西部的一所大学，现在在一家公共关系方面的公司担任客户经理。假设她每月的工资为 1 000 美元（税后），她没有积蓄也没有欠款。芭芭拉每个月的消费受限于她的收入。表 6.1 总结了她可以实现的一些选择。

通过在房地产市场上仔细搜寻，我们发现了四套空置的公寓。最便宜的是一个带小厨房的单间，月租为 400 美元，包括水、电、燃气等费用在内（选项 A）。如果住在那里，芭芭拉每个月除了用 250 美元买食品以外，还剩下 350 美元买其他东西。

大约四个街区之外有一套一居室的公寓，地上铺了地毯，还设有更大的厨房。它的空间更大，但是算上水、电、燃气等费用，每个月的租金要 600 美元。如果芭芭拉租了这个公寓，每个月在食物上的支出就要减少 50 美元，每个月在其他项目的支出也只剩下 200 美元。

这个一居室公寓所在的大楼顶层还有一个类似的单元，不同的是这个单元有一个朝西的阳台，每天可以欣赏到日落的景色，因此月租金也贵了 100 美元，如果住在那里，芭芭拉每个月就只剩下 300 美元可以分摊到食物和其他东西上了。

仅仅是出于强烈的好奇心，芭芭拉还参观了郊区的一座连栋房子，这是一所每月租金为 1 000 美元的住宅。显然，除非不吃不喝而且不做任何要花钱的事情，否则她是负担不起这个房子的。这个房子和任何数量食物的组合都超出了她的预算约束。

请注意，我们已经使用关于收入和价格的信息确定了一个每月税后收入为 1 000 美元的单人家庭可以实现的住房、食品和其他

表 6.1　对于税后月收入为 1 000 美元的人可能的预算选择

114

选项	月租金	食物支出	其他支出	总支出	是否可行
A	400	250	350	1 000	是
B	600	200	200	1 000	是
C	700	150	150	1 000	是
D	1 000	100	100	1 200	否

② 还记得我们在第 3 章中对收入和财富进行了区分。收入是给定时期内家庭收入的总和，它是一个流量。与此相对，财富是一个存量，是在特定时间点一个家庭所拥有的资产减去它的负债所得到的。

项目的不同组合。对选择的过程我们只字未提，但是刻画了所谓的**选择集或机会集**，即由芭芭拉的预算约束定义并限制的一系列选择。

选择集或机会集：由预算约束定义和限制的选项的集合。

偏好、品味、取舍和机会成本　到目前为止，我们只是确定了哪些是芭芭拉可以选择的商品和服务的组合，哪些是她负担不起的。然而，在有限的收入和固定价格的限制下，家庭可以自由选择它们购买和不购买的东西。它们最终的选择取决于个人的偏好和品味。

把家庭选择过程看作是在大量的商品和服务之间分配收入的过程会有助于我们的理解。某一种商品的价格变化会改变家庭选择的约束条件，进而有可能改变整个收入分配。对某些商品和服务的需求降低时，对另外一些商品和服务的需求有可能会增加。如果从美国纳什维尔到迈阿密的机票价格降到 100 美元，你可能会决定去那里旅行。但如果你这样做，也意味着将在其他你日常购买的商品上少花费 100 美元。单一商品需求曲线的形状和位置背后隐藏着一系列复杂的取舍，当一个家庭进行选择时，它都必须在其选择的商品或服务，跟用同样的钱可以买到的其他东西之间进行权衡。

让我们回到年轻的客户经理芭芭拉和表 6.1 所列出的她的选择上。如果她不喜欢做饭，而喜欢去餐馆吃饭，并且每周有三个晚上是不在家里的，那么她可能会减少一些住房开支以支付外出就餐以及买衣服等其他东西的费用，因此她可能会租那个 400 美元的单间。如果她喜欢晚上在家里读书，听古典音乐，一边欣赏日落一边喝茶，在这种情况下，她可能就会减少去餐馆的次数、晚上的外出活动以及旅行的开支，用省下的钱租那间更大的、带有阳台且视野广阔的公寓。只要一个家庭面临预算约束（最终所有家庭都是如此），任何商品或服务的实际成本就是用同样的钱可以购买的其他商品和服务的价值。一种商品或服务的实际成本就是其机会成本，而机会成本是由其他相关商品或服务的价格决定的。

更正式的预算约束　安和汤姆是正在奋斗的弗吉尼亚大学经济学专业的研究生，他们的学费完全是由研究生奖学金支付的。他们作为宿舍管理员住在一年级的宿舍里，他们可以得到公寓的一个房间和三餐饭
115 作为报酬。每个月他们还有 200 美元的奖学金以支付所有其他的开支。为了使问题简化，假设安和汤姆用这些钱只做两件事：在当地的泰国餐馆吃饭和去当地名为“饥饿的耳朵”的爵士乐俱乐部。泰国菜的价格固定为每两人 20 美元，两张去爵士乐俱乐部的票（包括特浓咖啡）是 10 美元。

如图 6.1 所示，可以用图形来表示这两人能够实现的选择。坐标轴用来衡量安和汤姆购买的两种商品的数量，横轴表示每个月消费泰国菜的次数，纵轴表示前往“饥饿的耳朵”的次数（注意：这里的纵轴不再

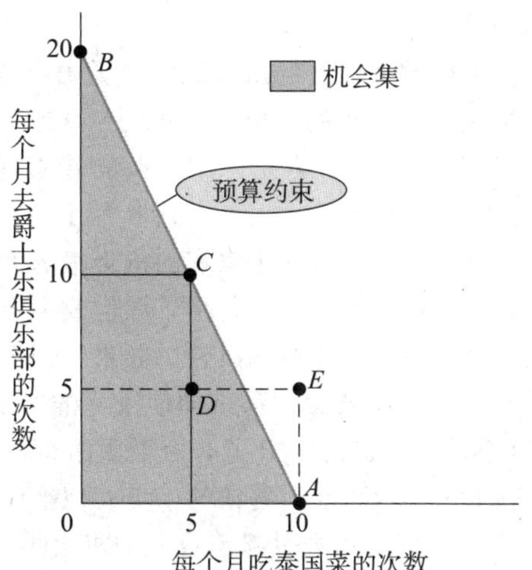

◀ 图 6.1　安和汤姆的预算约束线和机会集

给定有限的收入时，预算约束线把可以实现的商品和服务组合同那些无法实现的组合分开，那些可以实现的组合就构成了机会集。

表示价格了；我们画的不是需求曲线，而是预算约束线）。在坐标轴之间的空间里，每个点都代表着吃泰国菜和去往爵士乐俱乐部的某种组合，那么在每月 200 美元的固定预算下，安和汤姆可以购买哪些点所代表的组合呢？也就是说，哪些点在机会集里，哪些点不在机会集里？

假设宿舍里的学生令安和汤姆抓狂，于是他们想不惜一切代价避免在食堂吃饭。如果他们把所有的钱都花在吃泰国菜上面，那么安和汤姆能负担得起多少顿饭呢？答案很简单：收入是 200 美元，而泰国菜的价格是 20 美元，因此他们可以负担 200 美元 ÷ 20 美元 =10 顿饭。这一决策由图 6.1 中预算约束线上的 *A* 点表示。这一决策点在横轴上，因为横轴上的所有点都代表安和汤姆一次也没去爵士乐俱乐部。另外一种可能是，考试即将到来，安和汤姆决定到“饥饿的耳朵”去放松一下，以缓解压力。假设他们决定把所有的钱都花在爵士乐俱乐部上，不再去吃泰国菜，那么他们能负担多少次去爵士乐俱乐部的费用呢？答案同样很简单：收入是 200 美元，而爵士乐（含浓缩咖啡）的价格是 10 美元，他们可以去“饥饿的耳朵”的次数为 200 美元 ÷ 10 美元 =20 次，此点用图 6.1 中标记为 *B* 的点表示。*A* 点和 *B* 点代表“单一”消费决策，表示将全部收入用于爵士乐俱乐部的消费或全部用于餐馆的消费。但是安和汤姆也可以选择混合两者的消费，连接 *A* 点和 *B* 点的线段反映了安和汤姆能够负担的两种商品的所有组合。从 *B* 点出发，假设安和汤姆减少去爵士乐俱乐部的次数以购买更多的泰国菜，那么他们每多吃一顿泰国饭就意味着少去两次“饥饿的耳朵”。因此吃一顿泰国菜的机会成本就是放弃两次去爵士乐俱乐部的机会。

预算约束线上的 *C* 点代表了一种折中方案。在 *C* 点，安和汤姆去
10 次俱乐部、5 次泰国餐馆。为了验证 *C* 点是否在预算约束线上，可以 116
对其定价：去 10 次爵士乐俱乐部总共花费 10 美元 × 10 次 =100 美元，
吃 5 次泰国菜总共花费 20 美元 × 5 次 =100 美元。总共花了 100 美元 +

100 美元 =200 美元。

预算约束线将坐标轴平面上的所有点划分为两部分：一种是以 200 美元或更低的价格就可以购买的（机会集），一种是用这些钱无法购买的。图中 *D* 点的花费不到 200 美元；而 *E* 点的花费超过了 200 美元。机会集是图 6.1 中的阴影区域。

显然，价格和收入都会影响一个家庭的机会集的大小。如果收入上升，或者一种商品价格或一系列商品价格下跌但收入保持不变，那么机会集将变得更大，家庭的状况会得到改善。如果我们把**实际收入**定义为购买的实际商品和服务的机会集，那么即使家庭的货币收入没有增加，"实际收入"在这个例子中已经上升了。由于墨西哥乡村餐馆的价格更低，所以我们"感觉"墨西哥乡村餐馆的一美元似乎要比曼哈顿中心区餐馆的一美元更多。价格下降会引起消费者的机会集扩大。另一方面，当价格上涨时，我们说家庭的"实际收入"下降了。

实际收入：由价格和货币收入决定的、家庭可以实际购买的商品和服务的机会集。

实际收入的概念在宏观经济学中也很重要，它与衡量实际产出和价格水平有关。

6.1.3 预算约束方程式

除了使用图形，我们还可以使用方程式来描述消费者的预算约束。在前面的例子中，吃泰国菜的总支出加上去爵士乐俱乐部的总支出必须小于或等于安和汤姆的收入。花在泰国菜上的总支出等于泰国菜的价格乘以消费的次数，花在爵士乐俱乐部的总支出等于单次的价格乘以去的次数，即，

20 美元 × 吃泰国菜次数 +10 美元 × 去爵士乐俱乐部次数≤200 美元

如果我们以 *X* 代表泰国菜的消费次数，以 *Y* 代表去爵士乐俱乐部的次数，假设安和汤姆把他们的全部收入都花在 *X* 或 *Y* 上，则可以表示如下：

$$20X+10Y=200\text{ 美元}$$

这就是预算约束方程，即图 6.1 中连接 *A* 点和 *B* 点的直线。请注意，当安和汤姆在爵士乐俱乐部的消费为 0 时，$Y=0$。若把 $Y=0$ 代入预算约束方程，可以得到 $20X=200$，解得 $X=10$，既然 *X* 是泰国菜的消费次数，那么安和汤姆吃了 10 次泰国菜。类似地，当 $X=0$ 时，可以解得 $Y=20$，这表示如果安和汤姆没吃泰国菜，他们可以去 20 次爵士乐俱乐部。

一般来说，预算约束方程可以表示为：

$$P_XX+P_YY=I$$

其中 P_X 表示 *X* 的价格，*X* 表示消费的 *X* 的数量，P_Y 表示 *Y* 的价

格，Y 表示消费的 Y 的数量，I 表示家庭收入。[③]

当价格上涨或下跌时，预算约束会发生变化　现在我们假设这家泰国餐馆在 11 月份举行了“买一送一”的活动，这对安和汤姆来说实际上意味着泰国菜的价格下降到每顿 10 美元，那么图 6.1 中的预算约束线将会如何变化？

首先，B 点不会变化，因为如果安和汤姆把所有的钱都花在爵士乐上，那么泰国菜的价格就是不相关的了，安和汤姆最多还是只能去 20 次爵士乐俱乐部。然而，A 点发生了改变，移动到了图 6.2 中的 A' 点，表示在 10 美元的价格下，如果安和汤姆把他们所有的钱都花在泰国菜上，他们吃泰国菜的次数将提高一倍，即 200 美元 ÷10 美元 =20 次。此时预算约束线发生了*旋转*，如图 6.2 所示。

这条新的、更加平坦的预算约束线反映了在吃泰国菜和爵士乐俱乐部之间的一种新的取舍。当泰国菜的价格降至 10 美元后，一顿泰国菜的机会成本仅仅是放弃一次去爵士乐俱乐部的机会。价格降低导致机会集扩大了，因为在较低价格下可以实现更多的泰国菜和爵士乐的组合。

图 6.2 说明了非常重要的一点，即当一种商品的价格发生变化时，受影响的可能不仅仅是该商品的需求量，此时家庭面临着一个完全不同的选择问题——机会集变大了。在收入不变（200 美元）的情况下，这个更低的价格意味着安和汤姆可能会选择消费更多的泰国菜或者去更多次爵士乐俱乐部，抑或两者兼而有之。显然，他们的状况得到了改善。请注意，当泰国菜的价格降至 10 美元时，预算约束方程变为 $10X+10Y=200$，即图 6.2 中连接 A' 和 B 两点的直线方程。

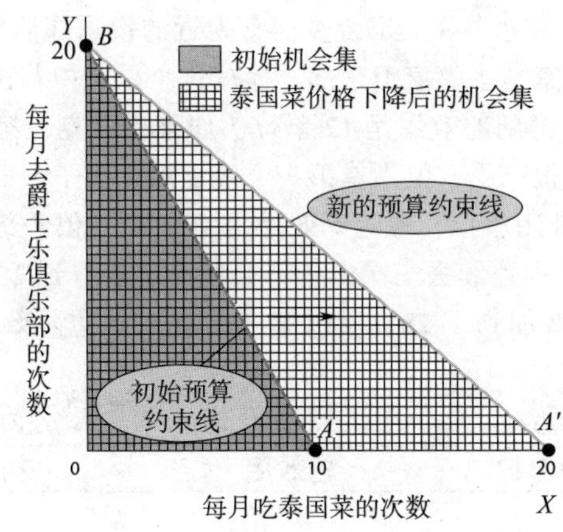

◀ 图 6.2　价格下降对安和汤姆的预算约束线产生的影响 117

当一种商品的价格下降时，预算约束线会向右旋转，人们的机会和选择都增加了。

③　可以将预算约束线的斜率表示为 $-P_X/P_Y$，即 X 的价格与 Y 的价格之比，表示消费者所面临的取舍。在这个例子中，$-P_X/P_Y=-2$，意味着如果安和汤姆多吃一次泰国菜就必须以放弃两次去爵士乐俱乐部为代价。

6.2 学习目标
了解效用最大化原则在家庭的产品选择中是如何起作用的。

6.2 选择的依据：效用

预算约束线向我们展示了能够负担的所有商品的组合。什么能够决定人们对某种特定的组合的选择？这时，偏好将会发挥作用。

在 19 世纪，人们对于价值的衡量被定义为一个被称为“效用”的概念。一种产品是否优于另一种产品，取决于这种产品相对于另一种产品的**效用**或者说满意度的大小。如何确定一只刚刚出生的小狗或者一只刺猬的相对价值呢？是去山区旅行还是在纽约度过周末？当我们做选择时，实际上就是在权衡从所有这些可得的商品中可以获得的效用。

效用：拥有某种商品所获得的满意度。

虽然我们无法直接衡量效用的大小，但将效用作为品味和偏好的衡量依据的思想，有助于我们更好地理解选择过程。我们即将看到，虽然我们不能衡量效用的大小，但是也能够对其进行详细的介绍。

6.2.1 边际效用递减

假设你住在一家销售自制冰淇淋的商店的隔壁，你特别喜欢吃这家商店的自制冰淇淋。不过即使你可以从吃冰淇淋中获得很大的满足（效用），你也不会把全部收入都花在这上面。当天的第一个冰淇淋味道好极了，第二个也算是美味，第三个还好吧，但是显然你没有刚才那么开心了。这是为什么呢？因为我们在特定时期内消费的某种商品的数量越多，从每一个新增的或边际的单位中获得的满足感或效用就越少。

边际效用递减规律：在给定时期内，对任何一种商品消费的数量越多，消费这种商品的每个额外（边际）单位所产生的满足感（效用）就越少。

1890 年，阿尔弗雷德·马歇尔把这种“人性的普遍与基本倾向”称为**边际效用递减规律**。事实证明，这个规律能够帮助人们理解产品市场、金融市场及劳动力市场等大多数市场中人们的行为。

边际效用（MU）：多消费 1 单位的某种商品或服务所获得的额外的满足感。

总效用：产品所带来的全部满足感。

来看一下这个用数字表达的案例。弗兰克喜欢乡村音乐，一个乡村音乐乐队在每周的七个晚上都会在他家附近的俱乐部演出。表 6.2 表示随着他越来越频繁地去那家俱乐部，他从这个乐队中获得的效用的变化情况。第一次去得到的效用是 12 单位。如果弗兰克在第二个晚上又去一次，他还是会很享受，但不像第一个晚上那么多了。第二个晚上会产生 10 个额外的效用单位，即**边际效用**是 10，而去俱乐部的这两个晚上总效用是 22。每周连续去三次俱乐部会使弗兰克得到 28 的**总效用**，因为总效用从 22 增加到了 28，所以第三个晚上的边际效用是 6。图 6.3

表 6.2 每周去俱乐部不同次数带来的总效用和边际效用

去俱乐部的次数	总效用	边际效用
1	12	12
2	22	10
3	28	6
4	32	4
5	34	2
6	34	0

119

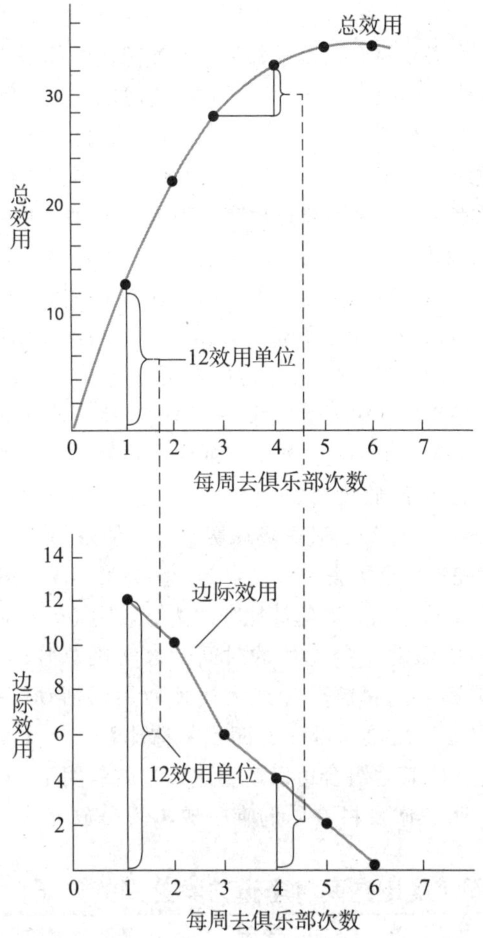

◀ **图 6.3　弗兰克的总效用和边际效用**

边际效用是通过多消费 1 单位的某种商品所获得的额外效用——在本例中，分析的是去俱乐部的总效用和边际效用，当边际效用为零时，总效用停止增加。

根据表 6.2 中的数据画出了总效用曲线和边际效用曲线。弗兰克前五次去俱乐部，总效用都是增加的，但是在第六个晚上曲线就变平了，边际效用也从初始值下降到 0。

边际效用递减解释了为什么大多数运动的赛季是受限的。即使是最狂热的球迷，在 10 月底也已经厌倦了观看棒球赛。基于此，全年赛季的球类比赛很难把票售光。虽然边际效用递减是一个简单且直观的概念，但它对于我们理解经济知识有着巨大的帮助。

6.2.2 分配收入以实现效用最大化

弗兰克每周会去多少次俱乐部欣赏他最喜欢的乐队的表演？答案取决于三个方面：弗兰克的收入、俱乐部的门票，以及他不去俱乐部时其他的备选项。如果门票的价格为零而且不存在其他备选项，他可能每周去 5 次俱乐部。（请记住第六天晚上去俱乐部不会增加他的效用，所以他为什么要去呢？）但是弗兰克也是一个篮球迷，他所在的城市有很多高水平的高中和大学球队，如果他愿意，每周的六个晚上都可以去看比赛。

暂且假设现在去乡村音乐俱乐部和去看篮球比赛都是免费的，也就是说，没有价格和收入约束。然而，还是存在着时间约束，因为每周只有七个晚上。表 6.3 列出了弗兰克从看篮球比赛和去乡村音乐俱乐部中得到的总效用和边际效用。根据表格的第三列，我们可以得出这样的结论：在第一个晚上，弗兰克一定会去看篮球比赛，因为对于他来讲这场篮球比赛的价值（21 单位的效用）比去俱乐部的价值（12 单位的效用）大得多。

第二天晚上，弗兰克的决定就不是那么容易了，因为这周他已经看过一场篮球赛了，所以第二次去的价值就减少了（与第一场比赛的 21 单位的效用相比，第二场比赛只有 12 单位的效用）。事实上，因为去看第二场篮球赛的价值恰好和第一次去俱乐部是一样的，所以他并不十分在意是去看比赛还是去俱乐部。于是他把接下来的两个晚上分开安排：一个晚上去看第二场球赛（12 单位的效用），另一个晚上在俱乐部度过（12 单位的效用）。此时，弗兰克已经去过两场球赛、一次俱乐部了，第四个晚上弗兰克将会去哪里呢？他会再去一次俱乐部，因为第二次去俱乐部的边际效用（10 单位）大于第三次去看篮球比赛的边际效用（9 单位）。

弗兰克在两项活动中分配他的时间，以实现总效用最大化。在每一步决策中，他都会选择能产生最大边际效用的活动。按照这个逻辑可以发现，每周去三次俱乐部、看四场篮球比赛会产生 76 单位的效用（28+48），没有任何其他组合可以产生这么多的效用了。

目前为止，听一次乡村音乐的唯一成本就是放弃看一场篮球比赛，

表 6.3　每周固定支出在两种备选方案之间的分配

120

每周去俱乐部的次数	总效用	边际效用（*MU*）	价格（*P*）	边际效用 / 美元（*MU*/*P*）
1	12	12	3 美元	4.0
2	22	10	3 美元	3.3
3	28	6	3 美元	2.0
4	32	4	3 美元	1.3
5	34	2	3 美元	0.7
6	34	0	3 美元	0
每周观看篮球比赛的次数	**总效用**	**边际效用（*MU*）**	**价格（*P*）**	**边际效用 / 美元（*MU*/*P*）**
1	21	21	6 美元	3.5
2	33	12	6 美元	2.0
3	42	9	6 美元	1.5
4	48	6	6 美元	1.0
5	51	3	6 美元	0.5
6	51	0	6 美元	0

而看一场篮球比赛的唯一成本就是放弃听一次乡村音乐。现在，假设去乡村音乐俱乐部的门票是 3 美元，一场篮球赛的入场券是 6 美元，且进一步假设弗兰克在支付了房租和其他费用之后只剩下 21 美元用于娱乐消费。通常，消费者在大量的商品和服务之间分配有限的收入，或者预算。这里只是在两种商品之间分配有限的收入（21 美元），但原则是一样的。收入（21 美元）和价格（3 美元和 6 美元）决定了弗兰克的预算约束。弗兰克在这一约束下进行选择以实现效用最大化。

由于这两项活动的成本不同，我们需要找出花费在每一项活动上的*每一货币单位的边际效用*。如果弗兰克想把钱花在预算约束内可以得到最大总效用的活动组合上，每晚他就必须选择*每一货币单位能带来最大效用的活动*。从表 6.3 的第 5 列可以看到，弗兰克在第一个晚上会去俱乐部，每一美元获得的效用是 4 单位（12 单位 ÷ 3 美元 = 4 单位 / 美元）。在第二晚，他去看篮球比赛，并从每一美元中得到 3.5 单位的效用（21 单位 ÷ 6 美元 = 3.5 单位 / 美元）。第三天晚上，他又去了俱乐部。然后会发生什么呢？最后的结果是（你自己可以算出来）弗兰克一共去看了两场比赛，并在俱乐部度过了三个晚上，这已经花掉了他所有的 21 美元的预算，没有任何其他 21 美元可以消费的活动组合能产生更大的总效用。由于增加了预算约束，弗兰克不再每周七晚都出去。

6.2.3 效用最大化原则

一般来说，追求效用最大化的消费者会分散他们的支出，直到以下条件成立：

$$\text{效用最大化原则：对任何两种商品都有}\frac{MU_X}{P_X}=\frac{MU_Y}{P_Y}$$

其中，MU_X 是从消费最后 1 单位 X 得到的边际效用，MU_Y 是从消费最后 1 单位 Y 得到的边际效用，P_X 是每单位 X 的价格，P_Y 是每单位 Y 的价格。

效用最大化原则：所有商品的边际效用与其价格之比都相等。

为什么**效用最大化原则**是正确的？考虑一下如果不满足这个条件会发生什么。比如，假设 MU_X/P_X 大于 MU_Y/P_Y，也就是说，假设一个消费者购买了一组 X 商品和 Y 商品，且花费在 X 的最后一美元带来的边际效用大于花费在 Y 的最后一美元带来的边际效用，这就意味着消费者可以通过在 Y 商品上少花一美元，在 X 商品上多花一美元来增加自己的效用。随着消费者购买更多的 X 和更少的 Y，边际效用递减规律就会发挥作用。购买更多的 X 会*减少*从多消费一单位 X 得到的边际效用，因此花在 X 上的最后一美元的边际效用减少了。而减少对 Y 的购买意味着 Y 的边际效用*增加*了。这个过程会一直持续到 $MU_X/P_X = MU_Y/P_Y$ 为止，当这个条件成立时，消费者就无法通过改变所购买的商品组合来增加自己的效用了。

实践中的经济学

香烟的选择

美国大多数州对香烟课以重税，既是为了增加税收，也是抑制吸烟的方式之一。你可能注意到，税收所抑制的吸烟数量越多，税收收入就越少。换言之，
121 该地区的税收政策总是成功的，因为要么通过税收大大减少了吸烟，要么通过大量征税增加了税收。从经济学家的角度来看，税收对吸烟的影响不仅是有趣的，也是一个重要的政策问题。

最近的一篇论文从不同角度研究了税收和吸烟之间的关系，其研究的不是税收在多大程度上减少了吸烟，而是税收如何影响人们吸烟的种类。[1] 各州对香烟按照每包或每箱的固定价格征税。2008 年在纽约州，对每箱香烟征税 15 美元。在该州，一箱品牌香烟的平均价格是 42 美元，因此税收占据了最终价格的很大一部分。一箱普通香烟的平均价格为 27 美元，其中 15 美元是税收。

尽管品牌香烟和非品牌香烟的税前价格不同，但对它们征收的税额是相同的。因此，税收改变了预算线的斜率。征税后，吸烟者在品牌香烟和非品牌香烟之间进行选择所面临的预算线斜率为 1.55（42/27）。如果将两个纸箱都减去税额，斜率将上升至 2.25（27/12）。去除了税收，品牌香烟的相对价格上升了。

这篇论文探讨上述情形造成了多大的影响。碰巧的是，在向公民征税时，纽约州的印第安人保留地是免税的。至少直到最近，这些地区的商店仍向非本地区居民出售免税香烟，价格几乎比征税地区低 15 美元。因此，在这些商店中品牌香烟的相对价格更高。当品牌香烟的相对价格上涨时会发生什么？会有超过 20% 的香烟销售转向非品牌香烟。通过对每箱香烟征收固定的税收来改变预算线的斜率，对于人们所选择的吸烟品牌有很大影响。

思考

1. 请说明书中给出的效用最大化原则如何导致了文章中所描述的结果。

[1] Phillip DeCeca, Doanld Kenkel, and FengLiu, "Reservation Prices: An Economic Analysis of Cigarettes Purchased on Indian reservations," NBER Working Paper, December 2014.

从弗兰克在乡村音乐俱乐部和篮球赛之间的选择中，可以看出效用最大化原则是如何作用的。在每个阶段，弗兰克都会选择每一美元能够带来最大效用的活动。如果他去看篮球赛，他从下一次篮球赛中获得的效用（边际效用）就会减少；如果他去俱乐部，他从下一次去俱乐部中获得的效用也会减少，依次类推。

上述原则有助于我们理解一个可以追溯到柏拉图时代的古老悖论，

从亚当·斯密开始的经济学家们就很熟悉这个悖论。亚当·斯密在 1776 年写道：

> 使用价值最大的那些东西往往没有或只有很小的交换价值；与之相对的是，交换价值最大的东西通常只有很小或者完全没有使用价值。没有什么东西比水更有用处了，但是用水几乎不能买来任何东西，要得到水也几乎不需要用什么东西作为交换。反之，钻石几乎没有任何使用价值，但是要得到它通常需要大量的其他商品作为交换。④

尽管现在钻石已经不是“几乎没有任何用处”了（如可以用来切割玻璃），但斯密的**钻石与水的悖论**仍然具有指导意义，至少水的问题仍然是人们关心的。

钻石与水的悖论：这个悖论指出了：(1) 使用价值很高的东西往往具有很低的交换价值，甚至没有交换价值；(2) 交换价值很高的东西往往具有很低的使用价值，甚至没有使用价值。

水的低价在很大程度上是由于它的供给十分充足。即使在价格为零的情况下，我们也不会消费无限多的水，当边际效用下降到零时我们就会停止消费，水的边际价值为零。当我们消费几乎免费的水时，我们每个人都享有很大的消费者剩余。当价格为零时，消费者剩余是需求曲线下的整个区域。我们往往把得到充足的水当成理所当然的事情，但是想象一下，如果没有足够的水可以提供给每个人，水的价格会发生什么变化呢？它将变得非常高。

6.2.4 边际效用递减和向下倾斜的需求曲线

边际效用递减的概念帮助我们理解为什么人们要在很多商品和服务
之间分配他们的收入，而不是把所有收入都花在一两类物品上，还让我 122
们得出了需求曲线向下倾斜的结论。

为了弄清楚这一结论是如何得出的，让我们回到那一对奋斗中的研究生安和汤姆的例子中。他们是在吃泰国菜和去爵士俱乐部之间进行选择的，现在我们来思考一下他们对泰国菜的需求曲线，如图 6.4 所示。当一顿泰国菜的价格是 40 美元时，他们决定不再去吃泰国菜了，实际上这里表明的是，即使是从每个月第一次吃美味可口的泰国菜所获得的效用，也不如用这 40 美元可以买到的其他东西带来的效用大。

现在看一下价格为 25 美元时的情况。在这个价格下，安和汤姆将会吃 5 次泰国菜。第 1 至 5 次，每顿带来的效用都值这个价格，汤姆和安通过吃 5 次泰国菜“揭示”了这一点。第 5 次之后，从下一次吃泰国菜中获得的效用就不值 25 美元了。

---

④ Adam Smith, *The Wealth of Nations*, Modern Library Edition (New York: Random House, 1937), p.28 (1st ed. 1776). 柏拉图在公元前 304 年的《欧蒂德谟》中提到了水的廉价。

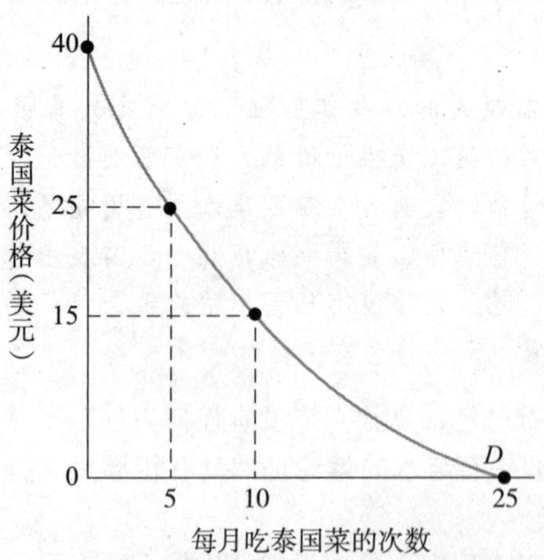

▲ 图 6.4　边际效用递减和向下倾斜的需求曲线

即使是吃第一顿泰国菜所获得的效用也不值 40 美元的价格。然而，25 美元的较低价格将吸引安和汤姆每个月去 5 次泰国餐馆。（第 6 次吃泰国菜所获得的效用不值 25 美元。）如果泰国菜的价格是 15 美元，安和汤姆每月将去吃 10 次泰国菜，直到吃一顿泰国菜的边际效用低于他们将 15 美元花费在其他商品上所能获得的效用。即使泰国餐是免费的，在每月吃 25 次之后他们也无法忍受再多吃一次了。

由于边际效用递减，每条需求曲线最终都会和数量轴（横轴）相交，也就是需求曲线向下倾斜。如果泰国菜是免费的，安和汤姆每个月会吃多少次？答案是 25 次。在每个月吃 25 次泰国菜之后，他们已经吃腻了，以至于即使是免费的，他们也不会再多吃一次了。也就是说，边际效用（从吃最后一顿饭中获得的效用）已降至零。如果你认为这是不切实际的，那么问问自己：今天喝了多少水？

6.3 学习目标

描述食品价格下降所引起的收入效应和替代效应。

6.3 收入效应和替代效应

虽然我们认为效用思想是帮助我们考虑选择过程的有效工具，但对于需求曲线的向下倾斜还存在其他解释，其中收入效应和替代效应是主要的。

6.3.1 收入效应

考虑一下你经常消费的某种产品的价格下降的情形。就其本身而
123 言，假如其他所有条件相同，这次降价会使你的福利增加：如果你继续购买和原来同样数量的这种产品，你就会有一部分收入省下来。从某种意义上说，你会感觉更加富有，省下来的这部分收入可以用在更多这种产品上，也可以用在其他产品上。这种由于福利改善或者你感觉更加富有而引起的对原有产品的消费量变化被称为价格变动的收入效应。

假设你住在佛罗里达州，每年会乘 4 次飞机去纳什维尔看望你的母亲。一张往返机票的价格为 400 美元，因此你每年总共花 1 600 美元去看

望母亲。可是今年，往返机票的价格降到了 300 美元。假设今年你乘飞机回家的次数和去年一样，那么你买机票的花费就比去年少了 400 美元，这额外的 400 美元让你感觉更富有。当你感觉更富有时会发生什么？如果乘飞机可以看作是一种正常商品，对它的需求将随着收入的增加而增加。因此，感觉更富有会促使你增加乘飞机回家的次数，同时也会增加对其他一系列商品的消费。如果机票价格上涨，即使你的实际收入没有发生任何变化，你也会感到更贫穷。当商品价格发生变化时，人们对贫富程度的感觉变化导致的购买该商品的数量增多或减少，被称为收入效应。当价格昂贵的商品例如住房，价格发生变化时，收入效应尤其重要。

6.3.2 替代效应

价格下降使家庭的福利增加只是这个问题的一方面。当一种产品的价格下降时，这种产品也会变得相对便宜。也就是说，它相对于其潜在的替代品来说，变得更有吸引力了。*X* 产品价格的下降可能会导致一个家庭的购买模式从其他替代商品向 *X* 转移，这种转移就叫作价格变动的替代效应。

早些时候我们曾指出，一种商品的“实际”成本或价格是我们为了消费它必须放弃的其他东西的价值，这一机会成本是由相对价格决定的。为了证实这一点，再次考虑当去纳什维尔的往返机票为 400 美元时你所面临的选择。每次旅行你都需要放弃价值 400 美元的其他商品和服务。当机票价格降到 300 美元的时候，一张机票的机会成本就下降了 100 美元，换言之，价格下降之后，你去看望母亲一次只需要放弃价值 300 美元（而不是 400 美元）的其他商品和服务。

为了阐明收入效应和替代效应之间的区别，想象一下如果下面这两件事情同时发生，你会受到怎样的影响。首先，从佛罗里达州到纳什维尔的往返机票价格从 400 美元下降到了 300 美元。其次，你的收入减少了 400 美元。现在你面临着新的相对价格，但是你的福利和机票降价之前相比没有改善（假设你乘飞机回家 4 次）。机票价格的下降恰好抵消了你收入的减少。

但你还是可能增加回家的次数。为什么呢？假设其他所有条件相同（即其他商品和服务的价格不变），乘飞机回家的机会成本降低了。现在去一次纳什维尔只需要放弃价值 300 美元的其他商品和服务，而不像从前一样要放弃价值 400 美元的东西。因此你可能会减少其他商品和服务的消费，增加乘飞机回家看望母亲的次数。

在其他所有条件相同的情况下，价格上涨和价格下降的效果完全相反。价格上涨会使家庭的福利遭受损失。如果收入和其他商品价格不变，用同样的钱可以买到的东西更少了，家庭不得不减少购买量，这就是收入效应。此外，当一种产品的价格上涨时，该产品相对于其潜在替代品变得更加昂贵，因此家庭很可能会购买其他商品来替代这种产品。这就是替代效应。

收入效应和替代效应告诉我们需求曲线的哪些特征呢？收入效应和替代效应都反映了价格和需求量之间的负相关关系，即需求曲线向下倾斜。当其他所有条件相同时，某种商品的价格下降会使我们的福利增加，因此我们很可能增加这种商品和其他商品的购买量（收入效应）。由于较低的价格还意味着"相对于替代品而言变得更便宜了"，所以我们很可能增加这种商品的购买量（替代效应）。当某种商品的价格上涨而其他所有条件相同时，我们就要遭受福利损失了，因此会减少这种商品的购买量（收入效应）。较高的价格还意味着"相对于替代品而言变
124 得更昂贵了"，因此我们很可能会减少这种商品的购买量，而增加其他商品的购买量（替代效应）[⑤]。

图 6.5 总结了正常商品价格变动的收入效应和替代效应。

回想一下本章开头有关汽油价格的例子，收入效应和替代效应的知识可以帮助我们回答那个问题。当汽油价格上涨时，收入效应导致对其他商品的需求下降。由于汽油支出占预算的很大一部分，所以收入效应的影响可能是很大的。一些人认为，正是汽油价格上涨的收入效应导致消费者放弃其他类别产品中的高价名牌产品。

一种商品或服务的价格：

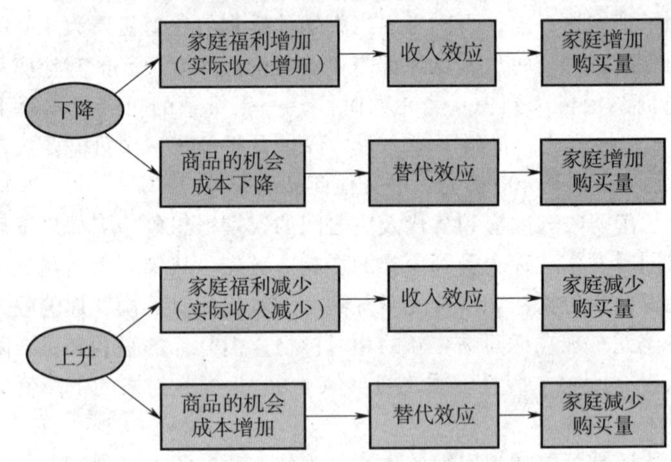

▶ 图 6.5　价格变动的收入效应和替代效应

对于正常品，收入效应和替代效应的作用方向是相同的。较高的价格导致了较低的需求量，较低的价格导致了较高的需求量。

---

⑤　对于某些商品来说，收入效应和替代效应的作用方向是相反的。当收入增加时，我们可能会减少对某些商品的购买量，在第 3 章中，我们称这种商品为劣等品。当劣等品的价格上涨时，和其他任何正常商品一样，它相对于替代品而言变得更加昂贵了，因此我们很可能用价格比较低的其他替代品来替代它。然而，当我们的境况恶化时，我们会增加对劣等品的需求。因此，收入效应可能导致我们购买更多的这种商品，部分抵消了替代效应。

即使一种商品是"非常劣等"的，只要替代效应大于收入效应，需求曲线就是向下倾斜的。至少在理论上，收入效应是有可能大于替代效应的。在这种情况下，价格上涨会导致需求量的增加。阿尔弗雷德·马歇尔在《经济学原理》中指出了这种可能性。马歇尔认为向上倾斜的需求曲线是罗伯特·吉芬爵士（Sir Robert Giffen）提出的，因此这一概念常被称为吉芬悖论。不知是幸运还是不幸，至今还没有人能证明吉芬商品的存在。

实践中的经济学

替代和市场篮子

有一天本书的一位作者在开车上班的途中，听到了当地一家杂货店的广告，我们称此杂货店为“哈利食品”。

“哈利拥有镇上最优惠的价格，我们可以证明！昨天，我们从结账队伍中选择史密斯先生进行对比测试。史密斯先生是一位和你我一样的普通消费者，昨天他在哈利食品进行每周一次的杂货店购物，花了 125 美元。然后，我们派史密斯先生去邻近的竞争对手那里并告诉他买一篮子同样的食品。当他带着食物回来时，他发现食品杂货总价是 134 美元。你也会看到哈利可以帮你省钱!”

像这样的广告很常见。当你评估广告的内容时，可能会想到几件事：也许史密斯先生并不能代表消费者，或者不太像你的作风，哈利对史密斯先生来说可能是笔好生意但对你而言却不是（所以你的需求曲线和史密斯先生的不同）；也许昨天是打折日，昨天的价格并不是哈利的一般价格。但是，即使你和史密斯先生的需求完全一样，并且哈利每天都以同样的价格出售商品，这则广告中的说法也存在根本性错误。这个广告的根本错误已在本章中揭示。

当史密斯先生购物时，他大概会看一看市场上各种食物的价格，并根据这些价格和他家人的口味偏好尽可能地为他们提供最好的食物。回到在本章学到的效用最大化原则，我们看到史密斯先生在决定买哪些食物时，会比较他所消费的每种产品的边际效用与其价格之间的关系。更通俗易懂的解释为，假如史 125
密斯先生在哈利食品购买商品时对苹果和梨的偏好程度差不多，他就会选择两者中更便宜的购买。然而，当他被派到邻近的商店时，他就不得不购买和他在哈利购买的一样的商品（所以即使梨的价格更贵，他为了复制一份同样的商品，也将被迫购买梨）。当我们人为地限制史密斯先生替代商品的做法时，几乎无法避免地令他具有更昂贵的食物组合。真正的问题是：当史密斯花 125 美元在哈利或者在它的竞争对手那里购买商品之后，史密斯先生对他的购物篮变得更满意还是更不满意了？如果不进一步了解史密斯先生的效用曲线形状和他面临的价格，我们就无法回答这个问题。广告中的价格对比并不能说明全部问题！

思考

1. 一位雇主决定将她的一名高管调往欧洲。“别担心，”她说，“我会给你加薪，这样你就能在那里买到和在这里一样的东西了。”这是正确的工资调整行为吗？

6.4 学习目标

讨论家庭中有关劳动力和储蓄决策的影响因素。

6.4 投入市场中的家庭选择

到目前为止，我们已经研究了产出需求曲线背后的决策过程。收入有限的家庭在市场上现存的、他们支付得起的各种商品和服务的组合中分配他们的收入。在研究影响产出市场选择的因素时，我们假设收入是固定的或者说是给定的。但我们曾经指出，收入实际上部分取决于家庭在投入市场上做出的选择（参阅图Ⅱ.1）。现在，我们来讨论一下家庭在投入市场中做出的两种决策：劳动力供给决策和储蓄决策。

6.4.1 劳动力供给决策

在美国，大部分收入都来自薪水和工资，也就是劳动力报酬。家庭成员提供劳动力以换取工资或薪水。他们决定是否要工作，以及该做什么样的工作。与在产出市场一样，家庭成员在投入市场上做决策时也面临着约束。在劳动力市场，这些约束包括他们所具有的技能、能够得到的工作和市场工资水平。此外，所有人都受到一周只有 168 个小时的限制。

与产出市场的决策过程一样，劳动力供给决策也涉及一系列的取舍。从根本上说，如果不从事有工资的工作，还有另外两个选择：不工作和从事无薪工作。如果不工作，你就放弃了收入，但是可以从待在家里阅读、看电视、游泳或睡觉中受益。另一个选择是工作，但不是为了得到金钱报酬。在这种情况下，你放弃了金钱报酬，但是可以从种植庄稼、照顾孩子或打扫房子中受益。

与在产出市场进行取舍一样，你最终的决策取决于你将如何评估其他可行的替代选择。如果你参加工作，你可以用赚到的工资来购买
126 其他东西。如果你不工作，你就得到了待在家里的价值，比如照顾孩子，或者闲暇的价值。这一决策的取舍如图 6.6 所示。一般而言，工资率可以被认为是无薪工作或闲暇的价格或机会成本。正如你通过比

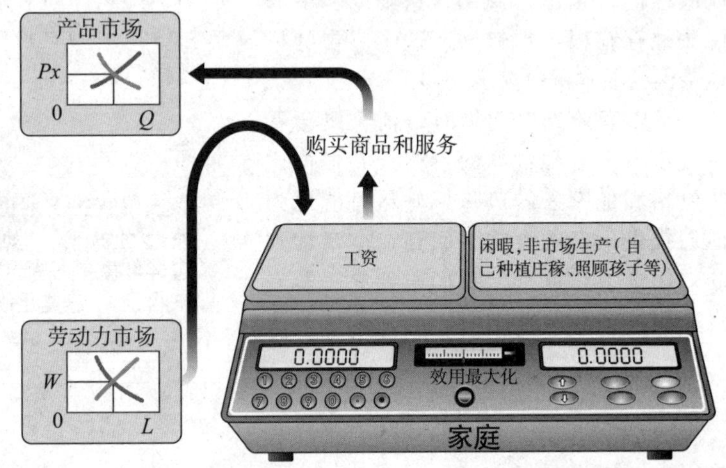

▶ 图 6.6　家庭面临的取舍

是否参加工作的决策涉及工资（以及用工资可以购买的商品和服务）与闲暇、非市场生产价值之间的取舍。

较每种商品的边际效用与其价格的关系从而在不同的商品中做出选择一样，你也将通过比较闲暇的边际效用与其价格（工资率）的关系，和其他商品的边际效用与其价格的关系，从而在闲暇和其他商品中做出选择。

6.4.2 闲暇的价格

本章前面的分析指出，家庭不得不在一系列商品和服务之间分配自己有限的收入。现在它们必须在商品、服务和闲暇之间进行选择。

当我们把闲暇加入这张图时，与前面的分析就有了一个重要的区别。在两种商品间的取舍就是少买一些这种商品，多买一些那种商品，因此家庭只需将用于一种商品的收入重新分配到另一种商品上就可以了。然而，“购买”更多的闲暇意味着家庭要在工作和非工作活动之间重新分配时间。为了你所决定消费的每个小时的闲暇，你就要放弃一个小时的工资。因此，工资率就是*闲暇的价格*。

劳动力市场的状况决定了家庭面临的预算约束和最终的机会集。工作的可获得性以及这些工作的工资率决定了一个家庭最终能够承担的商品和服务的组合。而在这些约束条件下，最终的决策取决于每个家庭独特的品味和偏好。

6.4.3 工资变化的收入效应和替代效应

劳动力供给曲线显示了不同工资率下的劳动力供给数量。劳动力供给曲线的形状取决于家庭对工资率变化的反应。

劳动力供给曲线：显示不同工资率下劳动力供给数量的曲线，它的形状取决于家庭对工资率变化的反应。

人们对于工资可能的增加会有什么反应？首先，工资增加会使家庭的福利增加。如果工作同样的时间，也就是说，如果提供同样数量的劳动力，他们将得到更高的收入，可以购买更多的商品和服务，也可以购买更多的闲暇。如果闲暇是一种正常品，即随着收入增加对其需求也会增加的产品，那么收入的增加就会导致对闲暇的需求增加，也就是劳动力供给减少。这就是*工资上涨的收入效应*。

然而，工资上涨还存在潜在的替代效应。更高的工资率意味着闲暇变得更加昂贵，如果把工资率看作闲暇的价格，在更高的工资水平下，每一小时的闲暇就意味着放弃更多的工资。结果就是家庭可能用其他商品来代替闲暇，这意味着工作更长的时间，或者说对闲暇的需求减少，劳动力供给增加。

需要注意的是，在劳动力市场中，如果闲暇是一种正常品，收入效应和替代效应的作用方向就是*相反的*。工资上涨的收入效应意味着购买更多的闲暇，减少工作时间；工资上涨的替代效应意味着购买更少的闲暇，增加工作时间。总之，工资上涨时，家庭提供的劳动力总量是增加还是减少，取决于收入效应和替代效应的相对大小。

实践中的经济学

优步司机

近年来，“共享经济”出现了快速增长。共享经济是指人们用自己的私人物品为他人提供服务，包括各种各样的共享公寓和共享汽车，通常是由第三方做中介。在这些共享经济公司中，发展最
127 快的是优步（Uber）。

优步创始于2012年初，起源于一个很简单的想法。中介通过信息技术把想开车运送他人的人和想搭车的人进行匹配。中介会制定一些价格和资质等规则，然后与司机（优步称之为司机合作伙伴）分享收益。一种新的职业诞生了，相对于传统的出租车，它吸引了不同的人群。

截至2014年底，优步司机已有16万人。经济学家艾伦·克鲁格（Alan Krueger）和乔纳森·霍尔（Jonathan Hall）对优步司机进行了研究，并对劳动力供给问题有了很深的理解[1]。正如上文所述，优步司机根据工作特点来决定是否为优步工作以及工作量的多少。对这些司机而言，这份工作除了工资之外还有一个关键区别，那就是工作的灵活性。因为优步依赖于司机的车辆，并不需要自己提供车辆，所以他们无须担心这些车是在工作还是处于闲置状态。但是如果这些车是他们所拥有的，就不得不担心这个问题。因此，优步司机的工作具有灵活性的特点，他们每天或每周可以想工作多少小时就工作多少小时。司机们也不需要提前安排时间，当他们想运送乘客时只需点击一下即可。这种灵活性对想成为司机的人而言具有很大的吸引力。与传统出租车司机相比，优步司机更多为女性（14% vs 8%），且拥有大学学历的比例更多（37% vs 15%）。最重要的是，大多数优步司机都拥有另外一份工作。

优步重新定义了在一个地区提供客运服务的概念，其对技术的运用已经改变了传统市场的劳动力构成。

思考

1. 为什么优步使得司机在工作时间上更灵活？

[1] Jonathan Hall and Alan Krueger, “An analysis of the labor market for Uber’s Driver-Partners in the United States,” Working paper, January 2015.

如果替代效应大于收入效应，工资上涨就会使劳动力供给增加。这意味着劳动力供给曲线向上倾斜，或者说斜率为正，如图6.7（a）所示。如果收入效应大于替代效应，更高的工资就会导致对闲暇的消费增加，劳动力的供给减少。这意味着劳动力供给曲线“向后弯曲”，如图6.7（b）所示。

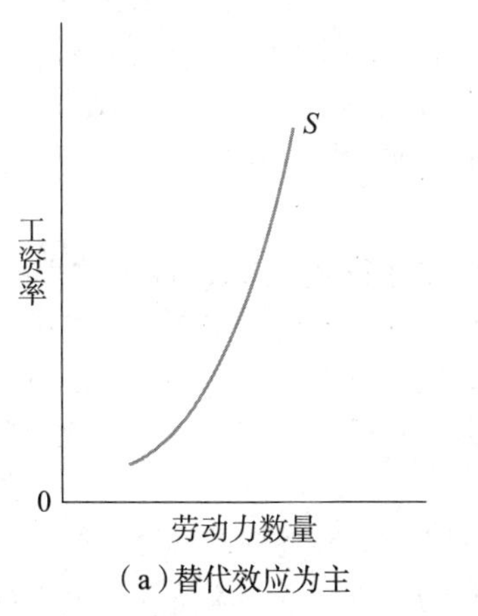

（a）替代效应为主

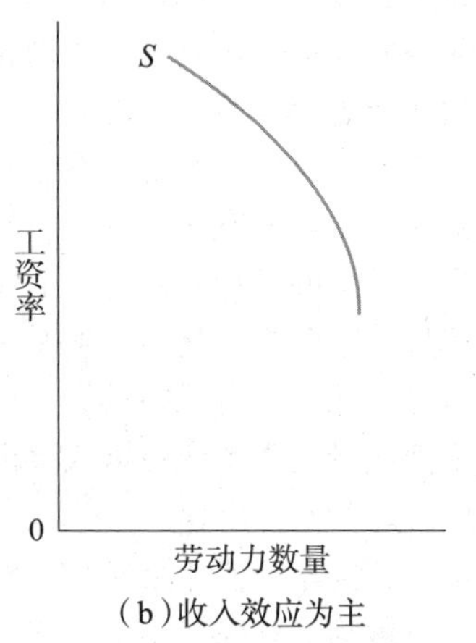

（b）收入效应为主

◀ 图 6.7　两种劳动力供给曲线

当替代效应大于收入效应时，劳动力供给曲线向上倾斜（a）。当收入效应大于替代效应时，就会产生“向后弯曲”的劳动力供给曲线，劳动力供给曲线向下倾斜（b）。

128

在 18 世纪晚期英国工业革命之初，纺织工业在所谓的分包体系下运作。很多农民都在家里的小农舍中纺纱织布以补贴家用，因此出现“农舍工业”这个词。在那个时代，工资和家庭收入都大幅增长。一些经济历史学家声称，这种高收入实际上导致许多家庭享受了更多的闲暇，从而减少了工作时间。实证经验表明，劳动力供给曲线是向后弯曲的。

正如收入效应和替代效应可以帮助我们理解产出市场上的家庭选择，它们现在也可以帮助我们理解投入市场中的家庭选择。这里的要点很简单：当在选择集里添加闲暇时，投入市场和产出市场之间的界限就变得模糊了。事实上，家庭是同时决定每种商品的消费量及消费多少闲暇的。

6.4.4 储蓄和借贷：当前消费与未来消费

目前为止，在考虑家庭如何做出决策时，我们只讨论了当前时期，即把当前收入在当前的不同用途之间进行分配以及当前的工作 / 闲暇选择。家庭还可以用当前的收入支付未来的消费——他们可以储蓄，或者也可以用未来的收入支付当前的消费——他们可以借贷。

当一个家庭决定储蓄时，它是用当前的收入支付未来的消费。人们在年轻的时候把钱投入到养老金计划中，等到年龄较大并且不再工作时，再使用这些养老金计划的收益。大多数人无法完全利用当前的收入和储蓄支付大宗消费，比如购买一套房子或一套公寓，他们总是要借钱或进行抵押贷款。当一个家庭进行借贷时，从本质上说，它就是在用未来的收入为当前的消费筹资。它利用未来的收入偿还贷款。储蓄和借贷会在人们一生中的不同时期影响收入。

即使是在简单的经济体中，比如科琳和比尔的双人荒岛经济（参见第 2 章），人们也必须在现期消费和未来消费中做出选择。科琳和比尔可以通过狩猎和采集来生产今天消费的食物，可以在沙滩上睡觉享受闲暇，或者可以做一些事情以增加未来的消费机会。持续很多年建造一幢房子或一艘船就是用当前的消费换取未来的消费。与我们在本章中讨论的其他所有选择一样，这个问题的基本原则是参考其边际效用和价格。与未来相比，个人和家庭现在所拥有的某样东西的价值是多少？如果他们等到未来消费价值又是多少？

当一个家庭进行储蓄时，通常会把钱转化为某种可以产生收入的形式，例如储蓄账户、货币市场基金、公司和政府债券等，这些金融工具中很多都是几乎没有风险的。当你把钱投入上述任何一种用途时，实际上就是把钱借出去了，借款人会因此支付给你一定的费用，这种费用通常采用利息的形式出现。

正如工资率的变化会影响家庭在劳动力市场中的选择一样，利率的变化也会影响家庭在资本市场中的行为。更高的利率意味着借贷成本更高——新买的房子或汽车的月供也会更高。更高的利率还意味着储蓄能带来更高的回报：将 1 000 美元存入年利率为 5% 的储蓄账户或购买年利率为 5% 的债券，每年将获得 50 美元的利息。如果利率上升到 10%，每年的利息收入将上升到 100 美元。

利率对储蓄行为有什么影响呢？就像工资率变化对劳动力供给的影响一样，利率变化对储蓄的影响也可以利用收入效应和替代效应来理解。比如，假设我已经为退休积攒了很多年的储蓄，利率升高会导
129 致我的储蓄增加还是减少呢？答案是不确定的。首先，由于当前每一美元储蓄能带来更高的收益率，所以如果用放弃的未来消费衡量当前消费，当前消费的“价格”升高了。也就是说，从放弃未来消费的角度看，我当前消费（而不是储蓄）的每一美元的成本增加了，这是因为当前储蓄能够获得更高的回报。因此，我会更倾向于储蓄，这就是替代效应在起作用。

但是更高的利率并不仅仅意味着这些。更高的利率还意味着，为了达到未来的一个特定储蓄目标，当前必须进行的储蓄减少了，我不需要像以前那样为退休或者未来消费存那么多钱了。将 100 美元存入一个年利率为 5%（复利计息）的储蓄账户，在 14 年后这些钱就会翻倍。如果年利率是 10%，那么只要 7 年我就能拿到这 200 美元。因此，我可能会减少储蓄，这就是收入效应在起作用。更高的利率意味着储蓄者的福利增加了，所以更高的利率可能导致更少的储蓄。利率变化对储蓄的最终影响取决于收入效应和替代效应的相对大小。大多数实证经验表明，随着利率的提高，人们往往倾向于增加储蓄。换言之，替代效应大于收入效应。

金融资本市场：由资本的供给者（储蓄的家庭）和资本的需求者（想要投资的厂商）发生相互作用的复杂机构组成。

储蓄和投资决策涉及一系列庞大而复杂的机构，即**金融资本市场**。在这个市场中，资金的供给者（储蓄的家庭）和资本的需求者（想要投资的厂商）发生相互作用。在长期，经济中的资本投资额受到储蓄率的制约。你可以把家庭储蓄视为经济中的资本供给。当一个厂商通过借款

以获得所需的资本时，就类似于家庭提供资本以换取叫作利息的那笔费用。我们将在第 11 章详细介绍资本市场。[⑥]

6.5 回顾：产出市场和投入市场中的家庭行为

探究家庭在投入市场和产出市场中的行为、研究受约束选择的本质的过程，就是应用简化假设（收入是固定的或者说给定的）来研究家庭的需求曲线。家庭在产出市场上进行选择时，受到收入、财富和价格的限制，或者说约束。在这些约束条件下，家庭根据其品味和偏好进行选择。

效用的概念有助于解释选择的过程。边际效用递减规律在一定程度上解释了为什么人们总是把收入分配在许多不同的商品和服务上，以及需求曲线的斜率为负。价格和需求量之间呈现反向关系的另一个重要解释是收入效应和替代效应。

当我们开始研究投入市场，就放松了“收入是固定或给定的”这一假设。在劳动力市场上，家庭不得不在闲暇的价值以及工资收入可以购买的商品和服务的价值之间进行取舍。我们再次发现，家庭对商品和闲暇的选择要在一系列市场约束下进行。家庭还面临如何在多个时期内分配其收入和消费的问题。它们可以用当前收入支付未来消费——储蓄并获得利息，也可以通过借贷在当前花掉未来的收入。

我们已经对决定产品需求和投入品供给的因素有了粗略的认识（可以在第 134 页的图Ⅱ.1 中回顾这些内容）。在接下来的三章中，我们将转而研究厂商行为，详细探讨产品供给和投入品需求的影响因素。

总结

6.1 产出市场中的家庭选择　页 138

1. 对于每个家庭来说，都必须做出三个基本决策：（1）对每种产品的需求量；（2）提供多少劳动力；（3）今天花费多少，为明天储蓄多少。
2. 收入、财富和价格决定了家庭的预算约束。预算约束把可以实现的商品和服务组合与那些无法实现的组合分开。一条家庭预算约束线下方和左侧的所有点构成了选择集（机会集）。 130
3. 最好把家庭选择问题看作是一个在大量商品和服务之间分配收入的过程。一种商品价格的变化可能会改变整个分配结果，某些商品的需求可能增加，而其他

⑥ 在第 6 章中，我们看到的似乎是一个与世隔绝的国家。事实上，资本投资往往是从外国居民或政府借出或提供的资金得到的。比如近年来，大量的外国储蓄流入美国市场，购买股票、债券和其他金融工具。这些流动资金部分地为资本投资提供了资金。此外，美国以及其他一些向世界银行和国际货币基金组织提供资金的国家也为帮助发展中国家生产资本提供了总计数十亿美元的资助和贷款。关于这些机构的更多信息，请参阅本书的第 21 章。

商品的需求可能减少。

4. 只要家庭的收入是有限的，任何单个商品或服务的实际成本就是次优选择的其他商品和服务的价值，这些商品和服务原本可以用相同的支出购买。
5. 在价格、收入和财富的约束下，家庭决策最终取决于偏好——喜欢什么、不喜欢什么以及品味。

6.2 选择的依据：效用 页 144

6. 一种商品是否优于另一种商品，取决于这种商品相对于另一种商品所带来的效用或满足感。
7. 边际效用递减规律表明在给定时期内消费的某种商品越多，从这种商品的每个额外（或边际）单位中获得的满足感或效用就越少。
8. 家庭在商品和服务之间分配收入是为了实现效用最大化，这意味着一个家庭会选择每一美元带来的边际效用最高的活动。在只有两种商品的经济中，人们进行选择以使花在 *X* 上的一美元带来的边际效用等于花在 *Y* 上的一美元带来的边际效用，这就是效用最大化原则。

6.3 收入效应和替代效应 页 150

9. 需求曲线斜率为负可以从两方面解释：（1）所有商品的边际效用是递减的。（2）对于大多数正常商品来说，价格下降带来的收入效应和替代效应都会导致消费增加。

6.4 投入市场中的家庭选择 页 154

10. 在劳动力市场上，人们可以买到的商品和服务的价值或家里可以生产的东西的价值，与闲暇的价值之间存在着一种取舍。有薪酬工作的机会成本是闲暇和无薪酬的工作。工资率就是无薪酬工作或闲暇的价格，或者说机会成本。
11. 工资率发生变化的收入效应和替代效应的作用方向相反。更高的工资率意味着：（1）闲暇变得更加昂贵（可能出现：由于替代效应，人们增加工作量）；（2）在一定时间内人们的收入增加，所以会把一些时间花在闲暇上（可能出现：由于收入效应，人们减少工作量）。
12. 除了决定如何在商品和服务之间分配当前的收入，家庭还可以决定是储蓄还是借贷。如果一个家庭决定把当前的部分收入储蓄起来，它就是用当前的收入支付未来的消费。如果一个家庭进行借贷，它就是用未来的收入支付当前的消费。
13. 如果替代效应大于收入效应，利率上升就会对储蓄产生正向影响；如果收入效应大于替代效应，利率上升就对储蓄产生负向影响。大部分实证经验表明，替代效应在这里起着主导作用。

术语和概念回顾

预算约束，页 139	劳动力供给曲线，页 155	实际收入，页 142
选择集或机会集，页 140	边际效用递减规律，页 144	总效用，页 144
钻石与水的悖论，页 149	边际效用（MU），页 144	效用，页 144
金融资本市场，页 158	完全竞争，页 136	效用最大化原则，页 147
同质产品，页 136	完全知识，页 136	

习题

6.1 产出市场中的家庭选择

学习目标： 解释预算约束的来源，以及它在家庭需求中所起的作用。

1.1 简述下列预算约束：

	P_X（美元）	P_Y（美元）	收入
a.	100	25	5 000.00
b.	200	125	5 000.00
c.	50	400	2 000.00
d.	40	16	800.00
e.	3	2	12.00
f.	0.125	0.75	3.00
g.	0.75	0.125	3.00

1.2 1 月 1 日，史密斯教授决定要减肥并节省一些钱，他决定把每个月的午餐预算严格控制在 100 美元。他吃午餐的地方只有两个选择：一个是每顿价格为 5 美元的教师俱乐部，另一个是每顿价格为 10 美元的爱丽丝餐厅。他不吃午饭的那些天每天都跑步 5 英里。

a. 假设史密斯教授每个月把这 100 美元全都花在爱丽丝餐厅和教师俱乐部，请画出他的预算约束线，并在坐标轴上标明实际数值。

b. 上个月史密斯教授在教师俱乐部吃了 10 次，在爱丽丝餐厅吃了 5 次，这个选择在他的预算约束之内吗？请解释你的答案。

c. 上个月，爱丽丝餐厅整个月都推出了半价午餐的活动，所有的午餐都降到了 5 美元，请说明对史密斯教授的预算约束有什么影响。

1.3 假设迭戈每月有 400 美元用于玩彩弹和打高尔夫球，每次玩彩弹花费 40 美元，打高尔夫球花费 20 美元。假设迭戈每个月玩 6 次彩弹，打 8 次高尔夫球。

a. 请画出迭戈的预算约束线，并证明他可以负担 6 次彩弹游戏和 8 次高尔夫球的费用。

b. 假设某个月迭戈有一些意外的支出，导致这个月只能花费 320 美元，请画出他新的预算约束线。

c. 由于收入下降，迭戈决定打 11 次高尔夫球和玩 2 次彩弹。那么彩弹是一种什么 131
类型的商品？高尔夫球呢？

d. 假设迭戈保持每月 400 美元的支出预算，彩弹的价格仍然是 40 美元，但高尔夫球的价格翻倍了，请画出他新的预算约束线。

1.4 假设 X 的价格是 5 美元，Y 的价格是 10 美元。一个假想的家庭每个月有 500 美元可用于购买 X 和 Y 商品。

a. 画出该家庭的预算约束线。

b. 假设该家庭在 X 和 Y 商品之间平均分配其收入，那么它处在预算约束线上的哪一点？

c. 假设该家庭的收入翻倍，变为 1 000 美元，画出该家庭面临的新的预算约束线。

d. 假设在收入变化之后，该家庭在 Y 商品上花费 200 美元，在 X 商品上花费 800 美元，那么这意味着 X 是一种正常品还是一种劣等品呢？Y 呢？

1.5 克里斯汀和伊凡娜是姐妹，都是植物爱好者，他们总共攒了 640 美元用于购买迈阿密新公寓的植物。他们决定用这笔钱买兰花和蕨类植物。他们最初的预算限制如下图所示。让 X 代表兰花，Y 代表蕨类植物。

a. 原始的预算约束线的方程是什么？

b. 兰花的价格是多少？蕨类植物的呢？

c. 假设价格发生了变化，克里斯汀和伊凡娜现在面临新的预算约束，新的预算约束线的方程是什么？

d. 在新的预算约束下，兰花的价格是多少？蕨类植物的呢？

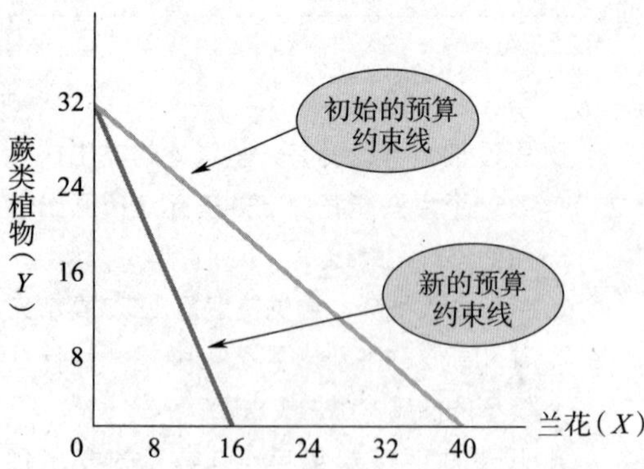

6.2 选择的依据：效用

学习目标：了解效用最大化原则在家庭的产品选择中是如何起作用的。

2.1 下表给出了对曲奇达人（Cookie Monster，CM）假想的总效用列表：

每天吃的小饼干数量	每天的总效用
0	0
1	100
2	200
3	275
4	325
5	350
6	360
7	360

132 请计算列出 CM 的边际效用表，并画出总效用曲线和边际效用曲线。如果每个小饼干价格为 5 美分，而 CM 有足够的收入，那么他一天最多吃多少小饼干呢？

2.2 **[与页 148“实践中的经济学”相关]** 美国各州对香烟征收的消费税差别很大，从密苏里州的 17 美分一包到纽约州的 4.35 美元一包。美国联邦法律允许印第安人保留地向部落成员出售香烟，而无须缴纳州消费税，而且由于美国最高法院裁定各州无权进入保留地征税，许多部落烟店也不向非部落成员征收消费税。在纽约州，一包名牌香烟售价约为 10 美元，一包普通香烟售价约为 8 美元，这些价格包括每包 4.35 美元的州消费税。假设消费的最后一包名牌香烟的边际效用等于 5，消费的最后一包普通香烟的边际效用等于 4，则效用最大化原则适用于包括消费税在内的香烟购买，但在不征收消费税的部落烟店购买时不适用。要使效用最大化原则适用于部落烟店销售的香烟，需要做些什么？

2.3 假设肯德里克每个月有 144 美元用于购买雪茄和白兰地，并且这两种商品必须购买完整单位（没有小数单位）。每支雪茄 6 美元，每瓶白兰地 30 美元。肯德里克对于雪茄和白兰地的偏好情况总结如下：

a. 在表格中补充雪茄和白兰地的边际效用及每美元的边际效用。

b. 这些偏好是否符合边际效用递减规律？请简要解释。

c. 在预算为 144 美元的情况下，多少雪茄和多少白兰地能够最大限度地提高肯德

雪茄				白兰地			
每月购买数量（支）	*TU*	*MU*	*MU/S*	每月购买数量	*TU*	*MU*	*MU/S*
1	28			1	150		
2	46			2	270		
3	62			3	360		
4	74			4	420		
5	80			5	450		
6	84			6	470		
7	86			7	480		

里克的满意度？请简要解释。

d. 现在假设雪茄的价格上涨到 8 美元，那么表中的哪几列需要被重新计算？请重新计算出来。

e. 价格变动后，肯德里克会购买多少支雪茄和多少瓶白兰地？

2.4 托马斯每月有 48 美元用于娱乐花销，他可以选择打保龄球或者台球。打一晚保龄球的花费为 8 美元，打一晚台球的花费为 4 美元，请使用下图中的信息确定托马斯应该在几个晚上打保龄球、几个晚上打台球，以使得他的效用最大化，并解释你的答案。

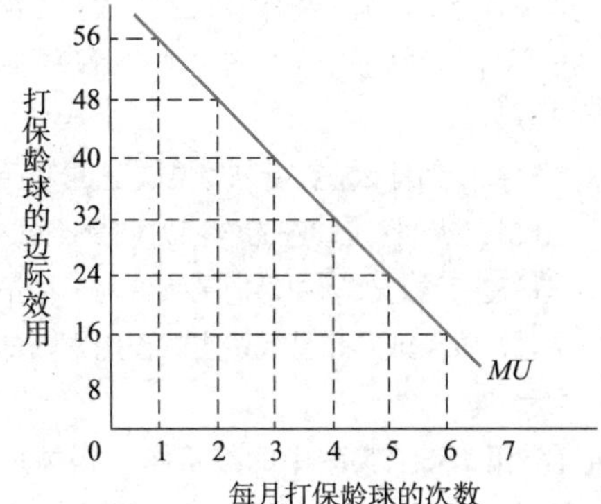

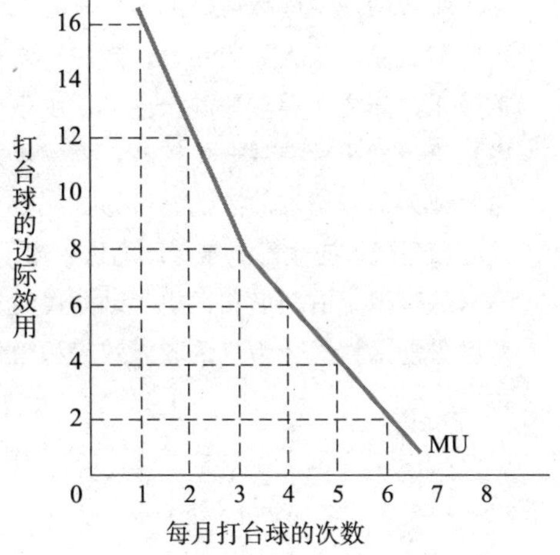

2.5 阿德里安有 21 美元可以用来购买能量饮料和蛋白质棒，他想在购买时实现自身效用的最大化。根据表格中的数据，阿德里安应该购买多少单位能量饮料和蛋白质棒？他从中获得的总效用是多少？他的购买行为是否符合效用最大化原则？请做出解释。

能量饮料 3 美元			蛋白质棒 1.5 美元		
数量	*MU*	*TU*	数量	*MU*	*TU*
1	84	84	1	36	36
2	72	156	2	30	66
3	60	216	3	24	90
4	48	264	4	18	108
5	36	300	5	12	120
6	24	324	6	6	126
7	12	336	7	0	126
8	0	336	8	–6	120

2.6 下表反映了达琳关于冰淇淋圣代和奶昔的边际效用。达琳正设法做出先购买圣代还是奶
昔的决定，她希望所花的每一美元都能获得 133
最大的效用。假设在她的预算中，她有足够多的钱来购买它们，她应该先买哪个？请做出解释。

冰淇淋圣代 6 美元		奶昔 4 美元	
数量	*MU*	数量	*MU*
1	24	1	16
2	16	2	6
3	6	3	2

6.3 收入效应和替代效应

学习目标：描述食品价格下降所引起的收入效应和替代效应。

3.1 雷米是新奥尔良本地人，过去 7 年一直居住在波士顿。在过去的 7 年里，他每年都要回新奥尔良过狂欢节、爵士音乐节和万圣节。2015 年，从波士顿到新奥尔良的往返机票价格从 575 美元降至 350 美元，因此，雷米决定于本年购买新的狂欢节和万圣节的服装，并购票观看小哈里·康尼克在波士顿 TD 花园剧场的表演。

a. 请解释一下雷米对服装和音乐会门票的需求是如何受到机票价格下降的影响的。

b. 根据这个例子，解释一下为什么收入效应和替代效应都会使雷米增加去新奥尔

良的次数。

3.2 **[与页 153“实践中的经济学”相关]** 下列四个城市的平均生活成本大致相同：美国佛罗里达州萨拉索塔、俄亥俄州克利夫兰、怀俄明州夏延，以及亚利桑那州菲尼克斯。请利用你所学到的关于边际效用和替代效应的知识来解释：你是否认为在这些城市中，你的消费选择是相同的（假设你在每个城市的收入都一样）。

3.3 对于大多数正常商品来说，收入效应和替代效应的作用方向是一致的，因此，当商品价格下降时，收入效应和替代效应都会导致该商品的需求量增加。如果商品是劣等品，情况会发生什么变化？

6.4 投入市场中的家庭选择

学习目标：讨论家庭中有关劳动力和储蓄决策的影响因素。

4.1 对于下列事件，你会做何反应？你会增加或减少消费什么商品？你会增加还是减少工作量？你会增加还是减少储蓄？你的反应与本章关于家庭行为的讨论一致吗？

a. 汽油价格下降了 50%，而你每天要开车单程 40 英里往返学校。

b. 你 98 岁的姑姑去世了，令你惊讶的是，她留给你 5 万美元的遗产。

c. 你母亲的上司把她调到另一个州的办公室，而你的其他家人继续留在家里，这样你就可以在上学期间继续住在家里。你的母亲每隔一周的周末回来一次。

d. 你被授予奖学金，它可以支付你未来三年的一半学费。

e. 2004 年，你用你做兼职保姆的工资以每股 20 美元的价格购买了 100 股苹果公司的股票，在拆股后这些股票变成了 1 400 股，现在每股价值 130 美元。

f. 今年你所兼职的小公司业绩很好，老板给所有的兼职员工增加了 25% 的薪水。

4.2 在 2010 年期间，美国国会讨论了保留前总统乔治·W. 布什在 2001 年和 2003 年签署的部分或全部减税法律，以及令其在 2010 年底到期是否是明智的。通过全面降低税率，所有纳税人的实际收入将增加。这样做的部分目的在于鼓励工作、增加劳动力供应。在收入效应大于替代效应的前提下，家庭的行为就会按照总统预期的那样。你同意这个说法吗？解释你的答案。

4.3 请解释：为什么在产品市场中，正常商品的替代效应和收入效应的作用方向是相同的，但是在劳动力市场中，把闲暇作为一种正常品时，收入效应和替代效应的作用方向却是相反的。

4.4 **[与页 156“实践中的经济学”相关]** 随着优步日渐成为一种对许多顾客来说更方便、多数情况下成本更低的传统出租车服务的替代品，收入效应和替代效应对市场的需求方产生了重要影响。此外，由于大多数优步司机都有另一份工作，为优步开车就成为他们增加收入的一种方式。收入效应和替代效应也影响着劳动力供给市场。请从顾客需求的角度和司机劳动力供给的角度分别探讨优步带来的收入效应和替代效应。

第 6 章附录：无差异曲线

在本章之初，我们研究了消费者在受到商品价格及个人收入的约束
时如何在两种商品之间进行选择。本章附录将回到那个例子，更加正式 134
地分析选择的过程。（在进行学习之前，请仔细回顾页 140“更正式的预算约束”部分。）

学习目标

了解如何通过无差异曲线和预算约束线推导出需求曲线。

前提假设

以下分析基于四个假设：

1. 假设这种分析限于带来正边际效用的商品，或者更简单地说，限于“消费越多越好”的商品。这个假设是说如果更多的某种东西实际上使你的福利减少了，你就可以没有任何成本地把它扔掉。这就是自由处置的假设。

2. **边际替代率**被定义为 MU_X/MU_Y，就是一个家庭愿意用 X 来替代 Y 的比率。比如，当 MU_X/MU_Y 等于 4 时，意味着我愿意用 4 单位的 Y 来换取额外 1 单位的 X。我们假设边际替代率是递减的。也就是说，随着对 X 消费的增多和对 Y 消费的减少，MU_X/MU_Y 会下降。当你购买更多的 X 和更少的 Y 时，以 Y 为单位衡量 X 的价值就会下降，或者以 X 为单位衡量 Y 的价值会增加。这几乎但不完全等价于边际效用递减的假设。

边际替代率：MU_X/MU_Y，一个家庭愿意用商品 Y 来代替商品 X 的比率。

3. 假设消费者“有能力”在可选的商品和服务组合中进行选择。如果一个消费者要在两种商品和服务组合 A 和 B 之间任选其一，他可能做出下面三种反应之一：（1）他喜欢 A 甚于 B，（2）他喜欢 B 甚于 A，或者（3）他认为 A 和 B 是没有差别的，也就是说——他喜欢 A 和 B 的程度一样。

4. 假设消费者的选择符合一个简单的合理性假设。即如果一个消费者认为 A 优于 B，然后又发现 B 优于第三种选择 C，那么如果要在 A 和 C 之间任选其一，他就会认为 A 优于 C。

推导无差异曲线

如果接受上面那四个假设，我们就可以构建一个消费者偏好“图”。这些偏好图是由无差异曲线组成的。一条**无差异曲线**是由一系列点构成的，每个点都代表商品 X 和商品 Y 的一个组合，所有这些组合带来的总效用都是相同的。

无差异曲线：是由一系列点构成的，每个点都代表商品 X 和商品 Y 的一个组合，所有这些组合带来的总效用都是相同的。

图 6A.1 展示了如何推导出一个假想消费者的无差异曲线。图中的每个点都代表一定数量的商品 X 和一定数量的商品 Y。比如 A 点代表 X_A 单位的商品 X 和 Y_A 单位的商品 Y。现在假设我们从这个假想的消费者那里拿走一定数量的 Y，使他移动到 A' 点。在 A' 点，消费者拥有相同数量

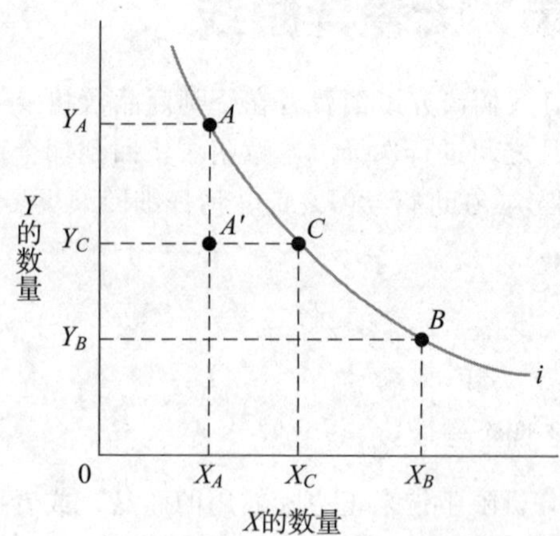

▶ 图 6A.1　无差异曲线

每条无差异曲线由一系列点构成，每个点代表一定数量的商品 *X* 和一定数量的商品
135 *Y* 的一个组合，这些组合带来的总效用都是相同的。这里描述的这个消费者认为组合 *A* 与 *B*、*B* 与 *C* 以及 *A* 与 *C* 都是没有差别的。

的 X，也就是说，X 的数量仍然是 X_A 单位，但是 Y 的数量减少了，现在只有 Y_C 单位的 Y。因为“消费越多越好”，毫无疑问，消费者在 A' 点时和 A 相比福利明显减少了。

为了弥补 Y 减少造成的损失，现在再给这个消费者一些 X。如果我们只是给消费者一点 X，消费者的福利仍然比在 A 点时要少，如果我们给消费者大量的 X，消费者的福利就会增加。必须要有一定数量的 X 才能恰好弥补 Y 的损失。通过给消费者这么多数量的 X，可以得到一个新的组合 Y_C 和 X_C，这个组合带来的效用与组合 A 一样大，这就是图 6A.1 中的 C 点。消费者在面临组合 A 和 C 之间的选择时，就会说：“任何一个都行，无所谓。”换言之，这个消费者认为 A 和 C 是*没有差别的*。如果要他在 C 和 B（代表 X 和 Y 的数量分别为 X_B 和 Y_B 单位）之间进行选择，该消费者还是会认为它们没有差别。图 6A.1 中标记为 i 的曲线上的点，表示给这个消费者带来同样大小的总效用的所有 X 和 Y 的组合，因此这条曲线就是无差异曲线。

每个消费者有一个完整的无差异曲线集。让我们回到图 6A.1，再次从 A 点开始，想象我们给消费者稍微多一点的 X 和稍微多一点的 Y。因为“消费越多越好”，我们知道这个新的组合可以带来更大的总效用，消费者的福利增加了。就像我们可以画出第一条无差异曲线一样，也可以画出第二条，这条无差异曲线在第一条无差异曲线的*右上方*。因为无差异曲线上的所有点的效用都是相同的，所以新曲线上的每个点代表的总效用水平都要比第一条曲线上的每个点代表的总效用水平更高。

图 6A.2 表示了 4 条无差异曲线。标记为 i_4 的曲线代表 4 条曲线中可以带来最高效用水平的 X 和 Y 的组合。图中显示的各条无差异曲线之间还存在许多其他的无差异曲线，事实上存在无数条。请注意，当你将无差异曲线向右上方移动时，效用水平会增加。

偏好图：某个消费者的无差异曲线的集合。

无差异曲线的形状取决于消费者的偏好，所有的无差异曲线的集合叫作**偏好图**。每个消费者都有一个独特的偏好图。

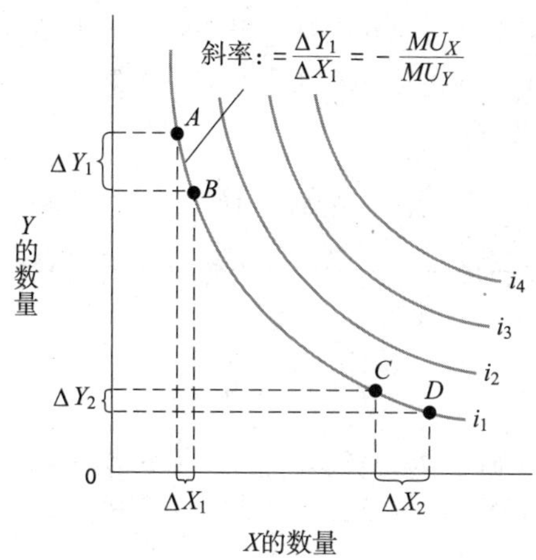

◀ 图 6A.2　一个偏好图：一系列无差异曲线

每个消费者都有一系列独特的无差异曲线，称为偏好图。无差异曲线越高，总效用水平越高。

无差异曲线的特征

如图 6A.2 所示，无差异曲线是向原点（坐标轴上的零点）凸出的。换言之，随着不断向右移动，无差异曲线斜率的绝对值是递减的，或者 136 说曲线变得越来越平坦。因此，我们说无差异曲线是凸向原点的。这种形状直接来自边际替代率递减的假设，也体现了边际效用递减规律。

为了理解无差异曲线为什么凸向原点，我们来比较一下曲线 i_1 上的 A、B 段和 C、D 段。从 A 移动到 B 时，消费者愿意放弃大量的 Y 来换取少量的 X（请记住，沿着无差异曲线移动时总效用是不变的，所以消费者认为 A 和 B 没有差别）。然而从 C 移动到 D 时，消费者只愿意放弃少量的 Y 来换取更多的 X。

取舍关系这一变化的全部意义就在于边际效用递减规律。在 A 和 B 之间，由于消费者消费了大量 Y，所以消费 1 单位 Y 得到的边际效用很小；但与此同时，由于只消费了少量的 X，所以从消费 1 单位 X 得到的边际效用就比较大。

假设 X 商品是比萨，Y 商品是苏打水。在 A 和 B 附近时，如果一个又渴又饿的足球运动员拥有 10 瓶苏打水和唯一一块比萨，他就会用几瓶苏打水来换另外一块比萨。然而，沿着曲线向下移动到 C、D 点附近，这个运动员拥有 20 块比萨和 1 瓶苏打水，现在他就会用几块比萨来换另外一瓶苏打水。

我们可以通过推导无差异曲线的斜率表达式来更加正式地说明取舍关系是如何发生变化的。让我们看一下 A 和 B 之间的弧线（即曲线的 AB 段）。我们知道从 A 到 B 的移动过程中，总效用保持不变，这意味着 Y 消费量减少引起的效用减少，一定等于 X 消费量增加带来的效用增加。我们可以通过 Y 的边际效用（MU_Y）与 Y 消费量减少值（ΔY）的乘积来估计效用的损失。同样地，我们可以通过 X 的边际效用（MU_X）与额外消费 X 数量（ΔX）的乘积来估计多消费 X 带来的效用增加。请记住：因为消费者在 A 点和 B 点之间是无差异的，所以这两点的总效用是相同的。因此这两个总效用在数量上是相等的，即消费更多 X 获得的效用等于消费更少 Y 造成的效用损失，由于 ΔY 是一个负数（从 A 到 B 消费的 Y 减少），所以有：

$$MU_X \cdot \Delta X = -(MU_Y \cdot \Delta Y)$$

如果在等式两边同时除以 MU_Y，再除以 ΔX，就可以得到：

$$\frac{\Delta X}{\Delta Y} = -\left(\frac{MU_X}{MU_Y}\right)$$

回忆一下，任何一条曲线的斜率都等于 Y 的变化量（ΔY）除以 X 的变化量（ΔX）。因此，一条无差异曲线的斜率就是 X 的边际效用与 Y 的边际效用之比，而且它为负。

现在让我们回到比萨（X）和苏打水（Y）的例子。随着从 A：B 区域逐渐向下移动到 C：D 区域的过程中，足球运动员对苏打水的消费量越来越少，对比萨的消费量越来越多。比萨的边际效用（MU_X）下降而苏打水的边际效用（MU_Y）上升，意味着 MU_X/MU_Y（边际替代率）下降，即无差异曲线斜率的绝对值在下降，曲线变得更加平坦。

消费者选择

已知需求取决于收入、商品和服务的价格以及偏好或品味。现在，我们就可以探讨无差异曲线中的偏好是如何与预算约束相互作用，从而决定 X 和 Y 的最终消费数量。

如图 6A.3 所示，一系列无差异曲线被加到了一个消费者的预算约束线上。预算约束线把那些消费者可以实现的 X、Y 组合与那些无法实现的组合分开了。这个约束表明在 P_X 和 P_Y 的价格下，用收入 I 可以购买的组合。预算约束线与 X 轴相交于 I/P_X，表明收入 I 全部用于购买 X 时可以购买的数量。同样地，预算约束线与 Y 轴相交于 I/P_Y，表明收入 I 全部用于购买 Y 时可以购买的数量。阴影区域就是这个消费者的机会集。预算约束线的斜率为 $-P_X/P_Y$。

消费者会在各种可得的 X、Y 组合中选择效用最大化的一个。用图形表示，就是消费者会沿着预算约束线移动，直到达到可能实现的最高无差异曲线。从 A 点或 C 点（位于 i_1 上）向 B 点（位于 i_2 上）移动的过程中效用会增加，而远离 B 点的任何移动都会使消费者移动到一条更低的无差异曲线上，即更低的效用水平。在这个例子中，当消费者购买 X^* 单位的 X 和 Y^* 单位的 Y 时，他得到的效用最大。在点 B，预算约束线恰好与无差异曲线 i_2 相切，即恰好相“接触”。只要无差异曲线是凸向原点的，效用最大化就会在无差异曲线与预算约束线恰好相切的那一点处实现。

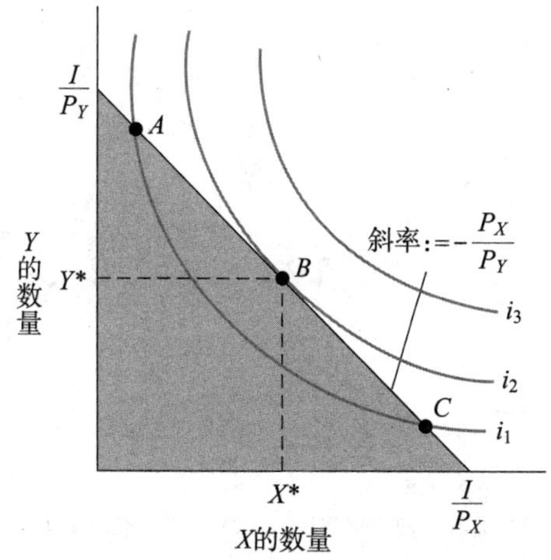

137

▲ 图 6A.3　消费者效用最大化均衡

消费者会选择使其总效用最大的 X 和 Y 的组合。从图形上看，消费者将沿着预算约束线移动，直到到达可能实现的最高无差异曲线。在这一点上，预算约束线和无差异曲线相切，切点在 X* 和 Y* 指向的 B 点。

相切的条件具有重要的意义。两条曲线在它们的切点处具有相同的斜率，这就意味着在切点处，无差异曲线和预算约束线的斜率相等：

$$\underbrace{-\frac{MU_X}{MU_Y}} = \underbrace{-\frac{P_X}{P_Y}}$$

无差异曲线的斜率 = 预算约束线的斜率

在方程两边同乘 MU_Y，并同时除以 P_X，就可以把效用最大化原则重新表示为：

$$\frac{MU_X}{P_X} = \frac{MU_Y}{P_Y}$$

这就是之前讨论的没有使用无差异曲线时得到的原则。这样我们可以把这个原则直观地描述为：如果花在 X 上的每一美元的边际效用等于花在 Y 上的每一美元的边际效用，消费者就可以实现总效用最大化。如果这个原则没有满足，消费者就可以通过把花在一种商品上的收入转移到另一种商品上从而实现效用的增加。

根据无差异曲线和预算约束线推导需求曲线

我们现在转而研究如何用无差异曲线和预算约束线推导简单的需求曲线。需求曲线显示了一个消费者在不同的价格下对单一商品（在这里是 X）的需求量。为了得到需求曲线，我们需要让消费者面对 X 的若干个不同价格，同时保持其他商品价格、收入以及偏好不变。 138

图 6A.4 给出了推导过程。从价格 P_X^1 开始分析，在这个价格下，效

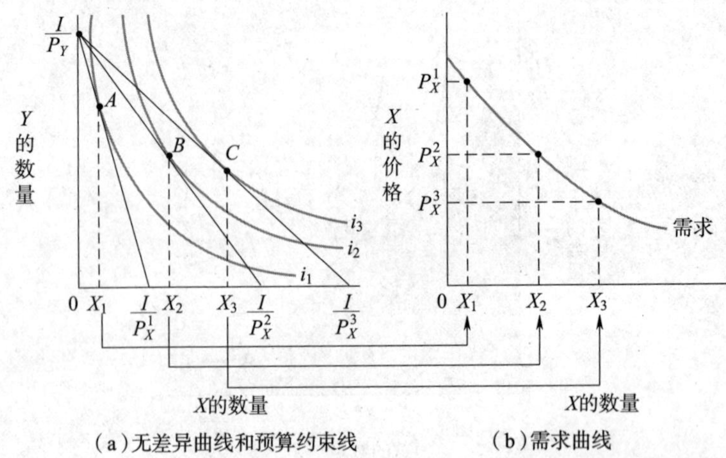

（a）无差异曲线和预算约束线　　（b）需求曲线

▲　图 6A.4　根据无差异曲线和预算约束线推导需求曲线

三条无差异曲线分别记为 i_1、i_2 和 i_3；预算约束线就是从 I/P_Y 分别到 I/P_X^1、I/P_X^2 和 I/P_X^3 的三条斜线。把 X 的价格从 P_X^1 降到 P_X^2，然后再降到 P_X^3，令预算约束线向右旋转。在每个价格水平下，都存在关于 X 和 Y 的不同组合使效用最大化。图中，i_1 上的 A 点、i_2 上的 B 点以及 i_3 上的 C 点都实现了效用最大化。用这三个价格和选定的 X 的数量画图就可以得到一条标准的向下倾斜的需求曲线。

用最大化的点为 A 点，此时对 X 的需求为 X_1 单位，因此在右侧的图中画出点（X_1，P_X^1）。这就是需求曲线上的第一个点。

现在令 X 的价格降低到 P_X^2。价格的降低使机会集扩大，预算约束线向右旋转。因为 X 的价格下降了，所以当消费者把所有收入都花在 X 上时，他就可以买到更多数量的 X。由于消费者可以移动到更高的无差异曲线上，所以他的福利也增加了。新的效用最大化点是 B 点，此时对 X 的需求为 X_2 单位。因为该消费者在价格为 P_X^2 时对 X 的需求为 X_2 单位，可以在右侧的图中画出（X_2，P_X^2）点。价格再次下降到 P_X^3 使消费者移动到 C 点，此时对 X 的需求为 X_3 单位，依次类推。基于以上分析，我们看到需求曲线是如何从单个消费者的偏好图和预算约束线中推导出来的。

附录总结

139 1. 每条无差异曲线都是由一系列点构成的，每个点都代表商品 X 和 Y 的一个组合，所有这些组合都可以带来同样大的总效用。一个特定消费者的无差异曲线集被称为偏好图。

2. 一条无差异曲线的斜率就是 X 的边际效用和 Y 的边际效用之比，而且它是负的。

3. 只要无差异曲线是凸向原点的，效用的最大值就会在无差异曲线与预算约束线的切点处实现。效用最大化原则可以写成 $MU_X/P_X=MU_Y/P_Y$。

附录术语和概念回顾

无差异曲线，页 165　　边际替代率，页 165　　偏好图，页 166

习题

附录 6A：无差异曲线

学习目标： 了解如何通过无差异曲线和预算约束线推导出需求曲线。

1A.1 图 1 中的无差异曲线违反了附录最初提到的四个假设中的哪一个假设？请解释。

1A.2 假设一个家庭每周有 100 美元的收入，如果图 2 表示该家庭随着 X 价格变化做出的选择，试画出家庭需求曲线上的三个点。

1A.3 如果托尼用 X 替代 Y 的边际替代率是 12，即 MU_X/MU_Y=12，且 X 的价格是 39 美元，Y 的价格是 3 美元，那么他在 Y 上的花费过多了。你同意这个说法吗？请解释。

*1A.4 假设吉姆是一名理性消费者，他只消费苹果（A）和坚果（N）两种商品。假设吉姆用苹果替代坚果的边际替代率由下面的公式给出：

$$MRS = MU_N/MU_A = A/N$$

也就是说，吉姆的边际替代率等于苹果的消费量与坚果的消费量之比。 140

a. 假设吉姆的收入是 100 美元，坚果的价格是 5 美元，苹果的价格是 10 美元。他会消费多少苹果和坚果？

b. 在他对坚果的需求曲线上再寻找两个点（P_N= 10 美元和 P_N= 2 美元）。

c. 在一条无差异曲线上指出一个均衡点。

1A.5 卡门有 84 美元可以用于购买加州卷和鳗鱼生鱼片，下表中的数据表示这两种产品的无差异曲线。如果每个加州卷的价格为

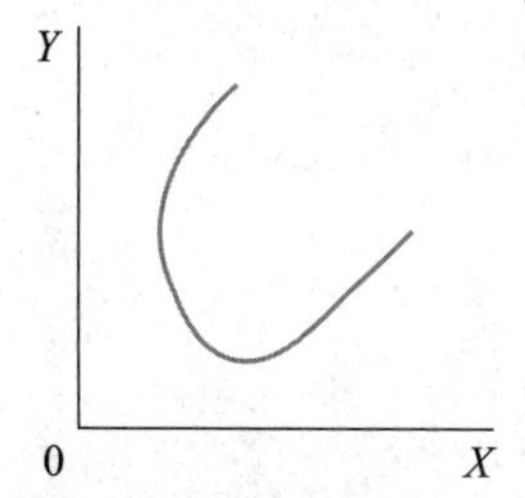

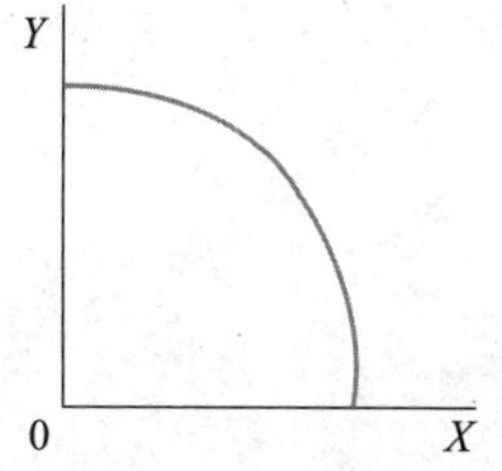

▲　图 1

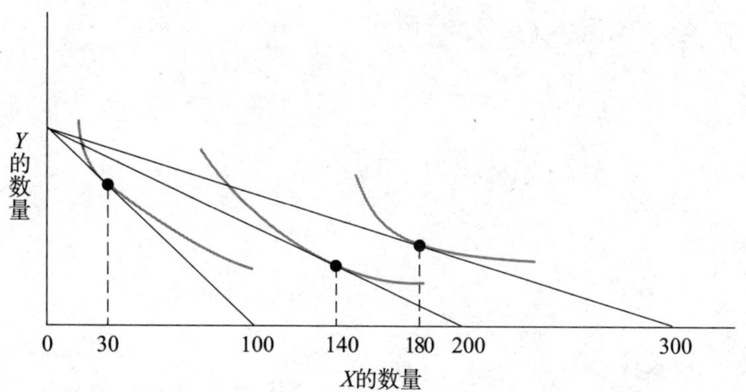

▲　图 2

4.00 美元，每个鳗鱼生鱼片的价格为 6.00 美元，请画出卡门的无差异曲线和预算约束线（纵轴表示加州卷，横轴表示鳗鱼生鱼片）。卡门会购买加州卷和鳗鱼生鱼片的什么组合？这种组合能否使卡门的总效用最大化？请解释说明。

加州卷	鳗鱼生鱼片
16	5
10	8
6	10
2	18

1A.6 下图为产品 X 和产品 Y 组合的三条无差异曲线以及相应的预算约束线，该图表示产品 X 的价格从 P_{1x} 下降到 P_{2x}，然后又下降到 P_{3x}。请说明产品 X 的需求曲线是如何从这个图中推导出来的，并画出产品 X 的需求曲线。

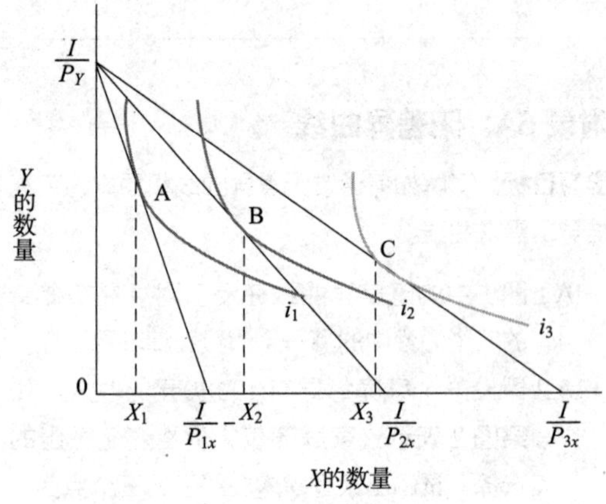

第 7 章

生产过程：追求利润最大化的厂商行为

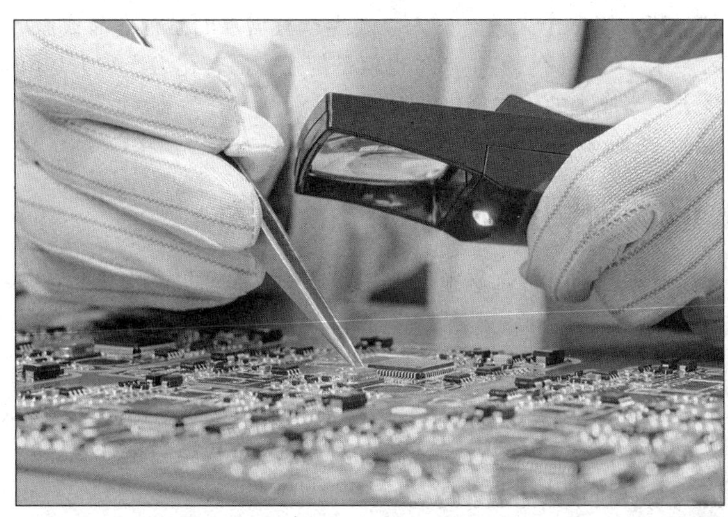

在第 6 章中，我们了解了家庭如何在大量可得的商品和服务中进行选择。我们也了解了在劳动力市场上家庭对工作时间长短的选择。前一章的目标在于更好地理解家庭需求决策和劳动力供给决策。

现在我们转向经济体系的另一方面，看看厂商的行为。厂商购买投入品，生产并销售从计算机到弦乐四重奏表演在内的各种产品。换言之，它们在投入市场上对生产要素有需求，在产出市场上向家庭提供商品和服务。在本章中，我们将深入研究厂商把投入品转化为产品的生产过程。虽然第 7 章到第 12 章讲述的都是完全竞争厂商的行为，但我们在这些章节中介绍的大部分内容仍然适用于那些非完全竞争厂商。所有的厂商，无论是否是竞争性的，都需要投入品、从事生产并产出产品。所有的厂商都具有追求利润最大化——也就是成本最小化的动机。

我们分析的核心是**生产**，即把投入品结合起来制造成产品的过程。不同厂商的规模和内部组织结构各不相同，但它们都需要购买投入品并将其转化为有需求的商品和服务。比如，一个独立的会计师把劳动、计算机、电话和电子邮件服务、时间、学识以及网站等结合起来，为感到困惑的纳税人提供帮助。一个汽车制造厂使用钢铁、劳动、塑料制品、电力、机器和数不清的其他投入品来生产汽车。如果我们想要了解一家厂商的成本，首先需要了解它是如何将生产商品和服务的投入品有效地结合起来的。

虽然在后面的几章里，我们的讨论聚焦于以赢利为目的的厂商，但

本章概要和学习目标

生产：将投入要素进行组合、转化并转变为产出的过程。

应当了解生产和生产性活动不仅仅局限于私人商业企业，家庭也会从事把生产要素（劳动、资本、能源、自然资源等）转化为有用物品的活动。当你在花园里工作时，就把土地、劳动、肥料、种子和工具（资本）结合在一起并转化为你吃的蔬菜和欣赏的花朵。政府也把土地、劳动和资本结合起来以提供人们所需要的公共服务，如国防、国土安全、警察和消防以及教育等。

厂商：当一个人或一群人决定生产有需求的某种商品或服务时，厂商就产生了。

由于生产目的不同，我们将私人商业企业与家庭、政府等其他生产者区别对待。当一个人或一群人决定生产有需求的某种商品或服务时，**厂商**就产生了。厂商从事生产（也就是把投入品转化为产品）是因为可以以高于生产成本的价格销售它们的产品。

7.1 学习目标

了解机会成本对经济利润的重要作用，以及这些利润是如何影响厂商决策的。

7.1 追求利润最大化的厂商行为

142 对所有厂商而言，都必须做出几项基本决策以实现其基本目标——利润最大化。

如图 7.1 所示，所有厂商必须做出的三个决策包括：

1. 提供多少产品（产品的数量）
2. 如何生产这些产品（应该使用什么生产工艺或生产技术）
3. 对每种投入品的需求是多少

这三个决策是相互关联的。一旦厂商决定了产量，选择了特定的生产技术，它就自动知道了对每种投入品的需求是多少。如果一家生产毛衣的公司决定本月在当前的工厂生产 5 000 件毛衣，它就应该知道需要多少生产工人，需要用多少电力，以及需要购买多少毛线。同样地，如果工厂明确了雇用工人的数量和纱线的用量，就决定了可以生产毛衣的最大数量。

改变生产技术就会改变投入和产出之间的数量关系。如果该工厂改进了机器，生产每件毛衣需要使用的毛线和工人数量减少，那么在相同的投入品数量下，该工厂生产的毛衣数量就会增加。当然，在一个市场中，不同的技术也有可能生产出同样数量的产品。一个只有少量工人操纵机器的完全计算机化纺织厂，可能与一个有许多工人但是没有复杂机器的纺织厂生产的毛衣数量相同。追求利润最大化的厂商选择在某一产量水平下可以使成本最小的技术。

本章中，我们将重点关注在一个市场中所有厂商生产的产品完全相同的生产情形。在后面的章节中，我们将扩展到厂商如何选择产品类型以及价格的制定。

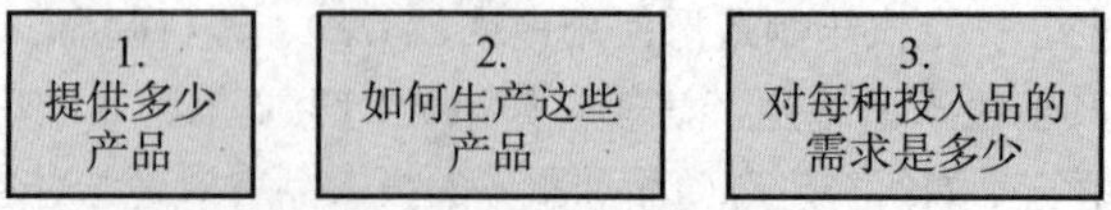

1. 提供多少产品

2. 如何生产这些产品

3. 对每种投入品的需求是多少

▲　**图 7.1　所有厂商必须做出的三个决策**

7.1.1 利润与经济成本

厂商的行为是由利润最大化这一目标指导的。**利润**就是总收益与总成本之间的差额：

利润：总收益和总成本之间的差额。

利润 = 总收益 –总成本

总收益是指销售产品所得的金额，它等于总销量（q）乘以每单位的价格（P）。**总成本**不能这么直接定义，这里总成本的定义包括：（1）实际现金支出和（2）所有投入（或者说生产要素）的全部机会成本。实际现金支出有时被称为显性成本或会计成本，也就是会计师们通常会计算的成本。经济成本包括每种投入的全部机会成本，这些机会成本通常被称为隐性成本。此后我们所说的利润指的是**经济利润**，所以当我们说利润 = 总收益 –总成本时，实际上指的是

总收益：从销售产品中获得的全部收益（$q \times P$）。

总成本：现金支出和所有生产要素的全部机会成本之和。

经济利润：指同时包含显性成本和机会成本的利润。

经济利润 = 总收益 –总经济成本

厂商使用的大部分投入品都是在市场上购买得到的，并且都涉及实 143
际现金支付。然而，在某些情况下，厂商会使用一些没有明确定价但具有价值的资源，一个全面的决策要求我们将这些因素也考虑在内。在经济学中，我们用机会成本衡量这些因素。在考虑如何经营企业时，比如应该扩张还是收缩，是否应该进入一个新的行业，这些决策的做出都需要将全部生产成本考虑在内。

即使是一个只雇用了三个家庭成员、不支付工资的家族企业也存在成本：劳动的机会成本。扩张企业的决定显然需要将这些家庭成员的机会成本也考虑在内。生产中最重要的机会成本是资本的机会成本。资本的机会成本是指根据投资风险调整后的投资所能获得的收益。

正常投资收益率　如果你决定创办一家企业，你会需要各种资源。为了经营一家制造业公司，你需要一个厂房和一些设备。要开设一家电子商务公司，你需要一台服务器、一些计算机设备、一些软件和一份网站设计计划。一旦公司开始运营，这些投资所需的资源就必须存在。即使是已经运行了很长一段时间的企业，也需要持续进行投资。厂房和设备会磨损，需要更换。决定扩张的企业一定要把新资本投入到位。对于个人独资企业（资源直接来自企业的所有者）和股份制公司（投资所需的资源来自股东）来说都是如此。

只要资源被投资于一个企业，就会出现机会成本的问题。除了开糖果店之外，你还可以把资金投入其他用途，比如换成银行存单或政府债券，这两者都能带来利息收入。如果不用留存收益建造一座新的厂房，厂商还可以用这些钱赚取利息，或者直接把它们作为股利发还给股东。

下面这个简单的例子将阐明一个公司中资本机会成本计算的重要性。假设休和安决定在丹佛机场开办一家销售绿松石腰带的小公司。开

始做生意之前，她们首先需要购买一个漂亮的手推车。手推车的价格是 2 万美元（包括一切附件）。假设休和安估计，以每条腰带 10 美元的价格她们每年可以卖出 3 000 条，而从供应商那里进货的成本是每条 5 美元。最后，手推车还必须配备一名销售员，他的年薪为 14 000 美元。休和安应该继续开办这家公司吗？这家公司会赢利吗？

为了回答这个问题，必须先确定总收益和总成本。首先，年收益是 30 000 美元（3 000 条腰带 ×10 美元）。总成本等于买腰带的成本 15 000 美元（3 000 条腰带 ×5 美元）加上劳动力成本 14 000 美元，总共 29 000 美元。因此，根据年收益和成本，这家公司的利润似乎是 1 000 美元（30 000 美元–29 000 美元）。

那么购买手推车的那 2 万美元初始投资呢？这项投资并不是休和安公司的直接成本。如果假设手推车不随时间推移而贬值，休和安放弃的就仅仅是（假使）她们不买手推车可以得到的利息。也就是说，真正的成本只是这项投资的机会成本，也就是放弃的从 2 万美元中可以得到的利息。

现在假设休和安购买公司债券可以得到的收益率是 10%。这意味着每年她们的资本机会成本为 2 000 美元（20 000 美元 ×0.10）。刚才已经计算出，休和安每年只能赚到 1 000 美元。因此，实际上她们的收益低于资本的机会成本。在本例中，总成本为 31 000 美元（29 000 美元 + 放弃的投资利息 2 000 美元），利润水平为负（30 000 美元–31 000 美元 =–1 000 美元）。表 7.1 总结了这一计算过程。因为利润水平为负，所以休和安的腰带生意实际上是亏损的。

我们可以更加全面地考虑一个厂商资本投入的机会成本。收益率是指一项投资产生的年净收益流，以投资总额的百分比表示。如果某人投资 10 万美元开设一家小餐馆，这家餐馆每年产生 1.5 万美元的利润流，我们就说这个项目的“收益率”为 15%。有时把收益率称为投资的收益率。

表 7.1　总收益、总成本和利润的计算结果

初始投资	20 000 美元
市场利率已知	0.10 或 10%
总收益（3 000 条腰带 ×10 美元）	**30 000 美元**
成本	
从供应商处购买的成本	15 000 美元
劳动力成本	14 000 美元
正常收益 / 资本的机会成本（20 000 美元 ×0.10）	2 000 美元
总成本	**31 000 美元**
利润 = 总收益 – 总成本	**–1 000 美元[a]**

[a] 损失为 1 000 美元。

正常投资收益率是指所有者 / 投资者正在进行的投资与他们可选的次优投资之间，恰好使他们满意的收益率。换言之，正常投资收益率是资本的机会成本。如果收益率低于正常水平，经营者将很难或者说根本无法得到购买新资本所需的资源，而如果厂商所有者得到的收益率低于他们在其他经济领域投资可以获得的收益率，他们就没有对公司投资的动机。

正常投资收益率：恰
好使所有者和投资者
满意的收益率。对于
风险较小的公司来
说，其收益率应该几
乎与无风险的政府债 144
券利率相同。

如果厂商有着相当稳定的收益，且未来的发展前景非常好，正常投资收益率就会接近无风险政府债券利率。如果无法向投资者支付至少与他们投资无风险政府债券或公司债券可以得到的收益率同样高的收益率，必然无法吸引投资者。如果一家厂商的根基稳固，运营也很稳定，它就不必提供非常高的收益率。然而，如果一家公司处于一个风险非常大的行业中，经济发展前景也难以预料，它就不得不支付更高的收益率以使股东满意。公司可能会面临经营困难甚至倒闭的风险，作为补偿，股东会要求更高的回报。

正常投资收益率还被认为是厂商总成本的一部分。正常投资收益率被包含在总成本内有一个重要的含义：如果一个厂商恰好获得正常投资收益率，从利润的定义来看，它的利润就是零。如果利润水平为正，这个公司就得到了高于正常投资收益率的资本收益率，在后面章节也会看到，正利润可能会吸引新的投资者。如果一家厂商的利润小于其机会成本或者正常投资收益率，就像休和安的那样，它就会退出这个行业。

7.1.2 短期决策与长期决策

厂商做出的决策（生产多少，如何生产，需要什么投入品）都考虑了时间因素。如果一家厂商决定把产量提高一倍或两倍，它就需要很多时间来安排资金，雇用建筑师和承包商，以及建造新的厂房。一次大规模扩张可能需要数年时间来制定计划。与此同时，厂商还必须决定在现有厂房的约束下生产多少产品。如果一个厂商决定退出某一特定行业，也需要花费时间来安排有序退出，比如可能有尚未履行的合同义务，以及待出售的设备等。再一次地，厂商必须决定在这段时间里做什么。

随着时间的推移，厂商对经济环境变化的即时反应可能会有所不同。看看下面的例子。一个只有 20 张桌子的小餐馆突然变得很受欢迎，随之而来的问题是，在现有餐馆空间的约束条件下如何得到最大利润。老板可能会考虑增加几张桌子或者加快服务速度以容纳更多顾客，但要使顾客数量大幅增加是十分困难的。与此同时，餐馆老板可能还考虑扩大目前的营业场所，或者搬入一个更大的场所。但是扩张决策通常涉及建造或寻找一个新的营业点，这需要时间。

在经济学中，利用短期和长期的概念来区分这两种情况。**短期**是指厂商具有固定生产规模（或者说固定生产要素）的决策期间，在这一期间内没有厂商进入或者退出这个行业。在餐馆的例子中，短期是指无法

短期：是指以下两个条件成立的时期：厂商具有固定生产规模，在这一期间内没有厂商进入或者退出这个行业。

租用新的地方或者无法提高所有者的能力为更多新顾客提供服务的期间。

在短期内，哪种或哪些生产要素是固定的，不同行业有所不同。对于一个制造业厂商来说，厂房的规模往往是最大的制约因素。工厂在修建之初就要设想特定产出率，虽然这个产出率可以提高，但短期内产出
145 的增加不能超过特定的限度。餐馆也有类似的设施规模限制。对于一个私人医生来说，这一限制可能是他接待病人的能力，毕竟一天中只有这么多时间。在长期内，医生可能会邀请其他医生加入他的诊所以接待更多病人，但是就目前而言，短期内这个医生就是“厂商”，他的“生产”能力就是“厂商”唯一的“生产”能力。

长期：是指没有固定生产要素的时期，厂商可以扩张或缩小其经营规模。新厂商可以进入该行业，现有的厂商可以退出该行业。

长期被定义为厂商可以扩张或缩小其全部生产要素规模的决策期间。厂商可以制定其认为合适的任意产量水平，如可以将产量提高一倍或两倍，也可以建造新工厂或关闭旧工厂。此外，新厂商可以设立（进入这个行业），现有的厂商也可以破产（退出这个行业）。

短期是多长时间并没有严格的规定。在餐饮行业，创办一个新饭店或许需要几个月的时间，我们就说这几个月是短期。在这几个月内，餐馆老板必须尽其所能管理好现有的餐馆。与此同时，他也在规划长期行为。厂商要做出两种基本决策：一种涉及厂商的日常生产管理，另一种涉及长期战略规划。有时候在几周之内也可以实施重大决策，但是一般情况下，这一决策过程往往持续数年的时间。在许多规模较大的厂商中，不同的人要做出有关短期和长期的不同决策。一个生产经理可能只需尽其所能地妥善使用工厂和设备，而她的上司部门主管，则要考虑扩张工厂是否是一个好主意。在一个独资企业中，一个人可能身兼两职，一边考虑如何充分利用现在，一边考虑如何采取措施改善厂商的未来。

7.1.3 决策依据：产品的市场价格、可用技术和投入品价格

如前所述，厂商的三个基本决策的做出都以利润最大化为目的。因为利润等于总收益减去总成本，所以为了做出正确的决策，每个厂商都需要知道它生产产品花费了多少成本以及产品的售价。

为了知道生产一种商品或服务的成本是多少，厂商就需要了解它可以利用哪些生产技术以及所需投入品的价格。比如要估算一个加油站的运营成本，就需要知道需要什么设备，需要多少工人，需要什么类型的建筑，等等。还需要了解技术工人和非技术工人的现行工资率、加油泵的成本、利率、交通要道处每平方英尺土地的租金、汽油的批发价格。一旦了解投入品价格和生产技术，就能计算出产品的生产成本。

最佳生产方法：在给定的产量水平上使成本最小的生产方法。

本章剩余部分和下一章都将研究生产成本。我们从厂商的核心问题（生产过程本身）开始研究。面对一系列投入品价格，厂商必须决定最佳或者说最优生产方法（如图 7.2 所示）。**最佳生产方法**就是在给定产量水平上使成本最小的方法。

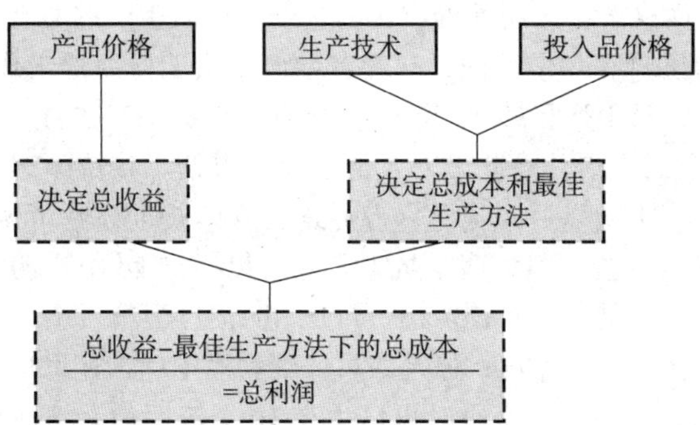

◀ **图 7.2　确定最佳生产方法**

7.2 生产过程

7.2 学习目标 146

能够描述总产量、边际产量和平均产量之间的相互关系。

生产就是将投入品组合起来并转化为产出的过程，**生产技术**决定了生产特定商品或服务所需投入品的具体数量。生产一个面包需要一定数量的水、面粉和酵母，一些揉捏拍打，以及一个烤箱和煤气或电力。从纽约市中心去新泽西州的纽瓦克的一次旅程可以用一辆出租车、司机 45 分钟的劳动、一些汽油来“生产”。类似的例子还有很多。

生产技术：投入和产出之间的数量关系。

大多数产品都可以用一些不同的技术来生产。比如你可以用多种方式拆除一座旧建筑来修建一个公园。可以令 500 名工人用大锤猛砸，然后把碎片搬走，这是一种**劳动密集型技术**。也可以是两个工人用起重机、蒸汽铲车、挖土机和倾卸车来完成，这是一种**资本密集型技术**。类似地，不同的投入品可以被组合起来把人们从奥克兰运送到旧金山。海湾地区的高速交通系统可以同时把成千上万的人从旧金山海湾下面运过去，相对于劳动力来说，使用了大量的资本。而乘坐出租车去旧金山则使用了更多的劳动力，因为每几位乘客就需要一名司机。

劳动密集型技术：更多依赖劳动力而非资本的技术。

资本密集型技术：更多依赖资本而非劳动力的技术。

在选择合适的生产技术的过程中，厂商会选择使生产成本降到最低的技术。如果厂商所处的经济环境中劳动供给既充足又廉价，而资本供给不足，最佳生产方法就应涉及劳动密集型技术。比如手工装配运动鞋这类物品是最有效率的。这就是为什么耐克总是选择在劳动力成本较低的发展中国家生产。与此相对应，在劳动力成本较高的经济体中，厂商就被鼓励用资本代替劳动，采用更多的资本密集型或者说节约劳动型的技术。郊区的办公停车场占用更多的土地且有更多的空闲车位，部分原因在于这里的土地比城市中心地带的土地更充足、价格更低廉，因此在郊区建造宽阔建筑物比在城市建造高层建筑物的价格更便宜。

7.2.1 生产函数：总产量、边际产量和平均产量

生产函数或者总生产函数：描述投入和产出之间关系的数字或数学表达式，生产函数把总产量表示成投入的函数。

用数字或数学的方法表示的投入和产出之间的关系（也就是生产技术）称为**生产函数（或者总生产函数）**。生产函数把总产量表示成投入

的函数。

看看下面这个卖三明治的小店的例子。该店生产的所有三明治都是烤制的，店里只有一个烤炉，只能容纳两个员工舒服地工作。如表 7.2 中生产函数的第 1 列和第 2 列所示，只有一个员工工作时，他每小时只能生产 10 个三明治，除此之外，他还要接电话、接待顾客、清理桌子等。增加一个工人以后，他可以专心地待在烤炉前，除了做三明治外，不用担心其他事情。因为两个员工一起可以生产 25 个三明治，所以第二个员工每小时能够生产 25–10=15 个三明治。当第三个人也在烤炉前时，烤炉前就会变得拥挤，但是如果仔细利用空间，还可以生产出更多的三明治，第三个员工每小时可以生产 10 个三明治。请注意，从雇用第三个员工得到的额外产出减少了，这是因为三明治店的资本的约束，
147 而不是因为第三个员工的工作效率低或者不努力工作。我们假设所有员工的工作能力都是相同的。

第四和第五个员工对三明治总产量的贡献更小，这是因为三明治店变得越来越拥挤。第四个员工每小时可以生产 5 个三明治，而第五个员工每小时只能生产 2 个三明治。第六个员工的加入完全不会增加产出，因为目前这个三明治店最大的生产能力就是每小时生产 42 个三明治。

图 7.3（a）将表 7.2 所示的总产量用曲线表示。当你根据表 7.2 思考有关边际产量的问题时，首先应该清楚一个厂商了解其生产函数的重要性。我们看到，为了增加产量，已经雇用了四名员工的三明治店即将雇用第五个员工，这是否值得？答案取决于员工的成本和三明治的销售数量。在接下来的几章中，我们将继续分析厂商决策，那时我们会进一步探讨这个问题。

边际产量：保持其他投入不变的情况下，每多使用 1 单位的某种特定要素可以得到的额外产出。

边际产量与收益递减规律　**边际产量**是保持其他投入不变的情况下，每多使用 1 单位某种特定要素可以得到的额外产出。如表 7.2 中第 3 列所示，这个三明治店第一个员工的边际产量为 10 个三明治，第二个员工的边际产量是 15 个，第三个员工的边际产量是 10 个，依次类推，第

表 7.2　生产函数

(1) 劳动力数量（员工人数）	(2) 总产量（每小时生产的三明治的个数）	(3) 劳动力的边际产量	(4) 劳动力的平均产量（总产量 ÷ 劳动力数量）
0	0	—	—
1	10	10	10.0
2	25	15	12.5
3	35	10	11.7
4	40	5	10.0
5	42	2	8.4
6	42	0	7.0

六个员工的边际产量为零。图 7.3（b）根据表 7.2 的数据绘出了劳动力的边际产量曲线。

收益递减规律指出，在达到某一特定点之后，随着某种可变投入品不断加入固定投入（本例中是房屋和烤炉），这种可变投入（本例中是劳动）的边际产量下降。英国经济学家大卫·李嘉图（David Ricardo）以其对 19 世纪英国农业的观察为基础，首次提出了收益递减规律。他指出，在一块面积固定的土地上，连续增加劳动力和资本带来的农作物产量的增加会越来越少。收益递减规律在农业中成立是因为在同一块土地上更密集地种植只能增加有限的产量。在制造业中，如果一个厂商现有厂房设备的生产能力开始吃紧，收益递减的情况就会出现。

收益递减规律：在达到某一特定点之后，随着某种可变投入品不断地加入固定投入，这种可变投入的边际产量下降。

在三明治店的例子中，当增加第三个员工时，收益递减就出现了。第二个员工的边际产量实际上高于第一个员工（如图 7.3［b］所示），第一个员工负责接听电话和收拾餐桌，使第二个员工可以集中精力生产三明治。从此以后，烤炉就已经被完全占用了。很重要的一点是，收益递减并不是因为第三个员工比第一个或第二个员工差（我们假设他们是一样的），而是因为每加入一个员工，每个员工所拥有的资本（这里是指烤炉）就变少了。 148

随着越来越多的一种可变投入要素加入一种固定投入（如厂房的规模），收益递减或者说边际产量递减的情况就发生了。回想一下，我们把短期定义为固定生产要素保持不变的时期，因此，收益递减规律在短期内通常是成立的，短期里每个厂商最终都要面临收益递减，这意味着每个厂商都会发现，随着它越来越接近自己的生产能力，增加产量变得越来越困难了。

边际产量与平均产量的对比　**平均产量**是指每单位某种可变生产要素可以生产的平均产品数量。在只有一个烤炉的三明治店里，这个可变要素就是劳动力。在表 7.2 中，可以看到前两个员工一起工作时，每小时可以生产 25 个三明治，因此他们的平均产量就是 12.5（25 ÷ 2）。

平均产量：每单位某种可变生产要素可以生产的平均产品数量。

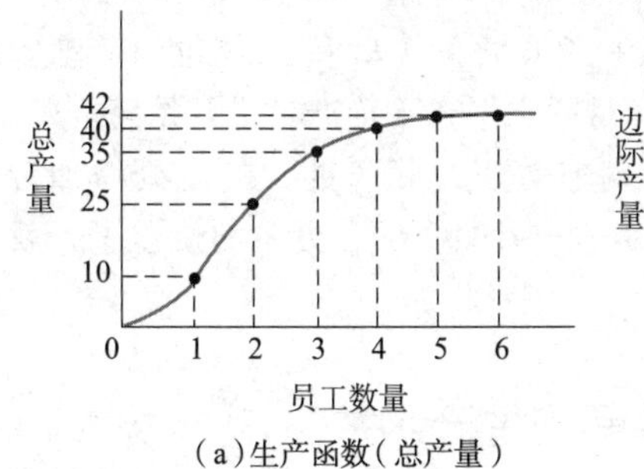

（a）生产函数（总产量）

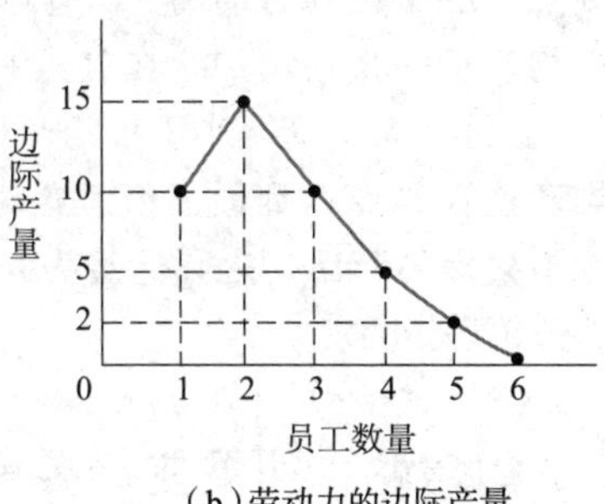

（b）劳动力的边际产量

▲　图 7.3　三明治的生产函数

生产函数是表现投入品和产出品之间关系的数值表示。在 7.3（a）中，总产量（三明治）是关于劳动力投入的函数。劳动力的边际产量是指增加一单位劳动可以带来的额外产出。图 7.3（b）表明，三明治店第二单位劳动力的边际产量是 15 单位产品，第四单位劳动力的边际产量是 5 单位产品。

第三个员工每小时只能生产 10 个三明治，这 10 个三明治就是劳动力的边际产量。前三个劳动力的平均产量是 11.7（10、15 和 10 的平均值）。用方程的形式表示，劳动力的平均产量就是总产量除以劳动力总数：

$$\text{劳动力的平均产量} = \frac{\text{总产量}}{\text{劳动力总数}}$$

平均产量“追随”边际产量变化，但是它的变化并没有那么快。如果边际产量高于平均产量，平均产量就会增加；如果边际产量低于平均产量，平均产量就会下降。比如，假设你参加了 6 次考试，平均成绩是 86 分。如果下一次考试的成绩为 75 分，你的平均成绩就会下降，但是并不会下降到 75 分，事实上，只是下降到 84.4 分。如果你下次考试得了 95 分，你的平均成绩就会上升到 87.3 分。如表 7.2 的第 3 列和第 4 列所示，在雇用了第三个员工以后，三明治店的边际产量就开始下降，平均产量也下降了，但是更慢一些。

图 7.4 显示了一个典型的生产函数以及根据它推导出的边际和平均产量曲线。边际产量曲线就是总产量曲线（生产函数）的斜率。如表 7.2 所示，平均产量和边际产量在起点处是相等的。随着边际产量逐渐增加，平均产量曲线也随之上升，但是速度较为缓慢，直到上升至 L_1（A 点）。

注意到起初边际产量是增加的（在三明治店也是如此）。大多数生产过程设计时都考虑在一个以上的工人进行工作时能够较好运行。以装配线为例，为了提高工作效率，装配线在每个位置上都需要一名工人，这是一个合作的过程。第一个工人的边际产量很低，几乎为零。随着工人不断增加，生产过程变得更有效率，边际产量也随之上升。

在 A 点（L_1 单位的劳动力），边际产量开始下降。由于每个工厂的生产能力都是有限的，所以增加产量的努力总会受到生产能力的限制。在 B 点（L_2 单位的劳动力），边际产量下降到与平均产量相同的位置，而平均产量一直在增加。在 B 点和 C 点之间（L_2 和 L_3 单位的劳动力之间），边际产量下降至小于平均产量的水平，平均产量也开始随之下降。平均产量在 B 点达到最大值，此时它等于边际产量。在 L_3 处增加劳动力也不会提高产出，边际产量为 0——装配线没有更多的位置了，就像烤炉旁挤满了人。

7.2.2 包含两种可变生产要素的生产函数

到目前为止，我们考虑了只有一种可变生产要素的生产函数，然而各种投入品在生产中是一起工作的。一般来说，增加资本也可以提高劳动力的生产率，因为如果没有人使用，资本（房屋、机器等）就毫无用处。所以资本和劳动是**互补性的投入要素**。

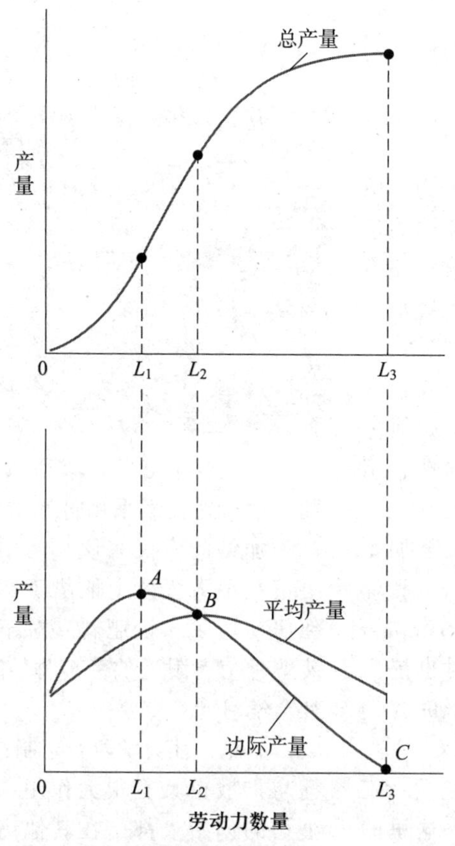

▲ 图 7.4　总产量、平均产量和边际产量

从总产量曲线中可以推导出边际产量和平均产量曲线。平均产量曲线的最大值在它与边际产量曲线的交点处得到。

一个简单的例子可以证明这一点。再次回到三明治店，如果市场对 149
三明治的需求开始超过三明治店的生产能力，店主可能就会决定扩张生产能力，其将购买更多资本——一个新烤炉。

从本质上说，增加一个烤炉会使这家店的生产能力提高一倍，这一新的更高的生产能力意味着三明治店不会那么快就出现收益递减了。当只有一个烤炉时，第三个和第四个员工的生产率降低了，因为唯一的烤炉前变得很拥挤。然而，有了两个烤炉，第三个和第四个员工使用新烤炉也可以每小时生产 15 个三明治。从本质上说，新增加的资本提高了劳动生产率，即每个员工每小时生产的产品数量。

正如新烤炉可以提高三明治店员工的生产率，在马来西亚、印度和肯尼亚等国家，新建厂商及其投入的资本也提高了工人的生产率。

这个关于生产率的简单关系在国内外都是人们关注的焦点，建造新的现代化工厂和机器设备可以提高一个国家的生产率。在过去数十年，中国积累了大量的资本（新建工厂和设备），带来了中国人均产量水平的提高。

150

实践中的经济学

学习在加纳种植菠萝

本章重点讨论了如何利用劳动力、资本以及其他投入品来生产各种各样的产品。我们介绍了抽象的生产函数——生产函数将投入品的特定组合和产量水平相结合。在阅读本章时，你可能想知道，那些对生产行为具有浓厚兴趣的人会在哪里学习生产函数知识？企业家如何才能知道生产特定产品的投入品的理想组合是什么？

在最近一篇有趣的文章中，芝加哥的蒂莫西·康利（Timothy Conley）和耶鲁的克里斯托弗·乌德里（Christopher Udry）在思考加纳的菠萝生产时也提出了这个问题。他们的研究能够帮助我们更全面地思考生产过程。

如制造业一样，在农业中也需要特定的劳动和资本组合来生产产品，这里的产品指农作物。这里的资本并不像三明治店那样以烤炉的形式存在，而是以拖拉机、犁或铲子的形式存在。原料包括种子和肥料。这些投入要素之间显然存在可替代性，比如农民可以在增加除草的同时减少施肥或者减少浇水量。在投入要素价格给定时，农民如何才能知道正确的投入要素组合是什么？

事实证明，加纳可以解决上述问题。20 世纪 90 年代，加纳的某个地区从完全依赖玉米农作物的生产转变为发展菠萝农场，这种转变随着时间的推移缓慢地发生在各个社区。康利和乌德里发现，社会学习是技术采用过程中的关键所在。对于加纳的农民来说，使用多少肥料的决策在很大程度上取决于其比较成功的邻居使用了多少肥料。对于居住在资深菠萝种植者附近的菠萝种植初学者来说，社会学习尤为重要。

显然，社会学习对于制造业技术的传播与扩散也具有很大作用。许多高科技公司的创始人都是在其他高科技公司开始他们的职业生涯，并在那里学到了许多正确的生产技术。这并非偶然[1]。

思考

1. 许多高科技公司的高管必须签署竞业限制协议（non-compete agreements），该协议防止其辞职后去竞争公司工作。然而，在发展得更加成熟的制造业厂商中，这种协议却并不常见，为什么？

[1] Timothy Conley and Christopher Udry, "Learning About a New Technology: Pineapples in Ghana," *American Economic Review*, March 2010, 35-69.

7.3 学习目标

讨论厂商在选择生产技术时所考虑的因素。

7.3 技术的选择

三明治店的例子已经表明，各种投入品（生产要素）是互补的。增加资本可以提高劳动力的生产率，当三明治店的员工不再共用一个烤炉

151

实践中的经济学

卡车司机应该开多快？

货运业务使我们有机会通过具体方式考虑技术选择。

假设你拥有一辆卡车，并用它为塔吉特（Target）和西尔斯（Sears）等商品零售商运送商品；你的平均行驶里程为 200 英里；你雇用了一名司机驾驶卡车，费用为 20 美元 / 小时。你应该指示他以多快的速度驾驶卡车？请考虑每次旅行的费用。

请注意，即使存在一辆卡车和一名司机的固定投入量，你仍有一些选择。在本文中，你可以在慢速行驶（例如 50 英里 / 小时）和快速行驶（例如 60 英里 / 小时）中做选择。

如果只存在唯一的投入——司机的时间，问题就变得非常简单：如果你告诉司机快速行驶，就可以最大限度地降低人工成本。若以 60 英里 / 小时的速度行驶，司机仅需 3.33 小时（200 英里除以 60 英里 / 小时）抵达目的地。考虑到司机的工资水平（每小时 20 美元），你需要支付 66.67 美元。然而若以 50 英里 / 小时的速度行驶，司机需要行驶 4 小时，你的支付费用变为 80 美元。对于一种可变投入，最好的技术就是最有效地使用该投入。在这种情形下，你可以指示司机不管工资水平如何都要加速。

但是，卡车不仅需要司机，还需要燃料，这就使问题变得更加有趣。事实证明，当车速超过 50 英里 / 小时，卡车的单位汽油里程就会随之减少。假设在这种情况下，卡车以 50 英里 / 小时的速度，每加仑可以行驶 15 英里；但以 60 英里 / 小时的速度，每加仑只能行驶 12 英里。现在我们需要进行权衡。当你指示司机快速行驶时，你的人工成本会降低，但燃料成本反而会增大。

那么你会给出什么指示呢？很明显，你的指示取决于燃料的价格。首先，假设燃料价格为 3.50 美元 / 加仑。如果卡车司机快速行驶，每加仑能行驶 12 英里。由于卡车司机每次旅程必须行驶 200 英里，所以他消耗了 16.66 加仑（200 除以 12），燃料总成本为 58.31 美元。快速行驶时，卡车司机的速度是 60 英里 / 小时。此时你需要向他支付 3.33 小时（200 除以 60）的费用，每小时 20 美元，总计 66.67 美元。所以，总成本为 124.98 美元。

如果你的卡车司机行驶缓慢，每加仑只能行驶 15 英里，这意味着你只需要 13.33 加仑的燃料，成本为 46.67 美元。但是慢速行驶需要花费更多的时间。此时卡车司机的驾驶时间为 4 小时，所以你需要支付 4 × 20 美元，即 80 美元。现在总成本是 126.67 美元。因此，降低成本的解决方案就是让司机快速行驶。

现在，假设燃料的价格为每加仑 4.50 美元，再进行上述相同的计算。可以证明，慢速行驶时，总成本为 139.99

美元；快速行驶时，总成本为 141.63 美元。因此，燃料价格较高时，你需要指示司机减速。

更进一步地，你应该知道当燃料价格为 4 美元时，无论卡车司机快速还是慢速行驶，成本都是一样的。

实际上，你应该可以看到，在燃料价格超过 4 美元 / 加仑时，你会指示司机减速；而在价格低于 4 美元 / 加仑时，你会告诉司机加速行驶。如果有多种投入，技术的选择通常取决于这些投入的单位成本。

通过观察和分析，我们知道卡车运输使用的最佳“技术”取决于燃料的价格，这也是我们可以预期事故发生率随燃料价格上涨而下降的原因之一（此外，当燃料价格昂贵时，人们的驾驶次数会减少）。通过借助车载计算机技术，现代的货运公司能够实时监控卡车的行驶速度，并及时指导司机。

这是每次旅程的成本汇总：

燃料价格	3.50 美元	4.00 美元	4.50 美元
快速行驶	124.98 美元	133.33 美元	141.63 美元
慢速行驶	126.67 美元	133.33 美元	139.99 美元

思考

1. “当燃料价格上涨时，事故率就会下降。”请提供这可能正确的两个原因。

时，他们的生产就会更有效率。同样地，增加劳动力也可以提高资本的生产率，如果一个只开发了 50% 生产能力的工厂雇用了更多工人，以前闲置的机器就立即具有生产力了。

有时投入品之间也可以互相替代。如果劳动力变得更加昂贵，厂商就可以采用劳动力节约型技术，也就是说，它们可以用资本替代劳动力。装配线可以用机器替代人以实现自动化，当土地资源稀缺时也可以用资本替代土地。如果资本变得相对昂贵，厂商也可以用劳动力替代资本。简而言之，大多数商品和服务都可以通过不同的技术以不同的方法生产，所有厂商都要做出的关键决策之一就是采用哪种技术。

152 看一下表 7.3 中尿布生产者可以进行的选择。生产 100 片尿布可以采用五种不同的技术。*A* 技术是劳动最密集的技术，生产 100 片尿布需要 10 个小时的劳动和 2 单位的资本（可以把资本的单位想象成机器的工作时间）。*E* 技术是资本最密集的技术，生产 100 片尿布只需要 2 小时的劳动，但是需要 10 小时的机器工作时间。

为了选择一种合适的生产技术，厂商必须到投入市场上进行调查以找到劳动力和资本的当前市场价格。工资率（P_L）是多少？每小时的资本成本（P_K）又是多少？正确的投入品选择取决于投入品的生产率及其价格。

假设劳动力和资本都可以以每单位 1 美元的价格买到，表 7.4 的第 4 列给出了用来确定最佳技术的计算公式。可以看到，如果一个厂商选

表 7.3　利用不同技术生产 100 片尿布所需的投入

技术	资本单位数量（K）	劳动单位数量（L）
A	2	10
B	3	6
C	4	4
D	6	3
E	10	2

择的是 C 技术，就可以将成本降到最低，生产 100 片尿布的成本仅为 8 美元。另外四种技术的成本都要高于 C 技术，所以如果该厂商想要生产 100 片尿布，它就会选择 C 技术以实现最大利润。

现在假设工资率（P_L）从 1 美元大幅增加至 5 美元，你可能会猜测，这一增加将迫使厂商用劳动节约型资本替代劳动力。这是正确的。如表 7.4 的第 5 列所示，工资率的提高意味着对该厂商来说，技术 E 是成本最小化的选择。该厂商可以购买 10 单位的资本和 2 单位的劳动力，从而以 20 美元的成本生产 100 片尿布。任何其他技术的成本都比 E 要高。从表格中还可以看到，该厂商生产技术的转变减弱了工资上涨对成本的影响。因此，一个厂商生产技术的灵活性是决定其成本的重要因素之一。

7.4 前瞻：成本与供给

目前为止，我们只考虑了单一产量水平，也就是采用最佳生产技术的厂商在一组价格之中确定生产 100 片尿布所需的成本。生产 1 000 条或 10 000 条毛巾的最佳技术也许完全不同。下一章将从细节上探讨成本与产量水平之间的关系，其主要目标之一就是确定竞争厂商在给定时期内生产的产品数量。

表 7.4　使成本最小化的生产技术选择（生产 100 片尿布）

成本 =（$L \times P_L$）+（$K \times P_K$）

（1）技术	（2）资本数量（*K*）	（3）劳动力数量（*L*）	（4）P_L=1 美元 P_K=1 美元	（5）P_L=5 美元 P_K=1 美元
A	2	10	12	52
B	3	6	9	33
C	4	4	8	24
D	6	3	9	21
E	10	2	12	20

总结

153 1. 厂商的规模和内部组织结构各不相同，但是它们都需要投入品并通过生产过程将其转化为产出品。

2. 在完全竞争市场中，没有任何一家厂商可以控制价格，这源于两个假设：（1）完全竞争行业是由许多厂商构成的，每个厂商的规模相对于行业来说都很小；（2）完全竞争的行业中每个厂商都生产同质的产品。

3. 竞争厂商的需求曲线具有完全弹性。如果单个厂商把产品价格提高到市场价格以上，它就卖不出任何产品了。因为厂商可以以当前市场价格出售全部产品，所以它也没有降低价格的动机。

7.1 追求利润最大化的厂商行为 页 174

4. 所有行业中追求利润最大化的厂商，都必须做出三个决策：（1）提供多少产品；（2）如何生产这种产品；（3）对每种投入品的需求是多少。

5. 利润等于总收益减去总成本。总成本（经济成本）包括用现金支付的开支和每种生产要素的机会成本，包括资本的正常投资收益率。

6. 总成本中包含资本的正常投资收益率，这是因为把资本放置在公司中存在机会成本。如果你开设公司或者购买其他公司的股票，是因为你希望从中至少得到正常投资收益率。除非预期至少得到正常投资收益率，否则投资者不会把其资金投入厂商。

7. 如果一个厂商在资本上得到了比正常投资收益率高的收益率，它的利润水平就为正。

8. 两个假设定义了短期的概念：（1）固定的规模或者说固定的生产要素；（2）没有厂商进入或退出该行业。在长期，厂商可以选择它们需要的任何生产规模，新的厂商也可以进入或退出该行业。

9. 为了做出决策，厂商需要清楚三件事情：（1）产品的市场价格；（2）可用的生产技术；（3）投入要素的价格。

7.2 生产过程 页 179

10. 用数字或数学的方法表示的投入和产出之间的关系（生产技术）叫作生产函数或总生产函数。

11. 一种可变要素的边际产量是在保持其他投入不变的情况下，增加一单位该要素可以生产的额外产出。根据收益递减规律，随着不断把可变投入加入固定要素中，在达到某一特定点之后，这种可变投入的边际产量就会下降。

12. 平均产量是指每单位某种可变生产要素可以生产的平均产品数量。如果边际产量高于平均产量，平均产量就会增加；如果边际产量低于平均产量，平均产量就会下降。

13. 资本和劳动力既是互补性投入又是替代性投入。增加资本可以提高劳动力的生产率，同时资本也可以替代劳动力。

7.3 技术的选择 页 184

14. 应使用什么生产技术是所有厂商都必须做出的重要决策之一。追求利润最大化的厂商会选择使任何给定产出水平下成本最小也就是利润最大的投入组合。

术语和概念回顾

平均产量，页 181
资本密集型技术，页 179
经济利润，页 175
厂商，页 174
劳动密集型技术，页 179
收益递减规律，页 181
长期，页 178
边际产量，页 180
正常投资收益率，页 177
最佳生产方法，页 178
生产，页 174
生产函数或者总生产函数，页 179
生产技术，页 179
利润，页 175
短期，页 177
总成本（总经济成本），页 175
总收益，页 175
等式：
利润 = 总收益 − 总成本，页 175
劳动力的平均产量 = 总产量 / 劳动力总数，页 182

习题

7.1 追求利润最大化的厂商行为

学习目标：了解机会成本对经济利润的重要作用，以及这些利润是如何影响厂商决策的。

1.1 一家厂商以资本和劳动作为投入要素，以每件商品 15 美元的市场价格每年出售 2 万件产品。假设该厂商的劳动力总成本为每年 25 万美元，其目前的总股本为 40 万美元，在当前风险下投资者可以获得 7% 的年收益率（假设没有折旧）。这是一家赢利的厂商吗？请解释你的答案。

1.2 三个姐妹在抚养孩子的同时还担任了 25 年的私人健身教练。她们兑现了 12 万美元的债券，决定在附近开设一家小型健身中心。她们把 12 万美元花在健身器材、广告、电脑设备和其他家具上，在接下来的三年里，她们每年将获得 15 万美元的收益。每人每年花费 3.5 万美元，此外她们还以每年 3.6 万美元的价格在购物中心租用了一个场所。在进行投资之前，这 12 万美元的债券收益率为 8%。她们现在是否赚取经济利润？请解释你的答案。

1.3 假设在 2015 年，你从你的祖父那里继承了一个已经关闭多年的小天文馆。这个天文馆最多能容纳 75 人，所有的设备都运转正常，你打算周末把天文馆作为一个新的玩激
光对抗的场所，并改名为“朝星星发射”重 154
新开放。令你高兴的是，这个生意大获成功，每天门票很快就售罄。请描述一些你必须在短期内做出的决策。你认为“固定要素”是什么？在长期中，你还能做出哪些替代选择？请解释。

1.4 从一般会计准则的角度来看，一个经济利润为零的厂商可能正在遭受损失。你同意这个说法吗？请解释原因。

1.5 本 · 卡特赖特在内华达州卡森市经营了一家西部荒野蜡像馆，这家蜡像馆已经经营了 40 年，是该地最具吸引力的旅游景点之一。这家蜡像馆的总股本为 350 万美元，本拥有全部股份。今年，该蜡像馆扣除实际现金支出后的总收益为 140 万美元，如果不考虑资本的机会成本，本获得的资本收益率为 40%。假设目前的无风险债券利率为 12%。

a. 什么是“资本的机会成本”？
b. 请解释为什么即使机会成本不一定涉及实际现金支出，它也是“实际”成本。
c. 本的“资本的机会成本”是多少？
d. 本赚取了多少超额利润？

1.6 网站 cnet.com 上的一篇文章报道了市场研究公司 IHS 对用来生产有 wifi 和蜂窝网络功能的 iPad Air 2（128GB）的组件成本的调查结果。该公司发现，这款 iPad 的生

产成本为 358 美元，比 829 美元的零售价低了 57%。这是否意味着苹果公司售出每台 iPad Air 2 的利润都是 471 美元？请简要解释。

资料来源：Don Reisinger，"iPad Air 2 models cost Apple $275 to $358，teardowns reveal，" cnet.com，October 29，2014。

1.7 下列哪项是短期决策？哪项是长期决策？

155 a. 伯克希尔·哈撒韦公司从宝洁公司手中收购了电池制造商金霸王公司。

b. 加利福尼亚州的圣塔芭芭拉市建立了一座海水淡化厂，以缓解因严重干旱造成的缺水问题。

c. 迪士尼于 2014 年在其"未来世界"主题公园中关闭了"大漩涡"游乐设施，并根据大受欢迎的动画电影《冰雪奇缘》，将其替换为新的游乐设施。

d. 美国运通宣布裁员 4 000 人。

e. 波音公司宣布，将增加华盛顿州伦顿工厂的 737 喷气客机的生产数量，从当前每月生产 42 架，到以后每月生产 52 架。

f. 丰田公司在 2014 年宣布将其位于北美的总部从加利福尼亚的托兰斯迁至得克萨斯州的普莱诺。

1.8 表中数据为"泰德的复古线"服装店的年度成本和年度收益。这是一家位于佛罗里达州基韦斯特的服装店，泰德每周在店里工作 72 个小时。泰德拥有这个店面的所有权，如果他关闭了这家店，他就可以以每年 7.5 万美元的价格把该店面租出去，然后去他的同城竞争对手"卡西的经典时装"工作，年薪为 2.3 万美元。请计算泰德的服装店的经济利润和经济成本。结果跟会计成本和会计利润相同吗？请解释说明。

工资支付	38 000 美元
贷款利息	6 000 美元
其他生产要素支出	18 000 美元
总收益	132 000 美元

7.2 生产过程

学习目标：能够描述总产量、边际产量和平均产量之间的相互关系。

2.1 下表给出了表示总产量与劳动力数量的函数。

劳动	总产量
0	0
1	30
2	54
3	72
4	84
5	90

a. 说明什么是收益递减。

b. 该表是否是收益递减的情况？请解释。

2.2 下面是一个生产函数。

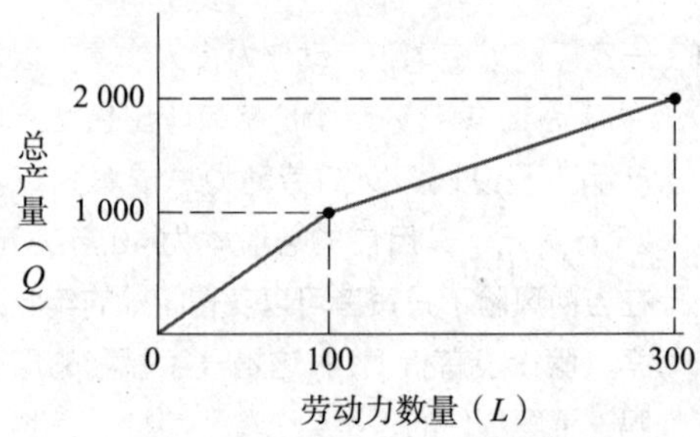

a. 画出边际产量随总产量变化的曲线图（提示：边际产量是在每一产量水平下多投入一单位劳动力获得的额外产出）。

b. 这个曲线图表明收益递减吗？请解释。

2.3 **[与页 184"实践中的经济学"相关]** 可以用两种方法制作相同数量的毛衣。一台机器每小时的租金为 50 美元，一个操纵机器的人每小时的报酬为 25 美元，其在一小时内使用价值 10 美元的羊毛可以生产 5 件毛衣。或者也可以雇用一个技术水平较低的工人来操作机器，低技能工人在一小时内用同样价值 10 美元的羊毛只能生产 4 件毛衣（低技能工人工作速度较慢且浪费原材料）。当低技能工人的工资水平为多少时，你会选择雇用低技能工人？

2.4 在工业化早期，即使农作物产量不断增长，从事农业生产的人数通常还是急剧下降。根据你对生产技术和生产函数的了解，解释这种看似矛盾的现象。

2.5 一个加油站的换油量与工人数量的关系如下所示：

工人数量	换油量 每天
0	0
1	6
2	14
3	26
4	40
5	52
6	58
7	61
8	60
9	48

假设除劳动外的所有投入品（服务箱、电话和公共设施）在短期内都是固定的：

a. 给这个表格添上两列，并填入每种劳动投入下的边际产量和平均产量。

b. 劳动投入在什么范围内时，劳动的回报是递增的？在什么范围内时，劳动的回报是递减的？在什么范围内时，劳动的回报是负的？

c. 劳动投入在什么范围内时，边际产量大于平均产量？当雇用的工人数量超过这个范围时，平均产量有什么变化？

d. 劳动投入在什么范围内时，边际产量小于平均产量？当雇用的工人数量超过这个范围时，平均产量有什么变化？

2.6 下表为有关“兰德尔的蜡烛”的数据，请画出劳动力的总产量曲线、边际产量曲线和平均产量曲线，并在总产量曲线上分别确定收益递增、收益递减和收益为负的区域。

劳动力数量（员工）	总产量（每小时生产的蜡烛数量）	劳动力的边际产量	劳动的平均产量
0	0	—	—
1	18	18	18.0
2	42	24	21.0
3	78	36	26.0
4	112	34	28.0
5	140	28	28.0
6	161	21	26.8
7	173	12	24.7
8	173	0	21.6
9	165	–8	18.3
10	150	–15	15.0

2.7 假设某个生产过程的边际生产率先上升后下降，也就是说当增加产量时，劳动力的边际产量从高于零的某个值开始上升，达到最大值后出现下降，并最终降至零。下列哪些说法是正确的？请简要解释。

a. 当总产量达到最大值时，边际产量等于平均产量。

b. 当边际产量达到最大值时，与平均产量 156
相等。

c. 当边际产量为零时，平均产量是上升的。

d. 当边际产量高于平均产量时，平均产量是上升的。

e. 当边际产量等于平均产量时，总产量达到最大值。

2.8 以下是三家不同厂商的生产水平资料：

目前，厂商 A 正经历收益递增的阶段，厂商 B 正经历收益递减的阶段，而厂商 C 正经历收益为负的阶段。

a. 如果每家厂商都减少劳动力，其劳动力的边际产量分别会发生什么变化？为什么？

b. 如果每家厂商都增加劳动力，其劳动力的边际产量分别会发生什么变化？为什么？

7.3 技术的选择

学习目标：讨论厂商在选择生产技术时所考虑的因素。

3.1 假设两种不同的生产技术 *A* 和 *B* 都可以生产小部件，下表给出了五种不同的总产量水平分别对应的投入要素要求。

技术	Q=1		Q=2		Q=3		Q=4		Q=5	
	K	*L*	*K*	*L*	*K*	*L*	*K*	*L*	*K*	*L*
A	4	1	6	2	9	4	12	7	11	8
B	1	3	2	5	4	8	5	12	7	15

a. 假设劳动力价格（P_L）为 2 美元，资本价格（P_K）为 3 美元，请计算在最优（成本最小）技术下五种产量水平各自对应的生产总成本。

b. 每一产量水平需要多少劳动时间（劳动单位）？需要多少机器工作时间（资本单位）？

c. 画出产品总成本与产量的关系曲线（令 y 轴表示成本，x 轴表示产量 q）。依然假设使用最佳技术。

d. 假设劳动力价格（P_L）依然为 2 美元，而资本价格（P_K）从 3 美元下降至 2 美元，重新计算上述三个问题。

3.2 一个居住在贝茨大厅 4 楼的女生将要在新的一学年搬到 7 楼。她有 11 个箱子的书籍和物品要搬，试讨论搬运这些箱子所需的资本和劳动力的各种组合。如果是搬到校园内 3 英里以外的新宿舍或者 400 英里以外的新校区，你的答案会有何不同？

3.3 **[与页 185“实践中的经济学”相关]** 达赖厄斯参加了一项比赛，从他的家乡田纳西州孟菲斯开车到新奥尔良，大约要行驶 420 英里。如果他在 6 小时内到达（平均时速为 70 英里 / 小时），他将获得 250 美元的奖金；如果他在 7 小时内到达（平均时速为 60 英里 / 小时），他将获得 225 美元的奖金。比赛规则之一是他必须自己支付汽油的费用。根据达利斯的计算，在 70 英里 / 小时的速度下，平均每升汽油可以行驶 24 英里；在 60 英里 / 小时的速度下，平均每升汽油可以行驶 30 英里。如果每升汽油的价格是 4 美元，为了使达利斯的收益（奖金减去汽油成本）最大化，他应该以什么速度行驶？如果每升汽油的价格是 5 美元呢？当每升汽油价格是多少时，达利斯会认为 6 小时后到达和 7 小时后到达没有差别？达利斯在决定行驶速度时，除了使收益最大化之外还应该考虑其他什么因素？请简要解释。

3.4 自第二次世界大战结束以来，美国和欧洲地区的制造业厂商不断迁至距离市中心越来越远的地区。与此同时，大部分金融、保险和其他服务行业公司一直位于靠近市中心的高层建筑中。一个主要原因似乎是制造业厂商发现很难用资本替代土地，而在办公室内办公的服务业厂商则没有这种问题。

a. 哪种类型的建筑代表资本替代土地？

b. 制造业厂商为什么发现很难用资本替代土地？

c. 为什么对一家律师事务所或保险公司而言，用资本替代土地相对容易？

d. 为什么对城市中心附近的土地需求可能很高？

*e. 用资本代替城市中心附近位置的原因之一是那里的土地更加昂贵。城市中心附近土地的相对供给情况如何？（提示：圆的面积的公式是什么？）

3.5 一个厂商可以采用三种不同的生产技术来生产产品，各个产量水平所需的资本和劳动力数量如下所示：

	技术 1		技术 2		技术 3	
日产量	*K*	*L*	*K*	*L*	*K*	*L*
100	4	6	2	8	5	3
150	5	9	3	10	7	5
200	6	12	5	14	8	8
250	7	15	6	18	10	12

a. 假设该厂商处于一个工资水平较高的国家，单位资本的每日成本为 150 美元，而单位劳动的每日成本为 100 美元。在各个产量水平下，哪种技术是最便宜的？

b. 现在假设该厂商处于一个工资水平较低的国家，单位资本的每日成本为 150 美元，而单位劳动的每日成本仅为 60 美元。在各个产量水平下，哪种技术是最便宜的？

c. 假设厂商从工资水平较低的国家迁移到工资水平较高的国家，但是它的产量水平保持在每天 100 单位，其雇用的员工总人数将发生什么变化？

第 7 章附录：等产量线与等成本线

157 **学习目标**

从等产量线和等成本线中推导出成本曲线。

本章指出，一个厂商的成本结构取决于两个关键信息：投入（要素）价格和技术。本章附录对技术和要素价格及其与成本之间的关系进行了更加正式的分析。

技术的新视角：等产量线

表 7A.1 是表 7.3 的扩展，它列出了可用于生产三种不同产量水平（q）的资本（K）和劳动（L）的各种组合。比如，100 单位的 X 产品可以用 2 单位的资本和 10 单位的劳动生产，也可以用 3 单位的资本和 6 单位的劳动生产，还可以用 4 单位的资本和 4 单位的劳动生产，等等。类似地，150 单位的 X 产品可以用 3 单位的资本和 10 单位的劳动生产，也可以用 4 单位的资本和 7 单位的劳动生产，依次类推。

等产量线： 表示可用于生产某一产量的所有资本和劳动组合的图形。

表示可用于生产某一产量的所有资本和劳动组合的图形叫作**等产量**
158 **线**。图 7A.1 根据表 7A.1 中的数据画出了三条等产量线，分别表示产量 q_X=50、q_X=100 和 q_X=150。请注意，每条等产量线都是连续的，说明可用于生产每一产量水平的劳动和资本组合都是无限多的。比如，100 单位产品也可以用 3.50 单位的劳动和 4.75 单位的资本来生产。（验证此点位于 q_X=100 的等产量线上。）

图 7A.1 只显示了三条等产量线，实际上还有其他许多等产量线没有被画出来。例如，还存在分别代表 q_X=101 或 q_X=102 的等产量线，等等。如果我们假设产出单位是无限可分的，那么一定存在代表 q_X=134.57 或 q_X=124.82 的等产量线，等等。可以想象图 7A.1 中有无数条等产量线。产量水平越高，等产量线就离原点越远。

图 7A.2 推导出了等产量线的斜率。因为 F 点和 G 点都在 q_X=100 的等产量线上，所以这两个点代表可以用来生产 100 单位产出的 K 和 L 的两种不同组合。沿着曲线从 F 点移动到 G 点的过程中，使用的资本越来越少，使用的劳动越来越多。减少资本造成的产出减少近似等于 ΔK 乘以资本的边际产量（MP_K）。资本的边际产量是指新增的 1 单位资本生产的产品数量，因此 $\Delta K \cdot MP_K$ 就是减少资本造成的总产出损失。

表 7A.1 生产 50、100 和 150 单位产品时所需的资本和劳动组合

	q_X=50		q_X=100		q_X=150	
	K	L	K	L	K	L
A	1	8	2	10	3	10
B	2	5	3	6	4	7
C	3	3	4	4	5	5
D	5	2	6	3	7	4
E	8	1	10	2	10	3

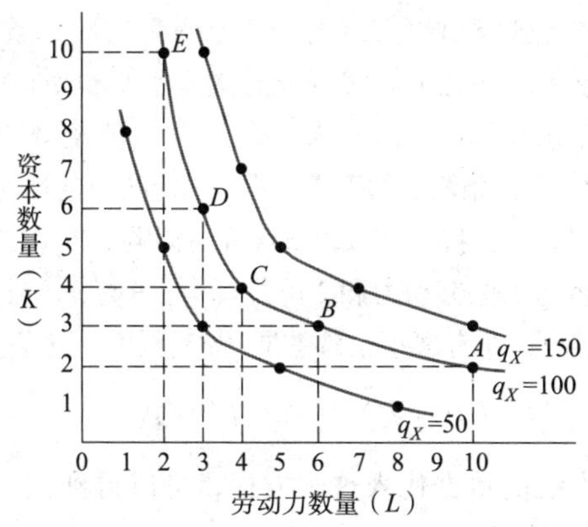

◀ **图 7A.1 等产量线显示了可以用来生产 50、100 和 150 单位产品的资本和劳动力的所有组合**

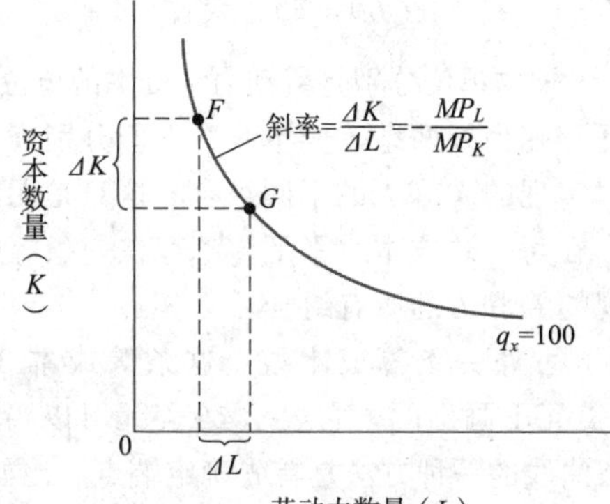

◀ **图 7A.2 等产量线的斜率等于 MP_L 与 MP_K 的比值**

为了使产出保持不变（这是必需的，因为 F 和 G 位于同一条等产量线），减少资本用量造成的产出损失必须等于增加劳动用量带来的产出增加，这个数值近似等于 ΔL 乘以劳动力的边际产量（MP_L）。因为二者必须相等，因此可以得到：①

$$\Delta K \cdot MP_K = -\Delta L \cdot MP_L$$

如果将方程两边同时除以 ΔL 和 MP_K，就会得到以下关于等产量线斜率的表达式：

$$\text{等产量线的斜率} = \frac{\Delta K}{\Delta L} = -\frac{MP_L}{MP_K}$$

MP_L 与 MP_K 的比值叫作**边际技术替代率**，它是厂商保持产量不变时，用资本代替劳动力的比率。

边际技术替代率：厂商保持产量不变时用资本代替劳动力的比率。

要素价格和投入组合：等成本线

表示某一总成本可以实现的所有资本和劳动组合的图形被称为**等成本线**（回想一下，总成本包括机会成本和正常投资收益率）。就像存在无

等成本线：表示某一总成本可以实现的所有资本和劳动组合的图形。

① 需要在 ΔL 上加上负号，因为从 F 点移动到 G 点的过程中，ΔK 为负数，ΔL 为正数，因此需要用负号使等式保持平衡。

数条等产量线一样（任意可以实现的产量水平都对应一条等产量线），等成本线也存在无数条，任意可以实现的总成本水平也对应一条等成本线。

假设单位劳动力价格（P_L）为 1 美元，单位资本价格（P_K）也为
159 1 美元，图 7A.3 展示了三条简单的等成本线。最低的一条等成本线表示 5 美元可以购买的所有 K 和 L 的组合。比如，5 美元可以购买 5 单位劳动力和 0 单位资本（A 点），或者 3 单位劳动力和 2 单位资本（B 点），或者 0 单位劳动力和 5 单位资本（C 点），所有这些点都在同一条直线上。这条直线的方程是：

$$(P_K \cdot K) + (P_L \cdot L) = TC$$

把最低等成本线的数据代入这个方程，可以得到：

$$(\$1 \cdot K) + (\$1 \cdot L) = \$5\text{，或者}(K + L) = 5$$

记住，X 轴和 Y 轴的单位分别是劳动力和资本的单位，而不是美元。

同一个图上还存在另外两条等成本线，它们分别表示总成本为 6 美元和 7 美元时可以实现的 K 和 L 的不同组合。这只是无数条等成本线中的三条。实际上，在每一总成本水平下，都存在一条等成本线，表示这一成本下可以实现的 K 和 L 的所有组合。

图 7A.4 展示了另外一条等成本线。这条等成本线是在要素价格 P_L=5 美元，P_K=1 美元下画出的，它表示 25 美元可以买到的所有 K 和 L 的组合。画出这条曲线的一种方法是首先确定端点。比如，如果 25 美元全部用来购买劳动力，可以购买多少呢？答案当然是 5 单位（25 美元除以 5 美元 / 单位），因此代表 5 单位劳动力、0 单位资本的 A 点就应该在这条等成本线上。类似地，如果这 25 美元全部用来购买资本，可以购买多少呢？答案是 25 单位（25 美元除以 1 美元 / 单位），所以代表 25 单位资本、0 单位劳动力的 B 点也在这条等成本线上。这条等成本线上还存在另外一个点——C 点，表示 3 单位劳动力和 10 单位资本的组合。

如果你找到了一条等成本线的端点，就很容易计算其斜率了。在图 7A.4 中，可以通过用 B 点和 A 点之间的 $\Delta K/\Delta L$ 来计算这条等成本线的斜率，因此：

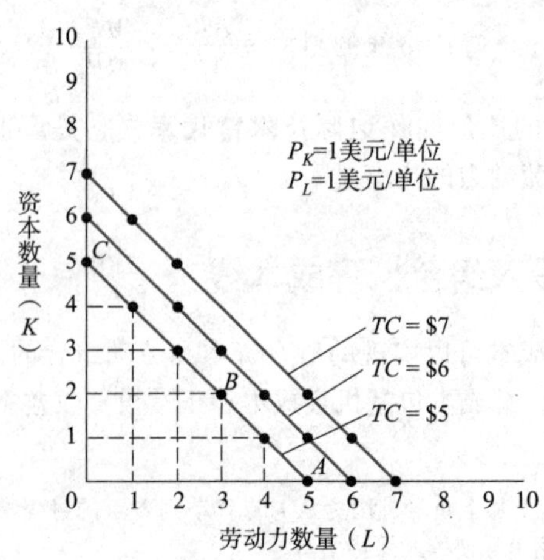

▶ 图 7A.3　等成本线表示总成本分别为 5 美元、6 美元和 7 美元时，可以实现的资本和劳动组合

一条等成本线表示某一总成本可以实现的所有资本和劳动组合。

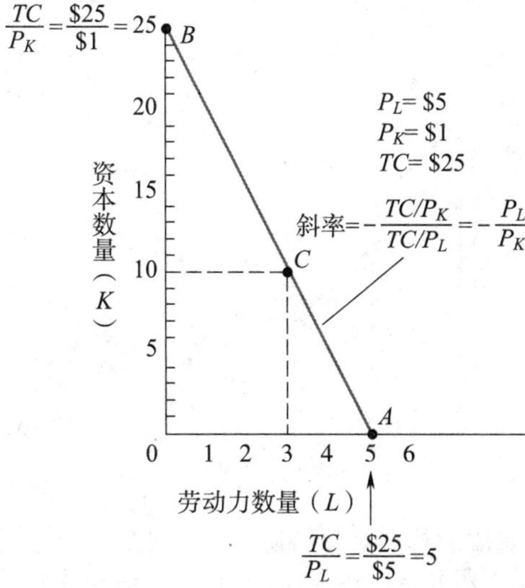

◀ 图 7A.4　等成本线显示了成本为 25 美元时可以实现的资本和劳动组合

画出这条等成本线的一种方法是首先确定该曲线的端点，然后将它们连接起来。

$$\text{等成本线的斜率}=\frac{\Delta K}{\Delta L}=-\frac{\frac{TC}{P_K}}{\frac{TC}{P_L}}=-\frac{P_L}{P_K}$$

把上例中的端点数据代入，得到：

$$AB\text{ 的斜率}=-\frac{5\text{ 美元}}{1\text{ 美元}}=-5$$

利用等产量线和等成本线找到成本最小的技术

假设 P_K=1 美元，P_L=1 美元，图 7A.5 把对应 q_X=50 的等产量线加入 160
图 7A.3 中的等成本线上。现在的问题变成在可用于生产 50 单位产出的 K、L 的所有组合中进行选择。回想一下，等产量线（图 7A.5 中标记为 q_X=50 的曲线）上的每个点都表示一种不同的技术，即 K 和 L 的一种不同组合。

假设这是一个竞争性的、追求利润最大化的厂商，它就会选择使成本最小的组合。因为这条等产量线上的每一点都位于某条等成本线上，因此可以确定等产量线上每个组合的总成本。比如，D 点（表示 5 单位资本和 2 单位劳动）也位于总成本为 7 美元的等成本线上，5 单位资本和 2 单位劳动总共要花费 7 美元（请记住，P_K=1 美元，P_L=1 美元）。事实上，同样的产量（50 单位）可以以更低成本生产出来。具体来说，如果使用 3 单位劳动和 3 单位资本（C 点）进行生产，总成本就可以下降到 6 美元。表示 q_X=50 的等产量线上没有任何其他 K 和 L 的组合处于更低的等成本线上了。在追求利润最大化的过程中，这个厂商会选择成本最小的投入组合。在任一给定的产量水平下，成本最小就是在等成本线

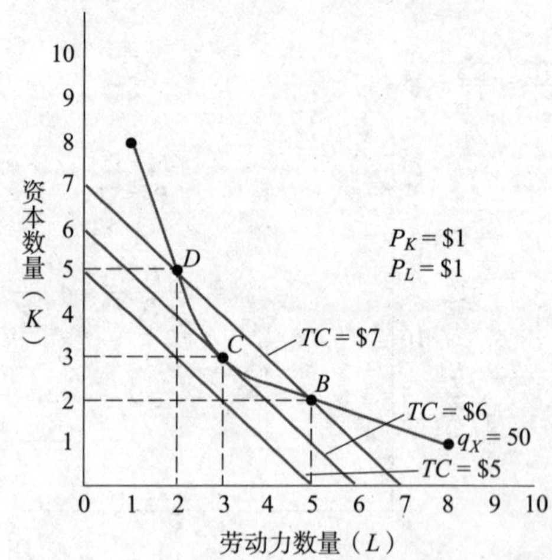

▶ 图 7A.5　找到生产 50 单位产品时，使成本最小的资本和劳动组合

追求利润最大化的厂商为了使成本最小，采用等产量线与等成本线的切点所代表的生产技术生产特定产量的产品。在这个例子中，C 点表示使成本最小的技术，此时只需要 3 单位资本和 3 单位劳动。

和这一产量水平对应的等产量线的切点处实现的。②

在图 7A.5 中，*C* 点表示生产 50 单位产品时成本最小的技术，也是 q_X=50 的等产量线与等成本线的切点，即恰好接触的点。

把图 7A.1 中的另外两条等产量线加入图 7A.5 中，得到了图 7A.6。假设 P_K=1 美元，P_L=1 美元，厂商就会沿着这三条等产量线移动，直到找到可用于生产特定产量水平且使成本最小的 *K*、*L* 组合。结果如图 7A.7 所示，生产 50 单位 *X* 产品的最小成本是 6 美元；生产 100 单位 *X* 产品的最小成本是 8 美元；生产 150 单位 *X* 产品的最小成本是 10 美元。

成本最小化均衡条件

161 当一条直线与一条曲线相切时，二者在其切点处的斜率相同（已经推导出等成本线和等产量线的斜率公式）。在切点处（比如图 7A.6 中的 *A* 点、*B* 点和 *C* 点），以下条件一定成立：

$$\text{等产量线的斜率} = -\frac{MP_L}{MP_K} = \text{等成本线的斜率} = -\frac{P_L}{P_K}$$

由此可得：

$$\frac{MP_L}{MP_K} = \frac{P_L}{P_K}$$

等式两边同时除以 P_L 并乘以 MP_K，可得：

$$\frac{MP_L}{P_L} = \frac{MP_K}{P_K}$$

② 这里假设等产量线是连续的，并且凸向原点。

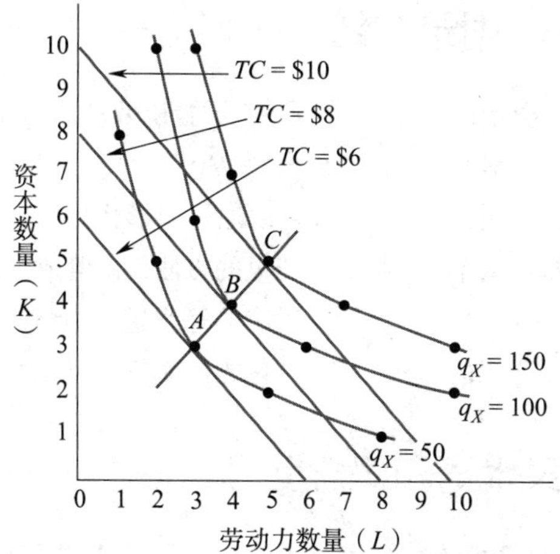

▲ 图 7A.6　q_X=50、q_X=100 和 q_X=150 时的最小生产成本

用一系列成本最小的投入组合（如图中的 A 点、B 点和 C 点）单独画图，即可得到图 7A.7 的成本曲线。

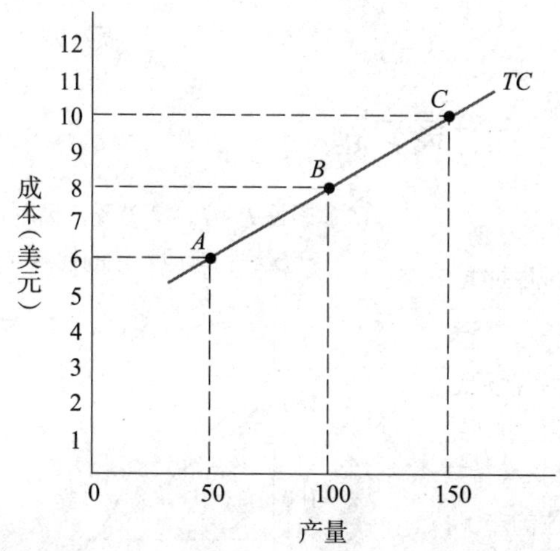

▲ 图 7A.7　成本曲线显示了每一产量水平下的最小成本

这就是使厂商成本最小化的均衡条件。

仔细考虑一下该表达式，你会发现它是有经济含义的。等式左边是 162
劳动边际产量除以单位劳动价格，也就是花在劳动上的最后一美元得到的产出。等式右边是花在资本上的最后一美元得到的产出。如果花在劳动上的最后一美元得到的产出与花在资本上的最后一美元得到的产出不相等，厂商就可以通过使用更多的劳动和更少的资本或者使用更多的资本和更少的劳动来降低成本。

回顾一下第 6 章，我们在关于家庭行为的讨论中是否具有类似的表述和逻辑？事实上，厂商理论和家庭行为理论存在很大的对称性。

附录总结

1. 等产量线是表示用来生产某一产量的所有资本和劳动组合的图形，其斜率为$-MP_L / MP_K$。MP_L与MP_K的比值叫作边际技术替代率，表示厂商保持产量不变时，可以用资本代替劳动的比率。
2. 等成本线是表示给定总成本可以购买的所有资本和劳动组合的图形，其斜率为$-P_L/P_K$。
3. 可以通过图形找到以最小成本生产某一产量的方法，即等成本线与该产量水平对应的等产量线相切的点。厂商成本最小化的均衡条件为$MP_L / P_L = MP_K / P_K$。

附录术语和概念回顾

等成本线，页 195

等产量线，页 194

边际技术替代率，页 195

等产量线斜率的表达式：

$$\frac{\Delta K}{\Delta L} = -\frac{MP_L}{MP_K}$$，页 195

等成本线斜率的表达式：

$$\frac{\Delta K}{\Delta L} = -\frac{\dfrac{TC}{P_K}}{\dfrac{TC}{P_L}} = -\frac{P_L}{P_K}$$，

页 197

附录习题

附录 7A：等产量线与等成本线

163 **学习目标：**从等产量线和等成本线中推导出成本曲线。

1A.1 假设$MP_L = 10$, $MP_K = 6$，且$P_L = 4$, $P_K = 2$。这意味着厂商应该用资本代替劳动，请解释原因。

1A.2 在等产量线与等成本线的图形（图 1）中，假设厂商目前在A点处生产，用 100 单位劳动和 200 单位资本生产 1 000 单位的产品，如果你是一名外部顾问，你会建议管理层采取哪些措施提高利润？如果厂商在B点处，用 100 单位资本和 200 单位劳动进行生产，你又会提出什么建议？

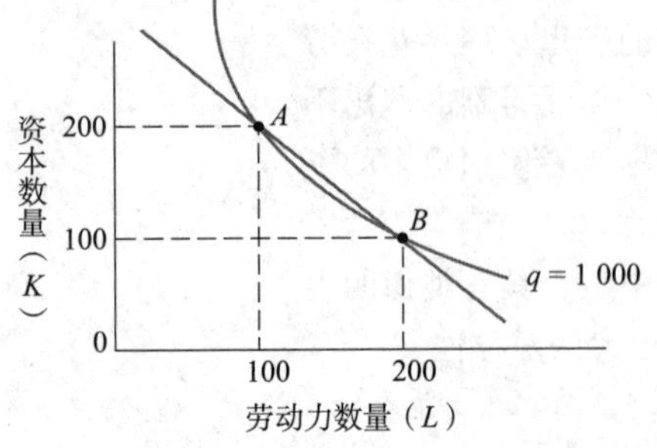

▲　图 1

1A.3 假设$P_L = P_K = 2$美元，请利用图 2 中关于等产量线和等成本线的信息完成表 1。

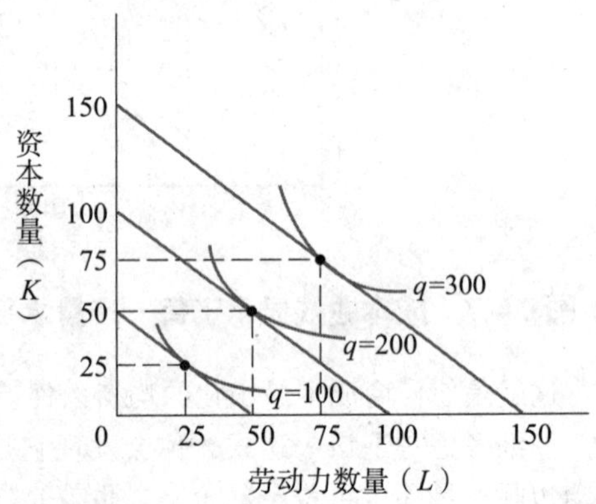

▲　图 2

表 1

产量	产出的总成本	所需劳动力数量	所需资本数量
100			
200			
300			

1A.4 一家公司可以以每个月 7 500 美元 / 单位的价格租用资本，2 500 美元 / 人的价格雇用工人。目前，该公司使用 4 单位资本和 6 名工人生产了 10 000 单位的产品，这一资本和劳动组合代表使成本最小化的均衡。请据此画出等产量线和等成本线。

1A.5 “红色赛车”公司和“蓝色轰炸机”公司每月都可以以最低成本生产 4 000 辆自行车。“红色赛车”公司的工厂所在的地区劳动力成本明显低于“蓝色轰炸机”公司，而资本成本明显高于“蓝色轰炸机”公司。假设每家公司都可以使用相同的技术生产自行车，请画出等产量线和等成本线的图形，并解释为什么不同公司使成本最小的投入组合是不同的。对每个公司的等产量线、资本数量、劳动力数量以及使成本最小的投入组合进行标注。

第 8 章

短期成本和产出决策

本章概要和学习目标

8.1 短期成本 页 203

能够描述厂商成本的主要组成部分并画出图形。

8.2 产出决策：收益、成本和利润最大化 页 214

讨论收益和成本是如何影响完全竞争厂商的利润最大化产量水平的。

8.3 前瞻 页 220

164 这一章，我们将继续研究厂商为获得利润而做出的经济决策。我们已经看到，厂商要做出三个涉及生产的基本决策（如图 8.1 所示），包括：

1. 提供多少产品
2. 如何生产这些产品（使用哪种生产技术）
3. 对每种投入品的需求量

本章中，我们讨论的主要是生产成本。要计算成本，厂商必须清楚两件事情：生产这些产品所需的投入品数量和组合，以及它们的成本（不要忘记，经济成本包括资本的正常投资收益率，即资本的机会成本）。在上一章，我们已经研究了生产过程。当我们研究生产成本时，仍然要将投入品价格考虑在内。

花一点时间回顾一下循环流动图（图Ⅱ.1），可以看到当前我们在竞争市场体系的研究中所处的位置。本章的目标在于查明产出市场供给曲线背后的奥秘。生产产品意味着对投入品产生需求。图Ⅱ.1 还显示了厂商在做关于产品供给和投入品需求决策时的两个信息来源：厂商在产出市场上获得产品价格信息，在投入市场上获得资本和劳动力价格信息。

决策	取决于	信息
1. 产品的供给量		1. 产品价格
2. 如何生产这些产品（使用哪种生产技术）		2. 可用的生产技术*
3. 对每种投入品的需求		3. 投入品价格*
		*决定生产成本

◀ **图 8.1　厂商面临的决策**

8.1 短期成本

学习目标

能够描述厂商成本的主要组成部分并画出图形。 165

在本章中，我们的研究重点仅仅是短期成本。回想一下，短期就是满足下列两个条件的时期：（1）现有厂商面临着某些固定生产要素投入量的限制。（2）新厂商不能进入该行业，现有厂商也不能退出该行业。

在短期内，无论生产多少产品，所有厂商（竞争性的和非竞争性的）都必须承担某些成本。事实上，即使厂商停止生产（产量为零）也必须支付某些成本，这种成本叫作**固定成本**，在短期内厂商无法避免或改变这些成本。另一方面，在长期内厂商可以退出其所在行业，如果它们不想生产产品了，就可以消除所有的成本，因此在长期内不存在固定成本。

固定成本：不依赖于厂商的产量水平的成本。即使厂商不生产任何数量的产品，这些成本也会发生。在长期不存在固定成本。

在短期内还存在一些成本是取决于厂商的产量水平的，这种成本被称为**可变成本**。固定成本和可变成本构成了**总成本**：

可变成本：取决于产量水平的成本。

$$TC=TFC+TVC$$

总成本（*TC*）：总固定成本与总可变成本之和。

其中，*TC* 表示总成本，*TFC* 表示总固定成本，*TVC* 表示总可变成本。在详细讨论固定成本和可变成本之后将再回到这个等式。

8.1.1 固定成本

在讨论固定成本时，必须区分总固定成本和平均固定成本。

总固定成本（TFC）　总固定成本有时也被称为经常费用（overhead）。如果你正在经营一个工厂，为了防止冬天管道结冰，你必须向厂房供暖。即使没有进行生产活动，你也必须保持屋顶不漏雨的状态、雇用警卫以防止厂房遭受破坏，并支付长期租约。

总固定成本（*TFC*）或经常费用：不随产出变化而变化的所有成本之和。即使产量为 0 时，它们也依然存在。

一些厂商的固定成本在总成本中所占比例大于另一些厂商，比如电力公司要对发电厂、数千英里的输电线路以及电线杆、变压器等进行维护。这类工厂通常通过向公众发行债券，也就是通过借贷来融资。它们支付的债券利息占据公共事业运营成本的很大一部分，在短期内属于固定成本——无论生产多少电力，或者根本没有进行生产。

为了方便本章的讨论，我们假设厂商在生产产品时只使用两种投入要素：劳动力和资本。虽然这似乎不太现实，但是只使用这两种生产要素的厂商的分析过程实际上很容易推广到使用多种生产要素的厂商。回想一下，资本可以在商品和服务的生产中不断发挥作用。资本可以是一家制造性厂商的厂房和设备，可以是一家律师事务所的计算机、桌椅、门窗和墙壁，可以是一家网络公司的软件，也可以是比尔和科琳在他们的荒岛上制造的小船。有时候我们假设在短期内，资本是固定的投入，而劳动力是唯一的可变投入。但是为了更贴近现实，这里将假设资本既有一部分是固定，也有一部分是可变的。毕竟某些资本在短期内也是可以购买的。

考虑一个小型咨询公司。它雇用了若干名经济学家、研究助理和秘书，并在一栋写字楼里租了一间办公室，租期 5 年。在短期内，办公室的租金可以看作固定成本，每月的电费和取暖费本质上也是固定的（虽然每个月的金额可能略有差异）。另外，一些合同制基本行政人员的工资也可以看作固定费用。某些资本设备的支出（如一个大型复印机和主要的文字处理系统）的费用也可以当作固定的。

这个厂商还存在一些成本是随产出变化而变化的。当工作繁忙时，公司会雇用更多专业临时员工，如研究助理等。另外，即使是在短期内，这个咨询公司使用的资本也可能发生变化。计算机系统的费用是固定的，但是如果有必要，它也可以快速购买或租用一些个人计算机、网络终端或者数据库。公司必须为复印机付费，但是复印机在工作时的成本要高于不工作时的成本。

总固定成本（*TFC*）或经常费用是指那些不随产出变化而变化的成本。即使产量为 0，它们也依然存在。表 8.1 的第 2 列是一个假想厂商固定成本的数据，在所有的产量水平（*q*）上，固定成本都是 100 美元。图 8.2（a）展示了总固定成本关于产出的函数。因为 *TFC* 不随产出变化而变化，所以它就是和纵轴交于 100 美元的水平线。在短期内厂商无法控制其固定成本的大小。

表 8.1　一个假想厂商的短期固定成本（总成本和平均成本）

166

（1）*q*	（2）*TFC*	（3）*AFC*（*TFC*/*q*）
0	100 美元	—
1	100 美元	100 美元
2	100 美元	50 美元
3	100 美元	33 美元
4	100 美元	25 美元
5	100 美元	20 美元

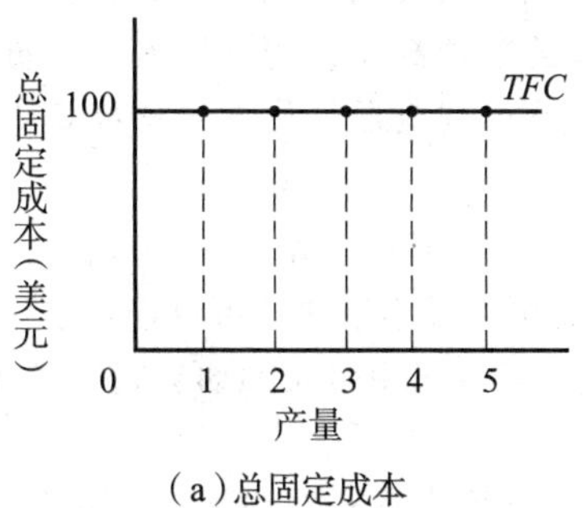

（a）总固定成本

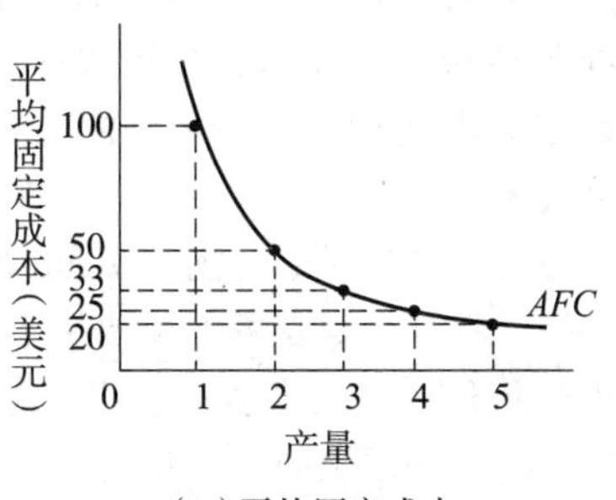

（b）平均固定成本

◀ 图 8.2　一个假想的厂商的短期固定成本（总成本和平均成本）

平均固定成本就是总固定成本除以产量。随着产量增加，平均固定成本下降，这是因为用一个固定的数量除以不断增加的数量。

平均固定成本（AFC）　**平均固定成本（*AFC*）**就是总固定成本（*TFC*）除以总产量（*q*）。比如，如果图 8.2 中的厂商生产 3 单位产品，平均固定成本就是 33 美元（100 美元 ÷3）；如果该厂商生产 5 单位产品，平均固定成本就是 20 美元（100 美元 ÷5）。由于不变总数被分摊到更多数量上，或者说被更大的数字来除（参见表 8.1 的第 3 列），平均固定成本随着产出增加而下降。这种现象有时被称为**分摊经常费用（spreading overhead）**。

平均固定成本（*AFC*）： 总固定成本除以总产量，是固定成本的单位计量。

分摊经常费用： 总固定成本分摊到越来越多的产品数量上的过程。平均固定成本随着产出增加而下降。

平均固定成本曲线是向下倾斜的，如图 8.2（b）（反映了表 8.1 中平均固定成本的数据）所示。请注意，随着产量不断增加，*AFC* 不断趋于零。在我们的例子里，如果产出是 10 000 单位，平均固定成本就是 167
1 美分 / 单位。实际上，*AFC* 永远不会真正达到零。从图中可以发现，一个厂商在销售越来越多的产品时，就可能具有一种优势：将固定成本分摊到越来越多的产品数量上。

8.1.2 可变成本

总可变成本（TVC）　**总可变成本（*TVC*）**是指短期内随产量水平变化而变化的成本总和。为了生产更多产品，厂商通常要使用更多投入。新增产品的成本直接取决于生产它们所需的额外投入品的使用量及成本。

总可变成本（*TVC*）： 短期内随产量水平变化而变化的成本总和。

根据第 7 章的分析，投入品需求是由生产技术决定的。即使在短期内，厂商也通常有若干种生产技术可供选择，它们会选择可以以最小成本生产目标产出的技术。为了找到使生产成本最小的技术，厂商必须比较使用不同生产技术生产其产量水平的总可变成本。请注意，该决策过程并不涉及厂商的固定成本。无论厂商怎么做，固定成本都是相同的，所以在做决策时把固定成本排除在外。

假设你是一个小农场主，为了耕种 120 英亩土地，你必须要做一些工作。你可以雇用四个工人分担这些工作，也可以租用几台复杂的农用机械设备（资本）独自完成这些工作。你的最终决策取决于很多因素：可以租用什么样的机器？机器的用途是什么？它适用于你的农场吗？租用每台机器需要多少钱？需要支付给工人多少工资？完成这些工作需要雇用多少工人？如果租用机器昂贵而劳动力低廉，你就会选择劳动密集型技术。如果农场工人的工资高昂，而当地农用机械设备经销商即将倒闭——你可能会以低价买到机器，你就会选择资本密集型技术。

总可变成本曲线： 显示总可变成本与厂商产量水平（q）之间关系的曲线。

总可变成本曲线是显示总可变成本与厂商产量水平（q）之间关系的曲线。在任何给定的产量水平上，总可变成本取决于可供选择的生产技术和每种生产技术所需的投入品价格。为了更详细地研究这一关系，我们来看一些假想的生产数据。

表 8.2 给出了关于某一典型厂商的总可变成本曲线上三点的分析。在本例中，有 A 和 B 两种可供选择的生产技术，其中一种技术比另一种技术的资本密集程度更高。假设劳动价格是 1 美元 / 单位，资本价格是 2 美元 / 单位。在本例中，我们关注可变资本，即短期内发生变化的资本，例如租用的设备。农场主的其他资本（如房屋和土地等）在短期内是固定的，与短期决策无关。在本例中，我们用 K 表示可变资本。

在表 8.2 中，总可变成本是由产品数量和投入要素价格计算得到的，总可变成本曲线反映了 TVC 与总产量之间的关系。

根据图 8.3，我们看到当生产 1 单位产品时，劳动密集型技术是成本最小的。A 技术需要使用 10 单位资本和 7 单位劳动，总成本为 27 美

表 8.2　利用生产技术和要素价格推导总可变成本

生产	采用的技术	所需投入（生产函数）		总可变成本　假设 P_K=2 美元，P_L=1 美元
		K	L	$TVC=(K \times P_K)+(L \times P_L)$
1 单位产品	A	10	7	(10 × \$2) + (7 × \$1) = \$27
	B	6	8	(6 × \$2) + (8 × \$1) = [\$20]
2 单位产品	A	16	8	(16 × \$2) + (8 × \$1) = \$40
	B	11	16	(11 × \$2) + (16 × \$1) = [\$38]
3 单位产品	A	19	15	(19 × \$2) + (15 × \$1) = [\$53]
	B	18	22	(18 × \$2) + (22 × \$1) = \$58

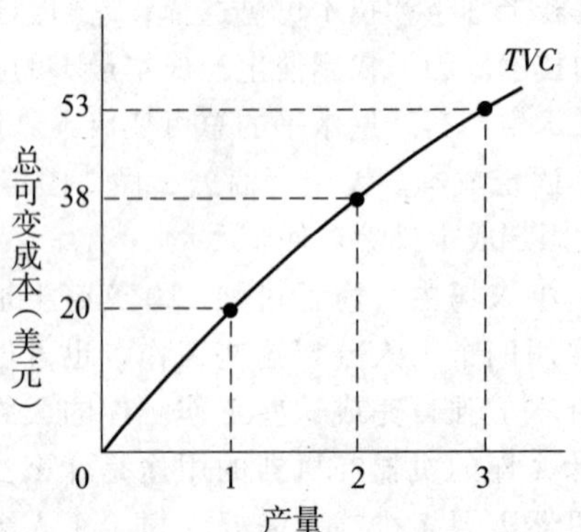

168

▶ **图 8.3　总可变成本曲线**

元，而 *B* 技术的总成本只有 20 美元。为了实现利润最大化，这个厂商将选择 *B* 技术来生产 1 单位产品。

实际上，劳动密集型的 *B* 技术也是生产 2 单位产品的最佳生产方法。但是如果该厂商决定生产 3 单位产品，使用 *A* 技术的成本更小。

基于表 8.2 中的数据，图 8.3 把总可变成本与产出之间的关系用图形表示出来，假设厂商在每一产量水平下都采用成本最小的技术。总可变成本曲线体现了投入要素价格和生产技术信息，它显示在当前的要素价格条件下，采用最佳生产技术进行生产时各个产量水平的生产成本。

边际成本（MC）　**边际成本**（MC）是最重要的成本概念，即多生产 1 单位产品带来的总成本增加量。比如，每个时期内某一厂商生产 1 000 单位产品，现在它决定把产量提高到 1 001 单位，生产这一额外单位产品增加了总成本，增加值（即生产第 1 001 单位产品的成本）就是边际成本。研究“边际”也是分析可变成本的方法之一：边际成本反映了可变成本的变化，因为可变成本随着产出变化而变化，而固定成本不随着产出变化而变化。

边际成本（*MC*）： 多生产 1 单位产品带来的总成本增加量。边际成本反映了可变成本的变化。

表 8.3 显示了边际成本是如何从总可变成本中得到的——只需用减法就可以了。生产第 1 单位产品的总可变成本为 20 美元。产量从 1 单位增加到 2 单位时，总可变成本就从 20 美元增加到了 38 美元，这一差额就是第 2 单位的边际成本——18 美元。类似地，产量从 2 单位增加到 3 单位，总可变成本就从 38 美元增加到了 53 美元，因此第 3 单位的边际成本就是 15 美元。

了解边际成本的性质是很重要的。具体而言，边际成本就是多生产 1 单位产品所需的额外投入品或资源的成本。根据表 8.2，思考产量从 1 单位增加到 2 单位需要增加多少资本和劳动。生产第 2 单位产品需要额外的 5 单位资本和 8 单位劳动，那么第 2 单位产品的边际成本是多少呢？ 5 单位资本的成本为 2 美元 ×5（10 美元），8 单位劳动的成本为 1 美元 ×8（8 美元），所以总边际成本为 18 美元，恰好等于表 8.3 的计算结果。虽然推导边际成本最简单的方法是对总可变成本做减法，但是不要忽略问题的本质：当厂商提高其产量水平时，就需要更多的投入。边际成本衡量的是连续生产每一单位产品所需的额外 169

表 8.3　从总可变成本中推导边际成本

产量	总可变成本（美元）	边际成本（美元）
0	0	
1	20	20
2	38	18
3	53	15

投入的成本。

短期的边际成本曲线形状　短期内存在固定生产要素的假设，意味着一个厂商始终处于当前的最大生产规模上（在我们的例子中是工厂规模）。如果厂商试图增加产量，必然会发现最终受到此规模的限制。因此，对短期的定义也意味着边际成本最终会随着产量增加而上升。厂商可以雇用更多劳动力或者使用更多可变资本或原材料。也就是说，它可以增加可变投入，但是随着这些可变投入要素对总产出的贡献越来越小，最终会出现收益递减。

回想一下第 7 章中三明治店的例子。店中只有一个烤炉，却有多个工人生产三明治。在烤炉数量固定时，增加员工数量可以生产更多三明治，但是随着使用烤炉的人数增加，每一位新增员工的边际产量下降了。如果每个新增劳动单位对总产出的贡献越来越小，但投入价格保持不变，每一单位额外产出的成本就越来越高。换言之，收益递减或者说边际产量递减意味着边际成本递增，如图 8.4 所示。

重申：

> 在短期内，每个厂商都会受到某些固定投入的限制，这些固定投入导致可变投入收益递减，限制了生产能力。随着厂商不断接近这一生产能力，提高产量的成本会变得越来越大。最终短期边际成本会随着产出的增加而增加。

170 **用曲线表示总可变成本和边际成本**　图 8.5 展示了一个典型厂商的总可变成本曲线和边际成本曲线。从上面的图板中可以看到总可变成本（*TVC*）随着产出增加而增加。生产更多产品就需要更多投入，因而需要更多成本。因此，*TVC* 的斜率为正。

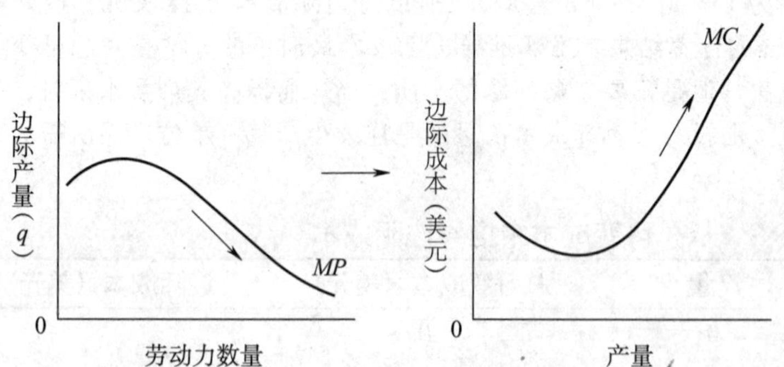

▲ 图 8.4　边际产量下降意味着边际成本最终会随着产出的增加而增加

在短期，每个厂商都要受到某些固定生产要素的限制，这意味着收益递减（边际产量下降）和生产能力有限。随着越来越接近生产能力的限度，边际成本上升。

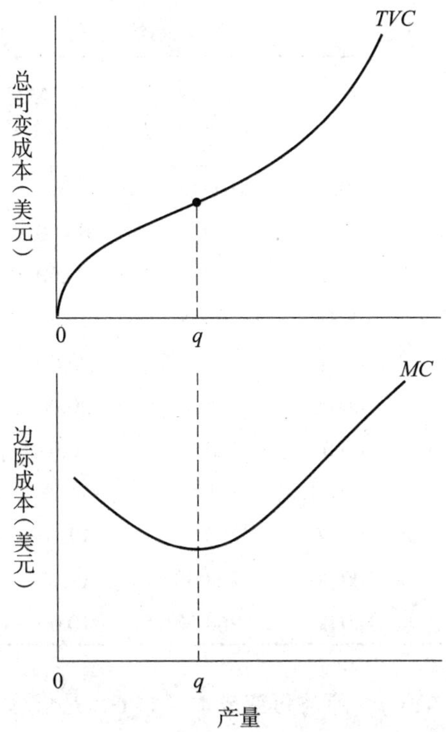

▲ 图 8.5　一个典型厂商的总可变成本和边际成本

总可变成本通常随着产出的增加而增加。边际成本是生产额外单位产品的成本，因此，边际成本曲线显示了随着总产出增加 1 单位，总可变成本的变化。

从图中还可以看到，边际成本曲线的形状与短期内的收益递减是一致的。起初 *MC* 呈下降趋势，但是随着固定生产要素开始限制厂商生产，边际成本上升。当产量小于 q 时，生产每单位产品的成本略小于生产前一单位的成本。然而，超过这一产量水平后，生产每单位产品的成本变得大于生产前一单位的成本。

你应该记得曲线斜率等于其 y 轴的变化单位除以 x 轴的变化单位，所以总可变成本曲线的斜率等于总可变成本的变化除以产出的变化（$\Delta TVC/\Delta q$）。由于边际成本被定义为增加 1 单位产出（$\Delta q=1$）所引起的总可变成本的变化，因此边际成本实际上就是总可变成本曲线的斜率：

$$TVC\text{ 的斜率} = \frac{\Delta TVC}{\Delta q} = \frac{\Delta TVC}{1} = \Delta TVC = MC$$

请注意，当产量小于 q 时，边际成本减小，总可变成本曲线变得越来越平坦，其斜率呈下降趋势。也就是说，总可变成本虽然是增加的，但是增加得越来越慢。当产量大于 q 时，边际成本开始增加，总可变成本曲线变得越来越陡峭，说明总可变成本不断增加，且增加得越来越迅速。

表 8.4　一个假想厂商的短期成本

171

(1) q	(2) TVC	(3) MC (ΔTVC)	(4) AVC (TVC/q)	(5) TFC	(6) TC ($TVC+TFC$)	(7) AFC (TFC/q)	(8) ATC (TC/q 或者 $AFC+AVC$)
0	\$0.00	\$–	\$–	\$100.00	\$100.00	\$–	\$–
1	20.00	20.00	20.00	100.00	120.00	100.00	120.00
2	38.00	18.00	19.00	100.00	138.00	50.00	69.00
3	53.00	15.00	17.66	100.00	153.00	33.33	51.00
4	65.00	12.00	16.25	100.00	165.00	25.00	41.25
5	75.00	10.00	15.00	100.00	175.00	20.00	35.00
6	83.00	8.00	13.83	100.00	183.00	16.67	30.50
7	94.50	11.50	13.50	100.00	194.50	14.28	27.78
8	108.00	13.50	13.50	100.00	208.00	12.50	26.00
9	128.50	20.50	14.28	100.00	228.50	11.11	25.39
10	168.50	40.50	16.85	100.00	268.50	10.00	26.85

平均可变成本（AVC）： 总可变成本除以总产量，是可变成本的单位计量。

平均可变成本（AVC）　平均可变成本（AVC）是指总可变成本除以总产量（q）：

$$AVC=\frac{TVC}{q}$$

在表 8.4 中，第 2 列数值（TVC）除以第 1 列数值（q）就得到第 4 列的 AVC。比如，生产两单位产品的 AVC 为 19 美元（38 美元 ÷2），而生产第二单位产品的边际成本为 18 美元。

用曲线表示平均可变成本和边际成本　图 8.6 根据表 8.4 的厂商数据绘制边际成本图和平均可变成本图。为了简化图形，假设厂商生产的产品数量可以是小数单位，以便将曲线平滑地绘制出来。如图所示，平均可变成本跟随边际成本变化，但滞后于边际成本。当产量从 0 增加到 6 单位时，边际成本

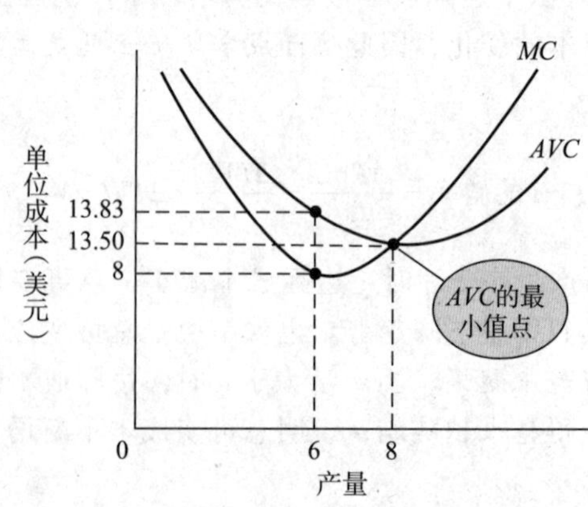

▶ 图 8.6　更多的短期成本

当边际成本小于平均成本时，平均成本下降；当边际成本大于平均成本时，平均成本上升。不断增加的边际成本与平均可变成本相交于 AVC 的最小值点。

172

实践中的经济学

摇滚音乐会“欢迎来到纽约”的成本结构

2015 年的春末夏初，泰勒・斯威夫特（Taylor Swift）进行了巡演以宣传其 1989 年的专辑。作为经济学家，我们可能想研究一下她此次巡演的成本结构。

对于摇滚音乐会而言，产品为音乐会中的每个座位。斯威夫特的巡演是在室内进行的，如新泽西州东拉瑟福德的大都会体育场。这些场馆的容量有所限制，所以座位数量是固定的，可以看作最大产量。2015 年 7 月 15 日在新泽西州举办一场演唱会的固定成本是多少？

从 15 日音乐会的角度看，与音乐会有关的任何成本（可能相当大）都是固定的，体育场的成本也是如此。无论出售 1 张票还是 500 张票，都需要支付体育场的租金——一个大型体育场每晚可能花费 2 万美元。斯威夫特还必须签约购买一场精心制作的灯光秀，向音响师和灯光师支付费用。支付给行李搬运工和舞台设备随团技术人员的费用也是固定成本，另外宣传费用也是固定成本，这些成本都不会随着售出的门票数量的变化而变化。即使斯威夫特只售出一张演唱会门票，仍然需要支付所有费用。

可变成本是多少呢？在斯威夫特决定于某天举办演唱会后，假设场馆内还有余座，她每多出售一张票的成本是多少？起初你可能认为等于零，因为如果还有余座，多增加一名观众似乎不花费成本。但事实并非如此。举行演唱会的成本部分取决于售出的门票数量。因为观众数量的增加可能会使安全成本增加，所以售票员经常对门票收取一定费用。此外，乐队后备成员可以获得固定支付（固定成本）或者根据观众规模收取费用（可变成本）。因此，每多出售一张门票的各项可变成本并不是零，不过相对于固定成本而言，它们非常低。出于该原因，如果斯威夫特的演唱会在演出时间还未售罄（不太可能！），最后一分钟的门票价格就会非常低廉。

思考

1. 你能想到其他边际成本很低而固定成本很高的产品或服务吗？边际成本很高而固定成本很低的呢？

从 20 美元下降到了 8 美元。边际成本的降低拉低了平均可变成本。生产这些产品时，增加劳动力可以实现更好的效果，就像在三明治店中那样。当产量大于 6 单位时，工人们便开始互相干扰，三明治店中的每个员工就拥有更少空间和更少机器。可以看到当产量大于 6 单位时发生了收益递减，边际成本曲线开始呈上升趋势。但是，应该注意平均可变成本会在前 8 单位持续下降，这是因为在达到这一点之前，边际成本始终低于平均可变成本。

该图表明边际成本曲线与 AVC 曲线相交于 AVC 的最小值点，查看此前的表格，可以看到此时产量为 8 单位。当产量水平小于 8 时，边际成本就低于平均可变成本，使平均成本降低。当边际成本高于 *AVC* 时，即产量水平大于 8 时，平均成本便开始上升。

以下这个考试成绩的例子可以帮助我们理解 *MC* 和 *AVC* 之间的关系。考虑一系列考试成绩：95 分、85 分、92 分、88 分。这四个分数的平均值是 90 分。假设第五次考试成绩是 80 分，该分数就会把平均分拉低至 88 分。再假设第六次考试成绩是 85 分，该分数虽然高于 80 分，但是仍然低于 88 分的平均分，所以即使边际成绩上升了，但平均成绩却继续下降（从 88 分下降到 87.5 分）。如果第 6 次考试成绩不是 85 分，而是 89 分（仅比平均成绩高 1 分），平均成绩反而有所提高。你应该记得，在上一章学习边际产量和平均产量时，我们见过类似的案例。

8.1.3 总成本

现在可以将总固定成本与总可变成本相加，画出总成本曲线。还记得：

$$TC=TFC+TVC$$

173 在表 8.4 中，将总固定成本 100 美元与总可变成本相加，得到第 6 列的总成本。总成本曲线如图 8.7 所示，在每一产量水平，总成本曲线与 *TVC* 曲线的垂直距离为 100 美元。

平均总成本（*ATC*）：总成本除以总产量，是总成本的单位计量。

平均总成本（ATC） 平均总成本（*ATC*）是由总成本除以总产量（*q*）得到的：

$$ATC=\frac{TC}{q}$$

表 8.4 的第 8 列展示了厂商的平均总成本。比如，在 5 单位的产量

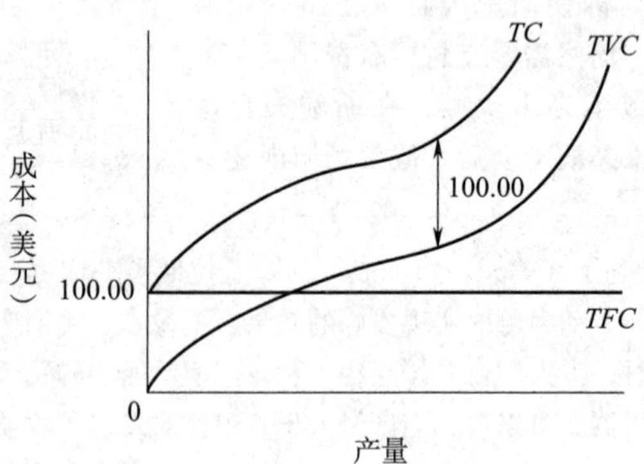

▲ 图 8.7 总成本 = 总固定成本 + 总可变成本

把 *TFC* 与 *TVC* 相加意味着把数量相同的总固定成本与每一产量水平的总可变成本相加。因此，总成本曲线和总可变成本曲线的形状是相同的，前者只是比后者高了数值上等于 TFC 的距离。

下，总成本为 175.00 美元，平均总成本为 175.00 美元 ÷5=35.00 美元。因此，生产这 5 单位产品时，每单位成本为 35 美元。

另一种更加直观的方法是将平均总成本表示为平均固定成本与平均可变成本之和。如表 8.4 所示，第 8 列就是第 4 列（*AVC*）与第 7 列（*AFC*）之和。

图 8.8 利用这些数据画出了图形。图 8.8 的下半部分画出了平均固定成本。当产量为 5 单位时，平均固定成本是 *TFC/q*=100.00 ÷ 5=20.00 美元；当产量为 10 单位时，平均固定成本 *AFC*=100.00 美元 ÷10=10.00 美元。图 8.8 的上半部分展示了在每一产量水平下，将递减的 *AFC* 与 *AVC* 相加的结果。由于 *AFC* 越来越小，所以随着产出增加，*ATC* 越来越接近 *AVC*。但是这两条曲线永远不会相交。

平均总成本与边际成本的关系　平均总成本与边际成本之间的关系，跟平均可变成本与边际成本之间的关系几乎完全相同。平均总成本曲线随着边际成本曲线的变化而变化，但是由于它是全部产品的平均值，所以它的变化滞后于边际成本曲线。平均总成本曲线滞后于边际成本曲线的程度甚至大于平均可变成本曲线的滞后程度，这是因为每一单位新增产品的成本不仅要被前面生产的所有产品的可变成本平均，还要被其固定成本平均。

固定成本等于 100 美元，即使产量水平为零，它仍然存在。根据表 8.4 的例子，生产第一单位产品需要的可变成本为 20.00 美元，此时平均总成本为 120.00 美元；生产第二单位产品的可变成本为 18.00 美元，此时平均总成本为 69 美元（138.00 美元 /2）。在这个区间内，由于分摊了固定成本，平均总成本随着产量增加而迅速下降。当生产 9 单位产品时，平均总成本达到最小，这时平均总成本为 25.39 美元[①]。其中

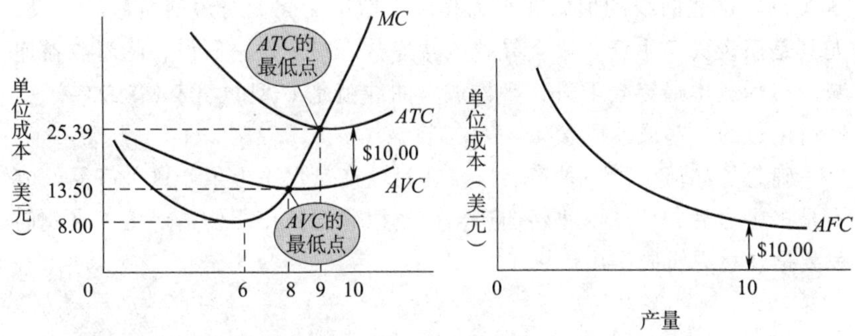

174

▲ 图 8.8　平均总成本 = 平均可变成本 + 平均固定成本

为了得到平均总成本，将每一产量水平的平均固定成本与平均可变成本相加。由于平均固定成本随着产量增加而下降，一个下降的数值与 *AVC* 相加，因此，随着产量增加，*AVC* 和 *ATC* 的距离越来越近，但是这两条曲线永远不会相交。

---

① 实际上，当生产的产品超过 9 单位一点时 *ATC* 达到最小。在 *MC*=*AC* 处，*ATC* 还要略低于 25.39 美元。需要注意，表 8.4 中生产第 9 单位产品的 *MC* 仍然会把 *ATC* 拉低，单位为整数的假设难免会造成这种问题出现。

11.11 美元（100 美元 /9）为固定成本，剩下的为可变成本。

正如考试成绩的例子，边际成本变化会引起平均总成本变化。如果边际成本小于平均总成本，平均总成本就会被边际成本拉低；如果边际成本大于平均总成本，平均总成本就会被拉高。因此，边际成本曲线与平均总成本曲线相交于 *ATC* 的最低点。出于同样的原因，边际成本曲线与平均可变成本曲线也相交于 *AVC* 的最低点。

8.1.4 回顾：短期成本

现在让我们停下来回顾一下关于厂商行为都学习了哪些内容。我们知道厂商要做出三个基本决策：生产或供给多少产品，如何生产这些产品，以及为了生产这些产品所需的每种投入是多少。厂商做出这些决策的目的是实现利润最大化。利润等于厂商销售产品的收益与生产这些产品的成本之差：利润 = 总收益 – 总成本。

到目前为止我们只研究了成本，但是成本只是利润等式中的一部分。为了使知识体系变得完整，必须转向产出市场，看看这些成本是如何与产品在市场上的价格相关联的。然而，在开始这项工作之前，应该先巩固一下已经学过的有关成本的知识。

在厂商开始任何工作之前，都应该先了解可以用来生产其产品的不同方法有哪些。可供选择的技术决定了每一产量水平所需的投入组合，厂商会选择那个以最小成本生产出目标产出的技术。这样，我们就得到了在每一产量水平上使用最佳技术生产产品所需成本的信息，通过对这些信息的分析，我们得到了成本曲线。

到目前为止，我们只讨论了短期成本，得到的所有曲线都是**短期成本曲线**。这些曲线的形状在很大程度上取决于我们对短期所做的假设，
175 尤其是假设固定生产要素会导致收益递减。给定这一假设，随着收益递减，边际成本最终会上升，平均成本曲线就是 U 型的。表 8.5 总结了已经讨论过的一些成本概念。

确定了如何生产一种产品以及在每一产量水平上生产这种产品的成本是多少之后，厂商即将转向产出市场以确定其产品价格。接下来我们就要把注意力转向产出市场了。

8.2 产出决策：收益、成本和利润最大化

8.2 学习目标

讨论收益和成本是如何影响完全竞争厂商的利润最大化产量水平的。

为了计算潜在利润，厂商必须把成本分析与潜在的销售收入信息相结合。毕竟，如果一个厂商不能以高于生产成本的价格销售其产品，其生产经营就不能维持多久。与此相对，如果市场上的产品价格远高于其生产 1 单位产品的成本，厂商就有了扩大生产的动机。高额利润可能还会吸引新的竞争者进入这个市场。

表 8.5　成本概念总结

概念	定义	公式
会计成本	实际现金支出或会计师所定义的成本，有时被称为显性成本	—
经济成本	包含所有投入品的全部机会成本，有时被称为隐性成本	—
总固定成本（TFC）	不取决于产量水平的成本，即使产量为零也会产生的成本	—
总可变成本（TVC）	随着产量水平的变化而变化的成本	—
总成本（TC）	厂商在生产时使用的所有投入品的经济成本	$TC = TFC + TVC$
平均固定成本（AFC）	单位产品的固定成本	$AFC = TFC/q$
平均可变成本（AVC）	单位产品的可变成本	$AVC = TVC/q$
平均总成本（ATC）	单位产品的总成本	$ATC = TC/q$ $ATC = AFC + AVC$
边际成本（MC）	多生产 1 单位产品而增加的总成本	$MC = \Delta TC/\Delta q$

现在，让我们详细研究厂商如何决定其产量。我们将从一个完全竞争厂商的决策开始研究。

8.2.1 完全竞争

完全竞争存在于由众多规模相对较小的厂商组成的行业中，这些厂商都生产相同或**同质产品**。在一个完全竞争行业中，单个厂商无法控制市场价格。当然，并不是说厂商不能给商品贴上价格标签，所有厂商都有这样做的权利。我们的意思是，由于存在完全替代品，任何高于市场价格的产品都将卖不出去。价格并不是由单个厂商决定的，而是由行业内所有厂商之间的相互作用共同决定的。稍后会对这部分内容进行介绍。因此，我们说竞争厂商是市场上的“价格接受者”。

完全竞争：完全竞争存在于由众多规模较小的厂商组成的行业中，这些厂商都生产相同或同质的产品。在一个完全竞争的行业里，单个厂商无法控制市场价格，新的厂商可以自由进入该行业，现有的厂商也可以自由退出该行业。

这些假设限制了竞争厂商可以做的决策范围，简化了竞争行为分析
过程。在完全竞争行业中，厂商不能使其产品与其他厂商区分开来，也 176
不必做任何有关价格的决策。相反，每个厂商都把价格看作给定的，认为价格是由市场供求规律决定的，它们只需决定产量和生产方式。

同质产品：没有差别的产品，彼此相同或无法区分的产品。

竞争厂商是价格接受者的假设还意味着，每个厂商都面临一条具有完全弹性的需求曲线。如图 8.9 所示，这是一个有关美国俄亥俄州玉米农场主的例子。左图表示当前的市场状况，当前玉米价格为每蒲式耳

▶ 图 8.9　完全竞争市场中单个厂商面临的需求曲线

在完全竞争市场中，如果一个代表性厂商将其产品价格提高到5美元以上，市场对其产品的需求量将降至零。每个厂商都面临一条具有完全弹性的需求曲线 d。

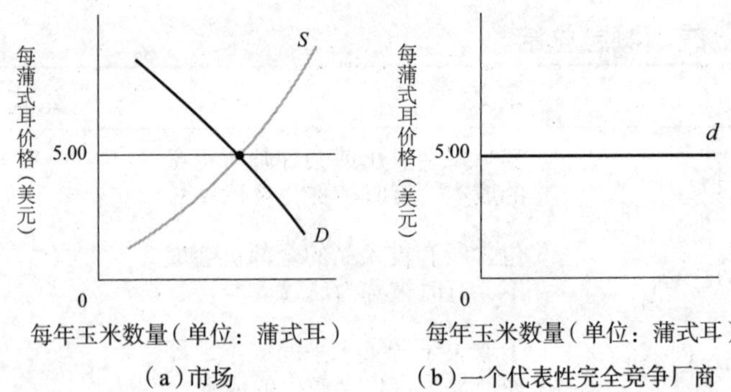

（a）市场　　（b）一个代表性完全竞争厂商

5美元[②]。右图表明该农场主面临的玉米需求，如果她提高价格，就一点儿玉米也卖不出了：由于存在完全替代品，市场对其玉米的需求量会降至零。降低玉米价格则是不明智的，因为她可以以当前价格卖掉所有产品（记住，相对于整个玉米市场而言，每个农场主的产量都是很小的）。需要注意，市场对玉米的总体需求呈下降趋势，价格升高会在一定程度上使需求减少，但并不会使玉米的需求降至零。虽然玉米具有替代品，但这些替代品（如豌豆）并不能完全替代玉米。不过，对于个体农场主来说，另一个农场主生产的玉米是完全替代品。这就导致了具有完全弹性的需求曲线的产生。可见，把厂商或个人与整个市场区别开来是十分重要的。

完全竞争还假设长期来看厂商可以自由进入和退出其所在行业。下一章我们将详细讨论长期中的完全竞争。

8.2.2 总收益和边际收益

总收益（*TR*）：一个厂商销售产品获得的总收益：每单位产品价格乘以厂商决定生产的总产量（$P \times q$）。

利润就是总收益与总成本的差额。**总收益（*TR*）**是指一个厂商销售产品获得的总收益。对于一个完全竞争厂商来说，无论它选择何种产量水平，都只能以相同的市场价格销售产品。因此，单个厂商的总收益就等于单位产品价格乘以总产量：

$$\text{总收益} = \text{单价} \times \text{产量}$$

$$TR = P \times q$$

边际收益（*MR*）：厂商在增加1单位产量
177
时获得的额外收益。对一个竞争厂商来说，边际收益就等于多销售1单位产品的当前市场价格。

边际收益（*MR*）是指厂商增加1单位产量所获得的额外收益。如果一个厂商的每月产量从100单位增加到101单位，这一增加单位就会增加厂商的收益。如果这种产品的市场价格是每单位5美元，这一额外单位增加的收益，或者说边际收益，就是5美元。对一个竞争厂商而言，边际收益就等于多销售1单位产品的当前市场价格。

② 大写字母代表整个市场，小写字母代表单个厂商。比如在图8.9中，市场需求曲线标记为 D，而厂商面临的需求曲线标记为 d。

边际收益曲线表明在每一产量水平上，一个厂商多生产 1 单位产品可以增加的收益。一个竞争厂商的边际收益曲线和它面临的需求曲线完全相同。图 8.9（b）中的水平线既是厂商面临的需求曲线，也是其边际收益曲线：

$$P^* = d = MR$$

8.2.3 比较成本和收益以实现利润最大化

后面几个段落表达了微观经济学中最重要的概念之一。请记住，我们在这两个假设条件下进行分析：我们研究的是完全竞争行业；厂商以实现利润最大化为目标选择产量水平。

利润最大化的产量水平　仔细观察图 8.10，再一次把整个市场或者说行业图形置于左侧，把行业中 1 000 家厂商的其中一个代表厂商置于右侧。再次假设当前市场价格为 P^*。

该厂商通过观察市场价格（如图 8.10［a］所示）知道它可以以每单位 5 美元的价格出售任何数量的产品。那么它应该生产多少产品？该厂商的目标是选择实现利润最大化的产量水平。看一下产量水平为 100 时，继续增加产量是否会使境况改善。我们的目标是使总收益与总成本之间的差额最大，即利润最大化。当产量从 100 单位增加到 101 单位时，利润会发生什么变化？思考一下第 101 单位产品的收益和成本。生产这一额外单位产品时，收益增加了 5 美元，但是成本只增加了约 2.5 美元，所以利润增加了约 2.5 美元。因此，最优（利润最大化）生产规模明显大于 100 单位。 178

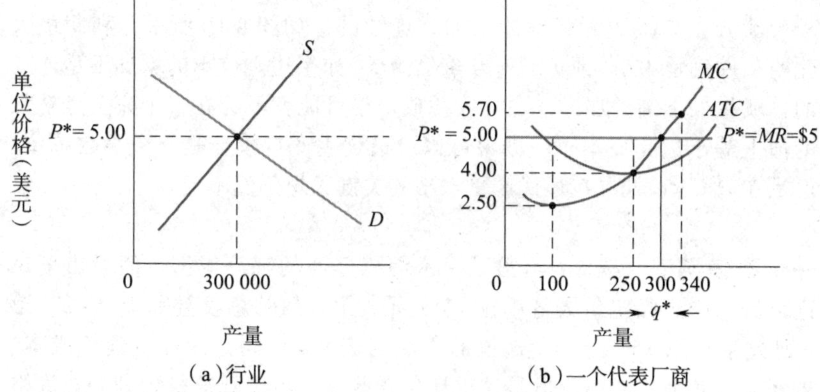

▲ 图 8.10　完全竞争厂商利润最大化的产量水平

如果价格高于边际成本，即当产量小于 300 时，可以通过提高产量增加利润。此时，由于 $P>MC$，每销售 1 单位产品的收益大于其生产成本。然而，当超过 $q^*=300$ 这一产量水平时，继续增加产量就会使利润减少。当产量为 340 单位时，生产额外单位产品的成本高于在市场上出售它可以得到的收益。因此利润最大化的产量水平是 q^*，此时 $P = MC$。

在这个例子中，是怎么找到最优生产规模的？我们判断了增加每一单位产品时，收益的增加量是否大于成本的增加量。换言之，我们对每一单位产品的边际收益与边际成本进行比较。如果单位产品的边际收益大于其边际成本，生产该产品就会使利润增加；如果边际成本大于边际收益，生产该产品就会导致利润下降。

现在，看一下产量水平为 250 单位的情况如何。再一次，提高产量会使利润增加。生产第 251 单位产品可以带来的收益（边际收益）仍然是 5.00 美元，但是其成本（边际成本）只有 4 美元左右。虽然边际收益和边际成本之间的差额不断缩小，但是这个差额仍是正数，因此增加产量会使利润增加。当边际收益大于边际成本时，增加 1 单位产品带来的收益就会超过其所需成本。基于此，我们得到结论：最优（利润最大化）生产规模是 300 单位。当生产规模为 300 单位时，边际成本上升到 5.00 美元，此时 $P^*=MR=MC=5.00$ 美元。需要注意，由于竞争厂商的边际收益等于价格，所以可以将利润最大化的条件表述为：选择使 $MR=MC$ 或者 $P=MC$ 的产量水平。

可以发现，如果厂商的产量水平超过 300 单位，边际成本将超过边际收益。比如，当产量为 340 单位时，第 341 单位产品的成本约为 5.70 美元，而这一额外单位产品仍然只能带来 5 美元的收益，从而使利润减少了。由此可见，将产量提高到边际成本大于边际收益的水平是不明智的，这样做会使利润减少。追求利润最大化的完全竞争厂商会在产品价格恰好等于短期边际成本的产量水平上进行生产，即使产量水平保持在 $P^*=MC$ 处。因此，在图 8.10 中，利润最大化的产量水平 q^* 为 300 单位。

你可能已经注意到，在 300 单位的最优产量水平上，厂商的平均总成本并不是最低的（在 250 单位时最低）。我们将在下一章讨论这个问题。

重点：这里的核心思想是，只要边际收益超过边际成本，厂商就会进行生产。如果边际成本的增加是连续的，如图 8.10 所示，利润最大化的条件就是 MR（或 P）恰好等于 MC。如果边际成本的增加不是连续的，就像如下例子那样，边际收益或价格可能就不会在一个完全是整数的值上等于边际成本了。如果可以，最优生产规模会是一个小数单位，但是在 $P=MC$ 处寻找最优产量水平的关键思想仍然不变。

一个数值例子　表 8.6 给出了一个假想厂商的部分数据。假设市场对这个厂商的产品定价为每单位 15 美元。第 6 列的总收益等于 $P \times q$（第 1 列数字乘以 15 美元）。这里的方法与表 8.4 相同，计算得到总成本、边际成本和平均成本。但是这里还包含收益，可以计算得到利润。表格的第 8 列就是利润数据。

表 8.6 第 8 列的数据表明，一个追求利润最大化的厂商会生产 4 单位产品（假设该厂商的产量为整数单位），在该产量水平，利润为 20 美元。在其他任何产量水平，利润都小于 20 美元。现在，看一下有

表 8.6　一个厂商的利润分析

(1) q	(2) TFC	(3) TVC	(4) MC	(5) $P=MR$	(6) TR ($P\times q$)	(7) TC ($TFC+TVC$)	(8) 利润 ($TR-TC$)	
0	10	0	–	15	0	10	–10	
1	10	10	10	15	15	20	–5	179
2	10	15	5	15	30	25	5	
3	10	20	5	15	45	30	15	
4	10	30	10	15	60	40	20	
5	10	50	20	15	75	60	15	
6	10	80	30	15	90	90	0	

关“边际”的推理是否可以得到同样的结论。

首先，该厂商应该进行生产吗？如果它不进行生产，就要承担 10 美元的损失。当它的产量增加到 1 单位，此时边际收益为 15 美元（记住，单位产品售价 15 美元），边际成本为 10 美元，因此该厂商可以赚得 5 美元。在每个生产期间，该厂商的损失从 10 美元减少到 5 美元。

该厂商应该把产量增加到 2 单位吗？第 2 单位产品的边际收益还是 15 美元，但边际成本只有 5 美元。因此通过生产第 2 单位产品，厂商可以获得 10 美元（15 美元–5 美元）——5 美元的亏损转化成了 5 美元的利润。第 3 单位产品也可以使利润增加 10 美元——边际收益是 15 美元，边际成本是 5 美元，利润增加了 10 美元——此时总利润达到 15 美元。

生产第 4 单位产品也可以使利润增加：产品价格仍然高于边际成本，意味着生产第 4 单位产品仍可以使利润增加。此时价格或者说边际收益是 15 美元，而边际成本只有 10 美元，因此生产第 4 单位产品可以使利润增加 5 美元。然而，在生产第 5 单位产品时，收益递减导致边际成本超过了价格。生产第 5 单位产品的边际收益为 15 美元，而边际成本为 20 美元，每个生产期间的利润下降了 5 美元——降至 15 美元。显然，该厂商不会生产第 5 单位。如果厂商能够生产非整数单位，那么产量为第 4 至第 5 单位之间的某个数值是最优的，利润最大化水平实际上在 4 至 5 单位之间。只要价格（边际收益）大于边际成本，厂商就会继续增加产量。

8.2.4 短期供给曲线

在前面的数值例子中，我们是通过比较一个厂商的边际成本和产品价格来确定其产量。现在回到图 8.10 所示的简化厂商，看看它对价格变化的反应。

▶ 图 8.11 一个完全竞争厂商的边际成本曲线就是它的供给曲线

在任何市场价格下[a]，边际成本曲线都表示可以实现利润最大化的产量水平，因此一个追求利润最大化的完全竞争厂商的边际成本曲线就是其短期供给曲线。

[a] 除了价格低至厂商不得不停产（第 9 章将要讨论）的情况外都成立。

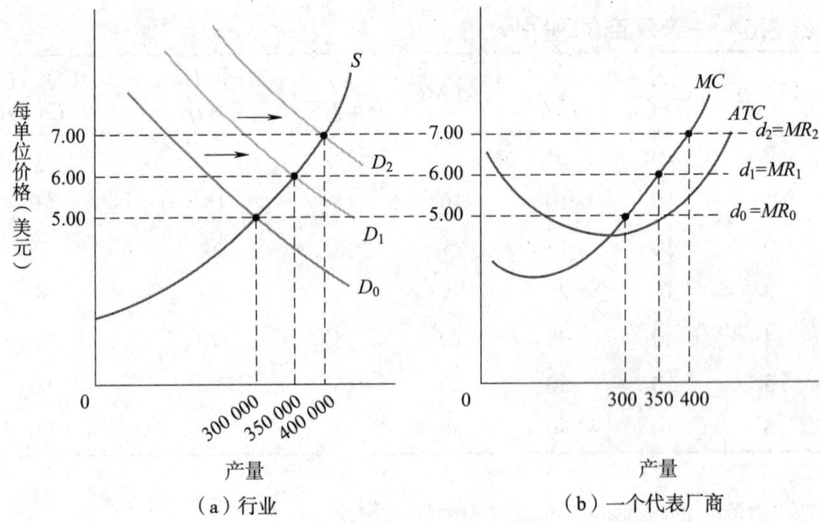

180

图 8.11（b）重新画出图 8.10（b）的图形并注明了更广泛的数值范围，以便我们发现价格变化的影响。如前所述，在 5 美元的价格下，该厂商生产了 300 单位产品，整个行业的 1 000 家厂商总共生产了 30 万单位产品。在左边图板，即图 8.11（a）中，我们看到当需求水平为 D_0 时，5 美元的价格恰好实现产量均衡，此时需求等于供给。当价格为 5 美元时，厂商的供给为 300 单位，整个行业的供给为 30 万单位，所以点（5.00 美元，300）在厂商的供给曲线上，点（5.00 美元，30 万）在整个行业的供给曲线上。如果需求曲线移动到 D_1，价格将会上涨，厂商将发现增加产量是有利的。其边际成本曲线表明，如果价格上升至 6 美元，该厂商以及其他所有类似厂商将生产 350 单位产品。所以在 6 美元的价格下，整个行业的总产量是 35 万；在 7 美元的价格下，厂商的产量会上升到 400 单位，整个行业的产量也将上升到 40 万单位。

上述点之所以在厂商的供给曲线上，是因为它们表明了厂商在每一价格水平的供给量。是什么决定了厂商在这些价格水平的产品供给数量？答案是边际成本曲线。竞争厂商的边际成本曲线实际上就是其短期供给曲线，整个行业的供给曲线则是由厂商的供给曲线推导而来的。

下一章讨论长期成本时，将重新回到这个问题。那时，我们将详细解释价格变化的动态过程，并分析一个重要的例外——厂商的供给曲线不再是其边际成本曲线，即厂商决定停止生产的条件。

8.3 前瞻

在本章的开头，我们把关于生产技术的信息、要素价格和产品价格结合在一起，来理解一个竞争厂商的供给曲线。现在已经实现了这一目标。

因为边际成本在微观经济学中是一个非常重要的概念，所以应该认真学习本章中任何不清楚的部分。最重要的是，时刻记住边际成本曲线包含了关于投入价格和技术的信息。厂商在产出市场中寻找有关潜在收益的信息，而当前的市场价格决定了竞争厂商的边际收益曲线。价格（在完全竞争中等于边际收益）恰好等于边际成本的那一点，就是完全竞争厂商的利润最大化产量水平。因此，除了下一章将要研究的一个重要例外，边际成本曲线*就是*完全竞争厂商的短期供给曲线。

在下一章，我们将转而研究长期的情形。当厂商不受固定生产要素限制自由选择生产规模时，其行为会有何变化？如果不存在固定生产规模造成的收益递减，成本曲线的形状由什么决定？当新厂商可以进入存在正利润的行业时，会发生什么？一旦发生亏损，行业会做何调整？随着时间推移，一个行业的产业结构将如何演变？

总结

1. 追求利润最大化的厂商进行决策的目的是使其利润（总收益减去总成本）实现最大化。
2. 为了计算生产成本，厂商必须清楚两件事情：生产所需投入品的数量及其组合；这些投入品的成本。

8.1 短期成本　页 203

3. 固定成本就是不随厂商产量变化的成本。在短期内，即使产量为零，厂商也无法避免或改变固定成本。
4. 可变成本是那些取决于厂商所选择的产量水平的成本。固定成本加上可变成本就等于总成本（$TC=TFC+TVC$）。
5. 平均固定成本（AFC）指的是总固定成本除以总产量。随着产量增加，不变的固定成本被分摊到越来越多的产品上，因此平均固定成本随着产量增加呈现稳定的下降趋势。这种现象被称为分摊经常费用。
6. 生产某一产量水平的投入组合有很多种，其中成本最小的组合就是最优组合。总可变成本（TVC）是短期内随产量变化的所有成本之和。
7. 边际成本（MC）是多生产 1 单位产品带来的总成本增加。如果一个厂商生产 1 000 单位产品，那么产量提高到 1 001 单位带来的额外成本就是边际成本。边际成本衡量的是每多生产 1 单位产品所需额外投入的成本。由于固定成本不会随着产量变化而变化，所以边际成本仅反映了可变成本的变化。
8. 在短期内，厂商受到固定生产要素或者说固定生产规模的限制。随着产量不断增加，厂商最终一定会发现自己受到规模的限制。由于这一固定规模，边际成本最终会随着产量的增加而增加。

181

9. 边际成本就是总可变成本曲线的斜率。由于总可变成本通常随着产量的增加而增加，总可变成本曲线的斜率一般是正值。然而，递增的边际成本意味着总可变成本和总成本最终会以递增的速度增加。

10. 平均可变成本（*AVC*）等于总可变成本除以总产量。
11. 当边际成本大于平均可变成本时，平均可变成本呈递增趋势；当边际成本小于平均可变成本时，平均可变成本呈下降趋势。边际成本与平均可变成本相交于 *AVC* 的最低点。
12. 平均总成本（*ATC*）等于总成本除以总产量，也等于平均固定成本与平均可变成本之和。
13. 如果边际成本小于平均总成本，平均总成本呈递减趋势；如果边际成本大于平均总成本，平均总成本呈递增趋势。边际成本与平均总成本相交于 *ATC* 的最低点。

8.2 产出决策：收益、成本和利润最大化 页 214

14. 完全竞争厂商面临的需求曲线是一条水平线（或者说是具有完全弹性的需求曲线）。
15. 总收益（*TR*）等于产品价格乘以厂商决定生产和销售的产品数量，边际收益（*MR*）是指厂商增加 1 单位产出带来的额外收益。
16. 对于一个完全竞争厂商来说，边际收益等于其产品的当前市场价格。
17. 在完全竞争行业中，一个追求利润最大化的厂商会一直提高产量，直到产品价格恰好等于短期边际成本为止，即 $P=MC$。更一般的利润最大化公式为：$MR=MC$（在完全竞争中 $P=MR$）。一个完全竞争厂商的边际成本曲线就是其短期供给曲线，不过有一个例外（第 9 章将讨论这一例外情况）。

术语和概念回顾

平均固定成本（*AFC*），页 205
平均总成本（*ATC*），页 212
平均可变成本（*AVC*），页 210
固定成本，页 203
同质产品，页 215
边际成本（*MC*），页 207
边际收益（*MR*），页 216
完全竞争，页 215
分摊经常费用，页 205
总成本（*TC*），页 203
总固定成本（*TFC*）或经常费用，页 203
总收益（*TR*），页 216
总可变成本（*TVC*），页 205
总可变成本曲线，页 206
可变成本，页 203

等式：

$TC=TFC+TVC$，页 203
$AFC=TFC/q$，页 204
TVC 的斜率 $=MC$，页 209
$AVC=TVC/q$，页 210
$ATC=TC/q=AFC+AVC$，页 212
$TR=P\times q$，页 216
所有厂商的利润最大化产量水平：$MR=MC$，页 218
完全竞争厂商的利润最大化产量水平：$P=MC$，页 218

习题

8.1 短期成本

学习目标：能够描述厂商成本的主要组成部分并画出图形。

1.1 考虑购买与驾驶一辆汽车的成本。在 60 个月的时间里，以 4% 的利息贷款购买一辆售价 18 000 美元的菲亚特 500。每月需要支付约 331.50 美元；无论行驶多少英里，每月都要缴纳 120 美元的保险费用。每升汽油可以行驶 35 英里，而普通汽油价格为 2.6 美元 / 升。最后，假设该汽车的磨损成本约为每英里 20 美分。其中哪些成本是固定的？哪些成本是可变的？驾驶该汽车一英里的边际成本是多少？在决定是否驾车从亚特兰大去拉斯维加斯（往返大约 2 000 英里）时，你会考虑哪些成本？为什么？

1.2 截至 2014 年 6 月，约翰·格林（John Green）的国际畅销小说《无比美妙的痛苦》（*The Fault in Our Stars*）已售出超过 1 070 万册。在图书出版行业，固定成本很高，边际成本则非常低且相对固定。假设出版《无比美妙的痛苦》的固定成本是 400 万美元，如果出版商决定印刷 100 万册，平均固定成本是多少？500 万册呢？1 500 万册呢？

现在假设出版《无比美妙的痛苦》的边际成本为每本书 2.5 美元，并且印刷 200 万册的边际成本相同，这包含了全部的可变成本。请解释为什么在这种情况下边际成本（*MC*）和平均可变成本（*AVC*）是一条水平线。如果出版商印刷了 100 万册，平均总成本是多少？500 万册呢？1 500 万册呢？

画出出版商的平均固定成本（*AFC*）曲线和平均总成本（*ATC*）曲线。

1.3 休斯顿美术博物馆在每周大多数时间对成人普通门票的定价为 15 美元，每周四提供免费入场。为什么博物馆经常采用这种定价方式（在一周内某一天提供免费入场）？为什么会选择周四而不是周六呢？

1.4 下表给出 10 种不同产量水平所需的资本和劳动力投入。

q	K	L
0	0	0
1	6	1
2	10	3
3	13	5
4	16	7
5	20	9
6	25	11
7	31	13
8	38	15
9	46	17
10	55	19

a. 假设劳动力价格（P_L）为每单位 6 美元，资本价格（P_K）为每单位 4 美元，请计算该厂商的总成本、边际成本和平均可变成本，并画出图形。

b. 曲线的形状和你预期的一样吗？解释原因。

c. 利用表中数值解释边际成本和平均可变成
本之间的关系。182

d. 利用表中数值，从“生产 1 单位边际产品所需的额外投入”的角度解释边际成本的含义。

1.5 下列选项中，哪些可以定义为短期中的固定生产要素？

a. 高尔夫球场

b. 电影院

c. 律师事务所

d. 啤酒厂

e. 游乐园

1.6 下列哪项是通用汽车的固定成本？哪项是可

变成本？

a. 用于生产汽车的铝的成本。

b. 对肯塔基州的鲍灵格林装配工厂征收的财产税。

c. 装配线工人的劳动成本。

d. 支付给加拿大安大略省奥沙瓦的通用汽
183 车体育中心冠名权的年度费用。

e. 支付给通用汽车公司首席执行官玛丽·巴拉的工资。

f. 为卡车和越野车从固特异轮胎购买的汽车轮胎的成本。

1.7 利用图中信息，找出当产量为 500 时下列各种成本的大小。

a. 总固定成本

b. 总可变成本

c. 总成本

d. 边际成本

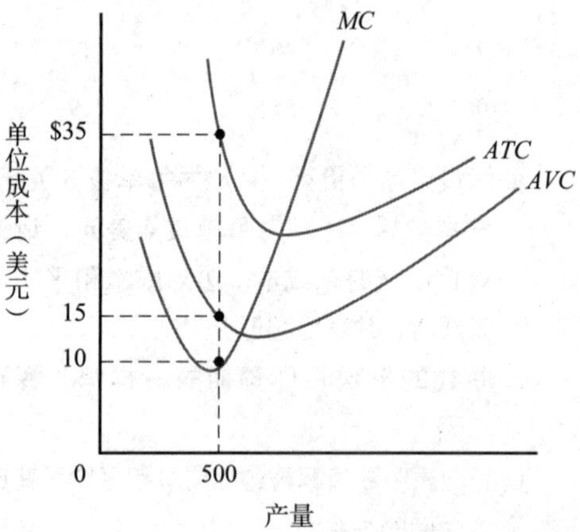

1.8 下列事件对上题图中的成本曲线会产生怎样的影响？

a. 员工的每小时工资增加。

b. 厂商与土地拥有者签订了一份为期三年的新合同，每月租金降低了 10%。

c. 厂商采用了一项新技术，降低了公共设施成本。

d. 厂商收到了财产保险费率提高 5% 的通知。

e. 该厂商的主要物料供应商将其所有物料价格提高了 3%。

1.9 判断下列说法是否正确：如果进行生产的总可变成本是每增加 1 单位产品的边际成本之和，我们就可以用总可变成本除以总产量来计算边际成本。

8.2 产出决策：收益、成本和利润最大化

学习目标：讨论收益和成本是如何影响完全竞争厂商的利润最大化产量水平的。

2.1 **[与页 211“实践中的经济学”相关]** 除了赌博业之外，拉斯维加斯的现场秀也很出名。任何一天，都有将近 100 场演出在该城市的不同场地上演。其中，有许多演出花费了数百万美元进行制作，人们为了得到最佳位置，通常要等待数月时间。售票处门票价格从小型演出的不到 10 美元，到大型演出的超过 200 美元不等。近年来，一些演出开始通过折扣店提供半价票，这些折扣票只在演出当天提供，先到先得。利用边际成本概念，解释为什么很多演出会提供半价票。你认为哪些顾客最有可能或者最不可能通过折扣店购买演出门票？你能想出一个不以该方式提供门票的原因吗？

2.2 你是否同意下列说法：厂商会将生产成本降至最低，因此一个获得短期经济利润的厂商选择在其平均总成本曲线的最低点进行生产。

2.3 成本数据如下所示：

总固定成本为 60 美元。

q	*TVC*
0	0
1	25
2	40
3	60
4	90
5	130
6	185

当价格分别为 22 美元和 42 美元时，该厂商会生产多少产品？各种价格下的总收益和总成本是多少？利润是多少？利用边际成本概念进行简要解释。

2.4 你同意下列说法吗？为什么？

a. 对于一个市场价格高于平均总成本的竞争厂商来说，经济利润的存在意味着即使价格低于边际成本，厂商也应在短期内增加产量。

b. 如果边际成本随产量增加而增加，平均成本必然呈上升趋势。

c. 除了产量为零时，任何产量水平的固定成本都是相同的。当一个厂商的产量为零时，短期内固定成本为零。

2.5 一家厂商的成本信息如下表所示。

q	*TC*	*TFC*	*TVC*	*AVC*	*ATC*	*MC*
0	$50					
1	70					
2	80					
3	90					
4	110					
5	140					
6	175					
7	220					
8	280					
9	360					
10	450					

a. 补充该表格。

b. 在同一个图中画出 *AVC*、*ATC*、*MC*。*MC* 和 *ATC* 之间有什么关系？*MC* 和 *AVC* 之间又有什么关系？

c. 假设市场价格是 20 美元，厂商在短期内会生产多少产品？总利润是多少？

d. 假设市场价格是 60 美元，厂商在短期内会生产多少产品？总利润是多少？

2.6 伊莎贝尔家族经营着一家菠萝加工厂，该加工厂将新鲜菠萝切成菠萝圈、菠萝条和菠萝块。该菠萝加工厂的资本包含 3 台不同年份的机器，每台机器都能将菠萝加工为上述三种不同形态之一。所有的机器都处于良好的状态，并可以同时运行。

	加工菠萝的单位成本	每天最大生产能力（菠萝）
机器 1	$0.10	250
机器 2	0.25	400
机器 3	0.50	500

a. 假设“加工成本”包含所有的人工费和材料费，也包含所有者的工资。假设伊莎贝尔家族与一家服务公司签订了一份长期合同（20 年），规定以每年 1 825 美元或每天 5 美元的固定费用对机器进行维护以使它们正常运行。

（1）试推导加工厂的边际成本曲线。

（2）试推导加工厂的总成本曲线。

b. 在 0.40 美元的价格下，该加工厂能加工多少菠萝？总收益、总成本和总利润各是多少？

2.7 下图是一条总成本曲线，请画出相应的边际成本曲线。如果产品价格是 3 美元，在没有固定成本的情况下，利润最大化的产量水平是多少？

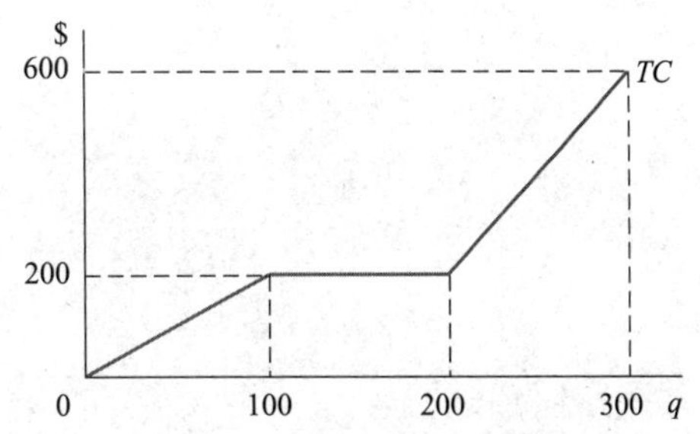

184

2.8 下图是只使用一种可变生产要素（劳动）厂商的生产函数，它展示了每种劳动投入水平下的总产量。

a. 推导并画出边际产量曲线。

b. 假设工资率是 4 美元，推导并画出该厂商的边际成本曲线。

c. 如果产品价格为 6 美元，利润最大化的产量水平是多少？该厂商会雇用多少劳动力？

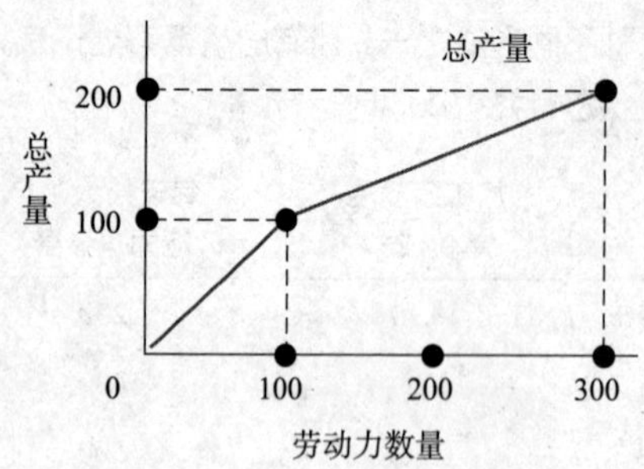

2.9 补充下表各列数值。一个追求利润最大化的厂商应该生产多少产品？利用“边际”思想验证你的答案。

q	*TFC*	*TVC*	*MC*	*P*=*MR*	*TR*	*TC*	利润
0	\$5	\$0		\$5			
1	5	3		5			
2	5	4		5			
3	5	9		5			
4	5	16		5			
5	5	25		5			
6	5	36		5			

2.10 根据上一个问题的答案，大致画出边际收益、边际成本和平均总成本，同时在图上标出利润最大化的产量。请根据表格信息计算平均总成本。

2.11 边际成本表示多生产 1 单位产品增加的总成本。边际产量表示在其他投入不变的情况下，增加 1 单位特定投入额外生产的产品。对于边际成本和边际产量之间的关系而言，这意味着什么？

第 9 章

长期成本和产出决策

上两章，我们讨论了追求利润最大化的竞争厂商的短期行为，在第8章，我们学习了成本曲线是如何从生产函数和投入品价格中推导出来的。一旦厂商对其短期成本有了清晰的认识，就可以根据产品的市场价格决定利润最大化产量。特别地，一个追求利润最大化的完全竞争厂商会持续生产产品直到价格（边际收益）等于边际成本为止。因此，厂商的边际成本曲线与其供给曲线相同。

在本章中，将目光从短期转向长期，厂商在短期内的生产情况（是赢利还是亏损）决定了其长期生产。长期生产（供给）决策所受的约束比短期生产决策所受的约束小，原因有两点：第一，在长期内，厂商可以自由选择生产规模，可以随意增加投入，因此其生产不必限制于某种固定规模；第二，厂商可以自由进入某个行业以获取利润或退出某个行业以避免损失。

在思考短期和长期之间的关系时，把自己代入厂商管理者视角是个好方法。有时，你需要做出所谓的短期决策：你受到固定工厂规模和机器数量的限制，需要做出如何最大限度利用资本生产产品的决策。与此同时，你或者另外一位管理者也要思考长期生产战略：应该进入该行业还是退出？当前景好时，你可能想要扩大生产经营。在长期中，你还必须考虑进入或退出该行业的其他厂商。管理者将同时做出短期和长期决策，既要规划未来，也要充分利用当前生产条件。

在做有关产业结构的决策或试图理解它们时，成本概念十分重要。我们已经看到，在短期内，固定生产要素最终会导致边际成本随着产量

本章概要和学习目标

增加而增加。但是，在长期中，所有要素的规模都是可变的，此时增加产量不再必然伴随着更高的成本。事实上，正如我们将要学习的，长期成本曲线并不一定向上倾斜。你可能感到好奇，为什么美国只有少数几家汽车和钢铁厂商，却有几十家软件应用程序公司和家具生产公司。这些行业长期成本曲线的形状差异很好地解释了行业结构差异。

讨论长期情形之前，我们将首先分析一下短期内三种不同类型的厂商：赚取经济利润的厂商；遭受经济损失，但是继续生产可以减少损失的厂商；决定停止生产并承担大小等于固定成本的损失的厂商。然后，我们研究这些厂商是如何根据不同市场状况做出长期决策的。

我们会继续关注完全竞争厂商，但是应该强调，无论何种市场结构，
186 构，所有厂商在短期内都会经历赢利或亏损。完全竞争厂商假设可以简化分析过程，有助于我们理解后面章节中的不完全竞争行为。

9.1 学习目标

讨论短期条件如何影响厂商的短期和长期行为。

9.1 短期条件和长期行为

研究厂商行为之前，先回顾一下"利润"这一概念。正常投资收益率是总成本的一部分（参见第 7 章）。由于我们将利润定义为总收益减去总成本，且总成本包含正常投资收益率，所以利润的定义就涉及资本的机会成本。如果一个厂商获得的收益率高于正常水平，它就得到了正利润，新厂商很可能会被该行业所吸引。如果一个厂商获得的收益率低于正常水平，它就倾向于离开该行业，到其他行业寻求利润。一个**收支平衡**的厂商，或者说利润水平为零的厂商，就是恰好获得正常投资收益率的厂商。新的投资者不会被该行业所吸引，现有投资者也不会离开该行业。

收支平衡：厂商恰好获得正常投资收益率的情况。

清楚这些概念后，就可以断定，任何厂商任何时刻必然处于下列三种状态之一：该厂商正获得正利润；该厂商正遭受亏损；该厂商刚好实现收支平衡。每种状态都会使厂商和行业在长期中采取不同行动，这也是我们即将讨论的。

9.1.1 利润最大化

如下案例有助于我们理解一个利润为正的厂商的行为。

案例：蓝天鹅绒洗车场　以蓝天鹅绒洗车场为例，让我们通过一些数值理解管理者如何根据经营情况采取行动。

洗车需要设备。以蓝天鹅绒洗车场为例，假设投资者已经投入 50 万美元用于修建场地、购买洗车所需的所有设备。如果洗车场关闭，厂房和设备可以以原价出售，但是只要继续生产经营，这些资本就会被占用。如果投资者在另一个项目的投资能够得到 10% 的回报，他们就会期望在蓝天鹅绒洗车场的投资至少也得到 10% 的回报。因此，蓝天鹅绒洗车场每年所需的资本成本为 5 万美元（50 万美元的 10%）。

目前，该洗车场每年营业 50 周（需要 2 周进行维护），每周可以清洗 800 辆汽车。合同规定，每年的设备维护基本费用为 5 万美元，无论是否提供洗车服务，都要支付一年的设备维护费用。所以，蓝天鹅绒洗车场每年的固定成本是 10 万美元，其中资本成本为 5 万美元，设备维护费用为 5 万美元。若按周计算，每周成本就是 2 000 美元。如果每周清洗 800 辆汽车，每次洗车的固定成本就是 2.5 美元（2 000 美元 /800）。

另外，该洗车场营业时，还存在可变成本。提供洗车服务需要工人、肥皂和水。假设每小时的工人工资为 10 美元，每周清洗 800 辆车，平均每个工人每小时需要清洗 8 辆车。基于上述假设，该洗车场雇用了 100 个小时的工人劳动量，工资合计 1 000 美元。因此，洗车场向 800 辆车提供洗车服务时，每次的劳动力成本为 1.25 美元（即 1 000 美元 /800）。

每个工人可以清洗的汽车数量取决于需要清洗的汽车总量。当资本和工人数量较少时，洗车场不太可能实现专业化，每个工人的洗车数量也较少。如果需要清洗的汽车数量过多，工人们就会互相妨碍。我们知道，当每周需要清洗 800 辆车时，平均每个工人每小时要洗 8 辆车。如果该洗车场试图增加洗车量，工人的工作效率就会大幅下降。如表格所示，洗车量较少时，工人的工作效率更高。

每次洗车服务的肥皂成本为 0.75 美元，如果每周的洗车量达到 800，每周总支出就会增加 600 美元。表 9.1 总结了蓝天鹅绒洗车场在每周洗车量为 800 时的成本数据。

在蓝天鹅绒洗车场附近，其他洗车场洗车服务的市场价格为 5 美元。如其他洗车场一样，蓝天鹅绒洗车场每次洗车收费不能超过 5 美元，否则顾客就会去别的地方洗车。价格为 5 美元时，蓝天鹅绒洗车场的收益超过了其所有成本之和，包括资本投资的机会成本（每周 1 000 美元）。在 5 美元的高价下，该洗车场可以赚取超额利润，蓝天鹅绒洗车场的管理者以及该地区的其他洗车场，很可能想要扩张工厂，因为他们正获得超额回报。

价格下降会发生什么呢？随着价格下降，厂商获得的超额利润也会减少。当价格下降到一定程度时，即使厂商已经在服务方面做了任何可能的调整，价格也会低于其平均总成本。此时，洗车场的管理者可能会

表 9.1　蓝天鹅绒洗车场每周的成本 187

TFC 总固定成本		*TVC* 总可变成本（洗 800 辆车）		*TC* 总成本（洗 800 辆车）	*TR* 总收益（P = \$5）
1. 投资者的正常投资收益率	1 000	劳动力	1 000	*TC*=*TFC*+*TVC* =\$2 000+\$1 600 =\$3 600	*TR*=\$5 × 800 =\$4 000 利润 =*TR*−*TC* =\$400
2. 其他固定成本（维护成本）	1 000	肥皂	600		
总计	2 000		1 600		

考虑在长期内停止营业。不过，在短期内，它们将面临一个艰难的选择：如果关闭工厂，他们每周将损失设备维护的 1 000 美元，而卖出厂房可能需要一定时间，仍然无法弥补对厂房的投资额。如果洗车场能够使得每周损失低于 2 000 美元（每周固定成本），就可以继续经营下去。当价格低于平均可变成本时，厂商就应该停产。对于蓝天鹅绒洗车场来说，洗车价格至少要高于每次的肥皂成本（0.75 美元）和劳动力成本。

因此，在短期内，蓝天鹅绒洗车场将在市场价格下继续经营。短期内厂商无法退出一个行业，它们会尽其所能将损失降到最低。在形势较好时，它们可能获得超额利润。但是当价格过高或过低时，它们便开始思考长期策略。价格为 5 美元时，管理者会想要扩大生产经营——他们也许会在附近买一块地，建一个新的厂房。当价格低于平均总成本时，他们便开始亏损，可能很快就会离开该行业。

在本章后面我们将学习，一旦管理者开始考虑长期决策时会发生什么。不过，首先来看看随着价格从可以获得超额利润的水平，下降到厂商决定停产的水平（甚至是在短期内），正常情况下厂商做出的短期决策的图形表示。

图形表示　图 9.1 的图形展示了当价格高到可以获得超额利润时，某行业以及其中一个代表厂商的情况。

行业价格为 5 美元。在竞争市场上，有 10 个厂商各自生产 800 件产品，它们都获得了经济利润。图中有三条重要的成本曲线。平均可变成本（*AVC*）曲线表示当产量发生变化时，劳动以及其他可变要素的成本发生的变化。在本例中，随着产量增加，起初劳动生产率得以提高，导致 *AVC* 下降；后来由于收益递减，生产率下降了，又导致 *AVC* 上升。再看一下平均总成本（*ATC*）曲线。起初，随着固定成本被分摊到越来越多的产品上，平均总成本曲线呈下降趋势；但是随着劳动效率降低，后来呈上升趋势。最后，看一下边际成本（*MC*）曲线。由于存在固定
188 生产要素，边际成本在某一点之后开始呈上升趋势。

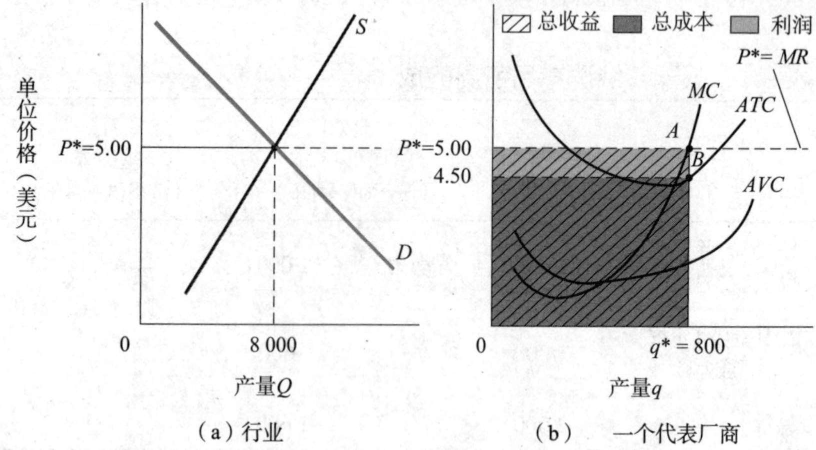

▶ 图 9.1　短期内获得正利润的厂商

一个追求利润最大化的完全竞争厂商会持续进行生产，直到 $P^*=MC$ 为止。厂商利润就是总收益与总成本之间的差额。当 $q^*=800$ 时，总收益为 \$5.00×800=\$4 000，总成本为 \$4.50×800 = \$3 600，此时总利润 = \$4 000-\$3 600=\$400。

价格为 5 美元时，厂商获得了盈利（浅色阴影部分）。每个厂商都在价格等于边际成本那一点上进行生产，从而实现了利润最大化，厂商的产量为 800 单位。任何超过 800 的产量水平，成本都大于收益。需要注意，此时厂商的产量水平大于使平均成本最小的产量水平。市场上的高价促使厂商提高服务水平，尽管这导致劳动生产率略有下降，单位成本有所提高。

收益和成本都在图中被表示出来了。总收益（*TR*）就是价格和数量的乘积：$P^* \times q^* = \$5.00 \times 800 = \$4\ 000$。总收益等于图中矩形 P^*Aq^*O 的面积（矩形面积等于长乘宽）。当产量为 q^* 时，平均总成本为 4.50 美元（*B* 点）。从数学意义上说，它等于线段 q^*B 的长度。因为平均总成本是总成本除以 *q* 得到的，所以也可以用平均总成本乘以 *q* 得到总成本：

$$ATC=\frac{TC}{q}$$

可得：

$$TC=ATC \times q$$

因此，总成本（*TC*）为 $\$4.50 \times 800 = \$3\ 600$，即图中的深色阴影部分。利润是总收益（*TR*）和总成本（*TC*）之间的差额 400 美元，即图中的浅色阴影部分。这个厂商可以得到正利润。

短期内利润为正并有望继续获利的厂商，在长期就具有扩大生产规模的动机。虽然厂商的当前产量为 800 单位，但管理者可能计划扩大生产规模。在长期中，随着厂商不断对利润做出反应，产量预期会增加。

9.1.2 损失最小化

没有获得正利润也没有达到收支平衡的厂商，一定是在遭受损失。 189
遭受损失的厂商可分为两类：（1）应立即停产，并承担大小等于总固定成本的损失的厂商；（2）短期内继续经营，以使损失最小化的厂商。最重要的一点是，在短期内厂商无法退出其所在行业。厂商可以停产，但是无法通过退出行业来消除固定成本。无论厂商采取什么措施，短期内都必须支付固定成本。就蓝天鹅绒洗车场而言，停止营业将导致其每周损失 2 000 美元——这是厂房和设备维护无法避免的资金成本。只要洗车场能以高于劳动和肥皂成本的价格提供洗车服务，继续经营就是值得的，就可以减少损失。但有些时候，即使是最好的策略也会导致亏损！

在短期内，遭受损失的厂商是否应继续经营取决于继续经营的优缺点。如果一个厂商停产，就没有收益了，当然就不必承担可变成本。如果其继续经营，在获得收益的同时，也要承担可变成本。无论厂商是否进行生产都必须承担固定成本，所以厂商所做的决策完全取决于经营所得的总收益是否足以弥补总可变成本。

> 如果总收益大于总可变成本，超额收益就可以弥补固定成本以减少损失，厂商就可以继续经营。
>
> 如果总收益小于总可变成本，厂商就要遭受损失，导致总损失大于固定成本。此时，厂商可以停产以使损失降到最低。

损失时继续生产以弥补固定成本　如果价格低于平均可变成本的最低点，厂商不仅会失去最初的投资，而且每生产 1 单位产品都会使损失增加。对于蓝天鹅绒洗车场而言，价格必须高于肥皂和劳动成本，厂商才能继续生产经营。经济学家称之为**停止营业点**。在停止营业点以上的价格，边际成本曲线表示利润最大化的产量水平。在停止营业点以下的价格，短期内最优产出水平为零。

停止营业点：平均可变成本曲线的最低点。当价格低于*AVC*曲线的最低点时，总收益不足以支付可变成本，厂商将会停止生产并承担数量上等于固定成本的损失。

现在，我们可以对第 8 章“完全竞争厂商的边际成本曲线就是其短期供给曲线”这一表述进行完善。正如上文提到的，当市场价格低于 *AVC* 曲线的最低点时，厂商就会停产。回想一下（或查看上图），边际成本曲线与 *AVC* 相交于 *AVC* 的最低点。因此，竞争厂商的短期供给曲线就是其边际成本曲线高于平均可变成本曲线的部分。

图 9.2 展示了一般情况下，包括蓝天鹅绒洗车场在内的完全竞争厂商的短期供给曲线。

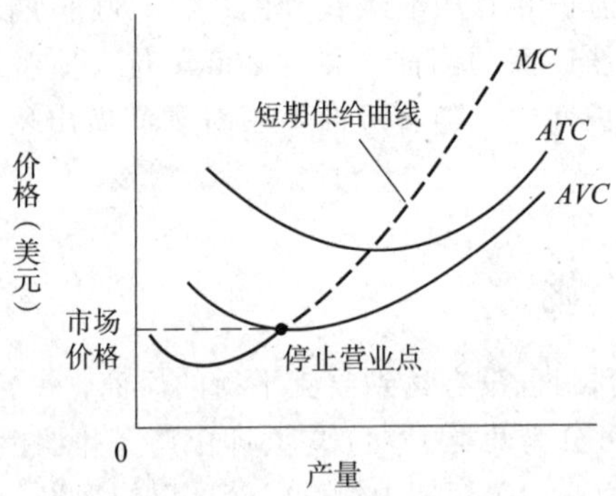

▶ 图 9.2　一个完全竞争厂商的短期供给曲线

当价格低于平均可变成本时，厂商会选择停产而不是继续经营。因此，一个竞争厂商的短期供给曲线就是它的边际成本曲线高于其平均可变成本曲线的部分。

190

9.1.3 短期行业供给曲线

某个竞争行业的总供给，就是各价格水平下该行业中全部厂商供给的产品数量总和。**短期行业供给曲线**就是单个厂商的供给曲线（即行业内全部厂商的边际成本曲线［*AVC* 以上部分］）加总。由于将每一价格水平上的供给量加总，因此该曲线是通过水平加总得到的。

短期行业供给曲线：行业内全部厂商的边际成本曲线（*AVC* 以上部分）的加总。

图 9.3 展示了三个相同厂商构成的某个行业的供给曲线。[①] 当价格

① 假设完全竞争行业是由很多厂商构成的。当然，很多时候不止有三个厂商。这里我们仅用三个厂商作为讲解的例子。在讨论一个完全竞争行业时，常常假设所有的厂商都是相同的。

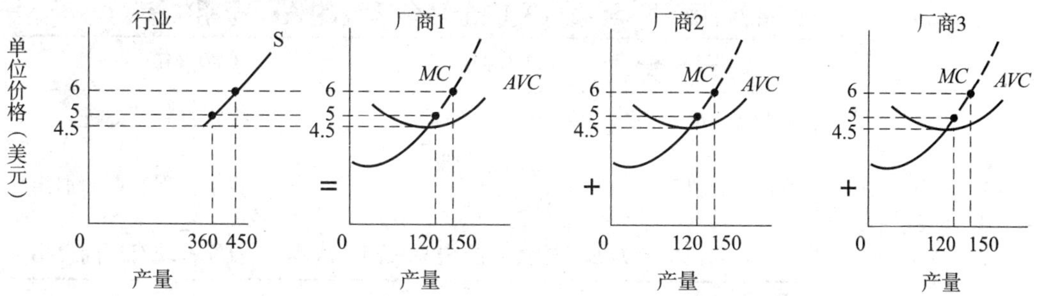

▲ 图 9.3　短期行业供给曲线就是行业中所有厂商的边际成本曲线（*AVC* 以上部分）的水平加总

如果行业中只有三个厂商，行业总供给就是各价格水平下这三个厂商供给的产品之和。比如，在 6 美元的价格下，每个厂商供给 150 单位产品，整个行业就供给 450 单位的产品。

为 6 美元时，每个厂商生产 150 单位产品，即 $P = MC$ 的产量。因此，在 6 美元的价格下，市场总供给为 450 单位。当价格为 5 美元时，每个厂商生产 120 单位产品，所以行业总供给为 360 单位。当价格低于 4.5 美元时，所有厂商都会停产，此时 P 小于 AVC。

通常情况下，有两种原因可能造成行业供给曲线发生移动。在短期内，如果某些事件（如某种投入品价格下降）使所有厂商的边际成本曲线同时移动，行业供给曲线就会发生相应的移动。比如，当家用计算机零部件的生产成本下降时，所有计算机制造商的边际成本曲线都会向下移动，意味着其供给曲线也向下移动。由于计算机的生产成本更低了，在每一价格水平上，每个厂商都愿意供给更多计算机。

在长期内，厂商数量的增加或减少将导致单个厂商供给曲线数量的增加或减少，使得整个行业的总供给曲线发生移动。如果有新厂商进入该行业，行业供给曲线就会向右移动；如果有厂商退出该行业，行业供给曲线就会向左移动。

本章在接下来介绍长期调整时，还会回到行业供给曲线移动这一问题上，对其进行进一步的分析。

9.1.4 回顾：长期行为

表 9.2 总结了完全竞争厂商在制定长期计划时可能遇到的不同情况。短期内，赢利厂商将会持续进行生产，直到价格等于边际成本为止。如果存在正利润，长期内厂商就有扩大生产规模的动机，新厂商也有进入该行业的动机。

当且仅当遭受损失的厂商获得的收益足以弥补全部可变成本时，它们才会继续进行生产。与赢利厂商相同，这些厂商也会持续进行生产，
直到 $P = MC$ 为止。因此，在短期内，产量随着价格下降而下降。如果 191
亏损的厂商不能通过继续生产弥补其全部可变成本，就会选择停产并承

表 9.2　赢利、亏损以及完全竞争厂商的长、短期决策

	短期条件	短期决策	长期决策
赢利	$TR > TC$	$P=MC$：营业	扩张：新厂商进入
亏损	1. $TR \geqslant TVC$	$P=MC$：营业（损失 < 总固定成本）	收缩：现有厂商退出
	2. $TR < TVC$	停产：损失 = 总固定成本	收缩：现有厂商退出

担大小等于总固定成本的损失。无论遭受损失的厂商在短期内是否决定停产，在长期中它都有缩小生产规模的动机。实际情况是，如果厂商遭受损失了，它在长期内就会逐渐退出这个行业。

因此，当存在改变生产规模的可能性时，短期利润就会决定厂商是扩张还是缩小其生产规模。如果经济利润是正的，厂商决定扩张规模，它就必须考虑在不同生产规模下的成本是多少（当使用"生产规模"这个概念时，你可能发现举一些不同规模厂商的例子有所帮助）。与短期内厂商对不同技术进行分析以实现某种成本结构一样，厂商也要比较不同生产规模下的成本以确定长期成本。或许较大的生产规模会使平均生产成本降低，并使一个盈利厂商具有强烈的扩张动机；亦或许大型厂商会遭遇限制其进一步发展的障碍。对长期的各种可能性分析比短期分析更为复杂，因为此时变量更多了——生产规模不是固定的，长期内厂商不存在固定成本，它们可以自由退出其所在行业。从理论上说，厂商可以选择任何生产规模，所以它们必须分析多种可能的选择。

接下来，让我们转向对长期成本曲线的分析。

9.2 学习目标

解释造成规模经济和规模不经济的原因及其影响。

9.2 长期成本：规模经济与规模不经济

短期成本曲线的形状直接来自固定生产要素导致了收益递减的假设。然而，长期中并不存在固定生产要素，厂商可以选择任何生产规模。它们可以对建造小型厂房还是大型厂房进行决策，可以把产量提高一倍甚至两倍，也可以退出其所在行业。

长期平均成本曲线（*LRAC*）：展示了在长期内单位成本如何随产量变化而变化。

规模报酬递增或规模经济：厂商生产规模扩大可以使单位生产成本降低。

规模报酬不变：厂商生产规模扩大对单位生产成本没有影响。

厂商的**长期平均成本曲线**形状取决于成本如何随着生产规模变化。对一些厂商而言，其生产技术使得扩大规模导致平均成本或者说单位成本降低；而对另一些厂商而言，扩大规模则会导致单位成本增加。如果厂商扩大生产规模可以使平均成本降低，就说存在**规模报酬递增或规模经济**。如果平均成本不随生产规模变化，就说**规模报酬不变**。最后，如果厂商扩大生产规模会导致平均成本增加，就说存在**规模报酬递减或规模不经济**。由于规模经济存在于单个厂商内部，所以有时也称之为内部规模经济。本章附录将讨论外部规模经济，它描述的是行业范围的规模经济或规模不经济。

规模报酬递减或规模不经济：厂商生产规模扩大会导致单位生产成本增加。

9.2.1 规模报酬递增

从技术角度看，规模报酬递增描述的是生产关系。当形容某个生产函数表现出报酬递增时，指的是投入以某比例增加会导致产出以更大比例的增加。比如，若某个厂商的投入增加了一倍或两倍，它的产量却增加了不止一倍或两倍。

当厂商存在规模经济时，其 *LRAC* 曲线将随着产量增加而下降。图 9.4 展示了一个存在规模经济的厂商在产量约为 100 000 时的短期与长期平均成本曲线。图 9.4 中，有时把 100 000 单位的产量水平称为厂商的**最小有效规模（MES）**。MES 是使长期平均成本最小的最小生产规模。从本质上说，这就是以下问题的答案：一个厂商选择多大的生产规模才具有最优单位成本？以某个行业中进行生产的某个厂商为例，该行业中的所有厂商都面临着如图 9.4 所示的长期平均成本曲线。如果想令该厂商在市场中具有成本竞争力，其至少应该生产 100 000 单位产品。若规模较小，该厂商的成本将高于行业内的其他厂商，使得该厂商很难留在行业内。政策制定者通常善于了解相对于某种产品的市场总量来说，MES 有多大。当 MES 相对于整个市场规模较大时，该行业的厂商数量通常会减少。正如下一章我们将看到的，竞争可能也会减少。

最小有效规模（MES）：使长期平均成本最小的最小生产规模。

图 9.4 展示了三种潜在生产规模，每种规模都有其独特的短期成本曲线。假设厂商可以调整其规模，*LRAC* 曲线上的每个点都表示生产相应产量能够实现的最小成本。一旦厂商选择了某种生产规模，就有了特定的短期成本曲线。如果该厂商打算以规模 1 进行生产，就不具有大规模生产的显著成本优势。只要将生产规模加倍，从 50 000 单位增加到 100 000 单位（规模 2），该厂商就可以大大降低单位产品平均成本。

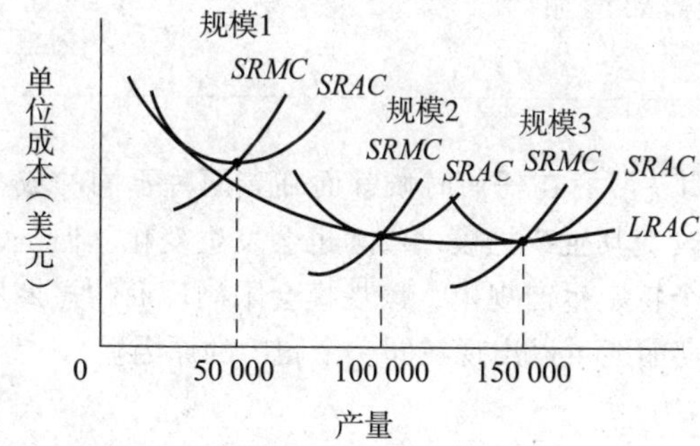

192

▲ 图 9.4　一个存在规模经济的厂商

厂商的长期平均成本曲线显示了这个厂商在长期中可以选择哪些不同的生产规模，每种生产规模都对应着不同的短期成本。从图中可以看到，一个存在规模经济的厂商从规模 1 移动到规模 2 的过程中，平均成本降低了。

193

实践中的经济学

搜索行业中的规模经济

康姆斯克（ComScore）公司的最新数据表明，几乎三分之二的搜索行为都是通过谷歌完成的。谷歌的竞争对手——排名第二的微软必应，只拥有不到20%的搜索量。是什么使谷歌在该行业中取得了成功？

谷歌之所以能够成功，一方面要归功于其低廉的成本。搜索行业被认为是终极规模驱动行业。一个在搜索行业进行竞争的公司需要做些什么？为了说服人们使用其搜索引擎，当人们输入“规模经济”之类的术语时，应该能够得到一系列合理的链接。公司肯定希望所有的相关术语都能被搜索到，比如“经济规模”，甚至是“规模不经济”等等。当然，搜索过程应该也能够识别拼写错误。如果第一个搜索某术语的用户行为是有效的，对于搜索这一术语的其他数百万用户而言，就可以或多或少地免费搜索该术语。事实上，第一个用户的搜索行为可以改进其他用户的搜索结果。公司为了提供搜索结果，需要数据中心，还需要不断改善搜索算法的工程师和支持人员。为了使产量翻倍，可能需要增加投入；但有关证据表明，投入的增加量是相对较小的。比如，谷歌的搜索量是必应的三倍以上，但其雇用的搜索算法工程师数量只是必应的两倍左右。同样地，随着搜索量的增加，数据中心的数量也只是略有增加。因此，在每次搜索过程中，谷歌数据中心的成本要小于其他规模较小的竞争对手的成本。搜索领域的规模经济有助于提升谷歌的产品质量，而其他公司（甚至是经验丰富、规模较大的微软公司）则很难在市场上超过谷歌。

思考

1. 谷歌是搜索行业的早期领军者，其早期的领先地位如何与规模经济相互作用，以维持下去？

图9.4表明，厂商在任何时候都面临着两种不同的成本约束。在长期，厂商可以改变其生产规模，成本也会发生变化。但是，任何给定的时刻都存在一个特定生产规模，该规模会限制厂商的短期生产能力。这就是短期和长期曲线可以出现在同一个图中的原因。

规模经济的来源　提到规模经济，人们立马想到与技术有关。以汽车制造业为例。如果一个公司每年手工生产100辆汽车，每辆汽车的生产成本就会非常高。20世纪初，亨利·福特在汽车制造业中引入了标准化生产技术，使得汽车产量大幅增加，单辆车的成本下降，汽车逐渐成为大部分人买得起的商品。这种新技术对汽车的小规模生产不具有成本效益，却使大规模生产的成本大大降低。福特的这一创新行为成为汽车制造厂商工厂规模经济的来源之一。再如，起初 Coors 的啤酒都是在科罗拉多州的戈尔登生产的，此地当时是美国最大的酿酒厂之一，Coors 认为较大工厂规模可以节约成本。

还有一些规模经济并非来自技术发展，而是来自厂商的效率和议价能力，这些因素也与规模有关。比如，大型公司可以以优惠价格购买大量投入品，也可以自己生产部分投入品，从而节省大量成本。当它们用货船大批量运输货物时，还可以节省部分运输费用。沃尔玛能够成为美国最大的零售商，部分原因就来源于规模经济。规模经济来源于较大厂商规模的优势，而非较大工厂规模的优势。大多数电子公司在数个中等规模工厂生产产品，却在某种程度上通过其大型厂商规模实现节约成本的目的。

9.2.2 规模报酬不变

从技术层面讲，报酬不变意味着产出增加时，投入和产出之间的数量关系保持不变。如果某个厂商的投入翻倍，其产出也会翻倍；如果该厂商的投入增加 2 倍，其产出也将增加 2 倍；依此类推。此外，如果投入品的价格固定，规模报酬不变就意味着平均生产成本不随生产规模的变化而变化，换言之，厂商的长期平均成本曲线是水平的。

图 9.4 中的厂商在规模 2 和规模 3 之间规模报酬几乎不变，单位产
品的平均生产成本大致相同。如果该厂商在超过 150 000 单位的产量水 194
平上仍然保持规模报酬不变，其 *LRAC* 曲线将继续保持水平状态。

经济学家对历年成本数据进行了广泛研究以估计规模经济的存在程度。证据表明，在大多数行业中，即使是小型厂商也可能会因规模经济实现成本节约。换言之，相对于市场规模而言，MES 的规模适中。中国台湾地区的制造业部门是验证小规模生产有效性的最佳例子——台湾地区经济的快速增长在很大程度上依赖于员工人数不足 100 的小型制造业厂商。

大多数行业在达到某一产量水平之后，就会出现规模报酬不变（水平的 *LRAC*），至少在工厂层面是这样的。一个达到“最佳”规模后仍然想实现进一步发展的厂商，可以通过建造一个完全相同的工厂实现这一目标。因此可以断言，只要能够复制现有的工厂，大多数厂商就能在工厂层面实现规模报酬不变。

9.2.3 规模不经济

当平均成本随着生产规模扩大而增加时，厂商就面临着规模不经

济。在这种情况下，*LRAC* 曲线向上倾斜。一个关于规模不经济最常见的例子就是官僚机构的低效率。当规模超过特定大小时，生产活动就变得更加难以管理。大规模往往会加剧官僚作风，并影响管理激励与控制。大型厂商中的协调工作比小型厂商更为复杂，崩溃的可能性也更大。可以看到，规模不经济是厂商层面的。

9.2.4 U 形长期平均成本曲线

如上文所述，一个厂商的长期平均成本曲线形状取决于成本对生产规模变化的反应。一些厂商的确存在规模经济，它们的长期平均成本曲线向下倾斜。但是，大多数厂商的长期平均成本曲线是水平的（至少在某些产量水平上是这样）。还有一些厂商遭遇了规模不经济，它们的长期平均成本曲线向上倾斜。

图 9.5 描述了一个同时表现出规模经济和规模不经济的厂商。当产量低于 q^* 时，平均成本随着生产规模扩大而减少；当产量高于 q^* 时，平均成本随着生产规模扩大而增加。稍后"实践中的经济学"讲述了 U 形曲线的历史。

U 形的平均成本曲线似乎与前两章的短期平均成本曲线十分相似，但是不要混淆这两者。所有短期平均成本曲线都是 U 形的，这是因为固定规模中的厂房设备会限制生产并导致规模报酬递减，使得边际成本不断升高。在长期，厂房设备的规模是可以改变的，曲线呈 U 形则来自这种先节约成本、后增加成本的规模转变方式。

最佳生产规模： 使长期平均成本最小的规模。

最佳生产规模是使长期平均成本最小的规模。事实上，正如下文即将介绍的，在需求足够多的情况下，竞争会迫使厂商实现最佳规模。在图 9.5 中，q^* 是唯一的最佳规模。

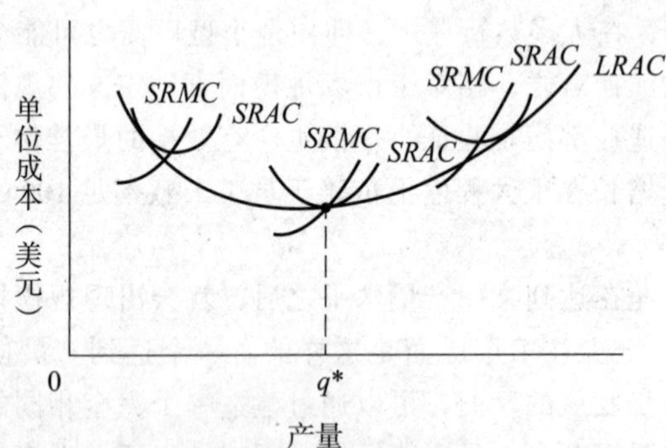

▲ 图 9.5　表现出规模经济和规模不经济的厂商

规模经济使该厂商的平均成本在 q^* 处降到最低。当产量大于 q^* 时，厂商就会遭遇规模不经济。q^* 是实现最佳生产规模时长期平均成本最小的产量水平。

195

实践中的经济学

长期平均成本曲线：是平坦的还是 U 形的？

多年来，长期平均成本曲线一直是经济学界争论的一个话题。1931 年，雅各布·维纳（Jacob Viner）在一篇经典文章中首次将长期平均成本曲线画成一系列短期曲线的“包络线”[1]。在撰写这篇文章时，维纳让为他作图的人连接所有短期平均成本曲线的最低点来绘制长期曲线。

在 1950 年的一份补充注释中，维纳提到：

> ……图 4 中的错误没有得到及时纠正，如此以后的教师和学生也可以分享他们很多前辈的“乐趣”，他们就会指出：“如果我早知道什么是包络线，就不会让优秀的作图者去完成那项技术上不可行、经济上也不恰当的任务——画出一条 *AC* 曲线，该曲线将通过所有 *AC* 曲线的最低点，但在任何点都不高于任何 *AC* 曲线……”[2]

这是一个十分有趣的经济学传说。在此之后，又出现了一个关于该方面内容的争论。1986 年，卡内基梅隆大学的赫伯特·西蒙（Herbert Simon）教授在接受《挑战》杂志采访时坦率表示，大多数教科书使用 U 形的长期成本曲线预测厂商规模，然而这一做法是错误的。西蒙解释说，研究表明，厂商的成本曲线并不是 U 形的，而是向右下方倾斜，之后趋于平缓[3]。

如果长期平均成本曲线存在一段很长的水平部分，没有呈现上升趋势，这意味着什么呢？此时，曲线上将不存在任何的最佳点。一旦厂商实现了某种生产规模，无论该规模多大，厂商的成本都一样多。西蒙告诉我们，这说明将无法预测厂商规模。但是，我们仍然可以预测行业规模：在这种情况下，追求利润的行为仍然会使厂商进入和退出行业，直到超额利润等于零为止。这一行业产量水平是指与长期平均成本相等的价格对应的产量水平，也是供求相等时的产量水平。西蒙是正确的，尽管该类型的成本曲线说明，经济理论并不能解释一切现象，但它仍然使我们学到了很多。

思考

1. 有人认为，即使长期平均成本曲线最终会向上倾斜，多数厂商也不会在该规模上进行生产。为什么？

[1] Jacob Viner, “Cost Curves and Supply Curves,” *Zeitschrift für Nationalokonomie*, 3 (1–1931): 23–46.
[2] George J. Stigler and Kenneth E. Boulding, eds., *AEA Readings in Price Theory*, Vol. 6 (Chicago: Richard D. Irwin, 1952), p. 227.
[3] 基于与 Herbert A. Simon 的访谈，“The Failure of Armchair Economics,” *Challenge* (November–December 1986): 23–24。

9.3 学习目标

描述对短期利润和损失的长期调整。

9.3 短期条件下的长期调整

在本章开头，我们讨论了以洗车场为例的厂商可能处于短期中的哪些状态。厂商可能赢利也可能遭受经济损失；它们可以停产，也可以继续生产。如果厂商能够获得经济利润（利润高于正常水平，或者说正利润）或者正在遭受经济损失（利润低于正常水平，或者说负利润），其所在行业就没有达到长期均衡状态。此时，厂商具有调整自身行为的动机。在这种情况下，厂商采取的行动一定程度上取决于其长期成本曲线的形状。

9.3.1 短期利润：进入和退出均衡

考虑一个竞争市场，该市场中的需求和成本在一段时期内保持稳定，该行业处于长期均衡状态。当前市场价格能够使厂商获得正常投资收益率，进出该行业的厂商数量处于均衡状态。厂商以尽可能高的效率生产产品，且供给等于需求。图 9.6 展示了上述情况下一个长期成本曲线
196 线为 U 形的行业。此时，价格为 6 美元，产量为 200 000 单位。

现在假设需求增加。假如在绿茶市场中出现了一则有关“绿茶有益于身体健康”的新闻报道，接下来会发生什么？厂商管理者注意到，需求因此增加了——他们也看了报纸！不过，每个厂商都拥有固定资本存量，比如该厂商就拥有一个固定的茶园，在短期内其他厂商也不可能进入该行业。事实上，即使是在现有规模的限制下，厂商也可以通过一些做法满足新的需求。它们可以雇用工人加班，或者使工人更仔细地采摘茶叶以提高产量。但是这也使平均成本增加了。在图 9.7 中，当厂商的产量水平超过 2 000
197 时，*SRMC* 曲线就会向上移动。厂商为什么要这么做呢？因为需求增加使价格提高了。虽然在短期内这一做法的成本是高昂的，但是这一新的更高的价格使厂商认为值得增加产量。事实上，只要新的价格高于短期边际成本曲线，厂商就会增加产量。在图 9.7 中，我们看到了这一新的短期均衡。

此时，供给等于需求，这里和上文相比有两个重要的区别。首先，也是最重要的——厂商正在赢利。在图 9.7 中，利润用灰色阴影的矩形部分表示，表示更高的价格与更高的平均成本之间的差额。其次，厂商

▶ 图 9.6　一个成本曲线为 U 形的行业的均衡

右图中，单个厂商生产了 2 000 单位产品，该行业是由 100 家厂商组成的。所有厂商都是相同的，而且它们最优产出水平都是 2 000 单位。

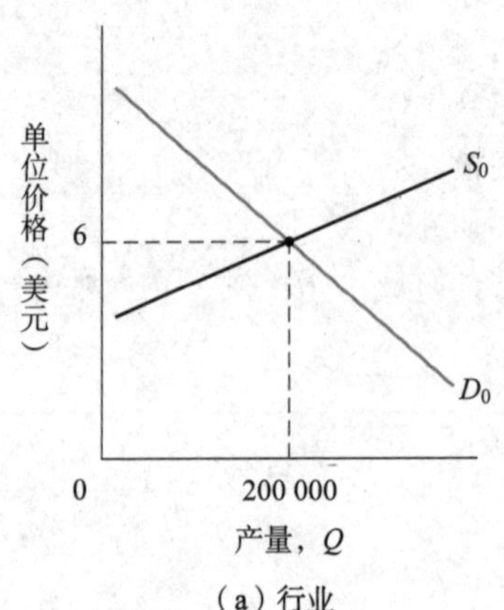

（a）行业

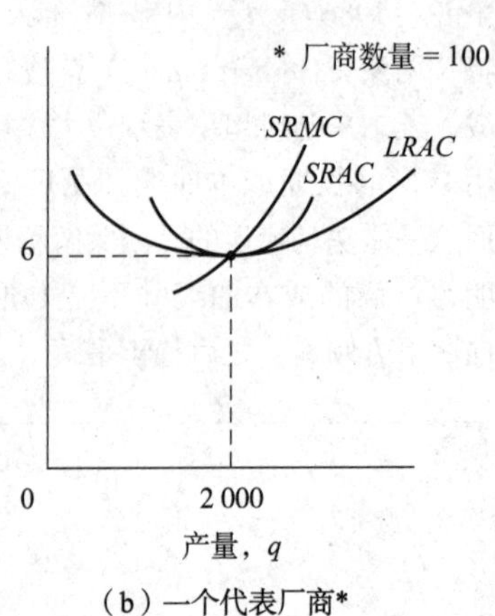

（b）一个代表厂商*

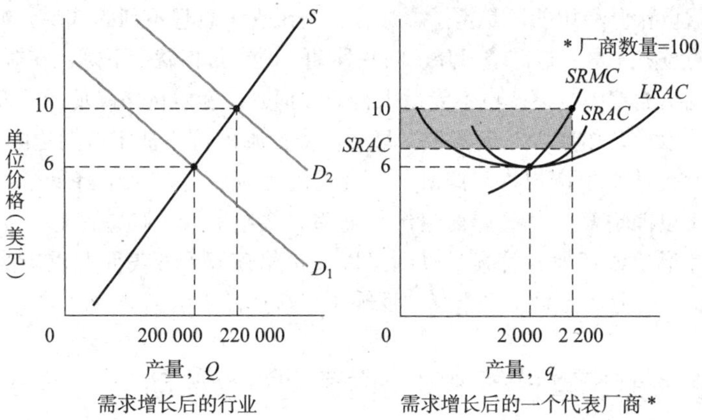

◀ 图 9.7　行业对需求增加的反应

的生产效率很低，其单位成本远远高于最低成本。这些厂商的管理者正努力使一个适合低产量水平的种植园实现更高的产量。

接下来会发生什么呢？其他厂商发现该行业具有超额利润，于是纷纷进入了这个行业。每一个进入该行业的厂商都生产 2 000 单位产品，因为这是该行业的最佳规模。也许现有厂商还会建设新的工厂（规模也将为 2 000）。每当一个新厂商进入行业，行业供给曲线（所有厂商的供给曲线之和）就会向右移动。随着厂商数量越来越多，供给增加了，价格开始下跌。只要价格高于 6 美元，新厂商和原有厂商就能获得经济利润，导致更多厂商进入行业。一旦价格下降到 6 美元，就不存在经济利润了，也不再有新的厂商进入行业。图 9.8 展示了这个新的均衡，其中供给已经实现了充分的调整，使行业在新的产量水平上恢复到了原来 6 美元的价格。

再次注意最终实现的均衡的特征：每个厂商都将选择使其长期平均成本最小的生产规模，并在最小短期平均成本对应的产量水平上进行生产。达到均衡时，每个厂商都有：

$$SRMC = SRAC = LRAC$$

由于厂商不再获得经济利润，所以又有：

$$P = SRMC = SRAC = LRAC$$

因为厂商数量足够多，所以供给等于需求。

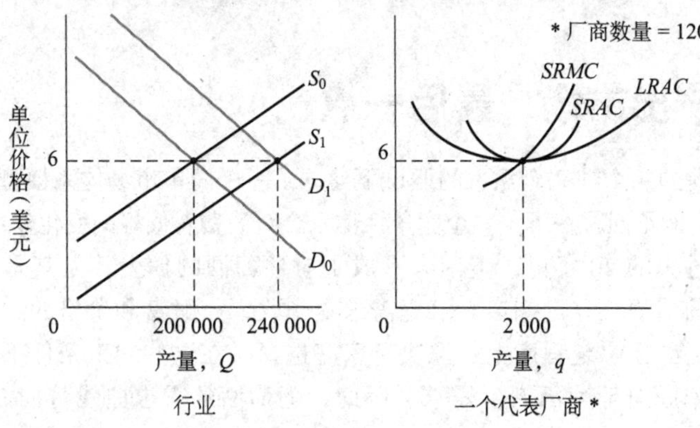

◀ 图 9.8　更高的需求水平下的新均衡

假设行业经历的不是需求增加，而是出现了意想不到的减少，也适用同样的经济逻辑。当需求下降（向左移动）时，价格就会下降。在短期内，厂商既不能缩小规模，也不能退出行业。但是，随着价格降低，厂商生产的产品数量开始减少。事实上，只要厂商面临的价格低于短期边际成本，
198 它们就会缩小生产规模。此时，厂商遭受亏损，生产水平降低了，平均成本比以前更高。一些厂商退出行业后，供给曲线会向左平移。会有多少厂商退出该行业？答案是直到足以使价格恢复到6美元并重新实现均衡为止。行业的产量水平下降，反映了对该产品需求的减少。

9.3.2 长期调整机制：投资向盈利机会流动

我们对进入、退出、扩张和收缩进行讨论的核心思想是：在有效市场中，资本投资会流向存在盈利机会的行业。实际过程是十分复杂的，而且在不同行业，这一过程也有所不同。

第一章提及了有效市场这一概念。在有效市场中，盈利机会在其形成过程中迅速消失。为了说明这一点，我们曾指出：在收款台前，如果某一个队伍比其他队伍短很多，人们将很快地加入这个队伍中，直到各个队伍的长度差不多相等为止。在竞争性行业中，随着新的竞争厂商进入，利润也很快就会消失。当进入和退出的厂商使行业重新获得正常投资收益率时，**长期竞争均衡**就实现了。当然，一个充满活力的经济体的需求和技术水平都不断地发生变化，厂商为了追逐盈利机会，会不断地进入和离开行业。

长期竞争均衡：$P=SRMC=SRAC=LRAC$，此时利润为零。

实际上，厂商通常也根据盈利机会进入或退出金融资本市场。在资本市场上，人们总是在寻求盈利机会。当某个行业运行良好时，资本通常会以不同的形式流入该行业。企业家建立的使用全新技术的新公司很可能会打入市场。

随着时间推移，投资（以建立新厂商和扩张原有厂商形式出现）总是倾向于流入那些存在正利润的行业，而遭受损失的行业会由于缺乏投资而逐渐收缩。

9.4 产出市场：最后一点

此前的四章在完全竞争的假设下建立了一个简单市场体系模型。下面再举一个例子回顾一下，一个竞争性体系会对消费者偏好的变化作何反应。

在过去的20年里，美国人形成了对葡萄酒的偏爱，尤其是加利福尼亚的葡萄酒。我们知道，家庭需求受到收入、财富和价格的约束，而收入（至少在一定程度上）取决于家庭选择。在这些约束条件下，越来越多的家庭对葡萄酒产生需求。因此，葡萄酒的需求曲线将向右移动，

199

实践中的经济学

为什么中央公园的热狗这么昂贵？

最近，本书的作者之一在纽约的中央公园散步。由于到了午餐时间，而且她有些饿了，所以她决定放纵自己，吃一份美味的老式热狗。她经常这样做，所以非常清楚热狗的标准价格为 1.50 美元。然而当她递给小贩 2 美元时，她惊讶地发现小贩没有找零。该事实表明，公园内一份热狗的价格是 2 美元，而不是其他地方的 1.50 美元。既然她学习过经济学的相关知识，便很想知道造成热狗在公园内外产生价格差异的原因是什么。

首先，她着眼于市场的需求方。如果热狗在公园内的售价为 2 美元，而在公园外的售价仅为 1.50 美元，那么人们必须自愿且有能力在公园内支付更高的价格。为什么呢？也许是因为人们步行穿过中央公园时更享受吃热狗，热狗和"在公园散步"也许是互补品，又或者中午在公园散步的人们更加富有。

你可能会问，如果在公园外的热狗售价为 1.50 美元，为什么人们不在外面购买，然后带到公园里来呢？事实是，热狗只有在热的时候才好吃，而且它们很快就会变凉。在距离公园 5 分钟路程的公园外购买的热狗，当把它带到公园里时，它就会变得冰凉，不再美味。

然而，我们不能只通过需求方来了解市场。我们还要解释热狗商贩的行为，他们是市场的供给方，并且我们知道在公园外的热狗市场几乎是完全竞争的。首先，产品是同质的。基本上所有的小贩都供给相同的产品：一份标准质量认证的热狗和两种类型的芥末酱。其次，进入公园是免费的。由于大多数小贩都推着有轮子的手推车，所以如果小镇中某地的热狗价格上涨到高于 1.50 美元，这些小贩都将前往那里。之后，增加的供给将会把价格推回至原有价格（P）= 短期边际成本（$SRAC$）= 长期平均成本（$LRAC$）。当 P=1.5 美元时，城市里的个体商贩的收入必须足以支付包括正常收益率在内的平均成本（参见本书页 228 的讨论）。如果市场价格造成了超额利润，新的供给商就会出现以争夺这些超额利润。

以上都表明，纽约市各地的热狗价格应该是一样的。如果一个小贩能在公园里将热狗卖到 2 美元，而且他的成本和公园外的小贩一样，那么他一定能赚到高于正常水平的利润。毕竟，小贩在每份热狗上多赚了 0.5 美元。因此，一定存在某种事物阻止外面的小贩将他们的手推车推到公园里，这将会使热狗的供给增加，并使价格回落至 1.50 美元。

这种事物就是一个更加昂贵的许可证。在纽约，你需要一张经营热狗车的许可证，而在公园内经营的许可证则更加昂贵。由于公园内的热狗高出 0.5 美元，所以每年在许可证上多花的成本，一定可以近似换算为每卖出一份热狗的价格要高出 0.5 美元。事实上，在纽约中央公园内卖热狗的许可证曾被拍卖了数千美元，而在较偏远地区经营热狗手推车的许可证只需 1 000 美元左右。

思考

1. 用图形说明高价许可证如何提高热狗的价格。

导致超额需求，随后造成价格上涨的结果。

随着价格上涨，葡萄酒生产商发现他们获得了正利润。*价格上涨和随之而来的利润增加就是社会资源重新配置的重要信号*。在短期内，葡萄酒生产商要受到当前生产规模的制约，比如，加利福尼亚的葡萄园数量是有限的，酒桶的容积也是有限的。

然而在长期内，我们会看到新的资源流入该行业以争夺这些利润。新的厂商进入葡萄酒生产行业中，种植葡萄树、购买新的酒桶和生产设备并将其投入使用。葡萄园的主人选择了其他州——罗德岛、得克萨斯和马里兰州，现有生产者也增加了产量。总之，人们生产更多的葡萄酒来满足新增的消费需求。与此同时，竞争还会迫使厂商以最为有效的技术进行生产经营活动。

由此可见，人们偏好的变化最终会导致资源配置的变化。土地被重新分配了，新的劳动力也进入了葡萄酒生产行业。所有这些变化都是在没有任何集中计划或指导的情况下完成的。

现在我们已经看到隐藏在竞争性的产出市场的需求曲线和供给曲线背后的机制了。接下来的两章将研究竞争性的投入市场，从而完善整个过程。

总结

1. 任何一个厂商在任一时刻必然处于下面三种状态之一：（1）该厂商正在获
200 取正利润；（2）该厂商正在遭受亏损；（3）该厂商正处于收支平衡状态，即得到正常投资收益率，利润为零。

9.1 短期条件和长期行为　页 228

2. 一个在短期内获得正利润并有望继续赢利的厂商，在长期中就有扩张的动机。此外，利润也为新厂商提供了进入该行业的动机。

3. 在短期内，遭受损失的厂商被限制在其所在行业中。它们可以停产（q=0），但是仍然必须承担固定成本。在长期中，遭受损失的厂商可以退出其所在行业。

4. 厂商关于短期内是否停产的决策完全取决于它从生产中得到的总收益是否足以弥补全部可变成本。如果总收益超过了总可变成本，营业利润就可以部分地弥补固定成本，从而减少损失。

5. 只要价格低于平均可变成本曲线的最低点，总收益就小于总可变成本，厂商就会选择停产。平均可变成本曲线的最低点（也就是边际成本曲线与平均可变成本曲线的交点）叫作停止营业点。当价格高于停止营业点时，*MC* 曲线显示了利润最大化的产量水平。当价格低于停止营业点时，最佳短期产量水平为零。

6. 在完全竞争行业中，厂商的短期供给曲线就是其边际成本曲线上高于平均可变成本曲线的部分。
7. 有两类因素会导致行业供给曲线发生移动：（1）短期内任何可能导致整个行业的边际成本发生变化的因素，比如某种投入品的价格上涨；（2）长期内厂商进入或退出行业。

9.2 长期成本：规模经济与规模不经济 页 234

8. 如果一个厂商生产规模的扩大会导致平均成本下降，它就是规模报酬递增的，或者说存在规模经济。如果平均成本不随生产规模发生变化，它就是规模报酬不变的。如果厂商生产规模的扩大会导致其平均成本上升，它就是规模报酬递减的，或者说存在规模不经济。
9. 厂商的长期平均成本曲线（*LRAC*）显示了它在长期内可以选择的不同生产规模所对应的成本。

9.3 短期条件下的长期调整 页 240

10. 当一个行业在短期内存在利润时，新厂商会进入该行业，原有的厂商也会扩张生产规模。这些都会导致行业供给曲线向右移动，并使价格下降，经济利润最终就会被消除。
11. 当一个行业在短期内遭受亏损时，一些厂商就会退出该行业，还有一些厂商会缩小生产规模。这些都会导致行业供给曲线向左移动，并使价格提高，损失最终就会被消除。
12. 当 $P=SRMC=SRAC=LRAC$ 时，达到长期竞争均衡状态，此时利润为 0。
13. 在有效市场中，资本投资会流向存在盈利机会的行业。

术语和概念回顾

收支平衡，页 228
规模报酬不变，页 234
规模报酬递减或规模不经济，页 235
规模报酬递增或规模经济，页 234
长期平均成本曲线（*LRAC*），页 234
长期竞争均衡，页 242
最小有效规模（*MES*），页 235
最佳生产规模，页 238
短期行业供给曲线，页 232
停止营业点，页 232
等式：
长期竞争均衡：
$P=SRMC=SRAC=LRAC$，页 241

习题

9.1 短期条件和长期行为

学习目标：讨论短期条件如何影响厂商的短期和长期行为。

1.1 你是否同意下列各项说法？请解释原因。

a. 在短期内获得正利润的厂商在长期内总是具有扩大生产规模的动机。

b. 只要总收益至少可以弥补固定成本，亏损的厂商在短期内就会持续经营下去。 201

1.2 “威震天”公司是一个竞争厂商，其生产条件如下：产品价格为15美元，利润最大化的产量水平为40 000单位，生产40 000单位产品的总成本（全部经济成本）为650 000美元。公司唯一的固定生产要素是750 000美元的资本存量（一栋建筑物）。如果风险类似的资产可以得到8%的收益率，该厂商在短期内是否应该停产？请解释原因。

1.3 如下表所示，在A到F的情况下，厂商在短期内会继续生产还是停产？在长期内会扩张还是退出该行业？

	A	B	C	D	E	F
总收益	1 000	2 500	4 000	7 500	7 500	7 500
总成本	1 400	1 500	5 500	7 000	7 500	8 000
总固定成本	300	1 000	500	2 500	2 500	2 500

1.4 已知下列成本数据：

q	*TFC*	*TVC*
0	25	0
1	25	7
2	25	12
3	25	18
4	25	25
5	25	34
6	25	46
7	25	62
8	25	88

如果产品价格为每单位15美元，该厂商会生产多少单位产品？总收益是多少？总成本是多少？该厂商在短期内会继续生产还是停产？在长期呢？请简要解释你的答案。

1.5 画出包含*AVC*、*ATC*、*MC*曲线的图。在图中再画出完全竞争行业中一个代表厂商的一条边际收益曲线，该厂商在p_1^*时实现利润最大化。然后画出厂商损失最小化的第二条边际收益曲线，在p_2^*的价格下厂商继续生产。最后画出第三条边际收益曲线，当价格为p_3^*时该厂商决定停产。对每条曲线的位置进行解释，并在图上标注停止营业点。

9.2 长期成本：规模经济与规模不经济

学习目标：解释造成规模经济和规模不经济的原因及其影响。

2.1 你是否同意下列说法？请解释原因。

a. 对规模报酬不变的厂商而言，长期平均成本曲线呈U形。

b. 规模报酬递增的厂商位于长期平均成本曲线向上倾斜的部分。

2.2 请解释：为什么具有规模报酬递增性质的生产函数的厂商，同时也会遭遇收益递减？

2.3 **[与页236“实践中的经济学”相关]** 近年一项有关计算机技术的创新被称为“云计算”。通过云计算，信息和软件可以以“按需”的方式被提供给计算机，就像向家庭和厂商提供公用服务一样。2015年初，云服务供应商的排名显示，亚马逊和微软的规模名列第一和第二。在一份宣传大型公共云供应商——如亚马逊——相对于小型厂商数据中心的优势的声明中，亚马逊副总裁詹姆斯·汉密尔顿（James Hamilton）声称：“一个普通厂商的服务器、网络和管理成本是大型供应商的五到七倍。”汉密尔顿的声明对于云计算行业的规模收益而言意味着什么？这表明在长期中最有可能主导该行业的公司规模是怎样的？

资料来源：James Urquhart, “James Hamilton on cloud economies of scale,” cnet.com, April 28, 2010。

2.4 **[与页239“实践中的经济学”相关]** 你是否同意以下观点？用一两句话解释原因。

a. 厂商永远不会以低于生产成本的价格出售其产品。

b. 如果短期边际成本曲线是U形的，长期平均成本曲线也很可能是U形的。

2.5 路易斯安那州的拉福什教区有三个小龙虾养殖场。锡伯杜小龙虾养殖场每月可以收获40 000磅小龙虾，总成本为50 000美元。狂欢节泥虫合作社每月可以收获 25 000 磅小龙虾，总成本为 35 000 美元。拉福什养殖场每月可以收获 90 000 磅小龙虾，总成本为 140 000 美元。这些数据表明，小龙虾养殖产业中存在明显的规模经济。你是否同意这种观点？为什么？

2.6 你是否同意下面这些说法？请简要解释你的答案。

a. 规模报酬递增是指厂商生产规模的扩大导致单位生产成本增加。

b. 规模报酬不变是指厂商生产规模的扩大对单位生产成本没有影响。

c. 规模报酬递减是指厂商生产规模的扩大导致单位生产成本降低。

2.7 规模经济是指在较高的产量水平下具有较低的单位生产成本。要理解这一点，最简单的方法是观察长期平均成本是随产量增加而降低（规模经济）还是随产量增加而增加（规模不经济）。如果随着产量增加，平均成本保持不变，就说明规模报酬不变。事实上，单位成本下降这一概念无处不在。请利用规模经济概念解释下列各项：

a. 飞机生产

b. 卫星电视供给商

c. 电子书与印刷书

d. 一对退休夫妇从 4 000 平方英尺的房子搬到 1 500 平方英尺的公寓

f. 购买一张游乐园的季票

2.8 厂商长期平均成本曲线的形状取决于成本如何随生产规模的变化而变化。请分别画出一个厂商规模经济、规模报酬不变和规模不经济的长期平均成本曲线。对成本曲线上的每一部分进行划分，并解释为什么各部分能体现特定的规模报酬类型。

2.9 某个行业的长期平均成本曲线如下图所示。已知一个厂商的产量为 10 000，另一个厂商的产量为 20 000，还有一个厂商的产量为 30 000。请画出这三个厂商的短期平均成本曲线和短期边际成本曲线，将它们分别标记为规模 1、规模 2 和规模 3。在长期中这三个厂商的规模可能会发生什么变化？

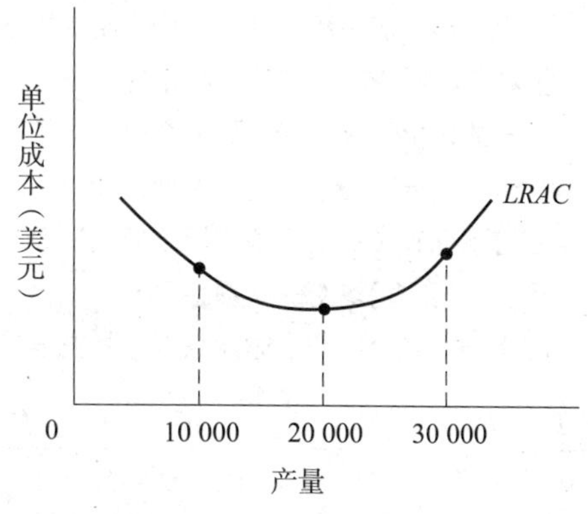

9.3 短期条件下的长期调整

学习目标： 描述对短期利润和损失的长期调整。

3.1 从 2000 年至 2005 年，美国房地产建筑业不断扩张，以新屋开工衡量的新房建设数量接近历史最高水平。像莱纳公司（Lennar Corporation）这样的大型建筑商不断获取超额利润，这一行业正在扩张。原有的房地产建筑公司不断投入更多产能并提高了产量，新的房地产建筑公司也不断进入该行业。2006 年到 2009 年，市场对新房和现房的需求开始下降，未售出的房地产库存急剧增加。房价开始下跌，房地产建筑商遭受了损失，整个行业萎缩了。许多公司退出了行业，许多建筑工人失业。2009 年到 2013 年，该行业再次扩张，对新房和现房的需求再次增加。利用互联网就可以验证上述事实。自 2014 年初以来发生了什么？房地产市场是否会继续复苏？新屋开工数量是否会继续上升？如果是的话，达到了什么水平？请论述房地产行业是继续扩张，还是再次收缩。

3.2 每年美国增长最快和消亡最快的行业名单都会通过各种途径发布。请做一个调查，从本
年度的这两份名单中分别找出三个行业，简 203
要解释这些行业快速增长或者快速消亡的原因，并解释每个行业对资本市场以及该行业长期平均成本曲线的影响。

3.3 **[与页 243 “实践中的经济学” 相关]** 位于威尼斯的圣马可广场是一个风景优美的地方，

这里有很多鸽子和游客。广场周围有许多小型私营咖啡馆，在这些咖啡馆里，一杯卡布奇诺的售价为 9 欧元，而一个街区之外同样的卡布奇诺只要 3 欧元。为什么？

3.4 回答下列有关完全竞争市场中厂商决策、市场供给与市场均衡的问题。

a. 下表为某个厂商的短期数据，补充表格。

产量	*TFC*	*TVC*	*TC*	*AVC*	*ATC*	*MC*
0	$150	$0				
1		40				
2		100				
3		180				
4		280				
5		400				
6		560				
7		760				
8		1 000				
9		1 300				
10		1 850				

b. 利用上表信息补充该厂商在完全竞争情况下的供给计划，并计算每一产量水平的利润（正的还是负的）（提示：在每个假设价格下，多生产 1 单位产品的 *MR* 是多少？把 *MR* 与多生产 1 单位产品的 *MC* 结合起来以计算供给量。）

价格	市场供给量	利润
$40		
70		
110		
140		
180		
220		
260		
400		

c. 现在，假设该行业中有 100 个厂商，它们的成本数据都是相同的，补充下表中各价格下的市场供给量。

价格	市场供给量	市场需求量
$40		1 700
70		1 500
110		1 300
140		1 100
180		900
220		700
260		500
400		300

d. 填空：根据上题的市场供给和需求计划表可知，这种产品的市场均衡价格为______，市场均衡数量为______。每个公司会生产______单位产品，可以得到的______（利润 / 损失）等于______。

e. 在 d 中，你的答案描述了这个市场中短期均衡的特征，你能归纳出长期均衡的特征吗？请解释你的答案（比如，长期中什么因素会改变均衡状态？为什么？）。

*3.5 假设你是一家国际咨询公司的分析师，你最近的任务是对快速扩张的“telemonica”行业做一个行业分析。在深入调查之后，你得到了以下信息：

■ 长期成本：

资本成本：每单位产品 40 美元

劳动力成本：每单位产品 25 美元

■ 不存在规模经济或规模不经济

■ 该行业中的厂商现在恰好可以得到资本的正常投资收益率（利润为零）

■ 该行业是完全竞争行业，其中 100 个厂商的产量完全相同

■ 行业总产量：80 万个 telemonicas。预计未来几年人们对 telemonicas 的需求会快速增长，尤其是在国外市场，预测将达到目前的四倍。但是这 100 个现有厂商的产量只能再增加 100%（由于短期收益递减）。

a. 画出其中一个代表厂商的长期成本曲线。

b. 画出两个图形来描述当前的情况：一个图形描述行业的总体情况；另一个图形

描述某个代表厂商的情况。

c. 作图描述需求的增长，指出该行业在短期和长期分别会作何反应。

3.6 下图展示了一个完全竞争行业的供给曲线和三条不同的需求曲线，表格给出了该行业中一个代表厂商的成本数据信息。

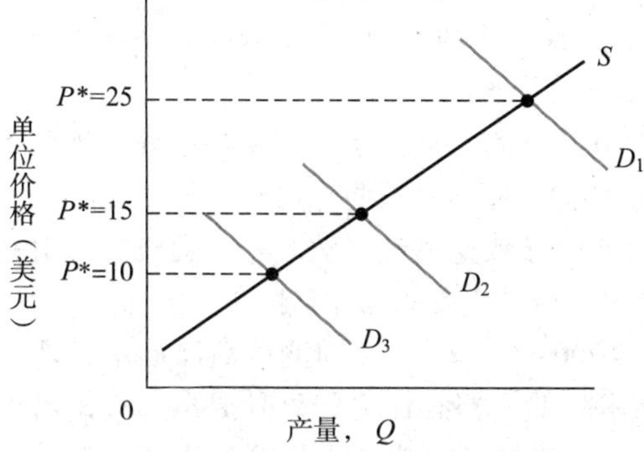

市场价格	$P^*=MC$ 时的 q^*	$P^*=MC$ 时的 ATC	$P^*=MC$ 时的 AVC
P^*=25	600	$15	$10
P^*=15	400	18	10.50
P^*=10	300	21	11

a. 该行业的需求曲线为 D_1 时，利用表格中的数据画出该行业内代表厂商的曲线。这个厂商的利润或损失是多少？将图中的利润或损失区域涂上阴影。

b. 该行业的需求曲线降至 D_2 时，画出代表厂商的曲线。这个厂商的利润或损失是多少？将图中的利润或损失区域涂上阴影。

c. 该行业的需求曲线降至 D_3 时，画出代表厂商的曲线。这个厂商的利润或损失是多少？在图中的利润或损失区域涂上阴影。

3.7 对于上题中的三种情形（P^* = 25，P^* = 15，P^* = 10），分别解释行业中的该代表厂商在长期中的动机，并说明整个行业的规模会发生什么变化。

3.8 如下图所示，规模 1 表示一个完全竞争行业中的一个代表厂商的短期产量。解释在短期内该行业内的厂商会作何种调整，在长期内该行业内的厂商又会作何种调整。

204

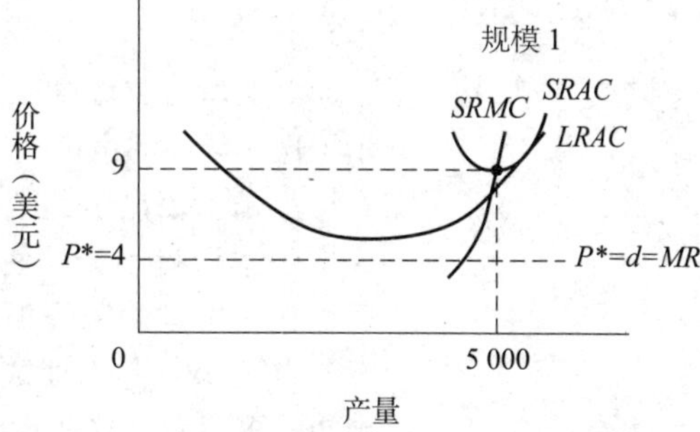

第 9 章附录

学习目标

了解外部经济和外部不经济如何改变长期行业供给曲线。

外部经济和外部不经济：如果长期平均成本随行业扩张而下降，就称这个行业中存在外部经济；如果长期平均成本随行业扩张而提高，就称这个行业存在外部不经济。

外部经济和外部不经济

有时候平均成本不仅会随厂商规模的变化而变化，还会随着行业规模的变化而变化。如果长期平均成本随行业扩张而下降，就称该行业中存在**外部经济**；如果长期平均成本随行业扩张而提高，就称该行业存在**外部不经济**（牢记内部经济和外部经济的区别：内部规模经济存在于厂商内部，而外部规模经济基于整个行业）。

2000 年至 2005 年，美国住房建筑行业的扩张就表明了外部规模不经济的增加，以及隐藏在背后的向上倾斜的长期平均成本曲线。

从 2000 年起，有两方面原因导致整体经济放缓——网络公司由蓬勃发展变为股市泡沫和“9・11”事件引发的国际恐怖主义担忧。

然而，有一个领域却在 2000 年至 2005 年间变得活跃起来，那就是住房建筑行业。极低的利率降低了拥有住宅的每月成本，移民增加了家庭数量，数百万于“生育高峰期”出生的人们开始卖掉原来的房子购买更贵的房子，对股市市场失去信心的投资者们转向了住房这一不动产。

以上所有都增加了整个美国对独栋住房和公寓的需求。表 9A.1 展示了这 5 年间的房价、产量和投入品成本的变化情况。

首先，相比于其他产品的价格，住房价格增速较快，而建筑材料成本基本保持不变，使得住房建筑行业的赢利能力开始大幅上升。之后，在原有建筑商不断扩大生产规模的同时，新的厂商也不断进入该行业中。2000 年新建成的住房约有 150 万套，这一数据在 2005 年上升到 200 多万套。这些现象给木材和墙板等建筑材料价格带来了上涨的压力。表格中的数据表明，建筑材料成本在 2004 年上升了 8 个多百分点。投入品价格的上升使建筑成本增加，这一扩张行业出现了外部规模不经济。

表 9A.1　2000—2005 年间新建住房和建筑材料的成本

	年份	房价相较于上一年的涨幅（%）	初始房价（单位：1 000 美元）	初始房价相较于上一年变化的百分比	建筑材料价格相较于上一年的涨幅（%）	消费者购买价格相较于上一年变化的百分比
	2000	–	1 573	–	–	–
205	2001	7.5	1 661	56%	0%	2.8%
	2002	7.5	1 710	2.9%	1.5%	1.5%
	2003	7.9	1 853	8.4%	1.6%	2.3%
	2004	12.0	1 949	5.2%	8.3%	2.7%
	2005	13.0	2 053	5.3%	5.4%	2.5%

资料来源：Economy.com 和联邦住房企业监管办公室（OFHEO）。

长期行业供给曲线

回忆一下：当存在盈利机会时，就有厂商进入行业；出现损失时，就有厂商退出行业。价格会处于恰好弥补长期平均成本的水平，也就实现了长期竞争均衡。此时利润为零，$P = LRAC = SRAC = SRMC$，单个厂商在最有效的规模上进行生产——此时它们处于 $LRAC$ 曲线的最低点。

正如我们在上文中所看到的，长期均衡并不是那么容易实现。即使一个厂商或一个行业的确实现了长期均衡，它也不会一直保持在这一点。经济是动态变化的，随着人口和资本存量的增长以及人们偏好的变化和技术进步，一些部门将扩张，而另一些部门将收缩。各个行业如何进行长期调整？答案既取决于内部因素，也取决于外部因素。

内部经济（或内部不经济）的程度决定了厂商长期平均成本曲线（$LRAC$）的形状。如果一个厂商改变了生产规模，进行扩张或者收缩，它的平均成本就会沿着 $LRAC$ 曲线升高、下降或者保持不变。还记得 $LRAC$ 曲线表示厂商产出（q）与平均总成本（ATC）之间的关系。对一个存在内部经济的厂商而言，成本会随着生产规模的扩大而下降；对一个存在内部不经济的厂商而言，成本会随着规模的扩大而上涨。

然而，外部经济和外部不经济跟竞争市场中单个厂商规模并没有任何关系。因为在完全竞争行业中，单个厂商规模相对于整个市场来说是很小的，某个厂商产量或生产规模的改变对其他厂商的影响非常小。外部经济和外部不经济是由行业扩张引起的，也就是说，只有在多个厂商同时增加产量或者有新厂商进入行业时才会发生。如果行业扩张导致成本提高（外部不经济），单个厂商面临的 $LRAC$ 曲线就会向上移动，无论该厂商最终选择何种产量水平，成本都会增加。同样地，如果产业扩张导致成本降低（外部经济），单个厂商面临的 $LRAC$ 曲线就会向下移动，所有潜在产量水平上的成本都会下降。

图 9A.1 展示了一个存在外部经济的行业扩张的例子。起初，该行业和其中一个代表厂商都处于长期竞争均衡状态，价格为 P_0——由初始需求曲线 D_0 和初始供给曲线 S_0 交点所决定。P_0 就是长期均衡价格，它和初始长期平均成本曲线（$LRAC_0$）交于其最低点。在这一点上，经济利润为 0。

假设随着时间推移，需求增加了，需求曲线从 D_0 右移到 D_1。这一变化会使价格上涨到 P_1。虽然没有画出短期成本曲线，我们仍然知道此时出现了经济利润，这会吸引新厂商进入该行业。当不存在外部经济或外部不经济时，新厂商会进入该行业，促使供给曲线向右移动，使价格 206
回落到长期平均成本曲线的最低点，利润重新变为零。不过，图 9A.1 所示的行业存在外部经济。随着新厂商的进入和行业的扩张，成本下降了。供给曲线从 S_0 向右移动到 S_1，长期平均成本曲线也向下移动到 $LRAC_2$。也就是，为了使价格和产出达到新的长期均衡水平，供给曲线也要移动到 S_1。供给曲线只有在 S_1 处，价格才会下降到新的均衡价格 P_2——新的长期平均成本曲线的最低点。

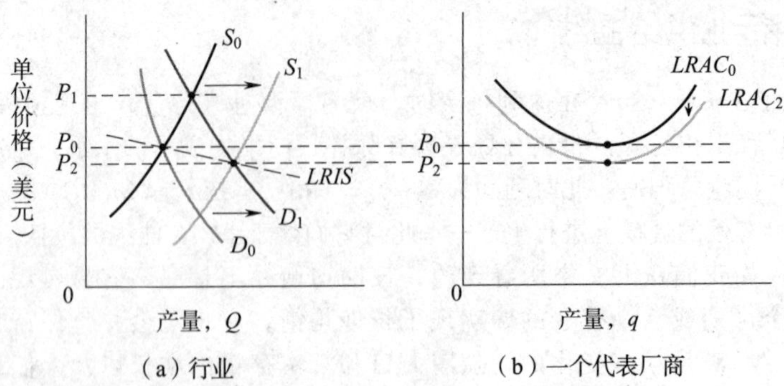

▲ 图 9A.1　成本递减的行业：外部经济

在一个成本递减的行业中，平均成本随着行业的扩张而下降。随着需求曲线 D_0 向右移动到 D_1，价格也从 P_0 上升到 P_1。随着新厂商的进入和现有厂商的扩张，供给曲线 S_0 移动到 S_1，导致价格下降。如果行业扩张使成本下降到 $LRAC_2$，最终价格就会下降到 P_2，要低于 P_0。一个成本递减行业的长期行业供给曲线（LRIS）是向下倾斜的。

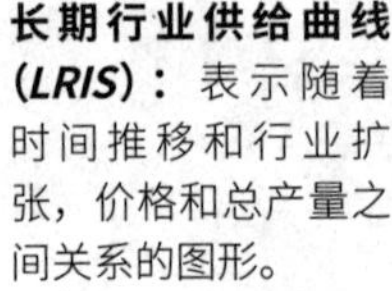

长期行业供给曲线（LRIS）：表示随着时间推移和行业扩张，价格和总产量之间关系的图形。

成本递减行业：表现出外部经济的行业，即随着行业扩张，平均成本降低的行业。这种行业的长期供给曲线斜率为负。

成本递增行业：表现出外部不经济的行业，即随着行业扩张，平均成本上涨的行业。这种行业的长期供给曲线斜率为正。

据推测，由于行业中存在外部经济，进一步扩张很可能会实现更大程度的成本节约。图 9A.1（a）中的粗虚线显示了随着时间推移和行业扩张，价格和总产量之间的关系，称为**长期行业供给曲线**（*LRIS*）。如果一个行业中存在外部经济，其长期供给曲线就是向下倾斜的，这种行业被称为**成本递减行业**。

图 9A.2 展示了一个存在外部不经济的行业的长期供给曲线（如建筑业，可回忆一下：房屋建造活动的增加导致木材价格上升）。随着需求曲线 D_0 右移到 D_1，价格也从 P_0 上升到 P_1。在更高利润的驱使下，新厂商纷纷进入该行业，使短期供给曲线右移，并导致价格下降。但是这一次，随着行业的扩张，外部不经济使得长期平均成本曲线上移到 $LRAC_2$，价格只是下降到了 P_2（$LRAC_2$ 的最低点），而不再是 P_0。此时经济利润被消除了。这种长期行业供给曲线向右上方倾斜的行业被称为**成本递增行业**。

207

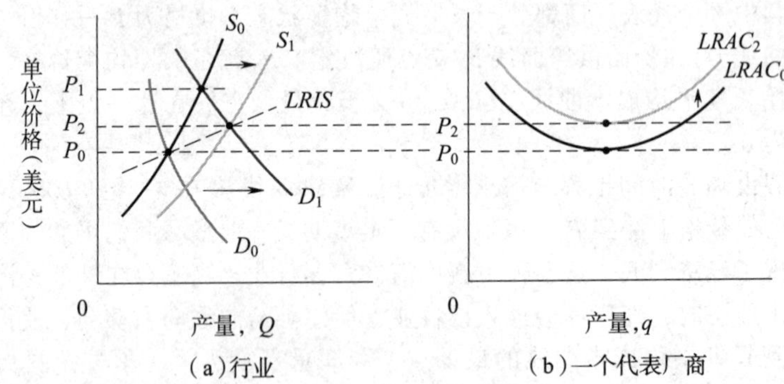

▲ 图 9A.2　成本递增的行业：外部不经济

在一个成本递增行业中，平均成本随着行业的扩张而上涨。随着需求曲线 D_0 右移到 D_1，价格也从 P_0 提高到了 P_1。随着新厂商进入行业和现有厂商扩张生产规模，供给曲线 S_0 右移到 S_1，导致价格下降。假设规模的扩张导致长期平均成本提高到 $LRAC_2$，最终价格就是 P_2。一个成本递增行业的长期行业供给曲线（LRIS）是向上倾斜的。

从以上分析不难看出，不存在外部规模经济或者外部规模不经济的行业，其长期行业供给曲线是平坦的，或者说是水平的。这种行业被称为**成本不变行业**。

成本不变行业： 随着行业的扩张，不存在外部经济或外部不经济的行业。这种行业的长期供给曲线是水平的。

附录总结

外部经济和外部不经济 页 250

1. 随着行业规模的扩张，如果长期平均成本下降，就称该行业中存在外部经济；如果长期平均成本上升，就称该行业中存在外部不经济。

长期行业供给曲线 页 251

2. 长期行业供给曲线（*LRIS*）描述了随着时间推移和行业扩张，价格和总产量之间的关系。成本递减行业的平均成本随着行业扩张而下降，此时存在着外部经济，其长期行业供给曲线是向下倾斜的。成本递增行业的平均成本随着行业扩张而上涨，此时存在着外部不经济，其长期行业供给曲线是向上倾斜的。成本不变行业扩张时，不存在外部经济或外部不经济，其长期供给曲线是平坦的，或者说是水平的。

附录术语和概念回顾

成本不变行业，页 253
成本递减行业，页 252
外部经济和外部不经济，页 250
成本递增行业，页 252
长期行业供给曲线（*LRIS*），页 252

附录习题

附录 9A: 外部经济和外部不经济以及长期行业供给曲线

学习目标： 了解外部经济和外部不经济如何改变长期行业供给曲线。

1A.1 在推导短期行业供给曲线（厂商边际成本曲线的加总）时，假设投入品价格是不变的，因为竞争厂商都是价格的接受者。这一假设在推导长期行业供给曲线的时候同样成立。你同意这个说法吗？为什么？

1A.2 考虑一个存在外部规模不经济的行业，假设在未来 10 年内，对这个行业产品的需求迅速增加。使用图形详细描述，对这一变化如何进行调整？

1A.3 一个生产西瓜的代表厂商在每 100 磅西瓜 35 美元的价格下可以获得正常利润。画出该价格下的均衡供求图形。假设该行业是成本不变行业，利用此图解释：行业如何对需求下降进行长期调整？并说明调整机制。

1A.4 评述下列说法：如果一个厂商存在内部规模不经济，那么它一定处于外部不经济的行业当中。

1A.5 假设市场对承包行业的需求正在下降，请
画出三个供求关系图形：第一个图形表示 208
成本递增行业，第二个图形表示成本递减行业，第三个图形表示成本不变行业。假设在需求下降前，该行业处于长期竞争均衡状态。在每个图形中画出长期行业供给曲线，并对每种情况进行说明。还要分别说明每个图形是存在外部经济还是外部不经济。

第 10 章

投入需求：劳动力与土地市场

2014 年，美国电焊工人的平均年薪为 3.8 万美元，而计算机程序员的平均年薪为 5.6 万美元。是什么决定了工资的多少？为什么俄亥俄州托莱多市一英亩土地的价格要低于加利福尼亚州旧金山市的土地价格？毫无悬念，决定商品和服务价格的供求力量同样也可以用来解释劳动、土地和资本等投入要素市场。投入要素市场就是接下来两章的主题。在这一章中，我们将设定一个基本框架，讨论劳动力和土地；而在第 11 章中，我们要解决更为复杂的资本和投资问题。

10.1 投入市场：基本概念

10.1 学习目标

定义投入市场的基本概念。

10.1.1 对投入品的需求：一种派生需求

在学习第 9 章蓝天鹅绒洗车场的案例时，我们发现洗车的次数和价格在某种程度上取决于驾驶员的洗车意愿（需求曲线）。如果要解释冰淇淋的价格形成机制，了解“大多数人都爱吃甜食”这一事实会有所帮助。现在考虑一下对电焊工人的需求情况。为什么会对电焊工人产生需 210
求？在投入市场中，我们之所以对某物产生需求，并不是因为它本身有用，而是因为可以用它来生产我们需要的其他物品。我们，或者更准确地说，一个厂商，需要电焊工人是因为需要他们来生产汽车，而汽车是具有价值的。对最终商品和服务的需求跟对投入品的需求的主要区别在于，对投入品的需求是**派生需求**。对汽车的需求越多，对电焊工人的需求就越多。

派生需求： 对资源（投入）的需求取决于用这些资源所生产的产品的需求。

当且仅当家庭对某厂商提供的商品或服务产生需求时，该厂商才会需要投入品。

我们经常在报纸上读到有关“工会和制造厂商产生冲突”的消息。一旦理解了劳动需求是一种派生需求，就知道了劳动力和管理层之间的共同点：对公司生产的某种产品需求增加不仅可能改善该公司所有者的状况，还可能改善提供劳动投入的工人的状况。

进一步地，一个厂商或行业对特定类型工人的需求取决于其为公司创造价值的多少。这些价值反过来又取决于工人可以生产多少单位产品、他的**生产力**大小以及这些产品的价格。

某种投入品的生产力： 每v位投入品可以生产的产品数量。

10.1.2 边际收益产品

在第 7 章中，我们将**劳动力的边际产量（MP_L）**定义为一个厂商多雇用 1 单位劳动所增加的额外产出。举例来说，如果某个厂商每周支付 400 个小时的劳动工资（10 个工人，每人每周工作 40 小时），并要求其中一个工人加班 1 小时，第 401 个小时的产量就是该厂商劳动力的边际产量。在那一章中，是以一个三明治店的所有员工只用一个烤炉、造成边际产量下降为例进行说明的。表 10.1 的前三列重新展示了该三明治店的部分生产数据。

劳动力的边际产量（MP_L）： 一个厂商多雇用 1 单位劳动所增加的额外产出。

在这个案例中，我们知道了第一个员工，第二个员工，第三个员工……能够生产的三明治数量。但是如果想要了解这家店在给定的工资水平下雇用多少员工，还需要了解这些三明治的售价。毕竟，我们支付给员工的工资是金钱，而不是三明治！

211

实践中的经济学

管理者是否重要?

将来的某一天，你可能会成为公司管理者。当你研究生产力、对未来进行思考时，可能会好奇，像你这样的管理者是如何影响员工生产力的？最近，几位经济学家（以及前顾问）进行了一项实验，并从实验中得到了一些有趣的结论。

布鲁姆、艾弗特、马哈扬、麦肯齐和罗伯茨是来自斯坦福大学和世界银行等地的经济学家，最近他们发表了一篇论文，描述了在印度若干大型纺织厂进行的实地试验[1]。研究人员以几十家公司为样本，将这些公司随机分成两组。干预组（treatment group）中，公司管理者们接受了一家大型国际咨询集团为期5个月的管理培训。他们学习了一系列操作实践，研究表明这些操作实践可能会有效果。对照组则进行了较短时间的咨询，没有接受任何培训。

结果是什么呢？在实验后的第一年，接受培训的管理者所在公司的生产力提高了17%。本教材的作者之一平时给MBA学生授课，他很高兴得知这个结果！

思考：

1. 进行该实验的许多公司都设有多个工厂。在研究人员离开后，你认为他们会针对他们其他工厂的培训做什么？

[1] Nicholas Bloom, Benn Eifert, Aprajit Mahajan, David McKenzie, and John Roberts, "Does Management Matter: Evidence from India," *Quarterly Journal of Economics* (2013): 1-51.

表 10.1 三明治生产过程中（仅有一个烤炉），每小时劳动的边际收益产品

(1) 全部劳动力数量（雇员人数）	(2) 总产量（每小时生产的三明治个数）	(3) 劳动力的边际产量 (MP_L)（每小时生产的三明治个数）	(4) 价格 (P_X)（每个三明治的增加值）[a]	(5) 边际收益产品 ($MP_L \times P_X$)（美元 / 小时）
0	0	–	–	–
1	10	10	$0.50	$5.00
2	25	15	0.50	7.50
3	35	10	0.50	5.00
4	40	5	0.50	2.50
5	42	2	0.50	1.00
6	42	0	0.50	0.00

[a] 此处的“价格”实际上是指每个三明治得到的利润；详见本章中的分析。

边际收益产品（*MRP*）或边际产品价值（VMP）：其他所有条件相同的条件下，厂商多使用 1 单位投入品所增加的额外收益。

某种可变投入的**边际收益产品（*MRP*）**是指其他所有条件相同时，厂商多使用 1 单位投入品所增加的额外收益。比如说，如果劳动是这里的可变投入要素，多使用 1 单位劳动，厂商可以增加一定量的产出（劳动力的边际产量）。厂商出售这些额外的产品以换取收益。边际收益产品就是出售由劳动的边际投入生产的商品或服务所获得的收益。对一个竞争厂商而言，边际收益产品就是某种要素的边际产品的价值，故边际收益产品也被称为**边际产品价值**。

在选取劳动作为可变要素时，可以更加正式地对这个命题进行表述。假设 MP_L 是劳动力的边际产量，P_X 是产品的价格，就可以把劳动的边际收益产品表述为：

$$MRP_L = MP_L \times P_X$$

在计算边际收益产品的时候，需要明确我们的产品究竟是什么。具体来说，在三明治店里，产品只是三明治，它们并不生产面包、肉、奶酪、芥末和蛋黄酱这类做三明治的用料。它们提供的是“制作三明治以及相关服务”。三明治店通过将肉类、面包和其他原料组合成可以直接食用的形式，使各种原料“升值”。根据这些，假设店里每一个三明治的售价比生产一个三明治的全部原料成本高 0.50 美元，也就是说三明治店出售的服务价格为每个三明治 0.5 美元，由于这里用于提供服务的唯一可变成本是制作三明治所需的劳动力，若设 X 为本店的产出，那么 P_X=0.50 美元。

表 10.1 的第 5 列计算了当三明治店把三明治价格定为制作三明治所 212
需的全部成本加上 0.5 美元时，每个员工的边际收益产品。第一个员工每小时生产 10 个三明治，按每个利润为 0.5 美元计算，他每小时创造的利润为 5 美元。由此，第二个员工每小时创造的利润为 7.5 美元。在第二个员工之后，收益递减使得 MRP_L 曲线向下倾斜。第三个员工的边际收益产品是每小时 5 美元，而第四个员工只有 2.5 美元，依此类推。

图 10.1 把表 10.1 中的数据用图形的形式描述出来。我们注意到边际收益产品曲线与边际产量曲线同样具有向下倾斜的特点和相同的形状，但是 *MRP* 是以美元为单位而不是以产出个数为单位计量的。所以 *MRP* 曲线描述了劳动的边际产品的货币价值。

我们可以根据 *MRP* 曲线探讨三明治店应该雇用的员工数量。假设
制作三明治的员工的现行工资水平是每小时 4 美元，一个追求利润最大 213
化的厂商就会决定雇用三个员工。这样，第一个员工每小时创造的利润是 5 美元，第二个员工每小时创造的利润是 7.5 美元，但是雇用他们的成本只有 4 美元。第三个员工每小时给三明治店带来的收益为 5 美元，但是边际工资也仅为 4 美元。然而，第四个员工的边际产量就不能带来足够的收益（只有 2.50 美元）以支付该员工的工资了。因此，雇用三个员工可以使得总利润最大化。如果工资是 2 美元，公司就会雇用四个员工。图 10.1 下方图板的曲线显示了在任一潜在市场工资水平下，该

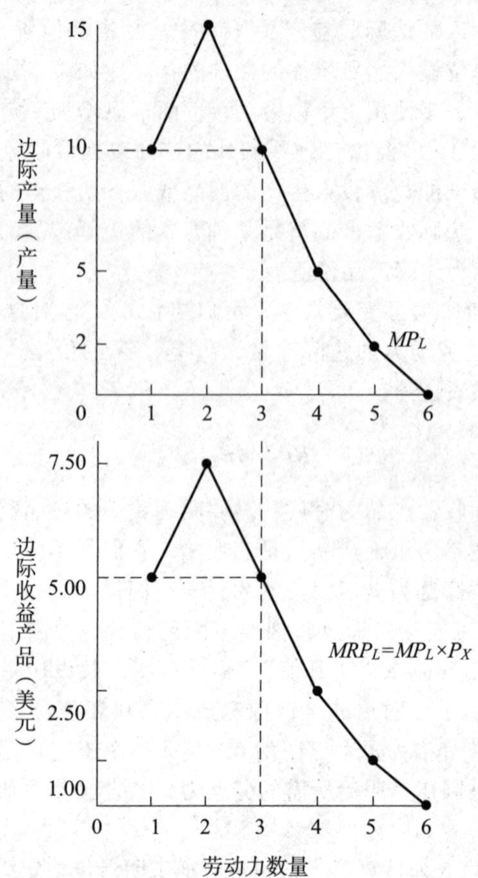

▶ 图 10.1　从边际产量曲线中推导边际收益产品曲线

劳动的边际收益产品等于产品价格 P_X 乘以劳动力的边际产量 MP_L。

三明治店雇用的劳动力数量。如果市场工资水平下降，劳动力需求量就会增加；如果市场工资水平上涨，劳动力需求量就会下降。我们现在可以说，某种要素的边际收益产品曲线就是其在短期内的需求曲线——它告诉了我们在不同的工资水平下厂商雇用的员工数量。

10.1.3 劳动力供给

第 6 章介绍了家庭选择背景下的个体劳动供给决策。正如那章所介绍的，关于是否工作以及工作量的决策，本质上涉及闲暇与工作获得的工资可以购买的商品之间的取舍。为了使效用最大化，一个人选择工作时间，使其通过工作得到的额外一美元的边际效用恰好抵消由于未享受闲暇而损失的边际效用。对于大多数人而言，随着工资水平的提高，他们愿意工作的时间也随之增加，至少在一定程度上是这样[①]。因此，对于个人而言，表示不同工资水平下愿意提供的劳动时间的劳动力供给曲线向上倾斜。

市场劳动力供给曲线：某一特定地区劳动者的个体劳动力供给曲线的水平加总。

该如何得到**市场劳动力供给曲线**呢？就像在产出市场上，根据单个厂商的供给曲线推导出市场供给曲线一样，如果我们想了解某一特定地区面

① 要使劳动力供给曲线向上倾斜，替代效应必须大于收入效应，参见第 6 章。

临的劳动供给，只需将该地区的所有个人劳动力供给曲线“相加”即可。如果个人供给曲线是向上倾斜的，那么市场供给曲线也会是向上倾斜的。

在其他所有条件相同的情况下，劳动力供给曲线表示工资水平与工人愿意提供的劳动时间之间的关系。除了工资水平之外，人们愿意提供的劳动时间显然也取决于其他某些因素，这些因素会使供给曲线发生移动。从个人层面看，偏好和社会规范在工作决策中发挥了重要作用。在美国，20 世纪 70 年代适龄女性的劳动参与率大幅增长，多数人将这种变化归因于文化变迁，而非经济因素。工作态度的变化以及闲暇机会的变化会改变劳动力供给曲线，另外，财富的变化也能改变劳动力供给曲线。随着个人越来越富有，从非工资收入看，一美元的边际效用通常是下降的，从而使给定工资水平下的工作时间减少了。随着财富的增加，个人会“购买”更多的闲暇。最后，人口的变化也改变了供给曲线。市场劳动力供给曲线是所有个体供给曲线之和。如果增加市场中的个体数量，劳动力供给曲线就会自然而然向右平移。

10.2 劳动力市场

10.2 学习目标

讨论影响劳动力市场供求的因素。

10.2.1 厂商的劳动力市场决策

现在，我们就可以把需求和供给联系在一起，研究厂商如何决定雇用多少工人。已经看到，单个厂商对投入的需求取决于投入的边际收益产品以及单位成本或价格。市场对劳动的需求就是该地区所有厂商对特定类型工人需求的总和。对于三明治店来说，其使用的劳动力大多是非技术工人，他们对这类工人的需求会被加入该地区所有其他厂商对这类工人的需求中。从这个意义上讲，三明治店与许多其他厂商（也许是完全不同的厂商）共享劳动力。

图 10.2 的左图展示了某地区的劳动力市场对特定类型工人的供求曲线。需求曲线是将该地区所有厂商的需求曲线相加得到的，反映了劳动给那些厂商提供的边际收益产品。供给曲线是由该地区所有工人的个人供给曲线相加得到的。市场价格或工资是由整个劳动力市场决定的。从图 10.2 中可以看到，市场出清的工资水平为 10 万美元，此时的劳动小时数为 56 万小时。

图 10.2 的右侧图形展示了投入市场上的一个代表厂商，该厂商只占劳动总需求很小的一部分。该厂商想要在一个有着数十万单位劳动力的市场上，雇用数百单位的劳动力。该厂商作为一个小型参与者，在投入市场和产出市场中都扮演着价格接受者的角色。只要厂商能够支付市场工资，就可以雇用任何数量的劳动力。其究竟想雇用多少工人？每个工人每小时的成本为 10 美元（即每小时的工资水平），我们可以把每小时的工资看作是 1 单位劳动的边际成本。厂商雇用工人所 214

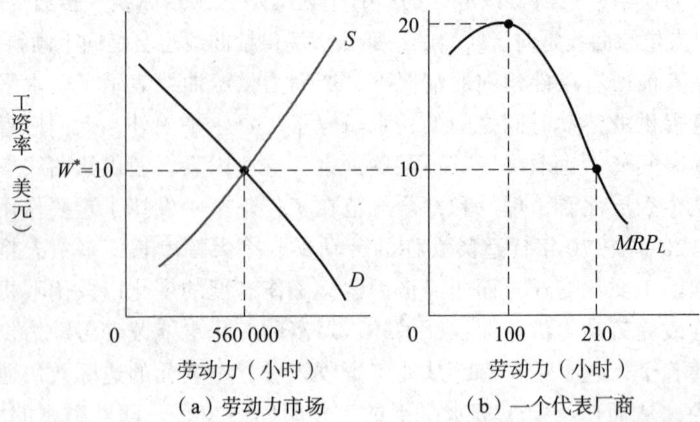

▲ 图 10.2　只拥有一种可变投入（劳动力）的厂商的边际收益产品和要素需求

对于完全竞争厂商而言，只要这种投入要素的边际收益产品大于其单位成本，厂商就会使用该投入要素。只要 MRP_L 大于现行工资水平 W^*，一个完全竞争厂商就会继续雇用劳动力。该假设厂商会雇用 210 单位或劳动小时劳动力。

获得的价值就是边际收益产品曲线，或者说需求曲线。只要劳动的边际收益产品超过其市场价格（或者工资水平），追求利润最大化的厂商就会继续雇用工人。

只要 MRP_L 维持在 10 美元以上，厂商就能从每个雇用的工人上获得正价值。在这种情况下，厂商雇用的劳动力数量为 210 单位，此时工资水平刚好等于劳动的边际收益产品，或者说 $W^*=MRP_L=10$。厂商雇用的劳动力数量不会多于 210 单位，因为雇用第 211 单位的成本要大于其所能创造的价值。

比较边际收益与边际成本，实现利润最大化　在第 8 章中我们看到，一个竞争厂商的边际成本曲线与其供给曲线是相同的。这是因为在任一产品价格水平，边际成本曲线决定了一个追求利润最大化的厂商的产量。我们通过比较边际收益（一个厂商每多生产 1 单位产品所能获得的收益）与单位产品的边际成本得到了这一结论。

本章的推导过程与第 8 章几乎没有什么区别，唯一的不同之处在于，需要用边际表示的对象有所改变。在第 8 章中，厂商比较的是边际收益与多生产 1 单位产品的边际成本。而本章中，厂商比较的是边际收益与多使用 1 单位投入的边际成本。

在这两种情况下，厂商将产品成本与出售边际产品获得的潜在收益进行比较。在第 8 章中，厂商将产品价格（P，在完全竞争市场中与 MR 相等）与生产成本（MC）直接进行比较，而成本来自要素价格和技术信息（如果不清楚，请回顾第 8 章中成本曲线的推导过程）。本章中，产品价格和技术信息可以从边际收益产品曲线中得到，厂商还将该曲线与投入品价格信息进行比较，以确定最佳的投入需求水平。

实践中的经济学 215

美国全国足球联盟预测边际产量

与我们所讨论的劳动力市场相比，美国大学刚毕业的足球运动员市场有着特殊的结构。球队在美国全国足球联盟的赞助下进行年度球员选拔，而不是像在开放市场中那样球队直接向大学球员提供薪水出价。年度选拔的目的是更平均地保持球队质量，而不是让一个富有的球队年复一年地雇佣所有最好的球员。事实上，球队会得到选拔号码，允许他们选择一名球员，然后与之协商薪资等等。对于足球迷来说，每年观看“选拔”——看哪位有前途的大学生先上场是一件令人兴奋的事情。

球队会根据前一年的战绩得到选拔号码，但是他们可以交换号码。所以如果费城鹰队得到的是 2 号，如果他们愿意，可以换为 4 号和 7 号。选拔制度的这一特点令两位富有创造力的经济学家理查德·塞勒（Richard Thaler）和凯德·马西（Cade Massey）得以研究足球队如何预测足球运动员的未来生产力。[1] 考虑到薪资，交易中隐含的价格在多大程度上与球员的生产力挂钩？如果老鹰队用 2 号交换了 4 号和 7 号，排名靠后的球员联合起来在场上的表现能弥补 2 号缺席的损失吗？塞勒和马西发现，就这一交易而言，球队往往会支付给首位选拔球员“过高的价格”，表明他们对自己预测两位排名相近的球员之间的技能差异的能力过于自信。在下一次选拔之前，你可能想看看他们的论文！

思考

1. 你如何衡量一名职业足球运动员相对于另一名职业足球运动员的边际生产力？

[1] Richard Thaler and Cade Massey, “Loser’s Curse: Overconfidence versus Market Efficiency in the National Football League,” *Management Science* (forthcoming).

10.2.2 多个劳动力市场

尽管图 10.1 描述了所谓的“劳动力市场”，事实上，存在多种不同的劳动力市场：有棒球运动员市场、木匠市场、药剂师市场、大学教授市场以及非技术工人市场等等；除此之外，还存在出租车司机市场、装配线工人市场、秘书市场和企业高管市场等等。每个市场都具有独特的技能要求，并需要具备这些独特技能的人来供给劳动力。如果劳动力市场是竞争性的，市场中的工资水平就由供给和需求共同决定。如上文所述，只有在工人创造的产品价值高于其市场工资时，厂商才会雇用工人。这句话在所有竞争性的劳动力市场上都成立。

10.3 学习目标

描述土地市场的供求关系。

10.3 土地市场

与劳动和资本不同，土地具有一个我们此前从未考虑过的特征：其总供给量是严格固定（完全无弹性）的。所以关于土地的话题仅仅落在土地的价值到底是多少，以及我们用土地来做什么。

需求决定价格：是指固定供给的商品的价格，该价格完全由家庭和厂商愿意为它支付的价格决定。

纯租金：供给固定的生产要素的回报叫作纯租金。

由于土地的供给是固定的，所以我们说土地的价格是由**需求决定**的。换言之，土地的价格完全由家庭或者厂商愿意为它支付的价格而定。所有供给固定的生产要素的回报叫作**纯租金**。

如果认为土地价格仅仅是由需求决定的，我们还忽视了一个问题：所有土地并非完全一样。一些土地显然比其他土地更有价值。是什么造成这样的差距呢？就像其他任意一种生产要素一样，土地可以被出售或者出租给出价最高的使用者。土地对于它的潜在使用者来说，其价值取决于土地自身的特性以及它所处的地理位置。举例来说，平均每英亩肥沃的土地比贫瘠的土地能生产出更多的农作物，因而也就比贫瘠的土地需要更高的价格。位于两条公路交叉路口的土地地价会非常高，因为每天庞大的车流量使得这一地区成为建立加油站的好地方。

下面这个例子有助于我们理解这一分析过程。考虑一下堪萨斯城郊区一个拐角处土地的潜在用途。艾伦想在那里建一个服装店，他认为那个地方的优越地理位置可以使他每年的经济利润达到 10 000 美元。另
216 一个对那块土地感兴趣的潜在买主贝拉相信如果她在那里建一家药店，她每年的经济利润会达到 35 000 美元。这样，由于贝拉预计获得的利润更高，所以她会比艾伦出更高的价钱，土地所有者也会因此把土地出售（或出租）给出价最高的人。

由于地理位置在很多时候都是赢利的关键，所以土地所有者往往会借此“压榨”求租人。在波士顿地区的一个著名地段，比如说哈佛广场，开设有上百家餐馆，还有一些餐馆开在这一地区的周边地带。这些餐馆在很多时候都是满员的。虽然从表面上看这些餐馆经营得很成功，但是这些餐馆的老板却很少能发大财。这是为什么呢？因为他们必须为他们的餐馆所处的地理位置支付高额租金。店主收入中的相当一部分都用于支付土地租金了（这是土地的稀缺性造成的），这是造成这一结果的首要原因。

尽管图 10.3 显示出土地的供给是完全无弹性的（一条垂直线），但是用于某一特定用途的土地的供给却不一定是完全无弹性，或者说固定的。想象一下农场用地与住宅用地。随着城市人口数量的增长，房地产开发商发现人们愿意为土地支付的金额越来越高。当房屋开发用地越来越值钱的时候，一些农户就会将他们的土地出售，这样，开发用地就增加了。以上分析将使我们能够为该类型的发展用地得出一条向上倾斜的供给曲线（而并非完全无弹性的供给曲线）。

尽管如此，我们的结论（土地赚取纯地租）仍然成立。特定地点、特定质量土地的供给量是固定的。土地的价值被唯一地确定为在竞价中

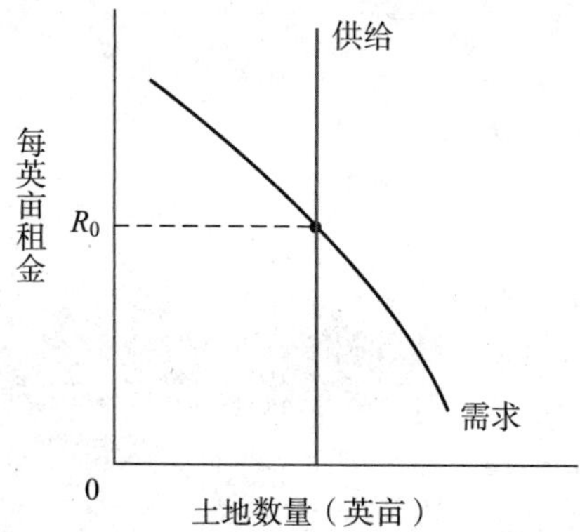

▲ 图 10.3　由需求决定的土地地租

通常来说，土地（尤其是每一块地）的供给是固定的，所以其价格由需求决定。从图形上看，固定的供给由一条垂直的完全无弹性的供给曲线表示，而租金 R_0 完全取决于需求，即人们愿意支付的价格。

出价最高的人所支付的价格。由于土地不可再生，土地的供给是完全无弹性的。

10.3.1 地租和土地产出品的价值

由于土地的价格是由需求决定的，地租也就取决于土地的潜在使用者愿意支付的价格。如我们所知，土地的最终使用者是愿意为它出价最高的人。是什么决定了人们的支付意愿？要回答这个问题，就要将关于土地市场的讨论与前面对要素市场的一般性分析联系起来。

正如上文中“两个土地的潜在使用者对同一块土地竞价”这一例子所述，竞标价格取决于利用这块土地能够获得的潜在收益。艾伦的计划每年可以创造 10 000 美元的财富，而贝拉的计划每年预计可以获得 35 000 美元。当然，这些利润并不是突然出现的，而是通过生产和销售家庭所需要的东西而获得的财富。重要商业区的地价很昂贵是因为这里创造的产品具有更高的价值。需要注意，几乎生产所有商品和服务都需要将土地作为重要投入要素。位于著名歌剧院附近的餐厅，会因为顾客人数大大超过它所能接待的顾客人数，从而在定价上高于一般餐厅。当然，餐厅若想持续经营下去，就要保持其餐饮的质量。而餐厅的地点本身也为餐厅提供了可观的获利机会。

我们有理由认为市场对于土地的需求遵循对一般投入品的需求法则。一个追求利润最大化的厂商，在某一生产要素的边际收益产品大于其市场价格的时候，厂商就会多使用 1 单位该生产要素。以劳动力为例，追求利润最大化的厂商会不停地追加雇用工人，直到厂商从工人生产的产品中获得的收益不足以满足雇用工人的成本（在完全竞争市场中，成本等于工资率）为止。对于土地来说，也是如此。只要从土地生产出的产品所获得的收益大于土地的价格，厂商就会一直使用土地，并

217

实践中的经济学

土地估价

《纽约时报》以及一些其他的报纸和杂志，不时地在专栏刊登文章，向我们展示一定的价格（如35万美元）在美国的不同地区能买到多大的房子。不同房子的大小和质量差别很大。在纽约或旧金山，35万美元只能买到一套很小的单间公寓。在康涅狄格州的纽黑文会好一些，可能买到一幢漂亮的小房子。在美国的另外一些地方，35万美元可以买到一套带有6间卧室的豪宅。然而，全国各地的建筑成本实际上非常相似，房价的差异更大程度上是由土地价格差异造成的。毕竟，某一特定地区的土地供给是非弹性的。我们没有办法把俄亥俄州托莱多的一英亩土地搬运到纽约州的斯卡斯代尔。在供给固定的情况下，价格差异是由需求决定的。

是什么决定了人们对于某个地区的需求？好天气和邻近高薪工作是其中两个因素。最近，经济学家们开始估计，在美国和中国城市中，人们会愿意为环境质量支付多少金额。[1]

思考

1. 欧洲一直在扩大其高速列车的通车范围。你认为这会对通车地区的土地价格产生什么影响？

[1] 关于美国的新研究参见 Bajari, Cooley, Kim, and Timmins, "A Theory Based Approach to Hedonic Price Regressions with Time Varying Unobservable Product Attributes," NBER Working paper, November 2010。有关中国的研究，参见 Zheng Siqi, Fu Yuming, and Liu Hongyu, "Demand for Urban Quality of Living in China," *Journal of Real Estate Finance* (2009)。

为其支付费用。用等式表示，公司会一直使用土地，直到 $MRP_A=P_A$ 为止。这里 A 代表厂商的土地拥有量（英亩）。

正如劳动力需求曲线反映了由产出市场决定的劳动力所生产的产品价值那样，土地的需求也取决于产出市场中土地生产出的产品价值。位于剧院附近的餐厅的获利能力来自市场对此地食物的定价。

因此，每一块土地在竞争者不同用途之间的分配，取决于市场上不同生产者在这块土地上可以生产出的竞争产品之间的取舍。当一块土地作为建筑用地、生产用地或者商业用地的价值超过用于生产庄稼的价值时，这块土地就由农业用地变为开发用地了。堪萨斯城一条街的拐角处开了一家药店，而不是服装店，正是因为附近居民迫切需要一家药店。

关于土地的最后一点：由于土地的地理位置不能发生移动，每一小块土地的价值在很大程度上依赖于与它相邻的土地的用途。一家排放酸性浓烟的工厂可能会使与它相邻的土地贬值，而一条新建成的公路可能会使其周边的土地升值。

10.4 投入品需求曲线

10.4 学习目标

确定使要素需求曲线发生移动的因素有哪些。

218

在学习第 3 章的时候，我们分析了使产品需求曲线发生移动的因素。然而，我们并未对投入品需求曲线进行深入研究。现在将探讨它们背后的机制。

10.4.1 要素需求曲线的移动

要素（投入品）需求曲线是由技术因素（这一点体现在生产函数中）和产品价格推导得到的。产品需求的变化、互补投入品和替代投入品数量的变化、其他投入品价格的变化以及技术的变化，都会导致要素需求曲线发生移动。这种需求曲线的移动会带来一系列重要变化，包括资源在不同用途之间的分配以及收入水平和收入分配。

对产品的需求　只要投入品的边际收益产品大于其市场价格，厂商就会不停地增加投入品的使用。在完全竞争中，边际收益产品等于某种要素的边际产品乘以产品价格，也就是该要素的边际产品价值。以劳动力为例，有：

$$MRP_L = MP_L \times P_X$$

厂商愿意为生产要素支付的金额直接取决于该公司生产的产品价值，以及该生产要素的边际生产率。因此，如果产品需求增加，产品价格就会上升，边际收益产品（要素需求）随之增加，*MRP* 曲线就会向右平移。反之，如果产品需求减少，产品价格就会下降，边际收益产品（要素需求）随之减少，*MRP* 曲线就会向左平移。

让我们回到表 10.1 那个三明治店的案例中，看看把三明治的价格从 0.50 美元提高到 1.00 美元会有什么样的结果。

如果某种投入品在某种产品的生产中被大量使用，那么该产品需求的变化就会导致要素需求曲线的移动以及投入品价格的改变。土地价格就是最为典型的一例。40 年前，曼哈顿地区中央公园西侧从第 80 街向北是一片破旧的社区，到处都是废弃的房屋。此时，该地土地的价值几乎为零。到了 20 世纪 80 年代中期，不断增长的住房需求使得当地的地价达到了前所未有的高度。其中一些一居室公寓的月租高达 1 400 美元。随着产出价格（房屋租金）的上涨，投入品价格也开始大幅上涨。到 2015 年，第 80 街和中央公园以西的小型一居室公寓的售价远超 70 万美元。而土地的价格在房价中占了很大比例。从本质上讲，对于产品（当地的住房）需求的增长，把土地的边际收益产品从 0 抬到了非常高的水平。

互补性投入品和替代性投入品的数量　在三明治店的例子中，我们假设只有一个烤炉，并且推导出了劳动力的边际产量。正如在另一章中介绍的那样，烤炉数量的增多会使员工的边际产量增加。任意一种生产要素的生产率都依赖于与它一起发挥作用的要素的质量和数量，市场对于该种生产要素的需求也依赖于这些因素。

资本积累对工资的影响是经济学领域的重要话题之一。一般而言，资本的生产和使用提高了劳动力的生产率，并且在一般情况下也会增加市场对劳动力的需求并使工资水平提高。以运输业为例。在一个较为贫
219 穷的国家里，比如说孟加拉国，一个工人只能驾一辆牛车，驮着很少的货物缓慢地走过崎岖不平的道路。相比之下，在运输业中注入大量资本的美国，一个卡车司机是在由大量资本堆积起的环境中工作的。他们所驾驶的最为常见的 18 个轮子的牵引式挂车价值超过了 10 万美元。道路本身也可以看作政府投入的建设资本。现在，一个司机在很短的时间内向相隔遥远的地区所能运送的货物量是 100 年前难以想象的。

其他投入品的价格　当一个厂商在不同技术之间进行选择时，它的选择在某种程度上取决于投入品的相对价格。

近年来，能源的价格相对于其他生产要素的价格大幅度上涨，给市场对其他投入品的需求产生了一系列影响。新建建筑物隔热要求的提高，更加节能的供暖设备的安装，以及其他类似举措，大大提高了市场对资本的需求。这是因为在生产中资本是能源的替代品。还有人认为，能源危机导致市场对劳动需求的增加。如果说资本和能源是互补性投入品，也就是说——如果资本密集型的技术也是能源密集型的，那么不断增长的能源价格就会促使厂商改变原有的资本密集型技术，转而采用劳动密集型技术。比如，一个新建成的高度自动化的厂商只需要较少的劳动力，相应地，它需要大量电力才能运行。高额电价可能会使厂商放弃采用新技术，继续使用劳动密集型的旧生产方式。

技术革新：引进新的生产方法或新产品，目的是提高现有投入品的生产力或者增加边际产品。

技术革新　与资本积累对要素需求的影响密切相关的是**技术革新**（即新的生产方法或者新产品的引进）的潜在影响。新技术通常可以提高现有投入品的生产率（或者说边际产品），使得厂商可以用较少的投入生产出同样多的产品。由于边际收益产品反映了要素生产率水平，生产率的提高将直接导致投入品需求曲线发生移动。比如，如果劳动的边际产品增加，劳动力需求曲线就会向右移动（即增加）。技术革新可以且的确对厂商要素需求具有巨大的影响。随着新产品和新生产技术的诞生，对新投入品和新技能的需求也随之增加。旧的产品不断过时，生产旧产品的劳动力和其他投入品也会随之过时。

10.5 学习目标

了解不同投入要素的价格与其相对生产率之间的关系。

10.5 投入市场中的厂商利润最大化条件

到目前为止，已经详细讨论了劳动力市场和土地市场。虽然下一章才会详细介绍资本市场，但是现在仍然可以对生产要素的竞争需求作一个概述。只要可变投入所能创造的收益在边际上足以抵消使用这些投入

品所需的成本，每个厂商就有使用更多可变投入品的倾向。更为准确的表述为，厂商会持续使用每一种投入品直至这种投入品的价格与其边际收益产品相等为止。这个条件对于所有要素在不同的产量水平上都成立。

完全竞争厂商的利润最大化条件：

$$P_L=MRP_L=(MP_L\times P_X)$$

$$P_K=MRP_K=(MP_K\times P_K)$$

$$P_A=MRP_A=(MP_A\times P_A)$$

其中，L 表示劳动力，K 表示资本，A 表示土地（英亩），X 表示产出，P_X 表示产品的价格。

当以上所有条件都得到满足时，厂商的投入品组合是最优的，或者说是成本最低的。当这些条件同时成立时，上式可以重新改写为：

$$\frac{MP_L}{P_L}=\frac{MP_K}{P_K}=\frac{MP_A}{P_A}$$

你的直觉会告诉你与上式相同的结论：厂商在雇用劳动力上花费的最后一美元所产生的边际产量，必须等于用在资本上的最后一美元所产生的边际产量，也必须等于用在土地上的最后一美元所产生的边际产量，依此类推。如果不是这样的话，厂商就有能力用较少的投入生产
出更多的产品，以此来降低产品的成本。比方说，假设出现了 $MP_L/P_L>$ 220
MP_K/P_K 这种情况，厂商只需通过将投资于资本上的钱转而用在劳动力上就可以提高产量。雇用更多的劳动力会使劳动力的边际产量下降，而减少资本的使用会提高资本的边际产量。这意味着当厂商将投入从资本转移到劳动力上时，上式中的比率会重新恢复到均衡状态。

10.6 前瞻

关于家庭和厂商的决策，我们现在形成了一个完整的、简化的框架，对于完全竞争市场中决定资源配置和产出组合的一些基本因素也做了相关研究。

在这种竞争环境下，追求利润最大化的厂商要做三种基本决策：（1）在产出市场中生产和供给多少产品；（2）如何生产（使用哪种生产技术）；（3）每种投入品的需求是多少。第 7 章至第 9 章从产出市场的角度讨论了这三种决策，对竞争厂商的短期供给曲线进行了推导，并讨论了产出市场的长期调整问题。我们了解到，成本曲线的推导过程与对不同技术中的评价和选择有关。最后，我们学习了产出市场中厂商供给量的决策如何间接决定了投入品的需求。我们认为，投入品的需求也是派生需求，也就是说，它们最终与产品的需求挂钩。

为了说明产出市场和投入市场之间的联系，本章同样考虑了这三种

决策，并且从投入市场的角度对它们进行了考察。厂商对每种投入要素的使用，最终使得每种投入品的边际收益产品与其价格相等。

下一章将对“资本市场”的复杂性进行讨论。届时将讨论实物资本市场与金融资本市场之间的关系，并研究厂商制定投资决策的几种方式。当在第 12 章中进行一般竞争均衡分析时，就可以把前面的一些限制研究范围的假设放宽了——特别是放宽关于投入市场和产出市场的完全竞争假设。

总结

1. 产品供给曲线背后存在着与投入品需求曲线相同的决策集，它们的区别仅在于考虑的出发点有所不同。

10.1 投入市场：基本概念　页 255

2. 厂商对投入品的需求取决于市场对其产品的需求，因此，投入品需求是派生需求。生产率是对每单位投入品所生产的产品数量的度量。
3. 一般来说，公司在工人生产的产品价值超过雇用工人的成本时，就会持续雇用工人。家庭在所能获得的工资高于闲暇或者无报酬工作对他们的价值时，就会向厂商提供劳动力。
4. 在短期内，某些生产要素是不可变的。这意味着所有的厂商在短期内都会面临收益递减的问题。换言之，收益递减意味着所有厂商在短期内都会面临边际产量递减。
5. 某种可变投入的边际收益产品（*MRP*）是指在其他所有条件相同的情况下，一个厂商每多使用 1 单位的投入从产品中获得的额外收益。*MRP* 在数值上等于投入品的边际产品乘以产品价格。

221

6. 某个人的劳动力供给曲线是由他在闲暇时间获得的价值与可以用工资购买的商品价值之间的选择决定的。
7. 市场劳动力供给曲线是所有个体劳动力供给曲线的水平加总。
8. 劳动力供给曲线随着偏好、财富和人口的变化发生移动。

10.2 劳动力市场　页 259

9. 厂商对于一种投入品的需求取决于该种投入品的边际收益产品。追求利润最大化的完全竞争厂商会对某一种投入品产生需求（如雇用劳动力），直到该种投入品的边际收益产品等于它的价格为止。在只拥有一种可变生产要素的厂商中，*MRP* 曲线就是厂商对该要素在短期内的需求曲线。
10. 对于一个完全竞争厂商来说，条件 $W = MRP_L$ 与条件 $P = MC$ 等价。产品价值被反映在产品价格上，投入品价值被反映在边际成本上，厂商将对这二者进行取舍。

10.3 土地市场　页 262

11. 因为土地的供给是严格固定的，所以它的价格是由需求决定的——也就是说，土地的价格完全是由家庭或者厂商愿意支付的价格决定的。任何供给固定的生产要素的收益率被称为纯地租。只要从土地生产出的产品所获得的收益大于土地的价格，厂商就会一直使用土地，并为其支付费用。厂商会一直使用土地，直到 $MRP_A = P_A$ 为止，这里的 A 代表土地（英亩）。

10.4 投入品需求曲线　页 265

12. 厂商所使用的某种生产要素的市场需求曲线的移动受到产品需求、与其具有互补性或者替代性的投入品的数量、其他投入品的价格以及生产技术的影响。

10.5 投入市场中的厂商利润最大化条件　页 266

13. 只要可变投入品创造的收益能够弥补使用这些投入品的边际成本，所有厂商都有使用这些可变投入品的动机。因此，厂商会使用每种投入品直到其价格等于其边际收益产品为止。这一利润最大化条件对所有产量水平下的所有生产要素都成立。

术语和概念回顾

习题

10.1 投入市场：基本概念

学习目标：定义投入市场的基本概念。

1.1 根据美国劳工统计局的数据，2015 年 3 月，美国教育和医疗服务部门的生产工人和非管理岗员工的平均周薪为 822 美元，高于 2006 年 3 月的 671 美元。在其他所有条件相同的情况下，预计工资的增长会减少劳动力的需求，使就业率下降。然而，事实刚好相反，劳动力需求反而大幅增加，在 2006 年至 2015 年期间增加了 370 多万个就业岗位。你如何解释这种看似矛盾的现象？

1.2 下表为马哈罗的澳洲坚果农场在 2015 年的生产技术情况：

工人数量	每周澳洲坚果产量（磅）
0	0
1	1 200
2	2 000
3	2 500
4	2 700
5	2 800
6	2 400

如果每磅澳洲坚果的售价为 3.5 美元，而竞争性的劳动力市场中工人的工资为每周 800 美元，应该雇用多少工人？如果工人组成工会后，周薪变为之前的 2 倍，又该雇用多少工人（*提示*：根据上表计算边际产品和边际收益产品）？请详细解释你的结论。 222

1.3 考虑一家制造足球的公司的下列信息，它可以在每个足球 12 美元的价格上出售任意数量。

工人数量	每周可生产的足球数量	MP_L	TR	MRP_L
0	0			
1	20			
2	50			
3	90			
4		50		
5	180			
6			2 520	
7				336
8				216
9		14		
10	280			

a. 将表格补充完整。

b. 证明该公司的 MRP_L 可以通过两种方式计算得到：（1）增加另一个工人所带来的 TR 的变化；（2）MP_L 乘以产品价格。

c. 如果这家公司必须支付给每个工人的周薪为 320 美元，公司应该雇用多少工人？请简要解释。

d. 假设每个工人的周薪上升到 400 美元，此时应该雇用多少工人？为什么？

e. 假设公司采用了一项新技术，这一新技术使得公司无论雇用多少工人，都可以使原有的产量翻倍。此时足球的价格仍然是 12 美元。这项新技术对 MP_L 和 MRP_L 有什么影响？如果目前的工资水平为每人每周 400 美元，公司应该雇用多少工人？

1.4 **[与页 256“实践中的经济学”相关]** 根据经济合作与发展组织（OECD）的数据，2013 年至 2014 年期间澳大利亚的劳动生产率有所提高，失业率也有所上升。请解释：为什么在长期中劳动生产率的提高和失业率的增加不太可能同时出现？在长期中这两种变化同时发生的原因是什么？

1.5 2012 年 10 月 29 日，“桑迪”飓风袭击了美国东北部，造成了 650 亿美元的损失。该飓风对于东海岸的许多产业来说是毁灭性的，其中重灾区之一就是贝类产业。请解释该飓风对下列各项可能造成的影响：

a. 贝类产品的价格

b. 贝类渔民的边际产量

c. 贝类渔民的需求

1.6 对于完全竞争厂商而言，边际成本曲线决定了追求利润最大化厂商的产量。在投入市场中，边际收益产品曲线决定了追求利润最大化的厂商在劳动力完全竞争市场上雇用的劳动力数量。请解释这两个概念背后推理过程的关联性。

1.7 在新奥尔良，狂欢季从每年 1 月 6 日开始，随着该城市全年最大的庆祝活动狂欢节的到来达到高潮。这项疯狂而受欢迎的庆祝活动吸引了全世界各地的人们，据新奥尔良估计，2015 年将有超过 100 万人参与庆祝活动。在路易斯安那州，每年狂欢节到来的星期二被定为一个州立节日，在该日，银行、邮局以及许多私人企业都将停止营业。根据劳动生产率，请解释：为什么在路易斯安那州狂欢节被定为州立节日？为什么新奥尔良的许多企业会在那日停止营业？

10.2 劳动力市场

学习目标：讨论影响劳动力市场供求的因素。

2.1 下图展示了一个厂商的生产函数，该厂商只使用劳动力这一种可变生产要素。

a. 画出该厂商劳动力的边际产品曲线，边际产品曲线是劳动力数量的函数。

b. 假设产品价格 P_X 为 6 美元，画出厂商的边际收益产品，边际收益产品是劳动力数量的函数。

c. 如果当前的均衡工资水平是每小时 4 美元，你会雇用多少小时的劳动？生产多少产品？

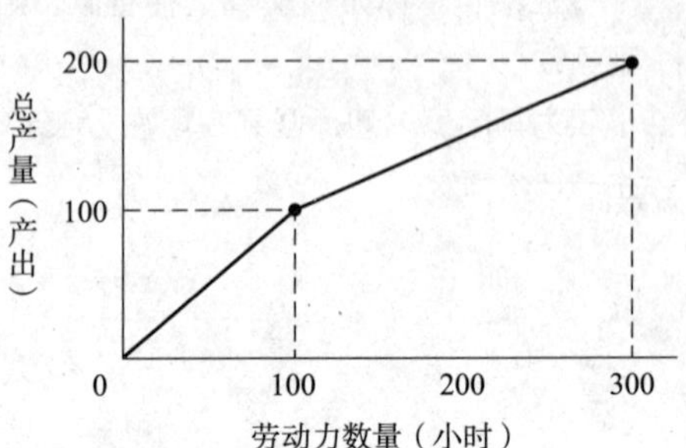

2.2 假设你与其他两个人共同居住在一栋带有大草坪的房子里，草坪需要定期修剪。你的一位不喜欢户外工作的室友建议你们雇用邻居的小女孩来替你们修建草坪，而不是你们自己动手分担这项工作，为此你们要支付给她每周 40 美元的薪水。你将如何决定由谁来修剪草坪？在考虑这个问题时，你认为会牵扯到哪些因素？它们之中哪些需要权衡取舍？

2.3 在许多学院和大学中，收入最高的教职工是体育教练。在北卡罗来纳州达勒姆的杜克大学，篮球教练迈克·沙舍夫斯基（Mike Krzyzewski）在 2013—2014 学年的工资超过了 720 万美元，而杜克大学全职教授的平均薪酬为 240 300 美元。你怎么解释这一现象？

资料来源："The 20 Highest-Paid College Coaches," thebestschools.org and "2013–14 AAUP Faculty Salary Survey," *Chronicle of Higher Education*, April 7, 2014。

2.4 2013 年，宝洁公司的首席执行官雷富礼（A.G.Lafley）的总薪酬为 180 万美元（包括工资、奖金和其他薪酬），而非营利性机构林肯表演艺术中心的主席雷诺·利维（ReynoldLevy）的收入为 1 725 493 美元。像林肯中心这样的非营利机构，应该如何证明其主席的待遇被补偿到与宝洁等营利公司的首席执行官相似的水平是有理的呢？

资料来源："Executive Compensation: How CEOs Rank," wsj.com and Kurumi Fukushima, "These 9 Nonprofit Executives Made Over $1-Million," TheStreet.com, September 15, 2014。

10.3 土地市场

学习目标：描述土地市场的供求关系。

3.1 对土地的需求是一种派生需求。想一想你学校周围的一些著名地区，是什么决定了人们对该地区土地的需求？当地的商店销售何种产品？试讨论土地价格与产品价格之间的关系。

3.2 安托瓦内特在美国密西西比州的沿海地产有五个主要的池塘，她用来养虾。每个池塘的生产力如下：

年产量	磅
池塘 1	18 000
池塘 2	11 000
池塘 3	8 000
池塘 4	5 000
池塘 5	4 000

假设每个池塘的大小相同，养虾的可变成本为每个池塘每年 18 000 美元。可变成本包括人工和机器，这些都是租用的。

安托瓦内特必须决定每年放养多少池塘。2014 年，虾农每磅获得 3.50 美元。安托瓦内特有多少个池塘？请做出解释。到 2015 223
年，虾的价格已降至每磅 2.00 美元。这次降价将如何改变安托瓦内特的决定？这将如何影响她对劳动力的需求？它将如何影响安托瓦内特土地的价值？

3.3 **[与页 264 "实践中的经济学" 相关]** 在佛罗里达州的奥兰多，随着迪士尼主题公园的建立，该地的土地价值将飙升。你如何解释土地价格的上涨？

3.4 土地价格被认为是"由需求决定的"。解释其含义，并画图举例说明。

3.5 在美国，得克萨斯州的休斯敦是唯一几乎没有分区法律的大城市，这意味着单户住宅、公寓楼、购物中心、高层建筑和工业园区都可以被建在同一个街区。在美国的主要城市中，休斯敦也是受 2008 年房地产市场危机影响最小的城市之一。2009 年，休斯敦发放了 42 697 份建筑许可，并且在最繁荣的住房市场排名中名列前茅。分区法律的不存在如何对休斯敦繁荣的住房市场和建筑市场产生影响？

资料来源：La Familia, "Zoning in on Zoning Laws," *El Gato*, June 2, 2010。

10.4 投入品需求曲线

学习目标：确定使要素需求曲线发生移动的因素有哪些。

4.1 假设一家生产小装饰品的公司可以用以下三种方式中的其中一种或几种的组合来进行生

产。下表分别列出了采用任何一种方法生产一件小饰品所需投入的资本和劳动力。

	劳动力用量	资本用量
方法 1	5	2
方法 2	3	3
方法 3	1	6

a. 假设每单位资本的成本为 5 美元，每单位劳动力的成本为 3 美元，则应该采用哪种生产方法？

b. 在公司的 *TVC* 曲线上分别标出对应于 q = 25、q = 50、q = 100 的三个点。

c. 在这三种产量水平上，公司应该使用多少 K 和 L？

d. 假设单位劳动力的价格仍然是 3 美元，而单位资本的价格上升到 7 美元，重新回答 a 到 c 的问题。

4.2 1980 年起，美国的工资收入差距明显变大。据美国人口普查局统计，前 20% 的家庭所获得的收入占经济中总收益的比重从 1980 年的 44% 上升到 2013 年的 51%，而末 20% 的家庭所获得的收入从 4.2% 下降至 3.2%。请利用边际收益产品的逻辑，解释这种收入分配的变化。在你的解释中，应考虑高科技、高技能部门的增多，以及需要低技能劳动力的部门的减少。

224 4.3 试分析下列事件对汽车工人的需求以及全电动汽车“卡拉狄加”的起源地——阿斯托里亚的汽车工人的工资有何种影响。运用供求曲线进行分析。

a. 新车利率的急剧下降增加了对新车的需求。

b. 阿斯托里亚的政府为购买电动汽车提供了 20% 的税收抵免。

c. 阿斯托里亚的经济衰退，总体失业率从 5% 上升到 15%。

d. 汽油价格下降了 30%，人们对电动汽车的需求减少。

4.4 许多国家向厂商提供了“投资税收抵免”政策，有效降低了资本的价格。理论上，这项政策可以刺激新的投资，以此来促进就业。评论家认为，如果要素替代效应更强，这项补助则可能使国家的就业率下降。请解释该观点。

10.5 投入市场中的厂商利润最大化条件

学习目标： 了解不同投入要素的价格与其相对生产率之间的关系。

5.1 假设某个厂商的 $MRP_L = \$75$，$MRP_K = \$150$，此时 $P_L = \$50$，$P_K = \$200$。

a. 目前该厂商是否实现了利润最大化？为什么？

b. 请列举能够使厂商利润增加的具体方法。

*5.2 下列数据展示了一个完全竞争厂商的产量信息。该厂商的单位产品价格为 2 美元。假设每种资源的生产率与另外两种资源的数量无关。

a. 将表格补充完整。

b. 如果单位劳动力价格为 4 美元，单位资本价格为 10 美元，单位土地价格为 80 美元，那么这些资源的利润最大化组合是什么？利用边际收益产品的知识解释你的结论。

总劳动力数量	总产量	MP_L	TR ($)	MRP_L ($)	总资本数量	总产量	MP_K ($)	TR ($)	MRP_K ($)	总土地数量	总产量	MP_A	TR ($)	MRP_A ($)
0	0				0	0				0	0			
1	12				1	20				1	100			
2	20				2	35				2	180			
3	26				3	45				3	240			
4	30				4	50				4	280			
5	32				5	52				5	300			
6	32				6	53				6	310			

第 11 章
投入需求：资本市场与投资决策

在第 10 章中，我们详细考察了劳动力市场和土地市场。在这一章中，我们将对资本市场进行进一步分析。在前面的分析中，我们注意到在劳动力市场和土地市场中家庭和厂商之间的交易是直接进行的。在劳动力市场中，家庭直接向厂商提供劳动力以换取工资。在土地市场上，土地拥有者直接将土地出租或出售给厂商，以此来换取相应的地租或者应允价格。然而，在资本市场中，家庭与厂商之间的交易是间接进行的，家庭间接向厂商提供购买资本所需的资金。比如，当家庭进行储蓄或者将资金存入其银行账户时，厂商就可以从银行借入这些资金，获得资本融资。

在市场经济中，资本从个人流向厂商的过程十分重要。一个进入新行业或者生产新产品的厂商需要资本。哪个厂商能够得到资本支持呢？这一决策是由追求个人利益的人们做出的。页 277 的“实践中的经济学”描述了电动汽车制造商特斯拉的上述过程。这一决策是具有风险的——很难知道这些新公司中，哪些会成功，哪些会失败。了解资本从家庭向厂商的流动机制就是本章的主题。

本章概要和学习目标

226 **11.1 学习目标**

定义资本、投资和折旧的概念。

11.1 资本、投资与折旧

在进行关于资本市场的讨论之前，首先回顾一些基本的经济学原理，并对相关概念进行介绍。

11.1.1 资本

资本：由经济系统产生，作为投入品出现，并用于今后商品和服务的生产的商品。

在所有经济学学说中，**资本**都是一个非常重要的概念。资本品是指在经济系统产生，作为投入品出现，并用于今后商品和服务的生产的商品。这使得资本品可以随着时间推移不断地创造出有价值的生产性服务。资本的价值只取决于随着时间的流逝它所创造的服务的价值。

实物资本或有形资本：用于今后商品和服务的生产的投入品。实物资本的主要类别包括非住宅建筑、耐用设备、住宅建筑和存货。

有形资本　提到资本时，我们通常想到的是厂商所使用的实物资本。这里的**实物资本或有形资本**的主要类别包括非住宅建筑（如办公大楼、发电厂、工厂、购物中心、仓库和码头）；耐用设备（如机械、卡车、计算机、三明治烤炉和汽车等）；住宅用建筑；厂商的投入品和产出品存货。

大多数厂商在拥有劳动力和土地的同时，还需要有形资本才能进行生产。一个餐厅所需要的有形资本包括厨房、烤箱和烤炉、桌椅、银餐具、盘子和灯具。这些设备必须在餐厅开张之前就准备好，并且只要餐厅还在经营，这些物品就一样都不能少。一个制造业公司必须拥有工厂、专用机械、卡车和零部件存货。而一个葡萄酒酿造厂则需要木桶、酒桶、酿酒用的管道、温度控制设备、发酵设备和装瓶设备。

零售药店的资本存量主要是由存货构成的。药店出售阿司匹林、维生素和牙刷等商品，但并不生产这些东西。它们仅仅是从制造商处购买这些物品，并摆在它们的货架上销售。事实上，药店亲自生产和销售的产品是“便利性”。与其他产品一样，“便利性”也是用劳动力和资本生产的，而且是以一家商店的形式存在的——大量的商品或存货摆在柜台并保存在储藏室里。制造业厂商的投入品和库存产品同样是资本。举例来说，福特汽车公司为了运营顺畅和及时满足顾客的需要，在持有汽车零部件（轮胎、挡风玻璃等）库存的同时，还拥有成品车存货。

一栋公寓也是一项资本。这项资本由经济系统产生，并随着时间的推移不断向公众提供有价值的服务。当公寓被用于出租时，它就可以被看成是提供住房服务的一项投入。

社会资本或基础设施：为公众提供服务的资本。大多数社会资本以公共设施（道路和桥梁）和公众服务（警察和消防）的形式存在。

社会资本：基础设施　有一些实物或者有形资本归属于公共部门而非私人厂商。**社会资本**是指为公众提供服务的资本，有时也被称为**基础设施**。大多数社会资本以公共设施的形式存在，比如高速公路、道路、桥梁、公共交通系统、污水管道和供水系统等。警察局、消防队、市政府、法院和警车也都是社会资本的形式，它们都是政府提供公众服务所需的投入品。

所有厂商在生产其产品时都会用到某种形式的社会资本。最近的经济学研究表明，一个国家的基础设施状况对于该国私营厂商的生产活动能否顺利有效地进行发挥着重要作用。当公共资本没有得到适当的维护时——比如道路严重损坏或者机场设施没有得到不断完善，以至于不能应付当前的交通压力——依赖于顺畅的公共交通网工作的私营厂商的生存就会受到威胁。

无形资本　并非所有资本都是有形资本，有些无形（非物质性）的东西也符合我们所说的资本的定义。当一个公司为树立其品牌形象而投资于广告时，就创造出了一种**无形资本**——商誉。对公司来说，商誉这种无形资本会随着时间的推移越来越有价值。

无形资本：有助于生产未来商品和服务的非物质资本。

当一家公司为其员工制定培训计划时，它就是在对其员工的工作技能进行投资。我们可以将这看成厂商在对一项无形资本（**人力资本**）进行投资。这项资本是由劳动力（教师）和资本（教室、计算机、投影仪和教材）共同“生产”的。掌握了新技能或者处于不断提升中的人力资 227
本可以被看成一种投入——今后它将为厂商提供非常有价值的生产性服务。学习经济学可以增加你的人力资本！

人力资本：是一种无形资本，包括工人通过教育和培训获得的技能及其他知识，并随着时间的推移为厂商提供有价值的服务。

当科学研究工作取得重要成果（例如一种可以降低成本的新生产工艺，或者一种生产新产品的新配方）时，新技术本身也可以被视为资本。不仅如此，甚至一些知识产权也可以申请专利，并且其有关的权利可以被出售。

随着互联网的发展，涌现出了大量“新经济”创业科技公司。这些网络公司和电子商务公司在起步时通常只有有限的有形资本，而其资本中的绝大多数是公司员工的技能和知识——人力资本。

资本的衡量　劳动力以工作的小时数作为衡量单位，土地以平方英尺或英亩作为衡量单位。由于资本的存在形式多种多样，几乎不可能直接用实物单位来衡量。常用的间接衡量方法是当前市场价值法。这种计算公司**资本存量**的方法是将其厂房、设备、存货和无形资产的当前市场价值加总。从某种意义上讲，以价值作为资本的衡量标准，使得企业经理、会计师和经济学家可以将建筑物、驳船和推土机以价值形式加起来，对总资本加以计量。

资本存量：对于单个公司来说，其工厂、设备、存货和无形资产的当前市场价值即资本存量。

资本的价值是以存量的形式来衡量的，也就是说，资本的价值是在某个时间点上确定的。根据美国商务部的估计，美国这一经济体在 2013 年的资本存量约为 50.9 万亿美元，其中 12.9 万亿美元由联邦、州和地方政府持有（例如航空母舰和学校建筑），剩余的 38.0 万亿美元中，有 17.4 万亿美元是住宅资本，20.6 万亿美元是非住宅资本。

尽管资本存量是由货币或者价值计量的，然而关注资本存量本身也十分重要。当提到资本的时候，我们通常不是指货币或者金融资产（如债券和股票），而是指厂商的厂房、设备、存货以及无形资产。

11.1.2 投资与折旧

回想一下前面章节中所提到的存量和流量的概念。存量是指某一特定时间点上的值，而流量是指在一段时间内的值。区分存量和流量最简单的方法就是想象一池水。池水的体积是在某一时间点上测量的，它是一个存量，而每小时流入池中水的体积与每天从池中蒸发掉的水的体积则是流量。流量计算只在时间的累积过程中才有意义。水以每小时 5 加仑的速度流入水池，与水以每年 5 加仑的速度流入水池的效果是不同的。

投资：指增加公司资本存量的新资本。资本是在给定的时间点上进行衡量的（存量），但是投资是在一段时间内进行衡量的（流量）。投资使得资本存量增加。

资本存量受到两种与时间相关的流量的影响：投资与折旧。当厂商形成或者投入新的资本（如购入一件新设备）时，它就在进行投资。**投资**是一个流量，它使得资本存量增加。因为投资与时间相关，我们一般用每一个时期（如每月、每季度或者每年）内的投资来表示。

在后面的学习过程中，请记住*投资*这个词所指的含义。在经济学中，这个词不是指购买股票或者债券的行为，尽管人们通常这么用（“我投资于脸书的股票”或“他投资于美国国债”）。*投资*这个词的正确用法仅仅用于表示资本存量的增加。

表 11.1 展示了 2014 年美国经济中的私人投资数据。其中大约 60% 的投资是设备和知识产权类产品（如软件），余下的绝大多数为建筑，包括住宅用建筑（公寓、共管住房、独栋房屋等）和非住宅建筑（厂房、购物中心等）。库存投资金额较小。第三列计算了私人投资占 GDP 的百分比，GDP 是衡量经济总产出的指标。

折旧：一项资产的经济价值随着时间推移而下降。

折旧是指一项资产的经济价值随着时间推移而下降。如果你曾经拥有一辆汽车，你就会注意到将它转手时的价格会随着使用年限的增加而下降。假设你以 30 500 美元的价格买了一辆全新的丰田普锐斯，你打算在 2 年行驶过 25 000 英里之后将它卖掉。通过查阅报纸和询问经销商，你发现在现有的车况和行驶里程数的情况下，你只能把它卖到 2.2 万美元。这辆车的折旧为 8 500 美元（30 500 美元–22 000 美元）。表 11.1 显示 2014 年美国经济中私人资产折旧为 22 163 亿美元。

表 11.1　2014 年美国经济中的私人投资

GDP 为 174 189 亿美元	以当前美元计价（10 亿美元）	占投资总额的百分比（%）	占 GDP 的百分比（%）
非住宅建筑	506.9	17.8	2.9
设备和知识产权类投资	1 703.6	59.7	9.8
房地产产品			
私人库存变动	82.0	2.9	0.5
住宅建筑	559.1	19.6	3.2
私人投资	2 851.6	100.0	16.4
总额–折旧	–2 216.3	–77.7	–12.7
净投资 = 投资总额–折旧	635.3	22.2	3.6

资料来源：美国商务部经济分析局，2015 年 3 月 27 日。

实践中的经济学

228

投资银行、公开募股和电动汽车

正如我们在第 9 章中提出的，汽车的生产受到经济规模的限制。成为一家新的汽车制造商需要大量资本，这远远超过了大多数人的能力。2010 年夏天，一家新的电动汽车制造商——特斯拉向公众筹集资金。

特斯拉是怎么做到的呢？特斯拉决定成立一家上市公司，其股票在证券交易所上市，这一过程被称为首次公开募股（IPO）。特斯拉最初以每股 17 美元的价格向公众发行了 1 330 万股股票，为公司的总资本增加了 2.26 亿美元。与其他大多数公司一样，特斯拉在进行首次公开募股时，也依赖于投资银行帮助其确定合适的价格以及管理、销售股票。在特斯拉的案例中，高盛、摩根大通和摩根士丹利在内的多家公司都参与其中。管理 IPO 是投资银行的职能之一，它们促使资本从家庭转移到有想法的企业家手中[1]。

你可能想知道特斯拉的股价。到 2015 年为止，特斯拉的股价已经上升到 182.00 美元！

思考

1. IPO 后，股价往往具有很大的波动，为什么？

[1] 有关这方面的进一步讨论，请参见 *The Wall Street Journal Online*，"TSLA: What Does Tesla's IPO Mean for the Future of Electric Cars?" by Jonathan Welsh. Copyright 2010 by *Dow Jones & Company*, *Inc*. Reproduced with permission of *Dow Jones & Company*, *Inc*. via Copyright Clearance Center。

资本会发生贬值，是因为其受到磨损，或者逐渐过时。以工厂里的一个计算机控制系统为例，如果有新的、技术更加先进的系统出现，使得该工厂产品的成本可以降低到原来的一半，那么即使旧的系统仍然可以正常工作，还是会被新的系统替换下来。丰田普锐斯的贬值不但因为它受到了磨损，而且因为新款车型已经上市。

11.2 资本市场

11.2 学习目标

描述资本收益的形式和功能，并讨论金融市场和抵押贷款市场的基本原理。

资本是从哪里来的？它为什么产生？是如何产生的？世上总共有多少资本？它们共有多少种？这些问题的答案存在于一系列复杂的机构当中，在这些机构中，家庭向需要资金购买资本品的厂商提供储蓄。这些机构被统称为**资本市场**。

资本市场：家庭向需要资金以购买资本品的厂商提供储蓄的市场。

尽管政府和家庭也参与了一部分资本投资决策，但是绝大多数创造新资本的决策（即投资决策）是由厂商做出的。然而，厂商只有在拥有足够资金的时候才有可能进行投资。尽管公司可以通过多种方式进行投资，但是通常情况下，其用于购买资本品的资金直接或间接地来自家庭。当家庭决定暂且不消费一部分收入的时候，这部分收入就成为储蓄。厂商的投资就是厂商对资本的需求，而家庭的储蓄则是对资本的供给。各种各样的金融机构促进了家庭的储蓄向厂商投资所需资金的转换。

229 我们通过一个简单的例子来看一下这一系统是如何运作的。假设一个公司想买一台价值 1 000 美元的机器，刚好有一个家庭决定从收入中拿出 1 000 美元进行储蓄。图 11.1 表现了家庭的储蓄决策与公司的投资决策对接的一种途径。

无论是通过直接方式还是借助于金融中介（如银行），家庭都同意将其储蓄贷款给公司。作为交换，公司与家庭签订合同，承诺在每一约定时期内按照商定的利率支付利息。利息是借款人（或者银行）向贷款人（或者存款人）支付的费用。利率是每年支付的费用，以贷款额或者存款额的百分比表示。如果家庭是直接向公司提供贷款的，那么公司会给家庭一份**债券**。债券是一份承诺在未来某一时期内，一方保证向另一方偿还贷款的合同。合同上同时写明了在偿付期内偿付方要支付的利息流。

债券：债券是承诺在未来某一时期内，借款人保证向贷款人偿还贷款的一份合同。有些债券也会要求定期支付利息，比如一年一次或两次。

新增储蓄增加了家庭的财富存量。这个家庭的净资产以持有债券的形式增加了 1 000 美元[①]。债券声明，公司承诺在未来某一时刻偿还 1 000 美元并支付利息。公司用这 1 000 美元购置了一台价值 1 000 美元的机器，增加了公司资本存量。从根本上讲，家庭为厂商提供所需资本的行为相当于家庭购买了这台机器，然后把它出租给公司，并向公司收取年度租金。想必厂商的这项投资会带来足以支付家庭利息和本金的收益。

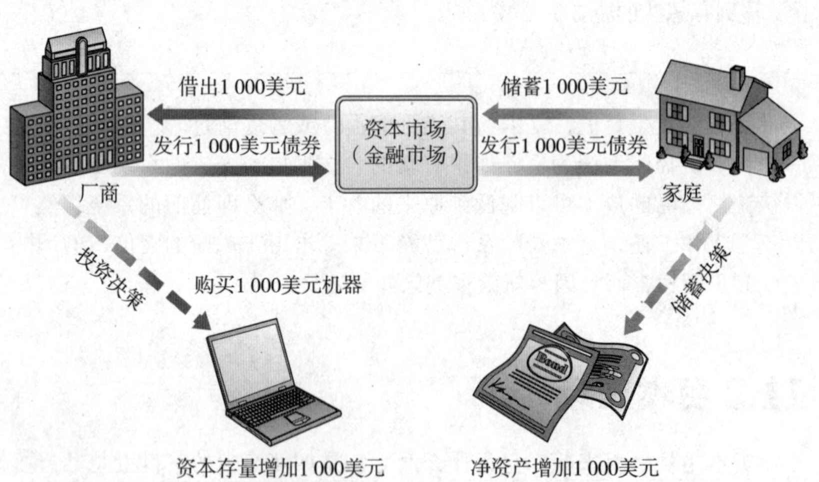

▲ 图 11.1　1 000 美元的储蓄转变为 1 000 美元的投资

① 注意，是储蓄行为增加了家庭的财富，而不是购买债券的行为。购买债券只是将一种金融资产（货币）转换成另一种金融资产（债券），家庭完全可以以货币的形式持有资产。

有时家庭的储蓄进入资本市场无须借助于金融中介。企业家是组织、管理并且承担新厂商风险的人物。当企业家用自己的储蓄为新公司购置资本时，他们既是资本的需求方，又是资本的供给方（用他们自己的储蓄）。该交易不涉及任何第三方的参与。然而绝大多数投资都是由介于资金供给者（储蓄者）和资金需求者（投资厂商）之间的金融中介（如银行、保险公司和养老基金等第三方）协助完成的。储蓄者和投资者通过金融中介建立联系的这一部分资本市场，通常被称为**金融资本市场**。

金融资本市场：在资本市场中，储蓄者和投资者通过金融中介机构进行互动的场所。

11.2.1 资本收益：利息与利润

你现在对于资本市场在经济循环流动中扮演着什么样的角色应该有 230
了清楚的了解：它们促使家庭的储蓄转换成生产效率最高的投资项目。当居民用他们的储蓄来购买资本时，他们得到了相应的报酬，而这些报酬（连同工资和薪水）成为家庭收入的一部分。在金融资本市场中，从储蓄中得到的收入称为**资本收益**。家庭获得资本收益的形式多种多样，其中最为重要的两种形式是利息和利润。

资本收益：在金融资本市场中，从储蓄中得到的收益称为资本收益。

利息　对家庭来说最为常见的资本收益形式是利息收益。简单地说，**利息**是为使用资本而支付的款项。银行向存款者支付利息，将他们的存款贷给需要投资的厂商或个人[②]，同时向借款者收取利息。厂商向购买其债券的家庭支付利息。政府通过发行债券获得借款，债券的购买者通过购买证券获得利息。

利息：为使用资本而支付的款项。

利率几乎总是以年利率的形式出现，表示每年需要支付的利息为贷款额或存款额的某一百分比。举例来说，厂商发行利率为 10% 的价值为 1 000 美元的债券（也就是家庭向厂商贷款了 1 000 美元），每年需要向家庭支付 100 美元（1 000 美元 ×10%）的利息。金额为 1 000 美元的储蓄账户，在年利率为 5% 的情况下，每年获得的利息为 50 美元。如果你拥有储蓄账户，应该知道在过去几年里利率一直维持在较低水平。

利率：以贷款额的百分比表示的利息支付。

利率一般在一项贷款或者存款发生的时候就被确定下来。有些时候借方和贷方达成协议，根据市场情况定期调整利率水平。这种贷款被称为可调利率或者浮动利率贷款。（固定利率贷款是指一经确定，利率就不会发生变化的贷款。）贷款利率取决于许多其他的因素。具有较大风险的贷款支付的利率通常会比风险较小的贷款支付的利率高。类似地，资信状况不好的厂商需要比资信等级较高的厂商支付更多的利息。你可能见过一些财务公司的广告，它们声称向借款者提供贷款时“不会考虑其资信背景”。这意味着它们会向具有高违约风险甚至无偿还能力的个人或厂商提供贷款，但是有一点它们并未说明，那就是它们向这类人索取的利息也非常高。

② 尽管我们关注的是企业的投资，家庭也可以进行投资。家庭进行投资的最重要的形式是建造新房，通常以抵押贷款的形式筹集资金。一个家庭也可以通过贷款来购买现成的房子，但是这样做的时候，并没有发生新的投资。

人们普遍认为最安全的借款者是政府。美国政府以其“十足信用”向公众发行国库券与政府债券，公众大都认为政府不能偿还贷款的可能性极小。正因如此，美国政府的借款利率低于任何其他利率。

利润 利润是公司净收益的另一种说法——收益减去生产成本。有些公司是由个人或者合伙人所有的，它们以高于生产成本的价格销售产品，利润一般直接归公司的所有者所有。上市公司是由股东所有的厂商，除了所有权外，股东在其他方面通常不与公司发生联系。大多数公司在国家法律的约束下组创及注册，国家法律规定所有者或者股东承担有限责任。从本质上讲，这意味着一旦公司不能偿还自己的债务时，股东的损失不会超过自己的出资份额。

普通股：持有一股普通股就代表拥有公司的一份所有权，所有者有权获得利润。

红利：当利润直接分配给股东时，这种支付被称为红利。

持有一股**普通股**就代表拥有公司（大多时候是大公司）的一份所有权。比如，默克公司（Merck）是一家总部位于新泽西州的大型制药公司，其近 30 亿股流通股由个体持有，包括员工、养老基金和其他机构等。当利润被直接分配给股东时，这种支付被称为**红利**。默克公司在 2014 年的盈利近 160 亿美元，或者说每股盈利超过了 4 美元。其中每股的红利为 1.8 美元。

231 在讨论利润时，要着重区别一组概念：公认会计准则（GAAP）中定义的利润和在第 7 章中定义的经济利润。回想一下，我们所定义的利润是总收益减去总成本，这里的总成本包括正常的资本回报。之所以这样定义利润，是因为真正的经济成本中包括资本的机会成本。

利息与利润的作用 资本收益有以下几种作用。首先，利息是对推迟消费的一种奖励。当你进行储蓄时，你就将当前的消费机会向后推延了。关于利息的一种观点认为利息是对推迟消费的一种奖励。

其次，利润是对创新和冒险精神的一种奖励。《福布斯》杂志每年都刊登全美最富有的人的名单。这里列出的每一笔财富都可以追溯到一家将这笔财富做大的厂商。近年来，排在《福布斯》前几位的人包括零售业主（沃尔玛家族）、高科技公司老板（微软公司的比尔·盖茨、甲骨文公司的拉里·埃里森）和金融业大鳄（沃伦·巴菲特和迈克尔·布隆伯格）。

许多人认为对创新和冒险精神的奖励是美国自由企业制度的本质特征。创新是经济发展和进步的中坚力量。更为高效的生产技术意味着节省下来的资源可以用于生产新的产品。然而自由企业制度也存有一些负面问题：自由企业制度的批评家指出如此巨额的奖励存在着不合理的地方，而巨额财富和势力的积累并不符合社会的最佳利益。

11.2.2 运作中的金融市场

当公司发行固定利率债券时，它要按照约定的利率向机构或个人购买者支付利息。此外，金融市场还有许多其他运作机制也可以把家庭的储蓄转换为项目投资，图 11.2 列举了其中的四种。

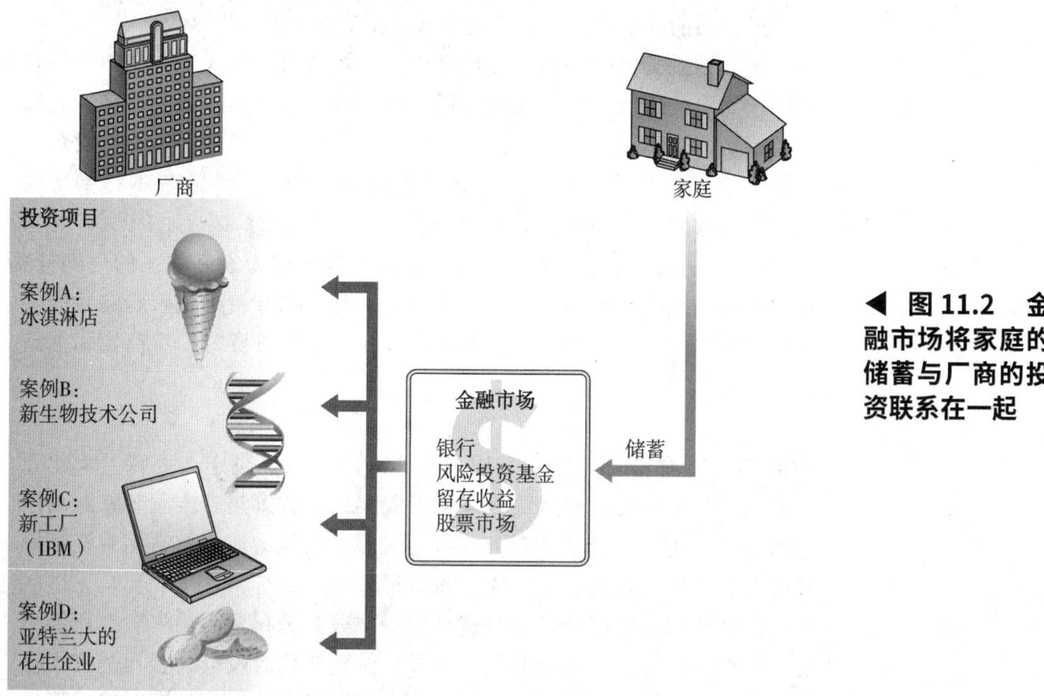

◀ **图 11.2　金融市场将家庭的储蓄与厂商的投资联系在一起**

232

案例 A：商业贷款　当我在家乡四处转的时候，发现有几家冰淇淋店经营得很不错。但是我认为我制作的冰淇淋比他们的更好。为了进入这个行业，我需要资本：冰淇淋制作设备、桌子、椅子、冰箱、招牌和店面。由于我把房产作为抵押，银行认为贷款给我的风险不大，于是以一个相当合理的利率水平向我提供贷款。银行之所以能够向我提供贷款资金，是因为家庭将其储蓄存在银行。

案例 B：风险投资　某位顶尖大学的科学家利用微生物学的基因分离技术，用较低成本制造出了一系列重要的抗生素，并想以此成立公司。如果经营不好的话，公司很可能在 12 个月内就难以为继。但是如果经营好的话，其潜在利润是非常可观的。

这位科学家转而求助于风险投资基金。这类基金将家庭的储蓄用于高风险投资，以期在新的项目成功时分享利润。基金通过向多个不同的项目投资来降低破产的风险。这样一来，家庭的资金再一次使得厂商拥有了投资的机会。如果一次商业冒险成功，那么参与投资的风险投资基金将获得可观的利润。在美国，最大的风险投资基金包括克莱纳·珀金斯基金（Kleiner Perkins），红杉资本（Sequioa Capital）和格雷洛克基金（Greylock）。

案例 C：留存收益　2009 年，IBM 决定在艾奥瓦州的迪比克建一个新工厂，公司拥有足够的资金来支付新工厂的建设费用。因此，新增投资是通过公司的内部资金或者说*留存收益*来完成的。

这一结果类似于公司通过金融中介机构向家庭借入资金。IBM只有在股东认可的情况下，才能用公司的利润购买新资本。当公司将利润用于购买资本而不是支付给股东的时候，公司的总价值就会上升，股东所持有的股票价值也相应上升。在我们的例子中，IBM的资本存量增加了，因而家庭的净资产也增加了。

当家庭所持有的股票升值时，升值部分就成为家庭收入的一部分。在家庭将股票变卖并且将收益花掉之前，升值部分始终是家庭储蓄的一部分。从本质上讲，当一家厂商将留存收益用于投资时，厂商实际上是在替其股东进行储蓄。

案例D：股票市场　某位美国前任高级政府官员决定在亚特兰大建立一家花生加工厂商，并且决定以发行股票的方式筹集资金。各家庭动用它们不打算消费掉的那一部分收入购买股票。作为回报，它们有资格按其持有股份得到花生加工厂的一部分利润。

家庭所持有的股份是其净资产的一部分。公司利用销售股票所筹集的资金购买厂房、设备和存货。这样，储蓄转化为投资，公司的资本存量与家庭的净资产等幅增加。页277中“实践中的经济学”就描述了特斯拉是如何通过这种方式筹集资金的。

11.2.3 抵押贷款与抵押贷款市场

美国的大部分房地产都是通过抵押贷款来筹集资金的。抵押贷款与债券类似，是一种借款人承诺在未来偿还贷款的合同，其中房地产作为抵押贷款的抵押品。当一个家庭购置房产时，通常通过签订抵押贷款以借入大量资金。借入抵押贷款的家庭通常愿意在长达30年的时间里连本带利地偿还贷款。历史上，最常见的抵押贷款形式是30年期固定利率抵押贷款。在2015年，对于符合条件的购房者而言，30年期固定利率抵押贷款的利率低于4%。目前许多购房者转而购买利率可调的抵押贷款（ARM），这种贷款在前5年的利率是固定的，之后根据市场利率进行调整。在2015年，ARM的利率在3%左右。对于这种抵押贷款，购房者起初支付的金额较低，但是如果市场利率上升，购房者未来将面临利率上升的风险。事实证明，对于那些计划在5年内出售房屋的人来说ARM尤其具有吸引力，如此他们便不必面临抵押贷款的利率风险。所有的抵押贷款都要求房主每月支付一笔费用，这笔费用将用于偿还房屋贷款以及贷款期间的利息。

近十年来，大多数抵押贷款都是由银行和储蓄贷款机构发放的。放贷人利用存款人的钱发放贷款，而已签署的期票则由每月收取利息的放贷人保管。

近期，抵押贷款市场发生了巨大的变化，变得愈加复杂。目前，大

233

实践中的经济学

美国的股票

在书中，我们描述了家庭如何通过购买股票来投资企业并产生期望的回报。在某些情况下，这些股票还会产生股息。例如，2015 年，一个大型多元化制造企业——通用电气支付了 3.7% 的股息。其他公司，如谷歌，并不支付股息，如果人们最终以高于买入价的价格出售股票，就将从股票所有权中获益。在某些年份，股票升值所带来的回报相当高：从 2014 年 2 月至 2015 年 2 月，根据 500 家美国大公司计算的标准普尔 500 指数上涨了 14% 以上。在其他年份，比如 2009 年，股价则呈现平均下跌。

不同公司的股票表现差异很大。有些股票波动剧烈，有些则不那么剧烈。在谁拥有股票的问题上，不同公司也存在差异。像通用电气和谷歌这样的公司，有很多机构持有者。谷歌将近三分之一的股票为机构所持有，其中包括许多养老基金。其他公司的大量股票则由其高管持有。总部位于奥克兰的互联网广播公司潘多拉，其高管持有该公司约 5% 的股份。对于规模更大、更加成熟的公司，这一比例通常要低得多；例如，谷歌的高管仅持有该公司 0.2% 的股份。

据人口普查局估计，约有一半的美国家庭持有股票，有的是通过个人持有，有的是通过养老基金持有。高收入、受教育程度较高的家庭比低收入、受教育程度较低的家庭持有股票的可能性更高。

思考

1. 你觉得像潘多拉这样的公司高管为什么会持有其所在公司的大量股票？

多数抵押贷款都是由抵押贷款经纪人或者抵押贷款银行职员负责办理的，他们很快就将抵押贷款出售给了二级市场。二级市场由政府机构和大型投资银行运营。该市场中的贷款被“证券化”了，意味着抵押贷款资料被汇集起来，抵押贷款支持证券被卖给那些期望承担不同风险的投资者。

持有抵押贷款的风险主要是借款人的违约风险。当违约发生时，房屋可能会被取消赎回权。在这一过程中，贷款人就得到了借款人的房屋并将其出售以收回借出去的部分款项。在 2007 年以及之后的几年，房地产市场承担了大量贷款违约的风险，受到大量抵押品赎回权被取消的冲击。2015 年，在美国的一些地区仍有许多被取消赎回权的房屋。

11.2.4 资本积累与配置

从以上案例中可以看到，在家庭和厂商之间，储蓄向生产性投资的转换过程是多种多样的，有时还是很复杂的。虽然过程不尽相同，但结果都一样。无论社会形态是工业化还是农业化，规模或大或小，简单或复杂，所有的社会都是在时间中存在的，因而在配置资源时都必须考虑到时间的推移。在最简单的社会中，投资决策和储蓄决策都是由同一群人做出的。但是：

234 在现代工业化社会中，投资决策（生产资本的决策）主要是由厂商做出的。家庭决定进行多少储蓄。在长期中，储蓄制约了厂商可以进行多少投资。资本市场的存在促使储蓄直接投入可以赢利的投资项目中。

11.3 学习目标

讨论对新增资本的需求并解释投资决策过程。

11.3 对新增资本的需求和投资决策

在第 9 章中可以看到，在收益率高于正常收益率的盈利性行业，以及规模经济使得产量越高、成本越低的行业中，厂商具有扩张的动机。我们还看到，盈利性行业会吸引新的厂商进入该行业。无论是现有厂商的扩张，还是新厂商的进入，都需要新资本投资参与进来。

即使某个行业没有利润可图，其中的厂商也必须进行一些投资。这是因为：其一，厂商的设备不断地受到磨损，如果厂商想要继续经营下去，就需要更换设备；其二，厂商处于不断变化之中。这些变化包括新技术的出现，销售模式的改变等，甚至包括生产线的扩大或收缩。

记住这些要点后，我们转而讨论厂商的投资决策过程。最终我们将发现，完全竞争厂商会不断地增加对资本的使用，直至该资本的边际收益产品与其价格相等为止。这与我们在第 10 章中关于劳动力和土地决策的讨论一致。

11.3.1 形成预期

对资本而言，最重要的维度是时间。资本在一段时间内产生有用的服务。如果要建造一座写字楼，其开发商就是在进行一项长达几十年的投资。如果厂商决定在某地建造一个分厂，则厂商需要花费大量资源来购买资本，而这些资本将会存续很长一段时间。建造一座大楼或者购买一件设备的决策，通常也必须在项目实际进行的数年前就已经做出。购买一台商用计算机的决定只需数日就可以做出，而美国的大城市建立商业区的大型发展规划则经历了几十年的深思熟虑。

投资的预期收益 决策制定者必须对未来发生的事情有所预期。如果今后厂商生产的产品市场将扩大，而该产品的价格会一直保持在较高水平，现在新建一个工厂就会获得大量利润。但是，如果今后经济将陷入衰退或者消费者已经厌倦了该产品，新建一个工厂就是不实惠的。特斯拉的成功不仅取决于消费者对电动汽车的偏好，还取决于政府的能源政策。在投资过程中，潜在投资者需要对投资项目未来产生的预期收益进行评估。

通用电气公司的一位官员曾经指出预测过程所涉及的一些困难。通用电气与几家不同的经济预测部门进行合作。在 20 世纪 80 年代初，这些预测机构为通用电气公司作出了今后 10 年美国新建住房的预测，预测的结果从最少的每年 400 000 套到最多的每年 4 000 000 套不等。由于通用电气公司每年向建造独栋房屋、公寓和单元房的建筑商出售新建房屋所使用的家用电器，因此这一预测结果对公司来说甚为重要。如果通用电气公司认定预测结果的上限更为准确，就需要投资数十亿美元新建厂房、购买设备，为新增需求做好准备。相反，如果通用电气公司认定预测结果中的下限更符合实际，就需要关闭几家较大的工厂并缩减投资。结果通用电气公司采取了中间路线。它推算新建房屋的数量在 150 万至 200 万套之间——事实上确实如此。

在预测时遇到难题的并非通用电气一家。所有的厂商都必须依靠预 235
测做出明智的投资和生产决策。但是，由于未来事件的不可预见性，预测还不是一门精确的科学。

投资的预期成本　所有投资项目的收益都在于未来实现的利润。人们需要对这些利润做出预测，而投资的成本也同样需要被评估。与居民一样，厂商在金融市场中的角色既可以是借出方，又可以是借入方。如果厂商是借入方，就必须在借款期内支付利息。如果厂商作为借出方，就会收到他人支付的利息。如果厂商为某个项目融资而借款，借款利息就成为该项目成本的一部分。

即使厂商是靠公司的留存收益而非借款为项目融资的，仍然需要计入该项目的机会成本。投入资本投资项目的 1 000 美元虽然可以带来未来预期利润流，但是如果将这 1 000 美元投入金融市场中（本质上是借给了其他厂商），就会带来利息流。除非预期收益率大于市场利率，否则该项目就不会被实施。此时项目的成本可能是直接的，也可能是间接的，这是因为在金融市场中，用于投资的资金能够以市场利率借出，因此所有的投资项目都与机会成本密切相关。这样一来，项目的评估就不仅仅包括对未来收益的评估，还要将项目的未来收益与这笔资金从其他用途中可以获得的收益做比较。

11.3.2 比较成本和预期收益

预期一旦形成，厂商就要将其量化——这就是说，厂商要将其转化

预期收益率：指公司期望通过资本投资获得的年度收益率。

为几角几分的地步。量化预期的方法之一是计算投资项目的**预期收益率**。比如一项计算机网络设备，其成本为 400 000 美元，应用这种设备可使今后每年的数据处理成本降低 100 000 美元，所以该项目每年的预期收益率为 25%[③]。由于这 400 000 元的投资，公司每年可以节省 100 000 美元。如果这一计算机网络设备在一段时间以后老化，或者陈旧过时，则预期收益率就会从 25% 逐步减少，此时节省下来的成本也逐步减少。简而言之，某一投资项目的预期收益率的大小，取决于投资的成本、该项投资可带来的成本节省或者额外利润的时限，以及每年由该项目带来的预期收益。

表 11.2 列出了一个假想公司可选择的投资项目与相应的预期收益率。由于预期收益率是基于对投资项目未来收益的预期做出的，因此预期的任何一个变化都会改变第二栏中的所有数值。

236 图 11.3 用图形的形式描述了公司在不同利率下投资金额的变化。如果利率为 24%，公司将只会投资于项目 A，即新的计算机网络设备。这时公司可以以 24% 的利率借款，转而投向预期收益率为 25% 的计算机设备。在 24% 的利率水平上，公司的投资总额为 400 000 美元。图 11.3 中的第一道粗竖线表示当利率水平介于 20% 至 25% 之间时，公司只会投资 400 000 美元（即项目 A）。

如果利率为 18%，公司就会向项目 A 和 B 进行投资，这样投资总额就达到 3 000 000 元（400 000 美元 +2 600 000 美元）。此时公司可以

表 11.2 某个假想公司的潜在投资项目和预期收益率（基于对该投资项目的未来收益做出的预测）

项目	(1) 投资总额（美元）	(2) 预期收益率（%）
A. 新计算机网络设备	400 000	25
B. 新建分厂	2 600 000	20
C. 建在其他州的销售办公室	1 500 000	15
D. 新的自动记账系统	100 000	12
E. 10 辆新货车	400 000	10
F. 广告宣传活动	1 000 000	7
G. 员工自助餐厅	100 000	5

③ 我们没有明确分析规划时期，从而简化了这个例子。本章附录进行了更加深入的讨论。

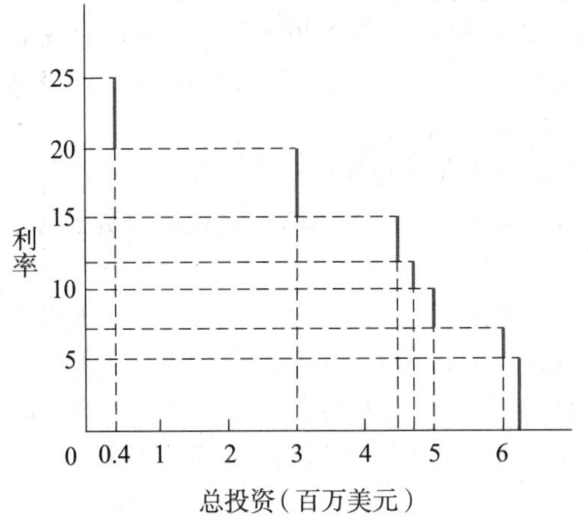

◀ 图 11.3　作为市场利率的函数的投资总额

新的投资需求取决于利率，当利率很低时，厂商更可能投资建立新工厂或购买新设备，这是因为利率决定了每个项目的直接成本（如贷款利率）或者机会成本（其他的投资）。

在 18% 的利率水平上得到贷款，投资于这两个项目后，公司从新的计算机设备与新建厂房获得的收益将足以弥补贷款成本，余下的其他项目则不能。项目 A 与项目 B 的收益率（分别为 25% 和 20%）都超过 18% 的利率水平。只有在利率水平降低到 5% 以下的时候，公司才会对全部 7 个项目进行投资。

表 11.2 中的投资计划与图 11.3 中所描述的作为市场利率的函数的投资计划，都体现出了公司对新资本的需求。如果对所有厂商在不同利率水平下的投资额进行加总，就得到了整个经济对新资本的需求。换言之，新资本的市场需求曲线就是经济中所有单个需求曲线的简单加总（如图 11.4 所示）。从某种意义上讲，投资需求计划是按照预期收益率对整个经济中的所有投资机会进行排序的。只有那些预期收益率高于市场利率的投资项目才能够获得资金。如果市场利率水平下降，就会有更多的投资项目获得资金。

投资需求曲线的重要特征在于曲线的形状和位置，而这两项特征都基于做出投资决策的人对项目的预期。由于影响这些预期的因素有很多，预期结果通常是不准确的，并且会不断地改变。所以，除了所谓的“低利率促进投资，高利率抑制投资”之外，还有很多难以度量、难以预测的因素也会影响到投资水平。

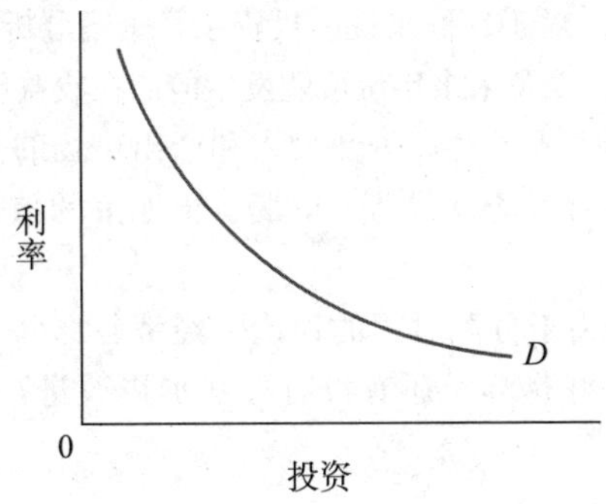

◀ 图 11.4　投资需求

较低的利率可能刺激整个经济体中的投资，而较高的利率则可能抑制投资。

预期收益率和资本的边际收益产品　投资项目的预期收益率概念与资本的边际收益产品（MRP_K）概念相类似。在前面，我们将投入品的边际收益产品定义为在其他所有条件相同的情况下，厂商多使用 1 单位该种投入品所获得的额外收益。

现在仔细考虑一下每单位额外资本的收益（资本的边际收益产品）。假设投资于一台设备的收益率是 15%，这说明投资于这个项目的收益率与投资于收益率为 15% 的债券的效果相同。如果当前的市场利率小于 15%，厂商就会投资于这一项目。这是因为追求利润最大化的完全竞争厂商会不断地进行投资，直至资本的预期收益率与利率相等为止。这与在第 10 章中所说的厂商会不断地进行投资，直至资本的边际收益产品与资本价格相等（或者说 $MRP_K=P_K$）为止是一回事。

11.4 关于资本的最后一点

237 资本是经济学的一个核心概念。资本是由经济体系产生的。资本作为一种生产商品和服务的投入品，其贡献随着时间不断地体现出来。现代工业社会的巨大生产力部分源自多年来它们所积累的大量资本。本章的大部分篇幅讲述了市场经济中决定资本的数量与形式的机构。追求更大利润的现有厂商、伺机进入市场的潜在厂商以及拥有新想法的企业家，都在不断地评价着各种潜在投资项目，并寻找着盈利机会。与此同时，家庭也在进行储蓄。每年，家庭都会储蓄一部分税后收入。这些新的储蓄就会成为家庭净资产的一部分，并从中产生收益。每年都有相当数量的储蓄经过各种途径到达厂商手中，它们用这些资金来购买新的资本品。

介于家庭与厂商之间的是金融资本市场。每天有数以百万计的人参与金融市场的活动。经济中还存在有成千上万的财务管理公司、养老基金、共同基金、经纪人事务所、期权交易商和银行，它们存在的唯一目的都是为人们的存款赚取尽可能高的收益率。

经纪人、银行家和理财专家都在不停地寻觅有利可图的投资项目。哪些行业做得不错？哪些行业做得不好？是否应该投资于一家等待扩张的公司？无论是想为客户赚取高收益率的理财专家，或是想为其股东赚取高额利润的公司经理，还是想将资本投入到最具获利能力的新点子上的企业家都在进行这些分析。对于厂商来说，投资项目个案分析包括对未来发生的成本与收益的预期，以及未来年份可能发生的潜在收益现金流的分析。

我们现在已经完成了对竞争性投入和产出市场的分析，也已经了解到家庭和厂商在产出市场、劳动力市场、土地市场和资本市场中是如何进行选择的。

接下来将进行关于分配过程的讨论。经济各部分是如何联系在一起的？这样的结果是好是坏？还有没有办法加以改进？这都是在第 12 章中将要讨论的问题。

总结

11.1 资本、投资与折旧　页 274

1. 将资本投入某公司的决策是由个人做出的，他们将自己的储蓄置于风险之中，以期获得相应的回报。帮助他们达成交易的一系列机构被称为*资本市场*。
2. *资本品*是指由经济体系产生，充当生产未来商品和服务的投入品的商品。因此，资本品随着时间推移不断地创造出有价值的生产性服务。
3. *实物资本*或者说*有形资本*的主要形式是非住宅用建筑、耐用设备、住宅用建筑和存货。*社会资本*（或者说*基础设施*）是向全体公众提供服务的资本。*无形*（*非实物*）资本包括人力资本和商誉。
4. 资本最为重要的维度是时间，资本的价值在于它随时间不断提供的服务的价值。
5. 最为常见的计算公司资本存量的方法，是将其厂房、设备、存货和无形资本的当前市场价值进行加总。当提到资本的时候，通常不是指货币，而是指厂商的厂房、设备、存货以及无形资本等实际资本。
6. 在经济学中，*投资*这个词不是指购买股票或者债券的行为，而仅仅用于表示新资本的产生。投资是一个流量概念，它使得资本存量增加。
7. *折旧*是指一项资产（资源）的经济价值随着时间推移而下降。资本会发生贬值，是因为其受到磨损，或者逐渐过时。

11.2 资本市场　页 277

8. 在*金融资本市场*中，从储蓄中得到的收入被称作*资本收益*，其最重要的两种形式为*利息*与*股息*。利息是贷款者为使用资本而支付的款项，是对居民推迟消 238
费的一种奖励；而利润则是对企业家创新和冒险精神的一种奖励。
9. 在现代工业化社会中，投资决策（资本生产的决策）主要是由厂商做出的。家庭决定了储蓄的多少。在长期中，储蓄限制了厂商的投资。资本市场促使储蓄投资于能够赢利的投资项目中。

11.3 对新增资本的需求和投资决策　页 284

10. 在投资之前，投资者需要对投资项目未来生产性服务产生的预期收益进行评估。
11. 利率是投资的机会成本。要将项目的未来收益与这笔资金的机会成本做比较。
12. 厂商在决定进行投资之前，会将投资成本与其预期收益率作比较。投资项目的*预期收益率*取决于投资项目的成本、该项投资可带来的成本节省或者额外利润的时限，以及由该项目每年带来的预期利润。
13. 借助于市场利率，投资需求曲线表现了整个经济对于资本的需求。只有那些预期收益率高于市场利率的投资项目能够获得资金。如果市场利率水平下降，就会有更多的项目获得资金。
14. 追求利润大化的完全竞争厂商会不断地进行投资，直至资本的预期收益率与利率相等为止。这与在第 10 章中所说的厂商会不断地进行投资，直至资本的边际收益产品与资本价格相等（或者说 $MRP_K=P_K$）为止是一回事。

术语和概念回顾

债券，页 278
资本，页 274
资本收益，页 279
资本市场，页 277
资本存量，页 275
普通股，页 280
折旧，页 276
红利，页 280
预期收益率，页 286
金融资本市场，页 279
人力资本，页 275
无形资本，页 275
利息，页 279
利率，页 279
投资，页 276
实物资本或有形资本，页 274
社会资本或基础设施，页 274

习题

239 ### 11.1 资本、投资和折旧

学习目标：定义资本、投资和折旧的概念。

1.1 下列哪项是资本，哪项不是？请解释你的答案。

a. 红十字会救护医生的培训及认证
b. 本和杰瑞在佛蒙特州沃特伯里的冰淇淋厂
c. 位于得克萨斯州六面旗的德州巨型过山车
d. 富国银行的个人退休账户（IRA）
e. 史密森尼国家航空航天博物馆
f. 40 股苹果公司的股票
g. 黄石国家公园的护林员使用的全地形车
h. 家得宝的油漆罐
i. 一卷 20 个肯尼迪时期的半美元硬币
j. 芝加哥小熊队的主场——瑞格利球场

1.2 你是否同意以下观点？请解释你的答案。

a. 资本和投资只是同一事物的不同说法。
b. 资本资产的贬值，必须发生了磨损，并且不能再使用。
c. 社会资本为公众提供服务，是一种无形资本。

1.3 描述你所在的学院或大学的资本存量有哪些。你将如何衡量它们的价值？最近几年你的学校是否进行了重大投资？如果是，请对其进行描述。你的学校希望从这些投资中获得什么？

11.2 资本市场

学习目标：描述资本收益的形式和功能，并讨论金融市场和抵押贷款市场的基本原理。

2.1 美联储理事会有权提高或者降低短期利率。在 2005 年至 2006 年期间，美联储积极地将联邦基金基准利率从 2005 年 2 月的 2.5% 上调至 2006 年 6 月的 5.25%，并将这一水平维持至 2007 年 7 月。从 2007 年 7 月至 2008 年 12 月，美联储迅速下调了联邦基金利率，使其跌至 0.16%，在 2015 年中期一直保持在 0.07% 至 0.20% 之间。假设其他利率也随联邦基金利率呈现先上升后下降的趋势，你认为这些举措对经济中的投资支出会造成什么影响？请解释你的答案。你认为美联储提高后又降低联邦基金利率的目标是什么？美联储可能会在何时提高联邦基金利率？为什么？

2.2 至少举出三个例子来说明储蓄是如何转化为生产性投资的。为什么投资对经济如此重要？你在今天进行储蓄时，付出的代价是什么？

2.3 请从类似《华尔街日报》的报纸上，或者你所在地区报纸的商业版块上，或者互联网上，找出目前的基本利率、公司债券利率和 10 年期美国政府债券利率。请说明这三种利率为何不同。

2.4 请解释“家庭提供资本，而厂商对资本产生需求”这一说法。

2.5 **［与页 277“实践中的经济学”相关］**总

部位于费城的基因治疗公司“火花疗法”（Spark Therapeutics） 于 2013 年 10 月 开始运营，2015 年 1 月 30 日，该公司通过在纳斯达克证券交易所首次公开募股，以每股 23 美元的发行价（初始价值超过 1.6 亿美元）发行了 700 万股股票。当日，“火花疗法”股票的收盘价为每股 50.00 美元，较其 IPO 价格高出 117%。为什么像“火花疗法”这样的公司可能会选择通过 IPO 的方式筹集资金？在决定进行 IPO 之前，公司可能还会考虑其他哪些选择？这些选择对于“火花疗法”的吸引力为什么较低？

2.6 2011 年 10 月 28 日，圣路易斯红衣主教队赢得了世界系列赛的第七场比赛。接下来的一个月股市下跌，在 11 月 25 日，标准普尔 500 指数（美国 500 家最大公司的股价指数）从 1 285.96 跌至 1 161.41，10 年期美国中期国债固定利率为 2.31%。美联储最近宣布，将在至少一年内使联邦基金利率保持在 0 至 0. 25% 的目标范围内。请查找今天的标准普尔指数、10 年期国债利率以及联邦基金利率，你可以在 http：//money.cnn.com 上 找 到 这 些 数 据。 请 解 释 自 2011 年以来，这三个数据分别发生了什么变化。

2.7 贷款机构针对不同类别的抵押收取不同的利率，其中两种抵押类型是 Alt-A 抵押和次级抵押。一般而言，Alt-A 抵押贷款的利率高于一般抵押的“最优惠贷款利率”，而次级抵押贷款的利率比 Alt-A 抵押贷款的利率更高。对于这两种类型的抵押贷款，可以用经济学中的什么知识来解释较高的利率？

2.8 **[与页 283“实践中的经济学”相关]** 文中指出，就股票价值而言，美国的大部分股票是家庭通过机构持有的，机构持有股票的比例（以及内部人士持有股票的比例）往往会随着公司的成熟度不同而异。请选择美国的两家上市公司（其中一家公司相对较新，另一家公司相对较成熟）。可访问网址 www.finance.yahoo.com，在“获取报价”的对话框中输入每家公司的名称；然后点击“关键统计”查找交易信息。试查看每个公司的股票统计数据，描述两家公司的机构持股比例、内部人士持股比例的变化情况。

2.9 你是否同意以下观点？请解释你的答案。

a. 储蓄和投资是同一事物的两种不同说法。

b. 购买微软公司股票的行为是投资行为，而购买政府债券的行为则不是。

c. 利率越高市场上的投资也就越多，这是因为此时投资能获得更高的收益率。

11.3 对新增资本的需求和投资决策

学习目标： 讨论对新增资本的需求并解释投资决策过程。

3.1 假设你和你的 9 个垒球队友有机会购买一个台球厅，每个合伙人需要投入 50 000 美元。几年来，运营台球厅所获得的收入一直稳定在每年 125 000 美元，并且在未来将保持稳定。运营台球厅的成本（不包括机会成本）也一直稳定在每年 50 000 美元（包括维护和修理、折旧和工资的费用）。目前，5 年期美国短期国债的收益率为 3.5%。你愿意进行这笔交易吗？请解释你的答案。

3.2 巴西埃斯特拉尔公司的董事会拿到了 2016 年的投资项目计划书，如下：

项目	总成本（将巴西雷亚尔换算成美元）	预期收益率（%）
位于阿根廷布宜诺斯艾利斯的工厂	22 480 000	17
位于委内瑞拉加拉加斯的工厂	16 550 000	9
新建在里约热内卢的总部	6 450 000	13
新的物流软件	8 000 000	12
一个新的配送仓库	4 200 000	14
一个新的运输车队	3 650 000	11

240

请画出总投资与利率的函数关系图（*y* 轴表示利率）。巴西的当前市场利率是 12.5%，你向埃斯特拉尔公司的董事会建议的投资额是多少？

3.3 2015 年 3 月，芝加哥的威利斯大厦以 13 亿美元的价格被卖给一个全球投资公司——黑石集团，这是美国纽约之外的办公楼有史以来的最高价格。如果你运营着一家房地产投资公司，正在考虑对该建筑物进行投标，那么你想首先了解什么？要形成期望，你需要哪些特定的要素？你需要什么信息来形成这些期望？

3.4 一家风险投资公司的分析师阿比盖尔与托马斯进行了商讨，以讨论托马斯的新公司的融资问题。该公司将生产用于轻工业的太阳能水培生长设备。在决定是否投资于托马斯的新公司之前，阿比盖尔应该掌握哪些信息？

3.5 画出投资需求曲线，并对曲线的斜率加以解释。

3.6 布鲁姆五胞胎——埃丝特、戴莉安、艾瑞丝、杰丝明和帕皮有机会一起收购一家花卉批发店。为了成功收购，她们每个人必须拿出 30 万美元。在未来几年，预计该店每年的收益将保持在 65 万美元，而经营这家花店的成本（不包括投资的机会成本）将保持在 53 万美元。其他风险类似的公司当前的市场年利率为 9.25%。布鲁姆五胞胎应该收购该花卉批发店吗？请加以解释。

第 11 章附录

学习目标 241

能够计算在不同利率水平下，5 年后的 100 美元的现值是多少。

计算现值

在本章中了解到，一家厂商在进行投资决策时，最主要的目的就是评估未来收益的价值。厂商决定是否从事一个项目的投资的方法之一，是将该项投资的预期收益率与当前金融市场中的利率进行比较（假设风险相同）。我们在文中已经对这一过程做过介绍。在附录中，将看到另一种对未来收益估值的方法——现值分析法。

现值

见表 11A.1 中的投资项目。在本例中，我们的“项目”一词专指用 1 200 美元购买一台机器并用其获得现金收入流（表中右栏）。你会对此项目进行投资吗？第一眼看上去，你可能认为会。毕竟你可以从机器上获得总共 1 600 美元的现金流，这与你为其支付的价格相比要多 400 美元。但是你还要注意，这 1 600 美元要分在 5 年中实现，而那 1 200 美元你必须现在就支付。你应当考虑这 1 200 美元的其他用途和机会成本。同时，你还应当考虑所面临的风险。

那么，可能有哪些其他的用途呢？至少你可以将这 1 200 美元存入银行账户来获取利息。另外，你还可以用这些钱做许多事情：你可以购买 5 年期国库券，联邦政府将承诺支付给你 4% 的利息；你可能还会发现一些其他具有相同风险但收益超过 1 600 美元的投资项目。

回想一下，利率也就是借钱人向出借人（或者银行向储户）支付的费用占借款额（存款额）的百分比。例如，如果我把 1 000 美元存入利率为 10% 的账户，每年我将获得 100 美元的利息。有时候，我们用“收益率”这个词来指代出资方从投资中得到的收益，用占投资额的百分比来表示。

这里的核心思想是，要决定是否投资某项目，你必须考虑它的机会成本：你为此放弃了什么？如果没有投资此项目而是把钱用在其他地方，情况会更好吗？

表 11A.1 一项 1 200 美元投资项目的预期利润

第一年	$100	
第二年	100	
第三年	400	
第四年	500	
第五年	500	
以后年份	0	242
总计	1 600	

几乎我们所能想到的所有投资项目都会有风险：项目可能不会像我们预期的那样发展，经济形势可能会变化，市场利率可能上升或者下降。当衡量机会成本和决定一项投资是否值得的时候，你必须首先考虑这些风险，以及为补偿这些风险你需要多大的收益率。

如果没有风险的话，投资一个项目的机会成本就是政府或者银行提供的利息率；但是如果有风险，你当然希望得到更高的收益率以抵消这些风险。比方说，对于一个前景很确定的项目，你可能仅要求与银行差不多的（3%）年收益率就可以了；而对于一个风险很高的项目，你则会要求 15% 甚至 20% 的收益率。

衡量任何投资项目的机会成本都需要以下几个步骤：

第一步：评估一个投资项目的机会成本的第一步是观察市场。今天的利率是多少？人们把钱存入银行账户得到的收益率是多少？如果存在风险的话，对于那些承担风险的人，市场为其支付的收益率又是多少？项目的折现率指当你投资于另外一个与此项目风险相同的项目时能得到的收益率。

假设表 11A.1 中的项目涉及了风险。尽管表中给出了 1—5 年间的利润估计（100 美元、100 美元、400 美元等），但未来总是不确定的。让我们再假设另外一个投资项目与其拥有相同的风险，它的收益率是 10%。除非表中这个项目的收益率不低于 10%，你才会对其进行投资。因此，我们用 10% 作为折现率来衡量这个投资项目。

第二步：麻烦的问题是，你的投资值得吗？做这个项目前，必须考虑机会成本。为此，假设有一个银行，它提供 10% 的利率。你需要回答的问题是，为得到与此项目完全相同的利润流，你应当在银行中存入多少钱？

如果答案是仅用少于 1 200 美元的钱就可以复制这一利润流，你就不会进行投资了，这个项目的收益率小于 10%。但如果你必须存入多于 1 200 美元的钱才能复制此项目的利润流，这个项目的收益率就大于 10%，你就应当对其投资。

折现值（PDV）或净现值（NPV）：未来 t 年后 R 美元的现值是你在当前利率下现在需要支付的金额，以确保从现在起，在未来 t 年后得到 R 美元。它是在 t 年后得到 R 美元的当前市场价值。

为了复制某一投资项目的利润流而必须存入银行的金额称为**折现值**（PDV），或者简称为项目预期利润流的**净现值**（NPV）。为了确定流量的值，必须一年一年来看。

如果你投资了这个项目，在第一年结束时你将获得 100 美元。为了在一年后能从银行中取出 100 美元，你现在需要存入多少钱？很显然，答案会少于 100 美元，因为你还将得到利息。把利率记为 r。在这个例子中，r=0.10（10%）。为了在一年后能取出 100 美元，你需要存入 X，而 X 加上它一年的利息应等于 100 美元。即：

$$X+rX=\$100 \text{ 或 } X(1+r)=\$100$$

解方程，得：

$$X=\frac{\$100}{(1+r)}$$

如果 r=0.10，则：

$$X=\frac{\$100}{1.1}$$

或者

$$X=\$90.91$$

为了证明这个答案，想象一下，如果在银行里存入 90.91 美元，一 243
年后，你将收回 90.91 美元加上 10% 的利息 9.09 美元。当你把利息与初始存款相加，你将得到 90.91+9.09 美元，刚好是 100 美元。我们说，以 10% 的折现率（r=0.10）计算，一年后 100 美元的现值是 90.91 美元。

注意：如果为了得到一年后的 100 美元，你付出了多于 90.91 美元的钱，那意味着收益率小于 10%。例如，假设你付出了 95 美元，如果你将这 95 美元存入银行，一年后得到了 100 美元，那么利息为 5 美元。因为 5 美元仅是 95 美元的 5.26%，银行为你提供的利率仅为 5.26%，而非 10%。

那么，第二年及其以后的情况又如何呢？在第二年年末，你得到另外的 100 美元。为在第二年年末能从银行中取出 100 美元，你现在应该在银行中存入多少钱呢？假设你存入了 X，那么在一年后，你的账户中便拥有 $X+rX$。第二年年末，你的账户中就拥有 $X+rX$ 加上这 $X+rX$ 产生的利息，即：[④]

$$(X+rX)+r(X+rX)$$

也可以表示为

$$X(1+r)+rX(1+r)\text{ 或者 }X(1+r)(1+r)\text{ 或者 }X(1+r)^2$$

从而：

$$X=\frac{\$100}{(1+r)^2}$$

这就是为了两年后从银行取出 100 美元，你现在必须存入银行的金额。

如果 r=0.10，那么

$$X=\frac{\$100}{(1.1)^2}\text{或者 }X=\$82.65$$

为了让你更确信这一计算的正确性，假设今天你在银行中存了 82.65 美元。一年后你回到银行，会发现账户上有 82.65 美元加上 10% 的利息（8.26 美元），即 90.91 美元。但是你并未将其取出，而是留在了银行里以便在第二年内，在此基础上获得另外的利息，即全部本金的 10%——9.09 美元。把这个利息加到本金上，即得到 100 美元。所以，如果你将 82.65 美元存入银行，两年之后将得到 100 美元。两年之后的 100 美元是现在的 82.65 美元。

下面接着来看第三年。这次你得到的是一张 400 美元的支票，但只有在三年之后才能拿到钱。那么，为了三年后获得 400 美元，你现在应当在银行中存入多少钱呢？如果不考虑数学过程，可以直接写出这一数目 X，即

---

④　假设年复利。

$$X=\frac{\$400}{(1+r)^3}$$

如果 r=0.10，那么

$$X=\frac{\$400}{(1.1)^3}\text{或者 } X=\$300.53$$

一般来说，R 美元在 t 年后的现值或折现值（PDV）为

$$PDV=\frac{R}{(1+r)^t}$$

第三步：一旦知道了项目各年份的收入流，你便可以将其加总得到
244 总现值，进而了解到这个项目的价值究竟是多少。表 11A.2 中，右栏展示了每年收入的现值，如果把这些数值加起来，就得到你现在应该在银行（存款利率为 10%）存入的金额 1 126.05 美元，这些钱将使你得到与此投资项目相同的收入流。

这就好比你今天到银行存了 1 126.05 美元，一年之后你取走了 100 美元，第二年之后再取走 100 美元，第三年之后取走 400 美元，依此类推，直到第五年年末当你要关闭账户的时候，账户上还有整整 500 美元。你仅用 1 126.06 美元就可以获得与上面投资项目完全相同的收入流。如果你希望得到 10% 的收入率的话，你就不会为这个项目支付 1 200 美元，也就是说，你不会对其进行投资。

我们所做的就是将某一投资项目未来一个时间段内的预期收入流转化为一个*单独的数目*——此收入流的折现值。

我们也可以这样说：如果某一投资项目产生的收入流的现值比投资项目的总成本小，厂商就不应该对该项目进行投资。图 11A.1 展示了以上分析的过程。

这里需要记住我们在讨论的是*对新资本的需求*，厂商在进行投资之前必须要对投资项目是否值得投资进行评估。其中包括对潜在投资项目的未来收入做出预测，并将预期收入的收益率与当前金融市场利率进行比较。现值法使得厂商可以计算出一张与金融市场的回报具有相同收入流的合约的现值是多少。

表 11A.2　计算假想投资项目的总现值（假设 r=10%）

年末	$($r$)	$(1+r)^t$	现值
第一年	100	(1.1)	$90.91
第二年	100	$(1.1)^2$	82.64
第三年	400	$(1.1)^3$	300.53
第四年	500	$(1.1)^4$	341.51
第五年	500	$(1.1)^5$	310.46
总现值			1 126.05

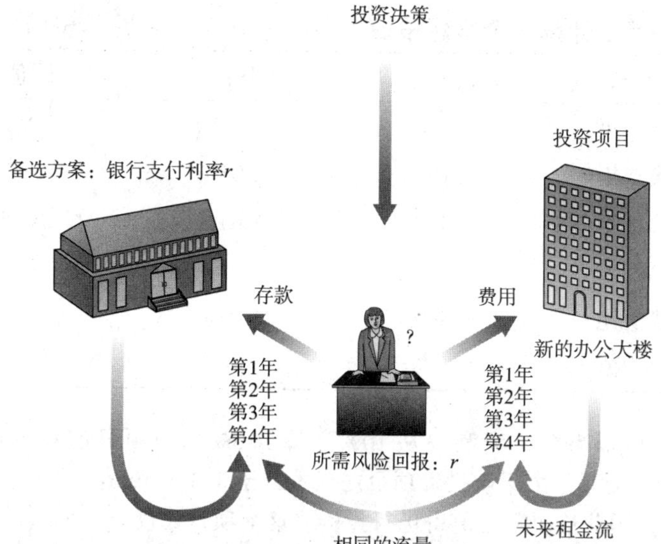

▲ 图 11A.1　一个投资项目“去还是留？”的思维导图

利率越低，现值越高

现在考虑：用一个较低的折现率计算一串未来所得折现值时会发生什么变化。使用更低的折现率进行分析可能是因为金融市场上的一般利率下降了，从而使得投资的机会成本降低了；也可能是因为你发现这一投资项目的风险比你之前想象的要小。无论原因如何，假设只要有 5% 的收益率，你就将进行这一项目的投资。

为计算现值，厂商会考察每年的利润，并思考需要在一个利率为 5% 的银行中存多少钱才能得到与利润相等的钱。在较低的利率水平下，厂商需要花更多的钱来购买等额的未来货币。仍然以 2 年后的 100 美元为例。在 10% 的年利率下，厂商将 82.65 美元存 2 年，就会在第 2 年末得到 100 美元。也就是说 2 年后 100 美元的折现值（当前市场价格）为 82.65 美元。但是如果年利率仅为 5%，那么 82.65 美元在 1 年之后产生的利息仅为 4.13 美元，2 年后的利息也仅有 4.34 美元，这样 2 年后厂商拿回的总金额为 91.11 美元。要想在 2 年后拿到 100 美元，厂商现在就要存入比 82.65 美元更多的钱。解关于 X 的方程，得： 245

$$X=\frac{\$100}{(1+r)^2}=\frac{\$100}{(1.05)^2}=\$90.70$$

也就是说，当年利率从 10% 降到 5% 时，2 年后 100 美元的现值上涨了 8.05 美元（90.70 美元—82.65 美元）。

表 11A.3 重新计算了前面所说的投资项目在利率水平较低时的现值。 246

表 11A.3 计算一个假想投资项目的总现值（假设 r=5%）

年末	美元	$(1+r)^t$	现值
第一年	100	(1.05)	95.24
第二年	100	$(1.05)^2$	90.70
第三年	400	$(1.05)^3$	345.54
第四年	500	$(1.05)^4$	411.35
第五年	500	$(1.05)^5$	391.76
总现值			1 334.59

从表中可以看到，当利率从 10% 下降到 5% 时，项目的总现值达到 1 334.59 美元。由于该投资项目的成本低于 1 334.59 美元（仅为 1 200 美元），因此这个项目值得进行投资。这个项目比投资于金融市场更加赚钱。

在此条件下，一个追求利润最大化的厂商会对该项目进行投资。正如本章所述，较低的利率会引起较高的投资额。

基本规则如下：

> 如果一项投资的预期收入流的现值大于该投资项目的成本，那么这个项目就值得投资。相反，如果其未来收入的现值低于投资成本，那么在金融市场中可以以更低的初始投资实现相同的收入流，于是这个项目就不值得投资。

附录总结

1. t 年之后 R 美元的现值（PV），就是你在当前的市场利率下支付的金额，这一金额保证你在 t 年后得到 R 美元。这也是在 t 年后得到 R 美元所需支付的当前市场价值。
2. 如果一项投资未来收入流的现值低于其成本，于是这个项目就不值得投资。但是，如果一项投资的预期收入流的现值大于该项目必须付出的投资成本，这个项目就值得投资。

附录术语和概念回顾

折现值（PDV）或净现值（NPV），页 294

等式：$PDV=\frac{R}{(1+r)^t}$，页 296

附录习题

附录 11A：计算现值

学习目标：能够计算在不同利率水平下，5 年后的 100 美元的现值是多少。

1A.1 假设你拥有这样一个机会——在一年后得到 5 000 美元。你还拥有另外一个机会——把钱存入一个年利率为 8% 的定期账户中。你愿意支付 4 800 美元来换取 1 年后的 5 000 美元吗？为了得到这 5 000 美元，你愿意支付的最大金额是多少？假设这 5 000 美元你只能在 3 年后而非 1 年后得到，你愿意为其支付的最大金额又是多少？

1A.2 假设你的义母留给你一笔 75 000 美元的遗产，在你 26 岁时交付给你。你现在 21 岁。近期从 5 年期债券中可以获得的年利率为 2.5%。你的母亲现在给了你 60 000 美元的现金，以期将这笔遗产转让给她。你会这样做吗？请解释你的答案。

1A.3 市议会的财政委员会估算了一项工程的现金流量。他们认为建造一个流浪狗园地的贴现值为 325 万美元，而流浪狗园地的建设成本为 350 万美元，那么这意味着应该建造流浪狗园地。你同意这个结论吗？请解释你的答案。如果利率大幅降低会产生什么影响？

1A.4 分别在 8% 和 10% 的市场利率下，计算表 1 中 A 到 E 的现值。假设 E 项所代表的投资项目是在第一年初购买一台价值 1 235 美元的设备。如果市场利率为 8%，你是否会购买这台机器？如果利率是 10% 呢？

表 1

年末	A	B	C	D	E
1	\$80	\$80	\$100	\$100	\$500
2	80	80	100	100	300
3	80	80	1 100	100	400
4	80	80	0	100	300
5	1 080	80	0	100	0
6	80	80	0	1 100	0
7	80	1 080	0	0	0

1A.5 在市场借贷利率均为 3.5% 的情况下，人们愿意以多高的价格购买以下债券？

a. 在一年之后一次性支付 15 000 美元的债券

b. 在两年之后一次性支付 15 000 美元的债券

c. 在今后的三年内，每年支付 5 000 美元的债券

1A.6 在上一题中，如果年利率为 7%，人们愿意出的价格是多少？

1A.7 基于你在 1A.5 和 1A.6 中的答案，判断下列各项的对错：

a. 在其他所有条件相同的情况下，债券的价格随着利率的上升而上升。

b. 在其他所有条件相同的情况下，如果货币回收的期限缩短，债券价格将会上升。

1A.8 假设一个投资项目（商业开发）以 7% 的折现率进行折现后的现值为 8.254 45 亿美元，而这栋楼的售价为 8.5 亿美元。试问买方的收益率是大于 4%，等于 4%，还是小于 4%？请简要解释。

1A.9 假设我承诺在未来的 3 年中，每年年末支付给你 100 美元。利用如下等式：

$$X=100/(1+r)+100/(1+r)^2+100/(1+r)^3$$

如果 r=0.075，那么 X=260.06 美元。

假设某位同样可靠的人愿意为你借给他的任何东西支付 7.5% 的利息，你还愿意因为我的承诺而借给我 270 美元吗？请解释你的答案。

1A.10 特蕾莎中了佛罗里达州彩票，有两个选项 247
可以选择：一次性获得 2 200 万美元，或者在此后 30 年的每年年末获得 125 万美元。

a. 如果特蕾莎选择了 30 年每年一次的支付，她将总共获得多少金额？

b. 如果利率为 4%，30 年每年一次的支付的现值是多少？此时特蕾莎应该选择一

次性支付还是 30 年的分期付款？

c. 如果利率为 8%，30 年每年一次的支付的现值是多少？此时特蕾莎应该选择一次性支付还是 30 年的分期付款？

1A.11 在上述问题中，如果每年一次支付变为 15 年内每年支付 200 万美元，你的答案会有什么变化？

1A.12 请解释：如果市场利率下降，一年后的货币现值会发生什么变化？如果市场利率上升呢？

第 12 章

一般均衡与完全竞争效率

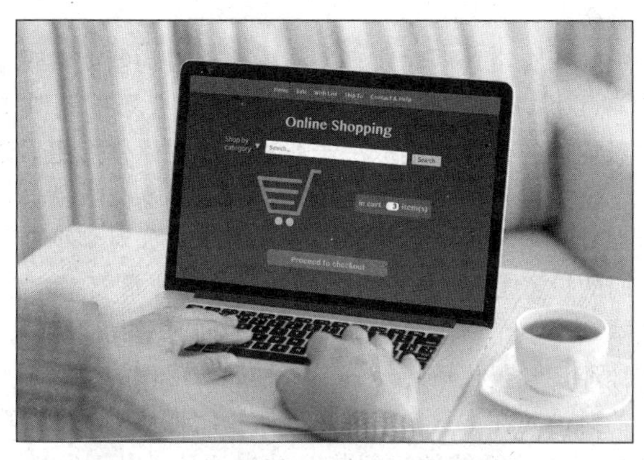

在前面的九章中，我们建立了一个简单的完全竞争经济模型。我们 248
的讨论围绕着家庭和厂商这两个基本决策单位，它们在投入市场和产出市场这两个基本市场中相互作用（请再次查看图Ⅱ.1 所示的循环流动图）。通过将讨论局限在完全竞争厂商中，可以详细地了解这两个基本决策单位是如何在两个基本市场中相互影响的。

投入市场与产出市场之间存在联系主要是由于厂商与家庭在两个市场中同时进行决策，然而两个市场间还有其他关联。比如，厂商在资本市场和劳动力市场中作为买方出现，它们用资本替代劳动力，或者用劳动力替代资本。两种要素中，一种要素的价格发生变化，另一种要素的需求随之发生改变。如果厂商更多地使用资本，就会改变劳动的边际收益产品，从而使劳动力需求曲线发生移动。与此类似，某种商品或服务的价格变化会影响到家庭对于其他商品和服务的需求，比如某种商品价格下降会使这种商品比其他替代品更具吸引力。这种变化也会使家庭受益，因为它们的收入可以买到更多的商品。家庭可以用这一“实际收入”的增加来购买其他的商品和服务。

这里的问题很简单：

不能把投入市场和产出市场当作两个独立运作的市场分别考虑。虽然单独理解某个厂商或家庭的决策过程以及分析单个市场的运作过程是十分重要的，但是现在需要做的是将这些整合在一起考虑，对整个经济系统形成一个完整的概念。

我们已经了解关于市场与个体决策单位的均衡概念。在单个市场中，供给与需求决定了均衡价格。完全竞争厂商在产品价格与边际成本相等（$P=MC$）的点实现短期均衡。在长期中，竞争市场中的均衡只有在经济利润为零的时候才得以实现。家庭均衡则是当花在某种商品上的最后一美元所获得的效用与从花在其他商品上的最后一美元所得到的效用相等时实现。分别考虑单个市场、单个家庭和厂商均衡条件的过程叫作**局部均衡分析**。

局部均衡分析：分别考虑单个市场、单个家庭和厂商的均衡条件的过程。

一般均衡：当经济中的所有市场同时呈现均衡时，一般均衡就实现了。

249 当经济中的所有市场同时实现均衡时，**一般均衡**就实现了。若某一个市场中出现了扰动均衡的事件，这一事件也会影响到其他市场的均衡。该事件对均衡的最终影响取决于所有市场在事件发生后进行调整的结果。这时，仅关注某一个市场的调整的局部均衡分析就会对整体均衡的理解产生误导。当我们分析政策的变化时（比如对某种商品增税或者鼓励某个部门的投资），这种一般均衡效应就会非常重要。

在讨论本章第一个概念（一般均衡）的同时，我们将继续进行实证经济学（实证经济学仅仅研究经济系统是如何工作的，并不对其工作效果做评价）的讨论。在本章的后半部分，我们将从实证经济学转入规范经济学分析，对经济系统的运行状况做出评价。其运行效果到底好不好？是否能够加以改进？

想要评价一个经济系统的运行状况，首先必须设定评价标准。在本章中，使用两条标准：效率与公平。首先，在以前所作假设都成立的条件下，资源的配置是有**效率**的——也就是说，经济系统用最小的成本生产出人们所需要的产品。如果放松其中的一些条件，自由市场就渐渐显现出非有效性。在无管制的市场系统中，一些资源配置的无效性逐渐显现。在本章的最后，我们介绍了政府在纠正市场无效性和实现公平中的角色。

效率：经济系统用最小的成本生产出人们所需要的产品。

12.1 学习目标

讨论一般均衡与需求曲线移动之间的关系。

12.1 需求变化的市场调整

我们知道，所有经济体（特别是市场体系）都是动态的——任何时候总在发生变化，包括市场需求上升或下降、成本和技术的变化以及价格和产出的变化。我们已经花了很多时间研究这些变化是如何影响单个市场的，但是市场之间具有相互联系。如果资本流入一个市场中，通常意味着资本从另一个市场中流出。如果消费者选择乘坐火车，就意味着他们并没有乘坐公共汽车。我们应该如何看待这种跨市场的联系？

在研究一般情况时，这个例子可能会有所帮助。2007年，亚马逊推出了首款电子阅读器——Kindle。为了研究潜在买家对Kindle的价格或质量变化的反应，我们可以首先分析该产品的局部市场均衡。然而，Kindle的推出以及亚马逊和苹果公司随后的定价决策也对其他市场产生了影响。电子书在一定程度上取代了印刷书籍。Kindle的推出以及随后的降价使得印刷书籍的需求曲线向左移动。当印刷书籍的需求下降时，像巴诺书店（Barnes and Noble）这样的书店的利润就会下降，甚至出现亏损。这些书店中的其他产品（书籍的互补品）的销量很可能也会下降。许多印刷书籍都是通过网络订购的，其中有不少是通过亚马逊订购的，当这些书籍的需求下降时，UPS 等运输服务就会失去业务来源。印刷书籍是用纸张生产的，人们对书籍的需求下降时，对纸张的需求也会下降，从而对林业产品的需求也会下降。

故事到这里还没有结束。当亚马逊为 Kindle 定价时，它必须考虑到印刷书籍的市场情况。如果巴诺书店通过降低书籍的价格来应对需求的下降，这一举措将会影响 Kindle 的最佳价格。如果纸张的需求下降使其成本降低，印刷书籍的成本就会下降，导致印刷书籍的价格下降。亚马逊需要将上述全部考虑在内。在一般均衡分析中，一家厂商需要把所有的反馈途径和跨行业联系考虑在内，以此得到最终的答案。

图 12.1 讨论了一种更加一般的市场联系情况。假设经济中存在 X 和 Y 两个部门，并且都处于长期均衡状态。X 部门的总产出是 Q_X^0，产品的价格为 P_X^0，该行业中所有厂商都在 P_X^0 等于边际成本处进行生产，产量为 q_X^0。此时，价格刚好等于平均成本，经济利润为零。对于 Y 部门也是如此，市场处于零利润的均衡状态，产品价格为 P_Y^0。

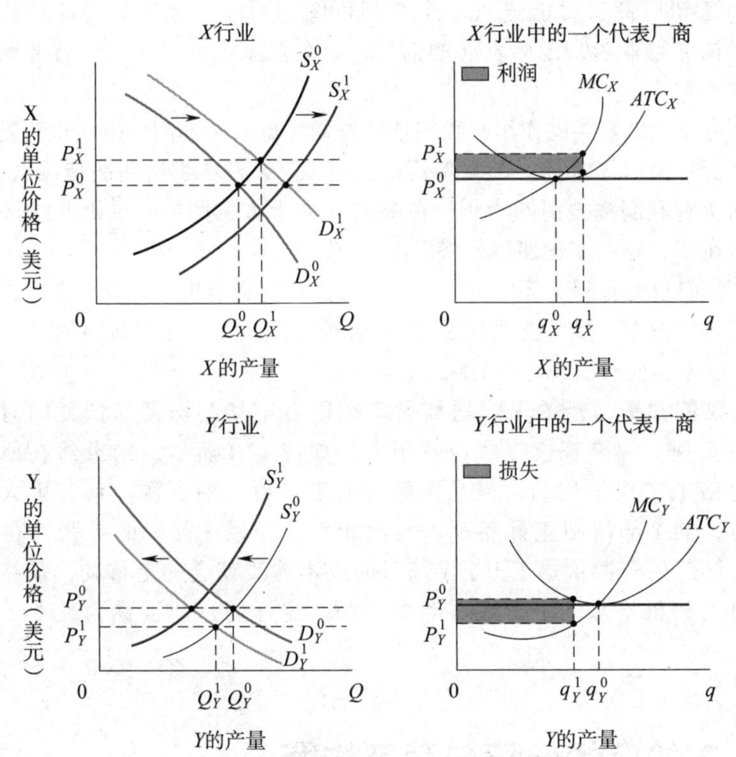

▲ 图 12.1　两部门经济的调整

最初，X 的需求曲线从 D_X^0 右移至 D_X^1，这种变化使 X 的价格上升至 P_X^1，利润增加了。Y 的需求曲线从 D_Y^0 左移至 D_Y^1，使 Y 的价格下降至 P_Y^1，造成了损失。厂商具有离开 Y 部门、进入 X 部门的动机。Y 部门中现有厂商的退出使 Y 的供给曲线左移至 S_Y^1，导致价格上升，损失减少。而厂商进入 X 部门，使 X 的供给曲线右移至 S_X^1，从而减少甚至消除了利润。

250 现在假设消费者偏好的变化（或者说是人口年龄分布的变化，以及其他的什么变化）使 X 的需求曲线从 D_X^0 右移至 D_X^1，这种变化使 X 的价格上升至 P_X^1。如果家庭要购买更多的 X，在收入没有增加的情况下，它们必须减少其他商品的购买。由于在本例中其他的所有商品都用 Y 来表示，所以家庭对 Y 的需求必然减少，由此 Y 的需求曲线从 D_Y^0 左移至 D_Y^1。

随着 X 产品需求的增加，其价格上升至 P_X^1，追求利润最大化的厂商迅速将 X 的产量增加到 q_X^1（此时 $P_X^1=MC_X$）。此时 X 部门存在正的利润。随着 Y 部门需求的下降，Y 的价格会下降到 P_Y^1。此时 Y 部门的产量也削减到 q_Y^1（此时 $P_Y^1=MC_Y$），更低的价格导致生产 Y 产品的厂商遭受损失。

在短期内，部门做出的调整很简单。两个行业中的厂商都受到当前工厂规模的限制，厂商既不能进入也不能退出它们所在的行业。X 行业中的厂商分别将它们的产量从 q_X^0 提高到 q_X^1，与此同时，Y 行业内的厂商都将产量从 q_Y^0 削减到 q_Y^1。

资本市场对 X 部门产生的利润也会做出反应。在第 9 章中，我们知道新厂商很可能进入一个有利可图的行业。金融分析师将这些利润视为行业未来健康发展的信号，而企业家也会对进入该行业跃跃欲试。

251 由以上因素共同作用，我们预计投资将流入 X 部门。事实也正是如此：资本流入 X 部门。随着新厂商的进入，X 行业供给曲线持续右移，直到所有利润都被消除为止。在图 12.1 左上方的图中，供给曲线从 S_X^0 右移到 S_X^1，这一变化使得价格回落到 P_X^0。

我们也将看到 Y 部门由于发生亏损，厂商将退出该行业。在图 12.1 左下方的图中，供给曲线从 S_X^0 向左移动到 S_X^1，使价格重新回到 P_Y^0。在这一点上，所有损失也被消除了。

我们知道，新的一般均衡只有在所有市场的均衡都恢复的时候才会实现，如果规模报酬保持不变，如图 12.1 所示，则虽然在原有的价格上实现了均衡，但是 X 部门汇集了更多的资源，具有更大的产量，而 Y 部门则正好相反。与此相对，如果 X 部门的扩张使得用于 X 部门的资源价格上升，X 部门的成本曲线就会向上移动，最终将在更高的价格水平上形成零利润均衡。这样的行业被称为**成本递增行业**。

12.2 学习目标

解释经济效率原则。

12.2 效率的分配与竞争均衡

在建立竞争经济体系模型的时候，我们经常讨论到该体系的效率。在一个市场相互联系的一般均衡体系中，我们应该如何判断效率的大小？

12.2.1 帕累托效率

在第 1 章中，我们介绍了几种经济学家常用来评价经济运行和各种经济政策优劣的评价标准。这些标准是（1）效率、（2）公平、（3）增长和（4）稳定。我们从第 1 章中还了解到，一个“有效率”的经济可以用最低的成本生产出人们所需的物品。隐藏在效率标准背后的思想是经济系统的存在是为了满足人们的需求，如果资源在重新分配后可以使人们生活得更好，那么它们就应该得到重新分配。我们希望可以利用资源给社会带来最大福利。这一手段就被称为“福利最大化”。

多年以来，社会学家一直在斟酌“总量”的问题。当我们说“福利最大化”的时候，我们所指的是社会福利的最大化。社会由众多人员构成，我们所要解决的问题是如何使得社会中的每一个成员的满足感（或者说福利）最大化。在 19 世纪，意大利经济学家维尔弗雷多·帕累托（Vilfredo Pareto）首先发明了“分配效率”这个概念，而这一概念目前已被广泛接受。帕累托对于效率的精确定义一般被称作**帕累托效率，或者帕累托最优**。

帕累托效率或帕累托最优：是指这样一种情形，即不存在任何一种改进可以在使社会中某些人的情况改善的同时，不使另一些人的境况变糟。

特别地，如果一个变化被称为有效改变，那么这一变化使得社会中一些人的福利增加，而没有其他人为此受到福利损失。一个有效的（或者说是帕累托最优的）系统则是不存在有效改变的系统。举一个简单的自愿交换的例子，可以使我们了解什么是使某些人福利增加，又没有人因此而受到福利损失的情况。我有苹果，你有坚果。我喜欢坚果，你喜欢苹果，于是我们进行交换。交换的结果是我们的福利都有增加，而没有人遭受损失。

要使这样一个定义具有实际价值，必须回答两个问题：什么是“福利增加”？如何说明一些改变使得某些人的福利增加，而另一些人受到福利损失？

第一个问题的答案非常简单。到底是福利增加还是福利损失，是由人们自己决定的。我是唯一一个知道变化发生后我的福利是否增加的人。如果我们互相交换各自的物品，这只能是因为我喜欢你所拥有的东西，而你也喜欢我所拥有的东西。由于交换出于自愿，我们都认为我们的福利在交换之后会增加。如果附近居民都想要一个公园，他们就会共同筹集一笔资金来建一个公园，这样一来，他们主动改变了资源的配置，并且都从中受益。

第二个问题的答案就要复杂得多。近乎所有的改变都会使一些人的福利增加，另一些人的福利减少。如果在一次改变中，一些人的福利增加而另一些人的福利受损，并且可以认定增加福利的价值比受损福利的价值大，就可以说这一改变是潜在有效的。在实践中，我们经常把潜在有效改变与实际有效改变的区别忽略不计，并将它们统称为有效。

252

实践中的经济学

焚烧的玉米越多，吃的玉米就越少

几十年来，美国一直在努力寻找石油的替代燃料以减弱其对石油的依赖。对于一些人而言，这是一个环保性问题，而另外一些人则担心这可能导致对外国生产商产生依赖（尽管我们在本书中看到，大多数经济学家认为国与国之间的贸易是很有价值的）。在寻找替代品的过程中，玉米发挥了核心作用。

乙醇可以由糖或者玉米制作而成。考虑到美国的气候因素，玉米的生产成本比蔗糖的生产成本低很多。因此对于美国而言，将乙醇作为替代燃料时，一直是以玉米为原料。多年来，政府推出了多项政策以鼓励使用以玉米为原料的乙醇。到2012年1月为止，炼制厂每将一加仑乙醇混合到燃料中，就可以得到0.45美元的补贴。炼制厂还被强制要求在燃料中混合一些以玉米为原料的乙醇。历史上，胡萝卜加大棒都曾被用来推广这种替代燃料。

也许有人会反对这个项目，因为该项目是十分昂贵的。事实上，已经有许多人明确表示反对意见了，这也是该补贴最终在2012年1月被取消的原因之一。但是，这项关于玉米的强制规定的一般均衡效应，也使一些人开始怀疑大力推广乙醇是否是明智的决策。当玉米被用作燃料时，食品玉米的价格就会上涨。实际上，大多数玉米都被用作牛和猪的饲料。你可能已经发现牛肉和猪肉的价格在上涨，这在一定程度上就是由玉米价格上涨导致的。许多人担心这可能会给世界各地的人们造成一定的损失。对他们而言，食品价格的小幅上涨可能会带来巨大的成本。从环境方面来看，一些科学家发现以玉米作为原料的乙醇，其污染物排放量要低于其他燃料的污染物排放量（尽管并非所有人都同意这一点）。但是也有另外一些环保人士指出，通过强制使用乙醇来提高玉米产量，可能会以牺牲空旷土地为代价，而保留空旷土地是更有利于环境的。关于这个话题有相当多的争论。显而易见的是，只有系统而全面的思考才能得到正确的答案。

思考

1. 请使用一般均衡供求分析，说明以玉米作为原料的乙醇需求增加对食品市场的影响。玉米用商品 X 表示，其他食物用商品 Y 表示。

举例：马萨诸塞州削减预算　几年以前，为了压缩州政府开支，麻省的机动车登记处大幅削减预算。这意味着这里各个办公室的职员人数锐减。很快，麻省居民就发现他们需要排长队，等上几个小时来为他们的机动车进行登记或者领取他们的驾驶执照。

司机与车主在（为政府削减预算而）承受损失：排队等候，花费本来可以更有效利用的时间和精力。在可以做出正确的有效性判断之前，我们必须衡量，或者至少是估计削减预算带来的收益与损失。为了评价车主与司机所蒙受的损失，可以问问这些人愿意为避免排队支付多少钱。

某个办公室估计每天大约有 500 人在外等候 1 小时。如果人们愿意支付 2 美元来避免排队，那么每天的损失就是 1 000 美元（500 × 2 美元）。如果登记处每年有 250 个工作日，那么保守估计，仅这个办公室一处，每年对车主造成的劳动力损失为 250 000 美元（250 × 1 000 美元）。

另据估计，麻省的纳税人因政府雇员减少节省了 80 000 美元的费用。 253
如果使这些雇员复职，又会出现有人受益有人受损的情况。这时是车主与司机得益，纳税人受损。由于我们有充分的证据表明受益的价值远远超过纳税人的损失，所以此时恢复这些雇员的工作将是一次有效改变。在这里我们注意到，受到净损失的人仅仅是既没有车又没有驾照的纳税人。[1]

12.2.2 完全竞争效率

所有类型的社会在确定其经济制度时都要回答这几个基本问题：

1. *生产什么？*最终产出是由哪些因素来决定的？

2. *如何生产？*资本、劳动力和土地是如何在各个厂商之间进行分配的？换言之，资源是如何在生产者之间进行配置的？

3. *分配给谁？*每个家庭获得多少产品是由什么来决定的？产品是如何在家庭消费群体之间进行分配的？

接下来关于效率的讨论，应用了以上的三个问题及其答案，非正式地证明了完全竞争的有效性。要想证明完全竞争系统能够带来有效的资源配置，或者说帕累托最优的资源配置，需要证明在这一系统中，不存在能在没有任何人的利益受损的情况下使一些人福利增加的可能性。特别地，还将证明在完全竞争情况下，（1）资源在厂商间的配置是有效的，（2）最终产品在居民之间的配置是有效的，以及（3）系统仅生产人们需要的产品。

资源在厂商间的有效配置　对于有效性的简单定义表明，厂商必须使用最好的技术（也就是使得成本最低的技术）来生产它们的产品。如果同样的投入能够生产出更多的产品，那么就存在不损害任何人利益的情况下，使得一些人福利增加的可能性。

我们所使用的完全竞争模型建立在几个假设的基础之上，这些假设

---

① 你可能想知道是否还存在其他的获利者和损失者。职员的情况如何呢？在这样的分析中，通常假设纳税较少的公民把他们的额外收入用到其他产品上。其他产品的生产者需要扩大生产以满足新的需求，他们需要雇用更多的劳动力。因此，公共部门减少 100 个就业岗位就会使私营部门增加 100 个就业岗位。如果经济实现了充分就业，那么劳动力向私营部门的转移不会为劳动者带来净收益或净损失。

确保在这一系统中，资源在厂商之间的配置确实是有效的。其中最重要的一个假设是每一个厂商都是追求利润最大化的。为了实现利润最大化，每个厂商必须在现有的产量水平上实现成本最小化。出于对现有技术的全面了解，厂商会选择成本最低的生产技术。

然而，仅仅了解这些还是不够的。投入品必须以最优方式在各个厂商之间进行分配。比方说，如果发现将 A 厂商的资本与 B 厂商的劳动力进行交换，会使两个厂商的产量同时增加，那么原来的配置就是低效率的。你可能觉得这种情况很难实现，毕竟 A 厂商和 B 厂商都是独立的决策者。当 A 在做是否雇用更多的工人或对一台机器进行投资的决策时，它不会考虑如果投入到另一家厂商中是否会更有效率。当市场中的厂商进行独立决策时，最终如何实现投入品在不同厂商之间的最优配置呢？

254 答案在于价格机制。在第 10 章曾经说过，只要完全竞争厂商的边际收益产品超过市场价格，它们就会使用额外的生产要素。只要所有的厂商面临的是相同的要素市场与相同的要素价格，任何厂商所使用的最后 1 单位投入品所带来的价值都应该相等。每个厂商都是独立的决策者，它们都会选择使边际收益产品（MRP）与投入价格相等的投入水平，但是由于每个厂商面临的投入品价格相同，所以达到均衡时，它们的边际收益产品也是相等的。当然，不同的厂商会选用不同的技术与要素组合，但是从边际上看，没有任何一个追求利润最大化的厂商可以从某种要素中获得高于该要素的当前市场价格的价值。比如，如果当前劳动力市场的工资率为 6.50 美元，只要边际劳动力（劳动力的 MRP_L）产生的边际收益产品（MRP_L）高于 6.50 美元，厂商就会不断增加雇用工人的数量。没有厂商会在 MRP_L 降到 6.50 美元以下时继续雇用工人。这样一来，在均衡点，对于任何一个厂商而言，多使用 1 单位劳动所创造的价值不会高于 6.50 美元。这时，如果在这些厂商间发生劳动力转移的话，并不会为社会带来更高的产量和产品价值，各个厂商都已经雇用了使利润最大化的劳动力数量。简单地说：

> 从要素市场是开放竞争的、厂商面临相同的投入品价格、所有厂商都追求利润最大化这三个假设，可以得出结论——资源在厂商间的配置是有效的。

现在我们对于市场经济中价格机制的力量应该有了更深入的了解。每个独立的厂商只需要根据劳动、资本和土地的生产力与其价格之间的关系来决定使用哪些投入要素。但是由于所有厂商都面临着相同的投入品价格，所以在市场经济中，厂商对于投入品的使用是有效率的。亚当·斯密提出了“看不见的手”，而价格就是它的工具之一，使之不需要明确地协调或规划，就能实现效率。

产品在家庭之间有效分配　即使系统在生产人们所需要的东西，并且生产过程是有效的，这些东西也要等到了恰当的人手中才算数。正如开放竞争的要素市场可以确保厂商在投入品的使用上不会出现差错，开放竞争的产出市场也可以保证家庭不会买到不适合它们的商品和服务。

在收入与财富的限制下，家庭可以在产出市场中自由选择它们想要的商品和服务。如果一种商品给某个家庭带来的效用或者说主体性价值高于该商品的价格，这个家庭就会购买这种商品。商品的效用价值从家庭的市场行为中体现出来。你只有在认为某种商品的价值至少等于其价格的时候才会进行购买。

记住，任何一件商品的价值，都在于你为了拥有它必须放弃的其他商品的价值。你需要在自己的预算约束之内做出取舍。你的选择主要取决于你的偏好。如果你买了一部 iPhone 花了 300 美元，很可能为此放弃了一次探亲的计划。如果是我买了这部 iPhone，可能就要放弃给我的车换上 4 个新轮胎的计划。我们都意识到这部 iPhone 对于我们的价值，至少与 300 美元可以买到的其他商品对于我们的价值相等。只要我们能够在 300 美元可以买到的所有商品中自由选择，就不会买到错误的商品。我们不可能找到一种让两方面的情况都改善的交易。再一次地，价格机制发挥了重要作用。我们每个人可以选择的商品都具有同样的价格，这反过来又促使我们做出选择以确保商品在消费者之间得到有效分配。

> 人们具有不同的口味和偏好，因此人们会以不同的组合购买不同的商品。由于每个人都在相同的市场中自由选购，因此如果重新调整现有的分配结果，并不会使他们的福利增加。如果我和你在同一个市场中以相同的价格购买商品，你买你想要的东西，我买我想要的东西，我们通常不会买自己所不需要的东西。这个结论的前提是市场是自由且开放的。

仅生产人们所需的商品：有效的产出组合　即使系统生产的效率再高，分配的手段再有效，如果生产出的产品不为社会所需要，那也不行。竞争市场是否必然会生产社会所需要的产品呢？

如果系统生产出人们所不需要的东西，就应该可以证明多生产一些产品，而少生产另一些产品会使得人们的福利增加。想要证明完全竞争市场是有效的，必须说明这样的最终产品调整是不存在的。

确保系统生产正确产品的条件是 $P=MC$。这也就是说，无论在长期 255
还是短期内，完全竞争厂商都会在其产品价格与产品的边际成本相等的点上进行生产。只要价格高于边际成本，厂商就会增加产量。当一个厂商估算价格和边际成本的时候，它是拿边际产品对于社会的价值，与生产该产品所消耗的资源可能生产出的其他产品的价值作比较。图 12.2 对这一逻辑进行了归纳。

如果 $P_X > MC_X$，社会可以通过生产更多的 X 获取收益。
如果 $P_X < MC_X$，社会可以通过生产更少的 X 获取收益。

产品 X 的价值是社会通过市场进行评价的，也叫一单位 X 产品的边际社会价值。

市场确定的生产一边际单位 X 产品所需的资源的价值，与该资源的机会成本——其他产品减少的产量或者没有使用的资源（闲暇、空地，等等）的价值——相等。

▲ 图 12.2　关键的效率条件：价格等于边际成本

这一说法的理由简单明了。首先，商品的市场价格表达了家庭的支付意愿。家庭通过购买一件商品表明，这件商品至少与同样的钱所能购买的其他任何商品有着相等的价值。也就是说，当前价格反映了家庭对商品价值的评价。

其次，边际成本反映了生产某种产品所需资源的机会成本。如果一个公司生产 X 产品需要雇用一个工人，它必须对工人支付市场工资率。这一工资率必须足以将工人从闲暇时光中或者从在别的公司生产其他产品中吸引出来。对于资本和土地这两个生产要素来说也是一样。

因此，如果一种商品的价格高于生产它的边际成本，多生产这种产品就会给家庭带来收益，进而使整个社会受益。与之类似，如果一种商品的价格降到了其边际成本以下，则代表着资源被用在了家庭认为其价值低于其机会成本的产品上。那么，少生产这类产品就会使社会受益[②]。

> 如果厂商在价格与边际成本相等的点上进行生产，社会的产出组合就是有效的。

图 12.3 表现了单一的竞争市场体系是如何引导单个家庭和厂商在投入市场及产出市场中进行有效选择的。为了简单起见，图中假设只有一种生产要素——劳动。家庭在市场工资与闲暇和无报酬家庭工作的价值之间进行取舍。同时，工资是劳动力潜在产出的度量，因为厂商要在劳动力成本（工资）与其生产的产品价值之间进行取舍，并且厂商将不断地增加工人，直至 $W=MRP_L$ 为止。家庭用工资收入购买市场上的产品。可以说，家庭间接地在市场产品跟闲暇和家庭工作之间做出选择。

当一个厂商的规模处于平衡状态时，它将实现利润最大化；当一个家庭的取舍处于平衡状态时，它也实现了效用最大化。在这些条件下，没有任何改变能够增加社会福利。

---

② 有一点很重要，就是厂商并不总是“自觉地”平衡社会收益和社会成本，事实上，通常假设厂商是自私的利益最大化者。只有在完全竞争市场，当厂商在权衡其收益和成本时，它们实际上也在权衡社会收益和社会成本（虽然厂商可能没有意识到这一点）。

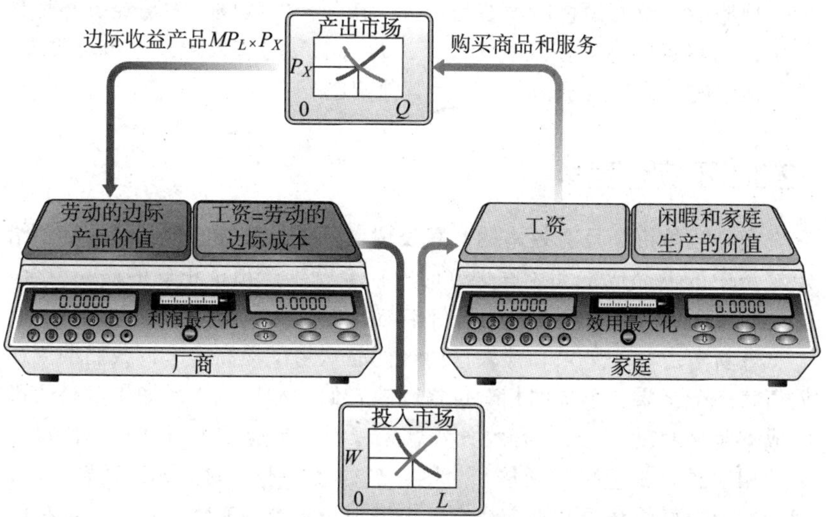

▲ **图 12.3　从家庭和厂商对价值的取舍中得到的完全竞争效率**

12.2.3 完全竞争与真实市场

目前为止，我们已经建立了一个完全竞争的市场体系。在这里，生产所需的资源是有效配置的，产品组合是有效的，产品的分配也是有效的。这个完全竞争模型建立在一组假设的基础之上，只有这些假设完全成立时，我们的结论才成立。我们一直假设，所有厂商与家庭都是投入市场和产出市场的价格接受者，厂商与家庭都享有完全信息，以及厂商都是追求利润最大化的。

这些假设在真实世界中并不总是成立。如果假设不成立，我们关于 256
自由无管制的市场可以生产有效产出的假设就不成立。本章的剩下部分将就市场中天生存在的无效性以及市场机制的优缺点进行讨论。我们还将讨论竞争模型对理解真实经济到底有多大帮助。

12.3 市场失灵的原因

12.3 学习目标

描述市场失灵的四个原因。

为给出真实市场中可能遇到的问题以及这些问题可能的答案，本章的其余部分将对本书的下一部分作一个前瞻。这本书的下一部分主要关注市场失灵经济学以及政府在经济中的作用。

市场失灵： 在出现资源配置错误，或者配置无效的时候，就出现了市场失灵。市场失灵会导致资源浪费和价值损失。

在出现资源配置错误，或者配置无效的时候，就出现了**市场失灵**。市场失灵会导致资源浪费和价值损失。在这一节中，将简单介绍四种重要的市场失灵的原因：（1）不完全竞争市场或非竞争行为；（2）公共产品的存在；（3）外部成本与收益的存在；和（4）不完全信息。以上的每一种原因都源自一条完全竞争模型假设的不成立。我们将在后面的章节对这些原因进行逐个讨论。这里的每一种原因也引出了政府在经济中的一项职能。政府是否应该参与经济，在怎样的程度上参与经济都是当前争论的热点问题。在某些情况下，政府的参与有助于改善市场失灵；在其他情况下，政府干预还会产生其他问题。

12.3.1 不完全竞争

完全竞争市场是有效率的，其表现之一就是有效的产品组合。当给定经济中的商品成本和家庭偏好时，社会就生产出了正确的商品组合。有效的产品组合来自产品的销售价格与其边际成本相等这一事实。

257 重新考虑一下坚果和苹果这两种商品。为了提高效率，我们期望在均衡状态下坚果和苹果的相对价格反映它们的相对成本。如果苹果的边际成本是坚果的两倍，“有效”就意味着消费也应该进行调整，使得苹果的相对价格是坚果的两倍。否则，当社会以不同的方式利用资源时，就会实现更好的结果。在完全竞争市场中，很容易实现这一点。如果两种商品的价格都等于其边际成本，那么两种商品的价格之比也等于其边际成本之比。在一般均衡条件下，相互分隔的市场也是有效的。但是如果假设由于某些原因，这两种商品中其中一种商品的定价高于其边际成本，相对价格就不再反映其相对成本。

因此，我们可以看到产品组合的效率来自边际成本定价。然而，我们将在接下来的几章中学习到，在不完全竞争市场中，竞争性的厂商数量较少，并且新厂商进入某一行业时受到制约，导致价格通常不会等于其边际成本。因此，在一个厂商具有一定市场力量、不再作为价格接受者的市场中，不一定能实现有效的产品组合。

12.3.2 公共产品

造成无效性的另一个主要原因是，私人生产者发现并不是只要生产所有社会成员需要的东西就会给他们带来利益，因为出于某种原因，他们不能依据人们所认为的商品的价值制定价格。更具体地说，有一类产品被称为**公共产品，或社会产品**，这类产品在完全无管制的市场经济中总是供不应求或者根本没有人生产。[3]

公共产品或社会产品：将利益给予全体社会成员的商品和服务。一般来说，没有人能被排除在享受公共产品所带来好处的范围之外。最典型的例子就是国防。

公共产品是使全社会都受益的商品和服务，从某种意义上说，公共产品是一种集体消费品。最为典型的公共产品是国防，当然还有数不清的其他公共产品，比如说治安维护、国土安全、野生土地资源保护和公共医疗等。它们与其他产品一样，是由土地、劳动力和资本“生产”的。一些公共产品，比如说国防，可以使全社会受益。另一些公共产品，比如说清洁的空气，只能使局部地区受益——也许堪萨斯一个小镇上的空气很干净，而南加州一座城市里的空气就比较污浊。每个人都可以消费公共产品，而不仅仅是那些为其买单的人。由于无法将未付款者

---

③ 虽然它们通常被称为公共产品，但很多时候我们谈论的都是服务。

排除在消费公共产品的范围之外，因此很难向人们收取公共产品的费用也就不足为奇了。

如果公共产品的生产被交予私人生产者，追求利润的生产者并不具备强迫公共产品消费者支付相应费用的能力，就会产生很严重的问题。假设你需要某种公共产品 *X*，如果存在正常运转的 *X* 市场，你将很乐意为 *X* 的消费付费。但是如果要你无偿为生产产品 *X* 出力，你会这样做吗？当然，从道义的角度上讲你应该会去做，但是从自身利益的角度上讲，你是不会去做的。

至少有两个问题促使你选择后者，首先，即使你不付费的话，也没有人能够制止你使用 *X*。无论付费与否，你都能得到 *X*。那么你为什么一定要付费？其次，由于为公众提供服务的公共产品造价高昂，每一个人对于生产公共产品的贡献可以说是微不足道的。比如说，如果你不购买国债的话，国防事业的发展会因此而受到威胁吗？当然不会，也就是说，你一个人不付费的话，对于公共事业而言没有任何不良后果。结论是，无论你付费与否，公共产品的产量不会受到影响，你对公共产品的使用也不会受到影响。你们不可能指望私人来提供公共产品。一个自由放任的市场体系并不会生产出社会成员所需要的全部产品。公民必须联合起来确保公共产品的生产，而这一点通常是由政府使用税收收入来实现的。公共产品是第 16 章研究的重点。

12.3.3 外部性

外部性： 强加于与本事件无关的个人或者组织的成本或收益。 258

造成市场无效性的第三个原因是外部成本与收益的存在。所谓**外部性**，就是强加于与本事件无关的个人或者组织（换言之，就是作用于第三方利益集团）的成本或收益。在一个城市中，外部成本普遍存在。最具代表性的例子是空气或水污染，然而还有很多其他例子，比如噪声、交通堵塞，甚至你将你的房子涂成了一种邻居们认为很难看的颜色，都属于外部成本的范畴。全球变暖是一个世界范围的外部性问题。

但并不是所有的外部性都具有负效应。比如修缮房屋或院落就可能给附近的居民带来好处。坐落于城市附近的农场为当地居民提供了悦目的风景和不是那么拥挤的环境。

外部性只有在决策者没有将它们纳入考虑范畴的时候才会出现问题。本章前面所提到的有效性逻辑需要厂商在社会成本与社会收益之间做出取舍，如果一个厂商在竞争市场环境中生产出 1 单位产品，这是因为社会对于该产品价值的评估高于该产品造成的社会成本——也就是 $P=MC$ 的逻辑。然而，如果社会成本被忽略不计，或者社会收益没有被计算在内，无效决策就会由此产生。从本质上讲，如果方程中 MC 或 P 的计算是“错误的”，将两者等同显然也不会得到最佳结果。

外部性造成的后果可能是非常严重的。多年以来，一些公司将化学废料不加处理就倾倒在水源附近或者居民区附近的垃圾厂。在某些地方，这些废料渗入地下并污染了水源。另外，由于吸烟不仅仅损害吸烟者自身的健康，还会影响到其他人，政府做出了不准在飞机和公共场所吸烟的规定。

12.3.4 不完全信息

不完全信息：缺乏关于产品特性、价格等方面的所有信息。

造成无效性的第四个原因是购买者和销售者的**不完全信息**。市场有效运行的结论在很大程度上建立在消费者和生产者都对产品特性、市场价格等具有完全信息的基础之上。完全信息的缺失会最终导致不当处理的发生。

有一些产品非常复杂，以至于消费者很难判断购买这种产品的潜在收益与成本，购买人寿保险的人需要花很大精力在各种复杂的保险单之间进行选择，并决定这一产品的真正“价格”。任何需要拥有专业知识的服务领域（如修理水管和医疗保健业）中的消费者通常很难判断他们需要什么服务，更不用说服务的质量了。由于不完全信息的存在，价格可能不再反映个人偏好。

部分类型的错误信息可以由广告真实性法规等类似规定进行纠正。在某些情况下，政府为公民提供必要的信息，食品上的营养标签就是一个很好的例子。在某些行业中不存在解决不完全信息和错误信息等问题的明确方法。我们将在第 16 章对这些问题进行进一步分析。

12.4 学习目标

了解市场不完善是如何干扰市场效率的。

12.4 市场机制评价

市场体系是好是坏？政府是否应该参与经济？还是应该将资源的配置问题留给自由市场去解决？到目前为止，我们获得的信息是混杂且不完整的。如果完全竞争模型能够真实地反映现实市场的运作过程，市场体系显然更具优越性。当放宽一些假设，并将讨论扩展到非竞争行为、公共产品、外部性和不完全信息等领域时，我们发现政府还是具有一定作用的。

市场体系可能并不会激励参与者权衡成本和收益并实现有效运作。如果不存在外部性，或者外部性都被恰当地内部化，厂商在制定生产决策的时候就会将社会成本和社会收益考虑在内。在这种情况下，受利益驱动的竞争性厂商会试图将成本降至最低，并且在生产中采用效率最高的技术。同样地，竞争性的投入市场应该激励居民在他们的时间价值与他们参与劳动可能生产的社会价值之间进行取舍。

然而市场远不是完善的。真实世界中自由运作的市场并不总能有效配置资源，这使得政府在经济中可以有所作为。很多人要求让政府参与经济，纠正市场失灵——也就是帮助市场更为有效地运行。然而你也会发现，还有很多人认为如果政府参与经济的话，它们带来的问题会比它们解决的问题还要多。

此外，我们到目前为止仅仅讨论了效率的评价标准，但是经济制度 259
和经济政策还要由很多其他标准来衡量，尤其是公平（或者说公道）这一标准。事实上，有些人认为自由市场的最终结果是最为不公平的，因为有些人会变得非常富有，而另一些人始终都很贫穷。

接下来，本书的第三部分将深入讨论市场的不完善和政府对经济的干预。

总结

1. 厂商和家庭都在投入与产出两个市场中同时进行决策，比如，投入品的价格决定着产品的成本，并会影响厂商的产品供给决策。劳动力市场中的工资影响着劳动力供给决策、家庭收入和家庭的最终购买力。
2. 当经济中的所有市场同时实现均衡时，一般均衡就实现了。若某一个市场中出现了扰动均衡的事件，这一事件也会影响到其他市场的均衡。由于局部均衡分析仅关注某一单独市场，它会导致对于整体均衡的错误理解。

12.1 需求变化的市场调整　页 302

3. 在所有的市场都实现均衡时，就实现了一般均衡。

12.2 效率的分配与竞争均衡　页 304

4. 有效的经济系统能用最小成本生产出人们所需要的产品。如果一个变化被称为有效改变，那么这一变化使得社会中一些人的福利增加，而没有其他人为此受到福利损失。一个有效的（或者说帕累托最优的）系统则不存在发生有效改变的可能性。
5. 如果在一次改变中，一些人的福利增加而另一些人的福利受损，并且可以认定增加福利的价值比受损福利的价值大，就可以说这一改变是潜在有效的，或者是有效的。
6. 在完全竞争的假设都成立的情况下，资源的配置是有效的，或者说是帕累托最优的。想要证明这个说法，需要证明资源在厂商间的配置是有效的，最终产品在居民之间的配置是有效的，系统仅生产人们所需要的产品。
7. 从要素市场是开放竞争的、厂商面临相同的投入品价格、所有厂商都追求利润最大化这三个假设，可以得出结论——资源在厂商间的配置是有效的。
8. 人们具有不同的口味和偏好，因此人们会以不同的组合购买不同的商品。由于每个人都在相同的市场中自由选购，因此如果对现有的分配结果做出重新调整，并不会使他们的福利增加。我们从这里得到的结论是，最终产品在居民之间的分配是有效的。
9. 由于完全竞争厂商在产品价格高于生产的边际成本时，就会不断地进行生产，因此它们也在使社会不断地受益。通过这种方式，市场保证其生产的产品确实为人们所需要。换言之，完全竞争系统仅生产人们所需要的产品。

12.3 市场失灵的原因　页 311

10. 如果完全竞争的假设不成立，关于自由无管制的市场可以进行有效资源配置的假设就将不成立。

11. 在非完全竞争行业中，单个厂商对价格和竞争机制存在一定的控制能力。不完全竞争是市场低效率的一个主要原因，因为价格并不一定等于边际成本。
12. 公共产品或社会产品是使全社会都受益的商品和服务。由于公共产品的受益者是全体公众，很少有人能够被排除在受益者之外，因此私人厂商往往会发现生产公共产品无利可图。对于公共产品的需求是造成市场无效的另一个原因。
13. 所谓外部性，就是强加于与本事件无关的个人或者组织上的成本或收益。如果这类社会成本被忽略不计，或者社会收益没有被计算在内，家庭和厂商就会做出错误或者无效的决定。
14. 市场有效运行的结论建立在消费者和生产者都对产品的特性、市场价格等具有完全信息的基础之上。完全信息的缺失最终会导致错误的选择和低效率的发生。

12.4 市场机制评价　页 314

15. 许多人认为，造成市场失灵的原因（如不完全市场、公共产品、外部性和不完全信息）被很多人当作证据，来支持政府的存在与政府试图以效率和公平为标准重新分配成本和收益的政策。

260

术语和概念回顾

效率，页 302
外部性，页 313
一般均衡，页 302
不完全信息，页 314
市场失灵，页 311
帕累托效率或帕累托最优，页 305
局部均衡分析，页 302
公共产品或社会产品，页 312

等式：
完全竞争中，有效性的关键条件：$P_X=MC_X$，页 310

习题

12.1 需求变化的市场调整

学习目标：讨论一般均衡与需求曲线移动之间的关系。

1.1 **[与页 306“实践中的经济学”相关]** 本章的“实践中的经济学”描述了美国的玉米市场为了响应联邦政府关于“炼油厂在燃料生产中使用以玉米为原料的乙醇”的要求所做的调整。截至 2012 年 1 月，炼油商每混合一加仑乙醇作为燃料，就会得到 0.45 美元的补贴。这种补贴推高了小麦等其他农产品的价格，并且使农田的价值大幅提高。假设这种补贴仍然存在，如果油价同时大幅上涨，其他农产品的价格和农田价值会发生什么变化？如果油价下跌呢？用供求曲线来描述这些变化。

1.2 对于下列各项，利用我们在前 11 章中建立的整体经济模型，描述劳动力市场和资本市场可能发生什么变化。

a. 在经历了几年的经济不景气之后，住房价格开始迅速上涨，以应对住房市场中需求的大幅增长。

b. 随着婴儿潮一代步入老年，医疗需求正迅速增加。医疗保健成本，包括处方药的成本，也大大增加。同时，医疗保健行业正在快速发展。

c. 抵押贷款利率继续下降，信贷限制大大放松，使潜在购房者更容易获得信贷以及利用较低的抵押贷款利率。

1.3 在美国，鸡饲料的主要来源是凤尾鱼。这是一种小鱼，可以通过低成本将其从海洋中捞出。每隔七年，当凤尾鱼因产卵而消失时，生产者就必须转向价格昂贵的谷物来喂鸡。当凤尾鱼消失时，鸡肉的成本可能会发生什么变化？什么是鸡肉的替代品？这些替代品市场将受何影响？列举一些鸡肉的互补品，这些互补品市场将受何影响？凤尾鱼消失会导致农田分配发生什么变化？

12.2 效率的分配与竞争均衡

学习目标： 解释经济效率原则。

2.1 历史上，法院曾多次发布同意令，要求违反反垄断法的大公司拆分成规模较小的竞争公司。最著名的两个例子是 20 世纪 80 年代的美国电话电报公司（AT & T）和 20 年后的微软。（AT & T 被拆分为若干小公司；而微软成功进行了上诉，从未发生过拆分。）

许多人认为，打破垄断是一种帕累托效率的改变。然而事实不可能如此，因为垄断的打破会使所有者（或股东）的情况变糟。你同意这种说法吗？请解释你的答案。

2.2 一辆出售素食热狗的美食车刚刚在西雅图开业。一个素食热狗的当前售价比中间产品（调味品、无麸质面包等）高 5 美元。假设劳动力是进行生产的唯一可变要素，下表给出了素食热狗的生产函数。

工人数量	素食热狗
0	0
1	12
2	20
3	26
4	30
5	32
6	33
7	30

a. 假设当前的工资率为每小时 14 美元，该美食车将雇用多少工人？

b. 假设经济出现了增长，收入增加，素食热狗的价格也上升到了 7 美元。再假设劳动力的价格不变，该美食车将雇用多少工人？

c. 如果对劳动力需求的增长将工资率推高到每小时 20 美元，在素食热狗的售价为 9 美元的情况下，工资率的提高对雇员成本和美食车的产量有何影响？

d. 如果所有厂商与美食车的行为相似，西雅图的资源分配是有效的吗？请解释你的答案。

2.3 翡翠岛国的气候适合生产香蕉，每英亩香 261
蕉产量为 840 磅；热带温泉国的气候不适合生产香蕉，每英亩香蕉产量只有 250 磅。翡翠岛国的气候不适合生产芒果，每英亩芒果产量为 325 磅；热带温泉国的气候适合生产芒果，每英亩芒果产量为 950 磅。在 2015 年，由于高关税壁垒，翡翠岛国和热带温泉国之间不存在贸易往来，两国各自生产了大量的香蕉和芒果。到了 2016 年，两国达成贸易协定，取消了关税。接下来会发生什么？贸易协议的达成是否将实现帕累托最优？请给出理由。

2.4 倒票的关键是要找到一个比持有者更想拥有此票的人。当市场上存在两种不同的价格时，套利机会（买入，然后以更高的价格卖出）就存在了。在售票方首次向公众提供门票时，专业的倒票者就会把票买入，而有些人则在活动当晚在街上购买这些票。倒票者可以以一定的价格出售任何票，即使是短缺的票。当很多人都想参与一个有限供应门票的活动时，被倒卖的门票的价格可能就会相当高。请在网上找到像“斯塔布赫”（StubHub）和“王牌票”（Ace Ticket）这样的倒票代理商，看看能否找到一个倒卖价格远高于原价的案例。是什么决定了该案例中的门票是否值得更高的价格？

有人认为倒卖门票的行为是有效的，请对

这一观点加以解释。还有人产生疑问：如果“只有富人才负担得起大部分活动的票价”，那怎么会是有效率的呢？你同意吗？为什么？

2.5 下列例子中，哪项是帕累托有效改进？请解释你的答案。

a. 霍特维尔警察局实施了节省成本的计划，同时并未降低其服务质量。

b. 卫星电视行业引入了竞争机制，每月的费用下降。一项研究表明，消费者的福利增加大于损失的垄断利润。

c. 詹姆斯用他的哈雷戴维森摩托车交换了洛拉的约翰迪尔拖拉机。

d. 由于航空公司抱怨国际运输税使它们遭受了损失，政府取消了对机票征收国际运输税。

2.6 假设两位乘客同时预订了从旧金山到洛杉矶的一趟火车的最后一个座位。有两种方法可供选择：

a. 猜硬币。

b. 把车票出售给出价较高的人。

请从效率和公平两个角度对这两种选择做出比较。

2.7 假设经济中有两个部门：商品（G）和服务（S）。这两个部门都是完全竞争的，每个部门中都有大量厂商，且规模报酬不变。当家庭收入增加时，家庭将其收入的大部分用于S，少部分用于G。请画出两个部门的供求曲线，再画出每个部门中一个代表厂商的供求曲线。请说明在收入增加的时候，产品市场与产品价格在短期内和长期内分别会发生什么变化（假设收入的增加使得G的需求曲线左移，而使S的需求曲线右移）？长期
262 来看，这对两个部门的就业又分别有什么影响？（提示：参见图12.1）

2.8 下列各项中，哪些是帕累托有效改进？请简要解释。

a. 当你开着敞篷车穿过芝加哥时，把汽车喇叭里的MP3开到最大音量。

b. 你的邻居向你借用割草机后从来不归还。

c. 你可以使用商店的优惠券购买一罐花生酱，从而节省1.5美元。

d. 如果你向票贩子支付250美元，就可以买到格林湾帕克在兰博球场比赛的门票。这张门票的面值是125美元。

2.9 一个度假小镇中的三个高尔夫球场聘请了具有相同技能的场地管理员。“海洋橡树”支付给员工每小时12美元的工资，“豪华链接”支付给员工每小时11美元的工资，“太平洋天堂”支付给员工每小时14美元的工资。每个高尔夫球场雇用的工人数量都以利润最大化为目标。这三个高尔夫球场之间的劳动力分配是否是有效的？请解释原因。

2.10 请解释：为什么在完全竞争市场中，资源在厂商之间实现了有效配置，而产品在家庭之间也实现了有效分配？

2.11 在什么情况下，社会可以通过生产更多的商品获益？在什么情况下，社会可以通过生产更少的商品获益？

12.3 市场失灵的原因

学习目标： 描述市场失灵的四个原因。

3.1 你是否同意以下说法？请解释你的答案。

a. 营养品是一种公共产品，应该由公共部门来生产。这是因为私人市场无法有效地生产产品。

b. 不完全市场是低效率的，这是因为这些市场中的厂商作为价格制定者，总是使价格低于边际成本。

c. 财务规划服务是潜在无效市场的典型例子，因为在这个市场中，消费者不能拥有关于该服务的完全信息。

3.2 下列每个事件都对应本章所讨论的四种市场失灵类型的其中一种。请指出每个例子中市场失灵的类型，并简要解释。

a. 虽然小镇中的每个人都将从购置两辆新的消防车中受益，但是这个小镇并没有足够的钱来购买，也没有人愿意为小镇捐钱。

b. 小镇中仅有的三个加油站一致决定涨价。

c. 你只需要一个新的断路器开关，而一个电工说服你更换整个断路器箱。

d. 你的邻居拒绝给他的孩子接种麻疹疫苗。

3.3 克拉丽斯的居住地在五年内发生了三次洪水灾害，她决定在家门前建设一条新的排水沟。这条新的排水沟不仅能防止她家灌满水，还能让部分水绕开附近的房屋，直接流入城市的下水道。请解释为何新排水沟的设置可能导致低效率。

3.4 简要解释下列各项是否是公共产品。

a. 在狂欢节期间恩迪米翁游行队伍沿着新奥尔良运河街行进

b. 在拉斯维加斯国际酒店和赌场的萨赫拉水疗中心进行治疗性石头按摩

c. 7 月 4 日明尼阿波利斯市中心举办的烟花表演

d. 纽约中央车站的饮水机

e. 在慈善旧货商店购买的衣服

f. 一张维珍银河的宇宙飞船二号的入场券

3.5 请解释正外部性和负外部性的区别。这两种外部性都会导致市场失灵吗？为什么？

第三部分

市场不完善和政府的作用

第 13 章
垄断和反垄断政策

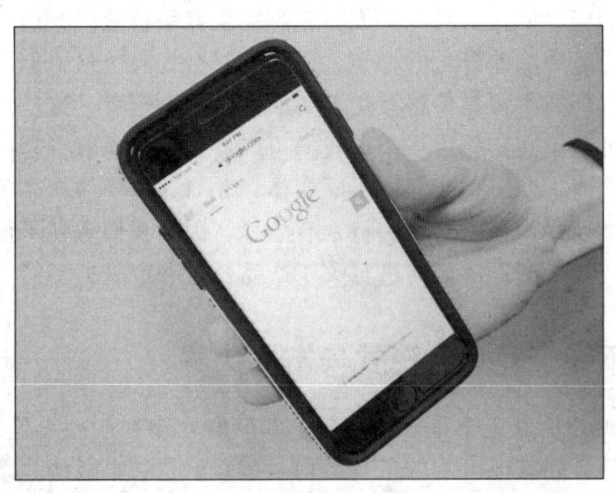

1911 年，美国最高法院裁定美国最大的石油厂商新泽西标准石油公司（Standard Oil of New Jersey）为垄断厂商，并下令将其拆分。1999 年，美国一家法院同样裁定微软行使垄断权，并命令其改变一系列商业行为。从 2010 年到 2013 年初，美国联邦贸易委员会——一个被授权保护消费者的政府机构——调查了谷歌是否拥有垄断权，其商业行为是否也应该受到政府的约束。我们所说的垄断是什么意思，为什么政府和法院会试图控制垄断？随着时间的推移和新技术的发展，我们对什么构成垄断的理解是否改变？ 263

在前面的章节中，我们详细描述了完全竞争的运作和好处。在完全竞争环境下，生产无差别或同质产品的厂商之间的市场竞争使厂商的选择受到了限制。厂商可以决定自己生产多少产品和如何去生产，但是产品价格是由市场决定的。此外，由于新厂商可以自由进入某一行业并对利润展开竞争，因此从长远来看，厂商只会赚取资本的机会成本。对于像谷歌和微软这样的厂商来说，经济决策会更加丰富，赢利的潜力也会更大。

在接下来的三章中，我们将探讨竞争受到限制的市场，主要体现在厂商的数量有限或产品的差异化。在对市场结构进行简要讨论后，本章将重点关注垄断市场。第 14 章将讨论寡头垄断，第 15 章将讨论垄断竞争。

264

本章概述和学习目标

13.1 学习目标
解释不完全竞争和市场力量的基本原理。

13.1 不完全竞争和市场力量：核心概念

在我们一直分析的竞争市场中，所有厂商的价格都是一样的。由于许多厂商生产相同或同质产品，消费者有许多厂商可供选择，而这些选择限制了各个厂商的定价。同样的竞争也意味着从长远来看，厂商只能获得正常的资本回报。另一方面，在**不完全竞争行业**中，由于大量竞争对手的缺乏或产品差异化的存在，厂商有时会提高价格，但不会失去所有的客户。厂商不再是价格接受者，而是价格制定者，这些厂商可以说具有**市场力量**。在这些市场中，我们可以看到厂商赚取了超额利润，也可以看到厂商生产一种产品的不同变体，并对这些变体产品收取不同的价格。关于这些市场的分析会特别有意思，因为我们现在不仅要考虑定价行为，还要考虑厂商如何进行关于产品质量和产品类型的选择。

不完全竞争行业：个别厂商对其产品价格有一定控制权的行业。

市场力量：不完全竞争厂商有在涨价时不会失去所有市场需求的能力。

13.1.1 不完全竞争的形式与市场边界

一旦我们脱离完全竞争的市场，即厂商众多和产品无差别的假设，就会面临一系列其他可能的市场结构。垄断就是一个极端。垄断是指某一行业中仅有一家厂商，新厂商根本无法进入该行业。*寡头垄断*是指某个行业中有少数几家厂商，每家厂商都有足以影响产品价格的生产规模。如果在拥有大量的生产者，不存在厂商进入障碍的行业，厂商之间的产品存在差异，那么这些厂商被称为*垄断竞争者*。我们在本章开始讨论垄断问题。

当我们说某一垄断厂商是该行业唯一的厂商时，我们想表达的意思是什么呢？实际上，由于品牌的普及，许多厂商仅仅生产特定的商品，尤其在消费品市场上。例如，宝洁是唯一的象牙牌香皂生产商，可口可乐是唯一经典可乐生产商。然而我们认为这两个厂商都不是垄断厂商，因为对于这两者而言，许多其他厂商生产的产品都是非常接近的替代品。我们不喝可口可乐，可以喝百事可乐；我们不用象牙牌香皂，可以用多芬牌香皂。因此，为了更好地说明问题，我们对垄断行业的定义必须更加准确。我们将**完全垄断**定义为这样一种行业：（1）只有一家厂商，且不存在与该厂商产品相近的替代品；（2）存在巨大的进入壁垒，阻止其他厂商进入该行业与原有厂商争夺利润。

完全垄断：该行业中仅有一个厂商，并且不存在与该厂商产品相近的替代品；该行业存在着巨大的进入壁垒，使得其他厂商很难进入该行业中与原有厂商进行竞争。

当我们考虑产品替代品和市场力量的问题时，有必要回顾一下竞争市场的结构。假设一家厂商生产一种无差别品牌的汉堡包，X 牌汉堡包。如图 13.1 所示，该厂商面临的需求是水平的，且完全有弹性。然而，市场中对汉堡包的整体需求可能会下降。虽然汉堡包有替代品，但这些替代品并不是完美的，因此即便汉堡包比其他食物更贵，也会有人继续吃汉堡包。当我们扩大正在考虑的类别，找到其替代品的可能性就会下降，需求就变得非常缺乏弹性，例如食品这个产品。如果一家厂商是 X 牌汉堡包的唯一生产商，它会没有市场力量，因为如果它提高了价

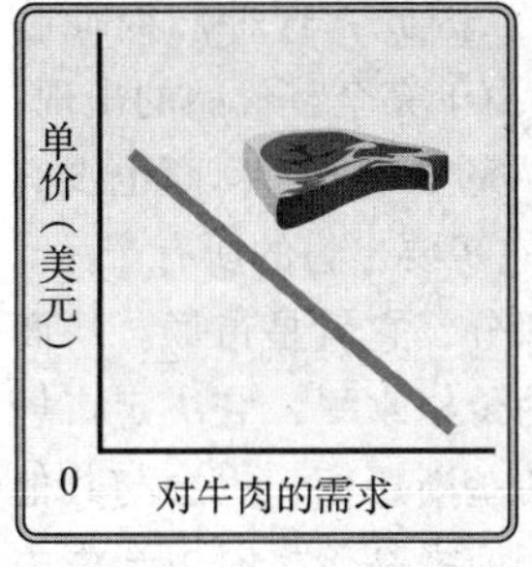

◀ 图 13.1　市场的边界和弹性 265

我们可以根据需要为一个行业给出广义或狭义的定义。对行业的定义越广泛，替代品就越少，对于该行业产品的需求也越发缺乏弹性。垄断是指一个行业中仅有一个厂商，该厂商生产的产品没有相似的替代品。因此，垄断厂商面临相对缺乏弹性的需求曲线。X 牌汉堡包的生产者不能被称为一个垄断者，因为它对市场价格没有控制能力，而且 X 牌汉堡包存在很多种替代品。

格，人们就会转向购买 Z 牌汉堡包。然而，如果该厂商是美国市场上唯一生产汉堡包的厂商，它可能具有一定的市场力量：虽然该厂商可能比其他牛肉产品厂商收费更高，但汉堡包依然能够被售出。如果美国市场上存在一个垄断者，垄断了所有的食品生产，那么它将拥有巨大的市场力量，因为我们所有人都必须吃饭！

实际上，通过判断哪些产品是相互紧密的替代品，进而确定厂商的市场力量会比较困难。例如，是因为汉堡包和热狗是紧密的替代品，所以汉堡包垄断厂商就没有能力提高价格吗？同样，是因为借记卡和支票是信用卡紧密的替代品，所以信用卡厂商就失去市场力量了吗？在近年的一起反垄断案件中，法院的判决是否定的。经济学家、律师和反垄断法院在诸如微软是垄断者，还是与 Linux 和苹果相竞争的厂商之类的问题上，花费了大量的时间。

13.2 完全垄断市场中的价格和产出决策

13.2 学习目标

讨论垄断市场的收入与需求。

考虑一种市场，该市场上只有一家厂商且生产一种几乎没有替代品的商品。这个利润最大化的垄断者该如何选择其产出水平？在这一点上，我们假设垄断者不能进行价格歧视，它必须以相同的价格向所有需求者出售其产品。（价格歧视是指以不同价格向不同消费者或消费者群体出售同一产品，本章后面将对此进行讨论。）

在一开始，我们将假设完全垄断者在竞争性投入市场中购买投入品。尽管该厂商是其产品市场中的唯一生产者，但它只是生产要素投入市场中众多购买者中的一个。当地有线电视公司必须像其他厂商一样雇佣劳工。为了吸引工人，公司必须支付市场工资，也必须以现行价格购买光缆。在这些投入市场中，垄断厂商也仅是价格接受者。

在利润等式的成本方面，完全垄断者与完全竞争者没有什么区别。两者都选择最小化生产成本的技术。每条成本曲线代表每个产出水平下的最低成本。在我们开始分析的过程中，两者的差异体现在等式的收入或卖方。

13.2.1 垄断市场中的需求

你可以回忆一下，一个完全竞争的厂商可以按市场价格出售它想要出售的所有产品。该厂商只占市场的一小部分。因此，这种厂商面临的需求曲线是一条水平线，它是完全有弹性的。由于完全替代品的出现，因此厂商提高产品的价格就会失去所有的需求。完全竞争的厂商也没有必要定较低的价格，因为它能够以市场价格出售它想要出售的所有产品。

垄断厂商是不同的。它不构成市场的一小部分，它就是市场。厂商不再需要关注市场价格来看它应该收取什么样的价格水平，它决定市场价格。它是如何做到的呢？即使是其所在市场的垄断厂商，也会与其他市场的一些厂商竞争消费者手中的钱。当垄断厂商提高价格时也会失去一部分客户。因此，垄断厂商将通过权衡每多出售一件产品获得的利润与卖出更少产品的利润，来确定价格。

很快我们就会看到一个垄断者是如何看待这种权衡的。但在我们进入正题之前，需要想一想竞争厂商和垄断厂商的商业决策。对于一个有竞争力的厂商来说，市场提供了大量信息，厂商需要做的就是弄清楚在考虑其成本后，它能否以当前的市场价格赚钱。垄断厂商则需要了解其产品的需求曲线。当苹果产品 iPod 首次问世时，苹果公司必须弄清楚：有多少人愿意为这款新产品买单，它的需求曲线又是什么？像苹果这样的厂商有相当成熟的营销部门，它们可以调查潜在的消费者，收集相关市场的数据，甚至做一些试错来了解产品需求曲线的真实情况。

边际收益与市场需求 我们在第 7 章中了解到，只要边际收益超过边际成本，竞争性厂商就会通过继续生产来实现利润最大化。在这些条件下，增加的单位产量对收入的贡献大于对成本的贡献。与一家竞争性厂商一样，只要边际收益高于边际成本，追求利润最大化的垄断厂商也会不断地生产产品。这两种情况的关键区别在于对边际收益的定义。

正如我们在第 7 章中讨论的那样，对于一个竞争性厂商而言，边际收益就是价格。厂商的每个产品都是按照市场价格进行销售的。由于竞争性厂商只占整个市场的一小部分，其行为对整体的市场价格不会产生影响。因此，每卖出一个产品的增量或边际收益就是价格。然而，对垄断厂商而言，垄断厂商就是市场。如果厂商决定将产量翻倍，市场产量也会翻倍，而厂商能卖出两倍产量的唯一方法就是降低价格。垄断厂商的产出决策会影响市场价格，这意味着价格和边际收益将会不同。通过计算，我们可以看到它们之间的差距。

266

实践中的经济学

确定合适的价格

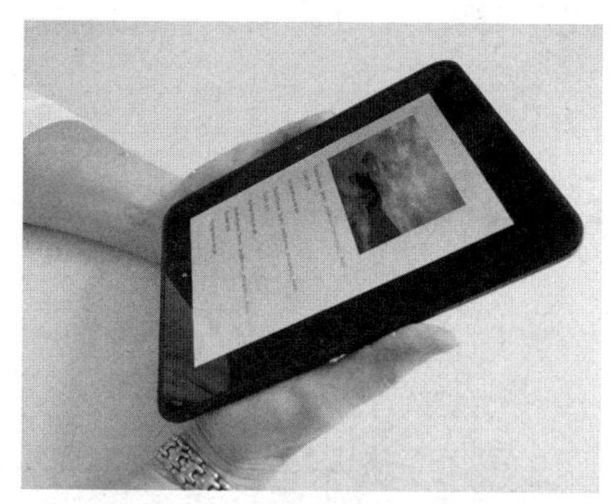

考虑到竞争水平，一家进入现有市场的新厂商可能很难赚钱，但确定最佳价格是相对容易的：看看其他人都在做什么。但是一个企业家如何将一款全新的产品推向市场，并确定人们愿意支付的价格呢？

有时候试错法是很有帮助的。假设你开发了一款新饮料，喝一口就能让人的头发变成金色，你能卖多少钱？一种方法可能是在一个市场中试验一种价格，在另一个类似的市场中试验另一种价格，然后比较销售水平。厂商将这种方法称为“试销”，并且这种方法很常用。然而，假设在投入大量资金开发产品前，你很想知道可以收取的价格。毕竟，如果你了解到大多数人愿意支付的价格是 5 美元，而生产这种神奇饮料的平均成本是 10 美元，那么你在建造一个昂贵的工厂之前就知道价格是最好的！通常情况下，厂商会尝试通过组织一个有代表性的小组，描述产品并且询问对价格的反应来了解潜在客户的需求。营销人员称这样的群体为“焦点群体”，这种方法也很常见。还有一种方法是看目前与新产品功能类似的其他产品。在这种情况下，会想到将头发变成金色的另一种方法就是染发，当然它不是一个完美的替代品，所以你的价格也不需要一样。但是常识告诉我们，满足相似需求的相似产品的价格也应该相似。一些人称之为“基准”定价。

思考

1. 你认为 Kindle 首次上市时的定价基准是什么？

看一下表 13.1 中虚构的需求计划。第 3 列是垄断厂商在不同的产出水平下能够获得的总收益。如果厂商只生产 1 单位产品，其价格会达到 10 美元，厂商的总收益也是 10 美元。如果厂商生产 2 单位产品，其价格就会降为每个 9 美元，总收益是 18 美元。表中的第 4 列显示，厂商从第 2 单位产品所获得的边际收益是 8 美元（18 美元 –10 美元）。我们注意到通过将产量从 1 单位升至 2 单位，所获得的边际收益（8 美元）低于第 2 单位产品的价格（9 美元）。

现在直接跳至生产 4 单位产品的情况。第 4 单位产品的售价为 7 美元，由于厂商无法实施价格歧视，所以 4 单位产品都要以每个 7 美元售出。如果厂商只生产 3 单位产品的话，所有产品也必须在 8 美元的价格上售出，这样厂商在多收入 7 美元的同时也损失了 3 美元——也就是本

267 表 13.1　垄断厂商所面临的边际收益

(1) 数量	(2) 价格（美元）	(3) 总收益（美元）	(4) 边际收益（美元）
0	11	0	—
1	10	10	10
2	9	18	8
3	8	24	6
4	7	28	4
5	6	30	2
6	5	30	0
7	4	28	–2
8	3	24	–4
9	2	18	–6
10	1	10	–8

可以以 8 美元出售的每单位产品上各损失了 1 美元。因此，出售第 4 单位产品的边际收益是 7 美元–3 美元，即 4 美元，这要比 7 美元的价格低。（记住，竞争性厂商与垄断厂商不同，它无须降低价格就可以出售更多的产品。也就是说竞争市场上 $P=MR$。）对于垄断厂商来说，增加产出意味着不仅仅要多生产和出售产品，还要降低产品价格。

边际收益也可以简单地从产量变化 1 单位时总收益的变化中得出。当产量为 3 单位时，厂商的总收益为 24 美元；当产量为 4 单位时，总收益为 28 美元，边际收益即为两者差额——4 美元。

将产量从 6 单位增加至 7 单位，实际上减少了厂商的总收益，即产量为 7 单位时的边际收益为负。尽管第 7 单位的产品可以以正的价格出售（4 美元），但是厂商必须同时将 7 单位产品都以 4 美元的价格出售（总收益为 28 美元）。如果厂商只生产 6 单位产品，则产品的单价为 5 美元。所以厂商在从第 7 单位产品上多收入 4 美元的同时，原来可以以更高价格出售的 6 单位产品每个都少收入了 1 美元，这样从 6 单位到 7 单位的产出增长实际上使总收益减少了 2 美元。图 13.2 以图形的形式描述了表 13.1 中列出的边际收益状况。我们注意到，在除产量为 1 单位外的其他所有产出水平上，边际收益都要低于价格。当产量从 6 单位升至 7 单位的时候，边际收益由正转负。当需求曲线为一条直线时，边际收益曲线将产量轴上原点跟需求曲线与产量轴相交的点之间的线段分为相等的两段，如图 13.3 所示。

认真看图 13.3，可以得知：垄断厂商的边际收益曲线表明总收益的变化，这些变化是由厂商沿边际收益曲线上方需求曲线的移动产生的。假设每期的价格从 A 开始，如图 13.3 中上面的图板所示。这里，由于销售量为 0，总收益（如图 13.3 中下面的图板所示）也必然为 0。想要售出产品，厂商就必须降低产品的价格。价格水平在 A 点以下，边际收益为正时，总收益开始上升。想要售出更多的产品，厂商就必须不断地降低产品的价格。随着产量在 0 与 Q^* 之间不断增加，厂商也沿着需求曲线

268

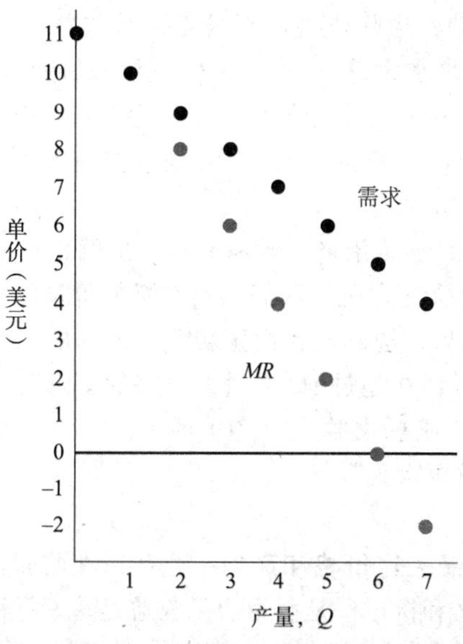

▲ 图 13.2　垄断厂商面临的边际收益曲线

在除产量为 1 单位的所有的产出水平上，垄断厂商的边际收益（MR）都低于价格，这是因为：⑴ 假设垄断厂商必须以相同的价格出售产品，即没有价格歧视；⑵ 如果厂商想要提高产量并售出产品，那么它必须降低产品价格。多卖出产品将增加收益，但收益的增加会被所有售出产品价格的降低抵消一部分。因此，由增加 1 单位产量带来的收益增加（边际收益）低于产品价格。

269

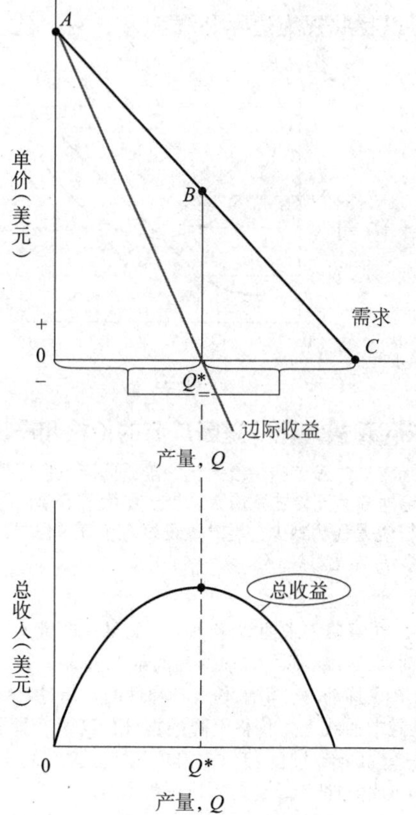

◀ 图 13.3　边际收益与总收益

垄断厂商的边际收益曲线将原点跟需求曲线与产量轴的交点之间的线段分成相等的两段。垄断厂商的 MR 曲线表示当厂商沿着在 MR 上方的需求曲线移动时总收益的变化。

从 A 点向 B 点移动，边际收益一直为正，总收益也不断增加。这时随着总产量（Q）的增加，总收益（$P \times Q$）呈增长趋势。同时，产品价格（P）的下降使得总收益有下降趋势。在到达 B 点之前，总产量的增长相对于产品价格的下降一直占上风，所以总收益持续增加：边际收益为正（在产量轴的上方）。

当经过 Q* 点，继续沿产量轴移动——也就是沿需求曲线从 B 点向 C 点移动时，情况会怎样呢？我们仍然在降低价格以出售更多产品，但是产量高于 Q* 之后，边际收益由正转负，下面的图板中的总收益也开始下降。也就是说，在超过 Q* 之后，价格的下降与产量的增加中，前者占上风，结果造成总收益（$P \times Q$）的下降。直至 C 点，由于此时的价格为零，总收益再次为零[①]。

垄断厂商的利润最大化价格和产量　之所以在前面花费了大量时间对边际收益进行定义和探讨，是因为边际收益是垄断厂商在确定利润最大化价格和产量时会用到的重要决定因素。图 13.4 将需求曲线和由此推出的边际收益曲线跟一系列成本曲线画在同一张图里。为了确定其价格和产量，垄断厂商需要经历与竞争性厂商类似的基本决策过程。只要增加产量带来的收入增加大于成本增加时，任何一个追求利润最大化的厂商都会不断地增加产量。所有的厂商，包括垄断厂商在内，都会在边际收益高于边际成本的时候增加产量。如果边际收益减去边际成本后的差额为正，那么就可以将此视为边际利润。

270

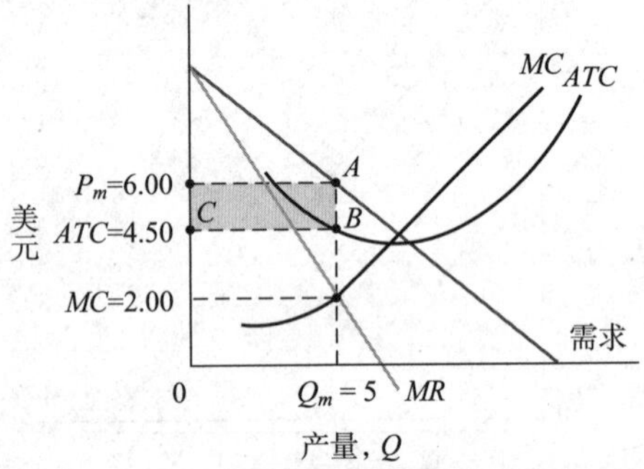

▲ 图 13.4　追求利润最大化的垄断厂商的价格和产出决策

只要边际收益大于边际成本，追求利润最大化的垄断厂商就会继续增加产量。利润在每期产量为 5 单位、价格为 6 美元时达到最大。当产量大于 5 单位时，边际成本大于边际收益，此时增加产量将使得利润减少，当产量正好等于 5 单位时，总收益 $=P_mAQ_m0$，总成本 $=CBQ_m0$，总利润 $=P_mABC$。

① 回忆第 5 章，在沿着需求曲线移动时，如果总产量（Q）的变动百分比大于产品价格（P）的变动百分比，那么需求弹性的绝对值大于 1。因此，当沿着图 13.3 的需求曲线从 A 点向 B 点移动时，需求是富有弹性的。超过 Q* 之后，图 13.3 中在 B 点和 C 点之间的一段需求曲线上，价格下降的百分比高于产量上升的百分比。这样，在超过 B 点后，需求弹性的绝对值小于 1：需求是缺乏弹性的。在 B 点，边际收益为 0，P 的减少正好与 Q 的增加抵消，此时需求弹性为 –1。

从图 13.4 中看到，垄断厂商的最优价格 / 产量组合为 P_m=6 美元，Q_m=5 单位，这一产量也就是边际收益曲线与边际成本曲线的交点所确定的数目。当产量低于 5 单位时，边际收益高于边际成本；当产量高于 5 单位时，由于边际成本高于边际收益，产量的增加将使厂商的利润减少。从中我们得出，垄断厂商的利润最大化的产量水平在边际收益与边际成本相等的那一点达到，此时 $MR=MC$。

由于垄断厂商的边际收益曲线位于需求曲线之下，垄断厂商最终确定的价格将高于边际成本（P_m=6 美元高于 MC=2 美元）。当产量为 5 单位时，价格将被定在 6 美元（需求曲线上的 A 点），而总收益为 $P_m \times Q_m$=6 美元 ×5=30 美元（P_mAQ_m0 所围成的区域面积）。总成本为平均总成本与产量的乘积，4.5 美元 ×5=22.5 美元（CBQ_m0 所围成的区域面积）。总利润为总收益与总成本之差，30 美元−22.5 美元 =7.5 美元。在图 13.4 中，总利润是由 P_mABC 所围成的矩形阴影部分的面积。

我们关于垄断厂商最优产出水平的讨论指出了，即使是垄断厂商也会面临着价格限制。假设只有一家厂商控制着自行车的生产，它收取的费用可能比在竞争性市场上的价格要高，但它提高价格的能力有限。随着自行车价格的上涨，我们会看到更多的人购买直排轮滑鞋或步行。有一个特别有趣的案例是来自销售耐用品的垄断厂商，耐用品可以用很长一段时间。微软厂商是 Windows 的唯一生产商，Windows 是主导个人电脑市场的操作系统。但是当微软试图出售该操作系统的新版本时，它的价格会受到一个现实的限制，即它所寻找的许多潜在消费者已经拥有了一个旧的操作系统。如果新价格过高，消费者会继续使用旧版本。由于所销售产品的特性，一些垄断厂商可能面临相当有弹性的需求曲线。

垄断中供给曲线的缺失　在完全竞争市场中，厂商在短期内的供给曲线就是厂商的边际成本曲线位于平均可变成本曲线上方的那一部分。随着产品价格的改变，完全竞争厂商仅需沿着边际成本曲线上下移动来确定其产量的大小。

然而正如你所看到的，在图 13.4 中并不存在能被我们称为供给曲线的曲线。一个垄断厂商的产量取决于其边际成本曲线以及它所面临的需求曲线的形状。换句话说，垄断厂商的供给并非与需求曲线的形状无关。垄断厂商没有独立于其产品需求曲线的供给曲线。

要明白为什么会出现上述情况，需要我们回想一下厂商供给曲线的含义。供给曲线意味着厂商在不同的价格水平下愿意生产的产量。如果我们问一家垄断厂商在某一价格水平下愿意生产多少产量，该厂商会回答说它的供给行为不仅取决于边际成本，还取决于与价格相关的边际收益。要想确定边际收益的大小，垄断厂商需要弄清楚它所面临的需求曲线是什么形状。

总体来看，在完全竞争的市场中，厂商只需要知道边际成本曲线就可以描绘出厂商的供给曲线。而垄断厂商的情况较为复杂：垄断厂商需要同时决定生产的产量和价格，而生产的产量取决于它的边际成本曲线和它所面临的需求曲线。换句话说，在不完全竞争市场中的厂商没有供给曲线。

13.2.2 完全竞争与垄断的对比

理解垄断的一种方法将某个完全竞争行业的均衡价格和产量，跟如果这个行业为垄断行业时可能的价格和产量相比较。为了使这种对比更有说服力，我们不考虑单个大厂商可能拥有的技术或其他成本优势。

我们从一个由大量厂商构成的完全竞争行业开始讨论，在该行业中所有的厂商都有相同的生产技术，并且在长期都是规模报酬不变的（回想一下，规模报酬不变是指无论厂商拥有的是一个大型工厂，还是若干个小工厂，其平均成本不会受到规模的影响）。图 13.5 描述了一个处于长期均衡的完全竞争厂商，此时其产品价格与长期平均成本相等，并不存在经济利润。我们还可以看到短期边际成本曲线和短期平均成本曲线。

假设这一行业由一家私人垄断厂商控制。垄断者拥有一家有多个工厂的企业。此时厂商生产技术没有改变，改变的只有厂商决策机构的所在地。为了分析垄断厂商的决策，必须导出合并后的厂商成本曲线。

只需将垄断厂商下各个分支工厂的边际成本曲线水平加总，就可以得到垄断厂商的边际成本曲线。也就是说，在每一个 *MC* 水平下，将各个工厂的产量相加，就得到了垄断厂商的 *MC* 曲线。此时，由于生产技术相同、规模报酬不变，无论大厂商还是小厂商，都具有相同的长期平均成本曲线和长期边际成本曲线。因此，垄断厂商也会有相同的长期平均成本曲线，因为它可以通过任何或所有工厂以此成本生产产品。

图 13.6 描述了合并后垄断厂商的成本曲线、边际收益曲线和需求曲线。如果行业是竞争性的，行业总产出将会是 Q_c=4 000 单位，价格是 2

271

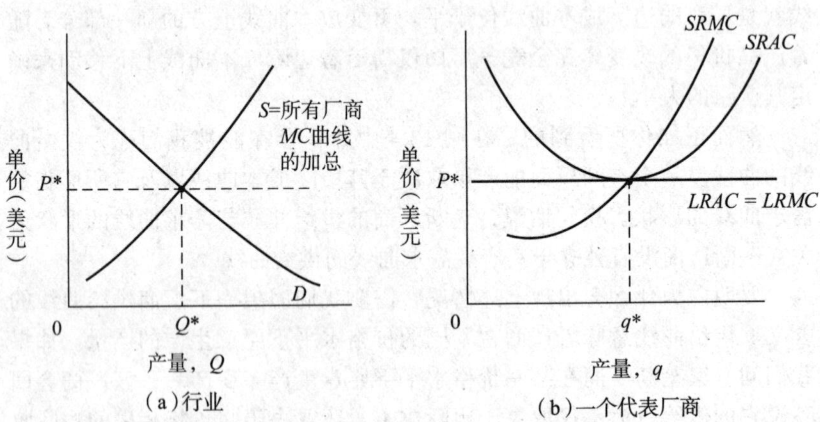

▲ 图 13.5 完全竞争行业的长期均衡

在长期，完全竞争行业的价格等于长期平均成本。市场供给曲线是行业中所有厂商的短期边际成本曲线的加总。这里假设厂商的生产技术相同、规模报酬不变：*LRAC* 曲线是水平的。大厂商没有成本优势。

272

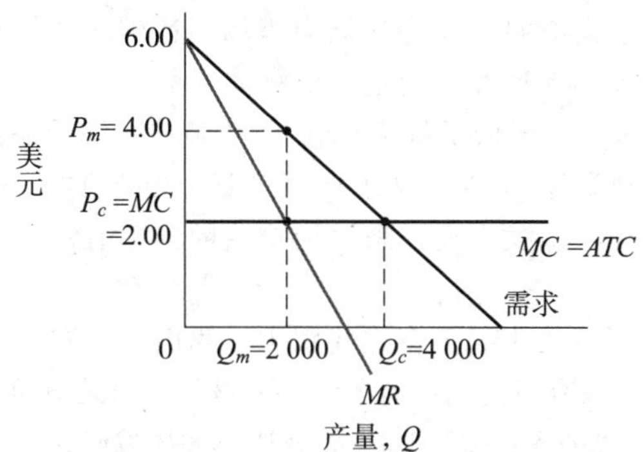

▲ 图 13.6 规模报酬不变的厂商在垄断和完全竞争两种情况下的产出对比

对于新合并的垄断厂商，边际成本曲线是能够反映竞争性条件下行业中所有独立厂商行为的供给曲线。垄断厂商的产出水平将低于完全竞争厂商的产出，而垄断厂商的价格将高于完全竞争厂商的价格。在垄断条件下，$P=P_m$=4 美元，$Q=Q_m$=2 000；在完全竞争条件下，$P=P_c$=2 美元，$Q=Q_c$=4 000。

美元。这里的价格和产量是由竞争性的长期边际成本曲线和市场需求曲线的交点决定的。

另一方面，由于没有了竞争，垄断厂商可以在需求曲线上选取任何一个价格和产量组合。当然即便没有直接的竞争，垄断厂商也清楚，提高价格会损失一部分消费者。垄断厂商的利润最大化产出为 Q_m=2 000——边际收益曲线与边际成本曲线的交点所对应的产量，此时的价格为 P_m=4 美元。如果产量超过 2 000 单位，或者定价低于 4 美元（4 美元是消费者愿意支付的价格）都会导致利润下降。因此，与完全竞争性行业不同，垄断厂商会限制产品的产量，收取更高的价格，来赚取更高的利润。在规模报酬不变的情况下，垄断产出将会是竞争性行业的一半。从长期来看，垄断厂商将关闭工厂。

我们需要清楚，以上所做的一切都是为了观察决策权从单个小型厂商的手里转交给合并后的垄断者之后会发生什么样的情况。假如规模报酬不变，新合并的垄断厂商在技术上得不到规模扩大带来的任何好处。

13.2.3 长期垄断：进入壁垒

从长远来看，垄断会发生什么呢？垄断者可能会遭受损失，这是由于垄断厂商是市场上的唯一生产商，它并不能保证任何人都愿意购买它的产品，垄断厂商最终会像竞争性厂商一样停业。相反，如果垄断者能够赚取正利润（回报高于正常资本收益率），如图 13.4 所示，我们预计其他厂商会像在竞争性市场上一样进入市场。事实上，许多最终具有竞争性的市场都是从具有创业理念和短暂的垄断状况开始的。在 20 世纪 70 年代中期，加利福尼亚一位名叫格雷 · 达尔（Gray Dahl）的企业家“发明”了宠物石，并将其推向市场。达尔在大约6个月的时间里独霸这个市场，在这段时间里，他赚取了数百万美元，然后便有几十家竞争对手进入，压低了价格和利润。（最终，该产品消失了，这或许并不令人感到意外。）垄断要想持续下去，就必须有一种或几种因素阻止其他厂商进入。我们现在来讨论这些因素，通常它们被称为**进入壁垒**。

进入壁垒：是指阻碍新厂商进入并阻止新厂商在不完全竞争行业中参与竞争的一系列因素。

回到图13.4或图13.6，在这些图中，我们可以看到垄断者获得了正的经济利润。只有当其他厂商无法进入该行业与之竞争时，这种利润才能持续存在。“进入壁垒”这一术语被用来描述阻止新厂商进入市场获取超额利润的一系列因素。垄断厂商只有在存在进入壁垒的情况下才能持续，让我们一起看看几种进入壁垒。

规模经济 在第9章中，我们描述了平均成本随产量增加而下降的生产技术。在规模经济相对于整体市场较大的情况下，与规模相关的成本优势便可以产生垄断力量。

规模经济有许多不同的形式。提供电缆服务需要铺设昂贵的电缆；传统的电话需要安装电线杆和电线。对于这些情况，仅具有一套物理设备便会有明显的成本优势，因为一旦厂商铺设好电线，再为另一个客户提供服务时成本就很低了。在搜索业务中，我们也能看到规模经济，这也可以帮助我们理解谷歌在该市场中的主导地位。在某些情况下，规模经济来自营销和广告。例如，早餐麦片可以在小范围内高效生产，扩大其生产规模并不会使成本降低。然而，如果一个新的厂商想在这个领域参与竞争，就需要花费数百万美元开展广告宣传活动。这笔巨额的前期投资带来的风险，使一部分有意加入该行业的人望而却步。

当规模经济相对于市场规模很大，以至于行业中只有一家厂商的成本能够达到最小化，这便有了**自然垄断**。

自然垄断：是指一个行业实现了很大的规模经济，以至于只有一个厂商在提供产品或服务时的成本效益最高。

图13.7描述了自然垄断。一个大规模工厂（规模2）可以生产出500 000单位产品，平均成本为1美元。如果这一厂商被分为5家厂商，每个厂商拥有一个小的生产规模（规模1），整个行业的总产出仍然可以达到500 000单位，但其平均单位成本就会成为原来的5倍（5美元）。消费者此时会意识到规模经济的实现对他们大有好处。问题的关键在于只有当规模经济接近于市场中总需求的规模时，自然垄断才会实现。

在图13.7中可以看到长期平均成本曲线一直向下倾斜，直到接近市场需求曲线的地方为止。如果产品的价格为1美元，市场的需求为5 000 000单位，我们没有理由要求在该行业中只存在一家厂商。此时如果有10家厂商，每家的产量都为500 000单位，那么每家厂商都可以充分享受规模经济带来的利润。

273

实践中的经济学

管理互联网：网络中立性

2015 年 2 月，负责监管通信的美国联邦机构联邦通信委员会（FCC）裁定，康卡斯特（Comcast）、威瑞森（Verizon）和美国电话电报公司等宽带互联网服务提供商（ISPs）将被重新归类为普通运营商。新规定允许联邦机构联邦通信委员会对这些厂商进行更严格的监管。

围绕这一重新分类有很多关键争论，其中涉及了“网络中立性”问题。在网络中立性下，ISPs 将被禁止向一些内容供应商——如网飞（Netflix）——提供更快的网络服务以换取高额的收益。按照目前争论的说法，ISPs 将无法向网飞这样的厂商提供“快速通道”，使它们收取较高的价格向客户发送它们的视频。ISPs 也不能“扼杀”或放慢其他厂商的速度。当然，互联网并没有真正的快速通道，它只是一种比喻意义上的高速公路而已。然而，从技术上来说，ISPs 还是有可能偏爱某些内容供应商，从而加快或减慢它们的数据流。网络中立性要求由 ISPs 管理的网络上的所有流量都应得到同等对待。当然，公众可以为享受更快的服务向 ISPs 支付费用，目前很多公众都在这样做。

为什么有些人，包括大部分联邦机构联邦通信委员会委员和像网飞这样的内容供应商，认为我们需要将 ISPs 作为普通运营商进行监管，从而实现网络中立性呢？答案在于市场结构。在大多数地区，这些 ISPs 垄断了所谓的“最后一英里”，即与单个家庭的连接。正如我们本章进行的分析，这种市场力量限制了客户的选择，并且告诉我们市场本身不会自动产生正确的结果。为了使问题更加复杂化，一些 ISPs 提供的服务会与其买家的服务进行竞争，尤其是与网飞等视频提供商竞争。普通运营商的状态阻止了这些 ISPs 偏袒自己的子厂商，以获得相对于外部竞争对手的优势，因为它们要求所有内容供应商，甚至是那些 ISPs 拥有的内容供应商，都必须获得相同的服务。

思考

1. 目前哪些 ISPs 子厂商与网飞竞争？

274 **▶ 图 13.7　自然垄断**

自然垄断厂商的最有效规模很大。此处，平均成本一直下降，直到单个厂商的产量接近满足整个市场的需求。当 1 个厂商的产量为 500 000 单位时，平均总成本为每单位 1 美元。而当 5 个厂商每个各自生产 100 000 单位产品时，平均总成本为每单位 5 美元。

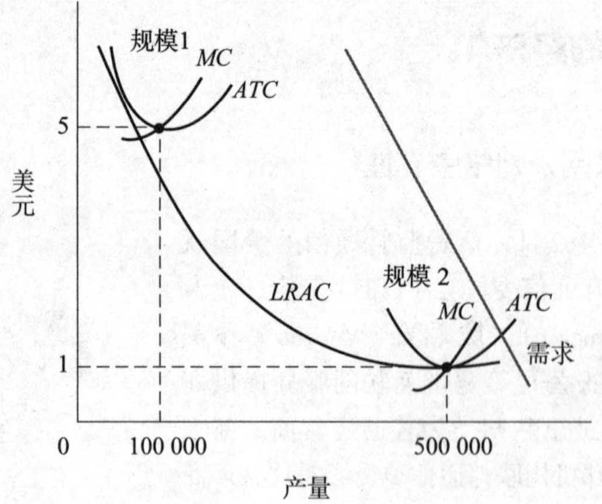

一直以来，美国的自然垄断一直受到国家的监管。每个州的公用事业委员会监督电力厂商和当地运营的电缆厂商，规范价格以确保实现规模经济的利益，而不会产生垄断力量带来的低效率。

专利：是一种进入壁垒，专利使得发明者拥有对专利产品或生产工艺的独家使用权。

专利　**专利**也是一种合法的进入壁垒，它使得发明者拥有对专利产品或生产工艺的独家使用权。美国关于专利的法律条款是美国宪法的第 8 章第 1 款，该条款赋予美国国会保护版权和专利的权利："通过保证作者和发明者对其各自作品和发明有限时间的排他权来保护科学和艺术的进步。"美国现行专利保护期的期限是自专利申请日起 20 年。

专利已成为对人们发明与创新的一种激励机制。个人和厂商纷纷对新产品和新工艺进行研究。研究的过程需要使用资源和时间，所以是有机会成本的。如果没有专利的保护，研究成果很快就会为公众所广泛获取。如果某项研究不会带来收益的增加，也没有多少人会在这上面花费心思。专利也具有负面作用，作为一种削弱竞争的进入壁垒，专利确实减缓了消费者通过市场从研究中获益的速度。

专利权在既定的数年之后会过期，这体现了政府在平衡厂商利益与公众利益方面的努力：一方面，刺激发明和创新确实很重要；另一方面，发明与创新只有被公众广泛使用的时候才能发挥出其对社会的作用②。

政府管制　专利为我们提供了一个因为政府强制实施的监管而产生的垄断的例子。对于专利，这种干预的理由是为了促进创新。在某些情况下，政府对厂商施加进入限制，以此作为控制厂商活动的一种方式。在美国的大部分地区，政府限制酒精的销售。事实上，艾奥瓦州、缅因州、新罕布什尔州、俄亥俄州和宾夕法尼亚州等地仅允许在由州政府控

② 另一种可供选择的途径是颁发许可证。在这种方式下，新技术为所有生产者使用，发明者和消费者分享新技术带来的好处。由于迫使不具有专利权的厂商使用一种低效率的技术会导致浪费，因此一些分析者建议将强制性颁发许可证加入现行的专利体制。这里的一个关键问题涉及确定合适的许可费用。

制或者州政府管理的酒类商店里出售酒精类饮料。还有大多数州都以垄断者的身份经营彩票。然而，当某个行业中不存在规模经济，或者该行业中不涉及公平问题的时候，为由政府运作的垄断所作的辩护就显得无力得多。一种争论说，政府这样做是为了防止私人集团纵容“罪恶”并且从“罪恶”中牟利，以免整个社会都受到伤害。另一种说法是，政府垄断是获得收入的一个便利途径。

对稀缺生产要素的所有权 除非你拥有一个钻石矿，否则你无法从事 275
钻石的生产。全世界钻石矿并不多，而其中多数都为南非的戴比尔斯公司（DeBeers）所拥有。美国铝业公司（现称为 Alcoa）曾一度拥有或控制着全世界近乎 100% 的铝土矿藏所有权，并且垄断铝的生产与分配直至 20 世纪 40 年代。显然，如果生产中需要某种特定投入品，而这种投入品的供应全都为某一家厂商所有，那么这家厂商就能够控制该行业。这种所有权本身就可以成为一种进入壁垒。

网络效应 你能从电话或传真机中得到多少价值？这将取决于有多少人拥有可以与你通信的设备。诸如此类的产品，其所有权的收益是网络中其他人数的函数，因此受到**网络外部性**的影响。对于电话和传真，网络效应是直接的。像脸书这样的社交网站也有类似的网络效应。对于 Windows 操作系统和 Xbox 等产品，网络效应可能是间接的。拥有庞大的消费者基础可以通过鼓励开发互补商品来提高消费者的价值。当许多人拥有 Xbox 游戏机时，游戏开发商就会有动力为该系统开发游戏。好的游戏可以增加系统的价值。就在线互动游戏而言，一些观察者认为游戏社区的规模会产生巨大的网络效应。

网络外部性：是指产品对消费者的价值随着产品在市场上销售或使用数量的增加而增加。

网络效应的存在是如何造成进入壁垒的？在这种情况下，如果一个厂商起步早，并且建立了一个庞大的产品基础，就会比一个新厂商有优势。微软在操作系统市场的主导地位反映了该业务的网络效应。游戏机市场的高度集中——微软、任天堂和索尼控制着这个市场——也部分源于网络效应。

13.3 垄断的社会成本

13.3 学习目标

解释垄断的社会成本的来源。

我们已经看到，与竞争性行业相比，在不存在较大规模经济效应的情况下，垄断经济具有较低的产品产量和较高的产品价格。我们还看到，进入壁垒如何让垄断者长期存在。对此你可能想到以低产量和高价格组合获取正的利润的方式对于消费者来说是不利的，事实也正是如此。

13.3.1 低效率与消费者损失

垄断厂商收取较高价格的一个明显结果就是相对于竞争情况，消费者为其商品支付的更多，而垄断厂商的利润更高。价格上涨有一个不太明显但在某种程度上令人不安的后果，它便是这些高价格扭曲了消费者的选择。由于这种扭曲，垄断定价不仅导致资金从消费者转移到垄断者手中，实际上还造成了额外的社会损失。

在没有外部性的情况下（外部性指的是厂商产生但不承担的成本，如污染成本），边际生产成本是对产品社会机会成本的大致估计。反过来，市场价格能反映消费者的估值或支付商品的意愿。如果比萨每片售价 5 美元，并且你买了一片，我们知道它至少值 5 美元。实际上，在边际买家眼中，它的价值正好值 5 美元。将这两个因素放在一起，我们看到当价格等于边际成本时，消费者支付的正是制作该商品的机会成本，而不会更多。每一件商品，只要其与消费者的估值相等或低于其估值，就能被制造出来。正如我们在 12 章中看到的，正确的商品是从社会角度出发生产出来的。

现在假设垄断者对比萨收取 7 美元的价格。只有那些认为该比萨估价在 7 美元或者更多的消费者才会购买，而对于将比萨估价在 5 美元以上，但不到 7 美元的消费者来说，如果饿了，可能会选择吃沙拉三明治。流失的这部分消费者认为比萨的价值高于其边际成本，但低于其垄断价格，因而被排除在市场之外。垄断者有能力将产品价格提高到其边际成本之上，但也使得一些总体看有利的交易没有办法实现。经济学家称之为损失，这种损失与价格上涨阻碍人们的消费有关，他们认为商品的价值超过了社会生产成本，是垄断厂商的**无谓损失或超额负担**。在第四章中，当我们更一般化地看待商品生产不足时，便已看到了无谓损失。

276 **垄断厂商的无谓损失或超额负担：**是指与垄断价格扭曲消费相关的社会成本。

图 13.8 中给出了垄断行业的简化图形，通过该图我们可以大致估计垄断所导致的社会福利损失的大小。假设规模报酬不变，在竞争情况下，厂商的产量将会达到 Q_c=4 000 单位，而价格最终会达到 P_c=2 美元的水平，此时价格与长期平均成本相符。如果价格高于 2 美元，超出部分就是正的经济利润，在长期内，由于新厂商的进入，经济利润将被消除（这与第 9 章中所讲的内容相同）。

如果该行业是垄断行业，那么垄断厂商的产量就只有每期 Q_m=2 000 单位，价格则为 P_m=4 美元，因为厂商在这一产量上达到 $MR=MC$。垄断厂商所赚取的利润为总收益与总成本的差额，也就是 $P_m \times Q_m - ATC \times Q_m$，如图中 P_mACP_c 所围成的面积所示，即 4 000 美元［（4 美元 ×2 000）-（2 美元 ×2 000）=8 000 美元-4 000 美元 =4 000 美元，在本例中，$P_c=ATC$］。

现在让我们考虑一下价格从 2 美元上升到 4 美元，产量从 4 000 单位缩减到 2 000 单位所带来的损失和收益。你可能早就猜到赢家是垄断厂商，承受损失的是消费者，但我们仍需看一下为什么结果会是这样。

在完全竞争情况下，价格为 P_c=2 美元，此时不存在经济利润。尽管消费者所支付的价格是 2 美元，但从需求曲线可以看出，很多人愿意支付比其更高的价格，连愿意支付 4 美元甚至更高价格的也大有人在。

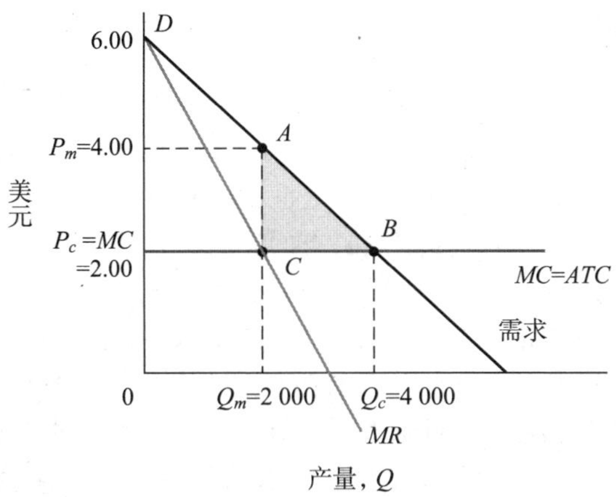

▲ 图 13.8 垄断带来的福利损失

需求曲线表示在各个可能的产出水平下人们愿意支付的价格。这样，需求曲线就可以用来估计将产量提高到 2 000 单位以上时消费者所获得的好处。*MC* 反映了所需资源的边际成本。三角形 ABC 大致衡量出当产量从 2 000 单位上升到 4 000 单位时社会的净收益（或者当垄断厂商将产量从 4 000 单位减少到 2 000 单位时社会遭受的损失）。

此时，愿意支付高于 2 美元价格的人获得了前面所提到过的消费者剩余。消费者剩余是指家庭愿意为某一产品支付的金额与其现行市场价格之差。需求曲线大致反映出了家庭在每一产量水平下愿意支付的价格。而图中三角形 DBP_c 所示的面积也大致反映出了当价格在 2 美元的时候消费者获得的“消费者剩余”。愿意支付 4 美元的消费者获得了 2 美元的消费者剩余，对这种商品价值评定最高的消费者，即愿意支付的价格最高（6 美元）的人，获得的消费者剩余为 DP_c，也就是 4 美元。 277

该行业被控制在垄断者手中，它将产量削减到 2 000 单位，而把价格提高到 4 美元。交易的大赢家是垄断者，它赚取了 4 000 美元的经济利润；而交易的大输家则是消费者，他们的“剩余”从三角形 DBP_c 面积缩减到三角形 DAP_m 面积。减少的消费者剩余（相当于 DBP_c 减去 DAP_m 所剩余的图形 P_mABP_c 所围成的面积）部分地被垄断者利润（P_mACP_c）所弥补，但还有一部分没有被弥补上。三角形 ABC（P_mABP_c 减去 P_mACP_c 的部分）的面积表示出消费者的损失超过垄断者利润的部分，这也就是这一行业的垄断带来的净社会福利损失。由于三角形的面积等于其底乘以高除以 2，因此福利损失的大小为 1/2 × 2 000 × 2 美元 =2 000 美元。如果能够将价格退回到完全竞争水平，并且将产量扩大到 4 000，消费者获得的收益将高于垄断者在此过程中受到的损失，社会福利由此获得的增加大致也是三角形 ABC 所围成的面积，即 2 000 美元。

注意无谓损失的产生是因为价格上涨导致一些人离开市场。无谓损失是指在面临垄断价格时，离开市场的 2 000 单位的消费不再获得消费者剩余。在具有弹性需求的市场中，垄断造成的无谓损失最大，因为在这种情况下，价格越高，消费者行为的变化就越大。

13.3.2 寻租行为

对于垄断，经济学家们还有一个关心的问题。图 13.8 中三角形 ABC 所围成的面积表示出社会的真实净损失，但是长方形 P_mACP_c 所围成的部分（4 000 美元的垄断利润）也有可能最终成为损失。为了弄清原因，需要了解潜在的垄断者所具有的动机。

长方形 P_mACP_c 所示的面积代表了垄断者正的利润。如果其他厂商可以自由地进入该市场，并引入竞争，那么这些经济利润会很快地消除为 0。所以赚取经济利润的厂商有防止此类事件发生的动机。事实上，图形中显示了它们愿意为此而支付的金额。一个理性的垄断厂商的所有者愿意为此支付小于整个长方形面积的任意金额。对于厂商来说，无论在这次支付之后能留下多少利润，都比没有要好，而后者正是自由竞争将带来的情况。

潜在的垄断者有很多方法可以保护他们的利益。其中的一种是要政府出面来限制竞争。这类情况最为典型的一个例子就是纽约和其他城市的出租车市场。想要在纽约市合法地成为一名出租车司机，你首先需要获得一份执照，纽约市严格控制着这种执照的发行数量。如果将出租车市场放开，竞争会造成出租车车费降低到出租车运营成本的水平上。然而出租车司机组成了一个强有力的游说团体，最近还在反对将潜在竞争对手优步引入各个城市。

还有很多不计其数的其他此类案例，美国钢铁行业和汽车行业在游说国会对各自的行业进行关税保护上花费了大量金钱[③]。一些专家认为，成立于 1937 年，目的在于限制航空工业竞争的美国民用航空委员会（CAB）虽然已经解散，但是其成立初衷与 20 世纪 70 年代之前由美国州际商务委员会（ICC）对货车运输业进行大范围的管制一样，都包含着所在行业极力限制竞争、保持利润的意图。

寻租行为：是指家庭或厂商为保持其经济利润而采取行动的行为。

这类家庭或厂商为保持其经济利润而采取行动的行为被称为**寻租行为**。从第 10 章中了解到，租金是指供给受到严格限制的生产要素所获得的回报，寻租行为带有两项重要影响。

首先，这种行为会消耗资源。游说与建立进入壁垒这类行为不是无成本的。说客的工资、政府管制机构的开支和其他相关费用都需要资源。每隔一段时间，当纽约市政府想要发新的出租车执照时，出租车车主和司机就会紧密地团结起来，用一场声势浩大的罢工或其他形式的临时罢工使整个城市陷入停顿状态。事实上，经济利润可能在寻租行为中被全部消耗掉，不创造任何社会价值；而寻租行为的实际作用只是保持了现有的收入分配方式。

278 其次，寻租行为的频繁出现让我们看到了政府的另一面。在此之前，我们一直认为政府的职责就是协助纠正市场失灵——在这里指的是由不完

③　关税是为赋予本国生产者价格优势而向进口产品征收的税种。

善的市场结构造成的市场失灵，以达到有效分配资源的目的。在本章的后面部分，还将探讨在垄断力量出现时，政府能保证资源得到有效配置的手段。不过，寻租行为的观点引出了**政府失灵**的概念。政府成为寻租者的工具，政府失灵的结果导致市场的资源配置效率还不如政府插手以前的情况。

政府失灵：是指当政府成为寻租者的工具时，市场的资源配置效率还不如政府插手以前的情况。

13.4 价格歧视

13.4 学习目标

讨论价格歧视的条件及其结果。

目前为止，在我们对垄断的讨论中，我们假设厂商面临已知的向下倾斜的需求曲线，并且必须同时决定单一的产品价格和产品产量。实际上，价格和边际收益对于垄断厂商不同而对于竞争性厂商相同的原因是，和完全竞争厂商相比，如果垄断厂商想要售出更多的产品，那么它必须为此降低价格。

然而在实际中，很多例子说明厂商可以对不同的购买群体收取不同的价格，此处的价格差异并不是成本差异造成的。对同质产品向不同的购买群体收取不同的价格被称为**价格歧视**。价格歧视的动机是显然的：如果厂商能够识别出谁愿意为产品支付更高的价钱，它就可以通过收取高价从他们身上获得更高的利润。这很好地解释了厂商知道每一个购买者愿意花多少钱购买的极端情形，此时厂商可以为每单位产品收取购买者愿意支付的最高价格，这就是**完全价格歧视**。

价格歧视：是指对同质产品，向不同的购买群体收取不同的价格，此处的价格差异并不是成本差异造成的。

完全价格歧视：是指厂商可以为每单位产品收取购买者愿意支付的最高价格。

图 13.9 与图 13.8 相似。为简单起见，假设厂商的边际成本为固定值——每单位 2 美元。一个不进行价格歧视的垄断厂商将设定唯一的一个价格。这个厂商将面临图中所示的边际收益曲线，并且在 *MR* 大于 *MC* 的部分生产：产量将被定义为 Q_m，而价格将被定义为每单位 4 美元。它将从每单位产品中赚取 2 美元的经济利润，直至产量达到 Q_m。消费者将获得阴影部分所示的消费者剩余。例如，消费者 A 愿意为 1 单位产品支付 5.75 美元，但却只需付 4 美元。

现在考虑厂商能够对每一位消费者收取其愿意支付的最大金额的情形。在图 13.9（a）中，如果厂商能够向消费者 A 收取 5.75 美元的价格，那么它将在这一产品上赚取 3.75 美元的利润，而消费者 A 得不到任何消费者剩余。我们再看消费者 B，如果厂商能够确定 B 的最大支付意愿为 5.50 美元并将对其收取这一价格，它将得到 3.50 美元的利润而 B 的消费者剩余为 0。这样的情况沿着需求曲线一直延伸到 C 点，在这一点，总利润将等于位于需求曲线下方而在 *MC=ATC* 这条线之上整个部分的面积，如图 13.9（b）所示。

换种方式看图 13.9（b），我们注意到需求曲线实际上和边际收益曲线是一致的。如果厂商能够为每单位产品收取购买者愿意支付的最高价格，那么这一价格就是它的边际收益。这样就不需要像分析垄断厂商只能收取单一价格时那样单独画出 *MR* 曲线。再一次，这里的利润如阴影部分所示，消费者剩余为 0。

279 **▶ 图 13.9　价格歧视**

在图 13.9（a）中，消费者 A 愿意支付 5.75 美元的价格。如果价格歧视的厂商能够对 A 收取 5.75 美元的价格，其利润为 3.75 美元。不能进行价格歧视的垄断厂商将收取 4 美元的价格来最大化其利润。在 4 美元的价格上，它得到 2 美元的利润，而消费者 A 得到 1.75 美元的消费者剩余。在图 13.9（b）中，完全价格歧视的垄断厂商所面临的需求曲线与边际收益曲线一致。只要 $MR>MC$，它就会继续生产，直到产量达到 Q_c。此时，其利润为整个阴影部分的面积，而消费者剩余为 0。

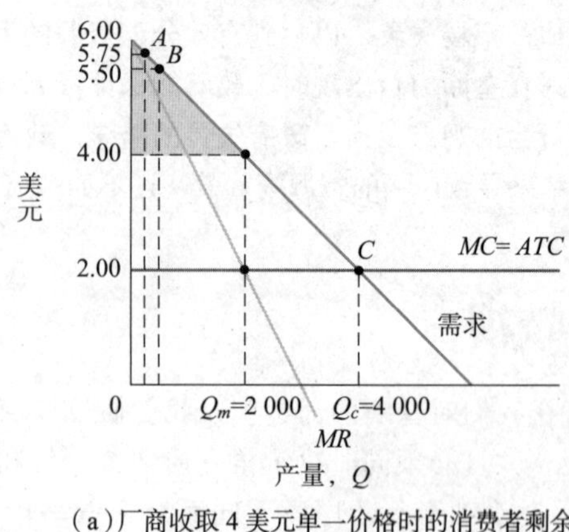

（a）厂商收取 4 美元单一价格时的消费者剩余

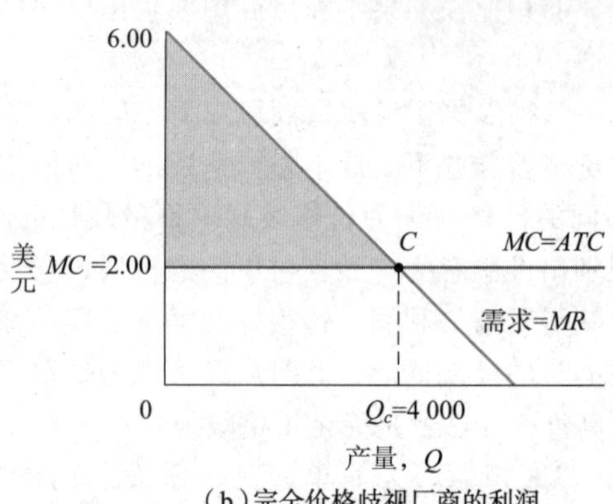

（b）完全价格歧视厂商的利润

有趣的是，我们注意到事实上完全价格歧视的垄断厂商会在有效率的产量水平上进行生产——如图 13.9（b）中的 Q_c，这与完全竞争行业中的产量完全一样。只要收益大于边际成本，厂商就会继续生产，而不会止于图 13.9（a）中的产量 Q_m。当厂商能够进行完全价格歧视的时候，它能够从更高的产量中获得所有净收益。此时不存在无谓损失，但同时消费者剩余也为 0。

13.4.1 价格歧视的例子

我们周围有许多价格歧视的例子。航空业会常规性地对周六晚上滞留的乘客收取相对低得多的费用。在任何一个航班上，你都可以发现在同一航班同一区域有几十种不同票价。电影院、饭店、旅店以及其他行业常规性地对老年人收取较低的价格。页 343 的“实践中的经济学”给出了一个老挝寺庙价格歧视的例子。

我们如何解释我们所看到的价格歧视模式？当一家厂商提高价格时，它从现有顾客身上获得了更多的收入，但它也失去了其他顾客。很自然地，当一家厂商能够进行价格歧视时，它会寻找即便提高价格也不会使其失去业务的顾客。我们已经知道，这些顾客的需求是缺乏弹性的。这些顾客可能对价格上涨感到不满，但他们不会停止购买。政府在制定税收时遵循同样的策略：寻找缺乏弹性的市场。

实践中的经济学 280

现实中的价格歧视：老挝的西萨格寺

如果你正在参观老挝许多令人印象深刻的佛教寺庙之一，你可能会看到价格标志。

注意价格：外国人进入寺庙需要支付相当于老挝人 2.5 倍的价格。（老挝货币是基普，2015 年 1 美元兑换约 8 000 基普。）许多人看到价格表时，很可能会想到这种价格歧视的公平性。老挝人可能会为寺庙的维护捐款，或许还要交税。从这个意义上说，他们比外国游客花更少的钱进入似乎是公平的。但这种差别定价的背后也有一些合理的经济学依据。

到寺庙参观的外国游客通常比当地老挝人富有得多。例如，北美人均收入大约是老挝人的 10 倍。高收入往往使外国游客对高价格不那么敏感，他们是缺乏弹性的买家。外国游客也将门票视为一项单一的活动：我从纽约或多伦多远道而来，难道要因为价格太高而不进寺庙吗？本地游客更有可能进行多次参观。对于他们来说，问题是：考虑到这个价格，我还会再来寺庙吗？这种观点上的差异还告诉我们，高价格不太可能抑制外国游客的参观，反而会抑制当地游客的参观。换句话说，外国游客的需求比本地游客的需求更缺乏弹性。为了使收入最大化，最优策略是向更缺乏弹性的顾客收取更高的价格。这正是老挝寺庙在做的事情。

思考

1. 许多国家都采用本地 / 外国价格歧视策略。为什么你认为这在美国很不寻常？

回到我们的例子。商务旅行者对于何时或是否旅行的选择较少，这使得他们更缺乏弹性。他们经常在一天内来回旅行，很少花一个周末旅行，因此航空厂商可以通过旅行模式识别他们，并对这种类型的机票收取更多费用。老年人的旅行往往更加灵活，他们收入较少，这使得他们更有弹性，更容易获得便宜的交易。例如，美国国家铁路客运公司（Amtrak）为 65 岁以上的人提供折扣票，但不允许在快速列车（Acela）上使用这些票。正如我们在“实践中的经济学”中看到的，参拜圣地的游客在需求上通常比当地人更缺乏弹性。价格歧视要求厂商能够识别非弹性用户和弹性用户，然后确保这些买家不能相互进行交易。我们可以在我们给出的所有例子中看到这是如何进行的。

13.5 垄断的补救措施：反垄断政策

13.5 学习目标

概述联邦反垄断法的功能和指导方针。

正如我们所看到的，垄断力量的行使会带来相当大的社会成本。另一方面，正如我们对进入壁垒的讨论所表明的那样，垄断有时会带来与规模经济或创新收益相关的利益。有时垄断是市场和技术力量自然相互作用的结果。也有时候，厂商积极进取地追求垄断权力，尽其所能地消除竞争。在美国，关于厂商在市场上能做什么和不能做什么的规定包含在两项反垄断立法中：1890 年通过的《谢尔曼法案》和 1914 年通过的《克莱顿法案》。

13.5.1 反垄断法的里程碑

281

以下是美国通过的一些主要的反垄断法。

1890 年的《谢尔曼法案》 谢尔曼法案的主旨主要包含在以下两节中：

> 第 1 节　任何限制州际或者与外国间的贸易或商业的契约，以托拉斯形式或其他形式的联合，或共谋，均为违法行为……
>
> 第 2 节　任何人垄断或企图垄断，或与他人联合、共谋垄断州际或与外国间的商业和贸易，将构成轻罪。在法院慎重考虑之后，所有签订这种契约或共谋的人将被判处不超过 5 000 美元的罚款，或判不超过 1 年的有期徒刑，或依据法院判决同时采用以上两种判罚。

在对待垄断的问题上，《谢尔曼法案》相关的部分是第 2 节，即反对垄断或企图垄断的规则。该法案的措辞相当宽泛，因此法院有责任对合法的行为和非法的行为进行判断。当一个厂商为了赢得业务而竞争时，什么样的行为是可以接受的确凿的竞争行为，什么样的行为是不可以接受的？两个不同的行政机构有责任代表美国政府对被认为违反反垄断法的个人或厂商提起诉讼。这两个机构是司法部和联邦贸易委员会（FTC）的反垄断部门。此外，普通公民也可以发起反垄断行为。

1911 年，两例最为著名的反垄断法案例被摆到了最高法院法官的面前。涉案的两家厂商是美国标准石油公司和美国烟草公司（American Tobacco）。它们是教科书上所描述的那类典型的垄断厂商，并且在结构和行为上都触犯了《谢尔曼法案》。标准石油公司控制着整个炼油行业的 91%，而尽管在具体数字上存在争论，但是美国烟草托拉斯控制着除雪茄以外的其他所有烟草类产品市场的 75% ~ 90%。两个厂商都采用了强硬的手段将竞争对手吞并或迫使其倒闭。结果并不出人意料，最高法院认定两家公司有罪，它们违反了《谢尔曼法案》中的第 1 节和第 2 节，并且命令它们解散[④]。

法院同时宣布，并不是所有限制贸易的行为都将被《谢尔曼法案》视为违法，只有那些“不合理的”行为将被视为违法。阐明这一**合理性准则**时，法院似乎表示单单组织架构本身并不成为是否“不合理”的评判标准。这样一来，接近垄断的厂商只要通过“合理”的手段来赢得市场，就不会触犯《谢尔曼法案》。

合理性准则：是指 1911 年美国最高法院制定的一项标准，用以确定在《谢尔曼法案》的条款范围内某一特定行为是非法的（“不合理的”）还是合法的（“合理的”）。

在之后的法院案例中，厂商只有在使用不合理行为的情况下，才会被判违反了《谢尔曼法案》。在 1911 至 1920 年之间，被指控的厂商有伊士曼柯达公司（Eastman Kodak）、国际收割机公司（International Harvester）、联合制鞋机器公司（United Shoe Machinery）和美国钢铁公司（United States Steel）。前三家厂商在各自的市场中占有绝大多数份额，而第四家厂商控制着全国 60% 的钢铁产量。然而这四个案件都由于没有证据证明这些公司采取了“不合理行为”而被驳回。

新技术也给法院在界定合理行为方面带来了挑战。也许最近最大的反垄断案件是美国司法部对微软发起的。截至 20 世纪 90 年代，微软在个人电脑操作系统市场的占有率超过 90%。政府认为微软通过非法交易获得了这一市场份额，而微软则认为政府未能理解在一个具有网络外部性和动态竞争的市场中跟竞争相关的问题。最后，该案件于 1994 年 7 月以一项同意法令得到解决。同意法令是控方政府与被告之间的一项正式协议，必须经法院批准。这些法令可以在庭审前、庭审中或庭审后签署，通常用来节省诉讼费用。在微软的例子中，根据同意法令，微软同意给电脑制造商更多的自由来安装其他软件厂商的软件。1997 年，微软发现自己被控违反了同意法令的条款，并重新出庭。2000 年，该厂商被判违反了反垄断法，法官下令将其拆分为两家厂商。但是微软提出了上诉，并以一项要求微软表现得更具竞争力的同意法令取代了拆分厂商的决定，其中包括一项规定，即电脑制造商将能够销售竞争对手的软件，而不必担心遭到报复。2005 年秋季，微软同意向 RealNetworks 公司支付 7.61 亿美元以了结最后一桩诉讼，最终结束了在美国的反垄断纠纷。

2005 年，AMD（超微半导体公司）对英特尔提起诉讼，英特尔在全球大多数个人电脑使用的 x-86 处理器市场中占有 80% 的份额。AMD 声称其存在反竞争行为并企图垄断。目前在美国，由一家厂商对另一家厂商提起的私人反垄断案件比由政府主导的案件多出 20 多倍。

---

④　美国联邦政府诉新泽西标准石油公司，221 U.S. 1（1911）；美国联邦政府诉美国烟草公司，221 U.S. 106（1911）。

282

实践中的经济学

当你“谷歌”时会发生什么：美国联邦贸易委员会对谷歌的指控

2012 年 1 月，美国联邦贸易委员会对谷歌提起诉讼，原案件涉及多个问题，其中一些涉及谷歌通过收购摩托罗拉获得的专利。但此案的核心部分是指控谷歌在某些做法中滥用垄断行为。

你可能会问，谷歌是垄断者吗？如果是的话，它是什么的垄断者？在反托拉斯案件中，这两个相关问题是关键。对于谷歌来说，有争议的市场是搜索市场。虽然还有其他搜索引擎，比如微软的必应，但谷歌显然占据了大部分市场。毫无疑问，我们通常会说“我谷歌一下那个”而不是“我必应一下那个”。此外，进入搜索领域的门槛很高。微软在必应上投入了大量资源，但仍远远落后于谷歌，与搜索相关的知识产权是相当可观的。但仅仅成为垄断者并不构成犯罪，问题是你如何利用这种力量。在谷歌的案例中，指控是谷歌操纵搜索结果，偏袒自己的子厂商。试图在谷歌上搜索航班问题，第一个跳出来的可能不是亿客行（Expedia）或客涯（Kayak），而是谷歌旅游网站。这是滥用权力吗？目前看来，美国联邦贸易委员会给出的答案是否定的。

思考

1. 为什么谷歌想要操纵它的搜索结果，特别是在手机搜索上？

《克莱顿法案》：该法案由美国国会于 1914 年通过，旨在加强《谢尔曼法案》和阐明合理性准则，其禁止了诸如捆绑合同、价格歧视和无限合并等特定的垄断行为。

联邦贸易委员会(FTC)：由美国国会于 1914 年设立的联邦监管机构小组，负责调查从事州际贸易的厂商的组织结构和行为，确定什么构成非法的“不公平”行为，并向违反《反垄断法》的厂商发出结束和停止命令。

《克莱顿法案》和联邦贸易委员会（1914） 旨在加强《谢尔曼法案》和阐明合理性准则的 1914 年的**《克莱顿法案》**，将一些具体行为纳入违法行为范畴。首先，它将捆绑合同视为违法。此类合同强迫消费者为了获得某种商品而必须购买另一种商品。其次，它限制了有可能导致“在很大程度削弱竞争或有意识成为垄断厂商”的合并行为。最后，它禁止了对不同的顾客收取不同价格的价格歧视行为，除非这些价格差异是由于成本的不同或是为了回应竞争者的价格。不过，这项规定很少得到执行。

联邦贸易委员会由国会于 1914 年设立，旨在调查参与州际贸易的厂商的“组织结构、商业行为、惯例以及管理”等方面内容。与此同时，委员会又将另一句用词模糊的禁令写入法案：“商业中，有失公平的竞争行为被视为违法行为。”究竟什么样的行为属于“有失公平”取决于委员会的裁决。FTC 还被赋予在发现违法行为时，发布“结束和停止命令”的权力。

虽然如此，1914 年的立法主要针对的仍然是行为问题，因此合理性准则在法院判决反托拉斯案例时仍然扮演着主要角色。

13.6 不完全市场：回顾与前瞻

283

当一个厂商对其产品市场和所需投入市场的价格有一定控制能力的时候，这个厂商就拥有了市场力量。拥有市场力量的厂商的极端例子是完全垄断。在完全垄断行业中，仅有的一个厂商生产没有相近替代品的产品，而新的竞争者被严格地阻挡在该行业之外。

我们在本章中对完全垄断行业（这是极少出现的情况）的讨论出于以下几个目的。首先，垄断模型很好地描述了许多行业。其次，垄断行业的案例表明不完全竞争会导致资源配置的低效率。最后，对于完全垄断的分析可以帮助我们理解更为常见的垄断竞争市场模型和寡头垄断市场模型，这两个市场模型在本章中进行了简单的讨论，并且将在接下来的两章中进行详细讨论。

总结

1. 有一系列假设是完全竞争的基础。其中：（1）每个市场中都有大量的厂商和家庭在进行交易；（2）一个给定市场中的厂商生产完全无差异或同质的产品；（3）新厂商可以自由地进入行业，并通过竞争来赚取利润。前两个假设表明厂商没有对产出市场和投入市场的价格控制权；第三条假设表明在长期内，经济利润将被消除。

13.1 不完全竞争和市场力量：核心概念　页 324

2. 如果在某个市场中，个别厂商对其产品价格拥有一定的控制权，那么就说这个行业中存在不完全竞争。这样的厂商可以施加市场力量。不完全竞争的三种形式是垄断、寡头垄断和垄断竞争。
3. 在完全垄断行业中，仅有的一个厂商生产没有相近替代品的产品，而新的竞争者将遭遇显著的进入壁垒。
4. 拥有市场力量的厂商需要制定以下四个决策：（1）生产多少产品；（2）如何生产；（3）在每个投入市场中的需求是多少；（4）它们产品的定价是多少。
5. 拥有市场力量并不意味着厂商将价格想定在多少就定在多少。市场需求对垄断厂商来说是有约束力的。为了顺利地出售产品，厂商必须生产人们所需的产品，并且将价格定在人们愿意支付的水平上。

13.2 完全垄断市场中的价格和产出决策　页 325

6. 在完全竞争市场中，很多厂商生产同质产品。由于垄断市场中仅有一家厂商，因此厂商与市场之间没有区别。也就是说，在垄断情况下，厂商与行业是等同的。市场需求曲线即是厂商所面临的需求曲线，而市场中的总供给即是由厂商决定的产量。

7. 对于垄断者来说，产出的增长不仅仅包括生产、销售更多的产品，还包括产品价格的下降。与竞争性行业不同，对垄断者来说，边际收益不等于产品价格。相反，边际收益要低于价格，因为为了出售增加的那 1 单位产出，厂商必须降低全部产品的价格。
8. 垄断厂商的利润最大化产出水平是边际收益与边际成本相等的那一点：*MR*=*MC*。
9. 垄断厂商没有独立的市场供给曲线，它们只是在市场需求曲线上选取某一个点。垄断厂商需要同时决定生产的产量和价格，而其生产的产量则是由它的边际成本曲线和它所面临的需求曲线共同决定的。
10. 在短期，垄断厂商同竞争性厂商一样，也受到有限生产要素的制约。在长期，不能获得足够收入以弥补成本的垄断厂商将破产。
11. 与竞争性厂商相比，垄断者限制产出，提高价格，并且赚取经济利润。由于垄断者的 *MR* 曲线永远位于需求曲线之下，垄断者的定价永远会高于 *MC*（完全竞争中的产品价格）。
12. 进入壁垒阻止新进入者竞争行业的超额利润。
13. 进入壁垒有很多种形式，其中包括规模经济、专利、政府管制、对稀缺生产要素的所有权和网络效应。
14. 当某个厂商显示出规模效应大到平均成本随产出的增加而持续降低的时候，行业中只有一个厂商的情况会更为有效。这样的行业被称为自然垄断行业。

284 **13.3 垄断的社会成本**　页 337

15. 当厂商定价高于边际成本的时候，会导致无效产出组合的出现。消费者剩余的减少大于垄断者利润的增加，由此给社会福利带来净损失。
16. 厂商为保持其经济利润而采取的行动，比如游说和限制竞争，被称为寻租行为。寻租行为会消耗资源，增加社会成本，导致社会福利的进一步降低。

13.4 价格歧视　页 341

17. 对不同的购买者收取不同的价格被称为价格歧视。价格歧视的动机是相当明显的：如果一个厂商能够区分出愿意为某样商品支付更高价格的人们，它就可以通过对他们收取更高的价格来赚取更多的利润。
18. 如果一个厂商对每单位产品向购买者收取他们愿意支付的最高价格，这就叫完全价格歧视。
19. 一个完全价格歧视的垄断厂商将在有效率的产量上生产。
20. 我们周围有许多价格歧视的例子。航空业会常规性地对周六晚上滞留的乘客收取相对低得多的费用。商务乘客一般在工作日旅行，他们不愿意滞留过周六并且一般愿意支付更高的票价。

13.5 垄断的补救措施：反垄断政策　页 344

21. 针对不完全竞争行业，美国政府扮演着两种角色：（1）通过颁布实施反垄断法律和其他国会法案来促进竞争和限制市场力量；（2）通过进行行业管制来限制竞争。
22. 1914 年，美国国会通过了《克莱顿法案》，旨在加强《谢尔曼法案》，并将一些“不合理”的限制贸易的具体行为加以说明。同年，联邦贸易委员会成立，并被赋予调查和纠正不正当竞争行为的广泛权力。

术语和概念回顾

进入壁垒，页 334
《克莱顿法案》，页 346
垄断厂商的无谓损失或超额负担，页 338
联邦贸易委员会（FTC），页 346
政府失灵，页 341
不完全竞争行业，页 324
市场力量，页 324
自然垄断，页 334
网络外部性，页 337
专利，页 336
完全价格歧视，页 341
价格歧视，页 341
完全垄断，页 324
寻租行为，页 340
合理性准则，页 345

习题

13.1 不完全竞争和市场力量：核心概念

学习目标： 解释不完全竞争和市场力量的基本原理。

1.1 假设文森特在密西西比州牛津市拥有唯一 7-11 便利店的经营特许权，这个城市大约有 21 000 人口。在城镇上只有文森特一家 7-11 便利店，这是否意味着这是一家垄断厂商？请给出解释。

13.2 完全垄断市场中的价格和产出决策

学习目标： 讨论垄断市场的收入与需求。

2.1 你是否同意以下说法？请给出解释。

a. 在垄断市场中，由于垄断者可以控制价格，因此价格等于边际收益。

b. 由于垄断厂商是该行业中的唯一厂商，因此它可以将产品价格定在任何水平上。

c. “当需求弹性为 –1 时，边际收益等于 0”永远成立。

2.2 请解释为什么竞争性厂商所面临的边际收益曲线与垄断厂商所面临的边际收益曲线不同。

2.3 假设 2014 年夏威夷州的精酿啤酒行业是竞争性的，并且处于长期竞争均衡状态；厂商赚取正常收益率。在 2015 年，一个年轻的企业家悄悄买下了所有的酿造厂，并开始经营一个被称为热带啤酒的垄断企业。为了更为有效地经营，热带啤酒雇用了一家管理咨询厂商，为其预测长期成本和需求。结果如图所示：

285

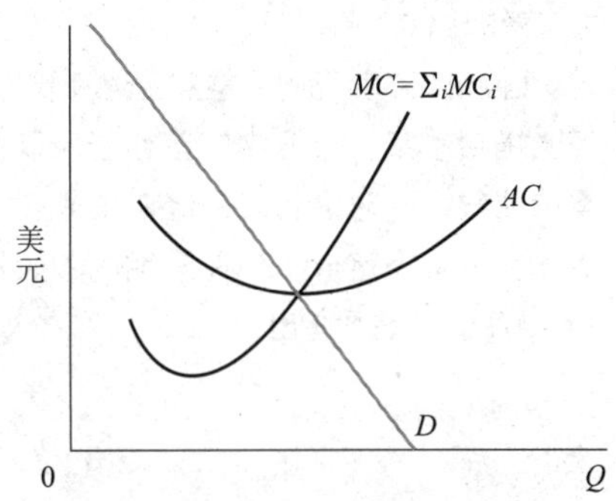

（$\sum_i MC_i$= 所有分支厂商的边际成本曲线的水平加总。）

a. 请从图中指出 2014 年的产量和价格。

b. 假设垄断厂商追求利润最大化，从图中指出厂商合并后的总收益、总成本和总利润。

c. 比较完全竞争下的结果与垄断下的结果。

d. 2015 年，一位酒吧老板向司法部的反垄断部门提起诉讼，状告热带啤酒垄断了精酿啤酒行业。大法官同意并准备进行一场民事诉讼。假设你在白宫工作，总统要你准备一份简单的备忘录（2 ～ 3 段）概括出诉讼的梗概。你的备忘录应包括：

(1) 诉讼在经济上的理由。

（2）对于实现有效市场的建议。

2.4 “食用昆虫”是一家垄断厂商，它面临着以下的巧克力草蜢酒需求计划（每周以磅计算的销售量）：

价格（美元）	15	30	45	60	75	90	105	120	135
需求数量	80	70	60	50	40	30	20	10	0

计算表中所列的每一个价格区间的边际收益——比如，在 q=50 和 q=40 之间。回想一下，边际收益是多增加 1 单位产量 / 销售时所增加的收入。假设在每一价格区间内 MR 为常数保持不变。

如果边际成本保持在 25 美元不变，固定成本为 800 美元，那么厂商的利润最大化产出是多少（从表中选取某一产出水平）？利润是多少？请用边际成本和边际收益来解释你的答案。

当 MC=50 美元时，重复上述步骤。

2.5 下图描绘了某一行业中的垄断者所面临的需求曲线，同时没有规模经济或规模不经济，也没有固定成本。在短期内和长期中 MC=ATC。请看图指出：

286

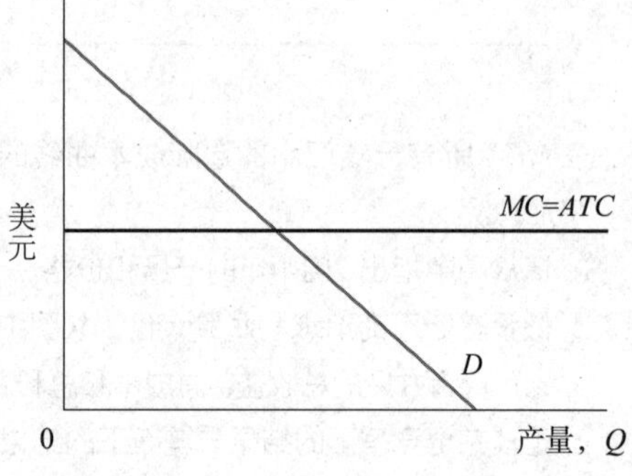

a. 最优产量

b. 最优价格

c. 总收益

d. 总成本

e. 总垄断利润

f. 垄断造成的总的“超额负担”或“福利损失”（请简要解释）

2.6 下图中描述了垄断厂商的成本结构和市场需求。请在图上指出并计算以下内容：

a. 利润最大化产出水平

b. 利润最大化价格

c. 总收益

d. 总成本

e. 总利润或损失

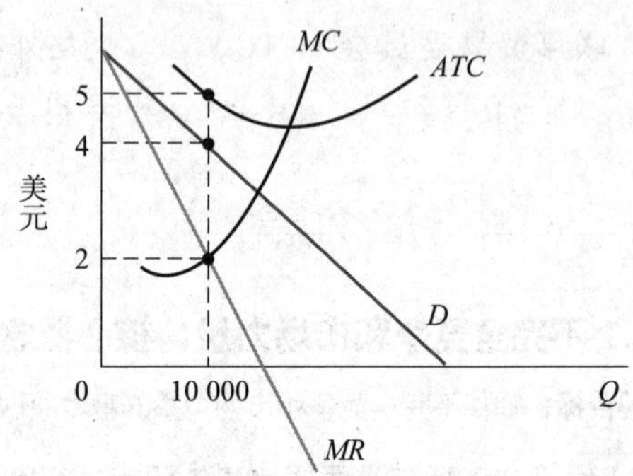

*2.7 1995 年之前，中国台湾地区只有一家啤酒生产商，叫“台湾啤酒”。假设厂商按照创造最大利润的目标来运营。假设它所面临的需求曲线和成本情况由下图给定，那么“台湾啤酒”将把产量和价格分别定在多少？

现在假设“台湾啤酒”决定进入高度竞争的美国市场。进一步假设台湾地区维持着进口壁垒使得美国生产商无法在台湾地区进行销售。假设“台湾啤酒”能够在美国市场上以 $P=P_{美国}$的价格出售它所能生产的所有产品，请指出：

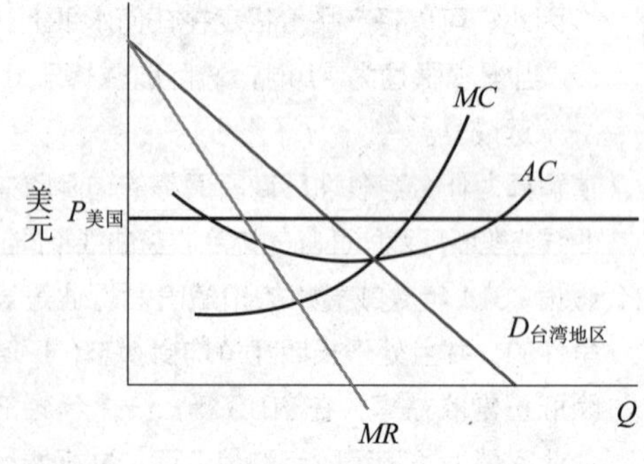

a. 总产量
b. 在台湾地区售出的产品
c. 在台湾地区的新价格
d. 在美国售出的总量
e. 总利润
f. 在美国销售的总利润
g. 在台湾地区销售的总利润

2.8 **[与页 335“实践中的经济学”相关]** 联邦通信委员会（FCC）通过的网络中立性规则的一部分包括禁止“付费优先”，这是一种在支付费用的情况下，某些互联网内容会优先于其他互联网内容的做法。这适用于互联网广告以及整个网站。请解释一下，对某些厂商来说，禁止互联网广告的付费优先顺序是如何被视为减少甚至消除了进入某些行业的障碍的。

2.9 **[与页 327“实践中的经济学”相关]** 2001 年丰田普锐斯（Toyota Prius）在美国上市时，它是美国市场上第一款大规模生产的混合动力汽车。在推出时，已有近 2 000 辆汽车按制造商的建议零售价（MSRP）19 995 美元预售。三年后，2004 年的普锐斯车型比原来的车型大，配备了升级的动力传动系统，但建议零售价仍然是 19 995 美元，由于需求不断增长，很多消费者被列入了等待购买的名单，以便能够购买汽车。请解释一些你认为 2001 款丰田普锐斯可能已经达到了 19 995 美元的建议零售价的原因。考虑到需求大幅增长，消费者已被列入了经销商的等候名单，为什么丰田仍将更先进且更大的 2004 款普锐斯保持与 2001 款相同的建议零售价？

2.10 泰勒·斯威夫特（Taylor Swift）是一位创作型歌手，她的流行专辑《1989》是 2014 年最畅销的专辑，仅发行的前 9 周就售出了 366 万张。对于流行音乐人来说，成功之路包括降低他们面临的需求弹性和建立进入壁垒。这听起来像是经济上的胡言乱语，但它有很多意义。使用经济学的语言和本章介绍的概念，解释为什么泰勒·斯威夫特想要降低需求弹性和建立进入壁垒。

2.11 请解释为什么垄断厂商没有供给曲线。

13.3 垄断的社会成本

学习目标：解释垄断的社会成本的来源。

3.1 下图显示了一个厂商或行业，如果有竞争力的话，就能获得正常的资本回报。在竞争情况下，市场价格是 P_c。我们首先假设边际成本固定在每单位产出 250 美元，没有规模经济或规模不经济（行业面临的需求曲线方程为 $P=500-1/20\,Q$）。

假设能够自由进入，计算竞争性厂商的总收益，竞争条件下的总成本以及竞争条件下的消费者剩余。

现在假设你购买了这个行业的所有厂商，把它们合并成一个受专利保护的垄断厂商。计算利润最大化价格 P_m、垄断总收益、总成本、利润和消费者剩余。同时比较竞争和垄断的结果。计算垄断的无谓损失。有哪些可能的补救措施？

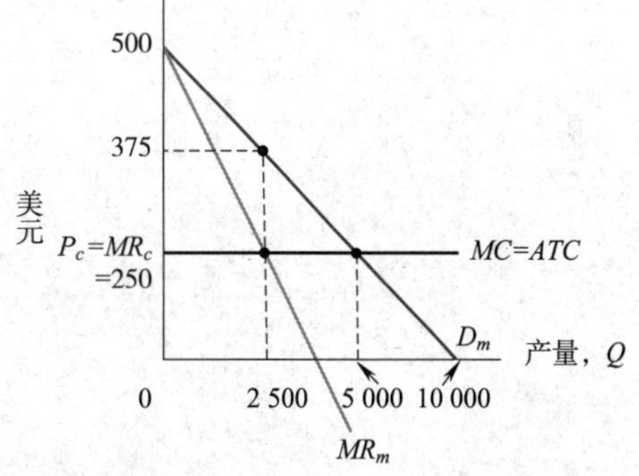

13.4 价格歧视

学习目标：讨论价格歧视的条件及其结果。

4.1 下图描述了在某一行业中，一个垄断厂商面临的需求和边际收益曲线，同时没有规模经济或规模不经济。在短期内和长期中 $MC=ATC$。

a. 计算利润、消费者剩余和无谓损失，并将它们在图中表示出来。

287 b. 现在假设垄断厂商能够进行完全价格歧视，请再次计算上述 a 中的值。

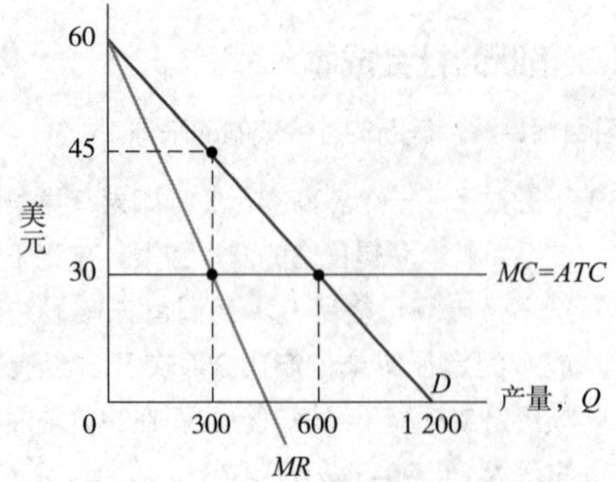

4.2 **[与页 343“实践中的经济学”相关]** 拉斯维加斯是美国最受欢迎的旅游目的地之一，以其赌场、酒店、购物、餐饮和现场娱乐而闻名。与美国许多其他目的地不同，价格歧视在拉斯维加斯很常见，许多厂商经常为当地居民提供食品、饮料、娱乐甚至酒店房间的折扣。你认为为什么这些“本地折扣”在拉斯维加斯很常见，而在美国其他大多数城市却不常见？拉斯维加斯的这种定价政策与之前描述的老挝佛寺的定价政策有何相似之处？

13.5 垄断的补救措施：反垄断政策

学习目标： 概述联邦反垄断法的功能和指导方针。

5.1 **[与页 346“实践中的经济学”相关]** 近年来最成功的公司之一就是谷歌。调查该厂商，并向司法部反垄断部门主管提交一份备忘录来陈述支持和反对针对谷歌的反垄断行动的案件。谷歌以何种方式压制竞争？有什么私人诉讼？一个强大的、赢利的谷歌有什么好处？

第14章 寡头垄断

我们已经分析过两种类型的“完 288
全”市场结构。一种极端是完全竞争，在这种市场结构中有大量厂商，每一个厂商的规模相对于整个市场来说都很小。它们生产同质产品，没有哪个厂商拥有市场力量。每个竞争厂商都是价格的接受者，其产品的需求是完全弹性的。市场结构的另一个极端是完全垄断，此类行业中只有一个厂商。垄断厂商拥有制定价格的能力，并且以建立进入壁垒的手段抵制竞争。如果垄断者不必受市场需求曲线的限制，它就拥有了完全的市场力量。但即使作为垄断者，它仍然要生产人们需要并愿意购买的产品。

美国很多行业的市场结构是介于这两种情况之间。在接下来的两章中，我们重点研究两类行业，厂商在这两类行业中拥有一定的市场力量，但同时也面临着竞争，它们分别是寡头垄断和垄断竞争。本章我们先分析寡头垄断，第15章我们分析垄断竞争。

寡头垄断行业是由少数几家大型厂商主导的，单个厂商的规模大到足以影响市场价格。寡头垄断有多种存在形式，请看下面几个案例：

在美国，90%的音乐制作和销售来自以下三家厂商之一：环球、索尼和华纳。这三家厂商之间的竞争是激烈的，但大多数都涉及寻找新人并对其进行营销。

智能手机是一项庞大且不断增长的全球业务。在2014年售出的13亿部智能手机中，超过50%是由三星公司或苹果公司售出的。这两家巨头之间的竞争部分涉及这些厂商操作系统的选择。在产品设计和创新功能上的竞争也起着很大的作用。

航空厂商是另一个寡头垄断行业，但价格竞争是非常激烈的。当美国西南航空（Southwest）进入一个新的市场时，旅客往往能从大幅度的降价中受益。

我们在这些例子中看到的是寡头垄断者之间竞争的复杂性。寡头垄断者不仅在价格上相互竞争，而且在新产品的开发、营销和宣传，以及产品配套设施开发方面也相互竞争。有时，在某些行业中，上述任何一

本章概述和学习目标

寡头垄断：是一种以少数几家厂商主导为特征的行业（市场）结构形式。产品可以是同质的，也可以是差异化的。

个领域的竞争都可能非常激烈；而在其他行业，似乎更多的是一种“共生”的态度。寡头垄断者之间复杂的相互依赖性，再加上它们用于竞争的各种策略，使得分析它们变得困难。为了找到正确的策略，厂商需要预测客户和竞争对手的反应。如果我提高价格，我的竞争对手会跟着我吗？如果他们不这么做，我有多少客户会离开？如果环球决定大幅降低音乐价格，重新与艺人签订合同，以便他们从演唱会中获得更多收入，索尼会效仿这种策略吗？如果索尼这样做了，这将如何影响环球？正如你所看到的，这些问题很难，但也很重要。本章将向你介绍一系列博弈论和竞争策略领域的不同模型，以帮助你回答这些问题。

上述案例不仅在厂商的竞争方式上有所不同，而且它们所在行业的一些基本特征也不同。在我们描述寡头垄断厂商相互作用的正式模型之前，有必要提供一些工具来分析这些厂商所属行业的结构。了解更多行业结构可以帮助我们弄清楚我们所描述的模型中哪些是最有帮助的。为此，我们将参考一些商学院和管理咨询案例，借助它们在竞争战略领域中开发的一些工具。

289

14.1 学习目标

描述寡头垄断行业的结构和特点。

14.1 寡头垄断的市场结构

五力模型：是由迈克尔·波特（Michael Porter）提出的模型，该模型帮助我们理解决定一个行业竞争水平和赢利能力的五种竞争力量。

竞争战略领域中用于研究寡头垄断行业结构的标准模型之一是由哈佛大学的迈克尔·波特（Michael Porter）提出的**五力模型**，图 14.1 说明了该模型。

这五种力量帮助我们解释一个行业的相对赢利能力，并确定在哪个领域的厂商竞争可能最为激烈。

图的中心框显示的是行业内现有厂商之间的竞争。在竞争激烈的市场中，这个框中充满了竞争对手，没有一家厂商需要从战略上考虑其他任何一家厂商。在垄断的情况下，中心框只有一个厂商。在寡头垄断中，只有少数几家厂商，而每一家厂商都会花时间思考如何才能与其他厂商进行最佳竞争。

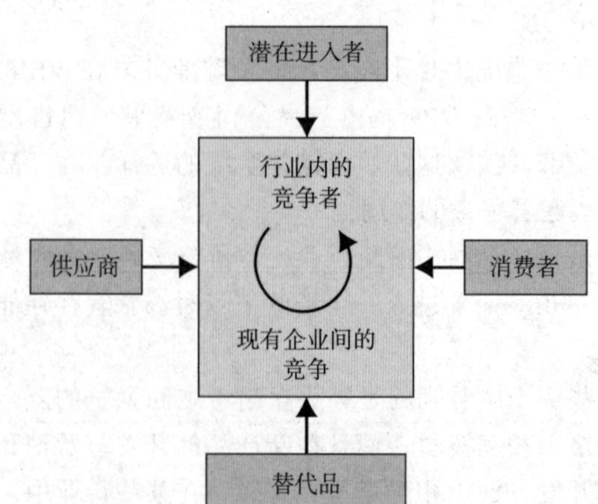

▶ 图 14.1　推动行业竞争的力量

为了弄清竞争将如何展开，我们应该观察现有厂商的哪些特征呢？需要考虑的一个行业的明显结构特征，是那些厂商的数量和规模分布。排名前两名的厂商占据的市场份额是 90% 还是只有 20% ？是只有一个大厂商和几个较小的竞争对手，还是厂商规模都相似？表 14.1 根据使用出货产值衡量的人口普查数据，显示了美国不同行业的市场份额分布情况。市场份额也可以通过就业数据来构建。我们可以看到，即使是高度集中的行业，也存在差异。美国 90% 的啤酒是由四大厂商生产的，安海斯-布希公司（Anheuser-Busch）生产的啤酒占美国啤酒销量的 50%，但还有一大批规模较小的公司。而在铜业，我们只能找到大厂商。正如我们将在模型中看到的那样，在其他条件相同的情况下，厂商数量减少，竞争就会减少。

我们还对顶尖厂商的规模分布感兴趣。再来看看啤酒行业，尽管安海斯-布希生产的啤酒占美国啤酒消费量的一半，但米勒康胜（MillerCoors）公司——是两家公司最近合并成的——现在占据了高达 30% 的市场份额，这两大公司的**集中度**达到 80%。当我们讨论寡头垄断的价格领导模型时，我们将重点讨论规模分布问题。当讨论政府合并政策时，我们将讨论除集中度以外的可以用来衡量公司份额的其他指标。

集中度：顶尖厂商在行业产出中所占的销售或就业份额。

我们想要了解的现有厂商的最后一个特征，是我们在行业中看到的产品差异化程度。所有的厂商都在生产相同的产品，还是不同的产品？这让我们回到产品作为替代品的接近程度的问题上，这是在描述垄断的第 13 章中介绍的一个主题。美国动视公司（Activision）的吉他英雄和艺电公司（Electronic Arts）的摇滚乐队有什么不同？开心农场游戏（Farmville）构成了竞争，还是像有些人说的那样，对于休闲和专注的游戏玩家来说，存在真正不同的市场？寡头垄断厂商生产的产品越有差异，其行为就越接近于垄断厂商。

表 14.1　2002 年高集中度行业中规模最大的厂商所占全部货运价值的百分比（%）

行业名称	最大 4 家厂商	最大 8 家厂商	厂商总数
初级铜	99	100	10
香烟	95	99	15
家用洗衣设备	93	100	13
人造纤维	93	100	8
啤酒	90	94	344
电灯泡	89	94	57
家用冰箱和冷柜	85	95	18
小型军火	83	89	109
早餐麦片食品	82	93	45
机动车	81	91	308

资料来源：U.S. Department of Commerce，Bureau of the Census，2002 Economic Census，*Concentration Ratios*：2002 ECO2-315R-1，May 2006。

290

实践中的经济学

智能手机行业的专利

正如我们所说，智能手机行业高度集中，它有利可图并且在不断增长。智能手机大战中的关键武器之一就是专利诉讼。

在过去的几年里，美国法院已经受理了数百起专利案件，世界各地也有很多这样的诉讼。自2006年以来，苹果已经提起了7起诉讼，并在100多起诉讼中被列为被告。有一次，我们发现苹果起诉三星侵犯了它的多项专利，而三星同时也指控苹果侵犯了它的专利。谷歌、微软、诺基亚、HTC、黑莓，甚至康奈尔大学都加入了这场游戏。事实上，有些厂商成立之初只是从其他厂商购买专利，然后聘请律师起诉侵犯这些专利的大厂商。这些厂商被轻蔑地称为“专利流氓”，甚至连美国第二巡回法院杰出的首席大法官理查德·波斯纳（Richard Posner）也抱怨过这些流氓的社会成本[1]。并非所有的诉讼都涉及技术细节，在苹果起诉三星Galaxy Pad的案件中，关键问题是产品的设计。在这起案件中，英国一家法院裁定三星没有侵犯苹果的设计专利，因为Galaxy产品不够“酷”，不足以成为山寨产品！[2]

许多经济学家、律师、法官和业内人士认为，专利法可能会发生重大变化，很大程度上是由于在智能手机寡头垄断中使用竞争性专利诉讼。

思考

1. 智能手机都依赖于由许多不同厂商拥有的不同专利所覆盖的技术。这如何使竞争局面复杂化？

[1] Richard Posner, “Why There are Too Many Patents in America,” *Atlantic Monthly*, July 12, 2012.
[2] *Bloomberg News*, October 18, 2012.

291 现在我们看看图14.1中最上和最下两个方框，在最上面的一个方框中，我们看到了潜在进入者。上一章中，我们描述了进入壁垒的主要来源。当进入壁垒门槛较低时，新厂商可以进入市场，与现有厂商竞争以消除任何超额利润。在寡头垄断中，我们发现新厂商的进入威胁对行业竞争的展开起着重要作用。在某些情况下，仅仅是威胁就足以让一个只有少数几家厂商的行业表现得像一个完全竞争的厂商。厂商进入和退出容易，从而潜在进入的威胁将价格压低到竞争性的水平，这种市场被称为**可竞争市场**。

可竞争市场：是指进入和退出都很容易，即使没有真正的进入，价格也能保持在竞争水平的市场。

例如，一家小型航空公司，它可以将其资本从一个市场转移到另一个市场，并且成本很低。在夏季，开普航空公司（Cape Air）在波士顿、玛莎葡萄园岛、南塔基特和科德角之间飞行。冬季，同样的飞机在佛罗里达州使用，它们在该州西海岸的那不勒斯、迈耶斯堡、坦帕和其他城市之间飞来飞去。当一个新的工业综合体在一个相当偏远的地方建立起来，由许多货运厂商提供服务时，可能会发生类似的情况。由于卡车运输厂商的资本是流动的，如果业务不赢利，它们可以将卡车转移到其他地方，而不需要付出很大的成本。这个市场上的现有厂商不断面临着竞争的威胁。在可竞争的市场中，即使是大型寡头垄断厂商也可能表现得像完全竞争的厂商。竞争可以将价格推向长期平均成本，而正利润可能不会持续。

在最下面的一个方框中，我们看到了替代品。对于寡头垄断者来说，就像上一章中描述的垄断者一样，行业外替代产品的可获得性将限制厂商获取高额利润的能力。

现在来看图 14.1 中水平方向的方框。本书的主题之一是如何将投入和产出市场联系起来。在产品市场上销售的厂商也在投入市场上购买。厂商在其投入市场中所面临的情况见左边的“供应商”方框。第 3 章的循环流动图强调了这一点，我们在五力模型图中看到了相同的点。航空厂商在航空业拥有一定的市场力量，当它们试图购买或租赁飞机时，面临着强大的寡头垄断。在飞机市场上，波音和空客几乎控制了整个商用飞机市场。在飞机租赁市场上，通用电气占主导地位。当一家拥有市场力量的厂商在投入市场面对另一家拥有市场力量的厂商时，有趣的讨价还价可能会影响到谁最终获得利润。

最后，在五力模型图的右侧，我们看到了消费者或买家——某种程度上这是模型中最重要的部分。我们在研究个人需求和效用函数时分析了消费者偏好，这有助于确定一家厂商尝试产品差异化时的成功程度。即使面对的是相对强大的卖家，一些买家也能发挥议价能力。当人们想到买家时，通常会想到消费品的零售购买者，这些买家通常没什么影响力。但美国经济中的许多产品都卖给了其他厂商，而在这些市场中，很多厂商都面临着高度集中的买家。英特尔将其处理器出售给相对集中的个人电脑市场，联想和戴尔在这一市场占有很大份额。宝洁向沃尔玛出售其消费品，沃尔玛目前控制着零售杂货市场 25% 的份额，沃尔玛的实力对宝洁如何在市场上竞争有着巨大的影响。

我们现在已经确定了寡头垄断行业的一些关键特征。了解这些特征有助于我们预测厂商将使用哪些策略与竞争对手竞争业务。现在我们来看一些寡头垄断行为的模型。

14.2 寡头垄断模型

14.2 学习目标

比较三种寡头垄断模型。

由于存在着许多不同类型的寡头垄断，因此人们建立了多种不同的寡头垄断模型与之对应。下面提供了针对不同寡头垄断厂商行为的不同分析方法的实例。正如你将看到的，所有类型的寡头垄断都有一个共同特点：

任一寡头垄断厂商的行为都取决于寡头垄断行业中其他厂商的行为。

292

14.2.1 共谋模型

在第 13 章中研究了一个完全竞争行业转而受某一个追求利润最大化的厂商所控制时会发生的情况。我们看到存在多家竞争厂商独立行动的时候，它们会生产出较多的产品，定出较低的价格，并赚取相对于仅有一个厂商的情况来说较少的利润。如果这些厂商联合起来，达成协议以降低产量并抬高价格（也就是厂商之间协议不再进行价格竞争），它们就可以分享更高的总利润。当几家追求利润大化的寡头垄断厂商在价格与产量上相互共谋时，其结果与垄断者控制整个行业是相同的。共谋的寡头垄断厂商也要面临市场需求，它们将在边际收益与边际成本相等（*MR*=*MC*）的点上进行生产，并且将价格定在高于边际成本的水平上。

联合起来制定共同的价格和产量决策的几家厂商的联盟被称作**卡特尔**（Cartel）。当前最为著名的卡特尔的例子是石油输出国组织（OPEC）。OPEC 卡特尔由包括沙特阿拉伯和科威特在内的 13 个国家组成，它们就石油产量水平达成了一致。早在 1970 年，OPEC 卡特尔就开始削减原油产量，此举导致在 1973—1974 年间，世界原油市场的价格上涨了 400%。

卡特尔：是指几家厂商联合起来制定价格和产量决策，以最大限度地实现共同利润。

OPEC 是一个政府卡特尔。相比之下，根据第 13 章所述的美国反垄断法，由厂商组成的卡特尔是非法的。法院将价格操纵定义为个别竞争者之间关于价格达成的任何协议。所有旨在确定价格或产出水平的协议，无论最终价格是否高，都是非法的。此外，价格操纵是一种犯罪行为，对此做出的惩罚通常包括监禁和罚款。页 360 的“实践中的经济学”描述了最近的一个价格操纵案例。

只有在几个先决条件被满足的情况下，卡特尔才能发挥作用。首先，市场对卡特尔产品的需求必须是无弹性的。如果市场上已经存在很多替代品，那么当卡特尔抬高产品价格的时候，就会因购买者放弃这种商品、转向其他替代品而弄巧成拙，害了自己。在这里，我们便可理解图 14.1 中替代品方框的重要性。其次，卡特尔的成员必须遵守游戏规则。当卡特尔通过限制产量而抬高价格的时候，每个成员都有极大的偷偷扩大产量的动机。因为在此时违反规则将意味着获得巨额利润。非卡特尔成员进入该行业也必须是困难的。

卡特尔各成员对卡特尔“欺骗”而非合作的动机突显出了厂商规模分布在一个行业中的作用。考虑一个由一家大厂商和一群小厂商组成的行业，它们同意制定相对较高的价格。对于每一家厂商，价格都将高于其边际生产成本。因此，通过销售更多的产品来获得市场份额是有吸引力的。另一方面，如果每个厂商都降价以获得市场份额，卡特尔就会崩溃。对于一个行业的小厂商来说，增加市场份额的吸引力往往难以抗拒，然而如果卡特尔瓦解，该行业的顶级厂商将损失更多并且获得的增加的市场份额将更少。在大多数卡特尔中，开始以低于卡特尔的价格定价的是小厂商。

当价格限定和产量限定的协议明确达成时，共谋也就产生了。如果厂商间的定价协议并没有写成协议，或仅仅是心照不宣的，那么就形成了**默契共谋**。少数几家拥有市场力量的厂商可能会制订相似的价格或听命于某个厂商，从而无须会面或制定正规协议就形成共谋。厂商越少、越相似，就越容易发生默契共谋。我们将在本章的后面看到，反垄断法也在试图阻止默契共谋方面发挥了作用。

默契共谋：共谋是当厂商间的价格和产量限定协议明确达成时发生的。而当协议达成仅仅是心照不宣，就会形成默契共谋。

14.2.2 价格领导制模型

在另一类寡头垄断行业中，有一家厂商在行业中占有主导地位，其余多家小型厂商追随大厂商的价格策略——因此有**价格领导制**之说。如果占据主导地位的厂商得知小厂商将追随它，它就可以用市场的总需求减去小厂商在每一潜在价格下可以满足的需求，简单地推导出自己的需求曲线。

价格领导制：是寡头垄断行业的一种类型，在该行业中有一家厂商占有主导地位并制定价格，其余多家小型厂商追随它的价格策略。

价格领导制模型的最佳应用情形：一个行业由一家大型厂商和很多小的竞争性厂商构成。在这些条件下，占据主导地位的厂商利润最大化的实现受到市场需求和那些小的竞争性厂商行为的制约；小厂商可以在当前的市场价格水平下卖掉所有它们希望卖出的商品。市场需求数量与小厂商能够供给的数量之间的差额就是占据主导地位的厂商的产量。

在价格领导制下，市场需求将由较小的厂商和占主导地位的厂商混合产生。将这种情况与垄断者的情况进行比较。对于垄断者来说，它所面临的唯一约束来自消费者，他们会在某一价格水平上放弃垄断者生产的产品。在寡头垄断中，主导厂商实行价格领导制，较小厂商的存在（以及它们生产产品的意愿）也是一个制约因素。因此，价格领导制下的预期产出介于垄断者和竞争厂商之间，价格也设定在两个价格水平之间。

小厂商的存在限制了占据主导地位的厂商的行为，这一事实表明，主导厂商可能有动机通过收购或与小厂商合并，试图将这些小厂商赶出市场。我们已经在垄断一章中看到，将多家厂商合并成一家厂商可以帮助厂商增加利润，即使这会降低社会福利。本章后面讨论的控制合并的反托拉斯规则反映了此类合并的潜在社会成本。对于一家占主导地位的厂商来说，减少其行业中小厂商数量的另一种方法是设定激进的价格。而不是像在价格领导制下那样迁就小厂商，占主导地位的厂商可以尝试大幅降价，甚至低于自己的成本，这使得实力较弱的小厂商产生巨大的损失，直到小厂商离开为止。一个强大的大厂商通过人为压低价格将小厂商赶出市场的行为被称为掠夺性定价。对大厂商来说这样的行为可能会付出很大代价，而且往往是无效的。根据反垄断法，以低于平均可变

293

实践中的经济学

价格操纵会把你送进监狱！

价格操纵是一种犯罪行为，美国司法部大力打击价格操纵。尽管经济学家们常常对政府政策持不同意见，但很难找到一位不支持对价格操纵者发起有力起诉的经济学家。

2011年，美国司法部对涉嫌价格操纵的厂商提起了90起诉讼。2012年9月完成的最大一起案件是针对中国台湾地区的友达光电（AU Optronics）的限价案。所有在美国境内开展业务的厂商，无论其所有者住在哪里，都必须遵守美国的反垄断法。在这起案件中，该厂商的高管被指控在液晶显示器（LCD）屏幕业务中操纵价格。LCD用于电视和电脑显示器。该厂商向政府支付了5亿美元罚款，其首席执行官被判3年监禁，司法部副助理斯科特·哈蒙德（Scott Hammond）这样说：

"这一长期的价格操纵阴谋导致在阴谋期间购买笔记本电脑、电脑显示器和液晶电视的每个家庭、学校、厂商、慈善机构和政府机构，为这些产品支付了更高的价格。反垄断部门将继续大力打击以美国消费者为目标、掠夺他们辛苦劳动钱的国际卡特尔。"[1]

思考

1. 假设你认为在价格操纵案件中罚款的数额对限价有重要的威慑作用。你希望通过哪些市场因素来计算罚款金额？

[1] 2012年9月20日，美国司法部网页显示："台湾地区友达光电厂商因参与LCD价格操纵阴谋被判支付5亿美元的罚金。"

成本的价格将其他厂商挤出某一行业，以期日后通过提价收回成本，也是一种非法行为。

294

14.2.3 古诺模型

古诺模型是由19世纪数学家安东尼·奥古斯汀·古诺（Antoine Augustin Cournot）提出的，用来说明寡头垄断厂商之间的相互依赖。该模型基于古诺对两家泉水生产商之间竞争的观察。尽管该模型存在一定的历史局限和有一些限制性假设，但事实证明，它所产生的直觉对经济学家和政策制定者是有帮助的。

双寡头垄断：只有两家厂商的寡头垄断。

最初的古诺模型关注的是寡头垄断，只有两家厂商生产相同的产品，且没有共谋。两家厂商的寡头垄断被称为**双寡头垄断**。与竞争性厂商相比，寡头垄断的主要特征是厂商的最优决策依赖于行业中其他厂商的行为。在双寡头垄断中，这两家厂商各自的正确产出决策将取决于另一家厂商的行为。古诺为我们提供了一种方法来模拟厂商如何考虑彼此的行为。

回到上一章中我们在图 13.8 中引用的垄断例子，在这里复制为图 14.2（a）。边际成本为 2 美元，垄断厂商面临的需求曲线为向下倾斜的市场需求曲线。回想一下，边际收益曲线位于需求曲线之下，为了增加销售额，垄断厂商必须降低所有售出产品的单价。在这个例子中，边际收益曲线在产量为 3 000 单位时达到零。垄断者在产量为 2 000 单位、价格为 4 美元时达到利润最大化，这些在上一章中都讲过。如果现在我们不是有一家垄断厂商，而是面临一个古诺双寡头垄断，那么这个市场将会发生什么？双寡头均衡是什么样的？

在选择最优产量时，垄断者只需要考虑自己的成本和所面临的需求曲线。双寡头垄断厂商还需要考虑另一个因素：它的竞争对手将生产多少产品？竞争对手生产的产品越多，在双寡头垄断中留给另一家厂商的市场就越少。在古诺模型中，每家厂商都会考虑市场需求，减去对竞争对手的预期产量，然后根据剩余的市场选择产量以实现利润最大化。

让我们通过两家厂商 A 厂商和 B 厂商来说明古诺双寡头垄断解决这 295
个问题的方法。回顾双寡头垄断的关键特征：厂商在选择自己的产出时必须考虑到对方的产出。考虑到这一特征，有助于了解每家厂商的最优产量如何随竞争对手的产出变化而变化。在图 14.2（b）中，我们绘制了两个*反应函数*，表示每个厂商的最优产量、利润最大化的产量，因为它依赖于竞争对手的产量。纵轴表示 A 厂商的产出水平，记为 q_A，横轴表示 B 厂商的产出水平，记为 q_B。

A 厂商的反应函数中有几个点看起来应该很熟悉。先看 A 厂商的反应函数与纵轴相交的点，此时 A 厂商是在假设 B 厂商产量为 0 的情况下

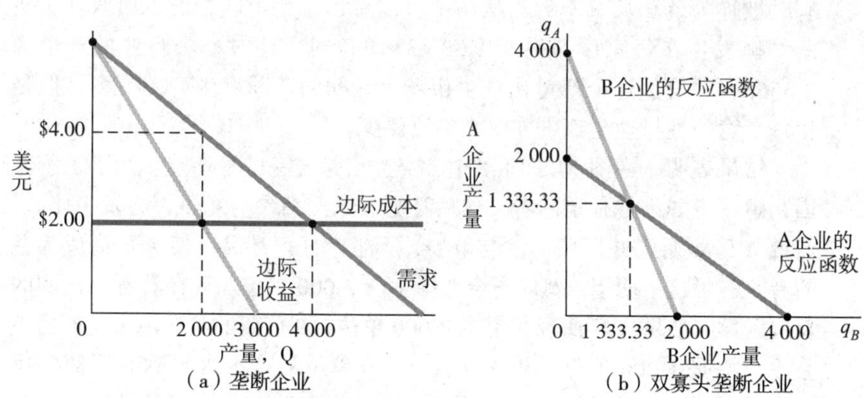

▲ 图 14.2　古诺模型的图形化描述

左图显示了垄断厂商利润最大化的产量为 2 000 单位，边际成本为 2 美元。右图显示了两家双寡头垄断厂商的产量为 1 333.33 单位，边际成本同样为 2 美元，它们面临着相同的需求曲线。从垄断到古诺双寡头垄断，行业总产出增加，但没有像竞争产出（4 000 单位）那样高。

选择最优产量。但从解决垄断问题中我们知道这个点代表什么，如果B厂商什么都不生产，那么A厂商就是一个垄断者，最优产量是2 000单位。如果A厂商期望B厂商的产量为0，那么它应该生产2 000单位来实现利润最大化。

然后看A厂商的反应函数与横轴相交的点，此时B厂商生产4 000单位，回头看看图14.2（a）。在4 000单位的产量水平上，市场价格是2美元，这是边际生产成本。如果A厂商期望B厂商生产4 000单位，那么A厂商就没有赢利的市场了，它将生产0单位。从这里开始，B厂商的产量（在横轴上测量）是每个周期4000单位，如果让B厂商的产量降低并沿反应函数曲线向左移动，A厂商会发现增加产量是有好处的。如果你仔细弄清楚在B厂商每一个可能的产量水平上A厂商的利润最大化产量是什么，你会发现A厂商的反应函数只是一条在纵轴点2 000和横轴点4 000之间的向下倾斜线。向下倾斜的斜率反映了A厂商选择其产出的方式。它要关注市场需求，并从中减去竞争对手的产出，然后选择自己的最优产出。竞争对手生产的产品越多，在这个双寡头垄断的市场中，留给另一家厂商的利润就越少。

接下来，我们对B厂商进行同样的分析。如果B厂商最大限度地提高利润并接受A厂商的产量，它会生产多少？由于两家厂商在成本和产品类型上完全相同，B厂商的反应函数看起来就像A厂商的反应函数：当B厂商认为它在市场上是唯一的（A厂商在纵轴上的产量为0），它产生的垄断产量为2 000单位；当B厂商认为A厂商生产4 000单位时，它会选择生产0单位。

如你所见，这两个反应函数相互交叉。每个厂商的反应函数表明在另一个厂商的产出水平下，它想要做出的决策。在交点处，考虑到另一家厂商的实际产量，每家厂商都在尽其所能地做出最好的决策，这个点有时被称为*最佳反应平衡*。从图中可以看出，这个问题的古诺双寡头垄断均衡发生在每家厂商生产1 333.33单位时，此时整个行业的产量为2 666.66单位。这个产量比这个市场上最初的垄断者生产的要多，但是比一个竞争性行业生产的4 000单位要少。

结果表明，在图14.2（b）中，交叉点是唯一的平衡点。为了了解原因，想一下如果你是垄断者，然后让另一家厂商参与竞争，会发生什么。假设A厂商期望B厂商不参与市场，不生产任何产品，使A厂商成为垄断者。有了这个期望，A厂商会选择生产2 000单位。现在看看B厂商的反应函数，如果A厂商现在生产2 000单位，B厂商的利润最大化产出不是零，而是1 000单位。从A厂商2 000单位的产出水平到B厂商的反应函数画一条水平线，然后向下到x轴，你会发现B厂商的最优产出是1 000单位。A厂商2 000单位的产出水平不是均衡的，因为它是基于B厂商的生产水平预测的，这是不正确的。更进一步，B厂商现在生产1 000单位，A厂商将从2 000单位削减。这将导致B厂商产量的进一步增加，这一过程将持续到两家厂商的产量都达到1 333.33单位为止。

296

实践中的经济学

意识形态倾向和报纸

与现在不同的是，在 20 世纪 20 年代，美国许多城市都有多家报纸。那个时代，电视还没有出现，广播刚刚起步，大多数人都从报纸上获得新闻，包括政治新闻。或许并不令人感到意外的是，当时大多数报纸都被明确地认定为有共和党或民主党倾向。同时，研究这一时期的经济学家已经确定了主导这些报纸的政治立场的经济力量。[1]

思考一下有关报纸需求的简单经济模型。鉴于我们对人们的了解，我们大多数人都认为读者们会更喜欢阅读反映他们自己意识形态倾向的报纸。尽管那些政治自由主义者可能会时不时地阅读福克斯新闻（Fox news），而保守派可能会阅读《纽约时报》的专栏文章，但大多数人喜欢阅读经过证实的信息。事实上，根茨科（Gentzkow）和夏皮罗（Shapiro）发现，一个城镇的投票方式与报纸的政治立场之间存在着密切的关系：一个城镇的共和党选票份额增加 10%，对一家共和党报纸的需求就会增加 10%。但是当一个城镇拥有多家报纸时会发生什么呢？在共和党控制的城镇里，成为共和党关注的第二大的报纸还是成为共和党关注的第一大的报纸，哪个会更好呢？换成本章中使用的术语，便是应该在主要市场竞争广告商和读者，还是在竞争较少的市场部分进行差异化和聚焦？

根茨科和夏皮罗发现报纸市场存在强大的激励机制，促使厂商通过差异化来软化竞争。如果一个地区有一家共和党报纸，那么再增加一份共和党报纸的可能性会降低 15%。即使在许多人认为具有意识形态性质的市场中，供应似乎也会对需求的经济力量做出反应。

思考

1. 你对通过产品差异化而改变寡头垄断者之间竞争的这一可能性有什么看法？

[1] Matthew Gentzkow and Jesse Shapiro, "Competition and ideological diversity: Historical evidence from U.S. newspapers," *American Economic Review*, October 2014.

正如我们所看到的，古诺模型预测的产出水平介于垄断和完全竞争行业之间。对古诺模型的扩展告诉我们，正如古诺所预测的那样，我们拥有的厂商越多，产出以及价格就越接近竞争水平。这种直观的结果是古诺模型被广泛使用的原因之一，尽管它简化了厂商之间有互动的情形。我们接下来转向的博弈论领域，将提供一个更为复杂和完整的厂商互动的情况。

14.3 学习目标

解释博弈论的原理和策略。

14.3 博弈论

古诺模型中的厂商并不参与竞争。它们试图揣测竞争对手的产出水平，然后选择自己的最优产出。但请注意，这些厂商并不会试图预测或影响竞争对手对其行为的反应。在很多情况下，厂商把竞争对手的产出看成是独立于自己的产出似乎是不现实的。我们通常会认为英特尔认识到了 AMD 在处理器市场上的重要性，就会试图去影响 AMD 的商业决策。**博弈论**是数学的一个子领域，它分析竞争厂商、个人甚至政府在试图使自身利益最大化以及对环境中其他人的行为做出预测和反应时的选择。

博弈论：分析竞争对手厂商、个人甚至政府在试图使自身利益最大化以及对环境中其他人的行为做出预测和反应时所做出的选择。

1944 年，数学家约翰·冯·诺伊曼（John von Neumann）和经济学家奥斯卡·摩根斯特恩（Oskar Morgenstern）发表了一篇开创性的文章，在这篇文章中他们分析了一系列问题——博弈，在博弈中，两个或两个以上的人或组织在追逐各自的利润，而且没有人能够预测博弈的结果。博弈论逐渐成为一个时髦的研究领域。博弈论的观念被用于分析厂商行为、政府政策、国际关系、核战争、军事战略和外交政策。1994 年，诺贝尔经济学奖被共同授予三位早期的博弈论理论家：普林斯顿大学的约翰·纳什（John F. Nash）、加州大学伯克利分校的约翰·海萨尼（John C. Harsanyi）和波恩大学的赖因哈德·泽尔腾（Reinhard Selten）。你可能看过以约翰·纳什为原型的电影《美丽心灵》，从中了解过他对博弈论的贡献。

学习博弈论首先要知道，在所有存在冲突的情况下，都涉及决策者（或者说参与者）、博弈规则和收益（或者说奖品）。参与者在进行战略选择时，并不确切地知道对手会采用什么战略。与此同时，参与者也可以获得一些对手选择倾向的信息。最重要的是，了解到其他参与者也在“尽力做到最好”的信息，将有助于预测他们的行为。

图 14.3 给出了一个简单博弈的收益矩阵。A 厂商和 B 厂商必须决定是否要花一大笔钱参与广告大战。如果两家厂商都决定不进行广告投入，两家的利润都是 50 000 美元。如果其中的一家厂商决定做广告，而另一家决定不做，做广告的厂商利润会增加 50%（75 000 美元），而其竞争对手会遭受损失。如果两家厂商都进行广告投入，它们将各获得 10 000 美元的利润。它们可能通过广告获得更多的需求，但是这些需求已经被广告费用本身完全抵消。

如果 A 厂商和 B 厂商可以共谋的话（一开始假设它们不可以共谋），它们的最优战略是达成不做广告的协议。这一方式使得双方的联合收益实现最大化。如果两个厂商都不做广告，其共同利润为 100 000 美元。如果两个厂商都做广告，其共同利润为 20 000 美元。如果只有一个厂商做广告，其共同利润为 75 000 美元–25 000 美元 =50 000 美元。

我们从图 14.3 可以看出，每一个厂商的收益都取决于其他厂商怎么做。然而，在考虑厂商应该做什么时，更重要的是要问厂商的策略是

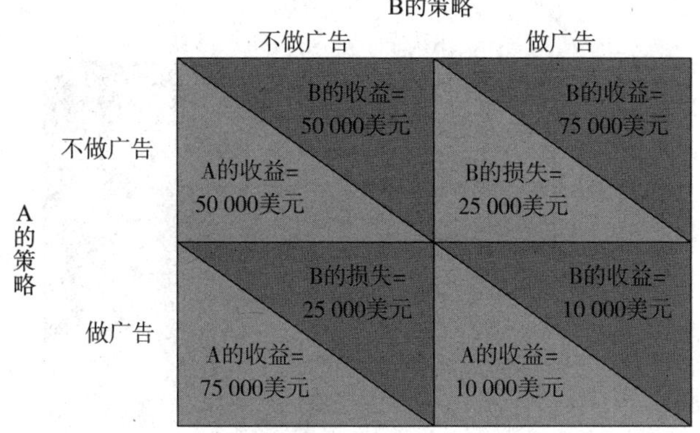

297

▲ 图 14.3 广告博弈的收益矩阵

博弈双方有一个占优策略。如果 B 不做广告，则 A 做广告，因为 75 000 美元高于 50 000 美元。如果 B 做广告，A 也将做广告，因为 10 000 美元的收益好于 25 000 美元的损失。不管 B 选择什么策略，A 都将选择做广告。类似地，不管 A 选择什么策略，B 都选择做广告。如果 A 选择不做广告，则 B 将做广告，因为 75 000 美元高于 50 000 美元。如果 A 做广告，B 也将做广告，因为 10 000 美元的收益好于 25 000 美元的损失。

否取决于其他厂商的行为。让我们考虑一下 A 厂商的战略选择。对于 A 来说，无论 B 怎么做，A 做广告都会对自己有利。如果 B 厂商不做广告，A 厂商选择做广告可以多获得 25 000 美元的利润。所以 A 会选择做广告。如果 B 厂商做广告，A 厂商就必须做广告以避免损失。对于 B 厂商来说，其选择的逻辑是相同的。对于 B 来说，无论 A 怎么做，B 做广告都会有利。一个厂商的**占优策略**就是无论对手怎么做，对该厂商本身来说都是最优的策略。在这个博弈中，参与博弈的双方都拥有一个占优策略，即双方都很有可能做广告。

占优策略：是指在博弈中，无论对手怎么做，对该厂商本身来说都是最优策略的一种策略。

图 14.4 所示的博弈结果是所谓**囚徒困境**的例子。这个名字来自一个关于两名囚犯的博弈，两名囚犯分别叫金杰和罗基——他们被控共同抢劫了当地的 7-11 便利店，但是证据并不充足。如果两名囚犯都认罪的话，他们每人会因持枪抢劫而被判刑 5 年。如果两个人都不认罪，那么他们都会被判很轻的罪，也就是因冒充顾客在商店行窃而入狱 1 年。问题是地方检察官分别给了他们一个交换条件。如果金杰认罪而罗基不认罪，那么金杰就会被释放，而罗基被判入狱 7 年。如果罗基认罪而金杰不认罪，那么罗基就会被释放，而金杰被判入狱 7 年。囚徒困境的收益矩阵如图 14.4 所示。

囚徒困境：是一种游戏，在这种游戏中玩家之间被阻止进行合作，并且每个玩家都有一个占优策略，这使得各方的情况都比能够合作时更糟。

通过对每一个选择结果的仔细观察，你会发现金杰和罗基都拥有一个占优策略：认罪。也就是说，无论罗基怎么做，金杰如果认罪的话结果都会比较好；而无论金杰怎么做，罗基认罪的话也会比较好。所以最优可能的结果是双方都认罪，即使对他们两个来说，如果双方都保持沉默的话结果最好。在很多情况下，我们都能看到像这样的博弈。在一个按曲线来评分的班级中，所有的学生都可能会考虑控制自己的表现。但是，通过学习来“作弊”的动机是很难抗拒的。在寡头垄断中，价格往

298

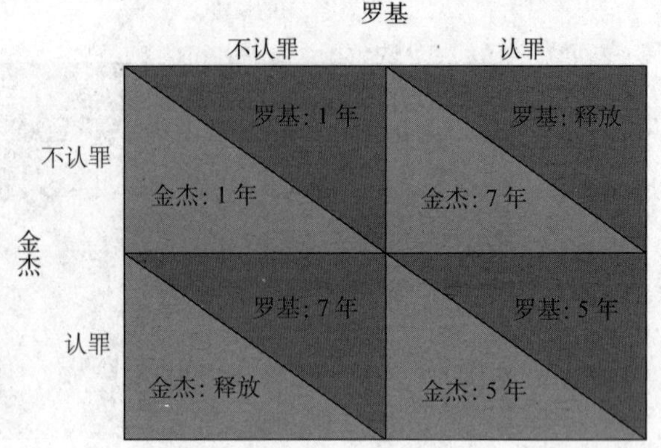

▲ 图 14.4 囚徒困境

博弈双方都拥有占优策略，即坦白。如果罗基不坦白，金杰会坦白，因为获得自由比判一年刑好。相似地，如果罗基坦白，金杰也会坦白，因为判 5 年刑比 7 年刑好。罗基的决策集也一样。如果金杰不坦白，罗基会坦白，因为获得自由比判一年刑好。相似地，如果金杰坦白，罗基也会坦白，因为判 5 年刑比 7 年刑好。不管对方做什么决策，双方都会选择坦白。

往高于边际成本，这一事实为厂商提供了在产出上“作弊”的动机——通过出售额外的单位来对协议加以限制。

有什么摆脱困境的办法吗？如果这一博弈是不断重复的话，那么还是有摆脱困境的可能的。如图 14.3 所示，对于两家厂商来说最好的策略是不进行广告投入。但占优策略的力量很强大，要到达左上角很难。假设厂商之间多年来在不断互动。现在合作的机会更多了。假设 A 厂商决定在一段时间内不做广告，并观察 B 厂商的动向。如果 B 厂商继续做广告，A 厂商会通过继续做广告来推持生存。假设 B 厂商决定配合 A 厂商的策略。在这种情况下，两个厂商很可能（无须明确的共谋）在 A 厂商明白 B 厂商要怎么做的时候，都不进行广告投入。我们将在之后的重复博弈中继续讨论这个问题。

还有很多博弈，博弈的参与者没有占优策略，但博弈的结果是可预料的。看一下图 14.5（a）中的博弈，这里 C 没有占优策略。如果 D 选择左侧的策略，C 就会选择上面的策略。如果 D 选择右侧的策略，C 就会选择下面的策略。但 D 究竟会选择哪种策略呢？如果 C 知道可能的选择，那么 C 就会明白 D 有一个占优策略且很可能采取这个策略。无论 C 做出何种选择，对于 D 来说选择右侧的策略都是最好的。D 确信选择右侧的策略可以使自己得到 100 美元，而选择左侧的策略则分文无收。由于 D 的行为是可以预测的（他会选择右侧策略），C 就会选择下面的策略。如果参与者在知道对手行为的情况下选择对他们来说最好的策略，结果就是一个**纳什均衡**，是以约翰・纳什命名的。我们已经在古诺模型中看到了一个纳什均衡的例子。

纳什均衡：是指在博弈论中，所有玩家都根据对手行为选择对他们来说最好策略的结果。

在（b）图中的这个新的博弈中，C 最好能确定 D 会选择右侧的策略，因为如果 D 选择左侧的策略，C 又选择了下面的策略，C 就会遇到

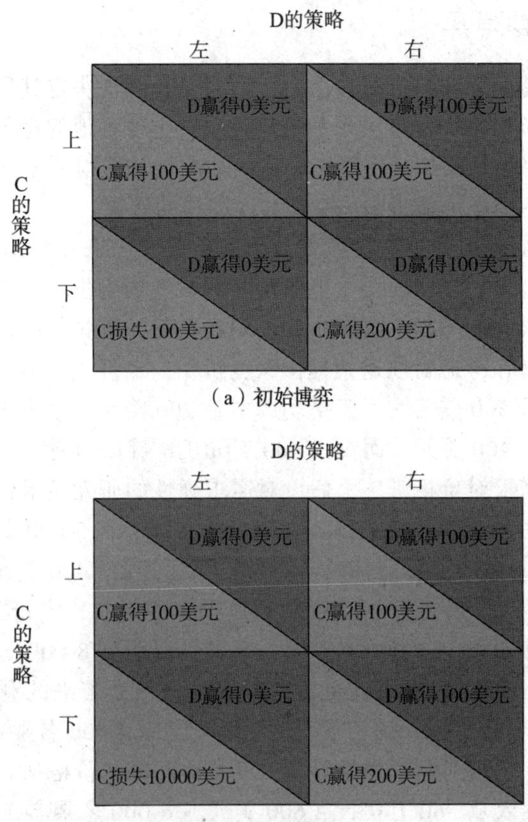

299

▲ 图 14.5 左 / 右－上 / 下策略的收益矩阵

在起初的博弈（a）中，C 没有占优策略。如果 D 选择左侧策略，C 选择上面的策略；如果 D 选择右侧策略，则 C 选择下面的策略。另一方面，D 拥有占优策略：不论 C 作何选择，D 都选择右侧策略。如果 C 相信 D 是理性的，他将预期 D 会选择右侧策略。如果 C 认定 D 会选择右侧策略，那么 C 将选择下面的策略。由于双方都在对方的既定选择下选择了自己能达到的最优策略，因此这个结果是纳什均衡。

大麻烦，损失 10 000 美元。如果 D 选择左侧策略的概率非常大，C 可能会选择上面的策略以在最大程度上减少潜在的损失。

现在假设图 14.5（a）中的博弈发生了变化。假设除了当 D 选择左侧策略并且 C 选择下面的策略时的收益发生了变化，此时 C 会损失 10 000 美元，其余收益没有变化，如图 14.5（b）所示。此时 D 的占优策略仍是选择右侧策略，而 C 如果仍然选择下面策略的话，他将在 D 选择左侧策略的情况下遭受巨大损失。当引入不确定因素和风险的时候，博弈就发生了变化。此时的 C 会选择上面的策略，以确保自己会获得 100 美元的利润而不是冒着损失 10 000 美元的风险选择下面的策略，即使 D 选择左侧策略的概率很小。所谓**最大最小策略**（maximin strategy），就是一个参与者最大化其最低收益的策略。从本质上讲，采取最大最小策略的玩家认为其对手会采取对其损害最大的策略。

最大最小策略：在博弈论中，玩家最大化其最低收益的一种策略。

299

14.3.1 重复博弈

显然，博弈并非只进行一次。厂商必须持续地决定其广告预算、投资策略和定价策略。百事可乐和可口可乐在全球各地的竞争已经持续了100年。显性的共谋违反反垄断法，而战略性的应对并不违反。战略性应对在重复博弈中可能带来与默契共谋同样的效果。

考虑图14.6中的博弈。假设英国航空公司（British Airways）和德国汉莎航空公司（Lufthansa）竞争淡季时从纽约到伦敦的航线业务。为了吸引旅客，它们都提供费用折扣。问题在于，折扣应该是多少呢？两家航空公司都在考虑对往返票提供深度折扣，定价400美元；或提供中度折扣，定价600美元。由于平均成本是200美元，每张600美元机票赚取的利润为400美元，而每张400美元机票赚取的利润为200美元。

显然，需求对价格敏感。假设对需求弹性的研究显示，如果两家航空公司都提供600美元的机票，它们每周将吸引到6 000名乘客（每家3 000名），每家航空公司每周利润为120万美元（400美元 ×3 000名乘客）。然而，如果两家航空厂商都提供深度折扣，定价为400美元，它们每周将多吸引到2 000名乘客，总共能吸引到8 000名乘客（每家4 000名）。虽然它们吸引到更多的乘客，但机票带来的利润减少，各自的总利润降低到每周80万美元（200美元 ×4 000名乘客）。在这个例子中，我们可以对需求弹性做出一些推论。随着价格从600美元降至400美元，收入从360万美元（600美元 ×6 000名乘客）降至320万美元（400美元 ×8 000名乘客）。从第5章我们知道，如果降价使得收入减少，我们就处在需求曲线的非弹性部分。

如果两家航空公司提供不同的票价会如何呢？为了使问题简单化，我们将忽略品牌忠诚，假设能够提供更深度折扣的航空公司将吸引到全部的8 000名乘客。如果英国航空公司提供400美元的票价，它每周将卖出8 000张票，每张获利200美元，总计获利160万美元。此时由于汉莎航空公司将票价保持在600美元，因此它一张票也卖不出去，利润为0。类似地，如果提供400美元票价的是汉莎航空公司，那么它将每周获利160万美元，而英国航空公司利润为0。

仔细看图14.6中的收益矩阵，你能断定某一方或双方都拥有占优策略吗？事实上，确实双方都拥有。如果汉莎航空定价为600美元，那么由于160万美元高于120万美元，因此英国航空将总是在深度折扣上定价，即定价为400美元。另外，如果汉莎航空在深度折扣上定价，那么英国航空也会同样这么做，否则它将赚不到任何利润，而80万美元好过0利润。相似地，不管英国航空作何选择，汉莎航空都拥有占优策略，即提供400美元的票价。

结果是两家航空公司都将提供深度折扣并且每周分别获利80万美元。这是一个典型的囚徒困境。如果允许它们在定价上共谋，它们都将定价为600美元并且每周各自获利120万美元，这样获利将增加50%。

300

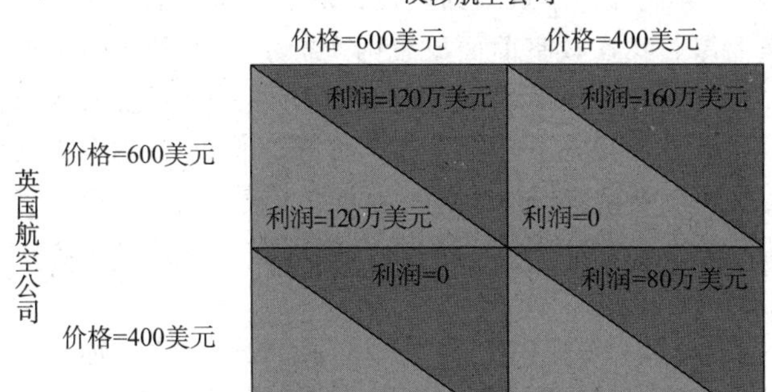

▲ 图 14.6 航线博弈的收益矩阵

在单个博弈中，英国航空公司（BA）和汉莎航空公司（LA）都拥有占优策略。如果 LA 定价为 600 美元，BA 将定价为 400 美元，因为 160 万美元的收益好于 120 万美元的收益。另外，如果 LA 定价为 400 美元，BA 仍然会选择定价为 400 美元，因为 80 万美元的收益好于 0 收益。相似地，不管 BA 选择什么策略，LA 都将定价为 400 美元。

这正是 1983 年美国航空公司（American Airlines）总裁罗伯特·克兰多（Robert Crandall）对布兰尼夫航空公司（Braniff Airways）的霍华德·普特南（Howard Putnam）所提建议的逻辑："我认为我们坐在这里互相打压却谁也赚不到一毛钱是极其愚蠢的。……我对你有个建议，将你的机票价格提高 20%，明天早上我也会提高我的机票价格。"

由于互相竞争的公司是被禁止讨论价格的，当普特南将这种讨论的电话录音上交时，克兰多就陷入了司法部的调查危机。但是它们能否在不进行对话的情况下共谋呢？假设价格在每周的固定时间公布，这就如同连续、重复地进行图 14.6 中的博弈。在获利 80 万美元几周之后，英国航空将自己的价格提高到 600 美元。汉莎航空知道如果自己仍然保持 400 美元的票价，自己的利润将从 80 万美元翻倍到 160 万美元。但英国航空会如何呢？它也应当知道除非汉莎同样提高票价，否则它的利润将变为 0。提高的票价当然可以成为两家厂商在更高价格上都变好的信号，如果一个厂商先提价并且能指望另一个厂商也跟着提价，那么双方都变得更好。这一让你的竞争者知道你将随之采取同样行动的策略，叫作**针锋相对策略**。

针锋相对策略：是一种重复的博弈策略，参与者对对手的博弈会做出同样的反应。

哪怕并不存在明显的议定价格，如果汉莎航空预料到英国航空将简单地跟随汉莎的策略，它们两者最终将定价为每张 600 美元并分别赚取 120 万美元的利润，而非定价为 400 美元且每周分别只赚取 80 万美元。

14.3.2 有多个参与者的博弈：囚徒困境可以阻碍集体行动

如果有多个参与者，有些博弈也能得出与我们前面所讨论的囚徒困境类似的结果。下面的例子说明了在一些情况下考虑每一个参与者利益的集体协同行动是怎样被阻止的。

301 假如我是你们经济学班级的教授，班上有 100 名学生。我让你们带 10 美元来上课。我在教室前面放置两个标示着 A 和 B 的箱子，告诉你们必须将 10 美元的总额以你们愿意的任何方式分开投入两个箱子。你可以把 10 美元全部投入 A 箱而不投入 B 箱，你也可以把 10 美元全部投入 B 箱而不投入 A 箱。另外，你可以把 2.5 美元投入 A 箱，把 7.5 美元投入 B 箱。任意总额为 10 美元的组合都可以，并且除我之外其他人不会知道你是如何把你的钱分配到两个箱子的。

在下课的时候，A 箱中的钱将被退还给投入的人，你会正好得到你投入 A 箱的金额。B 箱则不同，对投入 B 箱的每一美元，我将添加 20 美分。也就是说，如果 B 箱中有 100 美元，那么我将添加 20 美元。但这有一点：最终 B 箱里的钱，包括我贡献的 20%，将被平分给班上的每一个人，而与每一个学生投入 B 箱的金额无关。

你可以把 A 箱想成一个私有市场，我们从中得到我们所支付的。我们支付 10 美元，然后得到 10 美元的价值。把 B 想成某种我们希望集体行动的事情，所有人不管是否为它做出贡献都将同样享受到它的好处。我们曾在第 12 章中讨论过公共产品的概念。公共产品一旦被生产出来，人们就不能被排斥在享受其好处的范围之外。这样的例子包括新鲜空气、法律强制力保证的低犯罪率以及国防。你可以把 B 箱看作一种公共产品。

现在，你会把钱放在哪里？如果你足够聪明，你会召集一个班级会议使得每个人都同意把自己全部的 10 美元放进 B 箱。这样 B 箱里将有 1 000 美元，我将添加 200 美元，而总共 1 200 美元将被平分给 100 个学生，每个人都将得到 12 美元。

但假设不允许你们聚集起来，就像金杰和罗基在监狱里被分置在不同的审讯室里一样，会怎么样呢？再进一步假设每个人都按照利益最大化原则来行动。每个人采取最大化自己所得金额的策略。如果你仔细考虑，就会发现每个班级成员的占优策略都是把全部的 10 美元放进 A 箱。不管其他人怎么做，你将全部的钱投入 A 箱都比将 10 美元任意拆开投入 A 箱和 B 箱得到的要多。如果你这样做，那么没有人可以带着比你所得更多的钱走出教室。

怎么会这样呢？道理很简单。假设其他每个人都把全部的 10 美元放进 B 箱，而你把自己的 10 美元全部放进 A 箱。B 箱最终有 990 美元加上从我这里添加的 20%，金额为 198 美元，总额为 1 188 美元，只比可能的最大金额少 12 美元。你会得到多少呢？从 B 箱中你将得到 11.88 美元的份额，加上返还的 10 美元，总共得到 21.88 美元。这看起来令人讨厌但对你明显是最优的。如果你把全部的 10 美元都投入 B 箱，你将只得到 12 美元。对于其他人以任意方式分配他们收入的情形，你可以做完全类似的分析，结果你的最优策略仍是把你全部的 10 美元投入 A 箱。

换种方式来思考，你最终所得的哪一部分取决于或与你的投入相关？对于你投入 A 箱的每一美元，你将得到一美元的返还。对于你自己投入 B 箱的每一美元，由于它被平分给班上的 100 名学生，因此你只得到一美分，即 1% 美元的返还。

这样，这一博弈是典型的囚徒困境，共谋可以导致最优的结果而占优策略只能得到次优结果。

我们如何能打破这一特殊的困境呢？可以召集一个小镇（班级）会议，通过法律要求人们通过缴税来支付公共产品的生产。当然，这样我们也承受了政府本身是博弈参与者的风险。我们将在第 16 章和第 18 章中再次讨论这一点。

综上所述，寡头垄断是一个与多种行为相一致的市场结构。寡头垄断的唯一必要条件是厂商足够大，能够对价格有一定的控制权。寡头垄断是产业的集中。一个极端是卡特尔，在卡特尔中，少数几家厂商聚在一起，共同实现利润最大化——本质上，它们是一个垄断者。在另一个极端中，寡头垄断厂商根据观察到的利润快速转移资本，大力争夺小型、可竞争市场。在这两者之间有许多可供选择的模型，所有这些模型都强调寡头垄断厂商之间的相互依赖性。

14.4 寡头垄断和经济表现

14.4 学习目标 302

讨论寡头垄断的经济表现。

寡头垄断的表现如何？它们应该受到管制还是做出改变？它们是有效的还是会导致资源的无效配置？总而言之，它们是好还是不好？

除了可竞争市场外，我们研究过的所有寡头垄断市场模型都使我们得出下面的结论：市场的集中会导致价格高于边际成本，产量低于有效水平。当均衡价格高于边际成本时，相对于放弃的其他行业的产品来说，消费者要为该商品支付高于其生产成本的价格。只要增加产量就会产生高于商品社会成本的价值，但是追求利润最大化的寡头垄断厂商具有不增加产出的动机。

很多寡头垄断行业的进入壁垒可以阻止新资本和其他资源进入该行业中来追逐利润。在竞争条件下，或者可竞争市场中，正的利润会吸引新的厂商并增加产出。但在寡头垄断行业中，这种情况通常不会发生。这种问题在存在进入壁垒和厂商间达成明确或默认的协议时最为突出。厂商共谋的结果与垄断的结果是一样的。厂商通过限定较高的价格来实现共同利润最大化，并且分享利润。

另一方面，我们首先有必要问一问，一个行业中为什么存在寡头垄断，以及大的厂商可能会给市场带来什么好处。当存在规模经济时，较少的规模较大的厂商即使在减少价格竞争的情况下也能带来成本效益。

寡头垄断竞争者之间激烈的产品竞争可以带来产品的多样性，并且激励了针对不同消费者品味和偏好的创新。市场结构与创新速度之间的关系一直是研究文献中争论的话题。

14.4.1 行业集中与技术改变

历史上经济增长和经济进步的主要源泉之一是技术进步。革新，包括生产方式和优质新产品的创新是经济进步的发动机之一。很多创新都是从厂商为追逐利润而进行的研发开始的。

以约瑟夫·熊彼特（Joseph Schumpeter）和约翰·肯尼斯·加尔布雷斯（John Kenneth Galbraith）为首的几名经济学家在被公认为经典的著作中认为，行业集中，即少数厂商控制着市场，实际上加快了技术进步的速度。熊彼特在1942年的著作中写道：

> 当我们对技术进步最为显著的单个项目进行仔细研究的时候，种种迹象表明这些项目并非存在于相对自由的竞争环境中的厂商，而是存在于引起人们大量疑虑的厂商……我们不禁感到震惊，大厂商竟然能够提高人们的生活水平，而不是降低了人们的生活水平[1]。

这使得经济学界不禁驻足，并为这一理论而感到震惊。人们一般认为集中和进入壁垒阻挠了厂商参与竞争，并引发厂商的行动迟缓和进步减速。

关于创新从何而来的证据是不确定的。当然，很多小厂商并不从事研发工作，这些工作大都是大厂商做的。当研发费用被视为销售额的一部分时，集中度高的行业中的厂商会在研发上比集中度低的行业中的厂商投入更多的钱。

许多寡头垄断厂商做了大量的研究工作。在本章一开始的部分，我们提到苹果和三星主导智能手机市场。2012年，仅苹果在研发上便投入了34亿美元。在这个市场上，研发起到了巨大的作用，并更依赖大厂商。

303 然而，“高技术革命”是从一些很小的处于起步阶段的厂商开始的。如苹果、思科系统（Cisco Systems）甚至微软这类厂商，也仅仅在一代人之前才刚刚存在。从事基因工程的新生生物技术的厂商也还是一些小作坊，它们是由独立的科学家在大学的实验室里开始研究的。

14.5 学习目标

讨论政府在寡头垄断行业中的角色。

14.5 政府的角色

正如我们之前提到的，寡头垄断增加市场集中度的一种方式是合并。毫无疑问，政府已经通过了法律以借助合并来控制市场力量的增长。

---

① J. A. Schumpeter，*Capitalism*，*Socialism*，*and Democracy*（New York：Harper，1942）；and J. K. Galbraith，*American Capitalism*（Boston：Houghton Mifflin，1952）.

14.5.1 对于合并的管制

1914 年的《克莱顿法案》(在第 13 章中提到过)赋予美国政府对可能会“大幅限制某一行业内的竞争”的合并进行限制的权力。1950 年的**《塞勒-凯弗尔法案》**(Celler-Kefauver)赋予美国司法部监督和推行这些规定的权力。在《克莱顿法案》实施的最初几年，那些想要合并的厂商都知道有遭到政府反对的风险。厂商可能会花费大量的钱在律师和谈判上，以便进行潜在的合并，结果却被政府告上法庭。

《塞勒-凯弗尔法案》： 扩大了政府控制合并的权力。

1968 年，美国司法部发布了第一套准则，其目的在于降低它已经通过的合并案的不确定性。1968 年的准则非常严格。比如说，如果某一行业中最大的 4 家厂商占有 75% 以上的市场份额，并且有某一家厂商占有 15% 的市场份额的话，即使它想要再吞并哪怕仅占市场份额 1% 的厂商，也会受到挑战。

1982 年，反垄断部门发布了一系列更为宽松的准则——为了与里根总统对大厂商的放任政策保持一致。这些准则在 1984 年经过了修改以后，一直保存至今。这个准则是建立在一个叫作**赫芬达尔-赫希曼指数(HHI)**基础之上的。HHI 是对每个厂商占市场份额百分比的平方求和得到的。假设某一行业中有两个厂商，其市场份额各占 50%，那么这一指标将为：

赫芬达尔-赫希曼指数(HHI)： 是市场集中度指数，由厂商在市场中所占百分比的平方和得出。

$$50^2+50^2=2\,500+2\,500=5\,000$$

在一个拥有 4 家厂商，每个厂商的市场份额各占 25% 的行业中，这一指标为：

$$25^2+25^2+25^2+25^2=625+625+625+625=2\,500$$

表 14.2 表明某几个假想行业 HHI 的计算。司法部的行动过程如下(如图 14.7 所示)：如果赫芬达尔-赫希曼指数小于 1 000，这一行业就被认为是分散的，并且在此行业中的任何一个合并提议都不会受到司法部的质疑。如果这一指数在 1 000 ~ 1 800 之间，司法部将对使这一指数增大 100 点的合并进行质疑。赫芬达尔-赫希曼指数高于 1 800 时，这一行业被认为是集中的，并且司法部会对任何造成这一指数上升 50 点的合并进行质疑。

你应该能够看到，HHI 结合了我们在五力模型讨论中认为重要的两个行业特性：行业中的厂商数量及其相对规模。由于市场份额是平方的，一家大厂商的出现将推动指数上升一点。将表 14.2 中的行业 C 和 D 进行比较，可以看到这一点。

在前面的算术示例中，我们研究了由几家厂商控制的市场份额。然而，在计算这些之前，我们必须回答另一个问题：我们如何定义市场？我们要分享什么？回想一下我们在第 13 章中对市场力量的讨论。可口可乐厂商在可口可乐的生产上拥有“垄断”地位，但它是生产可口可乐

表 14.2　4 个假想行业的简单赫芬达尔–赫希曼指数的计算，其中每个行业内都不超过 4 家厂商

	市场份额百分比				赫芬达尔–赫希曼指数
	厂商 1	厂商 2	厂商 3	厂商 4	
行业 A	50	50	–	–	$50^2+50^2=5\,000$
行业 B	80	10	10	–	$80^2+10^2+10^2=6\,600$
行业 C	25	25	25	25	$25^2+25^2+25^2+25^2=2\,500$
行业 D	40	20	20	20	$40^2+20^2+20^2+20^2=2\,800$

304

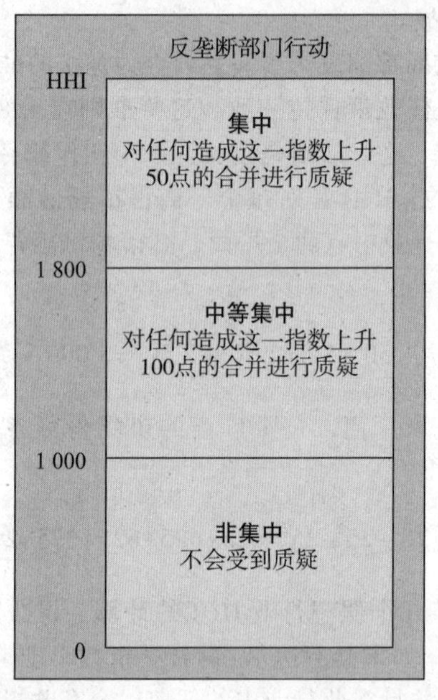

▶ **图 14.7　美国司法部合并准则（于 1984 年修改）**

产品的几家厂商之一，是生产苏打水的众多厂商之一，也是生产饮料的数百家厂商之一。可口可乐厂商的市场力量取决于可乐产品、苏打水和饮料之间的可替代性。在政府能够计算 HHI 之前，它必须定义市场，这涉及找出哪些产品是相关产品的良好替代品。

有一个很有趣的例子，1997 年，美国联邦贸易委员会反对史泰博公司（Staples）和欧迪办公公司（Office Depot）之间拟议的合并，这说明在合并分析中难以定义市场和对 HHI 的使用。当时，办公用品专营店市场份额排名第一的是欧迪办公，其次是史泰博。联邦贸易委员会认为在办公用品销售方面，欧迪办公和史泰博等办公用品店在消费者心目中具有很强的优势。由于它们提供的一站式购物服务，有人认为其他文具店并不能很好地替代这两家店的销售。因此，联邦贸易委员会将它定义为大型办公用品店的销售市场，来计算 HHI 并决定是否允许这次合并。实

305

实践中的经济学

阻止电影广告！

毫无疑问，当你们开始在大多数电影院吃爆米花时，很多人都对大量的广告感到恼火。你可能不知道的是，这些广告几乎 90% 都是由两家厂商——美国国家电影媒体公司（National CineMedia）和规模较小的屏幕视觉公司（Screenvision）——制作并销售给那些电影院的。

2014 年，国家电影媒体提出收购屏幕视觉，美国司法部提起诉讼要求阻止合并。美国司法部助理部长比尔·贝尔（Bill Baer）认为，对影院、广告商和消费者来说，合并是一个“坏主意”。美国司法部辩称，国家电影媒体试图通过收购竞争对手屏幕视觉，阻止其近年来在影院服务方面面临的激烈的价格竞争。另一方面，国家电影媒体则认为合并将带来经济效益，因为两家合并后的厂商可以通过提供更广泛的产品品类，更好地为电影院服务。本书其中一位作者想知道有多少电影观众能真正欣赏这些广告的多样性！

思考

1. 你认为为什么这个行业的厂商这么少？

际上，这意味着街角的商店或沃尔玛出售的文具不属于市场的一部分，对欧迪办公或史泰博的定价也没有实质性的约束。根据这一定义，结合美国的情况，拟议合并后的 HHI 值在 5 000 到 10 000 之间，明显高于临界值。另一方面，为史泰博厂商工作的经济学家认为，市场应该包括所有办公用品销售商。根据这个定义，欧迪办公和史泰博的合并将导致 HHI 远低于阈值，因为这两家厂商加起来只控制了 5% 的总市场，而 HHI 在整个市场的份额远低于 1 000。最终，合并是不被允许的。你可能有兴趣了解到，在 2015 年，这两家厂商再次请求政府允许它们合并，也许它们是觉得来自亚马逊这样的厂商的竞争已经改变了竞争格局，这可能会导致一个新的政府决定。

在表 14.3 中，我们给出了几个不同市场的 HHI。请注意，以拉斯维加斯博彩市场为例，这个市场既有产品也有地理成分。政府在一个合并案例中使用的定义假设，拉斯维加斯的赌场与大西洋城的赌场不能有效竞争。其他市场（例如啤酒和半导体）则是全国性或国际性的。一般来说，市场定义越广，HHI 越低。

1997 年，司法部和 FTC 联合颁布了《横向兼并指南》（Horizontal Merger Guidelines），将 1984 年的准则进行了完善和扩充。修订后的有

表 14.3　几个不同市场的 HHI

行业定义	一些 HHI 样本
啤酒	3 525
乙醇	326
拉斯维加斯博彩	1 497
重症监护患者监护仪	2 661

趣部分是政府将干预每个潜在的合并，并决定这种合并是否会增加厂商与行业中其他厂商进行“协调互动”（coordinated interaction）的能力。准则将“协调互动”定义为：

> 一组厂商为了各自的利润而采取的行为只能是其他厂商协调反应的结果。这些行为包括默契的或者明确的共谋，无论这些行为本身是否合法②。

306

14.5.2 政府应该扮演的角色是什么？

当然，针对大型集中厂商的行为有很多防范对策。然而，出于某些原因经济学家对行业集中的抨击不再像从前一样狂热。首先，即使是高度集中行业中的厂商在某种特定的环境下也能够做到有效的生产。其次，产品差异与产品竞争所带来的收益真实存在。毕竟，几乎每天都有新的产品和旧有产品的新变形不断出现在市场上。再次，集中对于研发费用支出比率的影响至少是混合的。不能否认，美国的大厂商完成了全部研究中的相当一部分。最后，在某些行业中，大量的规模经济仅仅是阻止了完整的竞争结构。当然，另一方面，更高的集中度通常会带来更高的价格。

除了对于行业集中是否可取的讨论以外，这里还有一个政府在市场管制中作用的讨论。一种观点是高度集中会带来低效率，政府需要有所行动来改进资源配置，来帮助市场更有效地工作。这一逻辑被用作评价非竞争行为的法律和其他规则的依据。

一种反对观点认为最为清晰有效的进入壁垒的例子实际上是由政府做出的。这种观点还认为过去几年的政府管制实际上是反竞争的，并将资源配置搞得比没有政府干预的时候还要无效。我们从第 13 章中了解到，那些赚取正的利润的厂商有将资源花费在防止竞争者从自己的手里抢走利润的动机。寻租行为可能包括使用政府的权力。

如果将这个讨论更深入一步，那么就进入国际竞争中。越来越多的厂商在本国市场中遇到外国厂商的竞争，与此同时，它们也与其他跨

② U.S. Department of Justice，Federal Trade Commission，*Horizontal Merger Guidelines*，2005.

国厂商一起分享着外国的市场。我们现在生活在真实的全球化经济中。因此，在国内市场中占据主导地位的厂商可能在国际市场中面临激烈竞争。

总结

14.1 寡头垄断的市场结构 页 354

1. 寡头垄断行业是由少数几家大型厂商构成的，这些厂商的规模大到足以影响市场价格。单个寡头垄断厂商的行为取决于它对行业中所有其他厂商反应的预期。行业战略通常是很复杂的，并且难以总结出来。
2. 五力模型是组织关于寡头垄断行业结构的经济知识的有效方式。通过收集现有竞争对手、新进入者、替代品、消费者和供应商特征等方面的行业结构数据，我们可以更好地了解行业中超额利润的来源。

14.2 寡头垄断模型 页 357

3. 无论厂商进行明确的还是默许的共谋，它们都是通过达成协议以降低产量并抬高价格，以分享更高的共同利润。此时的结果与垄断者控制整个行业是相同的。厂商将在 $MR=MC$ 这一点上进行生产，其价格将高于边际成本。
4. 寡头垄断中的价格领导模型得到的结果与共谋模型相似，但不完全相同。在这个组织中，行业中的主导厂商设定一个价格，并允许竞争厂商以这个价格提供它们想要的一切。对于价格处于主导地位的寡头垄断，其产出水平将介于完全竞争产出水平和垄断者在同一行业选择的产出水平之间。寡头垄断也会在垄断价格和竞争价格之间设定价格。
5. 古诺模型的建立基于三个假设：（1）一个行业中的厂商很少；（2）每个厂商都将对方的产出视为既定；（3）厂商都追求利润最大化。这一模型包含一系列产出调整决策，这导致最终产出水平介于完全竞争产出水平和完全垄断产出水平之间。

14.3 博弈论 页 364 307

6. 博弈论分析厂商行为，它们的行为是一系列战略行为与对这些行为的反应。它可以帮助我们理解寡头垄断的问题，使我们专注于厂商之间复杂的互动。

14.4 寡头垄断和经济表现 页 371

7. 市场集中往往导致价格高于边际成本，产出低于有效水平。然而，市场集中也能导向从规模经济中获得收益，并可能促进创新。

14.5 政府的角色 页 372

8. 1914 年的《克莱顿法案》（在第 13 章中提到过）赋予美国政府对可能会“大幅限制某一行业的竞争”的合并进行限制的权力。1950 年的《塞勒-凯弗尔法案》赋予司法部反对合并提议的权力。现在司法部使用赫芬达尔-赫希曼指数（HHI）来决定是否对一项合并提议进行质疑。
9. 有些人认为对合并的管制不再是政府的正当角色。

术语和概念回顾

卡特尔，页 358
《塞勒–凯弗尔法案》，页 373
集中度，页 355
可竞争市场，页 356
占优策略，页 365
双寡头垄断，页 360
五力模型，页 354
博弈论，页 364
赫芬达尔–赫希曼指数（HHI），页 373
最大最小策略，页 367
纳什均衡，页 366
寡头垄断，页 354
价格领导制，页 359
囚徒困境，页 365
默契共谋，页 359
针锋相对策略，页 369

习题

14.1 寡头垄断的市场结构

学习目标：描述寡头垄断行业的结构和特点。

1.1 以下各项中，你认为哪些是寡头垄断行业？请解释你的答案。如果你不能确定，还需要哪些信息来做出判断？

a. 摩托车
b. 酒店
c. 邮轮厂商
d. 枪支
e. 家具

1.2 **[与页 356“实践中的经济学”相关]**　近年来，美国联邦贸易委员会一直关注制药行业中品牌制药商和仿制药制造商之间的专利诉讼解决。在这些案件中，联邦贸易委员会的一个主要关注点涉及品牌制药商和仿制药制造商之间达成的协议，这些协议要求仿制药远离市场，以换取可观的报酬。用五力模型来解释为什么品牌制药商想要签订这样的协议，并解释为什么这些专利诉讼解决引起了联邦贸易委员会的注意。

1.3 以下各项中，哪一个可能成为完全可竞争市场？请解释你的答案。

a. 煤矿开采
b. 保险
c. 风力发电场
d. 景观美化
e. 广告

14.2 寡头垄断模型

学习目标：比较三种寡头垄断模型。

2.1 假设你从事医疗保险业务。你仔细分析了市场，你知道以每年 6 000 美元的价格，你每年会卖出 40 000 份保险单。此外，你知道以任何高于 6 000 美元的价格，都不会有人购买你的保险单，因为政府为任何希望以 6 000 美元购买的人提供了同等质量的保险单。你也知道每降低 1 000 美元的价格，你就能卖出额外的 10 000 份保险单。例如，以 5 000 美元的价格，你可以卖出 50 000 份保险单；以 4 000 美元的价格，你可以卖出 60 000 份保险单；等等。

a. 请画出你的厂商所面临的需求曲线。
b. 请画出你的厂商所面临的有效边际收益曲线。
c. 如果提供保险单的边际成本为 5 000 美元，你将会卖出多少份？你将价格定为多少？如果 MC=4 500 美元呢？

2.2 **[与页 360“实践中的经济学”相关]**　从 2008 年到 2014 年，数十起针对美国厂商的诉讼被提起或重新提起，这些厂商共谋操纵各种产品的价格，包括药品、婴儿产品、数字音乐和鸡蛋等。从这些法律诉讼或案例中选择一个，并描述经济和法律问题。案件的细节是什么？据称违反了什么法律？这个案子是怎么解决的？正义实现了吗？请解释你的答案。

2.3 请解释你是否同意或不同意以下陈述。如果某一行业的所有厂商都成功地参与共谋，就会产生利润最大化的价格而且产出也会和垄断行业一样。

2.4 什么是古诺模型？古诺模型中的产出决策与垄断中的产出决策有何不同？

2.5 **[与页 363“实践中的经济学”相关]** T-Mobile 是美国第四大无线通信提供商，仅次于威瑞森（Verizon）、美国电话电报公司和斯普林特（Sprint）。为了使自己与三大竞争对手差异化发展，T-Mobile 允许客户将未锁定的手机切换到他们服务的主要厂商，并为将服务切换到 T-Mobile 的新客户支付提前终止费用，以及推动产生了不会将客户与特定的无线供应商联系在一起的想法。这些在业内都是首次。做一些调查，找出这些厂商在过去几年的市场份额发生了什么变化，并描述其他主要无线通信提供商对 T-Mobile 这些政策的反应。

14.3 博弈论

学习目标：解释博弈论的原理和策略。

3.1 图 1 所示矩阵表现了两个厂商进行战略选择的收益。如果它们共谋，并将价格定在 10 美元，每个厂商都会获得 500 万美元的利润。如果 A 作弊，降低它的价格而 B 厂商没有这样做，A 会获得 75% 的市场份额，并获得 800 万美元的利润，而 B 厂商会遭受 200 万美元的损失。同样，如果 B 厂商作弊而 A 厂商不作弊，B 厂商会获得 800 万美元的利润，而 A 厂商会遭受 200 万美元的损失。如果两个厂商都降价，它们各自都会获得 200 万美元的利润。

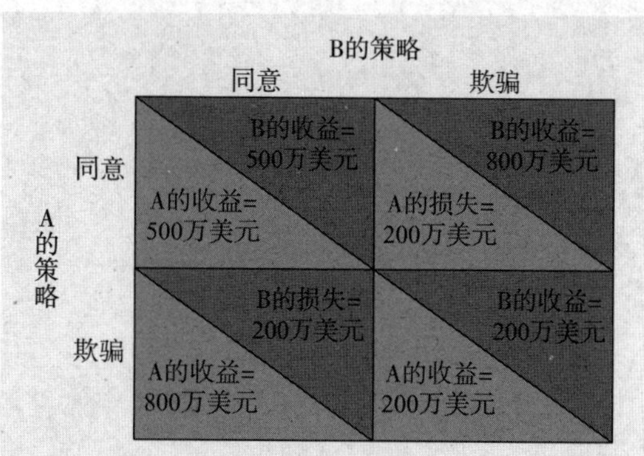

▲ **图 1**

哪一个策略使 A 厂商或者 B 厂商的最大潜在损失实现最小化？如果你是 A 厂商，你将选择哪个策略？为什么？如果 A 作弊，B 将怎么做？如果 B 作弊，A 将怎么做？这一博弈的结果最有可能是怎样的？请解释你的答案。

3.2 图 2 的收益矩阵描述了两个博弈的收益。收益在括号中给出，左边的值是 A 的收益，右边的值是 B 的收益。因此（2，25）表示博弈的收益是 A 得到 2 美元，而 B 得到 25 美元。

a. 博弈的双方是否拥有占优策略？

b. 如果博弈 1 重复了很多次，而你是 A，并且你可以改变你的策略，你会怎么做？

c. 你在博弈 2 中会采取哪个策略？为什么？

博弈1：定价

企业A \ 企业B	高价	低价
高价	(15, 15)	(2, 25)
低价	(25, 2)	(5, 5)

博弈2：小鸡

安 (A) \ 鲍勃（B）	转向	不转向
转向	(5, 5)	(3, 10)
不转向	(10, 3)	(−10, −10)

▲ **图 2**

3.3 假设我们的行业中有两家厂商生产相同的产品。艾克米生产 19 000 台，而佐尔塔生产 1 000 台。市场价格是 20 美元，两家厂商的边际生产成本都是 5 美元。两家厂商有什么激励措施来降低价格，以促使消费者转向他们目前没有进行消费的厂商？哪一家厂商更有可能降价？

3.4 伯尼和利昂娜因洗钱被捕，并分别接受了警方的审讯。伯尼和利昂娜分别收到了以下独立的信息。如果一方认罪而另一方不认罪，认罪的一方将获释，另一方将被判 20 年监禁；如果双方都认罪，两人都将被判 10 年监禁。

伯尼和利昂娜都知道，如果不认罪，警方只有足够的证据证明他们犯有较轻的逃税罪，然后他们将分别被判 2 年监禁。

a. 利用这些信息为伯尼和利昂娜构建一个收益矩阵。

b. 伯尼和利昂娜的占优策略是什么？为什么？

c. 根据你对上一个问题的回答，每个人会被判什么样的监禁？

14.4 寡头垄断和经济表现

学习目标：讨论寡头垄断的经济表现。

4.1 请解释你是否同意以下陈述：

a. 在除可竞争市场模型外的所有寡头垄断模型中，市场集中导致产出低于有效水平，而产出的增加将创造超过商品社会成本的价值。因此，利润最大化的寡头垄断者有增加产出的动机。

b. 在大多数寡头垄断行业中，正利润吸引新厂商，从而增加产出。

14.5 政府的角色

学习目标：讨论政府在寡头垄断行业中的角色。

5.1 下表显示了一个假设行业中每家厂商的市场份额百分比。

厂商	*A*	*B*	*C*	*D*	*E*	*F*	*G*	*H*
市场份额（%）	15	6	12	7	20	10	19	11

a. 请计算该行业中四家厂商的集中度。

b. 请计算该行业的 HHI。

c. 司法部会认为该行业非集中、中等集中还是集中？为什么？

d. 假设厂商 *B*、*D* 和 *F* 想要合并。合并后 HHI 的价值是多少？司法部会对这次合并提出质疑吗？为什么？

第 15 章 垄断竞争

我们接下来将讨论最后一种广义的市场结构类型：垄断竞争。如同 310
完全竞争，垄断竞争行业很容易进入，通常行业中有许多公司。然而与完全竞争公司不同的是，这个行业类型的公司不生产同质性产品。相反，这些公司生产的是具有些许差异的产品。这些产品差异的存在促进了一些市场力量发挥作用。在垄断竞争行业，一个公司可以在不失去所有客户的情况下收取一个比竞争对手更高的价格。我们将在本章中花一些时间来研究这些行业的定价。

但是，定价只是这个行业中的一部分问题。当我们研究垄断竞争行业中的公司时，我们自然会去关注公司如何决定出售哪类产品以及如何推广和营销这些产品。为什么我们可以在商店里看到许多不同种类的洗发水品牌？这么多的种类是过多、过少，还是刚刚好？为什么饮料和汽车公司做了大量的广告，但半导体和经济学书籍不做广告呢？广告营销是昂贵的：这是在浪费金钱，还是一种社会功能？在本章，我们也会简要地探究行为经济学中的一些概念。消费者被给予了太多的选择吗？为什么营养麦片以超大量出售时卖得更好，而糖果更适合以少量出售？

到本章末，我们已经定义了 4 种基本的市场结构。图 15.1 总结了这 4 种类型：完全竞争、垄断、寡头垄断和垄断竞争。处在不同的市场结构中，厂商在行业中的行为、厂商面临的关键抉择以及政府管理这些公司时面临的关键政策问题将会有所不同。尽管并非所有的行业都可以完全纳入这 4 种分类，但这确实为考虑行业结构和行为提供了一种有效而便捷的框架。

本章概述和学习目标

311

	厂商数量	产品差异化或同质化	价格是否是决策变量	进入一个行业是否容易	区分项	例子
完全竞争	许多	同质化	否	是	市场决定价格	小麦农场，纺织厂商
垄断	一个	单一形式或多种形式	是	否	受市场需求的约束	公共设施，专利药品
垄断竞争	许多	差异化	是，但受限制	是	价格和质量竞争	餐馆，洗手皂
寡头垄断	很少	同质化或差异化	是	受限制	战略行为	汽车，铝业

▶ **图 15.1 不同市场结构的特征**

15.1 学习目标

识别一个垄断竞争行业的特征。

垄断竞争：一种常见的行业（市场）结构，其主要特点是有大量的厂商，没有进入壁垒，以及产品存在差异。

15.1 行业特征

垄断竞争行业有如下特征：

1. 存在大量厂商
2. 没有进入壁垒
3. 产品差异化

尽管完全垄断和完全竞争的行业很少见，垄断竞争行业在美国却很常见（比如说餐饮行业）。在一个关于旧金山餐馆的网络搜索中，列表上有数千家餐馆。每一家餐馆都提供与竞争者有所不同的服务，并且力图在消费者心目中占据与众不同的地位。该市场并不是封闭的。在 5 年之内，有 5 家餐馆在联合广场附近的一个地点依次开业又纷纷倒闭。尽管很多家餐馆倒闭了，但是由于餐饮行业不存在规模经济，小型餐馆仍然可以通过竞争而在市场中生存。

垄断竞争行业区别于垄断行业和寡头垄断行业的特征是，垄断竞争厂商不能单单依赖于它们自身的规模来影响市场价格。尽管所有的餐馆都可以制定自己的价格，但没有任何一家餐馆有足够大的规模影响到特级牛排餐的市场价格。垄断竞争厂商是通过生产不同质的产品来控制产品价格的。餐馆是通过生产其他餐馆所不生产的人们所需要的产品，或者是通过获得提供好的商品和服务的名声来取得成功的。通过制造一种独一无二的产品或获得无可替代的声誉，在某种意义上，这家厂商就成了一个“垄断者”——没有其他厂商可以生产出与它完全相同的产品。

垄断竞争行业区别于完全垄断行业的特征是，垄断竞争厂商可以找到替代品。在旧金山的数千家餐馆中，有很多不错的意大利餐馆、中国餐馆和法国餐馆。在旧金山的唐人街就有 50 多家小型中国餐馆，仅一条街上就有十几家。这些餐馆的菜单大致相同，菜价也差不多一样。而另一些有名气的餐馆的状况与此截然相反。在这些餐馆里，菜价远高于制作成本，但座位却总是被订满。这是所有餐馆老板都梦寐以求的境界。而这些餐馆通过做了一些与众不同的事情，或使人认为他们做了与众不同的事情，而获得了成功。

表 15.1　2007 年美国部分行业中最大的公司占整个行业货运物品价值的百分比 312

行业名称	最大的 4 家厂商	最大的 8 家厂商	最大的 20 家厂商	厂商总数
旅行用活动房屋汽车和野营车	40	50	63	756
游戏、玩具	34	48	62	721
木质办公家具	40	52	65	438
图书出版	42	54	66	558
新鲜的和冷冻的海鲜	28	41	60	481

资料来源：U.S. Department of Commerce, Bureau of the Census, 2007 Census of Manufacturers, *Concentration Ratios in Manufacturing*. SubjectECO731SR12, May 2009.

表 15.1 给出了具有垄断竞争特征的美国九个全国性制造行业的部分数据。这里的每个行业都包括成百上千家独立的厂商，其中某些厂商的规模比其他厂商大，但是所有厂商相对于整个行业来说都还是微不足道的。在图书出版行业，美国最大的 4 家厂商占全部货物运送量的 42%。最大的 20 家厂商占有全部市场份额的 66%，余下 34% 的市场份额在 538 家分散的厂商间分配。

垄断竞争行业中，每个厂商对整个市场的影响是比较小的。新的厂商可以进入市场追求利润，我们的产品也可以找到相对不错的替代品。因此在这个行业里，厂商尝试通过差异化产品来实现一定的市场力量——通过生产新的、不同的或者更好的产品或者创造消费者印象中的一个独特品牌。下面我们从产品差异化和广告开始讨论这类厂商的行为。

15.2 产品差异化与广告

15.2 学习目标

讨论在垄断竞争行业中产品差异化和广告的方法与影响。

产品差异化： 厂商用来获得市场力量的策略。通过生产和市场中其他厂商不同的产品来实现。

通过生产区别于市场中其他厂商的产品，垄断竞争厂商可以从**产品差异化**中获得它们想要的任何程度的市场力量。但是，什么决定了我们在一个市场中差异化的程度，以及应该采取怎样的差异化形式？

15.2.1 多少种类？

当你环顾周围时，请注意连接个人住宅和常见的户外小径的人行道。在某些地区，你偶尔会看到砖块或鹅卵石步道，但在美国的大多数地方，这些人行道都是用混凝土制成的。几乎每一种情况下，混凝土都是灰色的。现在看看这些人行道通向的房屋。除非当地有严格的建筑要求，房屋的颜色各不相同。现在问题是，为什么我们只有一种颜色的混凝土人行道，却有很多种颜色的房屋？

每当我们看到有限的产品种类时，首先想到的可能是所有消费者——在这种情况下是房主——有相似的喜好。也许每个人都对灰色有着天生的喜爱之情，至少在混凝土方面。即便这些人行道通往的颜色种类繁多的房屋会让你对这个解释持怀疑态度，但这种对灰色人行道的天生喜好也是有可能的。另一个对常见的灰色人行道的可能解释是对协调的需求：也许每个人都想要他或她那面的步行道看起来与邻居相似。此外，经常由城市提供的连接房屋的人行道是灰色的事实，使得灰色成为人们关心的焦点。例如在时尚界，协调和统一扮演着重要的角色。超大号牛仔裤本身没有什么理由比窄边低腰牛仔裤更具吸引力，除了在某些特定时期很多人都喜欢穿超大号牛仔裤。同样，你可能想知道为什么一致性在人行道的颜色中很重要，但在房屋颜色方面则不然，即使房屋颜色对邻居来讲更为显眼。

在解释颜色单一的混凝土人行道时，我们可以回顾一下第 8 章中的成本结构问题。如你所知，混凝土是用大型搅拌车制造的。这种卡车的平均容量为 9 立方或更多，远远超过铺一条人行道所需要的数量。为这种混凝土着色的一个常用方法是，将着色剂与水泥和其他成分在搅拌车中混合。而一旦这样做，为了控制成本，我们需要同时找到几个想要一样颜色水泥的邻居——因为混凝土是不可存储的。此外，即使找到了也会很麻烦，因为搅拌机内部可能会受到不同颜色影响，例如给下一个客户留下紫色混凝土的残留物。或者，我们可以在混凝土从搅拌箱里出来后再添加染料，在有些地方的确是这样操作的，但这样能够产生的颜色是有限的，操作过程也是非常昂贵的。因此，混凝土的颜色比较单一，而房屋的颜色更多样，可能反映的是在房屋粉刷中不存在混凝土同质生
313 产中的规模经济。

人行道与房屋的例子，有助于解释一些产品的多样性和另一些产品种类稀少的问题。在某些情况下，消费者可能会有不同的口味。移民会使得一个地区的餐厅以及当地杂货店的食品种类增加，这应该不足为奇。通常移民者增加了消费者口味的异质性。当减少产品种类有利可图时，产品种类自然变得更少。在第 13 章中，我们描述了存在网络外部性的产品。在这里对一致性的需求可以大大缩小产品的选择。例如，对于大多数人来说，使用和朋友相同的文字处理程序比使用一个完全适合自己的文字处理程序更重要。最后，规模经济使得生产不同的品种比单一类型更昂贵，这就会减少产品种类。对人们来说，相比于非常合适但昂贵的定制产品，他们更喜欢相对便宜的标准产品。在宾夕法尼亚州和纽约州的战后时期，莱维特房子的发展证明了标准化带来的住房成本的节约，统一的房屋供应使得房屋价格更容易被接受。

总而言之，在运作良好的市场中，产品种类的多样性程度反映了市场中消费者品味的异质性以及标准化可能带来的收益和成本。在垄断竞争的行业中，消费者品味存在差异，不存在对一致性的需求，标准化带来的规模经济微小或根本不存在，这些因素导致了大量公司的诞生，每

个公司都生产不同的产品。在这一产业结构内部，这些因素在推动产品多样性方面都发挥着作用。

近年来，不少人都开始跑步运动。市场对此的回应也很大。现在有许多关于跑步的杂志；数百个专为具有特定跑步风格的跑步者设计的矫形鞋；各种颜色、布料和各式各样的跑步服装；手臂、脚踝的负重物和鞋带；插入防汗带的微小收音机；等等。甚至医生也将他们的产品区分开来：运动医学诊所为跑步者提供专门的饮食设计和其所需的治疗，也有专门治疗胫骨夹或莫顿趾的专科医生。

为什么在跑步市场中产品的种类会增加？更多跑步者的加入，因其不同的体格、跑步风格和不同的审美观美学的认知，增加了消费者的异质性。扩大的市场规模也告诉我们，如果你生产一种专门的跑步产品，那你就更有可能卖出足够多的产品以支付你在开发产品时的固定成本。因此市场规模越大，就会存在越多的种类。纽约比明尼苏达州的伊登普雷里市有更多种类的民族风味餐馆，不仅仅是因为人口构成的差异，也在于这两个市场规模上的差异。

15.2.2 厂商如何差异化产品？

我们已经了解到，差异化产生的原因是为了满足消费者对产品的个人需求和品味，同时，受到一致性和规模经济成本的限制。现在我们来进一步定义我们在市场上所看到的各种差异化的产品种类。

回到我们之前提到的餐馆的例子。在旧金山的数千家餐厅中，有些是法国餐厅，有些是中国餐厅，有些是意大利餐厅。经济学家会称这种形式的差异化为餐厅的**横向差异化**。横向差异化是这样一种产品差异，对于某些人来说，产品是变得更好的，但对于其他人来说则相反。如果我们要对旧金山的居民进行民意调查，询问镇上最好的餐馆，我们会毫无疑问地获得不同的类别的候选餐馆。的确，很多人甚至可能不认为这是一个合理的问题。

横向差异化：产品差异使它们对某些人有利，对另一些人不利。

如果你在薯片中加入海盐和醋，这会使它们对某些人更有吸引力，而对别人则不那么有吸引力。横向差异创造了多样性，这反映了市场上消费者品味的差异。

对于某些产品，人们会选择一种类型并长时间持续使用。对很多人来说，早餐谷物便有这个特征。比如，我们可能日复一日地吃脆谷乐或玉米片，对蛋黄酱的品牌偏好也可能具有相同的稳定性。然而，对于晚餐，我们大多数人都是寻求多样性。即使是小城市也有各种类型的餐馆，因为人们厌倦了每周都在同一个地方吃饭。

参观了传统计划经济体的人通常认为其缺乏多样性产品。在 1989 年柏林墙倒塌以及 1990 年东德和西德重新统一之前，对从多彩而热烈的西柏林搬到沉闷和灰色的东柏林的人来说，多样性产品似乎消失了。当墙倒塌时，成千上万的东德人来到了西部的百货商店。自中国 20 世

314

实践中的经济学

衡量多样性带来的收益：你需要多少双不同的凉鞋？

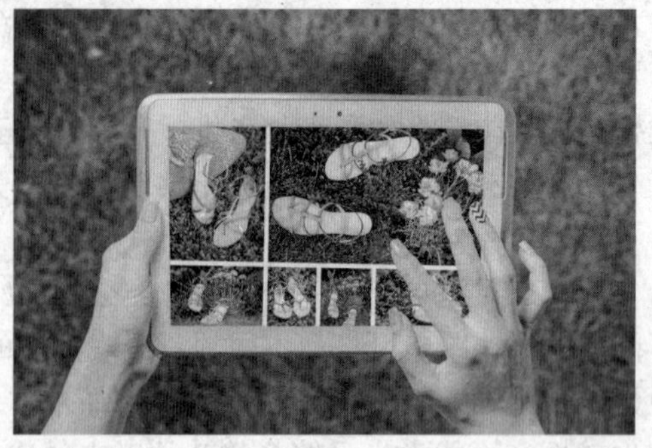

对于那些喜欢鞋子的人来说，像 Zappos 这种线上零售商最大的好处之一就是能提供各种各样的鞋子，而他们只需要点击几下就可以轻松买到。虽然普通实体店甚至是一家大型商店，也会有好几千种鞋，但是大型的线上零售商的鞋子库存很有可能多达 50 000 种。的确，在最近一份研究 Zappos 的文章当中，一位作者就发现其提供的女性棕色凉鞋就多达 192 种！而经济学家们很自然地就想知道从消费者福利的角度看，所有这些不同种类的鞋子到底产生了多大的价值。

这也正是来自明尼苏达州和耶鲁大学的两位经济学家在一篇论文中所提出的问题[1]。回答这个问题需要进行一些谨慎的统计工作，但在结果背后，我们用直觉想一下，道理也是非常简单的。假设实体商店平均有 1 000 双鞋子的库存，而网上商店有 50 000 双。这 50 倍的数量差距是否意味着网上商店也产生了 50 倍于实体商店的价值呢？直觉告诉你这是不可能的。试想一下，一个聪明的实体店一定不会随便选择 1 000 双鞋子当作库存，而是选择最能吸引当地顾客的那些鞋子。如果一个国家不同地区的消费者或者来自城市和农村的消费者差异化程度很高的话，每个实体店所备的 1 000 双鞋一定是各自区域的消费者们想买的鞋。在这个案例中，线上零售商们库存 50 000 双鞋是因为他们面对的是很多个不同的子市场。对于消费者来说选择网购的好处就是点击几下就能购买，这远比开车去实体店购买方便得多，但他们并没有从更多的鞋子种类中获得额外的价值。但是，如果全国各地的消费者都一样，那么至少每个市场中的某些人都会因为网上商店备有更多不同寻常的鞋子而获益。

康（Quan）和威廉姆斯（Williams）两位学者实际上也确实发现了全国各地消费者的不同品味。如果看一下网上销售的数据会发现，在市场上最畅销的前 1 000 双鞋子的销售额占该州总销售额的 56.5%，但在全国范围看，在市场上最畅销的前 1 000 双鞋子的销售额仅占全国销售额的 11.3%。因此，如果不考虑各地区的差异性需求和零售商们应对这种差异性的库存方法，我们就会夸大增加商品种类所带来的效益。

思考

1. 你觉得一个追求利润最大化的零售商会如何决定他/她的店内鞋子的库存？

[1] Thomas Quan and Kevin Williams, "Product Variety, Across Market Demand Heterogeneity, and the Value of Online Retail," Working paper, December 2014.

纪 80 年代中期的经济改革以来，参观中国的游客声称最明显的变化便是中国人可以选择的产品种类增加了。

产品之间不单单可以横向差异化，还可以**纵向差异化**。几乎对于每个人来说，一辆全新的、有 GPS 的宝马车都优于没有 GPS 的宝马车，容量大的硬盘比容量少的更好。如果位于同一个地方，希尔顿酒店比汽车旅馆更好。当存在另一种更好的产品时，一种产品如何在竞争激烈的市场中生存？答案当然是价格。更好的产品通常成本也更高，而通常只有一部分人会认为付出更高的代价来获得更好的产品是值得的。所以人们之间的这种分歧引起了纵向差异化。有些人比其他人更重视特定产品的质量并愿意为此付出更高的价格。在一个特别的日期，可能值得去镇上最好的餐厅。但与朋友们的随意休闲晚餐，控制预算可能变得更加重要。

纵向差异化：一种产品差异，从每个人的角度来看，它使一种产品比竞争产品更好。

然而，最近在行为经济学领域的一些研究进展表明，有时候太多的变化可能是一件坏事[1]。**行为经济学**是经济学的一个分支，它从心理学和经济学的视角来研究决策的制定。 315

行为经济学：经济学的一个分支，通过使用心理学和经济学方法来研究决策。

研究人员在位于加利福尼亚门洛帕克的德雷格（Draeger's）高档杂货店进行了一项实验。德雷格杂货店以其众多的产品种类而闻名，例如，它提供了 250 种芥末，还曾连续两个星期六在商店里设立了品酒摊位。某一天，它为消费者提供了 6 种异国口味果酱的品尝机会，而在另外的一个日子，提供了 24 种口味。实验结果引人注目。尽管更多的客户去了有 24 种果酱的摊位品尝，几乎没有人在这个摊位买了任何东西；相比之下，在有 6 种果酱的摊位几乎有 30% 的品尝者进行了购买。[2]研究人员得出结论，尽管人们需要拥有一些选择，过多的选择反而会减少购买。

果酱实验这个案例得出的结论是，人们在面对大量选择时，结果是不做出任何选择。行为经济学家也注意到，当可供选择的数量很大时，个人可能通过使用经验法则或通过使用默认选项来避免决策的压力。例如在退休储蓄领域，一些研究已经发现人们倾向于在一系列投资选择中平均分配他们的储蓄，而并没有过多关注这些基金的赢利特征。在其他某些情况下，人们似乎更偏好政府机构或提供养老金计划的公司指定的默认选项。出于这个原因，一些经济学家认为一个增加消费者储蓄的方法（如果可取的话）是制订养老金计划的默认选项。通过这种方式，除非个人选择不参加，否则将被自动加入一个退休计划中。这些计划被称为选择退出计划，而不是选择加入计划。

行为经济学也有一些关于另一种横向差异化形式的说法——包装尺

---

① 描述这些研究的经典论文是 Sheena s. Iyengar and Mark R. Lepper，"When Choice Is Demotivating: Can One Desire Too Much of a Good Thing?" *Journal of Personality and Social Psychology*，2000，995-1006。

② 六个品牌的子样本被仔细挑选出来，既不是最好的也不是最差的口味，要真正购买，消费者必须去一个摆满所有口味果酱的架子上挑选。

寸和定价形式。许多消费品都分小号、大号和超大号。[③]许多商品（例如，加入健身俱乐部和杂志）的购买方式既可以通过单次付费，也可以通过购买会员或订阅。我们中的许多人都认为这些不同是出于方便与否的问题。厂商可以利用这些差异来创建针对消费者类型的产品。小家庭购买小盒谷物，大家庭购买超大量的。读者偶尔在报摊上购买《美国周刊》，而粉丝则订阅该杂志。显然，这些差异起着重要作用。但行为经济学家还认为，有些差异在市场上存在是因为部分消费者想要试图控制自己的购买行为。人们购买小盒冰淇淋，但购买大瓶维生素。为什么？因为他们想要自己每天吃维生素，但偶尔吃冰淇淋。人们购买健身俱乐部会员资格作为锻炼的动力；尽管这使得他们最后一次去的边际成本为零，他们也可能会比每次支付单次健身费用花费得更多。我们订阅《经济学家》杂志，但是在报摊上购买每期价格更高的《美国周刊》，是因为我们希望自己会阅读更多的《经济学家》杂志而少看《美国周刊》。有些学生选择有出勤奖励的课程，这是确保他们去上课的一种方式。在利用产品差异化为消费者提供**承诺机制**来帮助他们控制自己的行为方面，厂商一般很有创造力。承诺机制是个人为了控制他将来的行为而在现在采取的行动。

承诺机制：个人在一个时期内采取的试图在未来一个时期内控制自己行为的行为。

行为经济学是一个激动人心的新领域，正在挑战和深化我们对经济学的许多领域的理解。行为经济学的新思想已经进入了微观经济学和宏观经济学。

316 前面我们讨论了影响产品差异的主要市场因素，以及产品差异化可以采取的主要形式。接下来我们将探讨广告在垄断竞争领域中发挥的特殊作用。

15.2.3 广告

广告在产品差异化方面的作用可以分为两种。首先，广告扮演的一个角色是告知人们产品之间存在的真实差异。其次，广告也可以帮助产品建立一种和产品真实特征并没有关系的差异化品牌形象。关于这两种作用，我们都可以找到案例。

例如，最近的可口可乐广告宣扬的“活在可乐伴随的生活中”与可口可乐的口味基本没有什么联系。iPod 广告中的舞者们创造了一群时髦和快乐的人们的形象，而不是描绘 iPod 的功能和特点。另一方面，本地报纸上常常刊登关于本周本地杂货店何种商品正在打折的广告。

---

③ 说明这一问题的论文包括 Klaus Wertenbroch，“Self-Rationing: Self-Control in Consumer Choice，” INSEAD Working Paper，2001，关于包装尺寸；Ulrike Malmendier and Stefano DellaVigna，“Paying Not to Go to the Gym，” AER，June 2006，694-719，关于健身俱乐部会员资格；以及 Sharon Oster and Fiona Scott Morton，“Behavioral Biases Meet the Market，” *BEPress Journal of Economic Advance and Policy*，2005，关于杂志。

实践中的经济学

经济学家泡茶

您可能在当地的杂货店见过一种叫“诚实茶”（Honest Tea）的茶，这是一种由绿色、黑色和草本混合物制成的略带甜味的瓶装冰茶。它可能不是货架上唯一的冰茶。除了受欢迎的品牌立顿（Lipton）和斯纳普（Snapple），取决于您居住的地方，您可能还会看到 SoBe、Tazo 和 Turkey hill。瓶装冰茶是垄断竞争市场的典型例子，没有一个品牌是完全相同的。例如，诚实茶以使用高端茶叶和少量甜味剂而闻名，而斯纳普则使用较低品质的茶叶和大量的甜味剂。同样，茶叶的价格也不一样。在一家普通的商店里，诚实茶和 SoBe 的零售价可能在 1.89 美元左右，而斯内普的零售价可能在 1.39 美元左右。如果你花时间观察一下杂货店摆放饮料的通道，你会注意到，尽管诚实茶价格较高，一些消费者仍会选择它，而不是其替代品。

关于诚实茶，你可能不知道的是，它是十年前由企业家塞思·戈德曼（Seth Goldman）和经济学家巴里·纳莱布夫（Barry Nalebuff）创立的。纳莱布夫运用了本书第 6 章所述的一些经济学理论，来研究如何将他的茶叶与行业里的其他茶叶区分开来。下面的图形显示了诚实茶最流行的口味之一“青龙”（Green Dragon）的位置。这张图显示了对于戈德曼和纳莱布夫的潜在客户来说，茶的口味是如何随着糖的数量而变化的。最初的几克糖改善了茶的味道，但很快茶味的改善就随着糖量的增加而变得平缓，然后开始下降。注意，青龙在顾客味觉顶峰的左边，一些经济学家在看这张图时批评纳莱布夫选择的茶叶含糖量太少。批评者们在想什么，为什么他们错了？

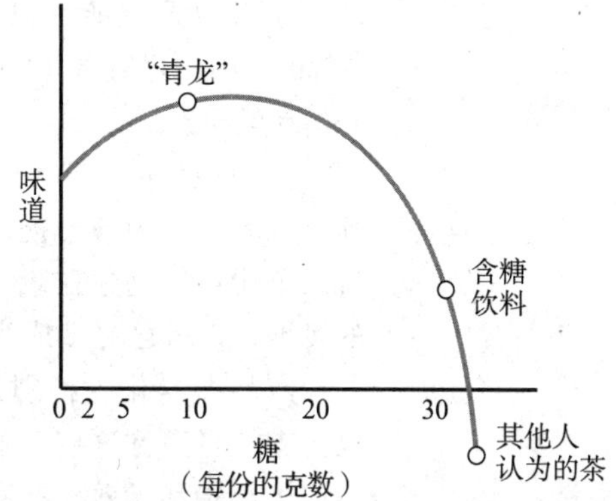

评论家们清楚地注意到，青龙的口味并没有在味觉曲线的顶峰。也就是说，多加一点糖会改善茶的味道。为什么纳莱布夫没有选择达到这一点？这是最好的产品差异化。戈德曼和纳莱布夫旨在生产一种能吸引需求的新产品。也就是说，它们必须以合理的价格吸引消费者远离其他产品。戈德曼和纳莱布夫发现，超过一定程度的糖量增加不了多少味道，却以健康为代价增加了更多的卡路里。鉴于消费者对健康和天然食品的新认识，诚实茶一夜之间获得了成功。因为纳莱布夫是一位经济学家，他忍不住在茶瓶的标签上画了一张图形。

思考

1. 如果我们发现糖对我们有好处的话，你认为青龙茶的糖度会发生什么变化？

317 2014年凯度（Kantar）媒体公司估计美国的总广告额约为1 800亿美元。你也许会感到很吃惊，电视广告费用的支出依旧是最多的，接下来则是直邮广告和报纸广告。然而，媒体广告增长最快的领域则是移动、小型以及智能手机，到2014年为止占了总媒体广告支出的10%。在2015年，超级碗（Super Bowl）橄榄球赛中30秒的商业广告花费了450万美元。

作为谷歌的一部分，优兔（YouTube）是在线广告业务一个重要的新进入者，它为公司提供了与客户积极互动的机会。除了标准的视频广告，公司可以创建在线竞赛和品牌频道以了解客户的偏好。由于互联网的发展，广告已更多成为一个透明的双向信息通道。

产品差异化（特别是广告）对资源分配的影响多年来一直备受争议。支持者声称这些影响赋予了市场体系活力和力量。批评者认为他们造成了浪费和无效。在我们进一步讨论垄断竞争模型之前，让我们来看看这场辩论吧。

广告的正面案例　为使得差异化产品获得成功，消费者必须了解产品的特点和可获得性。在完全竞争中，所有产品都是相似的，我们假设消费者拥有完全的信息；没有这个，市场就不能产生有效的资源分配。当我们允许产品差异化时，完全信息甚至更为重要。消费者通过广告获取此信息，至少在一定程度上如此。根据其支持者的说法，广告的基本功能是帮助消费者做出明智、理性的选择。当我们想到广告时，我们会想到很多电视上播放的说服性广告，这些都旨在改变我们对产品的印象。多年来，百威以这类聪明的广告而闻名，特别是在超级碗橄榄球赛期间的那些广告。但是也有很多广告单纯是信息性的。在美国大部分地区，每周都会有一天报纸大量增加。在这一天，商店会在报纸上做广告以促进它们的食品销售。对于很多报纸来说，广告是一个很重要的收入来源；这一切也都是信息性的，比如帮助消费者决定去哪儿购买橙汁和鸡肉。节日期间，印刷品和电视上的玩具广告都显著增加。对于那些会不断推陈出新的玩具产品，广告宣传是非常重要的。

广告支持者也注意到广告可以促进竞争。只有当广告商能够将它们新产品的信息传递给消费者时，新产品才能与老牌产品竞争。当我们有产品创新、有新的和更好的产品上市时，我们的生活水平会提高。想想今天存在的那些20年前还不存在的产品。当消费者了解到各种各样的潜在替代品，他们可能做出的市场选择有助于警醒老牌公司，它们可能会跟不上消费者的口味。

即使是那些主要用于创建和强化品牌形象的广告，也可以有效率效应。创建诸如可口可乐或汰渍等品牌名称，需要大量营销资金和广告资金的投入。品牌名称越响亮，说明公司为此的投入越大，公司也会越努力地保护这个品牌。在很多情况下，这些投资为消费者带来了好处。面对儿童玩具含铅的新闻时，孩之宝和美泰等大型玩具公司花费了数以

318

实践中的经济学

绿色广告

近年来，很多公司都花费了大量的资源来提高它们在环境保护方面的声誉，这种资源或者以广告的方式投入，或者以实际行动的方式投入。而这些公司之所以进行这方面的投资，至少原因之一是因为消费者、投资者和员工认为这一行为有价值，而且通过这样一种环保投资，公司可以从中获得实际的收益。巴拉杰、希恩和黑斯廷斯（Barrage，Chyn and Hastings）的一篇文章[1]就研究了石油行业中绿色广告和市场结果之间的关系。

从 2000 年到 2008 年，英国石油公司（BP Oil）在绿色广告方面发起了一个大型运动，花费超过 2 亿美元。曾代表英国石油的首写字母 BP 也被重新宣传成了超越石油（Beyond Petroleum），其在全世界的加油站的标志上也使用了太阳符号作为装饰。在这个时期末对消费者进行的一次调研中发现，英国石油公司被赞为几大石油公司中最环保的公司。这场大型的绿色广告运动也给英国石油公司带来了很多良好的市场效应。

2010 年 4 月，2.06 亿加仑的英国原油泄漏到了墨西哥湾，巴拉杰等发现消费者对这一起原油泄漏事件反应非常激烈，英国石油公司的石油价格和销量都相对其他公司发生了下滑，这一现象表明至少部分消费者认为公司应该对环境破坏负责。但是文章还发现，英国石油公司之前在环保声誉方面的投资帮助缓和了消费者对这次原油泄漏事件的不满，降低了英国石油公司销量的下滑程度，并且减少了公司恢复需要的时间。这种缓冲效应在有着更多支持环保的消费者的国家会更明显。

思考

1. 请使用供给和需求曲线解释这个例子中描述的原油泄漏事件的影响。

[1] Lint Barrage, Eric Chyn, and Justine Hastings, "Advertising, Reputation and Environmental Stewardship: Evidence from the BP Oil Spill," NBER Working Paper, January 2014.

百万计的资金测试玩具。在玩具召回危机时，恢复父母的信任对公司的未来至关重要。

差异化的产品和广告赋予市场体系活力，是市场体系力量的基础。产品差异化有助于确保高品质和多样性，并且广告向消费者提供了有关产品可获得性、质量和价格的有价值的信息，这些信息也是他们在市场上做出有效的选择所需要的。

产品差异化和广告的反面案例 批评家认为产品差异化与广告浪费了稀缺的社会资源，人们投入巨额资金只为了制造微小的、毫无意义的产品差异。

我们是否真的需要50个不同牌子的香皂，而其中一些产品的价格由于广告费用而大幅提高？对于一个生产差异性产品的公司来说，广告是其日常经营费用的一部分。广告的费用被计入厂商的平均成本曲线，也就计入了短期和长期的产品价格。因此消费者实际上在为广告买单。

广告也可能通过对新厂商设立进入壁垒的方式减少竞争。哈佛商学院讲授的一个著名案例计算了进入早餐麦片市场所需的费用。为了获得成功，一个潜在的进入者需要花费上百万美元参与广告大战，以在消费者心目中树立起品牌形象。早餐麦片市场并不是绝对封闭的，但是这么大的资金需求使得进入这个市场变得越发困难。

产品差异化和广告的批评者认为，浪费和低效是底线。大量的金钱被用于创造产品之间暂时的、无意义的甚至不存在的区别。广告增加了产品的成本，也经常几乎不包含任何信息。很多情况下，它仅仅是一种干扰。广告可能会导致非生产性的商业战争，也可能成为进入壁垒，从而减少真正的竞争。

开放式问题　你在学习经济学的过程中会一次又一次地发现，很多经济学方面的问题并没有正确答案。参与广告论战的双方都有强有力的论据，就连实证研究也常常带来相互矛盾的结论。一些研究表明，广告会提高市场集中度，带来正的利润；另一些研究表明，广告能够改进市场功能。

319 **15.3 学习目标**

讨论垄断竞争厂商的产品价格和产出水平的决定因素。

15.3 垄断竞争中的价格和产出的决定因素

回想一下，垄断竞争行业由众多公司组成，这些公司的规模相对于整个市场的规模而言很小。因此，没有任何一家公司可以凭借它的规模单独影响市场价格。然而，公司确实以我们一直在讨论的方式差异化它们的产品。通过这样做，它们实现了对价格的一些控制。

15.3.1 产品差异与需求弹性

完全竞争厂商所面临的是完全弹性需求：完全竞争行业中的厂商所生产的是完全相同的产品。如果厂商A想抬高价格，购买者就会到其他地方去买东西，于是厂商A就什么也卖不出去。但是，如果是像我们在垄断竞争中所描述的那样，当一个厂商的产品在消费者的心目中建立起了与众不同的形象，那么厂商抬高价格的时候，并不会失去所有需求量。图15.2给出了一个假设的厂商是如何通过产品差异来降低需求弹性的。

垄断行业是整个行业中仅有一家厂商的行业，其产品没有相近的替代品。一家垄断竞争厂商在其是某种产品的唯一生产者这一点上，表现得很像一个垄断者。只有某一家厂商能生产强生婴儿香波或奥利奥饼干

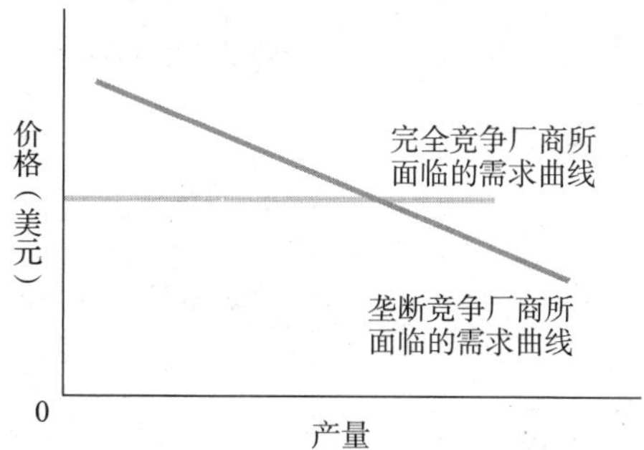

▲ 图 15.2　产品差异降低厂商所面临的需求弹性

垄断竞争厂商所面临的需求曲线的弹性小于完全竞争厂商所面临的需求曲线，但要比垄断厂商所面临的需求曲线弹性大。因为垄断竞争厂商的产品存在相近的替代品。

等商品。与垄断市场中的产品有所不同，垄断竞争行业中的厂商所生产的产品可能有很多相近的替代品，这些产品在消费者不同的偏好中进行竞争。虽然垄断竞争者面临的需求曲线弹性可能低于完全竞争公司，但仍然高于垄断厂商。

15.3.2 短期的价格 / 产出决策

追求利润最大化的垄断竞争厂商的行为在短期内很像垄断厂商。首先，因为垄断竞争厂商的产品与其竞争对手有足够的差异，提高一点点价格并不会失去所有消费者，所以边际收益是不等于价格的。垄断竞争厂商通过决定产量来确定价格。垄断竞争厂商的边际收益曲线低于其需求曲线，它与数量轴的交点在原点跟需求曲线与数量轴交点之间（如果需要的话，请回顾一下第 13 章中的这部分内容）。厂商选取某一产出–价格组合来实现利润最大化。为实现利润最大化，垄断竞争厂商会不断地增加产量，直到其从增加产量中所获得的边际收益不再高于生 320
产的边际成本为止。这一结果将在边际收益与边际成本相等的点实现：$MR=MC$。

在图 15.3（a）中，利润最大化产出是 q_0=2 000，此时边际收益与边际成本相等。为了售出 2 000 单位产品，厂商将价格定在 6 美元，这是它能收取的销售量仍能达到 2 000 单位的最高价格。此时的总收益为 $P * q_0$=12 000 美元，也就是图中 P_0Aq_00 所示面积。总成本等于平均总成本乘以 q_0，即 10 000 美元，也就是图中 CBq_00 的面积。总利润就是总收入与总成本之间的差额，为 2 000 美元（阴影区域 P_0ABC 的面积）。

没有任何东西能保证垄断竞争行业中的厂商会在短期内获得利润。图 15.3（b）描述了一个与成本相比所面临的需求曲线稍弱的厂商。尽管厂商对价格有一定的控制力，但是市场需求并不足以使厂商赢利。

正如在完全竞争市场中那样，垄断竞争中的厂商在边际成本与边际收益相等的点进行生产，以使损失最小化。当然，与完全竞争情况下相

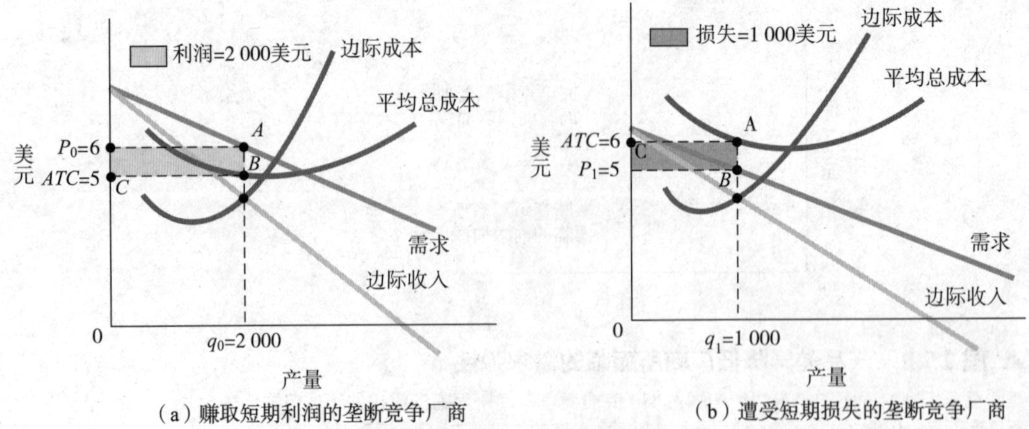

▲ 图 15.3　短期的垄断竞争行业

在短期，垄断竞争企业将产量增加到 $MR=MC$ 这一点，如图板（a）中显示，在 q_0=2 000 这一点上，企业在赚取短期利润——大小等于 P_0ABC 的面积 2 000 美元。在图板（b）中，另一个拥有相似成本结构的垄断竞争企业面临一条较弱的需求曲线，并在短期内遭受损失——产量为 q_1=1 000 时，损失为 $CABP_1$ 的面积 1 000 美元。

同，厂商制定的价格必须足以支付可变成本。否则，厂商就得停产并且遭受与总固定成本相等的损失，以此避免因为继续生产而遭受更多的损失。在图 15.3（b）中，在价格为 5 美元的水平上，损失最小化的产出水平为 q_1=1 000 单位。总收益为 $P_1 * q_1$= 5 000 美元，或者图中 P_1Bq_10 所围成的面积。总成本为 $ATC * q_1$=6 000 美元，或者图中 CAq_10 所围成的面积。由于总成本高于总收益，厂商的损失为 1 000 美元，与图中灰色的阴影部分 $CABP_1$ 所围成的面积相等。

15.3.3 长期的价格 / 产出决策

在分析垄断竞争的过程中，假设在长期，厂商可以自由地进入与退出该行业。厂商可以进入有利可图的行业，遭受损失的厂商也可以退出这一行业。然而，进入这种行业也与进入完全竞争行业有所不同，这是因为垄断竞争厂商的产品是不同质的。进入垄断竞争行业的厂商所生产的产品是有关商品的某一种相近替代品，而不是完全相同的商品。

下面以一个在短期内赚取利润的厂商为例开始讨论，如图 15.3 的左边。正的利润是对新厂商进入该行业的一种激励。新厂商的进入给原来赚取正利润的厂商带来了替代品，反过来，也会降低原来厂商的产品需
321 求。比方说，如果有几家餐馆都在同一地点经营得很好，就会有新的餐厅在那里开业与它们抢生意。尽管厂商并非能完全替代，但它们也足够相似以至于能抢走彼此部分生意。

在有利可图的市场上，新厂商会不断地进入该市场，直至正的利润完全消失。随着新厂商的进入，旧厂商所面临的需求曲线会发生左移，其边际收益曲线也随之左移。新厂商越多，留给旧厂商的需求就越

少。这一移动直至正的利润消失为止，也就是需求曲线滑落到边际总成本曲线以下。从图形上可以看到，这就是需求曲线与平均总成本曲线相切的那一点（也就是两条曲线相接触，并且拥有相同斜率的那一点）。图 15.4 所描述的是垄断竞争行业在长期内的均衡。在产量为 q^*，价格为 P^* 的那一点上，价格与平均总成本相等，此时不存在盈利与损失。

仔细观察图 15.4 中的切点（产量为 q^* 的那一点），这点也是产出的利润水平最大化那一点。在这点上，边际成本与边际收益相等。在 q^* 以外的其他产出水平上，*ATC* 曲线在需求曲线的上方。也就是说，在其他产出水平上，*ATC* 高于厂商可以制定的价格（我们知道需求曲线所表现的是在每一产出水平上厂商可以制定的价格）。因此，价格在 q^* 点上与平均成本相等，此时厂商的利润为 0。

均衡只可能在需求曲线与平均总成本曲线相切的那一点上实现。如果需求曲线穿过平均成本曲线，并形成两个交点，需求曲线会在某一产出水平上高于平均成本曲线。在这些产出水平上生产会获得正的利润。正的利润会吸引新的厂商进入该领域，将市场需求曲线推向左侧使利润降低。如果需求曲线一直低于平均成本曲线，在任意产出水平上生产都会使厂商遭受损失，这会促使厂商退出该行业。而对于剩下的厂商来说，它们所面临的需求曲线会发生右移，利润也会增加（或者是减少损失），这使它们能继续留在这个行业。厂商所面临的需求曲线最终会与其平均总成本曲线相切，而此时厂商的利润为 0，这也就是垄断竞争行业的长期均衡条件。

在图 15.4 中有一些值得注意的地方：垄断竞争厂商并没有在其平均总成本曲线的最低点生产。它实际生产的规模小于那个最小化其平均总成本的生产规模。从某种程度上来说，这是产品差异化的成本：该行业由为具有个性化品味的客户提供服务的公司组成，但与每个人喜欢同样的事物相比，满足不同的品味会导致更高的生产成本。

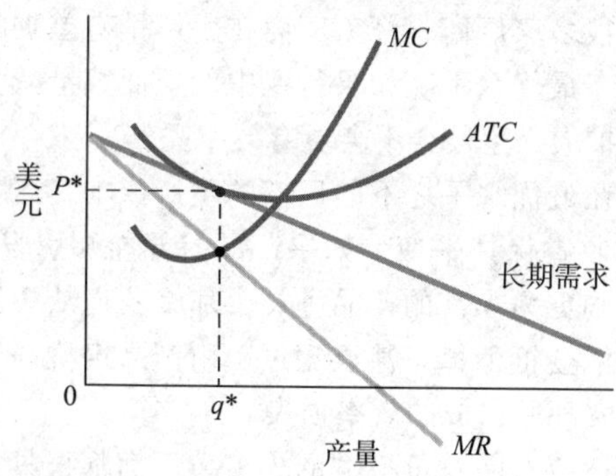

▲ 图 15.4　垄断竞争厂商的长期均衡

当新厂商进入垄断竞争行业以寻求利润时，追求利润的现有厂商面临的需求曲线会向左移动。而随着消费者转向新的相近的替代品时，现有厂商的边际收益也会下降。这一过程将不断进行下去，直至利润被消除，也就是在厂商的需求曲线与其平均成本曲线相切的那一点。

请记住本章之前提到的灰色人行道案例。一致的灰色人行道可以让我们降低成本，但代价是只能得到一种灰色的无差别产品。在其他情况下，我们看到各种各样的产品，但生产它们的公司都在非常小的规模下运作。

322 **15.4 学习目标**

总结垄断竞争的经济优势和劣势。

15.4 经济有效性与资源配置

前面我们已经注意到了垄断竞争与完全竞争之间的一些相同点。由于市场的进入不受限制，在长期不存在经济利润，因此我们可能会得出垄断竞争是有效的这一结论。然而这里存在两个问题。

首先，如果某家厂商是以制造产品差异来获得市场力量的（如垄断竞争中的案例所示），其利润最大化战略是降低产量，并将价格定在高于边际成本的水平上，如图 15.3 和图 15.4 所示。在第 12 章中曾经了解到，某种产品的价格是社会对于该产品的价值评估，而边际成本是社会对于生产该产品所需资源的价值的评估。由于垄断竞争厂商压低了产品产量并且将价格定在边际成本之上，因此它妨碍了资源的有效利用。因为用低于消费者对该种产品价值评估的资源，原本可以生产出更多的产品。

其次，如图 15.4 所示，垄断竞争厂商最终的均衡点位于平均总成本曲线最低点的左侧。这意味着，一个典型的垄断竞争行业厂商并不能实现完全的规模经济（我们知道在完全竞争行业中，厂商在长期平均成本曲线的底部进行生产，其结果是实现了资源的有效配置）。

假设有几家厂商进入某一行业，它们从建立厂房开始就能够获得正的利润。随着越来越多的厂商进入这一领域中争夺这一部分利润，每个厂商发现它所占有的市场份额越来越小，最终导致“过剩产能”的出现。图 15.4 中所示的厂商并没有用其全部生产能力进行生产，因为竞争导致它所面临的需求曲线左移。垄断竞争行业往往会出现下面这种情况：行业中存在很多家厂商，每家厂商在生产稍有差别的产品，而每个厂商的规模都小于最优水平。如果行业中的厂商数量减少，而每个厂商的生产规模稍有扩大，生产会不会更有效率呢？

然而，产量在最优水平之下的厂商的生产成本，需要与从产品多样化中不断积累的收益保持平衡。如果产品差异能够引发新产品的诞生、原有产品的完善和更为丰富的产品种类，那么我们从中所获得的重要经济社会福利，可能会抵消掉（甚至超过）由产品定价高于边际成本或规模经济不能完全实现所造成的效率损失。

能够较好地适应垄断竞争模型的大多数厂商都很具竞争性。价格竞争与产品竞争同时发生，厂商并不赚取额外经济利润，也不触犯我们在第 13 章中所讨论的反垄断法。垄断竞争厂商并没有成为经济政策制定者的重点关注对象。这类厂商的行为已经完全由竞争推动力控制，而并不需要任何其他的管制或控制。

总结

15.1 行业特征　页 382

1. 垄断竞争行业有以下结构特征：（1）存在大量厂商；（2）不存在进入壁垒；（3）产品不同质。垄断竞争厂商的产品有较为相近的替代品。垄断竞争厂商要通过区分它们的产品来获得一定的市场力量。

15.2 产品差异化与广告　页 383

2. 一个行业中产品的差异化程度取决于该行业的许多特征。客户的品味有多不同？购买一种对所有人来说一样的产品对顾客来说有好处吗？是否存在只生产一种产品的大规模经济体？拥有很多不同产品的行业反映了巨大的消费者异质性，一致性带来的收益很低，而且标准化带来的成本减少有限。
3. 产品差异存在横向差异或纵向差异。横向差异化产生不同类型的产品，这些产品对不同类型的人来说有不同的吸引力。在纵向差异化方面，人们一致认为一种产品优于另一种；他们可能只是不愿意为这种更好的产品付出更多。
4. 行为经济学表明，可能有时候太多的品种选择反而减少了消费者的购买量。
5. 行为经济学也表明，有时候当消费者相较于一种商品而言更喜欢另一种商品时，他们可能是为了确保自己在未来能做出不同的选择。
6. 自由和公开竞争的倡导者认为，差异化产品和广告给市场系统带来了活力，而且是市场系统力量的基础。批评者争辩说，产品差异化和广告是一种浪费并且导致效率低下。

15.3 垄断竞争中的价格和产出的决定因素　页 392

7. 厂商通过差异化其产品，能够在不失去对其产品需求的情况下提高价格。垄断竞争者的需求曲线弹性低于完全竞争公司但高于垄断厂商。
8. 为了在短期内实现利润最大化，只要增加 1 单位产量的边际收益大于边际成本，垄断竞争厂商就会增加产量。
9. 当厂商进入垄断竞争行业时，它们为现有产品提供了相近的替代品。这分走 323
了对行业内原有厂商的部分需求。每家厂商面临的需求曲线向左移动，并且从长远来看，利润最终会被消除。这个长期均衡发生在需求曲线与平均总成本曲线的相切点。

15.4 经济有效性与资源配置　页 396

10. 垄断竞争厂商最终的定价会高于边际成本。这不是有效的，因为垄断竞争厂商并没有实现全部的规模经济。这可能会抵消品种增加带来的收益增加。

术语和概念回顾

行为经济学，页 387
承诺机制，页 388
横向差异化，页 385
垄断竞争，页 382
产品差异化，页 383
纵向差异化，页 387

习题

15.1 行业特征

学习目标： 识别一个垄断竞争行业的特征。

1.1 “马里亚诺的庄园牧场”（Mariano's Hacienda Ranch）是位于美国达拉斯市的一家墨西哥餐馆。其创办者马里亚诺·马丁内斯（Mariano Martinez）不仅因提供了美味的墨西哥食物而闻名，还因为发明了世界上第一种冰冻玛格丽特酒机器而出名。他在1971年开了第一个餐馆后不久，就使用了这种机器。（他的原版冰冻玛格丽特酒机器被存放在美国国家历史博物馆。）直至今天，马里亚诺一直不停地发明独特的不同种类玛格丽特酒，探寻传统墨西哥烹饪的转变。根据行业特征，请解释马里亚诺的庄园牧场餐馆属于四种市场组织的哪一种。

15.2 产品差异化与广告

学习目标： 讨论在垄断竞争行业中产品差异化和广告的方法与影响。

2.1 请说出几个在你所居住地区附近的音乐场所，不论是夜总会还是音乐厅现场演奏的乐队的名字，包括校内的和校外的。你可以在当地的报纸上查看将举行的展览或演出的广告。请概括一下当地音乐市场的特征？该市场中是否存在产品差异？公司（个体演奏者或乐队）具体以什么方式竞争？它们能够在什么程度上行使各自的市场力量？是否有进入壁垒？你认为它们的赢利状况如何？

2.2 请写一篇短文来解释以下论断的准确性：甲壳虫（Beatles）乐队曾经是一家垄断竞争厂商，后来变成了一家垄断厂商。

324 2.3 在一个存在产品纵向差异化的市场中，我们总能看到产品之间的价格差异。但在存在产品横向差异化的市场中，有时候产品不同但价格是相同的。为什么纵向差异化会自然地带来价格差异？

2.4 **[与页 389“实践中的经济学”相关]** 如果你看看所列的价格，你会看到与不太知名的品牌相比，较为知名的品牌正以较低的价格出售。你觉得这种模式会一直存在吗？请解释你的答案。

2.5 **[与页 391“实践中的经济学”相关]** 尽管城市在变迁，拉斯维加斯一直是一些人心中最棒的城市。你还能在世界其他地方找到一座 350 英尺高的玻璃金字塔吗？还有和埃菲尔铁塔一半那么大的复制品，一座喷火的火山，乘坐正宗的威尼斯小划船时听用意大利语演奏的小夜曲，以及沿着拉斯维加斯大街散步时看到的所有景象。尽管这座城市有很多过度消费行为，但位于拉斯维加斯的美国最大的四家赌场公司都花费了数百万美元用于环境可持续发展计划，最早的计划可以追溯到 2007 年。你认为参与此类项目的积极和消极影响是什么？为什么所有四家公司都选择实施环保计划？

2.6 如下的表格表明了一个假想的公司在将产品的每单位价格固定在 12 美元时的广告支出和期望的产出量之间的关系。

广告支出（百万）	在 P=\$12 时售出的数量（百万单位）
\$2.5	20.0
\$3.5	24.0
\$4.5	26.0
\$5.5	26.8
\$6.5	27.2

a. 用经济术语解释，为什么广告与销售之间的关系是这样的？

b. 假设生产这种产品的边际成本（不包括广告成本）恒为 \$10。这个公司需要做多少广告？你是运用哪种经济准则来判定的？

2.7 在网上搜索“圣地亚哥 iPhone 修复”，你会发现超过 400 万条目。现在尝试“圣地亚哥 iPhone 屏幕修复”，你会发现大约 470 000 条目。尝试一下估计圣地亚哥 iPhone 屏幕修复业务的总数。随机地选择圣地亚哥的一些区域，并看一下有多少是在附近的。试一下你是否可以找到一些标明价格的广告。在所有同款 iPhone 的屏幕修复服务中，价格变化程度有多少？请仔细分析一下这个案例中的 iPhone 修复行业是否可以用本章介绍的垄断竞争模型来描述。

2.8 如果你去过其他的国家，你可以得到国外才有的麦当劳菜单的信息，但麦当劳的菜单在美国不同地区之间也有所不同。夏威夷一些区域的菜单提供午餐肉和米饭早餐，缅因州提供龙虾三明治，美国“中大西洋地区”的一部分提供蟹肉蛋糕，南部各州提供饼干和肉汁。除了这些区域性菜单，麦当劳还提供限时菜单，比如烤汁猪排堡、樱桃果冷饮以及安格斯墨西哥风味烤肉汉堡。为什么一个像麦当劳这样的公司会提供区域性以及限时菜单呢？

15.3 垄断竞争中的价格和产出的决定因素

学习目标： 讨论垄断竞争厂商的产品价格和产出水平的决定因素。

3.1 每个周末，超过 500 家不同的供应商在当地农贸市场设摊位，销售从自制食品到新鲜农产品的各种食品。约兰达每个周末都会在农贸市场租一个摊位，以一打 $10 的价格出售自制的玉米粉蒸肉。约兰达向她的四个表兄弟每人每小时支付 $20，让他们周五晚上在她平时卖午餐的食品卡车上制作玉米粉蒸肉。约兰达每个周末在农贸市场销售 60 打玉米粉蒸肉，这需要在每周五花费她的表兄弟们 4 小时时间。制作玉米粉蒸肉原材料的总成本为 $240，而农贸市场的摊位的租金则为每周末 $150。

a. 这与哪个市场结构最相似？什么特点引导你得出这个结论的？

b. 你觉得在这项业务中会发生什么？使用这个问题中的数据来支持你的结论。

c. 如果约兰达要开始一项使用食物卡车厨房提供周末午餐的业务，你的计算将如何变化？

3.2 下图展示了一个垄断竞争厂商短期面对的成本与需求结构。

a. 在图中找出并计算以下各项。

i. 利润最大化产量水平

ii. 利润最大化价格

iii. 总收益

iv. 总成本

v. 总利润或总损失

b. 请描述该厂商在长期会发生哪些情况。

325

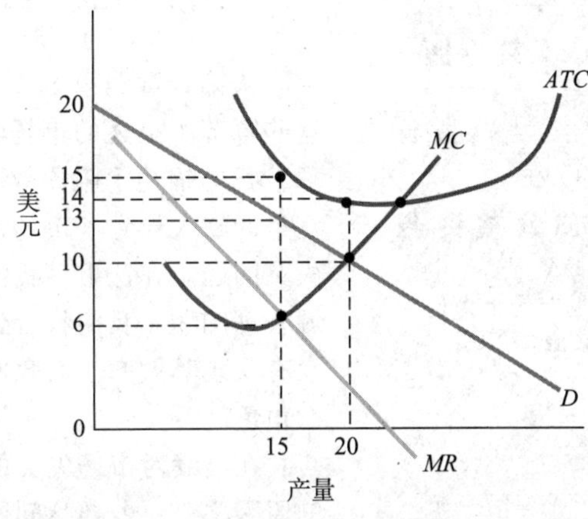

3.3 解释对于一个完全竞争厂商和一个垄断竞争厂商来说，价格与边际收益之间的关系。为什么不同市场间这种关系不同？

15.4 经济有效性与资源配置

学习目标： 总结垄断竞争的经济优势和劣势。

4.1 你是否同意以下论断？请解释你的答案。

（1）垄断竞争厂商以进入壁垒来保护其经济利润。

（2）由于价格在长期趋近于边际成本，因此垄断竞争厂商是有效的。

第 16 章

外部性、公共产品和公共资源

本章概述和学习目标

16.1 外部性和环境经济学 页 401
了解与外部性相关的市场失灵，以及这一系列问题的可能解决方案。

16.2 公共（社会）
326 **产品** 页 417
讨论公共产品的特征和供给。

16.3 公共资源 页 423
了解市场上为何公共资源供给不足。

从第 6 章到第 12 章，我们搭建了一个完整的完全竞争经济模型。这些章节中描述的市场经济出色地实现了社会效率。从第 13 章到第 15 章，我们描述了阻碍效率实现的三种不同的市场结构。在这些情况下，竞争的缺失导致了市场运作问题。在本章，我们将讨论一组不同的市场失灵问题。在这里，我们将关注环境问题、集体物品的提供以及公共资源管理问题。我们将看到，在这些例子中，竞争市场在大多数情况下并没有实现其效率。而政府将在帮助经济体实现效率的过程中扮演更重要的角色。

在继续对市场失灵的讨论之前，我们先来看一下导致市场效率低下的原因之一：**外部性**问题。当你买了一辆汽车或者决定如何使用它的时候，你在多大程度上会考虑汽车产生的碳排放对环境的影响？过去的许多年里，制造业厂商与发电厂从来没有关注过它们运作时产生的烟雾对我们所呼吸的空气的质量造成的影响。在这两种情况下，决策者不需要为生产产生的环境成本负责，相反，社会的其他参与者在为此买单。所以，决策者的决定一般不是最优的。

我们目前讨论的大部分商品都是私人产品。如果我买一个苹果并吃了它，其效用归于我一个人。然而一些商品是被集体消费的，比如整个社会都能从国家公园、军事防御和公共教育中受益。这些商品被称作**公共产品或社会产品**，即使它们对于很多人来说非常有价值，但它们一般不由私人市场提供。在大多数社会中，公共产品是由政府安排生产或者提供资金支持的。选择生产何种社会商品与选择生产何种私人产品的决策过程也很不同。

在本章中我们还将探讨公共资源的问题。私人市场如何管理我们的海洋及大型渔业？在这里，我们将在全球层面上探究政府所起的作用。

最后，尽管外部性、公共产品和公共资源都是市场失灵的实例，并且为政府介入提供了机会，但这并不意味着政府的介入一定会改善这些状况。正如市场有时会失灵一样，政府有时也会失效。

16.1 外部性和环境经济学

16.1 学习目标 327

了解与外部性相关的市场失灵，以及这一系列问题的可能解决方案。

当某人或某个团体的行为和决策，对第二方或第三方造成损失或带来收益的时候，**外部性**就产生了。外部性有时被称作“溢出效应”或者“邻居效应”。如果决策者在制定决策时没有将全部的社会成本和收益考虑在内，决策就不会是最优的。

外部性：一方的行为给另一方带来成本或收益。

外部性是现代生活中的一个重要现象。外部性的例子随处可见，空气污染、水污染、土地污染、视觉污染和噪声污染、交通堵塞、汽车事故、被遗弃的房屋、核事故以及二手烟等，这些只是其中的一部分。冰川融化的报告加剧了世界各地的科学家和其他人对全球气候变暖问题的担忧。在大多数发展中国家，对空气质量的关注是一个重要的政治问题。对于外部性的研究也是环境经济学的重要研究内容。

随着新的工业化国家的发展，其对全球空气和水系统造成的影响也是不可避免的。人们对外部性的全球特性也愈发关注。

16.1.1 边际社会成本和边际成本定价

当不存在外部性的时候，厂商将价格与边际成本相权衡以决定产量。它将多生产 1 单位产品带给社会的全部收益，与生产该产品所需的全部社会成本做出比较。从产品中获得收益的是那些最终消费掉产品的人们和家庭。一个产品的价格是对该产品每多增加 1 单位后的价值的恰当描述，因为那些将该产品赋予更高价值的人已经购买了该产品。认为该产品价值低于当前价格的人不会去购买。如果边际成本包含生产 1 单位该产品的全部成本——也就是包含其给社会带来的全部成本，那么在 P 高于 MC 的时候，多生产 1 单位商品是有效的。直至 $P=MC$ 为止，每多生产 1 单位产品都创造出了高于成本的收益。图 16.1（a）给出了没有外部性存在的厂商和行业的情况。

假设厂商在生产过程中带给社会外部成本。生产洗涤剂的厂商可能会将废水作为洗涤剂生产过程中的副产品排放到当地河流中，对当地社区造成影响。钢铁厂商在生产钢铁的过程中也可能会造成碳排放，导致空气污染和全球变暖。这些生产钢铁或洗涤剂的外部代价，跟制造这些产品需要的劳动力或资本成本一样值得重视。如果我们让图 16.1（a）中的厂商和它们所在行业为它们造成的额外成本负责，它们将会怎么做？图 16.1（b）给出了当我们把外部成本加入厂商的生产成本中，会发生什么。**边际社会成本**（*MSC*）曲线，是生产的边际成本和被准确测量的边际外部成本的总和。

边际社会成本(*MSC*)：生产 1 单位额外商品或服务给社会带来的总成本。*MSC* 等于生产该产品的边际成本与生产过程中被准确测量的边际外部成本之和。

当我们准确地将外部成本包括在厂商的预算中后，厂商的边际成本会上升，在图 16.1（b）中，上移到右侧 *MSC* 曲线位置。行业供给曲线，即行业中所有厂商的边际成本曲线之和，由图可见，同样上移至 S'。新的均衡产生在原始需求曲线和新的供给曲线的交叉点，这个新的均衡点是考虑过所有生产成本后的点。新的均衡价格为 P^{**}，每家厂商选择生产的产品数量为 q^{**}，这一价格和数量使得厂商新的更高的边际成本等于产品的行业价格。行业最优产出为 Q^{**}。

现在让我们一起来看看发生了什么。让厂商对其外部成本负责增加了它们的成本，这降低了厂商和行业的产量并提高了价格。更少的产品将被出售，但产品售出的价格反映了全部的生产成本，包括私人的和社会的。

328 我们还可以在图 16.1 中看到如果决策者不需要为他们造成的外部成本负责，将会发生什么。当不需要为其造成的外部成本负责的时候，厂商将继续以 q^* 的产量生产，而行业的产量则为 Q^*，价格为 P^*。可以看到，行业将生产过量的产品，过剩的产量为 Q^*-Q^{**}。这种过量的生产造成了社会损失。我们可以通过 S' 曲线中的 Q^{**} 到 Q^* 看到生产这些产品

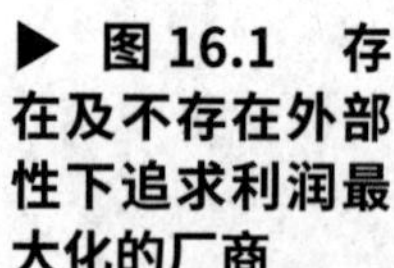
▶ 图 16.1　存在及不存在外部性下追求利润最大化的厂商

(a) 不存在外部性时，在 $P=MC$ 处为最优产量 Q^*。

(b) 存在外部性时，产量 Q^* 不是有效的，最优产量为 Q^{**}。价格将从 P^* 上升至 P^{**}。

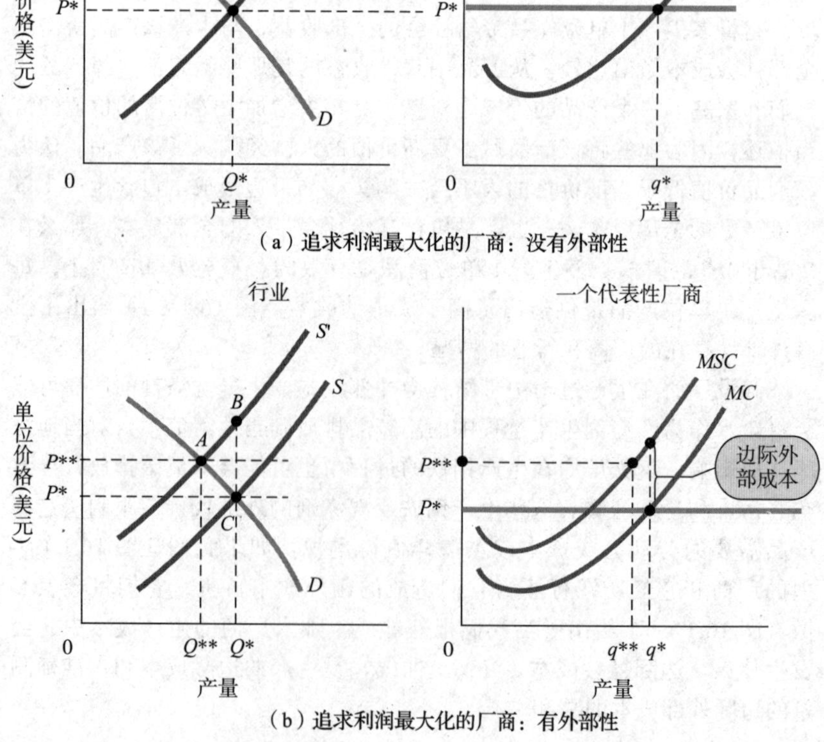

（a）追求利润最大化的厂商：没有外部性

（b）追求利润最大化的厂商：有外部性

的成本，即图中的 *AB* 段。在需求曲线上可以看到这些额外产品的价格，即 *AC* 段。很容易看出这些额外的产品给顾客带来的效用成本多于价值。这就是我们所说的生产过剩或者生产水平不是有效的。三角形 *ABC* 衡量了生产过剩带来的效用损失。这看起来有点熟悉，因为它也等于垄断案例中生产不足造成的无谓损失，正如在第 4 章中曾提及过的。

通过上述的分析，你们应该对解决环境方面问题的政策方法有了一定的了解。外部性问题的关键在于一些决策并没有将所有的成本考虑在内。解决途径在于找到使得个人和厂商将所有成本考虑在内的方法，有时候这个过程也叫作“外部效应的内部化”。我们稍后将在此章节讨论一些政策选项。

酸雨和《清洁空气法案》　酸雨是外部性的典型例子，也是人们处理外部性过程中的焦点问题之一。位于美国中西部地区的制造业厂商和发电厂以含硫量很高的煤作为燃料，当从这些工厂排放出的烟与空气中的水蒸气相混合时，就形成了酸雨。它们被风吹向北方，到达加拿大和美国纽约州东部以及新英格兰等地区，并在这里形成降雨，被土壤吸收。酸雨在德国、瑞典和挪威由同样的原因产生。

不同相关利益者对酸雨问题是如何看待的呢？这些产生二氧化硫形成酸雨的制造厂商和公共设施提供商，它们使用硫含量高的煤炭以提供便宜的能源、带动中西部地区的居民就业，也同样带来了酸雨问题。而清理这些环境问题所需的费用或改变燃料混合物减少硫排放的措施会推高电价。一些公司可能会因此倒闭，造成失业。对于美国和加拿大其他地方的居民来说，尤其是那些靠近野生生物聚集区域的地方，硫含量高煤炭的燃烧以及由此产生的酸雨导致了大量鱼类死亡和森林被毁。通常这些居民都是远离这些产生二氧化硫的发电厂的，因此他们可能根本享受不到更便宜的电价。如同在经济学许多其他领域，这里的难题便是如何权衡一群人的收益与另外一群人的损失。

在复杂的外部性案例中，如同酸雨案例，政府经常会介入。1990 年，美国开始了监管工作，通过《清洁空气法案》（the Clean Air Act）来减少酸雨。从那时开始，美国在减少酸雨问题方面取得了巨大的进展，许多有酸雨问题的湖泊和溪流重新可以养活鱼类。近年，美国创造性地使用了“总量管制与排放交易计划”来控制排放，我们将在此章稍后讨论这个问题。由于酸雨的形成横跨了国家边界，加拿大和美国之间的协议也扮演着重要的角色。

其他外部性　另外一个很重要也被热烈讨论的外部性问题就是全球变暖。2007 年的诺贝尔和平奖被授予美国前副总统艾伯特·戈尔（Al Gore）和联合国政府间气候变化专门委员会。一组来自 130 个国家的 2 500 位研究员发表了一系列将人类活动与最近地球上平均气温上升联系起来的报告。虽然有一些反对意见，大多数科学家预测了海平面上升

329

实践中的经济学

应对环境灾难：沙尘暴

在经济学中，我们经常区分各种政策或措施的短期和长期影响。无论是考虑消费者对物价上涨的反应，还是企业对成本上涨或需求变化的反应，我们通常认为随着时间的推移，人们和机构有能力应对这些新情况并减少它们所带来的影响。这一观点同样适用于包括全球预警的环境领域，在该领域有人认为改变农业模式和总体土地使用情况可以减轻气候变暖所带来的一些经济影响。最近一项有趣的研究表明，美国 20 世纪 30 年代的沙尘暴所带来的短期和长期影响与此相反。[1]

19 世纪末，随着农业在美国平原上的发展，大量的草原被农作物取代。当天气晴朗、雨量充沛时，农场和农民在这片土地上兴旺起来。但是在 20 世纪 30 年代，美国的平原经历了一场严重的干旱，出现了大规模的农作物歉收。随后的沙尘暴把土地上的表层土吹走，将俄克拉荷马州、得克萨斯州、北达科他州和南达科他州的肥沃的土壤送入了大西洋，还有了一些人所称的黑色星期天。到 20 世纪 40 年代，许多平原地区失去了近四分之三的表土覆盖。其结果是景观遭到侵蚀，土地维持农作物生长和供给家庭的能力大大降低。你们中的许多人都读过约翰·斯坦贝克的《愤怒的葡萄》，这本书描述了乔德一家在这段时间离开俄克拉荷马州的家园前往加利福尼亚时所经历的痛苦。

霍恩贝克（Hornbeck）最近的研究提出了一个问题：美国平原从这场人为环境灾难中恢复需要多长时间？他的结论是：从 20 世纪 40 年代到 50 年代，人们受到了深远的经济影响。而大多数的长期调整并未因平原恢复或作物的改变而出现，而是随着斯坦贝克所描述的人口离开该地区而发生。也许对于环境的恢复与调整，从长远来看确实是很漫长的。

思考

1. 你认为是什么原因使得应对沙尘暴如此缓慢？

[1] Richard Hornbeck, "The Enduring Impact of the American Dust Bowl: Short and Long Run Adjustments to Environmental Catastrophe," *American Economic Review*, June 2012, 1477-1507.

的很大可能性。这个问题的全球化特征，加上全球变暖将会更多地伤害
330 那些具有长长的海岸线和当前已位于暖温带的国家，使得找到这个问题
的解决方案尤其困难。

个人行为同样会产生外部性。如果我们在高峰时期驾驶车辆，会增加其他司机面临的道路拥挤。如果我们吸烟，其他人的健康也会受到损害。同样，这里最关键的问题还是如何衡量各方的成本与收益。

一些正外部性的例子　到目前为止，我们已经描述了一系列负外部性。但外部性也可能是积极的。在某些情况下，当其他人或公司参与某项活动时，此活动就会产生附带收益。从经济学的角度来看，正外部性同样也存在问题。

伊恩·艾尔斯（Ian Ayres）和史蒂夫·莱维特（Steve Levitt）研究了一个关于正外部性产品的有趣例子。美国失窃车辆寻回系统供应商 LoJack（路捷）是一种允许警察在汽车被盗时跟踪汽车的设备。当汽车安装了 LoJack 设备时，窃取汽车的收益大幅减少。这些设备不仅有助于找回汽车，还有助于抓住汽车窃贼。假设一个社区中 90% 的汽车安装了 LoJack。如果所有的 LoJack 汽车都能够被识别出来——正如房子安有防盗警报装置那样——潜在的小偷可能会去寻找没有 LoJack 标记的汽车。事实上，LoJack 并不具有任何识别标记。从小偷的角度来看，任何一辆车都有 90% 的机会安装 LoJack。结果，盗窃任何一辆车的好处都减少了，随之盗窃案也减少了。艾尔斯和莱维特发现这些正外部性的规模很大；他们估计 LoJack 的购买者从个人角度只获得了该设备所创造价值的 10%。①

在接种疫苗的案例中，我们也可以看到正外部性。接种疫苗的人越多，生病的可能性越小，疾病传播的可能性越小。但疾病发生的可能性越小，接种疫苗的人的个人利益就越低。对于传染病，个人采取的健康预防措施对社区其他人有积极的外部利益。

现在正外部性的问题我们应该清楚了。对于这种类型的外部性，相关的人参与活动的动力太少。正如购买 LoJack 的人太少，会经常洗手的人也太少；而除非学校强制要求，为孩子接种疫苗的人群也只会占少数。

16.1.2 污染的成本与收益

如果回头看图 16.1，你会发现图中分析的污染排放厂商的最优产量是正数。这告诉我们，在最优生产的情况下，厂商产生排放，并给环境带来一定成本。一般而言，我们会发现在最优情况下，大多数污染物的排放水平不为零。这可能会让您大吃一惊，但却是经济学在一个严重的世界问题上的重要应用。

请注意，本小节的标题中同时包含了“成本”和“收益”。污染的社会成本可能很明显。它们可能包括烟雾污染造成的健康问题或水污染造成的鱼类损失。但污染的社会效益是什么？污染的社会效益是我们享受带来这种污染的产品时因为没有完全消灭污染而避免的成本。你可以通过不驾驶汽车而减少碳排放，但那对你来说也是成本。或者你可以放

① Ian Ayres and Steven D. Levitt, “Measuring Positive Externalities from Unobservable Victim Precautions: An Empirical Analysis of Lojack,” *Quarterly Journal of Economics* 108,（1）, 1998.

弃你的汽油动力汽车去购买混合动力汽车，当然这将花费金钱。不做这些事情对你有好处，我们会想要与因驾驶而造成的社会成本进行权衡。类似地，一个钢铁工厂既可以从钢铁销售中获得利润，也可以从避免整修钢铁厂的成本中获益。**污染的边际社会收益**是额外产生 1 单位污染对社会造成的收益增量。好处是污染省下的其他成本。

污染的边际社会收益：额外产生 1 单位污染对社会造成的收益增量。

我们可以用这个想法来确定一个社会中的最优污染量。目的是尽可能有效地利用我们环境的吸收能力。我们将这个应用的原则放在其他情
331 况下也许你会更加熟悉。每一个单位排放的污染都有它的边际社会成本，这个成本由社会承担，可能是因为污染的水道而造成的健康损失或失去的休闲机会。继续生产这种污染单位也有它的好处，亦即污染物的边际社会收益。这种好处来自因没有完全消灭污染而节省的资源。现在我们做个对比，如果单位污染增量的边际社会收益超过它的边际社会成本，我们会生产它；否则就不会。换句话说，如果社会从控制排放中获得的收益超过成本，那么排放就会被控制，否则就不会。在最优产量情况下，排放带来的污染的边际社会成本将与排放的边际社会收益完全相等。

图 16.2 以图形方式显示了这种分析。我们用横轴表示污染程度，这里我们用大量碳排放来表示。纵轴代表了碳排放的边际社会成本（*MSC*）和碳排放的边际社会收益（*MSB*）。现在来看一下这两条曲线的斜率。随着我们增加排放水平，*MSC* 增加，*MSC* 曲线向上倾斜。这告诉我们，随着排放量的增加，每多增加的 1 单位排放将增加社会的总成本。对于许多污染物而言，环境能够在较低水平上吸收该污染物，因此当污染物的存量水平较低时，边际成本也较低。然而当我们倾倒更多污染物到环境中，对自然的危害通常会增加。向干净的空气中排放一点点的烟影响不大，因为它会逐渐消散；然而将相同数量的烟排放到早已灰暗的天空中则会导致严重的健康危害。在某些情况下，当环境接近饱和点时，社会边际成本会极大地增加。相比而言，图中所示的社会边际收益曲线具有向下的斜率。在高排放水平下（*MSB* 曲线的右边），通常可以通过一些廉价方式来减少排放。在这个水平上减少一吨碳排放是很便宜的，相应地，此时能够从污染成本中获得的收益也很小。在驾驶的例子中，你很容易想到一些可以在不造成很大损失的情况下避免的旅行。然而，随着我们减少碳排放，逐渐沿着 *MSB* 曲线左移，到了一定程度后削减排放的技术或许会达到一个极限，消除最后一点的污染或许只有在彻底停止生产的情况下才能实现。如果你不得不彻底放弃驾驶，相应损失的收益可能很高。

在图 16.2 中我们可以看到，最优的碳排放水平是 Q^*，在 *MSC* 和 *MSB* 曲线的交叉处。在这一点上，社会通过权衡污染带来的成本降低，与改变消费水平或缓解污染所减少的利益，从而以最有效的方式利用环境。

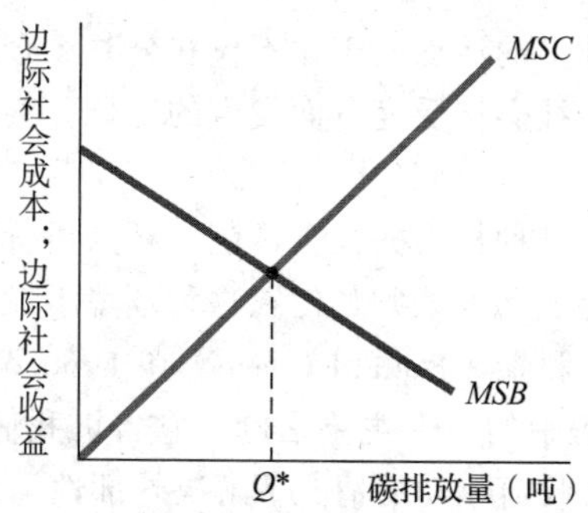

◀ 图 16.2　社会最优污染水平

在最优情况，即 Q^* 下，边际社会收益等于边际社会成本。

相对而言，绘制边际曲线、识别污染的最优水平是边际理论一个比较直接的应用，这也是我们在本书中经常提到的方法。如何从实证中测量这些曲线将是一个更困难的挑战。排放的 *MSC* 曲线包括很多方面，譬如健康成本、美感、物种多样性损失，甚至海平面上升对人类造成的风险，并且风险都是不确定的。与自然科学家合作的环境经济学家花了相当多的时间试图提供对于这些成本的合理估计。对于社会边际收益曲线的估计也是不容易的，因为这还需要我们评估解决排放问题的技术 332
成本。

现在，我们已经探讨了外部性的问题，并通过分析污染问题看到了解决外部性问题的最优方案的特征。但是我们如何才能达到最优水平？这一问题引发了很多关于私人行动在多大程度上能够发挥作用和正确的政府政策工具的讨论。

16.1.3 外部效应的内部化

有一系列机制可以促使决策者在制定决策的过程中，权衡决策会带来的外部成本和外部收益，其中的一种被称作外部效应的内部化。在某些情况下，无须政府干涉，外部性问题可以通过讨价还价和谈判来内部化解决。在另一些情况下，私人间谈判破裂，只能依靠政府采取行动来解决。

有四种方法可以解决外部性问题：（1）私人讨价还价和谈判；（2）环境标准；（3）政府征税或政府补贴；（4）将施加外部性影响的权利进行销售或者拍卖。虽然每一种解决方式都对某一种情况较为适宜，但这四种方法都为决策者提供了将其决策的外部效果考虑在内的激励。

私人讨价还价和谈判　你们当中许多人可能住在宿舍里。你可能一次又一次地发现你的室友发出的噪声超出自己的承受范围。对你而言，噪声具有外部性，会打扰你的睡眠或学习。对于室友来说，噪声有其好处，比如说他开了一个派对。你如何处理这种外部性？对于这种情况下的大多数人来说，第一步是显而易见的：敲开邻居门并要求他安静一些。事实上，礼貌的举止是对初期外部性的社会性反应。随着社会人口密度的增加，越来越多的活动属于“不应在公共场合进行”的类别。例如，考虑一下吸烟在社会接受度方面发生的变化。甚至时尚也可能导致外部性。

即使不存在针对某种行为的社会规范，私人讨价还价和谈判通常也可以解决外部性问题。私人谈判如何在这种环境下发挥作用的第一个正式模型，由罗纳德·科斯（Ronald Coase）在 1960 年提出。② **科斯定理**是法律和经济学课程中的一个主要话题，它告诉我们，在一定条件下，私人谈判可以在没有政府行动的情况下解决外部性问题。

科斯定理：在一定条件下，当存在外部性时，私人当事者可以在没有政府参与的情况下达成有效的解决方案。

为了证明科斯定理是如何起作用的，让我们来讨论邻居噪声问题。假设你的礼貌请求被拒绝，并且这个邻居每天都会举行派对。科斯定理能如何帮助我们呢？我们如何使用讨价还价来使得我们重新获得睡眠呢？科斯定理会告诉我们，首先要知道规则是什么；你会发现规则到底是什么并不重要，除非争议的双方都知道这个规则。当双方不同意谁拥有什么权利时，谈判会很困难。让我们假设，至少在一开始，在宿舍里没有反对噪声的规则，而且每个人都知道这个宽松的政策。在一种没有规则的情况下，面对一个粗鲁的邻居，你可以求助什么呢？

科斯的回答是肯定的。如果你的邻居有权一直发出噪声，而你反对那种噪声，你可以尝试给他一些钱让他不要发出那么大的噪声。如果你的邻居每天开派对，那么很可能边际收益递减规律开始起作用。他每个月的第一次聚会可能对他很重要，但是到了第 30 次聚会的时候，即便
333 是他也可能已经厌倦了噪声和混乱！到了有噪声的第 30 天，你可能会非常珍惜安静。不间断的派对很有可能让你在最后一次派对噪声中的边际成本，超过了邻居从该噪声中获得的边际收益。简而言之，目前的噪声水平不是最有效的噪声水平，并且存在达成协议的空间。当然，随着你的邻居因为你的贿赂而减少他的聚会，他对额外一小时噪声的重视程度开始增加，而你听噪声的边际成本开始下降。到了某一点，你再也不能贿赂你的邻居使他安静，因为他从一个嘈杂的派对中获得的边际收益超过了你的边际成本。此时，我们达到了社会最优的噪声水平。请注意，这个水平平衡了你认为的安静的价值和你的邻居享受的噪声价值。

另一种情况下，假设宿舍里有严格的噪声规则。现在想举行聚会的邻居必须贿赂你不要揭露他。再一次，只要边际价值存在差异，这种贿赂就会继续。最终，派对的数量将是恰好平衡了所有相关人们的利益的数量。科斯告诉我们，外部性边际成本恰好等于外部性边际收益的最优水平总会实现，无论原始财产权如何分配。不同之处只在于谁向谁付钱。

我们从科斯定理中学到，在某些条件下，即使有外部性，私人谈判也会将社会推向合适的产出水平。那么，在什么情况下，这种解决问题

② 见 Ronald Coase，“The Problem of Social Cost，” *Journal of Law and Economics*，1960。科斯获得了 1991 年诺贝尔经济学奖。

的方法会有效呢？首先，如上所述，各方必须了解基本权利。如果权利没有明确说明，在讨价还价的过程中总会存在谁具有什么权利的争论。第二个条件是人们必须能够在没有障碍或成本的情况下讨价还价。当人们彼此相邻时，讨价还价就容易多了。最后，当涉及的参与方数量很少时，私人谈判效果最好。如果参与讨价还价的是一个大群体，例如一个城镇或大区域的所有居民，就像之前的酸雨案例一样，私人谈判效果则没那么理想。

在一些案例中，特别是涉及邻居的案例，给出的补偿可能是除了现金之外的其他形式。你可能给予你的室友一些好处，给他帮一两个忙或者在学校作业上帮助他。在这个案例中，你可能会出钱用于隔音而不是贿赂他。当然，你这么做的意愿取决于隔音需要花费多少钱，你受到噪声的影响有多大，以及你预计住在这里的时间有多长，等等。

对科斯的观点持批评态度的人很快就会指出实现通过协商达到有效结果的条件并不是总能成立。这是科斯体系面临的最大难题，也是一个常见问题。很多情况下，参与协商的一方是一大群人，且我们的推理可能产生合成谬误。

假设匹兹堡的一家电力工厂正在污染空气。受到损失的一方是住在工厂附近的十万居民。假设工厂有权利制造污染。科斯定理预言遭受烟雾伤害的人将会聚到一起，给予工厂贿赂。如果这笔钱对于工厂来说足以让它停止污染或足以让它用烟雾净化器来减少污染的话，它就会接受这笔钱，并减少污染。如果不足，污染就会继续下去，但是由于厂商会将所有的成本考虑在内，那么结果同样也是有效的。

然而，并不是所有人都会向贿赂基金交款。首先，对于全部款额来说，个体所投入的金额显得微不足道，并且少交一笔钱并不会对总金额造成多大影响。交款对部分人来说可能显得并不重要或不必要。其次，无论他们是否向贿赂基金交钱，所有人都能够呼吸到更为干净的空气。很多人不为贿赂基金交钱仅仅是因为他们没有被强迫这样做。这时，除非每一个人都交钱，受害人群体所筹集到的贿赂金低于其所受到的全部损失，私下的协商就以失败告终。（在本章的后面我们将讨论这两个问题——“沧海一粟问题”[drop-in-the-bucket]和“搭便车问题”[free-rider]。）当受损失团体人数众多的时候，政府征税和管制或许是唯一可行的补救方法。

正如我们刚刚看到的那样，要使得讨价还价达到一个有效的结果，对双方而言初始权利的分配必须明确。当权利被法律规定，往往一些保护这些权利的机制也会被写入法律。当妨碍公共利益的事情发生时，通常也会有相应的法律措施。在这些情况下，受害者可以去法院寻求禁止伤害行为继续的**禁令**。

禁令：禁止伤害行为继续的法院命令。

如果伤害已经造成，禁止措施就变得无关紧要了。考虑一下一个事故。由于一场车祸你的腿折断了，这时禁止另一辆车的司机喝酒和开车对你已经没有用了——“为时已晚”。在这种情况下，权利必须受

334 **责任规则：**要求A向B针对A对B造成的损害进行赔偿的法律。

责任规则的保护，责任规则要求A赔偿对B所施加的损害。从理论上讲，同对一个污染者征税一样，这些规则旨在做同样的事情，即为决策者提供权衡他们所有决策后果的动力，包括实际后果和潜在后果。正如税收不能阻止所有污染，责任规则也不能阻止所有事故。

然而，责任诉讼的威胁的确会让人们更为谨慎。产品责任就是一个很好的例子。如果一个人因产品有缺陷而在某种程度上受到利益损害，那么生产产品的公司在大多数情况下也要对损害承担责任，即使公司在生产产品时已经采取了合理的提醒措施。生产者有一种强烈的动机要保持小心谨慎。但是，如果消费者知道他们会因任何损害而获得慷慨赔偿，那么他们在使用产品时可能没有那么小心。

环境标准　用于处理外部性的最重要的政策工具之一是标准和规则，这些标准和规则直接决定了产生外部性的公司和个人的行为方式。

在美国，联邦、州和地方层面对外部性都有直接的监管。1970年，根据国会的一项法案，成立了联邦机构美国国家环境保护局（EPA）。自20世纪60年代以来，国会通过了大量立法，为可允许排放的空气和水设定了具体标准。每个州都有一个分支或部门，专门负责监管可能危害环境的活动。美国大多数机场都有固定的着陆模式和时间，由地方政府监管，旨在最小化噪声。

对违反环境法规的许多刑事处罚和制裁就像对污染者征收的税收一样。并非所有的违法行为和犯罪都能被制止，但违法者和犯罪分子将面临“成本”。为了得到有效结果，他们支付的罚款需要能够反映他们的行为对社会造成的损害。

政府施加的标准应该多严格？这是我们已经回答的问题！回顾一下图16.2，我们从中看到，考虑到效益和成本，我们发现最优污染水平是Q^*。在制定标准时，大多数经济学家认为政府应该努力制定规则以实现Q^*。政策的目标是制定规则，使决策者最终产生最优排放量。

事实证明，在一些常见情况下，设定标准以达到Q^*是很困难的。标准的制定通常会涉及厂商如何生产。例如，我们可能要求厂商在其烟囱顶部安装过滤器以减少其排放。但明确厂商应该做什么往往导致减少污染的成本高于我们用其他方式实现的成本。迫使工厂安装过滤器可能比使他通过改变其燃烧的燃料类型来实现同样减排的效果更加昂贵。因此通过设定标准的方式很难激励厂商选择合适的技术来减少排放。当产生外部性的厂商减少污染的边际成本不同时，更加难以找到适用所有厂商的标准。在这种情况下，当减排的方法多种多样，污染者控制排放的能力差别很大时，大多数经济学家都倾向于通过一种价格体系来控制外部性，例如使用税收或可交易许可市场。

税收与补贴　当私人谈判失败时，经济学家传统上提倡将边际税收和补贴作为迫使厂商考虑外部成本或收益的一个直接方式。当对一个厂商施加外部社会成本时，按照推理，每单位税收应该等于厂商连续产生每单位产品的损害，税收应该与边际外部成本完全相等。③

回到图 16.1（b），我们可以看到当面临正确的边际成本曲线 *MSC* 时，厂商该如何选择最优的排放量。我们可以使用税收系统来实现这个目标！假设我们对厂商征收的税完全等于它给社会带来的边际外部成 335
本。该厂商现在面临的边际成本曲线完全等于其社会边际成本曲线——它现在的边际成本曲线是 *MSC*。它将外部性成本作为其财务成本；它给政府支付税金以“使用”环境，就像它支付工人工资以使用他们的劳动力一样。请记住，行业供给曲线是所有单个厂商边际成本曲线的总和。这意味着由于税收，行业供给曲线向左移动，导致产量下降到最优水平，同时价格上涨，因为一个追求利润最大化的厂商会使得价格等同于边际成本。新价格对消费者来说，包括了生产产品的原材料成本，以及在生产这些产品过程中由于污染造成的外部成本。由于市场价格反映的边际社会收益等于产品的全部社会边际成本，因此消费者决策过程在边际上还是有效的。

我们之前认为，当有多种减少排放的方法，并且公司从污染中获得的边际收益不同时（或者清理污染的边际成本不同时），制定标准有时会产生问题。在这种情况下，收取排放税的效果会更好。假设图 16.2 绘制的边际社会收益曲线考虑了两个不同污染者的信息。A 厂商发现避免污染很容易，也许因为它是一个新的工厂，很容易转向不同类型的燃料。对于 A 来讲，污染的边际收益相对较低，因为避免污染很容易。第二家厂商 B 是一家老厂商，只有付出巨大代价才能停止污染。理想情况下，如果我们想要尽可能多地减少每美元的污染，我们应该让能够更容易减少污染的厂商做更多。这正是税收的作用。如果政府设定对每吨碳排放征收 10 美元的税，那么只要行动成本低于每吨 10 美元，两家厂商都将采取减少碳排放的行动。厂商 A 可能会采取很多减排的行动，直到减排变得太昂贵而负担不起。对于厂商 B，也许几乎不会发生减排。两家厂商都会研究技术解决方案以找到用最低成本减少排放的解决方案方法。最后，关键的政策目标是达到最优的总减排量，而税收将以比制定标准更低的成本达到这一目标。

图 16.3 向我们展示了税收如何对 A 厂商和 B 厂商起作用。在政府征税之前，每个厂商都以最高的污染水平进行排放，并认为污染是免费的。每个厂商产生 Q_0 的排放量。因此，整个行业排放总量为 $2Q_0$。假设现在政府根据有关厂商和排放的边际社会成本信息，希望将排放总量减少一半到 Q_0。根据所掌握的信息，政府将税收设定在 T^*，厂商生产的每单位排放成本为 T^*，所以你可以认为 T^* 是每单位排放价格。

---

③　正如我们在本章后面所讨论的，损害成本很难衡量。通常假设，损害成本与排放到空气或水中的污染物的体积成正比。政府通常对此征收排污费而非征税，从而使污染者的成本与造成的污染量成正比。后面我们将用税来涵盖税及排污费。

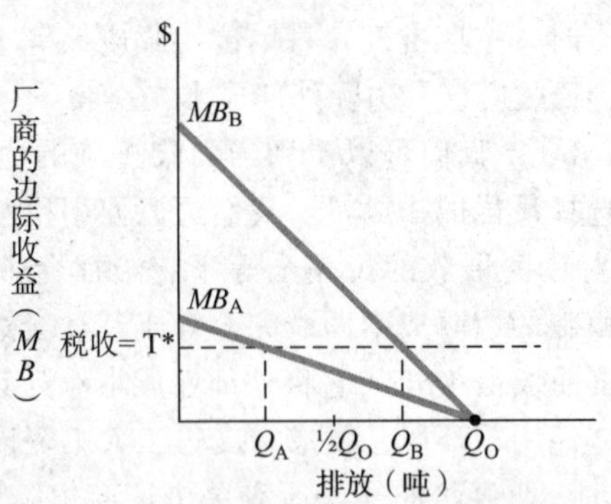

▲ 图 16.3　具有不同边际收益曲线的厂商的最优排放税

如果每单位税收与边际外部成本完全相等，厂商将污染的边际收益与税收进行衡量，并选择最优排放水平。这里两个厂商的边际收益不同，因此会选择不同的水平。在平衡状态下，每个厂商选择一个水平使其 *MSB* = 税收。结果是以最低成本实现最优污染水平。

首先看看 A 厂商。在原来的排放水平，即 Q_0，每单位税收远高于污染带来的边际收益。因此，厂商会使用任何它拥有的技术手段来削减它。只要排放的价格超过了厂商不处理污染的收益，厂商就会减少排
336 放量。对于 A 厂商来说，排放量会下降到 Q_A。之后如果继续削减，代价会过于昂贵。对于 B 厂商来说，由于能从排放中获得更多收益，最终会以 Q_B 的水平生产。如果税收设定是正确的，那么 Q_A 与 Q_B 的和将为 Q_0，即初始排放量 $2Q_0$ 的一半。税收实现了它在减少碳排放水平上的任务。

假设我们改为使用标准来实现减排，要求每家厂商只产生 $1/2Q_0$ 而不是允许厂商根据其成本选择排放量。B 厂商现在产生的排放量超过了标准规定的，排放量需要进一步削减。我们可以从 B 厂商的边际收益曲线中看到，如果进一步削减其排放量，它的损失是多少。A 厂商在税收系统下的排放量低于标准限额 $1/2Q_0$，所以 A 厂商可以增加其排放量。因此一个共同标准将有利于 A 厂商而不利于 B 厂商。但是要注意，A 厂商从更高排放中获得的收益低于 B 厂商不得不减少污染的损失。因此，使用统一标准来达到理想的排放水平会给我们带来更高的成本。而排放税不仅减少了排放，因为厂商面临这些排放的真实价格，它也通过鼓励从污染中受益更少的厂商相对于其他厂商减少排放，实现了以最低成本达到减排的目标。

控制碳排放是许多经济学家强烈主张使用税收的一个领域，尽管我们没有在美国联邦层面看到过这一税收政策的实施。碳排放来自许多不同行业和消费者，并且具有不同的边际社会收益曲线。汽车和飞机产生大量排放；发电厂也排放了相当多的碳。而且，这些参与者中的每一个都有多种减少排放的方法，例如从燃料选择到过滤器到技术选择。正如我们所看到的，由于在边际收益曲线上存在巨大差异，税收可以达到与制定标准相同的结果，但成本更低。稍后在“实践中的经济学”案例中我们描述了一些厂商已经开始对其内部各部门施加碳排放税，以改善其环境绩效。

衡量社会成本　要使用税收和补贴，必须从财务角度估算外部性的社会成本。对于污染附近河流的洗涤剂工厂要合理征税，政府必须以货币形式评估下游居民的成本。这种评估很困难，但并非不可能。在采取法律补救措施时，法官不得不做出这种评估以决定案件涉及的赔偿金额。有关“支付意愿”的调查、对受污染影响区域和不受污染影响区域的房产价值的研究，以及娱乐活动的市场价值，都可以为这种评估提供基本信息。[④]

在某些外部性的案例中，社会成本涉及健康问题或生命损失。在这里，货币成本更难估计。尽管如此，在许多情况下政策制定者还是要对生命和健康的价值做出隐性判断。在对交通安全或职业危害进行判断时，政府机构通常会用金钱来衡量生命。作为个人，当我们决定是否要承担风险时，我们也会下意识地考虑我们健康和生命的价值。

对外部收益的补贴　有时一些决策和行为会带来外部收益，而不是外部成本，就像在 LoJack 的例子中那样。投资者使一个商业区（比如说，一个大城市的旧剧院附近）重现光彩，这一举动为很多人带来收益，无论这些人是居住在城里，还是在周边其他地区。

带来外部社会收益的行为需要获得边际补贴，以激励决策者将外部社会收益考虑在内。忽视社会收益与忽视社会成本一样，会导致无效的决策。政府对特别项目的直接支出，或以减免税收的方式为住房与其他发展计划所进行的补贴，就是基于这样的想法而推出的。

可交易排放许可证：出售或拍卖污染权　正如我们所看到的，拥有施加环境外部性的权利对于造成外部成本的一方是有益的。从某种意义上说，在河里倾倒垃圾或污染空气和海洋的权利是一种宝贵的资源，因为这允许一个厂商生产其产品却能避免任何清理工作。当这样考虑倾倒废物的权利时，我们就得到了另外一种控制污染的机制：向愿意出价最高的人出售或者拍卖污染的权利。1990 年的《清洁空气法案》就是通过这种总量管制 337
与排放交易计划来限制国家的发电厂的排放量的。与酸雨有关的排放量受到限制，也就是说排放量被限定在一个特定的水平。这个水平越低，空气质量就会越好。工厂被给予了一个只能在那个水平上排放的许可证。这个许可证可以被使用，也可以用于与其他厂商交易，这些行为促成了一个很大的拍卖市场。对于一个减少污染排放成本很小的厂商，最有利的做法是削减排放至许可水平以下，然后将未使用的许可单位排放额度出售给减少污染排放成本很高的公司。运用这种方式，作为市场交易的结果，政府选择的既定排放量会在最小可能成本的条件下实现。环保主义者也可以购买许可证但不使用它们。这种总量管制与排放交易计划在全世界范围内都被采用，其目的是减少导致全球变暖的温室气体。

---

④　Kenneth Arrow et al., “Report of the NOAA Panel on Contingent Valuations,” January 1993.

一个简单的例子可以帮助我们理解这种总量管制与排放交易计划带来的潜在收益，用我们之前讨论过的两厂商例子并做一些计算。表 16.1 显示了两家污染厂商所面临的情况。假设每家厂商每个时期排放 5 单位污染物，政府想要将污染物总量从现在的 10 单位减少至 4 单位。为此，政府将每家厂商允许的污染物排放水平限制为 2 单位。因此，每家厂商必须支付将污染物排放水平降低 3 个单位的费用。减少污染的过程有时被称为*污染削减*。表 16.1 显示了每家厂商减排的边际成本和总成本。（减排的边际成本只是厂商不减排带来的边际收益。）例如，对于 A 厂商，减少第一个污染单位的成本仅为 5 美元。因此，允许污染的边际收益是 5 美元。当厂商试图减少更多的污染时，这样做会变得非常昂贵；减少污染的边际成本上升。如果 A 厂商像政府要求它的那样将其污染水平从 5 个单位降低到 2 个单位，它必须花费 21 美元，其中 5 美元用于第一个单位，7 美元用于第二个单位，9 美元用于第三个单位。B 厂商发现减少污染更加昂贵。如果它尝试减少 3 个单位的污染，它将需要花费 45 美元的成本。总量管制与排放交易计划为每家厂商都提供了一份排放许可，如果它们愿意，它们可以交易自己的许可证。那么厂商会想要做什么？

A 厂商如果额外花费 12 美元，可以将其排放量从 2 个单位减少到 1 个单位。然后它将有一个单位的排放许可可以出售给 B 厂商。B 厂商愿意为该许可支付多少？目前，B 厂商减少的第三个单位的边际成本为 23 美元。这告诉我们 B 厂商愿意支付高达 23 美元来购买该许可证，以允许它继续排放 3 个单位的污染物。所以存在着交易的空间。实际上，许可证价格将介于 A 厂商要求的 12 美元和 B 厂商愿意花费的 23 美元之间。由于 A 厂商减排的边际成本低于 B 厂商，A 厂商会做更多的减排努力并出售其额外的许可证给 B 厂商。你应该能够从数字中看出 A 厂商不会将最后一个许可证出售给 B。为了减少最后一个单位的污染，A 厂商将花费 17 美元的边际成本。但是，为了避免减排，B 厂商只愿意支付 14 美元。这里没有交易的余地。一旦 A 卖给 B 一个许可证的交易发生，仍然存在 4 个单位的污染，但现在是 A 厂商排放 1 个单位，B 厂商排放

338 表 16.1　许可证交易

A 厂商 减少污染的单位	A 厂商 减少污染的 MC	A 厂商 减少污染的 TC	B 厂商 减少污染的单位	B 厂商 减少污染的 MC	B 厂商 减少污染的 TC
1	$5	$5	1	$8	$8
2	7	12	2	14	22
3	9	21	3	23	45
4	12	33	4	35	80
5	17	50	5	50	130

实践中的经济学

实行内部碳价格

正如我们在本章所看到的，许多经济学家都支持用碳价格来反映碳排放在环境上所带来的社会成本。尽管尚未在美国全国范围内征收碳排放税，但我们已经看到许多机构用它们自己的内部碳排放“税”来改变其员工行为。

迪士尼和微软是美国公司中使用碳排放税的两位领头羊。正如你可能知道的，迪士尼经营着许多公园，也拥有着一支庞大的游轮船队。这些业务的潜在碳排放量很大，尤其是消耗大量燃料的游轮。从 2009 年开始，迪士尼就决定通过征收内部碳排放费用的方式，帮助其高管认识到他们的决策是如何影响碳排放的，并增加他们对这一问题的敏感度。对于公司的一系列活动与投资，公司总部将计算碳排放量，并根据业务或投资产生的碳，向经营一项业务或规划一项投资的部门收取费用。这项费用将增加那些选择高碳排放决策者的感知成本，让他们更加重视碳排放。下一次你去迪士尼乐园的时候，注意一下那儿的火车，你会发现许多火车都是靠来自迪士尼厨房回收的植物油运行的。

微软公司也实施内部碳价格。对微软高管来说，碳排放的一个主要来源就是航空旅行。它现在的做法是依据其高管的旅程收取不同部门的碳排放费，并希望这些费用能激励高管尽可能地用视频会议来代替面对面会议。

还有一些大学也在尝试实施内部碳排放费，让师生们意识到碳排放的社会成本。耶鲁大学就是其中之一。

实施内部碳排放费用的关键在于价格的确定。包括美国国家环境保护局在内的许多联邦政府机构都使用碳排放的社会成本作为费用。2015 年，基于 3% 的贴现率并考虑了各项政策的成本后，价格确定为每吨碳排放 39 美元。

思考

1. 从经济效率的角度看，为什么社会资本成本是一个合适的碳排放价格？

3 个单位。这个污染减少的总成本是多少？当两个厂商同等地减少排放水平时，A 厂商为总成本 21 美元，B 厂商 45 美元，共 66 美元。现在 A 的成本是 33 美元，B 的成本是 22 美元，总共 55 美元。（当然，A 也将获得出售许可证的收入。）

为应对全球变暖的担忧，欧洲于 2005 年实施了世界上第一个二氧化碳排放强制性交易计划。二氧化碳排放是全球变暖的主要原因。该计划的第一阶段于 2007 年底结束，涉及约 12 000 个工厂和其他设施。参与的厂商有炼油厂、发电厂；以及玻璃、钢铁、陶瓷、石灰、纸张和化

339

实践中的经济学

碳排放与电价

我们在文中介绍了欧洲尝试开展的碳总量管制与排放交易计划，这一计划明显地导致欧洲碳价的上升，同时也导致那些会产生碳排放厂商的成本上涨。电力厂商是最大的碳排放企业之一，因此有人预测电力价格也会相应上涨。最近一份以西班牙的数据为基础的研究给这一推断提供了一些支持。

我们可以用所学的供给和需求分析，从理论层面来探讨这个问题。碳税增加了电力供应商的边际成本。因此，电力市场的供给曲线就会向左上方移动。在需求恒定的情况下，我们可以看到电力价格是上涨的。那么价格到底上涨了多少呢？当然这个问题的答案我们也已经知道了：这取决于对电力的供给与需求弹性！

幸运的是，研究人员可以利用来自西班牙的充分有效的数据准确估计电力市场的边际成本。同时，他们还了解西班牙电力市场的结构，因此在这个寡头垄断市场中的企业关系也可以被很好地建模。在这个市场上，纳塔利娅·法布拉（Natalia Fabra）和马尔·雷关特（Mar Reguant）发现近乎完整的价格变化：成本每增加 1 欧元，电价就上涨 0.86 欧元。这是一个很高的转化，并且很可能是由于该市场的两个特征：对电力的需求相当缺乏弹性，而且所有的公司都面临着类似的成本增长，因此这些公司几乎没有动机通过加价以外的手段来竞争。

思考

1. 你觉得如果最大的电力供应商加大对太阳能的开发（不产生碳排放），会导致价格怎样的变化？

基于 Natalia Fabra and Mar Reguant，"Pass-Through of Emissions Costs in Electricity Markets，" *American Economic Review*，September 2014，2872-2899。

学工厂。这 12 000 家工厂的二氧化碳排放量占欧盟排放总量的 45%。欧盟设定了二氧化碳排放的绝对上限，然后为各国政府分配了配额。这些国家将配额分配给工厂。在 2008 年至 2012 年的第二阶段，增加了一些大型行业，包括农业和石化产品行业。

在美国和欧洲，配额都免费分发给了选定的工厂，即使这些配额在分发后会以高价格进行交易。许多人现在质疑政府是否应该在市场上出售它们或向厂商收取费用。实际上，许多获得分配的厂商都获得了巨额的意外收益。在欧洲，在该交易的第二阶段，政府被允许以超过配额发行价格 10% 的价格拍卖。

另一个出售外部性权利的例子来自新加坡，在这里买车的权利每年拍卖一次。尽管车辆税很高，在闹市区行驶的费用也很高，新加坡的道路仍然会发生堵塞。所以政府决定限制新车上路的数量，因为它们带来的外部成本（交通堵塞和污染）变高了。实施这些限制之后，现在的问题就是将汽车所有权分配给最需要汽车的人。汽车所有权许可证的购买者很可能是出租车司机、货运公司、公交公司和巡回推销人员；为了方便不想乘坐公共交通工具而想开车的家庭，会发现这种许可证太贵了。交通堵塞和污染并不是新加坡唯一严肃对待的外部性：在 2005 年，该城市对于乱丢垃圾的罚款高达 1 000 美元，在公共厕所里没有冲洗马桶的话，罚款会超过 100 美元，而在地铁里吃东西会被罚款 300 美元。

16.2 公共（社会）产品

16.2 学习目标

讨论公共产品的特征和供给。

公共产品（社会产品或集体产品）：这种产品在消费上是非竞争性的，其带来的利益是不排他的。

另一个市场失灵发生在**公共产品**上，它们经常被称作**社会产品或集体产品**。公共产品是通过其两个非常相关的特征来定义的：它们在消费上是非竞争性的，其带来的利益是不排他的。正如我们将看到的那样，这些产品的存在表现了一种市场失灵，因为它们具有一些使得私人部门在生产它们时无利可图的特征。在一个不存在管制、没有政府监督的市场经济中，公共产品最好的情况将是生产数量不足，最坏的情况是根本没有生产。

16.2.1 公共产品的特征

如果 A 对一种商品的消费并不会影响到 B 对该种产品的消费，那么 340
这种商品就是**在消费上非竞争的**。这意味着这种商品的收益是具有集体性的，每个人都能够得到它带来的收益。比如说，国防对我们所有人来说都有利。我受到国防的保护并不会减少国防对你的保护；每一个公民都受到同样的国防保护。如果空气变得清洁，我呼吸空气并不会影响你呼吸空气，并且（在一般情况下）虽然有很多人在呼吸空气，但是空气并不会就此耗光。与此相反，私人品是在消费上存在竞争的。如果我吃了一个汉堡，那么你就吃不到了。

消费的非竞争性：公共产品的一个特征是，一个人享受公共产品的好处不会干扰另一个人对它的消费。

商品有时也可以在带来共同利益的同时在消费上仍然是竞争的，比如当出现拥挤的时候，就会发生这种情况。一个公园或一个池塘在同一时刻可以容纳很多人，为每一个人带来共同收益。然而，当某个大热天有很多人挤在这里的时候，大家就开始互相打扰彼此游玩的兴致。

大多数公共产品是**非排他**的。一旦产品生产出来，没有任何理由拒绝任何人享受其收益。一旦国防体系建立起来，它就会保护所有人。

非排他性：公共产品的一个特征是，一旦生产了该产品，就不能排除其他人享受其带来的收益。

在我们继续讨论之前，有必要强调这一点：物品是公共产品还是私人产品是由它们的特性决定的（是否具有非排他性和消费的非竞争性），而不是说它们是否是由公共部门生产的。如果政府决定制定一条法律，让所有人都可以免费获得他们想要的汉堡包，政府负担所有的费用，这也不能使汉堡包成为公共产品。这只是一个政府免费提供私人产品的例子。政府的不排他决策并没有改变汉堡包的特性。

公共产品的实际问题是私人提供者没有动机来生产它们，或生产出合适的数量。对于一家追求利润最大化的私人厂商来说，它想要通过生产产品来赢利，它就必须能够将那些没有付费的人排除在外。麦当劳出售鸡肉三明治可以赚钱就是因为如果不先付钱你就得不到鸡肉三明治。如果人们在拿到鸡肉三明治的时候想付钱就付钱，不想付钱就不付钱，那么麦当劳离关门也不远了。

考虑一个愿意为大城市提供更好的治安保护的企业家。详细的（我们还同时假设也是正确的）市场调查表明，大城市中的居民都渴望高质量的治安保护，并且愿意为此而付费。但是并非所有人都愿意出相同的钱。有一些人愿意出多一些，另一些人则少一些，人们还拥有不同的偏好和对风险的不同认识。这位企业家雇用了一批销售人员来推销他的服务。 很快他就遇到了一个麻烦。因为他的企业是一家私人公司，而对其产品的支付是出于消费者的意愿。他不能强迫所有人都为其企业的服务付费。当然，人们对汉堡包的付款也是出于自愿的，但是如果人们不付款的话，就拿不到汉堡包。而我们这家新企业所出售的商品实际上是一种公共产品。

作为一个公共产品的潜在消费者，你现在面临着一个两难困境。你对治安保护的看法是多多益善，但（假设）每月只愿意支付 50 美元。但是，没有什么是依你的支付而定的。首先，一旦这种产品生产出来，犯罪率就会下降，所有的居民都从中受益。你无论是否为此付费都会享受到这一好处，可以“搭便车”。这就是为什么这个两难困境被称作**搭便车问题**。其次，你所支付的这一部分费用相对于全部所需费用来说显得微不足道。因此，实际生产出的治安保护的情况与你个人为此支付多少，或者是否支付没有太大关系。这就是所谓的**沧海一粟问题**。基于自身利益而采取行动的消费者没有任何动机为公共产品的生产自愿付费。有些人可能认为出于道德责任或社会压力，应该为此付一部分费用，而且他们也真的会这样做。然而这里并不存在经济上的激励，而且大多数人也没有在他们的预算中给自愿的捐款留出空间。公共产品问题也可以看作一个有大量参与者的囚徒困境的博弈问题（全面讨论请见第 14 章）。

搭便车问题：公共产品固有的一个问题是，因为不管是否付款，人们都可以享受公共产品的好处，因此他们通常都不愿意为此付出。

沧海一粟问题：公共产品固有的一个问题是，提供某种商品或服务的成本非常高，以至于它的供应通常不取决于任何一个人是否支付。

16.2.2 公共产品的公共供给

所有的社会，不管是过去还是现在，都不得不面对公共产品的供给问题。当社会中的成员聚到一起建立政府的时候，目的是为了得到他们作为个体无法获得的商品和服务。与其他的商品和服务相同，法律体系（或者说司法系统）也是由劳动力、资本和其他投入品共同生产出来的。法律和法庭能带来社会收益，它们的建立非常必要而且需要通过某种共同协作来管理。

请注意，我们这里所说的是公共产品的*提供*，而不是公共产品的*生产*。在美国，一旦政府决定它想要提供哪些产品，它常常会与私人部门进行交涉，并依靠私人部门来生产这些产品。国防需要的很多材料都是由私人承包商生产的。高速公路、政府办公楼、数据处理服务和其他诸如此类的产品通常也是由私人厂商提供的。 341

公共产品的提供所面临的直接问题之一就是它经常会导致公众的不满。人们很容易因此而对政府感到恼火。发生这种情况的原因，部分而不是全部在于政府所提供的商品的本质。厂商在某一价格上生产和销售它的私人商品——我们可以选择购买的数量，或者可以一件都不买。你完全没有必要在鞋店里为买不买鞋而感到非常苦恼，因为没有人能够逼迫你一定要在那里买东西。

你不能够购买带有公共利益的公共产品。比如说国防，政府必须选择一种，而且是只此一种，并确定该公共产品的产量。由于我们当中没有任何人可以选择该在国防上花多少钱或者买什么东西，因此我们都会为此感到不满。即使政府的工作合理有效，在任意时刻我们中也都会有一半人认为我们的国防体系过于庞大，而另一半人则认为我们的国防体系还太小。

16.2.3 公共产品的最优供给

在 20 世纪 50 年代初期，经济学家保罗·萨缪尔森在理查德·马斯格雷夫（Richard Musgrave）的工作基础上证实了存在一个*最优的*，或者说*最有效率的*公共产品产出水平。我们接下来看到的对萨缪尔森和马斯格雷夫的研究的讨论，将把我们直接引至社会（与个人相对）是如何进行决策的棘手问题。

萨缪尔森的理论　一个有效的经济体会生产人们所需的产品。私人生产者，无论是一个完全竞争生产者还是一个垄断生产者，都受到市场对其产品需求的限制。如果不能将它们的产品以高于成本的价格售出，它们就会破产。由于私人产品存在排他性，如果家庭不付款，厂商就不会把商品交到家庭手里。以标价购买某种商品意味着，对你和所有购买该商品的人来讲，这种商品的价值至少等于它的标价。

市场对于某种私人产品的需求就是在某一价格水平上所有家庭购买的数量之和（如横轴所计量的那样）。图 16.4 回顾了市场需求曲线的推导过程。假设整个社会是由两个人——A 和 B——构成的。当价格为 1 美元时，A 对私人产品的需求是 9 个单位，B 的需求为 13 个单位。此时的市场需求就是 22 个单位。如果价格上升到 3 美元，A 的需求减少到 2 个单位，而 B 的需求减少到 9 个单位，那么价格为 3 美元时的市场需求为 2+9=11 个单位。价格机制迫使人们揭示他们究竟想要什么，它还使 342

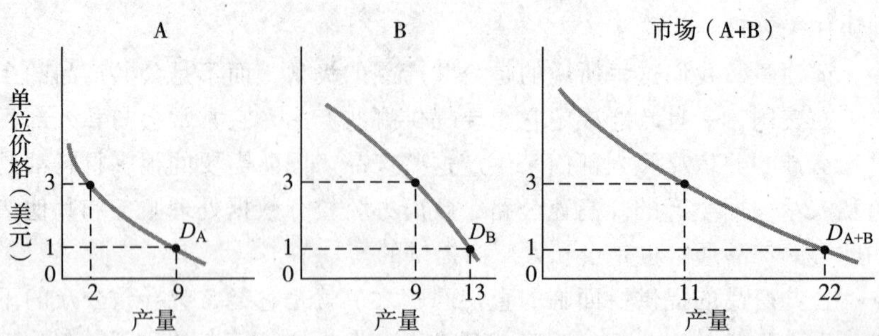

▲ 图 16.4　对于私人产品，消费者决定购买的数量。市场需求就是在每一价格上，所有个体需求数量的加总

在价格为 3 美元时，A 购买 2 个单位产品，B 购买 9 个单位产品，总销量为 11。当价格为 1 美元时，A 购买 9 个单位产品，B 购买 13 个单位产品，总销量为 22。在购买私人产品时，我们只会购买我们需要的数量。市场需求是所有个体需求曲线的水平加总。

得厂商仅生产人们愿意为之付款的产品，但价格机制可以发挥功效是因为这些产品具有排他性。

理论上讲，人们对公共产品的偏好和需求，与人们对私人产品的偏好和需求没有差别。你可能需要消防保护，并且愿意为此支付费用，就像你想要听音乐时那样。为了证实确实存在一个有效产出水平，萨缪尔森假设我们知道人们的偏好。图 16.5 呈现了购买者 A 和 B 的需求曲线。如果公共产品可以在私人市场上以每单位 6 美元的价格买到，A 会买 X_1 个单位。换一种说法，A 愿意以每单位 6 美元的价格购买 X_1 个单位的公共产品。而 B 仅愿意在每单位 3 美元的价格购买 X_1 个单位的公共产品。

我们知道公共产品是具有非竞争性和 / 或非排他性的——每个人都会同时从中受益。最终，公共产品会以一个而且是仅有的一个产量生产，并且对于所有人来说，可以消费的都是这一数量。如果 X_1 个单位的公共产品被生产出来，A 得到 X_1 个单位，B 也得到 X_1 个单位。如果生产出来的产品是 X_2 个单位，那么 A 得到 X_2 个单位，B 也得到 X_2 个单位。

为了获得市场对于公共产品的需求，我们不是将所有的需求量加总，而是将在某一潜在产出水平下所有家庭愿意为它支付的金额进行加总。在图 16.5 中，A 愿意以每单位 6 美元的价格购买 X_1 个单位的公共产品，而 B 愿意以每单位 3 美元的价格购买 X_1 个单位的公共产品。此时如果社会仅仅是由 A 和 B 两个人构成的，那么社会愿意以每单位 9 美
343 元的价格购买 X_1 个单位的公共产品。如果产出量为 X_2 个单位，社会愿意承受的价格为每单位 4 美元。

对于私人产品而言，其市场需求是所有个体需求曲线的水平加总——将家庭所消费的不同数量进行加总（如横轴所计量的那样）。对于公共产品而言，市场需求是每个个体需求曲线的垂直加总——将家庭在每一产出水平下愿意支付的金额加总（如纵轴所计量的那样）。

萨缪尔森认为，一旦我们知道社会愿意为公共产品支付多少钱，我们只需将生产这种公共产品的成本与之相比较就行了。图 16.6 再现了

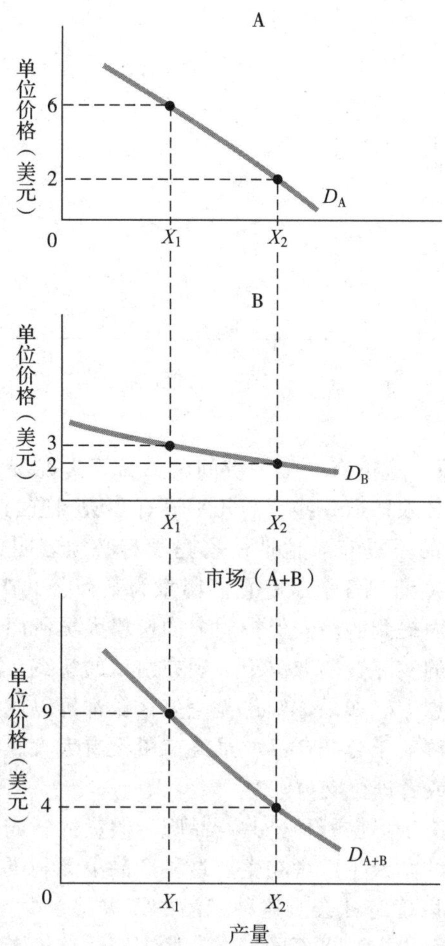

▲ 图 16.5　对于公共产品，仅可能有一个产出水平，而不同的消费者对于同一水平所愿意支付的金额各不相同

A 愿意以每单位 6 美元的价格购买 X_1 个单位的公共产品，而 B 愿意以每单位 3 美元的价格购买 X_1 个单位的公共产品。此时如果社会仅仅是由 A 和 B 两个人构成的，那么社会愿意以每单位 9 美元的价格购买 X_1 个单位的公共产品。因为仅可能有一个产出水平，我们必须将 A 愿意出的钱与 B 的加起来决定市场需求，这意味着将需求曲线垂直相加。

A、B 和整个社会对公共产品的需求曲线。只要社会（在这里仅仅是 A 和 B）愿意为公共产品支付的价格高于生产公共产品的边际成本，就应该生产这种商品。如果 A 愿意为每个单位公共产品支付 6 美元，而 B 愿意支付 3 美元，那么社会愿意为此支出的金额为 9 美元。

如在图 16.6 中给定的边际成本曲线下，此时的有效产出水平是 X_1 个单位。如果此时 A 支付的费用为每单位 6 美元，B 支付的费用为每单位 3 美元，那么大家都会得到满足。资源会从生产其他产品和提供其他服务中撤出，转而生产人们需要并愿意为之付费的公共产品。此时我们实现了**公共产品的最优供给**。在最优水平上，社会愿意为每单位产品支付的总金额与生产该产品的边际成本相等。

公共产品的最优供给：当社会愿意为 1 单位公共产品所支付的总额等于生产该公共产品的边际成本时的供给水平。

▶ 图 16.6　公共产品的最优产量水平

公共产品的最优产量意味着，只要社会愿意为1单位（D_{A+B}）公共产品支付的总金额高于生产该产品的边际成本，它就会继续生产该种公共产品。

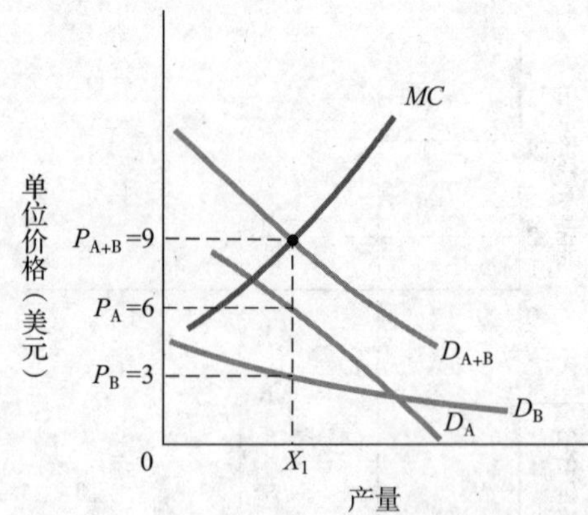

最优供给的问题　这里有一个关键问题：为了实现每一种公共产品的最优产量，政府必须知道一些它们几乎没有办法知道的事情——每个人的偏好。由于产品不具有排他性，家庭没有必须表明偏好的压力。此外，如果我们直接询问各个家庭它们愿意为某种公共产品支付多少钱，我们就会遇到前面提到的治安保护服务的销售人员所面对的问题。如果你将来所需支付的实际费用取决于你现在给出的答案，那么你就有动机隐瞒现在的真实想法。如果你知道无论怎么做都可以使用公共产品，而且你所支付的金额对于公共产品的最终产量没有太大影响，那么你还有什么动机说实话或者进行支付呢？

社会是如何决定提供哪种公共产品呢？假设社会成员需要某种公共产品，而市场中的私人生产者在生产这种产品上无利可图，政府也不能获得足够的信息以确定社会对这种产品的需求是多少。关于这个难题，不同社会采取的解决方法也不同。在一些国家，统治者直接替人们做决定。在另一些国家，政治代表们替民众表达偏好。还有一些国家，人们直接进行投票表决。然而，没有任何一种方法能够完美地解决这个问题。

344

16.2.4 公共产品的地方供给：蒂伯特假设

1956 年，经济学家查尔斯·蒂伯特（Charles Tiebout）提出，如果由地方政府来负责公共产品的提供，就会出现一个有效的市场选择机制。考虑几个除了治安保护方面以外完全相同的城镇。在治安上花了很多钱的城镇很可能拥有较低的犯罪率。较低的犯罪率会吸引风险厌恶、愿意支付较高税收以此换取较低的犯罪受害概率的家庭来此定居。那些愿意承受较高风险或拥有更少资源的人就会留在税收较低、犯罪率较高的城镇里。类似地，如果某些城镇在防御犯罪方面采取的做法行之有效，那么也会吸引来定居者——由于每个城镇的空间有限，该城镇的房产价值就会上升。该城镇中较高的房产价格就是较低犯罪率的“成本”。

蒂伯特假设：当本地土地/住房价格和税收反映消费者偏好时，就会出现公共产品生产的有效组合，正如私人产品市场中发生的一样。

根据**蒂伯特假设**，如果某地的价格（以税收和较高的房屋价格的形式表示）可以反映出消费者的偏好，就像私人产品市场中的价格一样，就会出现有效的公共产品组合。蒂伯特所提出的与众不同的部分是，人们并不是以在市场中“购买”不同的商品组合的方式行使其消费者权利的，而是通过“用脚投票”的方式来实现这一权利（即在提供不同公共产品和税收政策的城市之间选择居住地）。

16.3 公共资源

16.3 学习目标

了解市场上为何公共资源供给不足。

在 17 世纪以及之前的英格兰，许多村庄都有大片公共绿地，村民们在那里放牧羊群。这些地区是无主的，但在某种意义上也可以说是共同拥有的，事实上这些地区被称为公共用地。你们中的一些人可能听说过“圈地运动”，在这一运动中许多这样的公共区域被私有化，在这些区域放牧也被禁止。

在世界上的大部分地区，公海，超出了各个国家的领土范围的海域目前都是公共领域，在一系列国际捕捞规则的约束下可供所有渔民使用。和前面提到的公共牧场一样，公海没有主人。经济学家将公共用地和渔场等地区称为**公共资源**。公共资源，如同公共产品，是不具有排他性的。人们不能阻止某人在公海上钓鱼，也不能不让他在公共牧场放羊。但是，与公共产品相比，一个人对公共资源的消费会影响到其他人对这项资源的可得性。如果我捕获太多的鱼，那么全体民众都会遭受伤害，因为将会没有资源留给后代。如果我饲养太多的绵羊，草就不会再生，而羊会饿死。

公共资源：一种具有非排他性但在消费上具有竞争性的资源。

经济学家长期以来一直担心公共用地的管理问题。其中，最重要的是过度使用问题。假设我拥有一个放养了大量鱼的湖泊。如果我过量捕捞，就不会有足够的鱼用于繁殖，我就要承受这样的后果。我的孩子和我将失去捕鱼的乐趣，我的湖泊也将失去价值。因此，我有很大的动力来保护我的鱼群。如果我过度捕捞，我将独自承担后果。但如果我们作为一个集体共同拥有这个湖泊，那么当我过量捕捞鱼类，我们将分担成本，但同时我获得了捕获更多鱼的所有好处。在这样的些情况下，不出意外，过度使用将会很常见。

那么，何时过度使用会造成很大的问题？在农业时代的英格兰，有一些证据表明存在公共用地过度放牧问题，特别是在较大的村庄。但并非所有公共用地都会被过度使用。在一些社区，放牧和捕捞受到习俗和互相监督的制约。即使采取的方法效率很低，过度使用发生的可能性也不大。但当许多人共享公共资源，并且技术发达，过度使用的可能性则更大。在现代，海洋的过度捕捞是许多决策者担心的一个问题。

与外部性一样，我们可以使用一些政策工具来避免过度使用公共用地。标准很常见；在大多数地区，一年中的大多数时间人们不能捕鱼，或是可以捕捞的鱼的大小受到限制。税收也很常见，通常是通过限制捕捞许可证的发放或是对捕捞许可证收费来实现。对于一些公共问题，通过私有化资源可以找到解决方案，正如英格兰在圈地移动运动中所做的那样。如果公共区域变成私人资源，业主将有动力有效地使用资源。

总结

345 ### 16.1 外部性和环境经济学 页 401

1. 当我们进行交易或做经济决策的时候，常常会有第二方或第三方因为决策者没有动机考虑到的情况而遭受损失，即我们所说的*外部性*。外部成本的一个经典案例就是污染。
2. 如果外部成本没有被考虑在经济决策之内，我们就可能会从事一些“不值得”的行为，或者生产一些“不值得”的产品。当外部收益未被考虑在经济决策之内时，我们又可能会没有从事“值得”的行为，或没有生产“值得”的产品。这些情况的结果都是资源的无效配置。
3. 有很多途径可以解决外部性的问题：（1）私人讨价还价和谈判；（2）环境标准；（3）政府征税或政府补贴；（4）将施加外部性影响的权力进行销售或者拍卖。

16.2 公共（社会）产品 页 417

4. 在一个自由的市场中，一些人们需要的商品和服务将生产不足。这些*公共产品*的特质使得私人部门在生产它们的时候很难获利，或者根本无利可图。
5. 公共产品在*消费上具有非竞争性*（它们为社会的全体成员或者某个团体的全体成员带来共同收益），它们带来的收益具有*非排他性*（一般来讲无法阻止没有付费的人享用公共产品）。公共产品的最好例子是国防。
6. 公共产品的提供所面临的一个问题就是它经常会导致公众的不满。我们可以任意选择所需的私人产品的购买数量，或者可以一件都不买。但是对于国防这类公共产品，政府必须选择一种，而且是只此一种，并且确定这种公共产品的产量。
7. 从理论上讲，每个公共产品都存在一个*最优供给*。在这一水平上，社会愿意为每一单位公共产品支付的价格与生产该产品的边际成本相等。为了找到这一水平，我们必须知道每个公民的偏好。
8. 根据蒂伯特假设，如果地方土地或房屋价格和税收同私人产品市场一样可以反映出消费者的偏好，那么一个有效的公共产品生产组合就会出现。

16.3 公共资源 页 423

9. 公共资源具有非排他性，但消费中也具有竞争性。公共资源的一个关键问题是过度使用。

术语和概念回顾

科斯定理，页 408
公共资源，页 423
沧海一粟问题，页 418
外部性，页 401
搭便车问题，页 418
禁令，页 409
责任规则，页 410
边际社会成本（*MSC*），页 401
污染的边际社会收益，页 406
非排他性，页 417
消费的非竞争性，页 417
公共产品的最优供给，页 421
公共产品（社会产品或集体产品），页 417
蒂伯特假设，页 422

习题

16.1 外部性和环境经济学

学习目标：了解与外部性相关的市场失灵，以及这一系列问题的可能解决方案。

1.1 有人说，如果政府对造成污染的行业的厂商的处罚（征税），超过了污染的实际损失，其结果就是低效的，而且是不公平的，因为它将成本加诸厂商和消费者身上。请就这一观点进行讨论。画图说明消费者是如何受到损失的。

1.2 **[与页 415“实践中的经济学”相关]** 弗里多尼亚王国由两个国家组成：东巴巴鲁和西巴巴鲁。为了减少二氧化碳排放量，这个王国对所有电力供应商都加征了碳排放税。东巴巴鲁是一个天气阴沉的国家，常年阴云密布、雨水丰沛。90% 的家庭依靠电力为家庭供能。而西巴巴鲁则是一个热带天堂，每天阳光普照，只有 10% 家庭需要从电力供应商获得能量，其余的家庭使用太阳能电池板直接供能。请使用供需曲线来描述对东巴巴鲁和西巴巴鲁的居民征收碳排放税的效果，并解释哪个国家的居民将承担更大的税收负担。假设弗里多尼亚王国的所有电力供应商因增加碳排放税而增加的成本相同。

1.3 许多人都很关注“城市无计划扩张”的问题。随着新的住宅区和近郊购物中心的建立，大城市区域变得更加拥挤，污染也更严重。空地逐渐消失，人们的生活质量下降。想想你所在的大城市区域、城市或城镇。用外部性的概念考虑土地使用和开发问题。在城市的开发过程中具体有哪些决定导致了外部性？谁受到了影响？你认为这些影响可以量化吗？有哪些具体的办法可以激励决策者考虑这些外部性？俄勒冈州的波特兰是对城市无计划扩张关注最多的城市之一。在网上搜索，看看你能找到哪些有关波特兰对该外部性的处理办法。

1.4 一家造纸厂向斯内克河（Snake River）排放造成污染的化学物质。有成千上万的居民沿河居住，他们因受到损失而起诉这家造纸厂。你作为一名不带有任何倾向的专家，被法官请来在法庭作证。法庭提出了四种可能的解决办法，并向你请教每一种的潜在有效性与潜在公平性。请给出简短的证词。

（1）不去区分该案中的对与不对，仅仅将倾倒污染的权利交给造纸厂。这样双方就可以在没有政府干预的情况下实现最优结果。

（2）判决原告胜诉。污染者要为其造成的污染负责任，并且要对其给居民在过去已经造
成和将来可能造成的全部损失进行赔偿。 346

（3）要求厂商立即停止污染排放，但是不进行污染赔付。

（4）将案件交给美国国家环境保护局，环境保护局将会对厂商征收与厂商造成的边际损失相等的税。受损失一方并不会得到赔偿。

1.5 **[与页 415“实践中的经济学”相关]** 越来越多的公司开始在公司内部使用碳排放征税措施来减少公司总体碳排放量，微软和迪士尼就是其中两个，而且用于设定内部税收的碳价格差异很大。(2015 年，微软的碳价格为每吨 6 至 7 美元，而迪士尼的价格为每吨 10 到 20 美元。) 请你做一些调查，再找到另外三家也实施了内部碳排放税的公司或组织。这些公司或组织将这些内部税的收益用于什么？每个公司的碳价格是多少？此外这个价格与环境保护局设定的碳排放的社会成本相比如何？

1.6 有人说，科斯定理表明我们根本不必操心如何对外部性进行管制，因为参与其中的个人会通过谈判达到有效的结果。这种说法对还是不对？请解释你的答案并举例。

1.7 **[与页 404“实践中的经济学”相关]** 当面对环境灾难时，经济学家通常会区分短期与长期政策或行动效果的差别。研究一个近期的环境灾难（例如 2015 年初新英格兰地区的暴风雪，2012 年的飓风桑迪，2015 年尼泊尔的地震，还有 2010 年英国石油公司的原油泄漏），解释这些灾难对受影响区域的主要环境影响。你认为灾区恢复需要多长时间，以及说明为什么你认为从灾难中恢复会花费相对较短或较长的时间。

1.8 下图表示一个完全竞争行业的公司在没有外部性的情况下，利润最大化时的价格和产出。使用此图解释如果产品的生产对社会造成外部成本并且这些成本没有被考虑到生产决策中，将会发生什么。

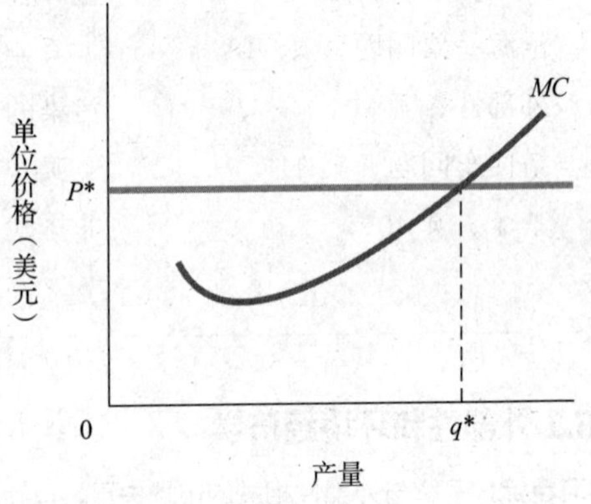

1.9 参考上一个问题，但假设政府对每单位该产品征收的税恰好等于其对社会的边际损害成本。用上图来说明产量、产出和价格会怎么变动。

1.10 有两家厂商，维苏威和埃特纳，各自排放 9 个污染单位，政府希望将污染总水平从目前的 18 个单位降低到 6 个单位。为此，政府将每个厂商允许的污染水平限制为 3 个单位。每家厂商现在必须支付将污染水平降低 6 个单位的费用。总量管制与排放交易计划为两家厂商各提供了三个许可证，并允许它们选择交易许可证。下面的表格代表了这两家厂商所面临的情况，请问它们会想要怎么做？

维苏威			埃特纳		
减少污染的单位	减少污染的 *MC*	减少污染的 *TC*	减少污染的单位	减少污染的 *MC*	减少污染的 *TC*
1	\$5	\$5	1	\$10	\$10
2	6	11	2	13	23
3	8	19	3	17	40
4	11	30	4	22	62
5	15	45	5	28	90
6	22	67	6	37	127
7	31	98	7	48	175
8	42	140	8	60	235
9	57	197	9	75	310

1.11 威尔玛是当地一家出版公司的编辑，达芙妮是当地一家歌剧公司的演唱家，他们在迈阿密一起租一幢联排别墅。威尔玛喜欢在家里阅读和编辑书籍，而达芙妮喜欢在家里排练咏叹调。如果威尔玛能找到另一个阅读和编辑书籍的地方，达芙妮愿意每周支付她 200 美元。威尔玛愿意每周为达芙妮提供 240 美元，让她去寻找其他地方进行排练。如果达芙妮有权在她的家中进行排练，请解释为什么她将不会在联排别墅里排练。另一种情况，如果威尔玛有权在她的家中阅读和编辑书籍，请解释为什么达芙妮仍不在联排别墅里排练她的咏叹调。

16.2 公共（社会）产品

学习目标： 讨论公共产品的特征和供给。

2.1 "公共产品"的存在是潜在市场失灵的一个例子，这表明政府或公共部门能够弥补完全自由市场的缺陷。请写一篇有关政府提供公共产品这一争论的总结（请考虑第 14 章中关于囚徒困境的讨论）。以下三种争论观点认为，政府可能无法像我们预期的那样弥补完全自由市场的缺陷。

a. *公共产品理论*：公共产品具有集体性，因此政府只能为所有人选择唯一的生产水平。国防就是这样的一个例子。政府必须选择国防开支的水平，我们中的有些人会认为这一水平太高了，另一些人则认为这一水平低了，没有人对此感到满意。

b. *社会选择问题*：没有可能找到一个令所有公共产品的投票者和消费者都满意的理性的集体选择。

c. *公共选择和公务人员*：一旦被选出或被任命，公务人员都倾向于根据自己的偏好行事，而不是为了公众的利益行事。

以上三种观点，你认为哪种比较有说服力？

2.2 下面的几个例子都属于"混合品"。它们从本质上讲是私人品，但具有部分公共产品的特性。针对以下的每一项，指出其作为私人产品的内容和公共产品的内容，并且简单论述政府为什么应该或者不应该涉足其中。

（1）公共住房

（2）公共交通

（3）垃圾收集

（4）消防措施

2.3 你是否同意以下说法？请解释原因。

（1）政府应该为所有的市民提供医疗服务，因为医疗是一种"公共产品"。

（2）从经济有效性的角度来讲，一个没有管制的市场经济会倾向于生产不足量的"公共产品"。

2.4 假设一个社会只由两个人构成，分别是伯特和埃尔尼，他们对公共产品 A 的需求在图 1 中给出。如果公共产品 A 的固定边际生产成本为 7 美元，那么它的最优产量为多少？对波特和埃尔尼的收费又将是多少？

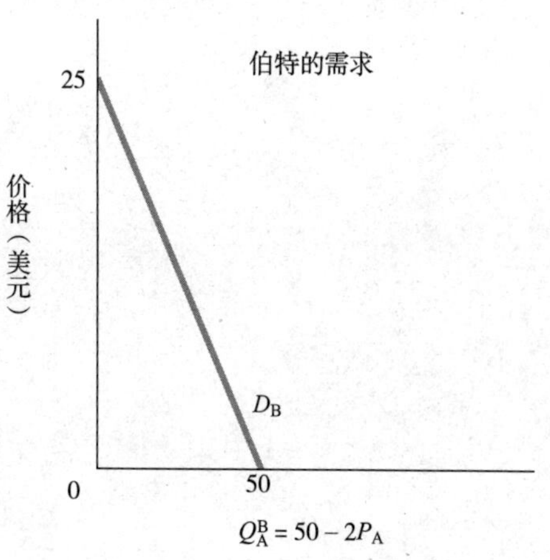

347

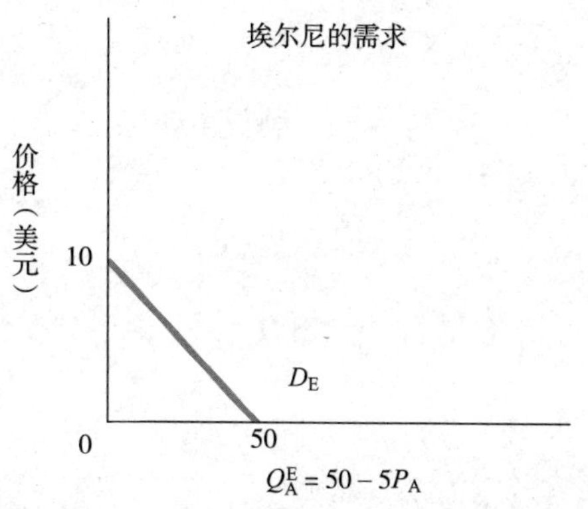

▲ **图 1**

2.5 政府参与一般科学研究，是因为基于知识进步是公共产品——一旦生产出来，信息就会被毫无成本地分享。某行业中使用的新型生产技术会很快在所有厂商中普及，使得生产成本降低、产品价格下降，公众会从中受益。然而，专利制度允许“新知识”私人生产者可以将其他人排除在享用知识成果之外。如果发明者无法从其发明中受益，他们就缺乏继续创造新知识的动力。如果某个公
348 司对某项先进生产技术拥有排他的使用权，它不但可以用更低的成本进行生产，而且可以通过这种排他的技术使用获得垄断力量和收取垄断价格。

a. 从总体上讲，专利制度是好事还是坏事？请解释你的观点。

b. 政府参与科学研究是否是件好事？请讨论。

16.3 公共资源

学习目标：了解市场上为何公共资源供给不足。

3.1 过度使用公共资源通常被称为“公共资源的悲剧”，而交通拥堵就是这个问题的现实例子。解释交通拥堵如何验证了公共资源的过度使用问题，以及公共资源的消费如何影响他人对资源的可得性，以及如果有的话，可以用什么方法减轻这个问题。

第 17 章
不确定性和信息不对称

349

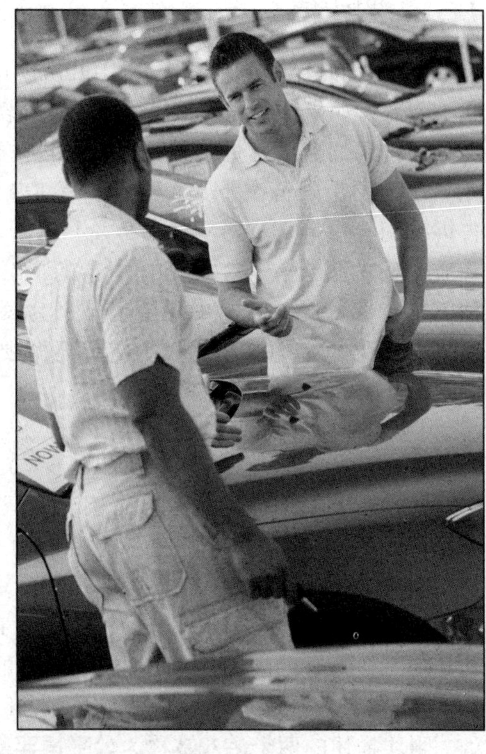

在前几章中，我们假设消费者和厂商是基于其选择的商品质量的完全信息做出选择的。在这种情况下，我们可以把其选择理解为向我们揭示了其真实偏好。同样，当企业选择雇佣多少工人或使用多少资本时，我们假设它们知道这些工人或资本的生产力。当然，在很多情况下，完全信息似乎是一个合理的假设，每天早上你可以选择早餐吃麦片或鸡蛋，每天晚上你可以决定晚餐吃什么，是去看电影还是待在家里学习。即使对于这些选择也会有一些不确定性，也许一种新的麦片上市了，或者一部新电影上映了。但如果假设这些选择是基于完全信息做出的，似乎并不过头。

然而，在一些市场中，消费者和厂商显然是在信息相当有限的情况下做出决策的。当你决定为你的汽车投保防盗险时，你不知道汽车是否会被偷。当你决定买一辆二手车的时候，要弄清楚那辆车到底怎么样并不容易。如果你要在一份有固定工资的销售工作和一份按单件销售付佣金的销售工作之间做出选择，你必须预测自己的销售技能有多好，才能决定哪一份工作更合适自己。在许多市场中，包括一些重要的市场，消费者和厂商都是在只掌握了其需要的一些信息的情况下做出决策。在这章中，我们将探讨这些市场的经济。你将看到如何用经济工具来理解近年的美国医疗改革和2008 年至 2009 年的银行业危机。

本章概述和学习目标

350 **17.1 学习目标**

明确期望值和期望效用的概念及其与风险态度的关系。

17.1 不确定性下的决策：决策工具

在第 6 章中，我们在完全信息的假设下提出了消费者选择的基本原理。为了使这个模型适应不确定性的情况，我们需要开发更多的决策工具。

17.1.1 期望值

收益：来自一个结果或可能的结果的金额。

期望值：每种可能结果的相应收益与该结果发生的概率的乘积之和。

假设我们进行以下交易：抛 100 次硬币，如果硬币是正面，你付给我 1 美元；如果硬币是反面，我付给你 1 美元。我们称一个玩家在每种情况下得到的金额就是**收益**。这里我的收益是正面 +1 美元，反面 –1 美元。在抛硬币的情况下，正面的概率是 1/2，反面的概率也是 1/2。这告诉我们，这笔交易对我的财务价值，或者说它的期望值，是 0 美元。我有一半的机会赢得 1 美元，一半的机会输掉 1 美元。我们一般将这种不确定的情况或交易的**期望值**定义为每种可能结果的相应收益与该结果发生的概率的乘积之和。在上述抛硬币和收益的情况下，期望值（EV）为：

EV=1/2（1 美元）+1/2（–1 美元）=0 美元

抛硬币是一个简单的例子，因为它只有两种结果。但期望值的定义适用于任何既能描述所有可能结果的收益又能描述其发生概率的交易。如果玩这样一个游戏，每次掷骰子得到一个偶数时我会得到 1 美元，每次骰子出现奇数时我需要支付 1 美元，这笔交易的期望值也是 0 美元。一半的时间（6 种可能结果中的 3 种）我得到 1 美元，一半的时间（6 种可能结果中的 3 种）我支付 1 美元。

公平博弈或公平投注：期望值为零的一种博弈。

刚才描述的两个游戏被称为**公平博弈或公平投注**。公平博弈的期望值为 0 美元。公平博弈的预期财务收益等于公平博弈的财务成本。在我们描述的两个公平博弈游戏中，赌注相当低。现在，假设不是 1 美元的收益，而是正面 1 000 美元，反面 1 000 美元。如你所见，这笔交易的期望值也是 0 美元，就像在 1 美元的游戏中一样。但是我们从观察人们的行为中了解到，尽管有些人可能愿意用 1 美元的收益玩公平博弈的游戏，但很少有人愿意玩 1 000 美元的公平博弈游戏。当赌注越来越高时，是什么让人们改变了对公平博弈游戏的想法？接下来，我们将使用第 6 章中已经介绍的一些工具来探讨这个问题。

17.1.2 期望效用

边际效用递减：在一段时间内，任何一种商品的消费越多，对同一种商品的边际或增量单位的消费所产生的增量满意度就越低。

回顾第 6 章，消费者做出选择以达到效用最大化。效用最大化的概念也将帮助我们理解那些消费者在危险情况下做出选择的方式。

第 6 章介绍了**边际效用递减**的概念——在一段时间内，对任何一种商品的消费越多，每消费额外一个（边际）单位该商品所产生的增量满足（效用）就越少。回顾页 145 的图 6.3，注意当边际效用递减时效用曲线的形状。当我们增加商品消费的单位时，曲线变得越来越平了。现在想想当我们增加的不是某商品的消费量，而是我们的总收益时，效用水平会发生什么变化。图 17.1 描绘了一位有代表性的消费者雅各布的总效用与收入的函数关系。y 轴表示总效用，x 轴表示年收入。效用曲线的形状告诉我们雅各布的边际效用递减。前 20 000 美元的收入对雅各布来说很重要，将他的总效用水平从 0 提升到 10，例如这最初的 20 000 美元可以让他买到食物和住所。从 20 000 美元增加到 40 000 美元，幸福感会从 10 增加到 15。请注意，第二个 20 000 美元使总效用水平增加了 5，而第一个 20 000 美元使总效用水平增加了 10。当我们再增加 20 000 美元的收入时，这种模式还会继续。每一美元都会增加总效用，但增速在下降。结果得到一条如图 17.1 所示的曲线，当我们从左向右移动时，曲线变平，总效用从收入同等增长中获得的收益也逐渐变小。

你应该看到收入的边际效用递减假设反映了我们在第 6 章中讨论过的商品边际效用递减。我们拥有的越多，收入体现的价值就越少，因为当我们买得越多，我们能用这些钱买到的东西的边际价值就会下降。

在看图 17.1 时，请记住我们描述的是给定个体的效用和收入之间的关系。这些数字并没有告诉我们富人从 1 美元增量中得到的效用比穷人少。事实上，有人可能会说，一些富人努力赚钱的一个原因是相对于普通人来说，他们从收入的增加中获得了巨大的效用。但无论贫富，图 17.1 告诉我们，随着收入的增加，边际效用都在下降。

图 17.1 如何帮助我们解释人们不愿意玩赌注更大的公平博弈游戏呢？假设雅各布的个人偏好如图 17.1 所示，他目前的收入为 40 000 美元。我们看到 40 000 美元对应的总效用水平为 15。现在，一家企业为雅各布提供了一种不同类型的工资方案。年底的时候，经理会通过抛硬币来决定雅各布的工资，而不是肯定付给他 40 000 美元。如果是正面，雅各布将赚 60 000 美元；但如果是反面，他的收入将下降到 20 000 美元。如前所述，这是一个高风险的游戏。注意，这两种方案的工资期望值是

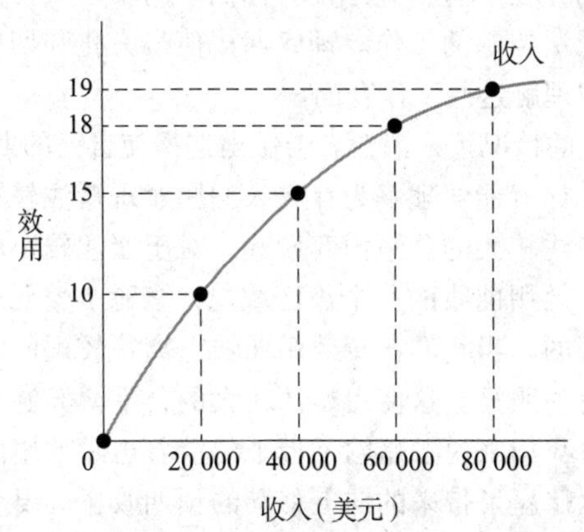

◀ 图 17.1 效用和收入之间的关系 351

图中显示了一位我们假设的消费者雅各布的效用随收入增加而增加的方式。我们注意到，效用随着收入的增加而增加，但是增速却在下降：随着收入的增加，曲线变得越来越平。该曲线表明了收入的边际效用递减趋势。

相同的。第一种情况下，雅各布肯定能赚 40 000 美元。第二种情况下，他一半的机会赚 20 000 美元，一半的机会赚 60 000 美元，期望值为：

EV=1/2（20 000 美元）+1/2（60 000 美元）=40 000 美元

从期望值的角度来看，两种工资方案是相同的。如果只看期望值，我们可能会认为雅各布对这两种工资提议的接受度是一样的。但是，如果你设身处地为雅各布着想，你会发现通过抛硬币决定的工资没有固定的 40 000 美元那么有吸引力。回顾一下第 6 章中介绍的模型，我们就会明白其中的原因。消费者做出的选择不是为了使收入本身最大化，而是为了使他们的效用水平最大化。图 17.1 告诉我们，虽然效用随收入的增加而增加，但两者之间的关系不是线性的。因此，要决定雅各布会做什么，我们需要看看他在这两份工资合同下的效用。

根据这两份工资合同，我们能够看出雅各布的效用分别是多少呢？正如我们之前看到的，在固定 40 000 美元工资的情况下，雅各布的总效用是 15。如果他的收入下降到 20 000 美元，那么总效用水平会从 15 降到 10，下降幅度很大。如果收入水平为 60 000 美元，那么总效用水平就会上升，但请注意，它只从 15 增加到 18。收入下降造成的效用损失比收入增加所带来的收益更大。当然，这是收入边际效用递减的结果。实际上，我们可以将**期望效用**定义为，一项交易下每种可能结果的相应效用与该结果发生的概率的乘积之和。我们可以看到，期望效用类似于期望值，但收益是用效用而不是美元来衡量。在抛硬币决定工资的提议中，如果我们再次看图 17.1，期望效用（EU）是：

期望效用：一项交易下每种可能结果的相应效用与该结果发生的概率的乘积之和。

EU=1/2U（20 000 美元）+1/2U（60 000 美元），进一步表示为：

EU=1/2（10）+1/2（18）=14

352 由于雅各布从固定的 40 000 美元工资中获得的效用为 15，所以他不会采用抛硬币来决定工资。

当然，在现实生活中，工人的工资并不是基于抛硬币。尽管如此，许多工资合同仍存在一些不确定性。你们中的很多人可能都从事过工资不稳定且自己无法控制的工作。理解期望值最大化和期望效用最大化的区别有助于我们理解这些工作合同。

在不确定性的情况下，消费者会做出选择使自己的期望效用最大化。现在看图 17.1，你就能够理解为什么人们愿意玩赌注较小的公平博弈游戏，而拒绝玩赌注较大的公平博弈游戏。对于赌注较小的游戏，输赢带来的结果都位于效用曲线的一个小区域内，多赚 1 美元或少赚 1 美元的效用几乎是相同的。当我们比较效用曲线上离得较远的结果时，边际效用的差异变得更加明显。这使得赌注较大的公平博弈游戏变得缺乏吸引力。因为此时对我们来说，赌输了带来的沿着边际效用曲线向下移动的预期损失，远比赌赢了带来的向上移动的预期收益，要令我们焦头烂额多了。

17.1.3 面对风险的态度

我们已经知道，收入的边际效用递减意味着有代表性的个体不会参与赌注很大的公平博弈游戏。像雅各布这样的个体，比起具有相同期望值的不确定性收益，他们更喜欢固定的收益，被视为**风险规避**。因此，风险规避来自收入边际效用递减的假设，这可以从效用曲线的形状看出。你不愿意冒险，因为就你的幸福或效用而言，失败的代价超过了可能获胜的收益。那些愿意接受一个期望值为零的公平赌注的人被视为**风险中性**。对于这样的个体，收入的边际效用是恒定的，因此在图 17.1 中总效用和收入之间的关系将是一条向上倾斜的直线。当风险较低时，一些人会保持风险中性。在某些情况下，有些人可能更喜欢不确定性的游戏而不是确定的结果。那些花钱去玩期望值为零或更低的游戏的人，被视为**风险偏好**。由于大多数人在大多数情况下都是规避风险的，因此我们将集中讨论风险规避的情况。

风险规避：在具有相同期望值的情况下，相对于不确定性收益，一个人更偏好于某种确定收益。

风险中性：一个人愿意接受一个期望值为零的公平赌注。

风险偏好：一个人即便在期望值为负的情况下也会接受赌注。

人们通常是规避风险的，这种情况在许多市场上都可以看到。大多数拥有房屋的人即使没有必要购买火灾保险也会购买。一般来说，火灾保险给房主带来的成本超过了其期望值，但保险公司就是这样赚钱的。人们购买这种保险是因为他们规避风险：与他们必须支付的保险费相比，他们可能失去的房屋是更加重要的。当人们投资于一个有风险的行业时，该行业也一定存在着让他们“大赚一笔”的机会。从可能倒闭的角度来看，企业风险越大，所需的上升潜力就越大。这也是规避风险的一个迹象。风险和不确定性的存在本身并不会给市场的运行带来问题。房子有被烧毁的风险本身也不会阻止你买房子，如果你规避风险，它只会让你有更大动机去购买保险。事实上，许多市场的设计初衷就是让人们进行风险交易。规避风险的个体会寻找愿意承担风险的其他个体（或者更常见的是企业）来进行交易。

那么一个规避风险的人愿意为避免承担风险而付出的最大代价是多少呢？图 17.2 向我们展示了图 17.1 中所提到的雅各布的另一个视角。假设雅各布目前的收入是 40 000 美元，但他有 50% 的可能性会患上一种不可预防的残疾，这将使他的收入水平降至 0 美元。因此，雅各布收入的期望值为：

$$EV=1/2（40\ 000 美元）+1/2（0 美元）=20\ 000 美元$$

再假设有许多像雅各布一样的个体。平均而言，在任一年份里，一 353
半的人会成为残疾人，而另一半不会。如果一家保险公司为他们所有人都提供保险，当他们成为残疾人时，保险公司平均会为他们每人支付 20 000 美元，以替代他们 40 000 美元的工资。换句话说，期望值告诉我们，平均而言，如果一家公司汇集了大量相同的人，并为他们提供这种规模的收入损失保险，将会需要多少成本。如果个人愿意支付给保险公司的金额超过这个期望值，就有可能达成交易。事实上，从图 17.2

可以看出，对于像雅各布这样规避风险的人来说，保险公司为残疾情况下的收益损失提供的保险价值超过 20 000 美元。没有保险的雅各布有 50% 的可能性赚到 0 美元，50% 的可能性赚到 40 000 美元。从图中可以看出，雅各布在未投保状态下的期望效用为：

$$EU=1/2U（0\text{美元}）+1/2U（40\ 000\text{美元}）$$

$$EU=1/2（0）+1/2（15）=7.5$$

但如图 17.2 所示，7.5 的效用水平对应的收入水平为 x 美元，该水平低于 20 000 美元。换句话说，雅各布对 x 美元的可确定收入和不投保这两种情况的接受度是一样的。但因为 x 美元小于 20 000 美元，我们知道雅各布愿意支付保险费来避免这种残疾风险。因此，保险公司和规避风险的个体之间存在达成交易的空间。因为保险公司可以将风险分摊到许多不同的人身上，所以他们将保持风险中性，愿意为个人承担风险而付出代价。在这个例子中，20 000 美元（风险的期望值）和 x 美元之间的距离告诉我们雅各布和保险公司之间的讨价还价范围。

你可能想知道经济学家是如何解释赌博的。美国各地的人每天都在买彩票，尽管他们知道彩票不是一个公平的赌注。康涅狄格州的强力球彩票（Powerball lottery）就是一个例子。中奖号码是通过从 59 个数字中选择 5 个数字，然后从 35 个数字中选择另一个数字生成的。6 个数字全部正确并中奖的概率是 1 比 1.75 亿。头等奖金额是不断变化的，但一般在 1 000 万至 1.5 亿美元之间。该奖金是要纳税的，获得头等奖金将使获奖者以接近 40% 的税率进入最高税率等级。当奖金水平很高的时候，许多人都去买彩票，可能会有多个中奖者分享奖金的风险。因

▶ 图 17.2　风险规避者和保险市场

雅各布有一半的可能会赚 40 000 美元，有一半的可能因成为残疾而赚 0 美元，他收入的期望值为 20 000 美元。但他的期望效用在 40 000 美元对应的效用水平（15）和 0 美元对应的效用水平（0）之间，即总效用水平为 7.5。x 美元是雅各布为了避免 50% 赚取 0 美元的可能性而愿意接受的一定的收入水平。

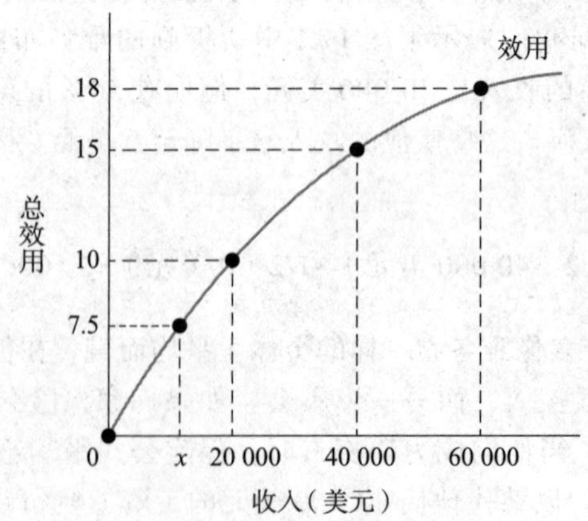

此，在所有情况下，有代表性的彩票的期望值都是负的。和所有碰运气类的游戏一样，在赌场玩老虎机的收益期望值也是负的。否则的话，赌场就会倒闭，政府也不会从彩票中赚钱。个人购买彩票和赌博的形式多种多样。对这种冒险行为的一种解释是可能有些人觉得赌博很有趣，赌博不仅是为了赢钱，也是为了体验。另外，对有些人来说，赌博也可能是一种瘾。想要更全面地理解为什么人们在大多数情况下似乎都不愿意冒险却仍在赌博，这依旧是经济学中一个有趣的研究领域。

17.2 信息不对称

17.2 学习目标 354

描述信息不对称情况的特征、影响和解决方法。

在之前，我们已经讨论过了每个人在相同的不确定性下的交易行为。投币游戏就是一个经典的例子：当你邀请我进行一场投币游戏时，除非你将硬币固定住，否则我们双方都不知道硬币将哪面朝上，这就是一个关于不确定性的游戏。在这样的情况下，我们已经知道了如何用预期效应理论去理解不同的选择，也看到了市场是如何发展来使风险交易成为可能的。然而，在另外一种情况下，交易的一方比另一方拥有更多的相关信息，在经济学上我们称之为**信息不对称**。信息不对称使得个人更难达成合适的交易，进而增加了市场失灵的可能性。

信息不对称：在交易中，交易的一方比另一方拥有更多的相关信息。

我们就正处于这样一个信息不对称的环境中。比如房屋的投保人永远比保险公司更清楚房子的风险程度，比如他的家人平时是否足够小心，是否经常使用蜡烛或者是否有家庭成员吸烟等等，而这些因素对于保险公司制定保险的价格都至关重要。同样，当你申请一所学校时，你也比学校更了解自己的学业情况。

在本节，我们将探究几个关于信息不对称的经典案例，并将着眼于信息不对称时市场失灵的本质，以及个人和市场应对市场失灵的机制。

17.2.1 逆向选择

在汽车行业有这样一句话：一旦你的新车开出了停车场，它就已经不值钱了。几千米路程给车带来的损耗其实是很小的，但为什么会这样呢？这个问题可以用逆向选择来回答，乔治·阿克洛夫（George Akerlof）在 2001 年因逆向选择获得了诺贝尔经济学奖。**逆向选择**是信息不对称带来的一个问题。在逆向选择存在的情况下，交易中商品的质量好坏往往不易区分。例如，顾客通常愿意为一辆优质的二手车支付更高的价钱，但要区分二手车的好坏却是很难的，劣质二手车的卖家往往不愿意告诉顾客实情；同样，保险公司通常会向一个有健康生活习惯的人收取更低的保费，但要区分这些人是谁却是很难的，往往有很多投保人为获得更低廉的保费而向保险公司隐瞒他不良的生活习惯。那么在这样的情况下，优质的商品和优质的顾客经常会被排挤出市场，这样的现象就叫作*逆向选择*。在后面的“实践中的经济学”里，我们将讨论一些

逆向选择：由于信息不对称、优质商品或客户不能被市场区分而出现的优质商品或客户最终被排挤出市场的情况。

关于逆向选择和基因测试的案例，但首先我们将探究乔治·阿克洛夫所提到的逆向选择在二手车市场的应用。

逆向选择与“酸柠檬”　假设你现在想在市场上买一辆好的二手车，通过阅读各种汽车杂志，你知道目前市场上一半车是“酸柠檬”（劣等车），而另一半是“甜桃子”（优等车）。对于你来说，你愿意为一辆优等车支付12 000美元，而一辆劣等车只值3 000美元，可是如果你无法辨别二手车的好坏，那么你愿意为一辆二手车付多少钱呢？

一个可行的解决办法就是我们之前提到的期望值。根据我们已有的数据，这样一辆二手车价格的期望值应是：（$12 000）/2+（$3 000）/2=$7 500。根据预期效用理论，一个风险厌恶者通常只愿意支付一个略低于期望值的价格，比如7 000美元。

但是，这样的计算方式存在一个问题，那就是你所面临的是一个理性的、效益最大化的二手车卖家。在这样的情况下，市场上待出售的优等二手车（甜桃子）和劣等二手车（酸柠檬）数量可能是不相等的。所以之前计算期望值的方法可能不正确，那么我们来看看真实情况下，一个理性的、效益最大化的潜在二手车卖家会是怎样的。

现在假设我们以刚刚计算得到的7 000美元向某个二手车卖家报价。怎么样的二手车主愿意以该价出售他的车呢？车主通常知道他们所有的是优等车还是劣等车，毕竟车主使用了一段时间，这就与信息对称的投币游戏不同。优等车的车主通常不愿与你成交，因为他的好车价值12 000美元而你仅愿意支付7 000美元；然而劣等车的车主将会抓
355 住这个机会把他们的车以这个高价卖出。实际上，当你出价7 000美元时，只有劣等车车主愿意出售。这样一来，随着时间推移，购买者会逐渐发现在二手车市场上买到一辆劣等车的概率将远大于买到优等车的概率，并且二手车市场上的价格也会随之走低。因为这样的情况下，购买者知道市场上出售的都是劣等车，而购买者仅愿为劣等车最多支付3 000美元。乔治·阿克洛夫认为，最终只有劣等车会留在市场中。所以，乔治·阿克洛夫也把他的理论称为“劣等品市场”（The Market for Lemons）。

二手车市场的例子强调了市场失灵与逆向选择之间的联系。因为当交易中的一方（如二手车市场的卖方）拥有比交易中的另一方更多的信息，抑或是由于人的机会主义行为，优等车的卖家很难将好车卖出去；而想要买优等车的买家，由于很难区分二手车的好坏或者不愿意支付远高于市价的价格，也很难买到优等车。因此，即使有些买家对优质二手车的估价高于其当前价值，也很难达成交易。正常情况下，市场将会把商品从定价较低的消费者转移到定价较高的消费者手里，但由于逆向选择的存在，市场就不能合理运作了。

现在你就可以知道为什么新车一旦开出了车店的停车场，它的价格就大幅下降了：因为潜在的购买者会认为你之所以要卖车是因为你拥有的是一辆劣等车。然而你本人也很难证明车的好坏。

逆向选择与保险　在许多市场中都存在逆向选择问题，现在我们考虑其在保险市场中的体现。我们已经知道由于风险厌恶人们会选择买健康保险，但是即使是通过了体检，投保人自己也通常比其他人更知道自己的健康状况。在一个既定的保费水平下，那些认识到自己十分需要医疗保健的人将更倾向于购买健康保险，如此一来，不健康的人推高了保费水平，保费越高，选择该保险的健康的人越少。对于汽车火险和盗窃险来说也是如此。就像二手车市场一样，保险公司很难与低风险的（优质的）客户达成交易。

逆向选择的解决办法　在实践中，个人和市场有许多应对逆向选择的方法。比如机械师为想买二手车的客户提供汽车检查服务，使双方对于该车拥有的信息更加对称。当然检查服务是要收费的，但买家也可以利用其他信息来辨别二手车的好坏。一些买家已经逐渐意识到想要买到一辆好的二手车，最好的方法是向那些即将要搬去其他地方的个人卖家购买，比如许多学生从即将毕业的学长学姐那里购买二手车。像毕业生这样即将搬迁的人，即使他们知道自己拥有的是一辆“甜桃子”（优等车），也愿意以一个低于其所出售的优质二手车市场价的价格出售。如果一辆车是被中间商卖出的，中间商往往愿意为潜在客户提供一个一定年限的保修卡，来证明该车并非是“酸柠檬”（劣等车）。中间商也会因为卖好车或坏车而建立起自己的信誉。政府同样在减少二手车市场的逆向选择中发挥作用，美国的所有州都有“伪劣商品赔偿法”（lemon laws）：该法案允许消费者在购车后的几天内，如果发现了非使用不当造成的重大质量问题，可以要求全额退款。

保险市场同样为减少逆向选择问题而采取了各种策略。比如保险公司会要求体检，并且会对支付医疗费用的情况加以条件限制。同时一些公司常向一些拥有可核实的健康习惯的人收取更加低廉的保费，例如不吸烟。

当我们考虑全民医保政策时，了解逆向选择问题也同样有用。在美国，医保是由一系列私人部门（通过雇主和个人购买行为）以及政府的医疗保险（Medicare）和医疗补助（Medicaid）计划提供的。在传统的美国模式下，许多人可以根据保险公司提供的保费水平来选择他们想要购买的保险。相反，在许多国家，包括大部分西欧国家在内的所有人一般都是通过政府的医保计划来获得健康保险的。这样一个所有人都被覆盖（至少是在某种层面上被覆盖）的计划被称为全民医保。《平价医保 356
法案》（The Affordable Care Act of 2010，也叫作“奥巴马医保计划”）通过确保每个人都得到健康保险或者承担潜在的税收来实现全民医保。潜在的税负使得健康的人也不得不进入了保险市场。尽管对于全民医保的争议颇多，但是大多经济学家都认为全民医保减少了保险市场的逆向选择问题。当个人可以选择是否加入医保时，一般来说，往往是那些需要医疗保险的人会购买保险公司的保险。而现在的全民医保减少了个人的选择机会，进而减少了逆向选择问题。

实践中的经济学

医保市场中的逆向选择

医保是保险公司担心逆向选择问题的一个重要领域。近期一个关于长期医保和亨廷顿舞蹈病（Huntington's disease，HD）的案例很好地说明了该问题。[1]

亨廷顿舞蹈病是一种神经功能衰退病，有万分之一的概率由基因突变导致发病。典型的发病期在30至50岁，患者症状会逐渐加重，死亡通常发生在发病后的20年。

携带亨廷顿舞蹈病基因的人有50%的可能性患病，而自1993年起，该病已经可被准确预测。因此，个人——由于他们知道自己的家族病史并且可以做测试——他们更了解将来可能患病的概率，另一方面，保险公司尽管可以询问投保人的健康状况，但是不能询问他们的家族病史，也不能因此准确地知晓他们基因测试的情况。因为在2010年，《平价医保法案》要求政府在不参考家庭病史和基因史的情况下，为适龄人群提供长期医疗保障。因此，在保险公司和潜在投保人之间就有了明显的信息不对称。正如刚刚所提到的，亨廷顿舞蹈病将可能导致长期的严重残疾，所以对于潜在患者来说拥有一份保险是十分有益的事。

奥斯特等人（Oster et al.）对亨廷顿舞蹈病患者的长期研究表明，携带该致病基因的群体买长期医疗保险的概率是普通人的5倍，这表明其中确实存在严重的逆向选择问题。对于这样的群体，该研究发现按照目前的保费水平，长医疗保险是一个赔钱买卖：对于那些清楚知晓他将患病的投保人来说，保险公司每收他们1美元的保费，在将来会为其赔付4美元。随着基因测试的发展，医疗保险领域的逆向选择问题也愈加严重，我们也将更难选择在多大程度上透露基因测试的结果。

思考

1. 经济学家发现许多单身的年轻人不买医疗保险，这是为什么呢？

[1] Emily Oster，Kimberly Quaid，Ira Shoulson，E. Ray Dorsey，"Genetic Adverse Selection：Evidence from Long-Term Care Insurance and Huntington Disease，" *Journal of Public Economics*，December 2010，1048–1050.

17.2.2 市场信号

市场信号：在不确定性中，用来沟通质量的买卖双方的行为。

我们之前讨论了买卖双方之间信息不对称是如何导致逆向选择的，然而有许多方法可以克服或者说至少是减轻信息不对称带来的问题。迈克尔·斯宾塞（Michael Spencer）是与乔治·阿克洛夫和约瑟夫·斯蒂格利茨（Joseph Stiglitz）共同获得2001年诺贝尔经济学奖的经济学家，他曾经用**市场信号**的概念来帮助解释，在不确定性中买卖双方是如何交流商品信息的。

大学的申请程序很好地解释了市场信号是如何发挥作用的。在 2008 至 2009 年，美国处于申请大学年龄段的人数达到了顶峰，这是因为 1990 年有创纪录的 410 万孩子在美国出生，此外，当时的经济环境也
激发了年轻人对获得更好教育的追求。顶尖大学的名额一席难求，并且 357
这样的情况还在继续。

在大学的申请程序中，学生是明显的“卖方”而学校是“买方”。市场信号就发挥作用了，因为在这样一个具有不确定性的情况下，沟通的质量决定了学生和大学之间的匹配程度。

大学对申请学生的信息掌握是不完全的，即使大学已经知道了诸如学生考试成绩之类的信息，却很难找到方法去了解关于学生其他品质的信息。所以，大学必须寻找能表现个人特点的信号。

首先，大学想要的是以后可能会成功的学生。它们需要找到哪些学生愿意努力学习，哪些学生将在学术上做出成就。但是，大学同样也想要那些会成为优秀的科学家、艺术家、人类学家、舞蹈家、音乐家、商人、领导者，从而为社会做出贡献的人。许多择优录取的大学在入学表格、宣传手册和网站中都表明，它们在“寻找有所作为的学生”。

虽然在众多的申请学生中建立起一套能通过信号甄别学生品质的方法是很困难的，但其中确实有一些普遍认同的信号是大学所关注的，显然这些信号比分数和标准化测试都更为重要。“课程质量”是一个用来描述申请者在高中时期课程难度的术语，该生在高中参与了多少进阶课程？学习了多少年的数学、科学和外语？是否勇于挑战自己？

除了课程之外，学生积极参与课外活动也是未来成功的信号之一。招生人员也将练习小提琴、钢琴或者足球的时长视为学生能否持之以恒、勇于面对挑战的信号。招生人员之所以会做出这样的假设，是因为他们所拥有的信息并不完善。

大多数学生即使不明白信号理论，也意识到大学偏爱有课外活动经历的学生。所以，当知道这点后所有学生都投身于这样的课外活动。但是，当所有学生都这样做以后，课外活动怎么能够成为一个学生能力强和兴趣广泛的信号呢？如果每个高中毕业生都是法语俱乐部的会员，那么这件事情将不再有信号的作用。

要想使课外活动成为一个有用的信号，这些课外活动就应该对于全面而高效的学生来说更加容易，而对于普通学生来说很难。如果一个学生真的对写作感兴趣，还能够很好安排时间，同时学校的论文也完成得很好，那么学校就能准确推断出曾有报社记者经历的学生，对写作感兴趣并且善于时间管理的可能性更大。因为对于那些仅仅是为了申请学校，而并非热爱写作和善于时间管理的学生来说，这将花费太多的时间和精力。要想信号发挥作用，获得这些信号的成本必须是昂贵的，并且信号的成本对于那些本身具有该信号特征的人应该更低。鉴于这些原

因，大学招生委员会开始看重学生到底在该活动上花了多少时间，这些耗时的课外活动对于那些并非真的喜欢的学生将会更加痛苦，并且他们还需要去权衡花在其他学业追求上的时间。

如果想要用信号来减少逆向选择问题，那么高品质的人获得这种信号的成本必须更少。当只有最坚定、最聪明的学生才能兼顾好学业和某些课外活动时，这样的课外活动才能成为一个有效的信号。在这样的情况下，这些特定的课外活动就是一个强信号。在就业市场上，受教育水平是一个强信号，当然，教育可以在很多方面改善你的生活，比如作为一个消费者、一个公民、一个员工。教育可以直接提高你在大多数工作中的生产力。同时，受教育水平也给了你潜在雇主一个信号：你是一个高效的员工。为什么受教育水平是一个好信号？因为教育就像那些课外活动，最容易接受高等教育的都是有纪律性的、聪明的、努力的人。这些都是工作中所需的重要特质，然而这些特质却很难一下子被证实，所以受教育水平就成了一个重要的信号。

信号无处不在，回顾我们刚刚提到的二手车市场和保修卡的例子，当中间商为二手车提供保修卡的时候我们往往会认为这是一辆优等车，为什么？ 因为有了保修卡，车辆的任何修理费用将由中间商承担，而如果该车是一辆劣等车，那么中间商将会承担巨额的修理费用。因为劣等车将需要更多的修理费用，为劣等车提供保修卡将会使中间商承受更大的损失，所以车主愿意提供保修卡是该车品质优良的信号。

有时，厂商的名称也能成为向消费者传递质量的一种信号。许多机场现在都有美甲沙龙，为闲暇的旅客提供美甲服务。表面上看，美甲业
358 务可能存在逆向选择问题。如果在一个社区中，一家美甲沙龙性价比不高，那么它可能会倒闭，因为这家美甲沙龙将不会有什么回头客，并且任何关于它不好的评价都会很快传播。然而一家在机场的美甲沙龙，回头客本身就是不常见的，因此，一家口碑不好的店也不会因此而倒闭。由于要想提升沙龙品质需要在劳动力上花费巨额成本，而客户在开始美甲前并不能判断一个美甲沙龙的好坏，所以好的美甲沙龙往往会被低价低质的沙龙排挤出机场市场。聪明的消费者终将会意识到只有迫不得已的时候或者完全不在意美甲品质的人才会在机场美甲。实际上，还是有一些办法能避免优质的美甲沙龙被排挤出机场市场，正如我们在很多机场看到的那些连锁沙龙。比如，拥有连锁店的厂商发现，在达拉斯沃思堡机场店的良好服务同样会给在圣路易斯机场的同名连锁店带来良好的声誉，这促使拥有连锁店的厂商在每个机场都提供更好的服务。最终，机场的游客就会将该连锁店的商标视为品质优良的信号。连锁店在经济上的好处是能够给非本地的客户提供一个保证：尽管在不同的地方产品的质量也都是相同的。所以基于这样的原因，当你下次去美国其他州的时候，看看高速公路服务区周围的旅馆和餐厅，你会发现几乎都是连锁店。

实践中的经济学

如何阅读广告

包括一些大学校友杂志在内的许多高端杂志，背后都刊登度假房屋的租赁广告，让我们来看看在其中一本杂志上看到的广告。

圣托马斯的出租广告："位于加勒比海圣托马斯岛上的精美别墅，可供六人居住，拥有漂亮的花园和游泳池，配备游廊和烧烤架，可按周或按月租赁。"

根据这则广告的描述，一个有鉴别能力的读者应该得出什么样的结论呢？对于一个曾经学过经济学的人来说一定会得出一个明显的结论：这个别墅不在海滩上甚至可能离海滩很远。

为什么会得出这样的结论呢？广告的目的是为了吸引消费者，所以我们首先要明白别墅的主人会将这幢别墅对消费者来说有吸引力和重要的所有特色罗列出来。在海岛上，海滨是最大的吸引点，然而，广告中并没有告诉我们别墅是否临海。意识到做广告的人是逐利的，这可以让我们对他没有提供的信息进行推测。

这样的逻辑在公司中也同样适用。在 2002 年，美国国会和总统通过了新的会计准则，新会计准则要求厂商告知股东它们给予管理者的股票期权以及这些期权对厂商成本的影响。厂商的信息应在财务报表或其脚注中体现。不出所料，这些期权成本较高的厂商，尤其是一些网络厂商，选择了在脚注中添加信息这样透明度较低的方式披露信息，然而一些传统厂商，它们需要披露的期权信息少，也因此更加乐意提供信息。

所以有时缺少信息也是一种信号。

思考

1. 如果一盒葡萄干上写着该盒葡萄干不少于 100 粒，你认为这盒葡萄干内可能有 200 粒吗？

17.2.3 道德风险 359

证券市场中另一种与信息相关的问题就是道德风险。通常一份合约的履行结果，至少部分地取决于签订合同的一方在签订合同后的行为。当合同的一方根据合同改变行为，从而导致另一方损失时，就产生了**道德风险**。举例来说，如果你购买了汽车意外保险，你的汽车在一次意外事故中损坏了，保险公司就有义务来支付修理费用，然而意外事故的发生至少部分取决于你是否认真开车。同样地，你的饮食习惯、锻炼情况以及是否在做危险的事情等等，都决定了健康保险的保单费用。如果潜在的道德风险是巨大的，这就意味着合约将很难履行。

道德风险：当合同的一方根据合同改变行为，从而导致另一方损失时产生。

道德风险将导致低效结果。在保险里，这种情况类似于厂商和家庭在决策过程中未将其行为带来的全部成本考虑在内而引发的外部效应。如果我的车上了全套的保险，那我为什么还要锁车？如果不管何时我的眼镜掉了，健康保险都会进行赔付，那我为什么还要小心保管它？

在 2009 年，美国政府救助了大量面临倒闭的厂商，包括许多大型银行，AIG（美国国际集团）以及通用摩托。许多经济学家为此发声，警示政府应该考虑道德风险问题。如果政府一直帮助银行摆脱困境，那如何保证这些银行不会无视其面临的风险？如果通用汽车和 AIG 始终有政府为其兜底，其经营行为是否会更加轻率？这些思考使得道德风险在 2009 年登上很多报纸的头条。

道德风险和逆向选择都是与信息相关的问题。交易双方不能确定另一方在签订合约之后的行为，这降低了双方达成交易以及提高合约价格的意愿。如果可以完全预测交易双方今后的行为，那么在签订合约时，它们就会极力消除它们不愿意看到的行为。有时这一点是可以做到的。人寿保险公司不对自杀行为进行赔付；只有你安装了烟雾探测器，火灾保险公司才会与你签订保单；如果你因为行为不当而给自己的公寓造成损失，房东就会扣留你的押金。但是我们不可能知道所有人的行为和企图。如果合同规定，签订合同的一方无须为其行为负责，而所有人都在为自己牟利，那么此时的结果就是低效率的。

17.3 学习目标

讨论有效激励设计的收益。

17.3 激励

关于道德风险的讨论让我们看到了一些人们在购买保险时可能接受错误的激励的事例。与此类似，激励在我们生活的其他方面也发挥着重要作用。招聘新员工时，厂商总是想要确保员工有足够的动机去努力工作，许多雇主会通过奖励模范员工来激励其他员工。在班级里，老师也尝试着以反馈（不仅有表扬也有批评）和分数来激励学生们学习。政府一直在努力设计出更合适的政策激励机制来应对失业、贫困，甚至国际关系。

实际上，我们对激励的兴趣大多来源于不确定性。由于你的老师或者老板并不能时刻关注你到底有多努力，他们就需要设计一份激励机制来确保在没人关注的情况下，你也是如此认真工作或者学习。考试分数和奖金就有这个作用。保险公司不能监控你有没有好好关车门，但它能建立一份激励机制使你在买了防盗险的情况下也时时注意关好车门。

机制设计：经济学的一个研究领域，分析合同和交易结构如何能够克服信息不对称问题。

在经济学中，**机制设计**这个分支专门研究如何设计交易和合同，使得即便在信息不对称的情况下，利己主义者也会遵守约定。2007 年诺贝尔经济学奖被授予了莱昂尼德·赫维茨（Leonid Hurwicz）、罗杰·迈尔森（Roger Myerson）和埃里克·马斯金（Eric Maskin），以表彰他们在这个领域的杰出工作。机制设计这个研究方向虽然相对复杂，但该领

实践中的经济学 360

雪质怎么样?

大多数滑雪者都喜欢在新雪上滑雪。有些滑雪者甚至会因为雪质而去很远的地方滑雪。达特茅斯学院的两个学者（同时也是滑雪爱好者）决定测试一下滑雪胜地的雪质报告是否真实准确。[1]

接下来我们能看到，是什么激励度假村谎报降雪频率呢？雪质报告里对新鲜雪质的描述吸引了众多的滑雪者前往，至少到了现场他们才恍然大悟。但是津曼（Zinman）和齐策维茨（Zitzewitz）意识到雪质报告的吹嘘程度在周末会更突出，这时候会有更多想撞大运的单日滑雪者寻找特别的滑雪地，因此他们会在工作日看滑雪胜地的推荐攻略。周末确实也会有比平时多 23% 的报告强调雪的自然和新鲜，但其实在一周的任何一天降雪量几乎没有什么不同。一般情况下，雪质报告吹嘘的下雪量并不过多，因为暴风雪的报告很难伪造。

狂热滑雪爱好者津曼和齐策维茨发现了一款新的苹果应用能够让滑雪者在雪场上向其他人如实报告雪质，这使得夸大其词的雪质报告大量减少。

思考

1. 你认为是什么刺激了对这款新苹果应用的需求？

[1] Jonathan Zinman and Eric Zitzewitz, "Wintertime for Deceptive Advertising," Dartmouth Working Paper, January 2012.

域的一个核心理念是，采用不同的激励计划就能使人们暴露最真实的自己。在接下来的讨论里，我们将通过一些劳动力市场和保健品市场的例子来分析激励机制如何减少逆向选择和道德风险。

17.3.1 劳动力市场中的激励

在预期效用和期望值这一节，我们描述了这样一种情况，一个雇员需要在两份工作之间做出选择，第一份工作有 40 000 美元的固定月薪，第二份工作能获得 20 000 或者 60 000 美元的浮动月薪。我们认为大多数人都是风险厌恶的，不会选择第二种工作，但也确实存在很多人会选择包含一些不确定性的工作合同。只有不到二分之一的美国大型公司首席执行官是领取固定薪资的，公司盈利情况和股票市场表现决定了他们的奖金，而这部分奖金往往才是他们的主要薪酬来源；一些工厂采用计时工资制，工作速度的快慢决定了工资的多少；销售工作通常支付销售提成。既然大多数的人都是风险厌恶的，为什么还会有人选择这些工作呢？

公司能通过浮动薪酬激励员工达到更好的业绩。试想你正在招聘一名销售员，现在有乔治和哈里这两名候选人，他们看上去一样随和、勤奋踏实以及善于与人打交道。如何辨别谁会成为一个更优秀的销售者呢？激励机制会告诉你答案。假设你向乔治和哈里提供以下报酬信息：基础工资是 25 000 美元，销售额超出一定量之后开始计算提成，超出一定量的每一笔都有大量的提成。那么这份工作到底有多少薪水呢？这取决于销售人员的能力。如果乔治自认为是一个优秀的销售者，而哈里觉得自己不擅长销售，那么只有乔治会接受这份工作。激励机制使得公司找到最合适这份工作的人选。请注意相对于我们之前讨论的逆向选择问题，这个激励机制创造了一个有益的动态选择。许多公司选择根据业绩表现的好坏来发工资，是因为它们认为这样能吸引最合适的人来应聘。上面的例子告诉我们薪酬设计排除了不合适的员工，激励机制也使我们通过哈里的选择更了解其技能和能力。

浮动薪酬还有其他作用。一旦乔治选择了这份工作，努力工作意味着赚到更多的钱，这就激发了他工作的热情。当然，还有一点也很重
361 要，他的工资在一定程度上还取决于他是否能做到。这也是为什么大多数公司首席执行官的报酬相对于其执行助手而言更多地取决于公司的赢利能力。首席执行官之所以面临着最强的业绩激励，是因为他们更能掌控公司的收益能力。

在投资银行领域的高管层面，大多数的奖金也是基于业绩的。在 2008 年经济崩溃之前，高盛的首席执行官劳埃德·布兰克费恩（Lloyd Blankfein），拿到了 7 300 万美元的奖金，而这当中只有 600 万美元是基础工资。因此有人批判，金融行业的高额奖金令人们对过度冒险趋之若鹜。

最近几年，美国的一些州一直致力于改革公立学校老师的薪酬奖励机制。一些学校将学生标准化考试的成绩与老师的奖金挂钩。还有另一些相关的尝试，纽约市一个试点计划奖励成绩好的学生像手机这样的奖品。对于这些方式的有效性也存在很多争论，有些人认为公立学校的老师已经有了足够多的工作动机，现金奖励起不了什么作用，另一些人担心这会刺激老师们采取错误的教育方式，使教学趋于应试化，一些人担心激励奖金会剔除敬业的老师，另一些人则认为这会留下更多认真工作的老师。在公立学校学生的例子里，批评者担心这些激励会使教学从一项老师们热爱的事业发展到越来越商业化。对这件事的讨论很可能会持续一段时间。

总结

17.1 不确定性下的决策：决策工具　页 430

1. 为了得到一个交易的期望值，需要识别所有可能的结果以及这些结果各自对应的收益。期望值就是所有收益的加权平均值，权重就是每个事件发生的概率。
2. 通常来讲，相比于确定性交易人们不会接受有相同期望值的不确定性交易。
3. 风险规避表示在相同的期望值下，相对于不确定性结果，人们更愿意选择确定性结果。风险中性表示对确定性结果和不确定性结果的交易没有偏好。风险偏好者喜欢结果不确定的交易，而不喜欢确定的交易。
4. 大多数情况下人们都是风险规避的，除非赌注很小。
5. 收入受到边际效用递减的影响，同时边际效用递减又能解释风险规避。

17.2 信息不对称　页 435

6. 缺乏信息情况下做出的决策往往是低效率的。当买卖双方中的一方在他们参与的交易中掌握更多的信息时，信息不对称就产生了。当信息不对称时，问题就格外突出。此时，逆向选择就产生了。拥有更多信息的买方或卖方的投机行为阻止了某些能增加福利的交易发生。当合同的一方存在私心而将其行为的成本转移到合同的另一方时，就出现了道德风险，这些增进福利的合同也就很难被执行。
7. 市场信号是一个卖方可以与买方交流其质量的过程，如果信号是有用的，那么高质量的一方获得信号的成本比低质量的一方低。
8. 在许多情况下，市场提供了信息不对称问题的解决方案。利润最大化的公司会持续收集信息，只要信息收集的边际收益大于边际成本。消费者也做着同样的一件事情：越重大的决策，在信息收集上花费的时间越多。还有另外一些情况，政府必须收集信息并向公众传播信息。

17.3 激励　页 442

9. 正确的激励设计能改善选择机制，同时减少道德风险问题。
10. 劳动力市场的绩效合同以及健康保险市场的共同支付就是体现了激励效应的两个例子。

术语和概念回顾 362

逆向选择，页 435
信息不对称，页 435
边际效用递减，页 430
期望效用，页 432
期望值，页 430
公平博弈或公平投注，页 430
市场信号，页 438
机制设计，页 442
道德风险，页 441
收益，页 430
风险规避，页 433
风险偏好，页 433
风险中性，页 433

习题

17.1 不确定性下的决策：决策工具

学习目标：明确期望值和期望效用的概念及其与风险态度的关系。

1.1 下面的表格列出了三个人的三种不同效用与收入之间的关系，请用图形来分别描述每种关系，并且分别解释每个人是风险规避、风险中性还是风险偏好。

亚历山德拉		比安卡		加利卜	
收入（美元）	效用	收入（美元）	效用	收入（美元）	效用
25 000	15	25 000	10	25 000	3
50 000	27	50 000	20	50 000	8
75 000	35	75 000	30	75 000	20
100 000	40	100 000	40	100 000	40

*1.2 假设你现在的年薪是 115 600 美元的固定工资。有这样一份新的工作机会，每年有 75 000 美元的基础工资，如果公司经营得足够好，还能获得 350 000 美元的奖金。现在假定你的效用曲线为效用 = $\sqrt{收入}$，举个例子，当收入等于 100 美元时，效用水平就是 10；像你现在的收入是 115 600 美元，效用水平就是 340。请计算，公司经营成功的概率达到多少你才会接受这份工作？

1.3 2015 年初我为自己在美国阿斯彭（Aspen）的度假屋买了一份火灾保险，然而到了年末，在这一整年的时间里我的房子都没有发生火灾事故，所以买火灾保险是一个错误的决定吗？请做出解释。

1.4 电子扑克在赌场的风靡程度仅次于老虎机。一些电子扑克游戏有“双倍下注”的功能，在这种情况下，收到一手牌的玩家有机会将他们的奖金加倍。如果玩家选择玩双倍下注，则机器将从 52 张卡组中选一张发给玩家，选另一张发给“庄家”。如果玩家的牌面比庄家大（A 是最大的牌），那么玩家的奖金翻倍。如果玩家的牌面小于庄家，那么玩家输掉奖金。如果发下来的两张牌一样大（一次下注），玩家保留原始赌注。请说明双倍下注是否是一个公平博弈的例子。

17.2 信息不对称

学习目标：描述信息不对称情况的特征、影响和解决方法。

2.1 解释不完全信息问题，例如逆向选择和道德风险，会如何影响以下市场或情况：

a. 大型国际机场的无线互联网连接市场

b. 承租人的保险市场

c. 二手汽车轮胎市场

d. 药品的网上交易市场

2.2 大学里有很多课程，只给出通过或者不通过这样的考核结果。请你运用逆向选择和道德风险的观念来解释，为什么班级里的尖子生几乎都不选择这种课程（选择这种课程的学生几乎没有班里的尖子生）？

2.3 社会环境中也有信号理论的运用。在一个新的地方，什么样的信号会使你找到兴趣相投的人？

2.4 **［与页 441“实践中的经济学”相关］**在杂志、报纸或者网页上挑出一个产品广告，找出一些能提供重要产品特征却未被列出的信息。回答以下问题，什么信息没有被列出来？为什么你认为这个信息被忽略了？这条信息为你提供了产品的什么特征？

2.5 **［与页 438“实践中的经济学”相关］**人寿保险公司在出售人寿保险保单之前是否能被允许查询家庭用药史以及基因测试的结果？就这个问题发表你的看法。为什么应该被允许？或者为什么不应该被允许？

2.6 瓦伦蒂诺想要买一辆经典摩托车，他在二手摩托车交易网站上看中了一辆售价为 5 950 美元的 1974 年产凯旋·邦纳维尔 T140。如果这辆摩托车的质量是靠谱的，他愿意出 7 500 美元，如果不靠谱，他就只想出 2 000 美元。什么样的额外信息会对瓦伦蒂诺的购买决策有帮助呢？

2.7 保险公司把提供团体医疗保险给大型公司，并要求所有员工都加入该保单，作为应对逆向选择问题的一种方式。请解释，这种保单是如何减少逆向选择的？

17.3 激励

学习目标：讨论有效激励设计的收益。

3.1 莫娜在得克萨斯州的吉尔伯特有一家有机鸡蛋农场，她雇用了一批工人来检查鸡蛋质量并将其打包装入纸箱，为此支付时薪。现在她想要将薪资制度改革成计件工资，即薪酬取决于一天完成的工作量的多少，也就是一天检查并且打包的鸡蛋数量。假定任意一天的鸡蛋数量都超出了工人们能够完成的量，你认为薪资制度的变化会对莫娜的农场产生什么影响？

3.2 美国最繁忙的五个机场分别位于亚特兰大、芝加哥、洛杉矶、达拉斯–沃思堡以及丹佛。这些机场有超过 450 个食品店，每个机场都提供了大量的用餐选择并且以地方菜为特色，同时乘客们也能找到像麦当劳、星巴克、然巴汁（Jamba Juice）、汉堡王、赛百味、奇利斯（Chili's）这样熟悉的连锁餐厅，为什么这些国际连锁餐饮机构会选择进驻这些大型的机场呢？

3.3 **[与页 443“实践中的经济学”相关]**“实践中的经济学”讲了这样一个案例，一款新的苹果应用让滑雪者能直接播报滑雪胜地的雪质，同时也使得度假村发布的不准确雪质报告急剧减少。请你描述另一款能减少产品或服务错误信息的智能手机应用，并且解释这个应用程序目前或潜在的流行程度。

3.4 西蒙很喜欢看电影，他每次在线看电影都需要支付 3 美元给网络服务提供商，同时他还有另一种选择，每个月支付 15 美元即可以享受无限次的在线观看。西蒙估计他每个月也就看 3 次电影，他看的电影数量还没有多到可以让他选择无限次观看的包月服务。因 363
此，西蒙选择了按次付费。

a. 到了第 6 个月末，西蒙发现他每个月只看两次电影而不是像他预期的那样看 3 次。但他也仍然确信，如果他选择了无限次观看的包月服务，他每个月将会看 3 次电影并且经济学逻辑能解释他的上述预测。请你指出，这是什么经济学原理？

b. 西蒙的弟弟安德鲁很喜欢来西蒙的公寓，用他 70 英寸的大电视看电影，但是作为一个一文不名的大学生，安德鲁没有太多额外的钱支付在线观看费用。安德鲁每个月都想看两部以上的电影，但他每个月最多只能为这额外的电影支付西蒙 2 美元。你认为安德鲁的这 2 美元能说服西蒙为这额外的电影付费吗？如果你认为不能，请你指出另一个可行的选择来达成安德鲁的愿望。

3.5 拉斯维加斯的许多赌场发牌员领的都是最低工资，小费才是他们的主要收入来源。在过去的几年里，拉斯维加斯的大多数赌场为发牌员制定了提成政策，发牌员不能获得他们赚得的全部小费，所有人的提成都必须全部上交，然后再平均分配到每个人。这个新的提成政策将如何影响经销商们的生产力呢？

第18章 收入分配和贫穷

本章概述和学习目标

364 2014年，美国拥有净资产超过500万美元的人口超过了100万。同时，超过4 600万家庭生活在官方定义的标准贫困线以下。怎么解释这些财富和收入的不平等模式呢？对于全世界的收入和财富分配，我们又能做哪些讨论呢？

正如我们之前所描述的，市场经济对提高效率做出了很大的贡献。即便存在着不完全竞争、外部性以及公共产品等问题，市场经济也会为我们提供很多有效解决方法。然而市场经济的运行导致收入和财富在人们之间的分配很不平等。这是公平合理的吗？我们有哪些或者应该运用哪些政府政策来解决不公平问题？在这里我们将会发现许多经济学家和政策制定者之间的分歧。

18.1 家庭收入的来源

18.1 学习目标

描述家庭收入的三种主要来源。 365

家庭收入有三种主要来源：（1）用劳动换得的工资或薪水；（2）财产收入——资本、土地等；（3）从政府处获得的收入。我们先来看这三种主要收入来源在总收益中所占的比例，从而为接下来关于收入与财富分配的讨论奠定基础。

18.1.1 工资和薪水

美国在 2014 年的个人总收益为 147 000 亿美元。其中 51% 的个人收入由工资和薪水组成。如果加上工资补贴，包括医疗保险和养老金，那么这一比例将达到 63%。对于许多人来说，工资和薪水收入实际上构成了他们全部的个人收入。

18.1.2 财产收入

个人收入的第二大来源是**财产收入**——从房地产和其他金融资产的所有权中获得的收入。如果说工资是劳动的回报，那么财产收入就是资本的回报。因此，一个家庭的财产收入取决于它拥有的资产数量以及资产带来的收益。财产收入主要以利润、利息、股利和租金的形式存在。美国在 2014 年的财产收入占个人总收益的 28%。

财产收入：从房地产和其他金融资产的所有权中获得的收入。它以利润、利息、股利和租金的形式存在。

18.1.3 从政府处获得的收入：转移支付

转移支付是政府向个人做出的不需个人提供商品或服务作为交换的支付。例如，失业保险金就是一种转移支付。政府层面最大的单项转移项目是社会保险。这个项目通过社会保险缴款的形式从劳动者那里收集资金，并将资金支付给退休人员或残疾人。净转移支付是政府给个人的转移支付减去个人通过社会保险项目上交给政府的部分。美国在 2014 年的净转移支付占个人总收益的 9%。

转移支付：政府向个人做出的不需个人提供商品或服务作为交换的支付。

18.2 市场收入的分配

18.2 学习目标

定义市场收入并分析市场收入的分配。

由于不同的个人和家庭之间存在收入差异，因此我们需要衡量这些差异的大小。收入分配最好的衡量标准是什么呢？我们也需要清楚，我们讨论的是什么收入。本章我们考虑三种主要的收入类别。第一种是**市场收入**，即在收到政府转移支付和上缴所得税之前的工资和财产收入。第二种是**税前收入**，即市场收入加上收到的政府转移支付。例如，如果有人收到了政府的社会保险支付，那么这项支付属于税前收入却不属于市场收入。第三种收入是**税后收入**，即税前收入减去支付的所得税。税后收入有时也被称为可支配收入，因为它是人们可以自由花费或存储的收入。

市场收入：计算转移支付和税收之前的工资和资产收入。

税前收入：市场收入加上转移支付。

税后收入：税前收入减去税收。

18.2.1 美国的收入不平等

表 18.1 展示了美国 2011 年市场收入分配的数据。如表所示，市场收入包括工资收入和财产收入，但剔除了政府转移支付。这里我们主要关注收入分布的描述，因为它直接来源于市场且未受到政府税收或转移支付的干预。在这个表中，我们将运用简单的衡量标准来检验收入分配，即每 20% 的家庭收入占经济中市场总收益的份额。

首先我们把全体家庭按收入的高低排序，然后从高到低分成所包含的家庭个数相等的 5 组。2011 年，收入最高的五分之一家庭占总收益的 56.8%，而收入最低的五分之一家庭仅拥有总收益的 3.8%。收入分配向右倾斜。另一种观察收入分配倾斜的方式是比较所有家庭的平均收入，即 80 600 美元，而中间五分之一的家庭的平均收入是 49 800 美元。一半家庭平均收入低于 49 800 美元，一半家庭平均收入高于 49 800 美元，但总平均收入 80 600 美元远高于 49 800 美元，这是因为收入集中于右半部分家庭。

收入分配的变化 近年来，关于收入不平等的公开辩论有所增加，部分是对美国不平等现象担忧的不断增加所引发的。表 18.2 列出了美国家庭在 1979 年和 2011 年市场收入的分配情况。从这些数据中我们可以看到自 1979 年以来美国的不平等现象加剧。从 1979 年至 2011 年，前 20% 家庭的市场收入份额从 50.0% 增加到 56.8%，而中间三个部分家庭的市场收入份额均下降。最低收入的 20% 家庭的市场收入份额非常小，但略有上升，从 3.0% 增至 3.8%。尽管表格中并未显示，但在此期间不平等现象变化比较均匀。

洛伦兹曲线和基尼系数 目前为止，我们观察收入分配使用了五分法。有时，用反映分配的具体数字来表示收入在人口之间的分配更为方便。基尼系数是在大多数跨时间、跨地区的比较中使用的中心不平等度量方法（central inequality measure）。

洛伦兹曲线：收入分配中广泛应用的曲线，横轴表示家庭的累计百分比，纵轴表示收入的累计百分比。

在计算基尼系数之前需要先绘制**洛伦兹曲线**，即收入分配图。图 18.1 绘制了反映表 18.1 中 2011 年数据的洛伦兹曲线。横轴表示家庭

366 表 18.1 美国的市场收入分配，2011 年

	市场收入					
	最低五分位数	第二个五分位数	第三个五分位数	第四个五分位数	最高五分位数	所有家庭
美元（$）	15 500	29 600	49 800	83 300	234 700	80 600
比例（%）	3.8	7.2	12.1	20.2	56.8	

资料来源：Congressional Budget Office，"The Distribution of Household Income and Federal Taxes，2011，" November 2014。

表 18.2 美国的市场收入分配，1979 年和 2011 年 %

	市场收入比例				
	最低五分位数	第二个五分位数	第三个五分位数	第四个五分位数	最高五分位数
1979 年	3.0	10.0	15.0	22.0	50.0
2011 年	3.8	7.2	12.1	20.2	56.8

资料来源：Congressional Budget Office，"The Distribution of Household Income and Federal Taxes,2011，" November 2014 and Congressional Budget Office，"Trends in the Distribution of Household Income Between 1979 and 2007，" October 2011。

比例，按收入从低到高排序；纵轴表示收入的累积百分比。如果收入是平等分配的，也就是说最低收入的 20% 的家庭可以获得 20% 的收入，接下来的 40% 的家庭可以获得 40% 的收入，依此类推，那么洛伦兹曲线就会成为在 0 至 100% 之间的一条 45° 角的直线。分配越不平等，洛伦兹曲线离 45 度线越远。运用 2011 年的数据所绘制的曲线显示，最低收入的 20% 的家庭获得了 3.8% 的收入；最低收入的 80% 的家庭获得了 43.3% 的收入。

基尼系数使用了洛伦兹曲线中的数据。它是指图 18.1 中阴影区域的面积相对于对角线 0A 右下方三角形面积的比值。如果收入分配是公平的，那么将不会存在阴影区域（因为洛伦兹曲线将会和 45 度线重合），基尼系数为零。 收入的分配越不平等，洛伦兹曲线就会越向右下方弯曲，阴影区域的面积随之变大，基尼系数也会增大。基尼系数的最大值为 1。随着洛伦兹曲线越来越凸向右下方，阴影区域面积占 0A 曲线下方三角形面积的比例也越来越大。如果一户家庭拥有全部的收入（其他人什么也得不到），阴影区域会和整个三角形区域重合，比例将会等于 1。表 18.1 中关于 2011 年数据的基尼系数为 0.59。（计算 0.59 使用了更多详细数据而不仅仅是表 18.1 中所展示的数据。）

基尼系数：从洛伦兹曲线中衍生出来的一种常用于衡量收入不平等程度的工具。它的取值在 0 至 1 之间。

367

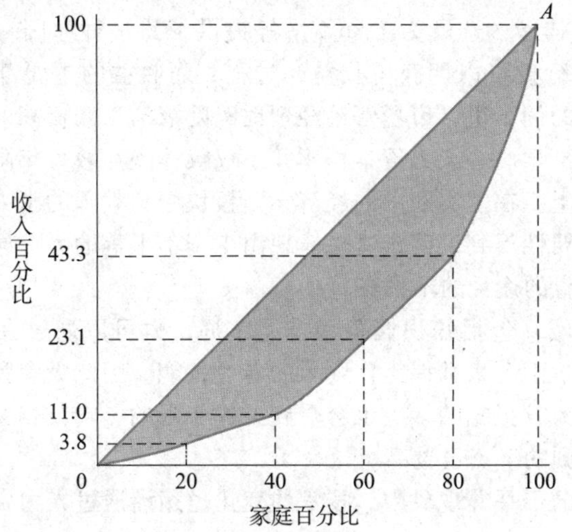

◀ 图 18.1 2011 年美国的洛伦兹曲线

洛伦兹曲线是用于描述收入分配的图形中最为常见的一种。阴影区域面积越大，收入的分配越不平等。如果收入分配是公平的，洛伦兹曲线将会和 45 度线 0A 重合。数据来源于表 18.1。

18.3 学习目标
找出市场收入不平等的主要原因。

18.3 市场收入不平等的原因

目前为止，根据我们的观察，美国的市场收入分配在不同家庭之间是不平等的，并且这种不平等有加剧的趋势。由于市场收入包括工资收入和财产收入，下面我们将转向观察这些不同收入的来源，进而探究是什么导致了这种不平等。

18.3.1 工资收入不平等

收入不平等的一个来源是个人之间的工资差异。2014 年，纽约州一家医院清洁工的平均时薪为 15 美元，而市场营销经理平均时薪达到 77 美元。正如我们在第 10 章中看到的，完全竞争市场理论预测所有的生产要素（包括劳动力）会得到等同于边际产品收入的回报——厂商生产的产品的边际市场价值。所以我们在开始讨论工资不平等之前，将从不同家庭生产率水平差异的原因开始分析。

所需技能和人力资本 有些人生下来就有某种天分，这些天分可以转化成某些技能。勒布朗·詹姆斯（LeBron James）和安东尼·戴维斯（Anthony Davis）都是很优秀的篮球运动员，其中一部分原因在于他们长得很高。他们并没有专门研究如何长高，身高是他们自身的基因决定的。正如有些人有很敏锐的数学头脑，而有些人没有。

供给有限的技能所获得的收益取决于市场对该种技能的需求。男子职业篮球非常受欢迎，顶级的 NBA 选手年入百万美元。当然，也有很多优秀的女子篮球运动员，但是因为女子职业篮球在美国并没有受到广泛的关注，因此女子篮球技能相对没有那么有价值。然而，在欧洲的部分地区，由于人们对于运动的广泛关注，女子篮球运动员的报酬会更高。

并非所有的技能都是天生的。有些人专门投入时间和精力来提升自己的知识和技能，这就为工资不平等提供了另一种原因。上学就是为**人力资本**进行投资以期获得收益的过程，而收益的主要部分就是高工资。在之前的例子里，市场营销经理比医院清洁工工资高的原因之一就在于前者的高学历。人力资本积累并不仅仅体现在教育年限上，还体现在教育质量上。在“实践中的经济学”板块中，教师的水平对于学生将来工资的重要性得到说明，这也体现出工资不平等的另一原因在于学生接受优质教育的途径的不平等。

人力资本：知识储备以及人类拥有的技能和天赋，可以是天生的或者是在教育和训练中获得的。

人力资本，包括知识储备和技能掌握，也可以通过在职培训来创造。人们通过学习来掌握工作要求的专业技能。因此大多数岗位都会青睐有经验的人。报酬的多少也会受到工作年限的影响，相关工作经验越多的人，得到的工资也越高。

在加剧的不平等现象中，技术的变化也逐渐通过人力资本来产生影

实践中的经济学 368

我需要知道的一切都在幼儿园学到了！[1]

我们知道教育对于一个人收入所起到的影响。但是最近的研究成果告诉我们，重要的不只是受到了多少教育，还有受到了什么样的教育。尤其是老师的水平也十分重要。

包含拉杰·切蒂（Raj Chetty）和约翰·弗里德曼（John Friedman）在内的一个经济学家团队观察了 11 000 名学生的工作情况，这些学生都曾参与 20 世纪 80 年代后期开展的教育项目。[2] 对于经济学家来说，重要的是学生都被随机分配在小班或大班，教师也被随机分配在不同的班级。切蒂和他的同事将他们多年以后的税收数据与这些学生进行匹配。

实验结果是出人意料的。教学水平低于平均值的教师班级里的学生和教学水平在前 25% 的教师班级里的学生相比，每年的收入可以相差 3.5%！教师的作用比许多人所想象的还要大，这种影响的结果会在学生们多年之后的工资中反映出来。

思考

1. 这项研究告诉我们美国工资不平等的可能原因之一是什么？

[1] 这句名言出自罗伯特·富尔格姆（Robert Fulghum）的一篇文章。

[2] Raj Chetty，John Friedman，Nathaniel Hilger，Emmanuel Saez，Diane Whitmore Schanzenbach and Danny Yagan，"How Does Your Kindergarten Classroom Affect Your Earnings? Evidence from Project Star," *Quarterly Journal of Economics*，2011.

响。在美国和世界其他地区，越来越多的工作需要电脑的辅助来完成，而越来越少的工作需要无技能劳动力的大量输入。技术工人的工资溢价，加剧了人力资本导致的工资差异。

补偿性差异　有些工作比其他工作更为吸引人，这也会体现在工资上。369
媒体行业等"很具吸引力"行业的入门职位的工资会很低。有才能的人之所以愿意在这些行业从事低收入的工作，而放弃在其他行业中从事收入较高的工作，这说明这些行业必定存在非工资形式的收益。也有可能是因为这项工作本身可以带来一些回报，或者低工资的实习阶段是成长的必然阶段。相反，不太理想的工作往往会支付更高的工资。因此，工作条件的差异就会导致工资差异。这被称为**补偿性差异**。工人在需要相同的工作经验和工作技能的两种不同工作之间进行选择的时候，工作条件较差的岗位要支付较高的工资，把工人从工作条件较好的岗位上吸引过去。

补偿性差异：工作环境差异所导致的工资差异。高风险工作往往提供高工资，越理想的工作往往支付的工资也越低。

当一份工作具有危险性时，也需要补偿性差异。高风险的工作往往带来高收益。摩天大楼和桥梁上的高空作业者通常会获得额外补贴。在有很多老旧危房的城市里工作的消防员，也会比其他在较为宁静的乡村或郊区工作的消防员的工资高。

最后，我们看一下美国不同地区或不同国家的工资差异中的补偿性差异。在之前的例子里，我们将同在纽约的清洁工和市场营销经理的工作进行对比。纽约是一个消费水平较高的城市。如果在消费水平较低的密西西比州，我们会发现清洁工和市场营销经理的平均工资会更低。纽约的高工资补偿了高消费成本。

歧视 2014年，在美国，女性的工资水平是男性工资水平的77%。非洲裔美国男性的工资水平是白人男性工资水平的75%。尽管在之前20年的时间里这种差距有所下降，但仍然很大。我们怎样来解释这种工资差异呢？有多少是生产率差异造成的？又有多少是歧视造成的呢？这对于劳动经济学家来说是困难却令人激动的问题。

先考虑性别工资差异。劳工经济学家常常将这种工资差异分为“已解释”部分和“剩余”部分。“已解释”部分是指女性和男性在某些生产率相关的特性上有所不同。更多男性比女性获得工商管理硕士并进入相关高薪企业工作。更多女性比男性获得健康或教育学位，并进入这些低薪领域工作。女性的平均工作时间比男性少，如果怀孕还会请产假。这些因素导致女性较低的生产率和较低的工资水平。非洲裔美国人和白人之间的教育差距虽然在缩小，但仍然很大。在2012年，非洲裔美国男性的四年高中毕业率为52%，而白人男性毕业率为78%；其大学毕业率也远低于白人。当我们把这些生产率相关因素考虑在内时，男性和女性、非洲裔美国人和白人之间的工资差距就会缩小。

可以看出，性别和种族工资差异部分可以归因于不同群体人力资本投资的差异。这种分析也帮助我们理解了为什么两组工资差异总体上在下降：随着女性在教育经历和职位决策等方面逐渐优化，性别导致的工资差距逐渐减小；随着非洲裔美国人的教育水平不断提升到与白人水平相当，工资差距也会缩小。

然而，对于女性和非洲裔美国人来说，有些“剩余”差距仍然存在。对于女性，不能用与传统劳动率相关的特性差异对工资差距进行解释的情况，在商业等高薪行业内仍然很多。而这些差距在技术和科学领域较小。来自哈佛大学的经济学家克劳迪娅·戈尔丁（Claudia Goldin）认为，商业领域的高薪工作需要愿意工作很长时间的人，而这些人的工作特征会更贴近于男性。① 尽管人们可以深入调查这项工作到底是否要求每周工作超过80小时，但从许多方面来讲这都是生产率相关因素。

---

① Claudia Goldin, “A Grand Gender Convergence: Its Last Chapter,” *The American Economic Review*, April 2014.

很多经济学家认为，在传统的男性主导的职位中，那些无法解释的男女工资“剩余”差异反映了持续的性别歧视。

非洲裔美国人的“剩余”工资差距更加难以解释，许多经济学家认 370
为造成这种差距的一部分原因在于某些雇主的歧视行为。几年前，两位经济学家玛丽安娜·伯特兰（Marianne Bertrand）和森德·穆拉内坦（Sendhil Mullainathan）曾做过一项有趣的实地实验，证明了歧视仍然存在。[②] 他们向波士顿和芝加哥的招聘广告投递了大量简历。这些简历大致相同，只不过一半用了非洲裔美国社会常用的名字命名，另一半使用了白人社会常用的名字命名。伯特兰和穆拉内坦发现，使用白人名字的简历收到的回复比使用非洲裔美国人名字的简历多了 50%。从名字中可是很难看出生产率差异的。

还有一点应该注意的是，即便工资差异来自人力资本投资所导致的生产率差异，这种差异也并不是必然公平的。居住隔离可能导致公共教育的不平等。早期的贫困可能导致孩子教育的缺失。这一代工资不平等导致的收入不平等，同时也会导致后代工资不平等。

家庭构成　我们一直研究的数据描述了家庭收入的分配情况。但并不是所有家庭的收入构成都是一致的。有些家庭只有一个人有工资收入，有些家庭有几个人有工资收入。家庭里工资收入者的人数也是导致工资差异的一个原因。在美国，两个甚至三个有收入者的家庭变得越来越常见。在 1960 年，约有 38% 的 16 岁以上女性是劳动力。到 1978 年，这一比例增长到了 50%。到 1999 年，该比例上升到 60%。但近年有所下降，在 2014 年，该比例为 57%。

18.3.2 财产收入不平等

在美国和其他大多数国家，财产收入分配不平等的情况比工资收入不平等还要严重。家庭首先拥有自己的资产，然后通过储蓄和继承来获得财产收入。当今的一些巨额财富仍是从先辈那里继承来的，比如洛克菲勒（Rockefeller）、肯尼迪（Kennedy）和沃尔顿（Walton）家族，他们仍然拥有大量从前人那里继承来的财富。成千上万的家庭每年从父母那里得到较小的遗产。大多数家庭的财富主要来自储蓄，很少是通过继承得到的。所以现行储蓄率的差异和过去几代的储蓄情况导致了家庭财产持有的不平等。

有时，企业家可以在一代中积累大量财富。比尔·盖茨和萨姆·沃尔顿就是这种知名美国企业家。德国的卡尔·阿尔布雷希特和西奥·阿尔布雷希特在他们母亲的街角杂货店赚取了 200 亿美元，到

---

② Marianne Bertrand and Sendhil Mullainathan, “Are Emily and Greg More Employable Than Lakisha and Jamal? A Field Experiment on Labor Market Discrimination,” *The American Economic Review*, September 2004, 991–1013.

371

实践中的经济学

新型高薪职业

托马斯·皮凯蒂和伊曼纽尔·赛斯（Emmanuel Saez）这两位经济学家的近期研究记录了文中所述美国加剧的收入不平等，并进一步认为新型不平等主要来自劳动力回报不平等，而非资本所有者。[1] 正如皮凯蒂和赛斯所说，通过工作挣钱的富人已经取代了靠放租和吃利息生活的人。

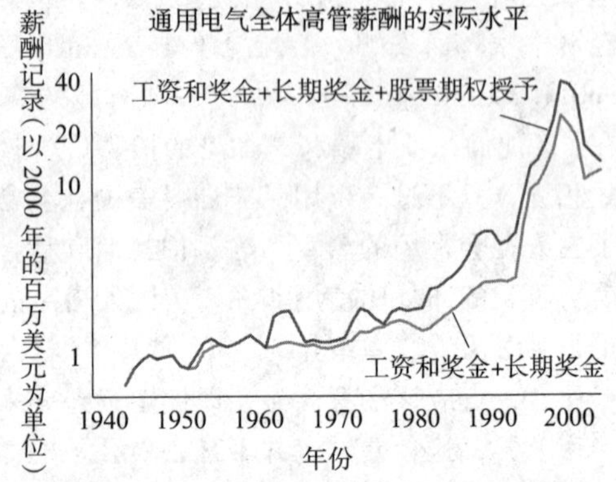

在最近的经济衰退时期，媒体和公众对于高管薪酬很有兴趣，这进一步引起了我们对于一些主要银行和企业的高管等高端劳动力回报的关注。大量证据表明这些企业高管的薪酬都有所增加，而普通工人的实际工资却停滞不前。人们对此的共识较少。在经济学中存在着这种争论：厂商所给薪酬上涨是否来源于市场变化？比如厂商平均规模增长和稀缺人力资本的重要性，或者是厂商管理和社会规则的变化。

来自麻省理工学院的卡罗拉·弗里德曼（Carola Frydman）在近期的一项研究中记录了美国一家代表性厂商通用电气的高管薪酬变化规律。图中记录了第二次世界大战后其高管实际薪酬的巨大涨幅。

注意：薪酬按三年平均变化水平进行记录，所取数据来自通用电气股东签署委托书中所报告的三个最高薪酬。工资和奖金按照当年发放工资和奖金记录。长期奖金计算的是往年的长期奖金中当年支付的款项。股票期权授予被定义为给定年份授予的股票期权的布莱克-斯科尔斯（Black-Scholes）期权价值。使用CPI计算的实际薪酬水平单位为2 000年的百万美元。

资料来源：Carola Frydman，"Learning from the Past: Trends in Executive Compensation over the 20th Century," *CESifo Economic Studies*，2009，volume 55: 458–481。

思考

1. 美国的高管薪酬比其他国家都要高？你知道其中的原因吗？

[1] Thomas Piketty and Emmanuel Saez，"Income Inequality in the United States，1913–1998，" *Quarterly Journal of Economics*，February 2003，1–39.

2009 年已经扩展成 8 500 家商店，遍布德国和其他 10 个国家。在美国，他们拥有食物饮料连锁店“乔氏超市”（Trader Joe’s）。在这些情况下，企业家的努力、好的运气以及好的时机都可以使人积累大量财富。

我们可以看到，财产在不同家庭的分布不平等取决于几个原因。本章稍后将会分析到的表 18.4 中的数据显示，2013 年，美国排名前 3% 的财富拥有者持有了美国 54.4% 的财富。财产收入对于分配不平等的影响程度取决于该财产赚得的回报。如果资本（财产）收益率很高，所有权模式中的潜在不平等现象会导致收入不平等的差异化增大。2013 年，法国经济学家托马斯·皮凯蒂（Thomas Piketty）的一本书引起了经济学家和政策制定者之间的一场讨论风暴，这本书详述了发达世界不断加剧的不平等现象，并将大部分不平等归因于相对于生产增长率来说较高的持续资本收益率，认为其推动了工资上涨。[③]

18.4 关于支持和反对减少市场收入不平等的争论

18.4 学习目标

总结支持和反对收入再分配的观点。

目前为止，我们已经观察了美国市场收入分配不平等的数据，并分析了这种不平等背后的经济学原因。现在我们将会转向更复杂的层面，除了经济学以外，还要考虑政治和哲学因素。如果运用我们所期望的分配模式，收入分配会变成什么样子？什么是公平？什么是公正？怎么做才可以使收入分配更加公平？收入再分配政策会伴随其他成本吗？如果我们把属于富人和高收入群体的财富以及收入分给低收入群体，会不会降低他们的积极性？这种再分配会产生什么影响？会不会产生无谓 372
损失？

政策制定者必须考虑到以上所有问题。首先解决哲学层面的问题似乎是最合理的。如果你不知道目的地是哪里，那么你就无法决定前进的方式和花费的成本。或许你会发现你根本哪里也不想去。和大众一样，经济学家们对于再分配的理想效果也存在分歧。

18.4.1 反对再分配的观点

那些反对政府收入再分配的人认为让市场自行运作才是最公平的。这种观点建立在“一个人享有自己的努力成果”[④] 的主张上。如果市场理论是正确的，那么市场支付的报酬就和生产率挂钩。换句话来说，劳动

---

③ Thomas Piketty, *Capital in the Twenty First Century*, Harvard University Press, 2013.

④ 关于这个观点的支持资料可以在 17 世纪英国哲学家托马斯·霍布斯（Thomas Hobbes）和约翰·洛克（John Locke）的文章中找到。

力和资本的报酬与它们创造出来的价值相一致。

持有这种观点的人同样认为财产收入（从土地或资本获得的收入）与劳动收入一样合理。所有生产要素都有边际产品。资本拥有者之所以能够得到利润和利息，是因为他们所持有的资本是具有生产性的。而许多人所拥有的资产是他们自己或父母存下来的。

反对再分配的观点也建立在"合同自由"和财产权保护的原则上。你有自由选择是否同意投入自己的劳动或资本进行生产。作为回报，你签订合同来收获报酬，这些报酬也成为你的资产。如果政府对你征税或是将你的收入分给别人，这种行为就侵犯了以上两项基本权利。

更普遍的反对意见指向了更实际的问题。首先，他们认为税收和转移项目干扰了市场的激励作用。对高收入者征税降低了他们对工作、储蓄和投资的积极性。对在经济中获得高利益的人征税会阻碍人们去冒险。其次，给低收入人群提供转移支付同样会抑制他们的工作积极性。所有这些负面影响最终都会导致总产出的减少，这就是再分配的成本。从这个角度来说，当前经济学家们都在关注再分配产生的无谓损失，这些是由于扰乱劳动、资本等要素市场而出现的。如果将 1 美元从高收入人群中转移到低收入人群，会降低纳税人工作和储蓄的积极性，从而使整个社会产生 0.5 美元的损失，这样看来再分配的收益就没那么可观了。

18.4.2 支持再分配的观点

社会义务　最常用的支持再分配的观点认为，当一个国家达到美国的富裕程度时，社会有道德义务帮助每一个人满足最基本的生活需求。《宪法》保证了每一个人的生存权利。在 1964 年对贫困宣战时，美国总统林登·约翰逊（Lyndon Johnson）这样讲道：

> 永远都会有一部分美国人比另外一部分美国人富裕。这并不是说"贫穷总会伴随我们"……是时候采取措施来消除贫困了……我们清楚地知道应该去做什么，这个富裕之国也完全经受得住。[①]

许多人即便没有过错也无法拥有资源和财富。有些人是因为生来就带有心智上的缺陷，这严重限制了他们的"生产"能力。生在贫困家庭里的孩子可能会缺少受到教育的机会，从而限制了他们长大之后的工资水平。老年人由于需要面对许多无法预期的医疗问题，储蓄也

⑤　美国《总统经济报告》，1964 年。

实践中的经济学

代际不平等

上文中我们提供了收入分配的相关数据，涵盖了美国国内和世界其他国家。许多社会学家还在担心收入分配过程的流动性。穷人是否可能步入前 5% 富裕人群？生在底层 20% 的人，又有多大可能成为顶层富裕人群的一员？

研究这些问题并不简单，要对不同国家和地区定义的不同数据进行分析更是难上加难。但大量论文告诉我们几乎同一个事实：代际流动性很难实现。[1] 年轻人未来所处环境的最佳预测因素之一就是父母的工作环境。有些研究认为在不同国家和地区这种流动性也有所变化。尽管美国被誉为"机会之地"，但美国的流动性比一些北欧国家和加拿大还要低。近期的研究表明，加拿大的收入流动性是美国的 3 倍。对于许多社会学家和政策制定者来说，了解孩子为什么从父母那里"继承"社会经济地位是很重要的事情。

思考

1. 基于你所阅读到的内容，你能否给出几点影响代际流动性的因素？
2. 上图（《高老头》法文版封面）与本栏目主题有什么关系？

[1] 相关主题论文收录于 *Persistence*，*Privilege and Parenting* edited by Timothy Smeeding，Robert Erikson and Markus Jantti，Russell Sage，2011。

会减少。运气不好的人和那些做出错误决定的人难道必须为此负全责吗？还是说社会也应为此负责？许多人认为社会也应为此承担一部分责任。

注意，这种观点更多关注的是收入分配的底层。在本章稍后我们将会重新讨论这一问题。尽管对于公众和私人部门在帮助分配底层的人上所应该起到的作用仍然存在争论，但大部分社会已经开始实施再分配了。下面我们将会讨论除帮助贫困家庭外更加复杂的再分配问题。

功利主义正义　支持再分配的功利主义观点实质上来源于之前章节学过的边际效益递减规律，其最早是在 18 世纪末和 19 世纪初由英国哲学家边沁（Jeremy Bentham）和约翰·斯图尔特·穆勒（John Stuart Mill）提出的。回想一下，这条规律告诉我们，你所拥有的第 1 000 美元不如第 1 美元对你的价值大。边沁和穆勒将这条规则应用于收入分配中钱对不同阶层的人的影响，认为“富人手中的 1 美元不如穷人手中的 1 美元的价值大”。富人将他们的边际美元花费在奢侈品上。穷人将他们的边际美元花费在生活必需品上——食物、衣服和医疗用品。如果随着收入增加它的边际效用递减，那么花费在奢侈品上的 1 美元的价值没有花费在生活必需品上的 1 美元的价值大。因此，功利主义派认为，从富人转移到穷人的再分配可以提升总体效用。用更常用的语言来表述**功利主义正义**的观点，就是通过收入再分配，富人只受到一点损失，而穷人可以得到很大的收获。

功利主义正义：观点是“富人手中的 1 美元不如穷人手中的 1 美元的价值大”，如果收入的边际效用随着收入的增加而下降，那么将收入从富人转移到穷人身上就会增加总效用。

从经济学角度来看，功利主义者的立场是存在疑问的。在之前边际收益递减的讨论中我们学到不能对不同类型的人群做这种比较。我的第 1 000 美元比我的第 1 美元价值小，但和比我穷的人相比，同样的第 1 000 美元对于我的价值也并不一定会小。为什么？因为人们有不同的品味和取向。谁能说你比我更重视 1 美元的价值？我有很多钱也许恰恰是因为我对钱赋予了更高的价值。因为效用是无法观测和测量的，因此在个人之间的比较很难进行。尽管如此，许多人仍然认为功利主义者的基本逻辑很有说服力。

374 单纯坚持功利主义最终得到的逻辑结论是，再分配可以实现完全的收入平等，因为它最大化了社会总效用。然而即便再分配潜在提升了总产出的效用，大多数的功利主义者并没有想到，在现实层面上再分配会通过降低积极性来降低社会总产出。

社会契约论——罗尔斯正义观（Rawlsian Justice） 哈佛哲学家约翰·罗尔斯（John Rawls）针对不平等问题整理了大量观点，既有从经济学角度出发的观点，也有包含经济学和哲学原则的观点。[⑥] 在托马斯·霍布斯（Thomas Hobbes）、约翰·洛克和让-雅克·卢梭的观点基础上，罗尔斯提出作为社会的一员，我们与其他人之间存在契约。在罗尔斯构想的理论世界中，社会各方不论地位都同意遵守最初拟定的社会契约。这种情况被称为“原始状态”或是“自然状态”。在不用保护既定利益的条件下，社会成员均可以做出公正的决定。

根据契约，每个人都有机会变得富裕或穷困。假设所有人都是风险规避者，罗尔斯认为人们都会更加关注最不幸的社会成员，因为每个人都有可能沦落于此。**罗尔斯正义观**的依据就是风险规避。根据罗尔斯的结论，原始状态的契约要求收入分配“最大化提高最穷困的人的

罗尔斯正义观：一种分配公平理论，认为从原始状态出现的社会契约将要求一种能最大限度地提高社会中最贫困成员福利的收入分配。

⑥ John Rawls, *A Theory of Justice* (Cambridge, MA: Harvard University Press, 1972).

福利”。

但是，只有当不平等可以改善大量穷人的生活质量时，受到这种契约约束的社会才会容许不平等。如果不平等可以激励人们努力工作创新，那么只要它所创造的福利可以给到底层人群，这种不平等就可以被忍受。

18.5 通过税收和转移支付进行收入再分配

18.5 学习目标

了解政府影响收入不平等的主要方式。

目前为止我们都在关注市场收入。我们关注的一直是市场系统运转中劳动和资本创造的回报的分配。然而，由于某些之前讨论过的原因，政府会采取措施干预收入分配的过程。主要措施就是税收和转移政策。现在我们来研究这些政策，总结它们的主要特点并观察这些政策究竟可以为实际的收入分配过程带来多少变化。

表 18.3 记录了美国 2011 年的收入分配情况。观察百分比部分，你会发现第一行很眼熟。那是每五分之一家庭的市场收入份额，即表 18.1 中的数据。第 2 行重新计算了分配，加上了国家、州和地方政府以实物和现金形式进行的转移支付。可以看出政府转移支付项目使收入分配更加平等。表中百分比项下的第三行记录了税收项目，同样使得分配更加均衡。考虑税收和转移支付后，收入最高的五分之一家庭的收入占比从 56.8% 变为 47.5%，而收入最低的五分之一家庭的收入占比从 3.8% 变为 6.1%。接下来我们探究导致收入分配产生变化的税收和转移支付的主要类别。

表 18.3　2011 年美国市场收入、税前收入和税后收入 375

	最低五分位数	第二个五分位数	第三个五分位数	第四个五分位数	最高五分位数	所有家庭
美元 $						
市场收入	15 500	29 600	49 800	83 300	234 700	80 600
政府转移	9 100	15 700	16 500	14 100	11 000	13 300
税前收入	24 600	45 300	66 400	97 500	245 700	93 900
联邦税收	500	3 200	7 400	14 800	57 500	16 600
税后收入	24 100	42 100	59 000	82 600	18 8200	77 300
百分比 %						
市场收入	3.8	7.2	12.1	20.2	56.8	
税前收入	5.1	9.4	13.8	20.3	51.2	
税后收入	6.1	10.6	14.9	20.9	47.5	

资料来源：见表 18.1。

18.5.1 税制

所得税　美国税制中的支柱就是个人所得税，在 1913 年宪法的第 16 次修正案中批准实施。所得税是累进的，高收入者的所得税率也高。尽管存在许多减免措施来减轻纳税人的负担，但众多研究显示，税负随着收入的升高而增大。

累进税制在总统和议会的修正中不断发生变化。1986 年通过的《税收改革法案》使所得税率和相关法规发生了巨大变化。这项改革旨在简化税制，从而使人们更好遵守税法以及更难逃税。此外，这项法案还减少了税级，降低了各级税率。其中最高税级的税率降低程度最大，从 50% 下降到 1986 年的 28%。同时，这项法案通过提高个税起征点，大规模地减少了底层收入群体的税负。

1993 年，比尔·克林顿总统签署了一项税法，将最高税级的税率提升到了 36%，其中家庭的个税起征点是 140 000 美元，个人的个税起征点是 115 000 美元。收入超过 250 000 美元的家庭还需额外缴纳 10% 的附加税（在税率上叠加税率），这使得这些家庭的边际税率达到 39.6%。低收入家庭将收到补助和贷款。2003 年，乔治·W. 布什总统签署了一项税法，将最高税级的税率降到 35%，并调整了许多关于免税代码的条款。税法改革在贝拉克·奥巴马总统上任之后仍在继续。

表 18.4 显示了 2011 年联邦税制下的有效税率。联邦税制实行累进税制。根据税制，收入最低的五分之一家庭的税前收入平均承担 2% 的税率，这项税率随阶层变化而增加，到收入最高的五分之一家庭税率已经达到 23.4%。注意，23.4% 对于最高边际税率来说是非常小的。这是因为最高收入阶层只有部分收入会以最高税率上税，而且个人在计算税前可以扣除减免。

376 **所得税抵免（EITC）**　所得税抵免是美国为低收入家庭提供的最大的现金转移支付项目。2014 年，超过 270 万家庭通过所得税制得到了这个项目的援助。EITC 旨在通过至少在一定程度上提供随收入增长而不断上升的现金补贴，鼓励低收入工薪家庭努力工作。在 2014 年，如果育有两个孩子的工薪家庭的收入为 25 000 美元，那么报税时可以收到 5 000 美元的现金转移。如果同样的家庭只收入了 15 000 美元，那么通过 EITC 只能收到 3 000 美元的现金转移。对于收入上至 35 000 美元的家

表 18.4　2011 年美国不同阶层的有效联邦税率

	最低五分位数	第二个五分位数	第三个五分位数	第四个五分位数	最高五分位数	所有家庭
税率	0.020	0.071	0.111	0.152	0.234	0.177

资料来源：表 18.3 中的联邦税收除以表 18.3 中的税前收入。

庭，赚得的每 1 美元都可以通过 EITC 得到更高的补贴。收入超过设定额（比如育有两个孩子的家庭的收入设定额为 35 000 美元）后 EITC 的补贴福利会逐渐减少，直到家庭收入达到 50 000 美元时不再受到补贴。

这项补助的设计目的在于刺激家庭工作的积极性。过去针对穷人的项目都随着家庭收入的增加而降低补助金额，遏制了这些家庭的工作积极性。而 EITC 在一个相当大的收入范围内实行补助随收入增加而增加的政策，保证了家庭的工作积极性。

EITC 也成了保守党和自由党的争论焦点。这个项目主要关注的是工薪家庭，对于没有孩子的家庭仅提供很少的补贴。同时它会追踪家庭的收入而不是个人收入，有些经济学家因此担忧这会降低有两个工作者家庭的工作积极性。第二个工作者有可能使家庭收入超出 EITC 的补助范围，因此第二个工作者在这一项目下的有效税率较高。所以 EITC 对于只有一个工作者的家庭帮助更大。尽管存在许多缺陷，EITC 仍然因为帮助大批家庭远离贫困，尤其是改善了孩子的处境而广受好评。

18.5.2 转移体系

除了实施累进税制和 EITC 项目以外，政府还实施了大量影响收入分配的其他项目。正如我们将看到的，有些项目提供现金转移，有些项目提供实物补贴。此外这些项目还可以按照一种标准区分，即有些项目按照经济状况调查结果支付补助，有些项目并不按此标准支付补助，但这类项目对于不同收入群体的影响也大不相同。我们后面将会介绍一些重要项目。

社会保障体系 目前为止美国最大型的收入再分配项目就是社会保障体系。**美国社会保障体系**分为三种项目，由独立基金提供资金。其中最大的基金——养老保险（OASI）——为退休职工以及他们的家人和继承人提供现金救济。残疾人保险计划（DI）给残疾人和他们的家属提供现金救济。第三种是健康保险（HI）或者说医疗保险，它给 OASI、DI 以及铁路退休项目的覆盖人群提供医疗补助。尽管社会保障体系并不是按照经济情况调查结果提供补助，但它仍因为大大减轻了老年群体的贫困情况而受到赞扬。所有交钱的人都有权利受到福利补助，无论他们的个人收入如何。这项计划本身也因此有了某些再分配性质。

美国社会保障体系： 美国联邦社会保险项目，它包含三项独立项目，分别由养老保险（OASI）、残疾人保险计划（DI）和健康保险（HI）或者说医疗保险等三种独立基金提供资金。

美国大部分工人都必须参与这项社会保障体系。多年以来，联邦政府工作者、特定州政府工作人员以及属于市政退休计划的工作者不被要求参与这项社保体系，但现在联邦工作人员也被纳入这个体系。如今，超过 90% 的美国工人都参与进社会保障体系。

参与者和他们的雇主需要缴纳工资税来为社会保障体系提供资金。在 2015 年，OASI 和 DI 项目要求雇主所缴纳的税率为 6.2%，雇员工资高于 118 500 美元的税率为 6.2%。HI 项目要求的雇主税率为 1.45%，雇员（无工资限制）税率为 1.45%。此外，个人收入超过 200 000 美元

（或夫妻总收益超过 250 000 美元）时需要为 HI 项目缴纳税率为 0.9% 的附加税。个体经营者自行承担所有工资税。

无论你的工资有多少，只要你参与这项计划长达十年，就有权享受社会保障福利。在你退休之后，补助将会按月发放，或者在你死后发放给你的继承人。补助水平基于你的平均工资且根据一项复杂的算法计算得出。工资收入越高，补助也越多，但每月补助有上限和下限。总体来
377 说，低收入人群最终得到的补助会比之前所缴纳的费用要高。而高收入人群得到的补助会比缴纳的费用低一些。得益于此，这项计划也带有再分配性质。

贫困家庭临时救助计划（TANF）　贫困家庭临时救助计划是美国仅次于社会保障体系的第二大现金转移项目，它于 1997 年开始实施，代替了之前对于有尚未独立子女家庭的资助计划。

TANF 由美国联邦政府向州政府提供分类财政拨款，为育有尚未独立子女的低收入家庭提供现金和服务补贴。TANF 的补助也分为现金补助和非现金补助。实际上，TANF 的设立是为了提供如岗位培训、儿童看顾的非现金服务等临时救助（如项目名称所说），以帮助家庭提高劳动能力。当时这个项目被誉为打击家庭长期贫困的新手段。

尽管 TANF 要求州政府用政府基金补充联邦基金，但这个项目仍为州政府提供了很大的自由决定权。TANF 要求州政府补助不能超过五年，补助需要通过岗位培训的方式来帮助家庭脱离公共服务。许多州甚至最后自行缩短补助时长，而且大部分州政府将更多的联邦基金用于儿童看顾和岗位培训上，而不是现金补助。不同州的 TANF 补助构成也不同，一部分原因在于不同州的生活消费成本不同，还有部分原因在于不同州政府的政治政策不同。2014 年，密西西比州对于一家四口的月补助在 200 美元以下，成为补助最低的州；而阿拉斯加州的同等补助达到了 1 000 美元，成为补助最高的州。和 EITC 不同的是，如果有家庭找到工作进入劳动力市场，他们得到的 TANF 的福利会随着收入的增加而减少。这种福利损失表现为对受益人征收的税，有人认为这会打消福利接受者找工作的积极性。

失业救济　2014 年美国政府在失业保险金上总共支付了 370 亿美元。这些资金主要来自加入不同基金下的职工所缴的税款。经常招募或解雇职员的厂商所缴税率也高，而人员流动相对稳定的厂商所缴税率也相对较低。税收和福利金水平在联邦政府规定下由州政府决定。

失业救济金： 在美国，是一项州政府转移项目，为项目覆盖的厂商工作一定时间的下岗职工可以在一定时期内领取失业救济金。

有资格领**失业救济金**的工人在被解雇后很快就可以开始条件审核。审核会持续一段时间，具体由各州政府决定。大部分失业救济会持续 20 周。在经济萧条时期，持续时间会在各州基础上有所延长。失业工人平均领取到的津贴是他们工资的 36%，这项津贴并不是覆盖所有工人。为了符合救济条件，失业工人之前必须在救济覆盖的厂商工作一定时间并得

到一定工资。救济接受者同时需要说明自己寻找合适工作的意愿和能力。

失业救济金不是按经济情况调查结果支付的保险金，但由于大多数的失业工人收入都比较低，所以这项政策也在一定程度上平衡了收入分配。

医疗保障：医疗补助和医疗保险　美国最大的实物转移项目就是医疗补助和医疗保险。**医疗补助**计划为低收入群体提供健康和医疗帮助。所以这个项目是刚需的实物援助计划。尽管这项计划由州政府执行，但大部分费用由联邦政府承担。由社保部门负责运行的**医疗保险**制度是一项针对老年人和特定残疾人的健康保险项目。美国大部分 65 岁以上的老年人，不论收入多少，都可以受到医疗保险的覆盖。此外，医保覆盖人还可以购买其他保险来报销处方药等花费。2014 年，美国对于医疗补助和医疗保险的总拨款达到了 11 000 亿美元。

医疗补助和医疗保险：在美国，是一项政府的实物转移项目，提供健康和医疗救助。医疗补助针对低收入人群；医疗保险针对老年人及其家人，以及特定残疾人群体，无收入限制。

营养补充援助计划（SNAP）　SNAP 计划（原名为食物券计划）是一项由联邦税收全额出资的反贫穷计划，各州承担 50% 的项目执行费用。SNAP 为特定低收入家庭提供电子福利转移卡以补助日常食品购买。2014 年，美国收到此项补助的人超过了 470 万；同年，此项目花费约为 740 亿美元。 378

住房计划　为了提高低收入群体的住房质量，美国联邦政府和州政府多年来实行了许多住房项目。其中最大的项目是公共住房项目，由联邦政府提供资金，当地住房机构具体执行。公共住房租户缴纳的租金不超过其收入的 30%，极大地减轻了住房负担。这个住房项目被称为“第 8 部门”（Section 8），它为租客提供住房租金援助，同时为房东提供了略高于市场价的保证金。

18.5.3 2011 年美国税收和转移的再分配效应

在了解了美国税收和转移支付体系的机构背景后，我们下面来看所有这些项目对于收入分配的影响。观察表 18.3，最上面部分显示的是每五分之一家庭的三类收入的平均值。第 1 行是市场收入，包括市场经济中的工资和财产收入。收入最低的五分之一家庭的平均收入为 15 500 美元，而收入最高的五分之一家庭的平均收入为 234 700 美元。第 2 行是政府转移。所有收入群体都会收到政府转移。正如我们在文中所说，大部分的转移项目，比如社会保障金和失业救济金，都不是按照经济情况调查结果支付的，因此各收入阶层都可以领取。但注意一下，这些转移项目会更多地照顾到低收入群体。对于收入最高的五分之一家庭来说，政府转移使市场收入增加不到 5%；对于收入最低的五分之一家庭来说，政府转移使市场收入增加将近 60%。许多转移项目都是专门针对低收入人群设立的。税前收入，也就是市场收入加上政府转移，比市场收入的分配更加公平。对于收入最低的五分之一家庭来说，市场收入占比为 3.8%，而税前收入达到了 5.1%；对于收入最高的五分之一家庭来说，市场收入占比 56.8%，而税前收入占比降到了 51.2%。

表 18.3 的第 4 行罗列了联邦税收。对于收入最低的五分之一家庭来说，这些都是无论收入多少都需缴纳的大额税款。正如我们所预期的那样，收入最高的五分之一家庭缴纳的税款也是最多的。第 5 行展示了税后收入，也就是税前收入减去联邦税收。收入最低的五分之一家庭的税后收入占比为 6.1%，而收入最高的五分之一家庭的税后收入占比为 47.5%。税后收入的分配最为公平：因为一些再分配通过税收和政府转移支付发生。我们之前指出 2011 年市场收入的基尼系数为 0.59。税前收入的基尼系数为 0.47，而税后收入的基尼系数为 0.44。政府转移支付使基尼系数从 0.59 变为 0.44，而税收使基尼系数从 0.47 变为 0.44，从这一角度来讲，政府转移支付比税收降低了更多的收入不平等。

当然，关于表 18.3 中数据是否太大、太小或者说是政府再分配后刚刚好，还存在着许多反对的声音。解决这个问题的一种方式是将表 18.3 中的再分配数据与其他国家相比较。在本章的稍后部分我们将会讨论这一问题。此外，观察美国的数据变化趋势也会提供很多信息，后面我们也会用到。

18.5.4 美国不平等的变化：1979 年至 2011 年

图 18.2 展示了美国从 1979 到 2011 年市场收入、税前收入和税后收入的基尼系数变化。我们刚刚提到 2011 年它们的基尼系数分别为 0.59、0.47 和 0.44，也就是图 18.2 中最右侧的数据。在这么长的时间段里，不平等现象发生了哪些变化呢？根据图 18.2，三种基尼系数均有所上升。市场收入的基尼系数从 0.48 涨到 0.59，税前收入从 0.40 涨到 0.47，而税后收入从 0.36 涨到 0.44。2000 年的不平等比两年后要严重，这也部分反映了高收入群体的金融收入由于股票价格下跌而减少。

另一个从图 18.2 中衍生出来的问题是，税收和政府转移支付体系对于收入不平等是否产生了变化。2011 年政府转移支付使基尼系数从 0.59 降为 0.47，产生 0.12 的降幅；在 1979 年基尼系数从 0.48 降到 0.40，产生了 0.08 的降幅。所以政府转移对于减小不平等的作用有略微提高。然而税收的影响，由图 18.2 所示，在这段时间内一直维持不变。

比较图 18.2 中不同年份的数据时，必须注意同样的人并不会一直在同一个分组内。不同组间存在人员流入和流出。这个问题在页 459 的“实践中的经济学”板块中讨论过。

379

▶ 图 18.2 从 1979 年到 2011 年基于市场收入、税前收入、税后收入的基尼系数

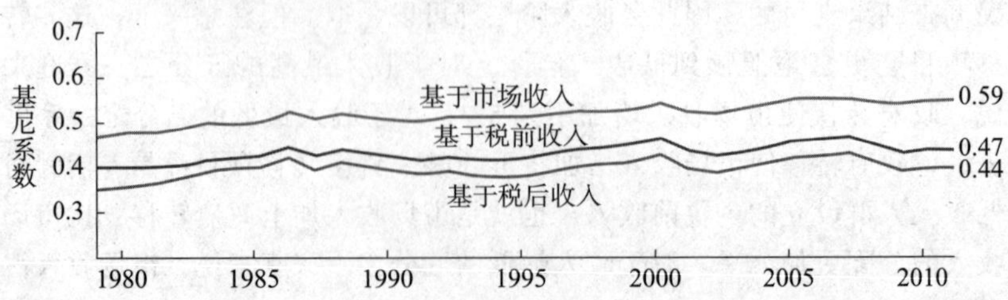

18.6 贫困

18.6 学习目标

了解如何定义及衡量贫困。

尽管最近公众担忧收入和财富集中在金字塔顶端的问题，但政府一直以来都更为关注收入底层人群的收入分配和再分配问题，以及对于贫困问题的定义。

贫困是一个很难定义的概念。用最简单的话来说，它指的是低收入人群的处境。字典对于这个词的定义是“缺少金钱或物质”，但究竟收入多低才会被认定为贫困呢？贫困究竟是通过准确衡量方式定义出来的还是一个相对概念呢？如果社会整体变得更加富裕，那么我们对于贫困的定义是否也要改变呢？这些都是一直以来存在争议的基础问题。

包括美国在内的大多数国家都采取一个相对实际的方法来定义和衡量贫困。长久以来，美国劳工统计局通过出版“家庭预算”数据来记录可以满足基本生活需求的食物、衣服和居所的花销。基于这些数据的收集，有一种观点认为贫困可以通过观察一个家庭是否负担得起基本的市场开销来衡量。尽管建立这种合适的市场篮子存在许多困难，但这种衡量方式仍然广泛应用于美国和其他国家。

在 20 世纪 60 年代早期，美国政府设立了**官方贫困线**。因为贫困家庭往往会将收入的三分之一用于食物开支上，因此官方贫困线定在农业部给出的最低食物预算的 3 倍左右。这种方式比上面提到的需要构建完善的市场篮子的 BLS 方式简单许多。在城市地区，非食物预算可能会用于公共交通；而在农村地区，与之相近的可能是燃料费。但无论在哪里，食物都是必不可少的。

官方贫困线：官方设立的收入水平，旨在区分贫困和非贫困人群。在美国，它被定为美国农业部给出的最低食物预算的 3 倍左右。

最低食物预算的衡量方式只被使用过一次，是在 1963 年。从此之后，它就被每年的消费价格指数替代了。尽管这些数据存在一定的主观性，但仍一直被使用以确定官方贫困率。在 2014 年，对于一个四口之家来说，收入低于 24 008 美元就代表这个家庭进入了贫困线以内。表 18.5 显示了根据官方贫困线，美国从 1966 年到 2013 年的贫困人口百分比。首先看所有家庭那一行，可以看到 1974 年和 2000 年的数字比

表 18.5　美国官方衡量的特定人口统计群体的贫困率 380

	1966 年	1974 年	2000 年	2013 年
所有家庭	14.7	11.2	11.3	14.5
白种人（非西班牙裔）	无	7.7	7.4	9.6
黑种人	41.8	30.3	22.5	27.2
西班牙裔	无	23.0	21.5	23.5
女户主，无丈夫	39.8	36.5	28.5	33.2
老年人（65 岁以上）	28.5	14.6	9.9	9.5
18 岁以下儿童	17.6	15.4	16.2	19.9

资料来源：U.S. Bureau of the Census，Historical Poverty Tables-People。

1966 年的要小，但到 2013 年，这个数字又重新上升到 1966 年的水平。

从一开始就要注意，贫困线的收入基数并不包括实物转移的价值。回想我们之前的讨论，我们知道在收入最低的五分之一家庭中，实物转移支付占据了他们总收益的很大组成部分。所以在分析这些数据时应该更谨慎些，多关注时间趋势和组成部分差异。

表 18.5 显示了在过去 47 年里贫困人口构成的一些显著变化。黑种人和女性户主家庭的贫困率有所下降。老年人的贫困率下降最为显著。而 18 岁以下儿童的贫困率仍然居高不下（虽然我们再次意识到存在许多针对儿童实行的转移项目）。

经过多年的研究和争论，美国卫生部开始实行一种被称为“贫困准则”的替代方式来衡量贫困。这种更加复杂的新算法通过判定包括食物券计划和医疗补助在内的大量政府项目的资格条件来确定收入限制。贫困准则尽力将转移项目对收入分配的影响控制在最低。2014 年，一个四口之家的贫困线标准设定在 23 850 美元。这和之前提到的 2014 年 24 008 美元的标准线比较接近。

18.7 学习目标

了解为什么最低工资会导致失业。

最低工资： 厂商被要求支付给工人的最低工资。

18.7 最低工资

近 100 年来，很多国家都认为降低工资不平等的战略是制定**最低工资**，最低工资战略旨在关注底层收入人群。（低工资和最低限价在第 4 章中介绍过。）最低工资是指厂商被允许发放给工人的最低工资标准。第一部最低工资法于 1894 年在新西兰通过。尽管美国许多独立州很早就通过关于最低工资的法律条文，但第一次确立国家最低工资是在 1938 年通过的《公平劳动标准法》（the Fair Labor Standards Act）中。2015 年美国的最低工资为每小时 7.25 美元，但有 29 个州确定的最低工资都比这要高。

近年来最低工资战略不断遭受抨击。反对者认为最低工资法律干扰了劳动力市场的正常运作，导致了失业。拥护者认为这项法律成功提高了底层收入工人的工资，在缓解贫困的同时没有造成工人大量失业。

这些争论可以通过供求模型来理解。图 18.3 表示的是无技能工人的假想需求–供给曲线。均衡工资点是 6 美元。在这个工资下，对于无技能工人的需求量和供给量是相等的。现在假设通过了最低工资为 7.25 美元的法律。在 7.25 美元的工资水平下，无技能工人的供给量从均衡状态时的 L^* 上升到了 L_S。与此同时，最低工资标准也减少了厂商对于工人的需求量，从 L^* 降低到了 L_D。因此，厂商会解雇 L^*-L_D 数量的工人。但那些仍被雇佣的工人会得到更高的工资。实行最低工资使得无技能工人的时薪从 6 美元涨到 7.25 美元。但用一部分工人（包括一些均衡工资水平时被雇佣的工人）的失业换来另一部分工人的工资上涨，这值得吗？

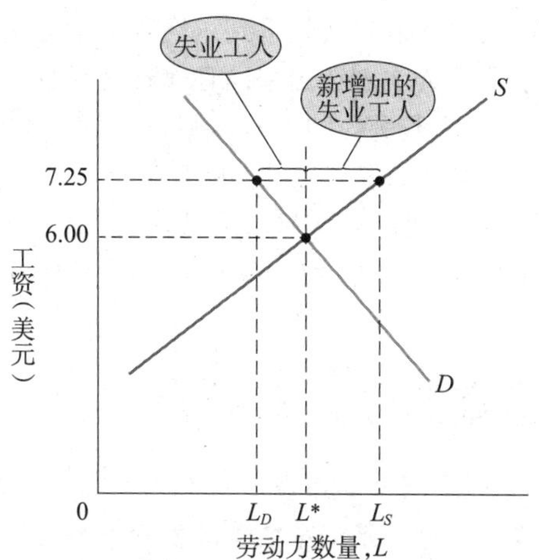

◀ 图 18.3　最低工资立法的影响

如果无技能工人的市场均衡工资低于法定最低工资，他们最终很有可能失业。更高的工资会吸引更多工人加入劳动力市场（供给量从 L^* 上升到 L_S），但厂商会雇佣更少的工人（需求量从 L^* 降低到 L_D）。

实际上，最低工资所导致的失业程度并不明确。尽管大量的研究表明失业受到多种因素的影响，但经验主义经济学家对此问题仍持保留态度。最近知名经济学家阿尼尔 · 卡西亚普（Anil Kashyap）在一项研究中发现，参与调查的经济学家对于最低工资的显著提高会使“低技能工人找工作更加困难”⑦ 这一假设存在分歧。

18.8 财富分配

18.8 学习目标

了解为什么财富分配比收入分配更加不平等。

图 18.4 显示了从 1989 到 2013 年家庭的财富分配情况。首先从图中可以看出，财富分配比收入分配更加不平等。在 2013 年，前 3% 的财富持有者拥有 54.5% 的财富，而底层 90% 的财富持有者仅拥有 24.7% 的财富。

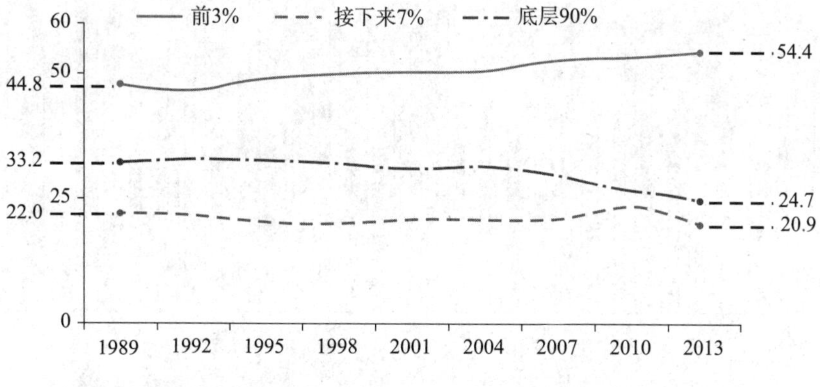

前3%　接下来7%　底层90%

60, 50, 44.8, 33.2, 25, 22.0, 0

54.4, 24.7, 20.9

1989　1992　1995　1998　2001　2004　2007　2010　2013

▲ 图 18.4　1989 年至 2013 年不同财富百分位的财富持有比例

资料来源：Federal Reserve Bulletin，September 2014。

---

⑦　阿尼尔 · 卡西亚普，IGM 论坛网站，2013 年 2 月 26 日调查结果。

382 之前讨论财产收入的时候我们提到过这种不平等。如图所示，如果资本分配不平等，那么资本创造出来的且表现为利息、租金和股利等形式的收入，其分配也是不平等的。所以财富分配会对收入分配产生影响。收入水平越高，财富回报产生的影响越大。

图 18.4 也展示了时间趋势。我们可以看到不平等随时间不断加剧，前 3% 人群的财富占比从 1989 年的 44.8% 增加到如今的 54.4%。

18.9 学习目标

了解美国和其他国家不平等的比较状况。

18.9 其他国家的收入不平等

图 18.5 展示了一些国家的市场收入和税后收入（可支配收入）的不平等状况。之前讲到过，基尼系数越高表示不平等越严重。下列国家根据可支配收入（税后收入）的不平等情况从左向右排列。根据基尼系数，斯洛文尼亚和丹麦的不平等程度最低。墨西哥和智利在这组国家中的不平等程度最高。美国也是基尼系数最高的几个国家之一，说明了美国的可支配收入处于相对较高的不平等程度。

我们还可以观察市场收入的潜在不平等状况。把这些想象成政府政策实施前的收入。爱尔兰、韩国和冰岛的市场收入不平等程度都相对较低，而智利、加拿大和以色列的不平等程度都比较高。根据这种测量方法，美国的不平等程度也比较高。通过观察每个国家两条柱形图的差还可以看出有些国家实施的政策显著地减小了基尼系数，而有些国家的市场基尼系数和可支配收入基尼系数之间差距较小。墨西哥和韩国的两个

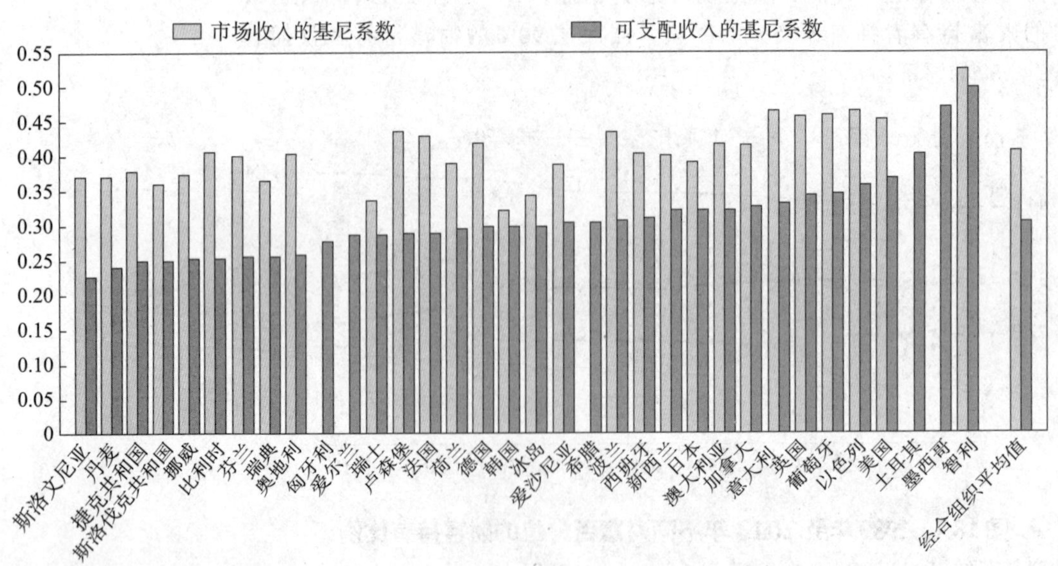

▲ **图 18.5 不同国家的收入不平等（2006 年到 2009 年间的数据）**

资料来源：OECD（2011），Divided We Stand: Why Inequality Keeps Rising，OECD Publishing，Paris. http://dx.doi.org/10.1787/9789264119536–en。

数据之差就比较小，而北欧国家的这种差距就比较大，这也说明了北欧国家实行更多的再分配税收和转移支付政策。

此图缺失了中国和印度等大型发展中国家的数据。有证据显示，较大的发展中国家的不平等程度也在不断加剧。国际货币基金组织（IMF）通过研究世界不同地区的不平等增长情况发现，不平等现象的主要推动力在于技术变革对于更多技能的需求增加。技术对于不断加剧的不平等现象产生了极为重要的影响力，因为传统农民和城市人口之间的教育水平差异比较大。

图 18.5 显示了一些国家的收入分配情况。世界整体的收入分配情况 383
怎么样呢？不同国家的人均收入水平差异很大。2013 年美国人均收入为 53 750 美元，而老挝，世界上最贫困国家之一，人均收入仅有 4 550 美元。如果不同国家的人均收入被定为一种观测值，那么基尼系数也会变高。

然而，思考接下来的问题是很有意思的。随着大型发展中国家的不断发展，根据之前的研究，显然收入不平等会加剧。这样就会导致全世界收入不平等加剧。然而，如果我们考虑进全球 70 亿人口，并计算所有人口的基尼系数，这个数字在过去的 20 年里很可能降低。为什么？因为中国和印度的人口是世界人口的很大组成部分。两国的发展会使世界上绝大多数人的收入增加，包括收入低的人。从这一角度来说，中国和印度的贫困人口的收入比世界收入增加的还要快（因为中国和印度的增长速度比世界平均增长速度快得多），这会导致全球 70 亿人口的基尼系数的降低。从这一角度来说全球收入不平等是在降低的！

18.10 政府还是市场？回顾

在本书中，我们主要关注效率问题。在本章内，我们将公平也纳入了考虑范围之内。我们讨论了市场活动引发的收入不平等问题以及政府运用税收和转移支付的手段来改变分配的行为。

正如我们之前提到的，分配的变化对于效率来说并不是没有影响的。有一些对于收入和财富的再分配政策会在潜移默化中影响到劳动力市场和资本市场的积极性。政府必须平衡好效率和公平。本章介绍了相关领域的一些基础问题和相关数据，讨论了一些政策决定的权衡。

总结

18.1 家庭收入的来源　页 449

1. 家庭收入有三种主要来源：（1）劳动交换的工资或薪水（63% 左右），（2）来自资本或土地等资产（28% 左右），（3）来自政府（9% 左右）。
2. 一个家庭的财产收入取决于所拥有的资产数量和种类。来自政府的转移收入浮动很大，但不只限于低收入家庭。除了社会保障金，转移支付总体上是为了给需要的人增加收入。

18.2 市场收入的分配　页 449

3. 2011 年美国收入分配前 20% 的家庭收入占市场收入的 56.8%，而底层 20% 的家庭收入仅为 3.8%。自 1979 年以来美国收入分配不平等逐渐加剧。
4. 洛伦兹曲线是常用的描述收入分配的图形工具。基尼系数是描述收入不平等的指数，取值范围从 0 到 1，0 表示绝对公平，1 表示绝对不公平。

18.3 市场收入不平等的原因　页 452

5. 家庭间工资和薪水差异来源于工人的特性差异（技能、熟练程度、教育水平和经验等）和工作差异（危险程度、刺激程度、理想程度和难易程度等），有时还会受到歧视现象的影响。家庭收入还与家庭中的劳动力数量有关。

384 6. 财产收入差异取决于家庭持有的资本数量以及资本收益率。

18.4 关于支持和反对减少市场收入不平等的争论　页 457

7. 反对政府再分配的基本哲学观点建立在一个人有权享有自己的劳动成果的主张上。这种观点同样建立在合同自由和财产权保护的原则上。更多常见的反对观点从再分配会损害工作、储蓄和投资的积极性的角度出发。
8. 支持再分配的基本哲学观点认为发展到美国富裕程度的社会，有道德义务保障社会全体成员的基本生活需求。更多的正式观点可以从功利主义派和罗尔斯的著作中借鉴。

18.5 通过税收和转移支付进行收入再分配　页 461

9. 在美国，再分配是通过税收和一系列政府转移支付项目实现的。其中比较大的项目有社会保障体系、医疗补助和医疗保险、贫困家庭临时救助计划，以及营养补充援助计划。
10. 在 2011 年，美国政府转移和税收政策将 0.59 的市场收入基尼系数降到了 0.44 的税收收入基尼系数。

18.6 贫困　页 467

11. 美国的官方贫困线是根据农业部给出的最低食物预算的 3 倍确定的。2014 年一个四口之家的贫困线是 24 008 美元。
12. 从 1966 年到 2000 年，美国官方贫困人口比例从 14.7% 降到了 11.3%。从 2000 年到 2013 年，这个数字上升到 14.5%，与之前十分接近。

18.7 最低工资　页 468

13. 很长一段时间以来，最低工资一直被用于提高收入分配底层工人的工资。对于在不影响低技能工人就业水平的前提下是否可以显著提高最低工资标准，经济学家们一直存在分歧。

18.8 财富分配 页 469

14. 美国的财富分配比收入分配更加不平等。2013 年，最富裕的前 3% 人群拥有的财富量高达 54.5%。

18.9 其他国家的收入不平等 页 470

15. 相较于其他发展中国家而言，美国在市场收入和税后收入（可支配收入）上有着较高的不平等水平。

术语和概念回顾

税后收入，页 449
税前收入，页 449
补偿性差异，页 453
基尼系数，页 451
人力资本，页 452
洛伦兹曲线，页 450
医疗补助和医疗保险，页 465
最低工资，页 468
市场收入，页 449
官方贫困线，页 467
财产收入，页 449
罗尔斯正义观，页 460
美国社会保障体系，页 463
转移支付，页 449
失业救济金，页 464
功利主义正义，页 460

习题

18.1 家庭收入的来源

学习目标：描述家庭收入的三种主要来源。

1.1 找出以下每种收入的基本来源：

a）萨里每周收到 240 美元的失业救济金。

b）达蒙每年从可口可乐的股票中收到 100 美元的股利。

c）梅出租了她家的一个房间，每月收到 650 美元租金。

d）凯塔琳娜的雇主为她支付健康保险。

e）米格尔每年通过行政助理的工作挣得 120 000 美元。

f）布兰登每月从社会保障部门收到 750 美元的残疾人补助。

18.2 市场收入的分配

学习目标：定义市场收入并分析市场收入的分配。

2.1 运用下表中的数据画两个图。第一个图画出左撇子人群和右撇子人群的洛伦兹曲线。第二个图画出 1995 年所有人群和 2015 年所有人群的洛伦兹曲线。在每个图中，哪条曲线有着更高的基尼系数？如何解读结果？

	收入百分比				
	左撇子	右撇子	2015 年所有人群	1995 年所有人群	
最低五分之一	5.7	3.9	4.5	3.0	
第二个五分之一	9.1	7.3	8.7	7.2	
第三个五分之一	17.3	14.8	16.0	14.1	
第四个五分之一	22.2	26.0	23.3	25.2	385
最高五分之一	45.7	48.0	47.5	50.5	

2.2 根据下图的洛伦兹曲线回答问题。

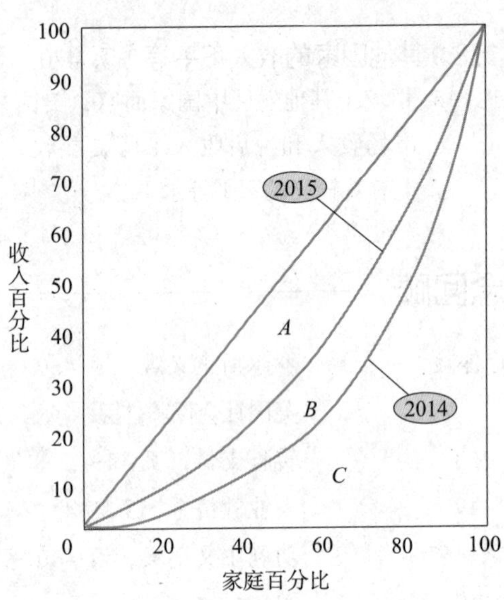

a）解释 2014 年和 2015 年的洛伦兹曲线哪一条更平等。

b）如果区域 A=2 450，区域 B=450，那么区域 C 多大？ 2014 年和 2015 年的基尼系数分别是多少？

2.3 在一个很小的王国有五位居民，下表列出了他们的年收入。请填写完整表格并画出这个国家收入分配的洛伦兹曲线。

居民	年收入（美元）	收入百分比	累计收入百分比
维多利亚	16 000		
旺达	36 000		
泽维尔	72 000		
亚斯明	112 000		
萨卡里亚	164 000		

18.3 市场收入不平等的原因

386

学习目标：找出市场收入不平等的主要原因。

3.1 **[与页 453“实践中的经济学”相关]** 有些厂商为想要继续进修的职工提供学费补助。上网查一下提供此类补助的厂商有哪些。你有没有发现这些厂商之间的共同点？既然教育水平是工资不平等的一种原因，受教育水平高的人才往往要求高工资，为什么有些厂商会为职工提供进修补助呢？

3.2 经济学家将教育称为“对人力资本的投资”。请定义一下资本。在何种意义上教育会成为资本呢？投资是为了获得收益率。请描述一下对大学教育的投资的回报。你会用什么方式衡量它？如果回报足够大，你会怎么选择？

3.3 以下列举了不同种类厂商和近一年来从事这些行业的工人的平均周收入。使用“人力资本”和“补偿性差异”的概念来解释为什么这些行业之间会存在差异。

废品处理和处置	1 347.46 美元
电台广播	1 026.56 美元
煤矿开采	1 500.59 美元
服装制造	565.86 美元
美甲沙龙	329.48 美元

3.4 经济学博士在找工作时发现学术工作（在大学教书）比非学术工作（比如在银行或咨询公司工作）支付的工资少 30%。那么那些学术工作者肯定比非学术工作者的生活状况差。你同意这种观点吗？请给出你的答案。

3.5 加利福尼亚州和纽约州的福利金应该比密西西比州的福利金高吗？请陈述你的答案。

3.6 **[与页 456“实践中的经济学”相关]** 高管薪酬在美国仍然是受到热议的话题。在过去的 30 年里，无论是按金额还是相比工人收入，美国企业 CEO 的薪酬暴涨，在 1980 年企业 CEO 平均工资是按时计薪的工人平均工资的 42 倍。这项争论蔓延到了华盛顿，2009 年奥巴马总统对于接受联邦救助资金的企业的高管设立的工资上限为 500 000 美元。请写一篇小文章来探讨高管薪酬问题，并阐释你对于高管薪酬是否应该受限这一问题的看法。政府是否应该干预私人企业的薪酬决定问题？自 1980 年以后，高管薪酬和工人平均时薪的比值有何变化？和其他国家相比呢？

18.4 关于支持和反对减少市场收入不平等的争论

学习目标：总结支持和反对收入再分配的观点。

4.1 收入不平等证明我们的经济体系运行是良好的，而不是糟糕的。你同意吗？请陈述你的答案。

18.5 通过税收和转移支付进行收入再分配

学习目标：了解政府影响收入不平等的主要方式。

5.1 在过去的四分之一世纪，老年人贫困率急剧下降。这种下降是怎么实现的？

5.2 **［与页 459“实践中的经济学”相关］**根据“实践中的经济学”，在美国，孩子常常会继承父母的社会经济地位。政府为了提高代际收入流动性做了或是正在做哪些尝试？这些尝试的成本和好处是什么？你认为这些措施成功吗？你认为政府是否应该干预这种流动性？

5.3 请解释一下，像失业救济金一样的州政府转移支付项目的推行与否，在多大程度上导致了高失业率？

18.6 贫困

学习目标：了解如何定义和衡量贫困。

6.1 被用来确定申报医疗补助项目和儿童健康保险项目的资格条件的 2015 年联邦贫困准则，在 48 个毗邻州确立的四口之家的贫困线为 24 250 美元。该贫困线在阿拉斯加州和夏威夷州的标准分别为 30 320 美元和
87 27 890 美元。这两个州的贫困线比其他 48 个州的贫困线高的原因，你认为是什么？你认为这样做是否公平？请解释你的答案。

18.7 最低工资

学习目标：了解为什么最低工资会导致失业。

7.1 是否应该提高最低工资标准是每届大选都会争论的问题之一，2015 年的最低工资是时薪 7.25 美元。假设你已婚并育有一个孩子，拥有一份每周工作 40 个小时并支付最低工资的工作。假设你缴纳的税收是全部收入的 10%，那么每个月你能够拿到多少实际工资？在你居住地附近租一间还不错的公寓要花多少钱？付掉租金之后还能剩多少钱？其他生活开支比如食物等需要花费多少钱？请拟定家庭预算。

7.2 假设劳动力市场的均衡工资是每小时 24 美元。如果最低工资法规定市场上的最低工资为每小时 32 美元，会产生什么影响？如果规定最低工资为每小时 16 美元呢？

18.8 财富分配

学习目标：了解为什么财富分配比收入分配更加不平等。

8.1 在美国，财富分配并不只按家庭计算，也按州计算。根据 Insidermonkey.com 网站上面的一篇 2010 年的研究，华盛顿特区居民平均财富为 336 000 美元，位居包括哥伦比亚特区在内的 50 个州的榜首。为什么有些州的居民比其他州的居民富有？你认为你居住的国家中的哪个地区的居民平均财富有所下降？你认为原因是什么？通过调查寻找数据来支持你的观点。

资料来源：Meena Krishnamsetty，“The Secret List of the 10 Wealthiest States in America，” insidermonkey.com，November 21，2010。

18.9 其他国家的收入不平等

学习目标：了解美国和其他国家不平等的比较状况。

9.1 下表是经合组织提供的数据。数据反映了来自经合组织的五个国家的不同收入群体的平均家庭实际年收入百分比的变化，从 20 世纪 80 年代中期到 21 世纪头十年末期。如"全部人口"列所示，五个国家的全部人口的平均实际年收入均有所增加，但收入前 10% 和底层 10% 的收入百分比有所变化。根据下列数据解释，在此期间各个国家的基尼系数有何变化。

国家	全部人口	底层 10%	前 10%
澳大利亚	3.6	3.0	4.5
比利时	1.1	1.7	1.2
日本	0.3	–0.5	0.3
西班牙	3.1	3.9	2.5
土耳其	0.5	0.8	0.1

资料来源：OECD（2011），Divided We Stand：Why Inequality Keeps Rising，OECD Publishing，Paris.http：//dx.doi.org/10.1787/9789264119536–en。

第 19 章

公共财政：税收经济学

前几章分析了政府在经济中的潜在作用。本章将会讨论公共经济学的部分内容。在本章，我们将会过渡到公共财政的内容。无论政府有哪些功能，其首先都要提高收入。政府增加资金的主要工具就是税收。

税收可以施加于交易、机构、资产、餐饮或其他，但最终这些税收的支付者都是个人或家庭。

本章概述和学习目标

389

19.1 税收基础

19.1 学习目标

定义税收的基本原则。

在开始分析美国税制之前，我们首先明确一些术语。税的种类有很多，税务分析人员在描述不同税种时有专用语言。

19.1.1 赋税：基本概念

税基：征税的标准或价值。

税率结构：所缴税额占税基的百分比，比如收入的 25%。

每种税都由两部分组成：税基和税率结构。**税基**是课税所依据的度量标准或价值。美国的课税基础很广泛，包括收入、销售额、资产和厂商利润。**税率结构**决定了税基的多少需要上缴。举个例子，收入的税率如果是 25%，那么所缴税额的大小就等于收入的 25%。

存量性税种和流量性税种　税基可以用存量衡量也可以用流量衡量。地方财产税是对住宅财产、商业财产和工业财产征收的税。比如一个房主需要为当前自己房屋的评估值上税。当前价值是一个存量，也就是说这个价值是在某一个时间节点衡量或估测的。

还有些税种是对流量征税。收入就是一种流量。大多数人都是按月上税的。销售额是持续发生的，因此零售税就是上缴销售额的一部分。图 19.1 简单地解释了家庭和厂商之间支付流的重要循环，以及在这之中政府征收的 6 种税收。

表 19.1 从 1960 年到 2014 年中选择了 7 个特定年份，并列出了 5 项税收下的联邦政府收入。在此期间，个人所得税和企业所得税的浮动较小，而社会保险工资税（social insurance payroll tax）的变化幅度较大，在总收益中的占比翻了一倍多，跃居联邦收入的第二大来源。

比例税：所有家庭的税负占收入比例都相同的一种税。

累进税：税负占收入的比例随收入增加而增加的一种税。

比例税、累进税和累退税　**比例税**是指所有家庭收入的税率是一样的。比如，对各种收入征收 20% 且没有额外扣除的税就是比例税。

对高收入家庭征收比低收入家庭更高比例的税收叫作**累进税**。由于累进税的税率随收入增加而增加，因此美国个人所得税是一种累进税。

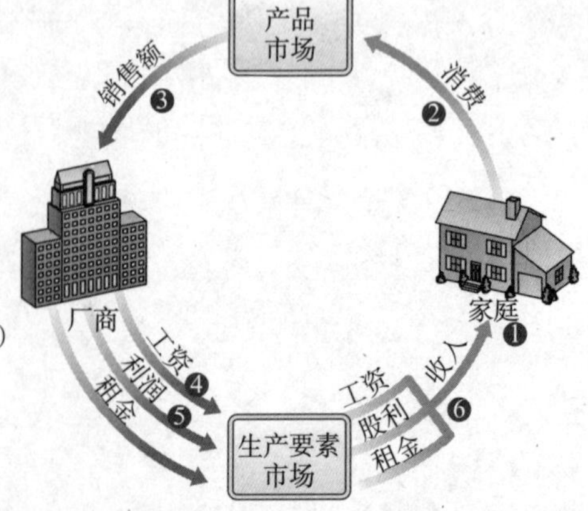

▶ 图 19.1　经济“流”中的税收

大部分税种基于可衡量的经济流量征税。比如利润，或者说净收入，是根据厂商年利润征税。

390

表 19.1　1960 至 2014 年美国联邦政府收入（10 亿美元）

	个人所得税	%	企业所得税	%	社会保险工资税	%	消费税	%	其他收入	%	总和
1960	41.8	43.4	21.4	22.2	16.0	16.6	13.1	13.6	4.0	0.4	93.6
1970	88.9	48.0	30.6	16.5	45.5	24.6	18.1	9.8	2.0	1.1	185.1
1980	250.0	46.9	70.3	13.2	163.6	30.7	33.7	6.3	15.4	2.9	533.0
1990	470.1	43.3	118.1	10.9	402.0	37.0	50.9	4.7	44.6	4.1	1 085.7
2000	995.6	48.3	219.4	10.6	698.6	33.9	87.3	4.2	62.3	3.0	2 063.2
2010	893.8	37.4	298.7	12.5	970.9	40.6	96.8	4.0	131.5	5.5	2 391.2
2014	1 374.2	41.6	497.3	15.1	1 149.4	34.8	134.1	4.1	145.8	4.4	3 300.8

资料来源：美国经济分析局，2015 年 3 月 27 日。因四舍五入，百分比总和可能不是 100。

2011 年，美国收入分配底层五分之一家庭的平均联邦所得税税率为 1.9%，而收入分配顶层五分之一家庭的平均税率为 23.4%。当前税制允许家庭在进行缴税之前先扣除一部分（比如抵押利息等），并且对于有些收入种类的税率也不同，所以最终的税率可能和平均税率不太相同。因此收入高的人实际税负有可能比收入较少的人的税负低，但平均来说所得税是累进的。

对高收入家庭征收比低收入家庭更低比例的税收叫作**累退税**。消费税（对汽油、电话费等特定商品征税）就是累退税。零售税也是累退税。假设你所在地区的零售税税率是 5%。但大家花在上税商品和服务上的钱占总收益的比例是不同的。实际上，高收入家庭留存的收入部分也很高。即使他们比低收入家庭的缴税金额要多，但他们实际上的销售税额占总收益的比例是比低收入家庭更小的。

累退税：税负占收入的比例随收入增加而减少的一种税。

边际税率和平均税率　每年的 4 月 15 日之前，有收入的人都要向美国国税局提交税务表。首先要在表上计算出应缴纳的所有税款。接下来计算可以从收入中扣除缴税的部分，并由你的雇主寄给美国国税局。如果需要扣除的部分有剩余，那么你会收到退款；如果需要扣除的部分不足，那么你需要补足差额。

计算所需缴纳的全部税款时，首先将所有收入加总，然后扣除指定项。所有纳税人都可以扣除的项目被称为个人免税额和标准扣税额。扣除掉这些之后剩下的就是应纳税收入。应纳税收入再按照累进税率进行纳税。

在讨论税率时，评论家常常会提及个人**平均税率**。平均税率就是总纳税额除以总收益。如果总收益为 100 000 美元，纳税额为 20 000 美元，那么你的平均税率就是 20%。**边际税率**也是很重要的一个概念，也就是说基于当前的收入水平，每挣到的 1 美元中有多少要交给政府。在美国实行的这种累进税制中，边际税率和平均税率并不相等。

平均税率：所缴税款除以总收益。

边际税率：每收入 1 美元中所需上缴的部分的比重。

391

实践中的经济学

计算税负

了解美国所得税制的方法之一就是假定你的收入处在某一水平，计算你需要上缴的税款。假设你独自一人租房子住。假设你的慈善捐款也相对较少。在这种情况下，你在报税时只能采用“标准扣除额”。

下面考虑一下如果你的收入从 100 000 美元涨到 200 000 美元的话，你的税负会发生怎样的变化。我们使用 2014 年的税率表来进行计算。不用他人纳税申报单报税的独立纳税人（许多学生仍然用父母的纳税申报单来报税）按规定在计算税负之前可以从总收益中扣除 6 200 美元。在我们的假设中，我们将会比较两项调整后收入，也就是 93 800 美元和 193 800 美元。两项税前收入在调整前和调整后的差额没有变化，仍然为 100 000 美元。

在这里我们重新制定 2014 年独立纳税人的税率表。如下图所示，税率随收入增加而增加，形成了累进税制。在最后两列，我们计算了两种收入水平下的纳税额。

可以看到在累进税制下，平均税率随收入增加而增加。同时，边际税率高于平均税率，也反映出了纳税的累进性。收入从 100 000 美元增加到 200 000 美元后，边际税率也从 28% 增加到 33%。在高于 406 750 美元的收入情况下，边际税率是 39.6%。

思考

1. 如果你在考虑增加自己的工作时长，你会更关心自己的边际税率还是平均税率？

税率	收入区间（美元）	100 000 美元收入的纳税额（应纳税收入为 93 800 美元）	200 000 美元收入的纳税额（应纳税收入为 193 800 美元）
10%	0—9 075	$908	$908
15%	9 075—36 900	$4 174	$4 174
25%	36 900—89 350	$13 113	$13 113
28%	89 350—186 350	$1 246	$27 160
33%	186 350—405 100	0	$2 459
35%	405 100—406 750	0	0
39.6%	406 750+	0	0
总纳税额		$19 441	$47 814
平均税率（纳税额 / 收入）		0.194	0.239
边际税率		0.28	0.33

阅读上面“实践中的经济学”板块的内容。它展示了在 100 000 美元和 200 000 美元两种假设收入下相应应纳的所得税，该讨论使用的是 2014 年美国的税率表。上面的计算证明了在累进税制下，平均税率和边际税率并不相同。你更应该关注哪种税率呢？说到税收，许多人首先关注的是平均税率，也就是需要交给政府的那部分收入的百分比。但在很多情况下，边际税率更有用。如果你想要延长工作时间，那么你需要按照（更高的）累进税率给增加的那部分收入上税。所以累进税率是你在考虑是否增加工作时长时应该关心的税率。当你考虑是否要捐钱时（有助于降低应纳税收入），边际税率也是你应该关注的。

纳税时可以扣除多少免税额？ 正如实践中的经济学中所说的，作为独立纳税人，你可以在计算税额之前从收入中扣除 6 200 美元的免税额。但其实如果你有“个人免税额”，你就可以扣除多于 6 200 美元的免税额（也就是付更少的税）。纳税人可以通过以下几种支付减少应纳税收入：给特定组织的慈善捐赠，房地产税，以及为了购买房屋而支付的抵押品的利息等。

有些人抱怨高收入家庭可以享受高的免税额。举个例子，收入高的独立纳税人——比如收入超过 500 000 美元——捐赠的 1 000 美元可以帮她节省 396 美元，因为最高的边际税率为 39.6%。如果另一个人的应纳税收入为 20 000 美元，同样的 1 000 美元的捐赠只能帮她节省 150 美元，因为她的边际税率为 15%。可以看出，高收入家庭的边际税率也高，因此会更积极地寻找减少应纳税收入的方式。

上面的讨论帮我们了解了美国的个人所得税。这实际是一个很复杂的税制，大多数人都需要帮助来理清自己的税负以避免违法。之前的 5 位总统都将简化免税代码作为头等重要的事，但还没什么效果。

19.2 税负归宿：谁来纳税？

19.2 学习目标

讨论工资税和公司利润税的税负归宿。

政府征税时，会通过法律来明确个人或组织的具体纳税责任。要理解一项税收，我们不能只看那些法律中指定的最初纳税人。

税收最终是由个人或家庭承担的；商业企业和学校等机构无实际纳税能力。厂商所支付的税收最终落在消费者、企业所有者和工人身上。更进一步，税收并不一直由那些最初承担税负责任的人来支付。税负总是直接或间接地转移给他人。当我们讲到**税负归宿**，我们是指税负的最终分配。我们在第 5 章中讨论过的消费税最初是由厂商负担的，但最终转移给了消费者。我们将通过了解其他更复杂的税种来继续税负归宿的问题。

税负归宿：税负的最终分配。

当家庭通过改变行为来避税时，**税收转移**发生。当某个特定项被挑出来进行征税时，这种转移很容易完成。在第 5 章我们讨论了仅仅针对鳄梨征收的消费税，看到了大量购买行为的改变，消费者企图通过转移

税收转移：当家庭改变或作出行动时，避免了部分税收，这个过程就是税收转移。

给其他水果来逃避这项税。在这种情况下，由于消费者的需求弹性大，商品价格并没有因为征税而上涨很多，大部分税负由企业所有者承担。

像零售税这样的税，对于所有消费商品的税率相同，因此消费者很难避免这些税负。消费者唯一能够减少这种税负的方法就是少消费。如果消费减少，储蓄就会增加，但除此之外几乎没有逃避或者转移税负的可能。相比消费特定种类商品，对于所有商品的消费是相对没有弹性的。也因为这个原因，广义税种很难被转移。我们后面将会看到，这种难以转移的广义税种对于经济的干扰程度也小于狭义税种。

19.2.1 工资税归宿

根据表 19.1，2014 年美国联邦收入的 34.8% 来自社会保险税，也被称为*工资税*。此项收入用于支持社会保障体系、失业救济以及其他健康和残疾补助政策的运行。其中，有些税种向厂商的总工资支出征收固定税率，有些税种向职工的工资和薪水征收一定比例的税款。

为了分析工资税，我们先向雇主征税，然后分析接下来会发生的变化。首先当一项税款被征收，厂商会意识到劳动力价格上涨。厂商可能会有以下两种反应。第一，厂商可能会用资本来取代现在变得更贵的劳动力。第二，高成本和低利润可能会导致产量下降。这两种反应方式都意味着对劳动力的需求量下降。劳动力需求量减少会导致工资下降，工人的收入减少，这样部分的税收就被转移给了工人。税收被转移给工人的程度取决于工人对于较低工资的反应，或者说取决于工人供给量的弹性大小。

通过下图描述的征税之前的市场状态，我们进行更加正式的分析。图 19.2 描述了没有工资税的劳动力市场的均衡状态，我们接下来复习一下影响供给曲线形状的因素。

393 **完全竞争市场的劳动力供给和需求曲线：回顾** 在完全竞争市场下劳动力需求是由生产率决定的。如第 10 章中所说，处于完全竞争状态的利润最大化的厂商，所雇佣的劳动力数量处于市场工资等于劳动力边际收益产品的均衡点处。劳动力需求曲线的形状表示了厂商对于工资变化的反应程度。

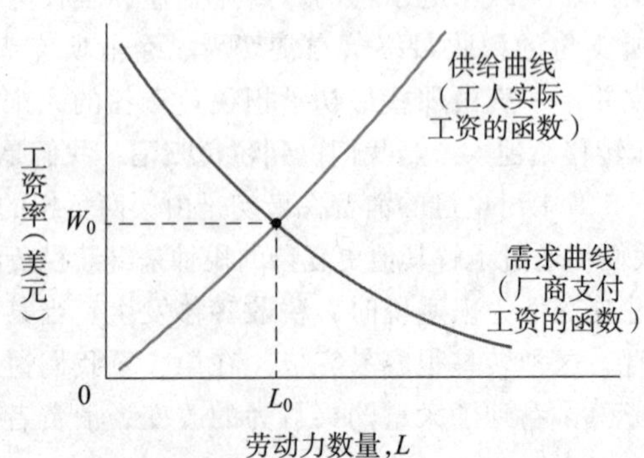

▶ 图 19.2 竞争性劳动市场的均衡状态——无税收

如果没有对工资征税，那么厂商支付的工资与工人实际拿到的工资相等。工资为 W_0 时，劳动供给量和劳动力需求量相等。

在第 6 章我们学习了家庭行为和劳动力供给曲线的形状取决于收入和替代效应的相对强度。劳动力供给曲线表示了工人对于工资率变化的反应程度。家庭行为由工人每小时工作后实际拿到的税后工资决定。相比之下，劳动力需求实际是厂商所需支付的每一位员工全部工资的函数，其中会包含直接征收的工资税。这种税的存在扩大了厂商所需支付工资和工人实际工资之间的差距。

征收工资税：谁来支付？　图 19.2 没有引入税收，所以厂商需要支付的工资和工人实际拿到的工资是相等的。工资为 W_0 时，劳动供给量和需求量相等，劳动力市场处于均衡状态[①]。

假设厂商需要为每一位员工支付 T 美元的税款。图 19.3 中出现了一条平行于原供给曲线的线，位于垂直距离为 T 的原供给曲线上方。新曲线 S_1 表现了劳动供给作为厂商支付工资的函数。需要注意的是，S_1 实际上并不是一条新的供给曲线。供给量仍然是由工人实际工资决定的。S_1 曲线只是在原供给曲线的基础上加上了 T。无论最终税负由谁承担，厂商所支付的总工资和工人拿到的实际工资之间总存在差距。

如果起初工资为 W_0 每小时，那么征税之后厂商就会面临每位工人工资为（W_0+T）的支出。但是，工人拿到的实际工资仍然为 W_0。工资率越高——也就是厂商面临的每位工人的成本越高——会使劳动力需求量从 L_0 降低到 L_d，厂商就会开除一部分员工。每位员工拿到的实际工资仍为起初的 W_0，所以工人供给量并没有变化，结果就导致一部分超额供给量（L_0-L_d）。

超额供给给市场工资造成下降的压力，工资减少，将一部分税负转

394

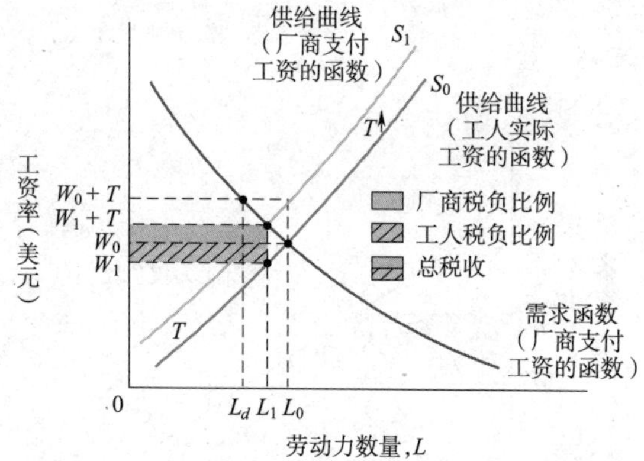

▲ 图 19.3　在完全竞争劳动市场上每单位工资税的归宿

对厂商征收每单位劳动 T 美元的税收之后，市场会进行调整，将部分税负转移给工人。征税后，厂商将需要支付（W_0+T）的总工资。这使劳动力需求下降到 L_d。结果是市场上供给过剩，从而导致工资下降到 W_1 并将部分税负转移给工人。

① 尽管供给曲线斜率为正，但这个斜率并不能表示美国市场劳动力供给曲线的实际形状。

移到了工人身上。问题在于工资会下降多少。根据图 19.3，新的市场均衡点在工资为 W_1 处，厂商需要支付的工资为（W_1+T），如果工人实际拿到的工资为 W_1，劳动供给量就是 L_1。如果厂商必须支付（W_1+T）的工资，那么劳动力需求量就降为 L_1，市场出清。供给量和需求量再次相等。

在这个例子中，雇主和雇员共同承担工资税的税负。起初，厂商支付 W_0；征税之后，厂商支付（W_1+T）。起初，工人拿到工资为 W_0；征税之后，工人最终工资降为 W_1。政府总税收为（$T \times L_1$）。用几何图形表示，总税收等于图 19.3 中的阴影部分。工人承担的税负为下面的阴影部分，（W_0-W_1）$\times L_1$。厂商承担的税负为上面的阴影部分，[（W_1+T）$-W_0$] $\times L_1$。

厂商和工人实际承担的税负大小取决于供给曲线的形状。图 19.4 的 a 图和 b 图展示了不同劳动供给弹性下工资税的最终税负分配情况。如果劳动供给是有弹性的（也就是说对价格变动反应灵敏），工人的实际工资下降得并不多，工人承担的税负就只是一小部分。但如果劳动供给是无弹性的，或者说对价格变动反应不灵敏，大部分的税负将由工人承担。无弹性的劳动力供给曲线意味着即便工资下降，劳动力仍会供给相同的劳动时间。因此如果劳动供给是相对无弹性的，那么大部分税负将

395

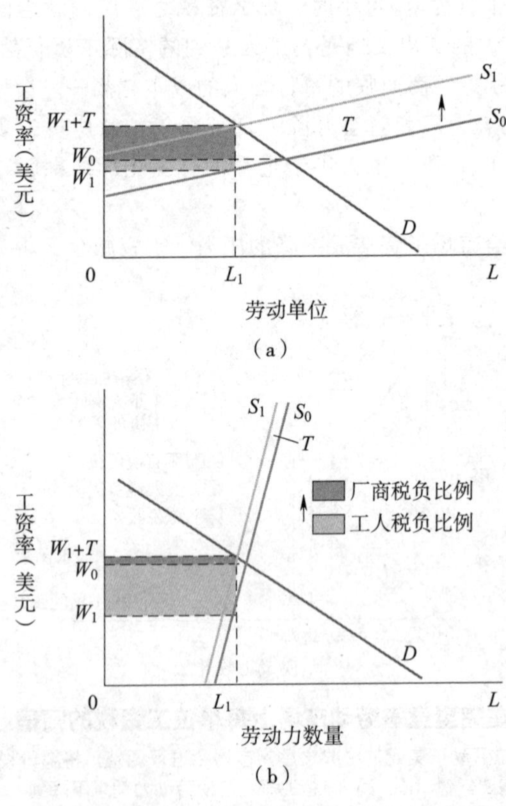

▲ 图 19.4 工资税对弹性（a）和非弹性（b）劳动供给的影响

工资税的最终税负分配取决于劳动供给和需求的弹性程度。如果供给是相对弹性的，如图（a）所示，最终税负主要由厂商承担；如果供给是相对非弹性的，如图（b）所示，那么最终税负主要由工人承担。

由工人承担；如果劳动供给弹性较大，那么大部分税负将由厂商承担。

关于美国劳动供给的实证研究发现，大部分劳动力的劳动供给弹性接近于零。因此美国工资税的绝大部分由工人承担。如果直接向工人征税而不是向厂商征税，那么结果也是完全相同的。回到图 19.3 的均衡状态，工资为 W_0。现在假设每小时 T 美元的税收向工人而不是厂商征收。税负在厂商和工人之间的最终分配结果将会是完全一致的。起初，工人实际工资将会下降到 W_0-T。劳动力提供的劳动供给将会减少，导致需求过剩，从而推动市场工资上升。这个过程将部分税负转移至雇主。过程是不同的，但结果是一致的。

并不是所有经济学家都认为工资税完全由工资收入者承担。即使劳动供给是非弹性的，有些时候工资是工会和大型厂商之间通过谈判确定的。如果工资税使得谈判过程中的总工资支出增加，厂商会意识到自己将负担更高的成本。高成本会导致厂商利润下降或者在销售过程中通过提高商品价格将其转移给消费者。

美国目前在高收入阶层征收的工资税是累进的。原因有以下两点：第一，随着收入规模提升，工资和薪水在总收益中的占比下降。高收入的绝大部分是由利润、股利和租金组成的。这些收入来源并不属于工资税的税基。第二，2015 年美国工资税的税基数为 118 500 美元。

19.2.2 公司利润税归宿

由联邦政府和大部分州政府征收的公司利润税也是很重要的税种，需要进行详细分析。公司利润税，或者说是公司所得税，是对公司制企业获得的利润所征收的税。这些公司都是政府批准的有限责任公司。有限责任是指股东或公司所有者履行责任时最多赔付自己的投资金额而不会波及它们的其他财产。合伙企业和独资企业的所有者并不享有有限责任，因此也不用交这种税，但是它们需要在个人所得税申报表上直接上报企业收入。

我们可以把公司利润税看作是经济的一个部门中对于资本收入，或者说利润，征收的一种税。为了简化问题，我们假设经济中只有两个部门，即公司制企业和非公司制企业；假设只有两种生产要素，即劳动和资本。资本所有者获得利润，工人（劳动力）获得工资。

像工资税一样，公司税也会影响家庭收入方程里的收入来源侧或使用侧。公司税可能会影响到资本所有者的利润、工人的工资，以及公司和非公司产品价格。其中的关键问题在于这种影响会有多大。

公司税的征收首先降低了公司净（税后）利润。假设征税之前经济处于长期均衡中，公司和非公司部门的企业都获得正常收益率；每个部门都没办法获得更高的利润。征税后，公司部门利润下降。（2015 年大部分公司的税率为 35%。）

由于利润下降，资本投资者开始青睐税后利润高的无税部门。上税 396

部门的企业规模逐渐缩小或者破产，而无税部门的企业逐渐扩张，并伴随着新企业的加入。在这种情况下，资本从上税部门流入无税部门，降低了无税部门的利润率。随着竞争逐渐加剧，产品价格被迫下调。部分税负转移给非公司部门的资本收入所有者，致使它们获得的利润下降。

低税后利润导致资本流出公司部门，该部门利润率上升，因为企业减少意味着供给减少，价格因此上调，等等。接下来，资本将继续青睐无税部门直到两个部门的利润率一致。即使只对一个部门征税，最终所有部门的税后利润都将下调至相等。

在这种情况下，公司产品会相对变贵而合伙企业和独资企业的产品会相对变便宜。但是因为大家都会购买两个部门的产品，这种消费效应（也就是对产品价格产生的影响效应）对于税负分配产生的影响极小。实际上公司部门上升的价格和非公司部门下降的价格可以相互抵消。

那么，公司所得税的征收对于劳动力会产生什么影响呢？工资可能会有所变动，但是总体影响不会很大。上税企业会倾向于用劳动力替换资本，因为资本收入需要缴税，这样会有利于劳动力工资提升。此外，规模缩小的部门使用的劳动力和资本也会减少，如果上税部门是资本密集型的公司部门，那么资本将会受到主要影响，资本价格会比劳动价格下降得多。

公司税的负担　公司税的最终负担取决于以下几种因素：两个部门资本/劳动的相对密集程度，两个部门资本和劳动互相替换的自由程度，以及两个部门生产产品的需求弹性。1962 年，来自芝加哥大学的经济学家阿诺德·哈伯格（Arnold Harberger）分析了这个问题并得出结论：虽然公司税只是针对公司制企业征收的，但公司、合伙企业和独资企业的所有人都会承担一定比例的税负。哈伯格还发现，公司税对工资的影响比较小，并且这种影响可以和我们刚刚提到的消费效应相抵消。[②]

在哈伯格之前，关于公司税的研究也有很多，一般认为资本拥有者会承担大部分的税负，这一结论也为大多数经济学家所认同。

然而如果公司税的征收对象是垄断者，那么结论会有所不同。你可能会认为，由于垄断者可以控制市场价格，那么它们可以直接通过高价的方式将利润税转移给购买垄断产品的消费者。但理论研究结果却恰恰相反：税负仍将留给垄断者。

记住，垄断者是受到市场需求限制的。也就是说，它们决定的产品价格和产量是和市场需求一致的，从而实现利润最大化。如果利润被征税，价格和产量价格不会变化。为什么会这样？答案很简单。如果你通过控制价格和产量实现利润最大化，然后被拿走一半的利润，将所剩利润最大化的方式和将税前利润最大化的方式完全一样。所以产品价格和产量仍然保持不变，税负最终由公司承担。从长期来看，和完全竞争市

---

② Arnold Harberger, "The Incidence of the Corporate Income Tax," *Journal of Political Economy*, LXX, June 1962.

场一样，资本不会流出上税垄断部门。即使征税，垄断企业的利润也比其他企业高得多。

19.2.3 美国税收的综合影响：实证证据

397

许多学者在不同的假设条件下对税收影响进行了完善的分析，结论大多是一致的：州政府和地方税收（销售税占大部分时）是递减的；个人所得税占主体地位的联邦税收，受到递减工资税的影响逐渐增大，是略微递增的。总体而言美国税制是略微递增的。

19.3 超额负担和中立原则

19.3 学习目标
总结超额负担的原因和影响。

在之前的介绍中我们看到，家庭和厂商在征税之前和征税之后所做出的决策是不同的，税负也可以从原始征税对象转移给其他人。现在我们做进一步研究。当税收干扰经济环境时，税收给社会总体施加压力以增加政府收入。

使政府收入超额增加的税负被称为**超额负担**。税收的总负担是指税收创造的全部收入，超额负担也是由税收创造的。因为超额负担实际是一种浪费，或者说是价值损失，所以税收政策应该尽可能地最小化这种损失。（超额负担也被称为无谓损失。）

超额负担：税收负担创造的超出政府收入的部分，也被称为无谓损失。

因税收产生的超额负担的大小取决于经济决策的扭曲程度。超额负担分析得到的一般原则是**中立原则**。其他所有条件相同或其他所有条件不变的情况下，[③] 对经济决策保持中立的税收要优于干扰经济决策的税收。

中立原则：其他所有条件相同的情况下，对经济决策保持中立（即不干扰经济决策）的税收要优于干扰经济决策的税收。非中立的税收导致超额负担。

实际上，所有税收都会改变市场行为并干扰经济决策。一项特殊产品销售税会提高被课税产品的价格，而人们可以通过购买这种产品的替代品来避免缴税。所得税会干扰人们对于当期消费还是未来消费、工作还是休闲的决策。公司税影响投资和生产决策，投资会因此流出公司部门。正如我们之前学到的，税收的干扰程度取决于双方对于交易的弹性程度。如果双方都是有弹性的，那么对市场征税将会在最大程度上干扰市场交易，并产生很大的超额负担。

19.3.1 衡量超额负担

如果我们知道人们对于价格变化的反应程度，那么就可以衡量超额负担。观察图 19.5 中的需求曲线。最开始产品的销售价格等于边际成本，为 P_0（假设边际成本不变）。之前学过，当要素市场是完全竞争市场时，边际成本反映了该产品生产要素的实际价值。

---

③　其他所有条件相同很重要。在判断一种税收的价值或税收政策是否应该变化时，中立程度只是众多评判标准中的一种，它与其他标准往往会产生冲突。举例来说，A 税可能比 B 税创造更大的超额负担，但人们可能会认为 A 更加公平。

398

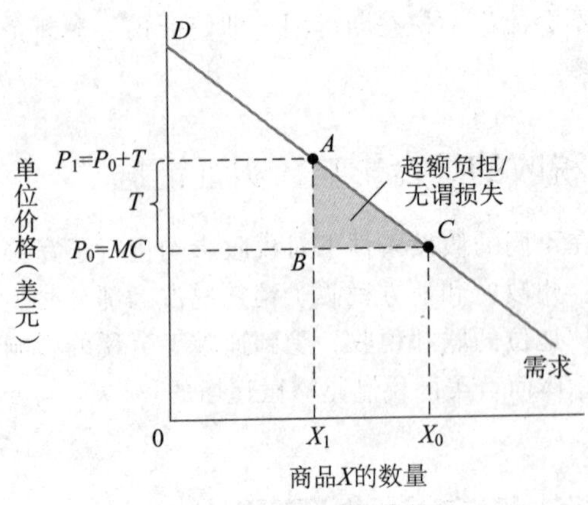

▲ 图 19.5 干扰性消费税的超额负担

能够改变经济决策的税收会创造出超出政府税收收入的负担。消费税使商品价格上升至高于边际成本的水平，迫使消费者去买偏好较低的替代品，降低了消费者剩余。

衡量税收的总负担，我们需要用到第 4 章中消费者剩余的概念。在任何价格下，有些人支付的某件产品价格低于他们认为的产品价值。我们之所以购买一件商品是因为我们认为这件商品的价值是大于等于它的价格的。举个例子，如果 1 单位产品 X 被拍卖，有人愿意支付图 19.5 中的 D 价格，那么他得到（$D-P_0$）的“剩余”。（从第 4 章和第 6 章回顾消费者剩余的概念和计算。）

思考一下如果消费税使产品 X 的价格从 P_0 提高到 $P_1=P_0+T$ 会发生什么，其中 T 是对每单位 X 征收的税。第一，政府获得收入。政府收入等于 T 倍单位商品 X 的购买量（X_1）。可以看到 $T\times X_1$ 等于图中 P_1ABP_0 的矩形区域。第二，由于消费者现在支付的价格是 P_1，市场积累的消费者剩余从 DCP_0 区域减小到 DAP_1 的小三角形区域。超额负担等于原（税前）消费者剩余减去税后剩余减去政府的总税收收入。

换句话说，原消费者剩余价值（三角形 DCP_0 区域）被分成了三个部分：仍为消费者剩余的三角形 DAP_1 区域，成为政府税收收入的矩形 P_1ABP_0 区域，和损失三角形 ACB 区域。因此 ACB 区域就是税收的超额负担的估计值。税收的总负担就是政府全部收入和超额负担的总和：P_1ACP_0 区域。

19.3.2 超额负担和干扰程度

税收因干扰经济决策而造成的超额负担的大小取决于决策因税收变化的程度。征收消费税时，需求弹性反映了消费者行为。需求曲线弹性越大，税率造成的干扰就越强。

图 19.6 展示了消费者反应是如何决定超额负担的。价格为 P_0 时，消费者需求为 X_0。现在假设政府对每单位 X 征收 T 美元的税收，两条需求曲线（D_1 和 D_2）代表两种消费者反应。曲线 D_1 上的消费者需求变

399

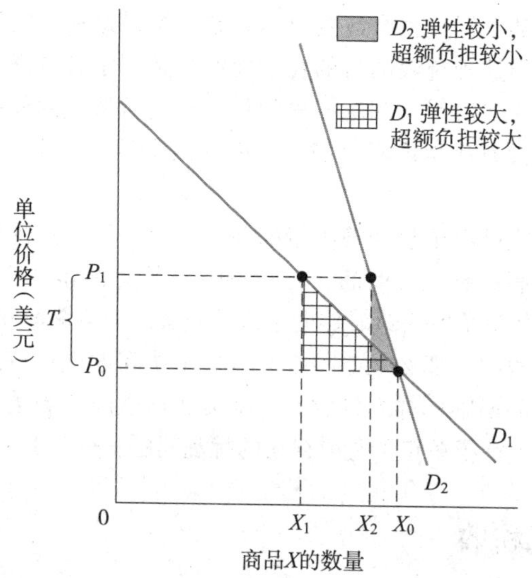

◀ 图 19.6　扰乱性消费税的超额负担大小取决于需求弹性

干扰性税收造成的超额负担的大小取决于决策和行为变化对于此税收的反应程度。

化（从 X_0 到 X_1）大于曲线 D_2 上的消费者需求变化（从 X_0 到 X_2）。换句话说，D_1 表示的消费者反应比 D_2 所表示的消费者反应弹性大。

在这两种需求弹性假设下，税收引起的超额负担约等于图 19.6 中的阴影三角形区域。如图所示，需求反应越灵敏（弹性越大），超额负担越大。

如果需求是完全非弹性的，税收将不会造成任何干扰，也不会产生超额负担。征税只是将一部分消费者剩余转移给政府。这也是为什么相比其他税种，经济学家更支持统一土地税。因为土地供给是完全非弹性的，对土地征收统一土地税对于经济决策的干扰程度，小于对于其他供给弹性大的生产要素征税所造成的干扰。

19.4 次优理论

19.4 学习目标

解释次优理论。

既然我们已经在干扰经济决策的税收和超额负担之间建立了联系，那么我们现在可以讨论更复杂的情况。尽管看上去干扰性税收总会创造出超额负担，但事实并非如此。当其他干扰已经存在于经济环境中，干扰经济决策的税收也是可取的，这在经济学中被称为**次优理论**。至少在两种情况下，这种非中立（干扰性）税收会被青睐：一种是存在外部性时，一种是存在其他非中立税收时。

次优理论：一项扰乱经济决策的税收并不总会导致超额负担。如果干扰在此之前就存在，那么这项税收有可能会提升经济效率。

我们在第 16 章已经着重讲过外部性问题。如果家庭或厂商的某些行为产生了决策制定者考虑不到的社会成本，家庭或厂商可能做出低效经济决策。污染就是一种典型的外部性问题，除此之外还有千万个事例。如果将税收征收在产生外部性问题的活动上，且税收收入等于外部性活动损害的价值，那么有效分配资源是可以被恢复的。这种税收迫使决策制定者全面考虑经济成本。

由于对外部性征税也会改变决策结果，所以这在一定程度上也干扰了经济决策。但这种税收的目的在于促使决策制定者考虑到之前可能会忽视的成本。比如对污染问题征税的行为，它所造成的经济扰乱是可取的，因为它并没有产生超额负担，反而提高了经济效率。（请回顾第 16 章讲述的内容。）

在其他税收已经干扰经济决策的前提下，一种干扰性税收也可能提升经济福利。假设有三种商品，X、Y 和 Z，并对 Y 和 Z 征收 5% 的消费税。消费税会使消费者决策时偏向于多消费 X，少消费 Y 和 Z。如果对 X 也征收同样的税收，那么之前税收导致的干扰问题就被矫正了。当消费者消费三种商品面临同样的税收时，就无法通过改变购买决策来避免缴税了。对商品 X 征税矫正了之前存在的扰乱问题——对 Y 和 Z 征税。

19.4.1 最优税收

有人认为各种税收统一对行为发挥效用，这种想法促使税收理论学家们寻求一种最优税制。了解人们对于各种税收的反应可以帮助我们建立一种最小化超额负担的税制。举例来说，如果我们知道各种贸易商品的需求弹性，那么就可以设计一种最优消费税体系，对相对需求弹性小的商品加大征税力度，对相对需求弹性大的商品，减小征税力度。

当然，想要收集建立最优税制的所有相关信息也是不太可能实现的。整个过程是一个循环，最终我们又会回到我们开始的地方，即中立原则：在其他所有条件相同的情况下，对经济决策保持中立的税收要优于干扰经济决策的税收。非中立税收会导致超额负担的产生。

400 **19.5 学习目标**

解释什么是纳税公平。

19.5 纳税公平

到目前为止，我们一直在讨论包含特殊税种在内的效率问题。我们在第 1 章（还有第 18 章）中明确过评价经济的标准之一就是公正，或者说公平。在税收问题上，大部分政策制定者也希望设计税制时考虑进公平这一要素。每个人都认为缴税要公平，但至于如何设立一个公平的税制，依然存在很多争论。

受益原则：一种公平理论，受益原则认为纳税人应该根据他们从公共支出中的获益大小来决定对政府的贡献。

关于公平的理论之一就是**受益原则**。受益原则认为纳税人应该根据他们从公共支出中获益的大小来决定对政府的贡献，这个原则可以追溯到 18 世纪，由经济学家亚当·斯密和一些早期学者提出。这项原则将财政等式的税收项和支出项联系在了一起。举例来说，汽车所有人和使用人都需要支付汽油和汽车消费税，而这项税收是用于支持美国联邦公路信托基金并维持联邦公路系统的。因此，公路受益人需要为自己对公路的使用而支付相同比例的税收。

使用受益原则的困难在于许多公共支出都花在公共产品上，比如国防等。而公共产品集中服务于全体社会成员，所以没办法衡量单个纳税人的受益情况。

还有一种原则，在美国数十年来制定税收政策时都占主导地位，就是**支付能力原则**。这项原则要求纳税人按支付能力承担纳税责任，这样财政等式的税收项就与支出项分离。这种税制就避免了衡量单个纳税人或纳税群体对于公共支出的受益大小的问题。

支付能力原则：这项原则要求公民按支付能力承担纳税责任。

水平公平与垂直公平　就公平而言，如果我们认为支付能力应该成为税负分配的基础，那么需要遵循以下两条原则。第一，水平公平原则认为具有相同支付能力的人应该承担相同的纳税义务。第二，垂直公平原则认为支付能力越大的人，纳税义务也应该更多。

为了实现这两条原则，我们首先需要解答两个相互依存的问题。第一，如何衡量支付能力？“最优”税基是什么？第二，如果 A 的支付能力比 B 强，那么 A 应该比 B 多纳多少税？

19.5.1 “最优” 税基是什么？

最优税基的三个最佳候选分别是*收入*、*消费*和*财富*。

收入——更准确来说，*经济收入*——是指能够提高我们利用资源能力的东西。经济收入的学术定义是：消费加上我们所拥有财富的价值变动的总价值。

经济收入 = 消费 + 净资产变动

这个广义的定义包含了美国国税局没有计算在内的以及人口普查对于“货币收入”的定义中没有包含在内的许多项目。经济收入包含了所有的货币收入来源，包括就业收入、储蓄利息收入、股利收入、利润收入，或者是政府转移支付。它同样包含了非货币形式利益的价值，比如医疗补助、由雇主贡献的退休金部分、已付乡村俱乐部会费等等。股票或债券的升值与贬值，无论是否是通过买卖实现的，都属于经济收入。计算所得税时，只有资产收益（资产的升值，比如股票）变现后，才会 401
被计入收入；但在计算经济收入时，无论是否变现，所有资产价值的增加都要被计入。

还有一些一般不被考虑为收入的项目也被包含进广义的收入范畴中。如果你完全拥有一栋房子，住在里面不交租金，那么就像债券利息流出和股票利润流出一样，房屋收入也是流失的。因为拥有一栋房子，你享受了本该交租金的房屋福利。经济收入的其他组成部分还包括收到的礼物和馈赠，以及家里种植的食物。就经济层面来讲，收入是不分来源和用途的。

*消费*是指一个家庭在一定时期内消费的所有商品和服务的总价值。

财富，或者说*净资产*，是指你所拥有的全部商品和服务的总价值

扣除你的负债。如果今天你卖掉所拥有的所用东西——股票、债券、房子、车子等——按照当下市场价格得到的价值，再付清所有债务——贷款、抵押等——剩下的就是你的净资产。

净资产 = 资产 - 负债

记住，收入和消费都是流量。我们所说的收入是按月计算或按年计算的。财富和净资产是在某一节点的存量。

收入和消费哪个才是最优税基　我们在表 19.1 曾分析过，美国的家庭税收基础标准是收入。在大多数发达经济体中，增值税（VAT）占主导地位。增值税是一种对消费征收的税。关于收入和消费谁才是“更好的”税基的争论，涉及对于效率和公平的考虑。

认为消费是最公平的税基的观点最早可以追溯到 17 世纪，英国哲学家托马斯·霍布斯认为公民纳税应与他们“从锅中拿走的部分，而不是留下的部分”相一致。按照这种说法，生活水平不在于收入多少，而在于支出部分的大小。如果想要对福利进行再分配，那么消费应该成为税基，因为消费是衡量福利的最优标准。

第二个主张将消费作为税收基础的论点由来已久，可以追溯到 20 世纪早期欧文·费雪（Irving Fisher）完成的著作里。费雪同其他许多学者认为消费作为税收基础比收入作为税收基础更加公平和高效。费雪观点的核心在于如果将收入作为税收基础，就相当于对储蓄进行了二次征税，这样会抑制人们的消费。费雪给出的一个小故事很好地解释了这一理论。[④]

假设亚历克斯给弗兰克建了一栋房屋。作为交换，弗兰克支付给亚历克斯 10 000 美元并给了他一片种有 100 棵苹果树的果园。亚历克斯一天内就花光了 10 000 美元，但他保留了果园。每年亚历克斯都会卖掉果园里结的果子。到年末，政府向亚历克斯的全部收入，包括 10 000 美元和果园的价值征收 10% 的税。首先，政府拿走了 10 000 美元的 10%，也就是亚历克斯消费的 10%。其次，政府拿走了果园的 10%——10 棵树——即果园价值的 10%，因为这片果园也是他年收入的一部分。至此还没有出现重复计入。但在第 2 年，亚历克斯卖掉果园结出的果实，政府会对这部分收入征收所得税。实际上，此后每年亚历克斯都需要为果园带来的收入纳税。如果政府下一年仍征收所得税，那么亚历克斯要再次为果园的收入纳税，年年如此。费雪和其他学者认为这是不公平的：因为所得税制对亚历克斯的储蓄征税不止一次。果园的全部价值在第 1 年已经被征税了，而果园作为储蓄带来的收入在下一年又被征

④ Irving Fisher and Herbert Fisher, *Constructive Income Taxation: A Proposal for Reform* (New York: Harper, 1942), Ch. 8, p. 56.

税。他们认为，只拿走树的价值的 10% 或者每年所结果实的 10% 的税制才是公平的，而不是两者都取。为了避免重复纳税，原始储蓄的 100 402
棵树，和税后 90 棵树带来的收入，两者只缴一次税才是公平的。

这种逻辑同样可以应用于现金储蓄上。当你挣了 100 美元，你需要为此缴税；如果你将收入存入银行而不是用掉，得到的利息将被再次征税。

效率也是决定税基的因素之一。我们之前学习过，干扰经济决策的税收会产生超额负担。所得税通过对储蓄的双重征税也干扰了人们在消费和储蓄之间的决策。这实际是当期消费和未来消费之间的决策，从而产生超额负担，或者说无谓损失。而消费作为税基对经济决策的干扰相对较小。

但并不是所有人都赞同费雪的观点。许多人认为收入是当今衡量个人使用资源大小的最佳标准。根据收入作为税基的支持者的观点，公平纳税的标准不应该是从锅里拿到的多少，而应该是能够获得的能力。换句话说，决定存储还是消费与决定买苹果、出去吃晚饭，还是交给妈妈并无差别。收入使你能够做这些决定，因此无论来源和去向，收入才应该是纳税标准。储蓄也只是收入的另一种使用方式。

如果收入是支付能力的最佳衡量标准，那么双重征税的论点就不成立。只有当消费是用来衡量一个人的支付能力的标准时，所得税才会对储蓄征税两次。所以如果收入是衡量支付能力的标准，则不存在双重征税的问题。收购果园可增强您今天的支付能力，丰收的水果可以提高您在水果成熟时的支付能力。利息收入与任何其他形式的收入没有区别，它也能增强您的支付能力，因此是公平的。

财富作为最优税基　仍然有人认为使用资源的能力来源于积累的财富，而不是一年的收入。在美国，总净资产是总收益的很多倍。

如果两个人的年收入都为 10 000 美元，但其中一个人拥有价值 100 万美元的净资产，那么单纯凭相同收入认定两个人拥有同样的纳税能力是否合理？大部分人都会觉得不合理。

财富–税基税制的推广者同样认为，对经济能力进行再分配的唯一方式就是对财富积累多的人加大征税力度。当然，如果收入已经被征税，再对财富进行征税同样属于双重征税。

世界上最为通用的且历史最悠久的征税形式，是对纳税人去世前所拥有的总财产或财富征税。一个人去世时遗留的财产被称为**遗产**。**遗产税**对一个人的总遗产价值征税，不论遗产是如何分配的。美国对生前所做赠予和遗产总和超过特定价值的纳税人征收赠予和遗产税。联邦赠予和遗产税所获收入占全部税收收入的比例不到 2%，根据 2001 年国会通过的法律，联邦赠予和遗产税在 2010 年废除了一年。2012 年底，作为预算危机解决方式之一，国会投票恢复了遗产税。在 2015 年，遗产税的免除额为 5 430 000 美元，并对超出此限额部分征收 40% 税率。

遗产：一个人去世时遗留的财产。

遗产税：对一个人的全部遗产价值征收的税。

既然人无法通过长生不老来逃避遗产税，你可能会认为遗产税可以提高效率。超额负担也会因此变小。然而在遗产税实施的过程中，富裕的人找到了其他将财富转移为无税项目的方式。遗产税的漏洞越多，遗产转移和超额负担就会越多。富裕的人也会通过减少储蓄以减少孩子继承的遗产价值，这也是超额负担对经济行为的一种干扰。

没有简单的答案　实际上每个国家的税制都涉及三种税基。比如美国实行的销售税和消费税、联邦赠予和遗产税（一种财富税）、个人所得税和地方财产税（另一种财富税）。

403 还有一点很重要。对于许多美国纳税人来说，个人所得税更像是一种消费税而不是所得税，因为大多数家庭在纳税之前可以从收入中扣除储蓄。免税代码（或者法律）包含许多补贴和激励措施。其中税制中最重要的激励手段是通过减小对储蓄的征税力度以鼓励储蓄。

19.6 学习目标

讨论社会选择理论和相关问题。

19.6 社会选择

政府或公共部门持有的观点之一是，它们的存在是为了提供“社会需要的”东西。社会是所有个人的集合，每个人都有自己独特的偏好。因此，定义社会偏好成为**社会选择**——加总或聚合个人偏好——的困难之一。

社会选择：决定社会偏好的问题。通过加总个人偏好来为社会整体做出决策的过程。

还有一点很重要，政府也是由个人组成的——政治家和工作人员，而他们的个人目标也影响了政府的行为。为了理解政府，我们首先要了解政治家和其他公务员的个人动机，还有整合社会各成员的偏好的困难。

19.6.1 投票悖论

社会通过投票来决定社会总偏好，并基于此进行社会决策。如果所有投票一致，那么就可以实现有效决策。然而，全体一致是不可能在亿万成员间实现的，因为每个人都有不同的偏好。

多数决定原则是常用的社会决策制定机制，但这个原则并不是最优的。1951 年，经济学家肯尼斯·阿罗（Kenneth Arrow）证实了**不可能性定理**[⑤]——尊重个人偏好，结果公正且不矛盾的投票系统是不可能实现的。

不可能性定理：由肯尼斯·阿罗证实的主张，即加总个人偏好进行社会决策，且结果公正、不矛盾的投票系统是不存在的。

投票悖论就是多数决定原则投票体系产生的不合理结果之一。假设一所大学面临着关于未来的决策，校长让三位最高管理者从以下选项中进行投票：（A）增加招生数量并雇佣更多教职工；（B）维持现在的学生和教职工规模；（C）削减教职工数量，减少招生数量。学校应该怎么

⑤ Kennech Arrow, *Social Choice and Individual Values*（New York: John Wiley, 1951）.

做？图 19.7 解释了三位管理人的偏好。

负责财务的副校长（VP1）想要扩大学校发展，因此他的偏好是 A 大于 B 大于 C。负责发展的副校长（VP2）不想要破坏现状，因此他更偏向于 B 选项。如果维持现状不能实现，那么 VP2 会选择 C 选项。而学监支持变革，想要彻底调整学校，不在乎规模扩大或是缩小。学监的偏好顺序为：C 大于 A 大于 B。

表 19.2 整理了投票结果。在 A 和 B 中，投票结果为 A，即扩大学校规模，而不是维持现状。VP1 和学监的票数超过 VP2。在 B 和 C 中，投票结果为 B；三人中有两人倾向于维持现状而不是缩小规模。经过两轮投票，我们得到结论：A（增长）优于 B（不变），而 B 优于 C（减小）。

当我们进行第三轮对于 A 和 C 的投票时，问题出现了。VP2 和学监都投票给了 C，使得 C 成了最终结果，说明 C 比 A 更受欢迎。然而，如果 A 优于 B 而 B 优于 C，C 怎么能优于 A 呢？显然结果是矛盾的。

投票悖论说明了一些问题，其中最重要的是，当个人对于公共产品的偏好不同时，任意加总偏好的体系最终结果都会产生矛盾。此外，它还说明了设置投票的人的重要性。如果首先进行 A 和 C 之间的投票，那么 A 和 B 之间的投票将不会发生。这就是为什么参众两院的规则委员会掌握着巨大的权力：他们设立规则，然后审议立法。

投票悖论：对于多数决定理论如何导致矛盾结构的简单证明。通常引用的对此类矛盾的证明，在不可能性定理中有介绍。 404

多数决定原则导致的另一个问题是互投赞成票的现象。这种**互投赞成票**的情况发生于投票者之间用投票权来交易时——D 帮助 E 在投票时获得大多数支持；作为交换，E 帮助 D 在投票时获得大多数支持。我们不清楚如果没有这种现象是否有法案可以通过立法机关的审议，同样我们也不知道这种现象对于提升效率来说到底是好事还是坏事。一方面，如果有一个有利于一个地区或一个群体的法案可能创造巨大的社会净收

互投赞成票：国会议员在投票时达成交易以帮助各自的法案通过。

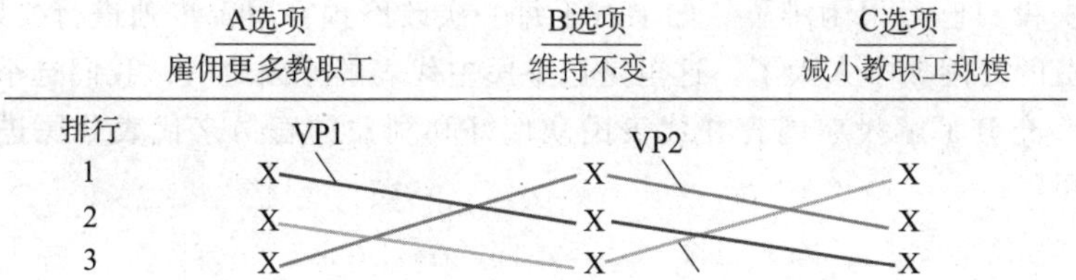

排行	A选项 雇佣更多教职工	B选项 维持不变	C选项 减小教职工规模
1	X (VP1)	X (VP2)	X (学监)
2	X (学监)	X (VP1)	X (VP2)
3	X (VP2)	X (学监)	X (VP1)

◀ **图 19.7 三位大学高级管理人的偏好**

VP1 偏好 A 大于 B 大于 C。VP2 偏好 B 大于 C 大于 A。学监偏好 C 大于 A 大于 B。

表 19.2 学校规划投票结果：投票悖论

投票如下：				
投票	VP1	VP2	学监	结果[a]
A 对 B	A	B	A	A 胜：A > B
B 对 C	B	B	C	B 胜：B > C
C 对 A	A	C	C	C 胜：C > A

[a] A > B 代表 A 优于 B。

益，但由于受益人群体相对较小，这个法案可能无法得到大多数代表的支持。这时候如果有一个可以为另一个地区带来巨大收益的法案也在等待投票通过，那么这两个项目支持者之间可以达成互相支持的交易，最终两个法案都可以通过生效。另一方面，互投赞成票也可能导致不公正的、低效的分肥项目的通过。

作为公共选择的机制之一，投票还会产生许多其他问题。举例来说，投票者可能没有动力去获得足够的信息。当你去买车，或者买iPod，你所做决定的后果是完全由你自己承受的。同样，你也是决策的受益者。但在投票体制中却不是这样的。尽管大多数人都认为自己有公民责任去行使自己的投票权，但并没有人认为自己所做的选择会直接决定选举结果。投票需要花费的时间和力气已经足够劝退许多人。充分了解信息需要花费的成本更高，所以很多人放弃投票也不是多么令人惊讶。

除了上述情况以外，一个明智或不明智的社会决策所创造的收益和成本是由全体社会成员共同承担的。如果你投票选举的国会议员犯了错误，损失了10亿美元，你所承担的只是其中微不足道的一部分。即使涉及的总量很大，个人投票者也没有动力去充分了解信息再进行投票。

还有两个附加问题也是投票衍生出来的，第一，选项总被限制于一篮子公共产品；第二，投票并不频繁发生。很多美国人为民主党或共和党投票，投票选举美国总统也只是四年一次，参议院选举六年一次。在私人市场，我们可以分别了解每件商品并决定自己想要多少，而且我们
405 每天都可以购物。而在公共部门，我们为某一个纲领或政党投票以使其处于领导地位并决定一系列国家大事。投票者想要在公共部门对事件进行分类处理是困难的，或者说是不可能的。

公共选择之所以采取统一决策的方式是有原因的。让公民每年进行一次投票已经很困难了。如果对于每一次政府预算案都单独进行投票，花费的时间成本太大了。这也是选举民主代表的原因之一，我们选举出能够充分了解投票内容并代表民众偏好和利益的官员来代表公民进行选择。

19.6.2 政府低效：公共选择理论

在美国，最近的一些经济方面的研究已经不仅仅将政府看作个人偏好的扩展，而是更关注政府组成人员的议程和个人目的。人们认为政府官员可能最大化他们自己的效用，而不是社会整体效用。为了了解政府是如何发挥职能的，我们需要将研究重点从社会成员个人偏好上转移到政府官员的激励机制上。

美国行政官员负责各个政府机构的运转，比如社会保障部、住房和城市发展部以及机动车辆国家登记处。激励他们去生产好的产品并且提高社会效率的因素是什么呢？这些激励因素可能缺失吗？

在私人部门中，厂商为利润竞争，只有效率高的厂商生产的商品会得到消费者的青睐，从而在竞争中存活下来。如果一家厂商是低效的——它的生产成本高于必要成本——那么这家厂商会被挤出市场。但在公共部门并不完全是这样的。如果某一个政府部门负责提供一项必要服务或者是某项法律要求执行的命令，那么它不用担心顾客问题。无论机动车辆国家登记处的服务质量多么差，每个买车的人都必须购买他们的产品。

政府机关内部结构的效率取决于对职员的激励措施和对机构负责人的安排。举例来说，如果一个机构的预算安排只取决于上一季度的开支，那么机构负责人会扩大开支，然而这是低效率的。政府官员们也注意到了这个问题，一直以来他们都尝试通过各种奖励措施来节约成本。

然而，评论家们认为这种对高生产率进行奖励且对低效率进行惩罚的措施很难成功。对政府雇员进行惩罚是很难进行的，更别说解雇。当选官员可能会被罢免，但通常需要通过选民的全票否决才能实现。同时，当选官员很少会被牵涉进管理不善等问题里，他们也每天都在谴责这种问题。

"官僚主义"的评论家们认为想要设计出一套完全符合市场准则的内部激励措施是不可能的。他们指出了一些关于垃圾收集、航空、消防、邮政等方面的公私对比研究，认为在私人部门成本会低很多。许多政治家和政策分析专家支持"私有化"。如果私人部门可以提供一项服务，效率可能会更高——所以公共部门应该让私人部门来接管这些服务。

大规模私有化有可能对分配存在潜在影响。美国总统罗纳德·里根在任职后期曾建议联邦政府将公共住房全部卖给私人部门。那么私人部门会继续给穷人提供住房吗？人们担忧的是私人部门会为了利润而拒绝为穷人提供住房。

像选民一样，政府官员也缺少获取充足信息并做出决策的动力。比如说一位当选官员，如果他的实际目标是再次参选，那么他的实际动力就是通过隐瞒或分摊成本，从而为自己的选区提供看得见的好处。利己主义很容易导致不良决策和对公众的不负责任。

从政府官员的立场去看公共部门，你会发现低效决策和官僚浪费的倾向比改善资源分配更加普遍。这就是经济学中的公共选择领域（基于诺贝尔奖获得者詹姆斯·布坎南［James Buchanan］的研究）的主要观点。

19.6.3 再次探讨寻租问题 406

公共选择引发的另一个问题是，特殊利益群体能够消耗资源去影响立法进程。如我们之前所说，个人投票者很难获取充足信息从而完全参与立法进程。寻求支持的特殊利益群体有足够的动机去参与政治决策的制定。我们在第 13 章中学到过，垄断者愿意花钱来阻止竞争以免自己的经济利益受损。许多——即使不是全部——行业为了优惠待遇、减轻监管力度或者反垄断豁免而进行游说，这就是我们所说的寻租。

寻租活动远远超出了那些寻求政府帮助以保护垄断力量的行业范围。任何受益于政府政策的团体都有动机去使用资源为这项政策游说。农民为了农场补助游说，石油厂商为石油进口税而游说，美国退休人员协会为反对缩减社会保障金而游说。

在缺少信息充分且活跃的投票者的情况下，特殊利益团体就成了投票中格外关键的角色。但事情总有另一面。有人认为人们之所以支持某项立法不过是为了市场销量。那些愿意支付更多的人比那些拥有更少资源的人在目标的实现上更成功。理论或许认为无监管的市场无法做到资源的有效配置，但这并不能说明政府的必要参与就可以实现有效市场。政府所追求的有效地生产恰当数量的商品和服务也有可能失败。

总结

19.1 税收基础　页 478

1. 财政学是应用经济学的重要分支之一。税收经济学是该领域的研究热点之一。
2. 税收最终是由人来支付的。交易、机构、财产等各种类别的项目都可能被征税，但在最终分析中，税收是由个人和家庭来支付的，因为他们拥有所有的生产要素。
3. 税基是课税的度量标准或价值。*税率结构*决定了税基的多少需要上缴。
4. *比例税*对所有家庭收入征收的税率是一样的。*累进税*对高收入家庭征收的税率比对低收入家庭征收的税率高。*累退税*对高收入家庭征收的税率比对低收入家庭征收的税率低。在美国，所得税是累进税，销售税和消费税是累退税。
5. 你的平均税率是指支付的总纳税额除以总收益。你的边际税率是指每收入 1 美元所需上缴的部分的比重。边际税率最容易影响人的行为。

19.2 税负归宿：谁来纳税？　页 481

6. 由于行为变化和市场调整，税负通常不是由最初征收对象承担的。我们所说的*税收归宿*是指税负的最终分配。
7. 税收影响行为，行为的变化又会影响市场需求和供给，导致价格发生变化。当投入市场或产出市场的价格发生变化，有人福利变好，有人福利变差。最终变化决定了最终税负。
8. 当家庭改变行为以逃避税收时，*税负转移*出现。实际上，广泛税收（broad-based tax）比部分税收（partial tax）更难转移。
9. 劳动供给的弹性越大，厂商将承担主要税负。劳动供给的弹性越小，工人将承担主要税负。因为美国劳动供给的弹性接近于零，大部分经济学家认为工资税主要由工人承担。
10. 工资税针对高收入递减的原因有两个。随着收入规模扩大，工资和薪水在总收益中所占比例逐渐减小。高收入者的主要收入来源是利润、股利和租金等，而这种收入不在工资税纳税范围内。全额税同样不适用于高收入者。

11. 公司税的最终税负受到以下几个因素影响。一项被广泛接受的研究发现，公司、独资企业和合伙企业的所有人都承担着对利润征收的公司税税负，尽管公司税是对公司直接征收的，但工资效应很小，而消费效应保持中性。然而，关于公司税对谁的影响最大这一问题仍存在争论。公司税税负是累进的，因为高收入家庭的收入很大一部分是由利润和资本组成的。

19.3 超额负担和中立原则　页 487

12. 当税收干扰经济决策后，它所造成的总负担超过了政府的总收益。超出的这部分被称为超额负担。超额负担的大小取决于经济决策的扭曲程度。*中立原则*认为最有效的税收就是不干扰经济决策的广泛税收。
13. 税收创造的超额负担，等于税前消费者剩余减去税后消费者剩余再减去政府总税收。需求曲线弹性越大，任意税率造成的干扰就越大。

19.4 次优理论　页 489

14. *次优理论*认为对经济决策造成干扰的税收并不一定创造超额负担。如果在此之前经济中存在干扰或外部性，税收反而可能提升效率。 407

19.5 纳税公平　页 490

15. 如何构建一个公平的税收体制，这一问题存在很多争议。有一个理论认为公民承担的税负大小应该和从政府开支中的受益大小相一致，这就是*受益原则*。另一种理论认为人们承担税负的大小应该和自己的支付能力相一致。*支付能力原则*在美国税收政策中占据主导地位。
16. 最优税基的三个最佳候选分别是收入、消费和财富。

19.6 社会选择　页 494

17. 因为我们不能了解到每个人对公共产品的偏好，因此我们只能依赖于不甚完美的社会选择机制，比如多数决定原则。
18. 自由市场不能实现资源有效配置的理论，并不能说明政府参与市场一定可以实现效率。政府同样可能失败。

术语和概念回顾

支付能力原则，页 491
平均税率，页 479
受益原则，页 490
遗产，页 493
遗产税，页 493
超额负担，页 487
不可能性定理，页 494
互投赞成票，页 495
边际税率，页 479
中立原则，页 487
次优理论，页 489
累进税，页 478
比例税，页 478
累退税，页 479
社会选择，页 494
税基，页 478
税负归宿，页 481
税率结构，页 478
税收转移，页 481
投票悖论，页 495

习题

19.1 税收基础

学习目标：定义税收的基本原则。

1.1 假设 2015 年，国会通过且总统签发了新的个人所得税，针对所有高于 35 000 美元的收入，税率为 20%（第一个 35 000 美元不用纳税）。假设此税收对所有个人单独征收。对以下的各个收入水平，计算应缴税收和平均税率。以收入为横轴画出平均税率曲线图。这项税收是比例税、累进税还是累退税？请解释原因。

a）$35 000

b）$50 000

c）$65 000

d）$80 000

e）$100 000

f）$125 000

408 1.2 **［与页 480“实践中的经济学”相关］**使用页 480 上的 2014 年的税级和税率，计算下列独立纳税人不同收入水平的总税额。在每种情况下，计算平均税率和边际税率。假设每位纳税人都使用标准扣税额并符合独立豁免条件。

a. 总收益 =$35 000

b. 总收益 =$70 000

c. 总收益 =$125 000

d. 总收益 =$250 000

1.3 在美国，43 个州已经通过使彩票合法化的立法，并且政府通过彩票来获得收入。如果你将彩票价格看作一种税，你认为它是比例税、累进税还是累退税呢？为了回答这个问题你需要哪些信息？

1.4 每年到 4 月 15 日，美国关于税制的讨论就变得热烈起来。许多人支持用定额税或是消费税来代替现行联邦所得税。解释现行联邦所得税、定额税以及消费税分别是比例税、累进税还是累退税？

19.2 税负归宿：谁来纳税？

学习目标：讨论工资税和公司利润税的税负归宿。

2.1 美国西北部的一个市民组织的纲领中有一条是：

“我们的目标是保证有权威的大型企业在国家税收中纳税公平。”

为了实现这一目标，这个组织建议并游说企业所得税上调、个人所得税下调。你会支持这样的请愿吗？请解释你的观点。

2.2 你是否同意下列观点？为什么？

a. 经济理论认为工资税的下调一定会导致劳动供给增加。

b. 对垄断厂商征收的企业所得税很可能是递减的，因为它们可以把税负转移给消费者。

c. 如果劳动供给是相对弹性的，工资税的税负将主要由工人承担。

2.3 杜鲁尼大学在计算总教职工补贴时，将上缴的工资税（社会保障险）记为教职工福利。毕竟这项税收开支可以使教职工未来享受社会保障。但是美国大学教授协会对此提出质疑，认为这项税收远非一项福利，虽然这项税收由大学支付，但其税负其实是由教职工来承担的。请讨论一下这两种看法。

2.4 下图展示了在竞争性劳动市场上工资税前和工资税后分别达到的均衡，工资税向雇主征收，已经开始实行了。在工资税前，均衡劳动数量为 55 个单位。供给曲线 S_1 代表厂商支付工资的供给函数，包括支付的税收。S_0 是劳动力供给曲线，代表工人实际工资的函数。

a. 每单位工资税是多少？

b. 征税后厂商面临的每单位劳动价格是多少？

c. 征税后工人收到的工资是多少？

d. 征税后的劳动供给量和劳动需求量分别是多少？

e. 如果征税后劳动均衡数量为 40，那么新的均衡工资是多少？

f. 如果征税后劳动均衡数量为 40，那么工人所承担的税负比例、厂商承担的税负比例以及总税收收入分别是多少？

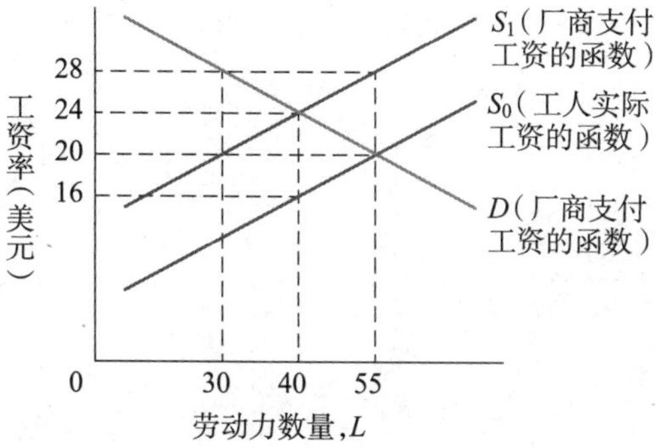

2.5 商品 X 的市场需求函数为 $Q_d=6-\frac{1}{2}P$；商品 X 的市场供给函数为 $Q_s=2P-14$。其中 P 为单位价格。

a. 画出供求曲线图。均衡价格和均衡数量分别是多少？

b. 对每单位商品 X 征收消费税，征税后市场供给函数为 $Q_s=2P-19$。将这条新的供给曲线画在上图中，并计算新的均衡价格和均衡数量。每单位税收为多少？在每单位税里，消费者和生产者分别承担多少？

19.3 超额负担和中立原则

学习目标： 总结超额负担的原因和影响。

3.1 对于需求弹性较低的必需品所征收的税收会产生较大的超额负担，因为消费者不会因为征税而不去购买。你同意这个观点吗？请解释原因。

3.2 以下是关于帕纳特拉共和国的“雪茄税”议案的相关信息。帕纳特拉政府不征收其他特殊消费税，所有政府收入来自中立的总额税（lump-sum tax）。（总额税是指所有家庭无论收入情况都要支付同等总额的税收。）假设税负全部由消费者承担。

现在考虑以下数据：

- 税前雪茄消费量：180 万支
- 税后雪茄消费量：140 万支
- 单位雪茄均价：20 美元（不包括税）
- 税率：25%

估算这项税收产生的超额负担。超额负担占总税收收入的比例是多少？

3.3 假设在每磅 12 美元的价格，腰果需求量为 50 磅。现在政府对每磅腰果征收 3 美元的消费税。画图表示出下面两种情况：消费者对这项税反应热烈时，需求量下降了 40%；以及消费者对这项税反应冷淡时，需求量下降了 10%。计算每种情况下产生的超额负担，并在图中表示出来。

19.4 次优理论 409

学习目标： 解释次优理论。

4.1 你是否同意下列观点？请解释原因。

a. 对外部性征税造成的扰乱一定会产生超额负担。

b. 干扰性税收也可能提升经济福利。

c. 最优消费税制就是对需求弹性较大的商品征税最重。

19.5 纳税公平

学习目标： 解释什么是纳税公平。

5.1 假设有一种税将个人汽车价值作为税基。每个人需要支付汽车价值 10% 的税收。那么这项税是比例税、累进税还是累退税？在回答这个问题时你需要做出什么么假设？你认为这项税收如果实行会对经济产生什么样的扰乱？

19.6 社会选择

学习目标： 讨论社会选择理论和相关问题。

6.1 安妮、布莱克和柯尼利亚是三胞胎，他们新开了一家面包店，正在讨论名字。他们选定了三个名字，下表显示了每个人的偏好。他们的偏好会产生投票悖论吗？如果会的话，请解释原因。如果不是的话，下列哪个名字会被选择？

面包店名字	安妮	布莱克	柯尼利亚
ABC 面包店	第一	第三	第二
三重美味	第三	第一	第三
烘焙小屋	第二	第二	第一

6.2 领航小镇有一个三人组成的议会，他们正在决定小镇一项新的基础设施项目：建一个新的公园、买一辆新的消防车和重修中央大街。但小镇资金只够完成其中一项。下表显示了每位议员对每个项目的偏好。他们的投票结果会产生投票悖论吗？请逐个计算每两个项目之间的投票结果并解释原因。

项目	巴尼	弗洛伊德	霍华德
公园	第一	第二	第三
消防车	第三	第一	第二
中央大街	第二	第三	第一

第四部分
世 界 经 济

第 20 章

国际贸易、比较优势和保护主义

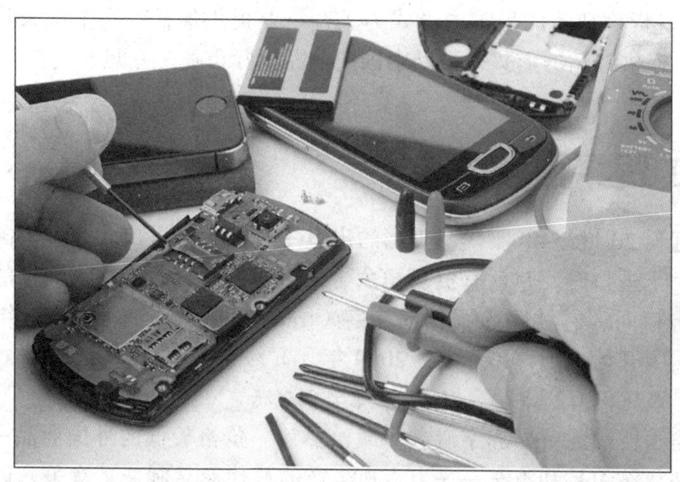

在过去 44 年中，国际贸易对美国经济变得越来越重要。1970 年， 410
进口仅占美国国内生产总值（GDP）的 5.2% 左右。而 2014 年的份额为 16.5%。我们在美国观察到的贸易增加同样反映在全世界范围内。从 1980 年到 2014 年，世界实际贸易增长了六倍多。这种趋势在新兴工业化的亚洲经济体中尤为迅速，许多发展中国家如马来西亚和越南等也在提高贸易开放度。

在私人和公共部门、投入和产出市场、厂商和家庭等方面，美国经济都出现了“国际化”或“全球化”的趋势。曾经不常见的外国产品，从餐具到汽车，现在随处可见。产品的产地也并不容易辨别。大多数人认为 iPhone（苹果手机）是美国的标志性产品，但它是在中国用来自韩国、德国、日本和美国这四个国家生产的部件组装而成的。大多数人认为本田是一家日本公司，但它从 1977 年开始就在俄亥俄州生产日本摩托车，当时在马里斯维尔有 64 名员工。该公司目前拥有数千名员工，他们在俄亥俄州、佐治亚州和北卡罗来纳州的 11 家制造厂组装本田汽车。

除了商品和服务（产出）很容易跨境流动，资本和劳动力等投入也很容易跨境流动。当然，从国外购买金融资产很容易。数百万美国人持有外国股票或投资于外国发行的债券。与此同时，数以百万计的外国人将资金投入美国股票和债券市场。

外包也正在改变全球劳动力市场的性质。现在，一个由俄勒冈州本德市的软件产品用户打给软件公司的客户服务电话被转接到印度的班加罗尔，在那里会有一个年轻的、有抱负的印度人通过互联网为客户提供服务。现在这是很简单又很普遍的事情。互联网从根本上为某些劳动力

本章概述和学习目标

畅通地跨越国界提供了可能。

为了让你更了解国际经济，本章讨论国际贸易方面的经济学。首先，我们描述了美国的进出口趋势。接下来，我们将探讨贸易的基本逻辑。为什么美国或其他任何国家和地区都在参与国际贸易？最后，我们
411 将讨论有争议的保护主义问题。一个国家是否应该以进口配额或关税（对进口货物征收的税）的形式为某些行业提供保护？一个国家是否应该通过提供补贴的形式来帮助本国产业在国际市场上立足？

20.1 学习目标

贸易盈余和贸易赤字是如何定义的？

贸易盈余：一个国家的出口大于进口。

贸易赤字：一个国家的进口大于出口。

20.1 贸易盈余与赤字

直到 20 世纪 70 年代，美国的出口一般都大于进口。当一个国家的出口大于进口时，它就有**贸易盈余**（trade surplus）。当一个国家的进口大于出口时，它就陷入了**贸易赤字**（trade deficit）。20 世纪 70 年代中期，美国开始出现贸易赤字。2009 年，贸易赤字占 GDP 的 5.6%。自那以后，该比例有所下降，2014 年降至 3.1%。

美国巨额的贸易赤字激起了政治热议。价格较低的外国商品——包括钢铁、纺织品和汽车——为本地生产的替代商品制造了竞争，许多人认为，这导致了国内就业岗位的流失。近年来，软件开发外包给印度引发了白领工人的抱怨，再次反映出他们对就业岗位流失的担忧。

对与贸易有关的工作岗位流失的自然反应，是呼吁保护美国的工业。许多人希望总统和国会实施税收和进口限制，以减少外国商品的供应，提高进口商品的价格，保护美国的就业机会。这种争论并不新鲜。几百年来，工场主们一直请求政府提供保护，社会也一直在争论自由开放贸易的利弊。在过去的一个半世纪里，反对保护主义的主要论据一直是比较优势理论，我们在第 2 章中对此进行过讨论。

20.2 学习目标

解释国际贸易是如何从比较优势理论中产生的，以及是什么决定了贸易条件。

《谷物法》：19 世纪初，英国议会为抑制谷物进口和鼓励谷物出口而制定的关税、补贴和限制。

20.2 贸易的经济基础：比较优势

也许最著名的关于自由贸易问题的争论发生在 19 世纪初期的英国议会。当时，土地贵族——即土地所有者们——控制着议会。多年来，谷物的进出口一直受制于关税、补贴和限制等，被统称为**《谷物法》**。通过限制进口和鼓励出口，《谷物法》的目的是维持食品的昂贵价格。当然，地主的收入取决于他们的土地生产产品的价格。《谷物法》显然是为了当权者的利益服务的。

随着工业革命的来临，富有的工业资本家阶级产生了。工业部门必须向工人支付至少足以维持其基本生活的工资，而维持基本生活的工资在很大程度上取决于食品价格。谷物的进口关税和出口补贴令谷物和食品的价格居高不下，使得资本家必须支付更高的工资，导致利润减少。这场政治斗争激烈地持续了多年。但是随着时间的推移，土地所有者在上议院中的

权力显著减弱，1848 年，这场冲突终于以《谷物法》的废止而宣告结束。

支持废除该法案的是大卫·李嘉图（David Ricardo），他是一位商人、经济学家、国会议员，现代经济学创始人之一。李嘉图的主要著作《政治经济学及赋税原理》（*Principles of Political Economy and Taxation*）发表于 1817 年，比他进入国会早两年。李嘉图的**比较优势理论**（theory of comparative advantage），曾经被用来反对《谷物法》，他声称贸易使国家能够从事其最擅长的产品的专业生产。根据这一理论，专业化和自由贸易将使所有贸易伙伴受益（实际工资将上涨），即使是那些从绝对意义上来说生产效率较低的生产者。即使在今天，这一基本论点仍是自由贸易争论的核心，政策制定者们还在争论关税对撒哈拉以南非洲农业发展的影响，以及将软件开发外包给印度的得失。

比较优势理论：李嘉图的理论认为，专业化和自由交换将使所有交换方受益（实际工资将上涨），即使是那些效率可能绝对较低的生产者。

20.2.1 绝对优势与比较优势

如果一个国家生产某一商品所耗用的资源比另一个国家少，我们就说该国在生产这种商品方面比别国享有**绝对优势**（absolute advantage）。例如，假设 A 国和 B 国都生产小麦，但是 A 国的气候更适宜小麦的生长，并且劳动生产率更高。因而 A 国每英亩产出的小麦将比 B 国更多， 412
而且在种植小麦并且运到市场上的过程中使用的劳动力较少。这样 A 国就在小麦生产方面比 B 国享有绝对优势。

绝对优势：当一个国家生产一种商品所耗用的资源比另一个国家少时，它在生产这种商品方面享有绝对优势。

如果一个国家能够以更低的机会成本（以必须放弃生产的其他商品来表示）生产某种商品，那么该国在生产该商品方面享有**比较优势**。假设 C 国和 D 国都生产小麦和玉米，而且 C 国在这两种作物的生产上都享有绝对优势，即 C 国的气候比 D 国好，生产一定数量的小麦和玉米 C 国所需的资源更少。现在 C 国和 D 国必须在将土地用来种小麦还是种玉米之间选择。要生产更多的小麦，任何一个国家都必须将用于生产玉米的土地转为生产小麦。要生产更多的玉米，任何一个国家都必须将用于生产小麦的土地转为生产玉米。每个国家生产小麦的成本都可以用损失玉米的蒲式耳数来衡量，而生产玉米的成本可以用损失小麦的蒲式耳数来衡量。

比较优势：当一国生产某种商品的机会成本（必须放弃生产其他商品的机会而产生的成本）低于另一国家时，该国在生产这种商品方面享有比较优势。

假设在 C 国，1 蒲式耳小麦的机会成本是 2 蒲式耳玉米。也就是说，要多生产 1 蒲式耳小麦，C 国必须放弃 2 蒲式耳玉米。与此同时，在 D 国生产 1 蒲式耳小麦只需要牺牲 1 蒲式耳玉米。尽管 C 国在两种产品的生产上有绝对优势，D 国却在小麦生产上享有比较优势，因为 D 国生产小麦的机会成本较低。李嘉图指出，在这种情况下，两个国家从事各自有比较优势的商品的专业化生产并进行相互贸易，两个国家都可以从中获益。现在我们来讨论一下这一说法。

来自相互绝对优势的收益　为了更详细地阐明李嘉图的逻辑，假设澳大利亚和新西兰各自都有一定数量的土地并且不与世界其他国家进行贸易。这里只有两种商品——用于生产面包的小麦和用于生产服装的棉花。我们从这两个国家 / 两种商品的运行方式得出的结论能够很容易地推广到许多国家及许多种商品的世界中去。

接下来，我们必须对生活在新西兰和生活在澳大利亚的人们的偏好做出一些假设。我们假设这两个国家的人们同时使用棉花和小麦，并且对食品和衣服的偏好使得在贸易前两国都消费等量的小麦和棉花。

最后，我们假设每个国家只有 100 英亩土地用于种植，土地产量如表 20.1 所示。新西兰 1 英亩土地上的小麦产量是澳大利亚的 3 倍，而澳大利亚在同样面积上的棉花产量是新西兰的 3 倍。新西兰在小麦生产上有绝对优势，澳大利亚在棉花生产上有绝对优势。在这种情况下，我们说这两个国家有相互的绝对优势。

如果没有贸易，每个国家都需要对其土地进行划分，以便能获取相同数量的棉花和小麦，每个国家都生产 150 蒲式耳小麦和 150 捆棉花。新西兰将用 75 英亩土地种植棉花，用 25 英亩土地种植小麦；而澳大利亚对土地的使用情况正好相反（表 20.2）。

我们可以将相同的信息组织成每个国家生产可能性边界的图形形式。图 20.1 表示这两个国家在进行贸易前的状况，每个国家都受到自己资源和生产力的限制。如果澳大利亚将全部土地都用来生产棉花，将产出 600 捆棉花（100 英亩 ×6 捆 / 英亩），但没有小麦；如果将全部土地都用来生产小麦，将产出 200 蒲式耳小麦（100 英亩 ×2 蒲式耳 / 英亩），但没有棉花。新西兰的情况刚好相反。回顾第 2 章，鉴于国家
413 的资源和技术状况，一个国家的生产可能性边界代表了可以生产的所有商品组合。 每个国家都必须沿着自己的生产可能性曲线选择一个点。我们可以看到，这两个国家都可以选择生产和消费 150 个单位的每种商品。

表 20.1 每英亩小麦和棉花的产出

	新西兰	澳大利亚
小麦	6 蒲式耳	2 蒲式耳
棉花	2 捆	6 捆

表 20.2 假设贸易不存在，有相互绝对优势并有 100 英亩可耕地时，小麦和棉花总产量

	新西兰	澳大利亚
小麦	25 英亩 ×6 蒲式耳 / 英亩 = 150 蒲式耳	75 英亩 ×2 蒲式耳 / 英亩 = 150 蒲式耳
棉花	75 英亩 ×2 捆 / 英亩 =150 捆	25 英亩 ×6 捆 / 英亩 =150 捆

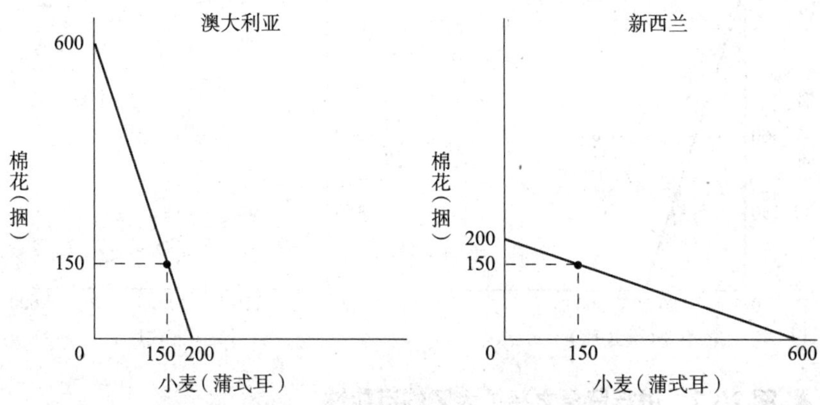

▲ 图 20.1 澳大利亚和新西兰贸易前的生产可能性边界
没有贸易，国家就会受到自身资源和生产力的制约。

当两国都在一种产品的生产上具有绝对优势时，就很容易看出专业化和贸易对双方都有利。澳大利亚应该生产棉花，新西兰应该生产小麦。在新西兰，将所有土地用于小麦生产的产量为 600 蒲式耳，而在澳大利亚，将所有土地用于棉花生产的产量为 600 捆。因为这两个国家都想消费这两种商品，所以它们需要贸易。假设这两个国家同意用 300 蒲式耳小麦换 300 捆棉花。在专业化之前，两个国家都消耗 150 个单位的每种商品。现在每个国家每种商品都有 300 个单位。专业化使两种商品的消费量都翻了一番！最终的生产和贸易数字见表 20.3 和图 20.2。贸易使两国能够超越以往的资源和生产力限制。

当一个国家在某种商品的生产方面具有技术优势，而另一个国家在另一种商品的生产方面具有技术优势时，专业化和贸易的好处是十分显而易见的。接下来，让我们谈谈当一个国家在两种商品的生产上都具有绝对优势的情况。

表 20.3 专业化之后，小麦和棉花的生产与消费

	生产			消费	
	新西兰	澳大利亚		新西兰	澳大利亚
小麦	100 英亩 ×6 蒲式耳 / 英亩 600 蒲式耳	0 英亩 0	小麦	300 蒲式耳	300 蒲式耳
棉花	0 英亩 0	100 英亩 ×6 捆 / 英亩 600 捆	棉花	300 捆	300 捆

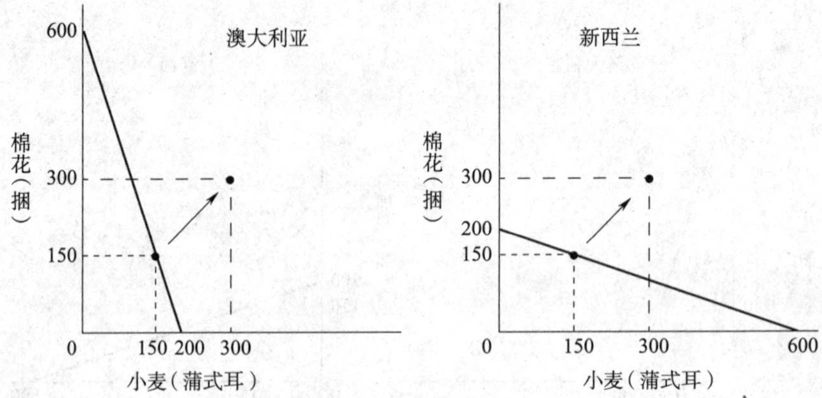

▲ 图 20.2　进行贸易之后扩大了的可能性

贸易使两个国家都能超出各自国内资源的限制——超出各自的生产可能性边界。

来自比较优势的收益　表 20.4 改变了新西兰和澳大利亚的土地产量数据。现在，新西兰在棉花和小麦的生产上都有相当大的绝对优势，1 英
414 亩的土地产出的小麦是澳大利亚的 6 倍，棉花是澳大利亚的 2 倍。李嘉图将认为专业化和贸易仍然是互利的。

我们假设偏好显示两国棉花和小麦的消费单位相同。在没有贸易的情况下，新西兰将在这两种作物之间平均分配其 100 英亩的可用土地，也就是 50/50。结果是 300 捆棉花和 300 蒲式耳小麦。澳大利亚将把土地分成 75/25。表 20.5 显示，澳大利亚的最终产量将为 75 捆棉花和 75 蒲式耳小麦。（记住，我们假设在每个国家，人们消费等量的棉花和小麦。）同样，在贸易发生之前，每个国家都受到其国内生产可能性曲线的约束。

表 20.4　每英亩小麦和棉花的产量

	新西兰	澳大利亚
小麦	6 蒲式耳	1 蒲式耳
棉花	6 捆	3 捆

表 20.5　假设贸易不存在，并有 100 英亩可耕地时，棉花和小麦的总产量

	新西兰	澳大利亚
小麦	50 英亩 ×6 蒲式耳 / 英亩 300 蒲式耳	75 英亩 ×1 蒲式耳 / 英亩 75 蒲式耳
棉花	50 英亩 ×6 捆 / 英亩 300 捆	25 英亩 ×3 捆 / 英亩 75 捆

设想我们正在参加一个由两国贸易代表参加的会议。作为特别顾问，李嘉图需要论证贸易可以使两国受益。他将论证分为三个阶段，如表 20.6 所示。为了证明李嘉图的观点，即专业化带来好处是正确的，那么两个国家资源流动时产生的小麦和棉花必须要比专业化之前的 375 蒲式耳还多才可以。为了了解这是如何实现的，我们分阶段进行。

在第一阶段，让澳大利亚把所有的土地都用于棉花生产，这是它最不弱势的领域。澳大利亚将生产 300 捆棉花，如表 20.6 第 1 阶段所示。
现在的问题是，李嘉图能否帮助我们利用新西兰的土地，在生产超过原 415
来 375 蒲式耳小麦的同时，再生产至少 75 捆棉花。在第二阶段，李嘉图让新西兰用 25 英亩的土地生产棉花，用 75 英亩的土地生产小麦。在这种土地分配下，新西兰生产了 450 蒲式耳小麦（远远超过两国在非专业化情况下的总产量）和 150 捆棉花，同时我们还生产了 450 捆棉花。专业化使世界小麦和棉花的产量都增加了 75 个单位！我们在第三阶段展示了，当两国对两种商品有同等的消费倾向时，通过贸易，两个国家的情况都比之前有所改善。

表 20.6　当一个国家拥有双重绝对优势时，从贸易中实现的收益

	第一阶段			第二阶段	
	新西兰	澳大利亚		新西兰	澳大利亚
小麦	50 英亩 ×6 蒲式耳 / 英亩 300 蒲式耳	0 英亩 0	小麦	75 英亩 ×6 蒲式耳 / 英亩 450 蒲式耳	0 英亩 0
棉花	50 英亩 ×6 捆 / 英亩 300 捆	100 英亩 ×3 捆 / 英亩 300 捆	棉花	25 英亩 ×6 捆 / 英亩 150 捆	100 英亩 ×3 捆 / 英亩 300 捆

	第三阶段	
	新西兰	澳大利亚
小麦	100 蒲式耳（贸易）→ 350 蒲式耳	100 蒲式耳 （贸易后）
棉花	200 捆（贸易）← 350 捆	100 捆 （贸易后）

为什么李嘉图的计划行得通？　为了理解李嘉图的方案为何有效，让我们回到比较优势的定义上来。

生产棉花的实际成本是为了生产棉花而不得不放弃的小麦。当我们以这种方式考虑成本时，尽管新西兰每英亩的土地能生产更多的棉花，但是在澳大利亚生产棉花的成本低于在新西兰生产棉花的成本。考虑一下在两个国家中 3 捆棉花的“成本”。运用机会成本的概念，在新西兰，3 捆棉花的成本是 3 蒲式耳小麦；而在澳大利亚，3 捆棉花的成本仅是 1 蒲式耳小麦。因为 3 捆棉花是用 1 英亩的澳大利亚的土地生产的，所以为了获得 3 捆棉花，澳大利亚必须将 1 英亩生产小麦的土地改为生产棉花。由于 1 英亩土地生产 1 蒲式耳小麦，损失 1 英亩种植小麦的土地也就可以说是损失 1 蒲式耳的小麦。澳大利亚在棉花生产方面具有比较优势，因为就生产棉花而言，澳大利亚的机会成本低于新西兰，如图 20.3 所示。

相反，新西兰在生产小麦方面具有比较优势。在新西兰，生产 1 单位小麦需要占用 1 单位的棉花。而在澳大利亚，每生产 1 单位的小麦则需要占用 3 单位的棉花。当各国在各自具有比较优势的商品方面进行专业化生产，就能使各国的综合产出达到最大化，并且更为高效地配置资源。

20.2.2 贸易条件

我们看到专业化和贸易增加了两国之间共享的馅饼的规模。我们的下
416 一个问题是如何在两国之间划分那个更大的馅饼。在上面的第三阶段，我

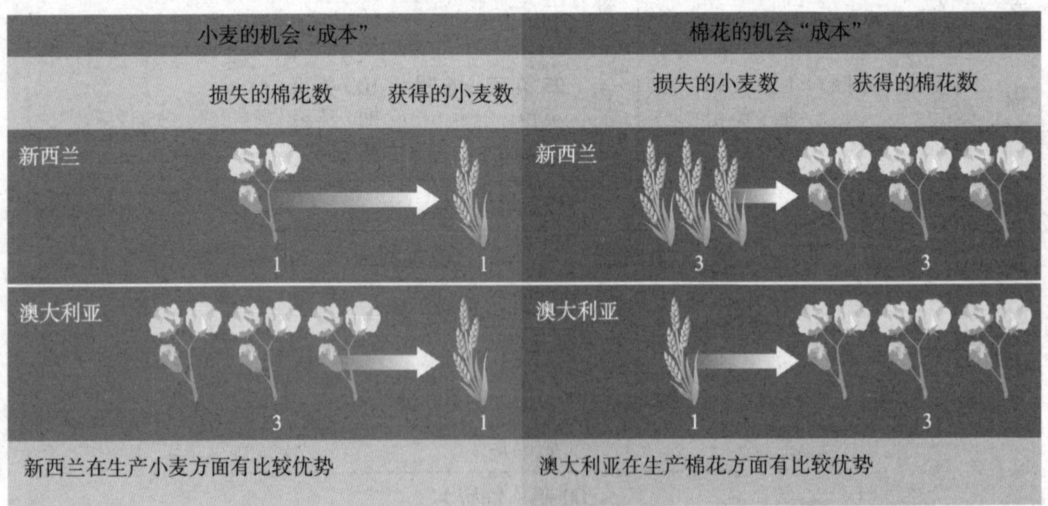

▲ 图 20.3　比较优势意味着较低的机会成本

生产棉花的实际成本是为了生产它而放弃的小麦，在新西兰 3 捆棉花的成本是 3 蒲式耳小麦（半英亩生产小麦的土地要改为生产棉花，见表 20.4），然而，在澳大利亚 3 捆棉花的成本仅是 1 蒲式耳小麦，澳大利亚在生产棉花方面比新西兰更具有比较优势，而新西兰在生产小麦方面比澳大利亚更具有比较优势。

们提供了一种划分的可能，这使双方都受益。但这仅是划分馅饼的众多可能的方式之一。我们预期在实践中会看到什么情况？

一个国家用国内产品所能交换到进口产品的比率就是**贸易条件**（terms of trade）。贸易条件决定了贸易收益如何在贸易伙伴之间分配。在刚刚讨论的情况下，双方同意的贸易条件是 1 蒲式耳小麦换 2 捆棉花。这样的贸易条件对新西兰有利，因为新西兰每蒲式耳小麦可以获得 2 捆棉花，而如果把自己的土地从生产小麦转为生产棉花，则只能得到 1 捆棉花。该贸易条件同样使澳大利亚受益，因为澳大利亚可以用 2 捆棉花换 1 蒲式耳小麦，而直接用自己的土地生产小麦的话，则将迫使它放弃 3 捆棉花来获得 1 蒲式耳小麦。

贸易条件：一个国家用国内产品所能交换到进口产品的比率。

如果贸易条件改为 1 蒲式耳小麦换 3 捆棉花，则只有新西兰会受益。按照该贸易条件，所有的贸易收益将流入新西兰。这样的贸易条件对澳大利亚毫无益处，因为在国内生产小麦的机会成本与贸易成本完全相同，即 1 蒲式耳小麦的成本是 3 捆棉花。如果贸易条件改变成 1 捆棉花换 1 蒲式耳小麦，则只有澳大利亚会受益。新西兰什么也没得到，因为它已经可以以这个比例用棉花替代小麦。然而，为了获得 1 蒲式耳小麦，澳大利亚必须放弃 3 捆棉花，而一比一的贸易条件则将大大降低澳大利亚的小麦价格。

要想进行贸易，双方都必须有所收获。在这个例子中，您可以看到，当贸易条件定在棉花对小麦的交换比率为 1∶1 至 3∶1 之间时，澳大利亚和新西兰都将受益。

20.2.3 汇率

迄今所讲述的例子表明，贸易可以使双方获利。在自由贸易的情况下——即不受政府制定的壁垒的限制——贸易格局和贸易流动是数以千计的进出口商以及数百万私人家庭和厂商独立决策的结果。

私人家庭决定购买丰田还是雪佛莱，私人厂商决定购买美国生产的机床还是中国台湾生产的机床，以及购买德国生产的原钢还是匹兹堡生产的原钢。

但这种交易究竟是如何产生的呢？国际市场和国内市场一样，很少使用以物易物交易。相反，贸易是用货币进行的。但是在国际市场上，有许多不同类型的货币。一个国家的公民在购买另一个国家制造的产品
或由另一个国家的人销售的产品之前，必须进行货币互换。从波士顿的 417
经销商那里购买日本制造的丰田汽车的人支付的是美元，而制造汽车的日本工人得到的工资却是日元。在购车者和生产者之间的某个环节，必须进行货币兑换。该地区分销商可能接受美元付款，再把钱汇回日本之前又换成了日元。

要购买外国生产的商品，消费者或中介机构必须兑换外币。丰田汽车的美元价格取决于汽车的日元价格和日元的美元价格。如果你曾到过

其他国家旅行，你可能对货币兑换的细节比较熟悉。

2015年4月，1英镑值1.52美元。假设你当时在伦敦吃晚饭，菜单上有一瓶很好的葡萄酒，标价为15英镑。你如何决定是否要点呢？你在美国时知道多少美元可以买到什么，所以你必须将其换算成美元价格。因为每英镑值1.52美元，所以15英镑需要花费你1.52×15=22.80美元。

汇率：两种货币交易的比率，即一种货币以另一种货币表示的价格。

外国商品对美国购买者的吸引力，以及美国商品对外国购买者的吸引力，都要在一定程度上取决于**汇率**（exchange rate），也就是两种货币交易时的比率。2008年5月，1英镑值1.97美元，同样的一瓶葡萄酒的价格为29.55美元。在过去的十年里，由于美元相对于其他货币走强，英国（以及欧洲其他国家）对美国游客的吸引力越来越大。

那么，这些汇率是如何决定的？为什么美元现在比十年前更强势？汇率的决定是复杂的，但我们说明两点。首先，对于任何两个国家来说，都存在能够自动使两国都从专业化和比较优势中获益的某一汇率范围。其次，在这个范围内，汇率将决定哪个国家从贸易中获益更多。简而言之，汇率决定贸易条件。

两个国家 / 两种商品世界的贸易和汇率　首先考虑一个简单的两个国家 / 两种商品的模型。假设美国和巴西都生产两种商品——原木和钢材。表20.7给出了美国国内购买者看到的两种商品当前的价格。原木在巴西的价格为每英尺3雷亚尔（R），钢材的价格为每米4雷亚尔。而在美国，每英尺木材的价格则为1美元，每米钢材则为2美元。

假设美国和巴西的买家可以选择在国内购买或者进口来满足他们的需求。他们的选择将取决于汇率。现在，我们暂且忽略两国之间的运输成本，并且假设巴西和美国的产品质量完全相同。

让我们先假设汇率是1美元=1雷亚尔。从美国购买者的角度来看，巴西的钢铁和木材在这个汇率下都没有竞争力。在美国，1美元可以买到1英尺的木材，但如果换成雷亚尔，则只能买到三分之一英尺的木材。对美国人来说，巴西木材的价格是3美元，因为必须用3美元来买3雷亚尔。同样，在美国2美元就可以买到1米的钢材，但2美元却只能买到半米的巴西钢材。所以，巴西钢材的价格对于美国人来说是4美元，是美国国产钢材的2倍。

但是，在这种汇率水平上，巴西人发现美国钢材和木材的价格都比
418 巴西生产的便宜。木材在巴西本国要花费3雷亚尔，但是用3雷亚尔购买3美元，就可以在美国买到3倍的木材。同样，钢材在巴西要花费

表20.7　美国和巴西的木材价格（每英尺）和钢材价格（每米）

	美国	巴西
原木	1美元	3雷亚尔
钢材	2美元	4雷亚尔

4 雷亚尔。但是如果用 4 雷亚尔购买 4 美元，就可以购买 2 倍的美国产钢材。在 1 美元 =1 雷亚尔的汇率上，巴西将进口钢材和木材，而美国则什么都不进口。

但是，假设现在的汇率是 1 雷亚尔 =0.25 美元。这意味着 1 美元能兑 4 雷亚尔。在这种汇率水平上，巴西人将在国内购买钢材和木材，而美国人则两种都要进口。现在美国人为购买 1 英尺木材必须花费 1 美元，但同样的木材在巴西的价格只相当于 0.75 美元（因为 1 雷亚尔值 0.25 美元，3 雷亚尔值 0.75 美元），同样，在美国需要 2 美元的木材在巴西只需花一半的价钱，因为 2 美元能买 8 雷亚尔，而 8 雷亚尔可以买到 2 英尺的巴西木材。同时，巴西人不会选择进口，因为从巴西国内生产者那里购买这两种商品会更加便宜。在这种汇率水平下，美国将进口这两种商品，而巴西则都不进口。

到目前为止，我们可以看到，在 1 美元 =1 雷亚尔和 1 美元 =4 雷亚尔的汇率水平上，只会产生单方向的贸易流动。现在让我们来试试 1 美元 =2 雷亚尔，或 1 雷亚尔 =0.50 美元的汇率。首先，巴西将从美国进口木材。因为巴西木材的价格为每英尺 3 雷亚尔，但是 3 雷亚尔能兑 1.50 美元，这 1.50 美元可以买到 1.5 英尺的美国木材。美国的购买者会发现巴西的木材价格太高。但是在这一汇率水平上，巴西将会从美国进口木材。但是，在同样的汇率下，对于巴西和美国的购买者而言，巴西和美国的钢材是没有区别的。因为对美国的购买者来说，国产钢材的价格为 2 美元。而 2 美元可以买到 4 雷亚尔，进口的每米巴西钢材的价格也为 2 美元。巴西购买者也发现无论是国产的钢材还是进口的钢材，价格都是 4 雷亚尔。因此，很可能不会有钢材贸易。

假如汇率变化到 1 美元兑 2.1 雷亚尔时会发生什么情况呢？尽管美国的木材对于巴西人和美国人来说仍然更便宜，但巴西的钢材对于美国购买者来说却突然有了吸引力。美国国产的钢材每米 2 美元，而 2 美元可以兑 4.2 雷亚尔，那么在巴西就可以买到多于 1 米的钢材。当 1 美元能买到超过 2 雷亚尔时，贸易开始双向流动：巴西将进口木材，而美国将进口钢材。

如果你仔细查阅表 20.8，就会发现只要汇率定在 1 美元 =2 雷亚尔和 1 美元 =3 雷亚尔之间，贸易就会双向流动。也可以说，当雷亚尔的价格是在 0.33 至 0.50 美元之间，贸易将双向流动。

汇率和比较优势　如果外汇市场使汇率处在每美元兑 2 至 3 雷亚尔之间，国家之间会自动调整，比较优势也能得以实现。在此范围汇率水平下，美国的购买者将从巴西进口所有需要的钢材，而美国的钢铁行业将会面临困境。工厂关门，美国工人开始游说，要求关税保护以免受巴西钢材的竞争。同时，在巴西强劲的进口需求的推动下，美国木材行业表现良好。因此木材生产部门扩张。包括资本和劳动在内的资源将被吸引到木材生产之中。

表 20.8　汇率决定贸易流动

汇率	雷亚尔的价格	结果
1 美元 =1 雷亚尔	1.00 美元	巴西进口木材和钢材
1 美元 =2 雷亚尔	0.50 美元	巴西进口木材
1 美元 =2.1 雷亚尔	0.48 美元	巴西进口木材，美国进口钢材
1 美元 =2.9 雷亚尔	0.34 美元	巴西进口木材，美国进口钢材
1 美元 =3 雷亚尔	0.33 美元	美国进口钢材
1 美元 =4 雷亚尔	0.25 美元	美国进口钢材和木材

巴西的情况却正好相反。由于出口需求枯竭，同时巴西人转向进口更便宜的美国木材，因而巴西木材行业遭受了损失。巴西的木材公司要求政府阻止进口便宜的美国木材。但是巴西的钢铁厂商却很高兴，因为它们不仅供给了国内全部的钢铁的需求，而且还出口到美国。因此，巴西的钢铁行业扩张，而木材行业陷入困境。包括劳动在内的资源就会流向钢铁行业。

考虑这种扩张和收缩的情景后，再来看看原来对比较优势下的定义。如果我们假设价格反映资源的用途而且资源可以在各个部门之间转移，我们就能计算出两个国家钢铁 / 木材的机会成本。在美国，生产 1 米钢材需耗费的资源是生产 1 英尺木材所耗费资源的 2 倍。假设资源
419 可以转移，1 米钢材的机会成本就是两英尺木材（见表 20.7）。在巴西，1 米钢材消耗了价值 4 雷亚尔的资源，而 1 单位木材只耗费了 3 雷亚尔。生产 1 米钢材意味着只放弃 4/3（或 $1\frac{1}{3}$）英尺的木材。因为巴西生产 1 米钢材的机会成本（用木材表示）更低，所以我们说巴西在钢材生产方面具有比较优势。

相反，让我们考虑一下这两个国家生产木材的机会成本。在美国，每多生产 1 英尺的木材需要放弃半米钢材的生产——因为生产 1 米钢材需要价值 2 美元的资源，而生产 1 英尺木材仅需要价值 1 美元的资源。但是，在巴西生产每英尺木材则要放弃 3/4 米的钢材。因为美国木材的机会成本较低，所以美国在木材生产方面具有比较优势。如果汇率最终位于适当的范围内，自由市场将驱使每个国家将资源转向其享有比较优势的部门。一国只有具有比较优势的产品才能在世界市场上有竞争力。

20.3 学习目标

描述比较优势的来源。

20.3 比较优势的来源

专业化和贸易对交易各方都有利，即使对于那些在绝对意义上无效率的生产者而言也是如此。如果市场是竞争性的，并且外汇市场是同商

品和劳务交换联结在一起的，那么各国将会对各自具有比较优势的产品进行专业化的生产。

直到现在，我们还没有谈及比较优势的来源。到底是什么决定了一个国家究竟是在重型制造业方面具有比较优势还是在农业方面具有比较优势呢？怎样解释在世界范围内观察到的实际贸易流动呢？关于国际贸易的各种理论和经验研究已经提供了部分答案。大多数经济学家将**要素禀赋**（factor endowments）——劳动、土地和自然资源的数量和质量——作为比较优势的主要源泉。要素禀赋似乎在很大程度上对现实的世界贸易格局作出了解释。

要素禀赋：一个国家的劳动力、土地和自然资源的数量和质量。

20.3.1 赫克歇尔–俄林定理

20 世纪上半叶的两位瑞典经济学家伊·赫克歇尔（Eli Heckscher）和贝蒂·俄林（Bertil Ohlin）发展并详细阐明了李嘉图的比较优势理论。**赫克歇尔–俄林定理**（Heckscher-Ohlin theorem）将比较优势理论同要素禀赋联系起来。该理论假设产品可以通过不同比例的投入组合生产出来，而这些投入可以在各自的经济部门之间流动，但不能在经济体之间流动。根据这个定理：如果一个国家在主要用于生产某种产品的投入方面要素禀赋比较好，那么该国就在生产这种产品方面具有比较优势。

赫克歇尔–俄林定理：通过一国的要素禀赋解释该国的比较优势的理论。如果一个国家在主要用于生产某种产品的投入方面要素禀赋比较好，那么，该国就在生产这种产品方面具有比较优势。

这一观点是非常简单的。一个国家拥有大量肥沃土地，那么它很可能在农业方面具有比较优势。而一个有大量资本积累的国家就可能在重型制造业方面具有比较优势。一个拥有极为丰富的人力资本的国家则很可能在高技术产品方面具有比较优势。

20.3.2 对观察到的贸易流动的其他解释

比较优势并不是各国之间进行贸易的唯一原因。它并没有说明为什么许多国家既进口又出口同一种产品。比如说，美国就既要出口 Velveeta 奶酪，又要进口蓝纹奶酪。

就像一个国家内部各行业为占领国内市场而实行产品差异化一样，它们也会为满足全世界各种不同的购买者的爱好来实行产品差异化。例如，日本汽车工业开始生产小型节油轿车要比美国汽车制造商早得多。 420
而在这一过程中，日本汽车工业在创造产品中发展出的专业技能，吸引了一批忠实的追随者，培养了相当大的品牌忠诚度。德国制造的宝马汽车和日本制造的雷克萨斯汽车也都在许多国家拥有冠军车型。正如产品差异化是对经济内部各种偏好的自然反应一样，它也是对各个经济体间各种偏好的自然反应。保罗·克鲁格曼最早在这个领域做了一些研究，有时我们称之为*新贸易理论*。

新贸易理论也依赖于比较优势理论。如果日本人在节油轿车的生产方面已经发展了具有优势的技能，那么这种技能就可以看成是一种尚未被其他生产者获得的特殊资本。丰田在生产雷克萨斯时，投入了一种名为商誉的无形资本。这种商誉可能来自多年的性能和质量声誉，这是雷克萨斯保持国际市场上长盛不衰的比较优势的一个原因。一些经济学家将来自后天比较优势的收益，与来自自然比较优势的收益进行了区分。

20.4 学习目标
分析贸易壁垒的经济效应。

20.4 贸易壁垒：关税、出口补贴和配额

我们已经看到专业化和贸易增加了各国经济蛋糕的大小。然而，大多数国家主要以保护国内就业为由，对贸易设置了一些壁垒。

保护：保护经济部门免受外国竞争的政策。

关税：对进口商品征收的税。

贸易壁垒——也叫作贸易障碍——有许多种形式；最常见的是关税、出口补贴和配额。它们都是使某些经济部门免受外国竞争的**保护**（protection）形式。

关税（tariff）是对进口商品征收的一种税收。现在美国平均的进口关税小于 5%。某些实行保护的项目的关税则高得多。例如，美国对从中国进口的太阳能电池板征收 30% 以上的关税。

出口补贴：政府为鼓励出口而向国内厂商支付的款项。

出口补贴（export subsidies）——政府为鼓励出口而向国内企业支付的款项——也可能成为贸易壁垒。曾经激起李嘉图思考的《谷物法》，其规定之一就是当谷物价格低于某一特定水平时，英国政府将自动向农场主支付出口补贴。这种补贴的目的在于维持国内的高价格，但它会使世界市场上充斥着便宜的有补贴的谷物。国外那些没有补贴的农场主就会被人为造成的低价驱逐出国际市场。

农业补贴仍然是当今国际贸易格局的一道风景。许多国家仍然对农产品出口大力补贴来安抚本国农民。许多国家农业游说团体的政治力量对最近旨在减少贸易壁垒的国际贸易谈判产生了重要的影响。发达国家普遍存在的农业补贴，已成为欠发达国家争取在全球市场上竞争所关注的一个焦点。特别是许多非洲国家，在农业土地方面具有比较优势。然而，在向世界市场出口农产品时，它们必须与那些受到大量补贴的欧洲和美国农场所生产的产品竞争。例如，像法国这样的国家有着特别高的农业补贴，其认为这有助于保护法国的传统农业。然而，这些补贴的一个副作用就是使一些较贫穷的国家更难在世界市场上竞争。一些人认为，如果发达国家取消农业补贴，这将对一些非洲国家的经济产生比当前的慈善援助项目更大的影响。

倾销：某厂商或行业以低于其生产成本的价格在世界市场上销售产品的行为。

与补贴密切相关的是**倾销**（dumping）。倾销是指一个厂商或行业以低于其生产成本的价格向世界市场销售其产品。倾销的指控通常是由认为自己受到不公平竞争所影响的生产商提出的。在美国，有关倾销的指控需要提交给国际贸易委员会。确定是否真的发生了倾销可能很困难。美国国内生产商认为，外国公司将在美国倾销产品，排挤美国的竞争对手，然后提高价格，从而损害消费者的利益。另一方面，外

实践中的经济学 421

全球化提高了厂商的生产力

在文中，我们描述了自由贸易如何使各国充分利用其擅长领域。最近在贸易领域的研究也描述了自由贸易如何提高一个国家内厂商的生产力。[1]

在一个国家，我们通常会看到不同生产率的厂商。实际上，如果厂商都生产完全相同的产品，那么我们预计成本较高的厂商将被淘汰出局。而事实上，厂商通常生产的产品是近似替代品，并不完全相同。火柴盒（Matchbox）汽车玩具像风火轮（Hot Wheels）汽车玩具，但不完全相同。在这种情况下，行业里将拥有一系列生产力水平的厂商，因为有些人会为厂商提供的特定产品支付更多的费用。

当贸易开放后会发生什么？现在竞争加剧。产品好、成本低的厂商可以扩展到其他地方的市场。它们在增长的同时，往往通过规模经济来降低成本。生产效率较低的厂商发现，它们面临着来自外国生产商和国内同行的激烈竞争，而国内同行现在的生产率甚至比以前更高。梅利兹（Melitz）和其他经济学家发现，

当我们观察大的贸易变化（如 1989 年美国和加拿大之间的自由贸易协定）后厂商生产率的分布时，我们看到生产率较低的厂商出现了大幅下降。

贸易不仅利用了各国的比较优势，而且更普遍地提高了厂商的效率。

思考

1. 你预计在贸易开放后平均价格会发生什么变化？

[1] 哈佛大学的马克·梅利兹（Marc Melitz）在这方面做了很多早期的工作。Marc Melitz and Daniel Trefler, "Gains from Trade when Firms Matter," *Journal of Economic Perspectives*, Spring 2012, 90-117. Andrew B. Bernard, Jonathan Eaton, J. Bradford Jensen and Samuel Kortum, "Plants and Productivity in International Trade," *American Economic Review*, Winter 2003, 1268-90.

国出口商声称，它们的价格之所以低，仅仅是因为成本低，而不是进行倾销。

配额（quota）是对进口数量的限制。配额可以是强制性的，也可以是"自愿的"，可以通过立法或与外国政府谈判设立。最著名的自愿配额，或"自愿限额"，是 1981 年美国与日本政府谈判达成的。日本同意将其对美国的汽车出口减少 7.7%，即从 1980 年的 182 万辆减少到 168 万辆。如今，许多配额限制了全球贸易。在后面的"实践中的经济学"，我们来看一下提高配额的影响。

配额： 进口数量的限制。

实践中的经济学

422 当我们提高配额时会发生什么？

在2005年之前，许多新兴国家的纺织品和服装，出口到美国、加拿大和欧盟都要受到配额限制。在一篇有趣的新发表的论文中，耶鲁大学的彼得·肖特（Peter Schott）、哥伦比亚大学的阿米特·坎德尔瓦尔（Amit Khandelwal）和魏尚进调查了配额取消后的情况。[1]

当配额取消后，出口到上述三个地区的纺织品和服装增加，这应该不足为奇。一个更有趣的问题是，当配额取消后，从事出口业务的公司的组成发生了什么变化？例如，同样的公司是否只是发送了更多的货物？

当一个出口国的产品面临配额时，必须由某人来决定哪些公司享有向国外出口产品的特权。通常情况下，政府会做出这个决定。在某些情况下，政府拍卖出口权，以谋求公共收入的最大化；在这里，我们可以期望效率更高的公司是最有可能的出口商，因为它们在销售商品时具有成本优势，因此它们可以出最高的价格。在其他情况下，政府可能会给予朋友和家人出口的权利。

在这个案例中，肖特等人发现的结果很有启发意义。2005年配额取消后，出口确实大幅增长。而且，大部分的出口产品不是由那些在充满配额的时代占据主导地位的老公司生产的，而是由新进入者生产的！没有配额之后，公司需要提高出口效率，而大多数受新公司竞争影响的老公司迅速失去了市场份额。

思考

1. 如果将出口权分配给生产率最高的企业，那么一旦配额被取消，你预计会发生什么？

[1] Amit Khandelwal, Peter Schott, Shang-Jin Wei, "Trade Liberalization and Embedded Institutional Reform," *American Economic Review*, forthcoming, 2013.

20.4.1 美国贸易政策、关税及贸易总协定和世界贸易组织

《斯穆特–霍利关税法》：20世纪30年代的美国关税法，制定了美国历史上最高的关税（60%）。它引发了一场国际贸易战，并导致了贸易的下降，其通常被认为是20世纪30年代全球经济大萧条的原因之一。

关税及贸易总协定：1947年由23个国家签署的促进对外贸易自由化的国际协定。

美国一直是一个高关税国家，在历史上的大部分时间里平均关税都超过50%。最高关税是在1930年**《斯穆特–霍利关税法》**（Smoot-Hawley tariff）实施后的大萧条时期生效的。当美国的贸易伙伴用他们自己的关税报复时，《斯穆特–霍利关税法》挑起了一场国际贸易战。许多经济学家指出，随之而来的贸易下降是20世纪30年代全球经济大萧条的原因之一。①

1947年，美国与其他22个国家同意减少贸易壁垒。它还成立了一个促进对外贸易自由化的组织。事实证明，**关税及贸易总协定**（General

① 尤其参见Charles Kindleberger, *The World in Depression 1929–1939*（London:Allen Lane，1973）。

Agreement on Tariffs and Trade，GATT）在帮助降低关税水平和鼓励贸易方面是成功的。1986 年，关贸总协定发起了一轮名为“乌拉圭回合”的世界贸易谈判，重点是进一步减少贸易壁垒。经过多次辩论，美国国会于 1993 年签署了《乌拉圭回合协议》，这一协议也成为多边贸易协定的典范。

1995 年，**世界贸易组织**（World Trade Organization，WTO）成立，作为处理关贸总协定和其他协定所规定的贸易规则的谈判论坛。它仍是致力于促进各国间自由贸易和协调贸易争端的关键机构。世贸组织由 153 个成员国组成，作为各国在乌拉圭回合和其他协议下处理复杂贸易的谈判论坛。目前，世贸组织是推动和促进自由贸易的中心机构。2015 年，世贸组织审理了一系列国际关税和补贴纠纷，其中包括印尼与美国之间关于纸的争端。

世界贸易组织：处理国家之间贸易规则的谈判论坛。

尽管世贸组织的成立是为了促进自由贸易，但其成员国在面对贸易案件时显然有着不同的动机。近年来，发达国家和发展中国家之间的 423
分歧日益突出。2001 年，在卡塔尔多哈举行的世贸组织会议上，世贸组织发起了一项名为**多哈发展议程**（Doha Development Agenda）的新倡议，以处理一些涉及贸易和发展领域的问题。2007 年，多哈发展议程继续就本章所述的农业和农业补贴问题进行斗争。以撒哈拉以南非洲为代表的欠发达国家寻求取消目前由美国和欧盟支付的所有农业补贴。就欧盟而言，作为更广泛的自由贸易一揽子计划的一部分，欧盟试图推动欠发达国家采取更好的环境政策。2015 年，多哈回合谈判仍在继续，但在发达国家和发展中国家的核心农业分歧上几乎没有取得进展。

多哈发展议程：世界贸易组织的一项倡议，侧重于贸易和发展问题。

美国 1934 年的《互惠贸易协定法》（the Reciprocal Trade Agreements Act）授权总统代表美国进行贸易协定的谈判。作为贸易协议的一部分，总统可以向单个贸易伙伴授予最惠国待遇。从具有最惠国待遇的国家进口只需征收最低的协议关税税率。此外，近年来，几轮成功的关税削减谈判将贸易壁垒降至历史最低水平。2015 年末，美国国会就《跨太平洋伙伴关系协定》（Trans Pacific Partnership，简称 TPP）的通过进行了激烈辩论。TPP 是一项旨在降低美国和 11 个环太平洋国家关税的新贸易协定。

尽管贸易自由化是大势所趋，但在过去 50 年里，大多数美国总统都利用权力来保护这个或那个经济部门。艾森豪威尔和肯尼迪限制日本纺织品的进口；约翰逊限制肉类进口，以保护得克萨斯州牛肉生产商；尼克松限制钢铁进口；里根限制从日本进口汽车。2002 年初，乔治·布什总统对从欧盟进口的钢材征收了 30% 的关税。2003 年，世贸组织裁定这些关税不公平，允许欧盟对美国产品征收报复性关税。此后不久，钢铁关税被取消，至少对欧盟钢铁是这样。目前，美国对糖基乙醇（一种与玉米基乙醇竞争的能源）、太阳能电池板和从中国进口的轮胎征收高额关税。

经济一体化：当两个或两个以上的国家联合组成一个自由贸易区时，就会产生。

欧盟：欧洲贸易集团由27个国家组成（欧盟27个国家中，19个国家拥有同样的货币——欧元）。

《美加自由贸易协定》：美国和加拿大同意在1998年之前消除两国之间的所有贸易壁垒的一项协议。

《北美自由贸易协定》：由美国、墨西哥和加拿大签署的一项协议，三国同意将整个北美建立为一个自由贸易区。

经济一体化　**经济一体化**是指两个或两个以上的国家联合组成一个自由贸易区。1991 年，欧洲共同体（EC，或共同市场）开始形成世界上最大的自由贸易区。经济一体化进程始于那年 12 月，当时 12 个创始成员国（英国、比利时、法国、德国、意大利、荷兰、卢森堡、丹麦、希腊、爱尔兰、西班牙和葡萄牙）签署了《马斯特里赫特条约》。该条约要求结束边境控制，统一货币，取消所有关税，协调货币和政治事务。**欧盟**（European Union，EU），即欧共体的新名称，有 28 个成员。1993 年 1 月 1 日，成员国之间取消了所有关税和贸易壁垒。1995 年初关闭了边界检查站。公民现在可以在没有护照的情况下在成员国之间旅行。

美国不是欧盟的成员。但是，1988 年美国（在里根总统的领导下）与加拿大（在马尔罗尼总理的领导下）签署了**《美加自由贸易协定》**（U.S.-Canadian Free Trade Agreement），这一协定在 1998 年取消了两国间的所有贸易壁垒，包括关税和配额。

1992 年，在乔治·布什总统执政的最后一段时间，美国、墨西哥和加拿大三国签署了**《北美自由贸易协定》**（North American Free Trade Agreement，NAFTA），三国同意把整个北美建成自由贸易区。该协议将在 10 至 15 年的时间里取消所有关税和大多数的投资限制。在 1992 年的总统竞选期间，关于 NAFTA 产生了激烈的争论。比尔·克林顿和乔治·布什都支持此协议。有可能受到墨西哥进口影响的行业工会（比如汽车工业）反对此协议，而可能因此协定带来向墨西哥出口增加的产业——机床工业——却对此表示支持。另一个问题是由于墨西哥的企业不必遵守同美国企业同样的环境法规，美国企业可能会因此而转移到墨西哥。

北美自由贸易协定在 1993 年得到了美国国会的批准，并在 1994 年的 1 月 1 日开始生效。美国商务部曾估计，由于 NAFTA，美国和墨西哥之间的贸易在 1994 年会上升将近 160 亿美元。此外，1994 年美国向
424 墨西哥的出口超过了从墨西哥的进口。但是，1995 年，该协议由于墨西哥比索的大幅贬值而蒙上了一层阴影。美国向墨西哥的出口锐减，美国对墨西哥的贸易盈余变成了大额的贸易赤字。除了一些关税之外，到 2003 年 NAFTA 中的所有协议都得到了贯彻执行，由 3 个国家签署的一个 8 年报告宣称协议是成功的。报告中说，8 年间扩张的贸易，增加的就业和投资以及为 3 国公民带来的更多的机会已经证明了 NAFTA 是有效的，而且将继续发挥效用。从 1993 年到 2011 年，北美自由贸易协定成员国之间的贸易额增加了两倍多，从 2 880 亿美元增加到 1 万亿美元。

20.5 学习目标

评价关于自由贸易和保护主义的争论。

20.5 自由贸易还是保护？

围绕自由贸易还是保护这个话题的争论，一直是最激烈的经济学矛盾之一。我们对双方的论点作一个简要的总结。

20.5.1 自由贸易的主张

在某种意义上，比较优势理论就是自由贸易的主张。贸易可能对所有国家都是有利的。一种商品只有在它售给购买者的价格低于国内生产的可替代商品的价格时才会被进口。在我们前文的例子中，当巴西人发现美国的木材比他们自己的便宜时，他们就会购买它，但他们仍然花同样较低的价钱购买本国生产的钢材。美国人购买比较便宜的巴西钢材，但仍以同样较低的价格购买本国的木材。在这种情况下，美国人和巴西人都会减少支出而增加消费。

与此同时，美国的资源（包括劳动力）就会从钢铁生产转向木材生产。巴西的资源（包括劳动力）则会从木材生产转向钢铁生产。资源在这两个国家中得到更有效的利用。关税、出口补贴和配额阻碍了商品和服务在世界范围内自由流动，减少或消除了来自比较优势的收益。

我们可以用供给曲线和需求曲线来说明这一点。假设图 20.4 显示的是国内纺织品的供需关系。在没有贸易的情况下，市场以 4.2 美元的价格出清。在均衡状态下，生产和消费了 4.5 亿码纺织品。

现在假设纺织品的世界价格是 2 美元。这是以美元表示的价格，美国人要以这个价格从国外购买纺织品。如果我们假设在 2 美元的价格上可以买到不限数量的纺织品，而且国产纺织品和进口纺织品的质量没有区别，那么国内生产商的价格都不能高于 2 美元。在没有贸易壁垒的情况下，世界价格决定了美国国内的价格。随着美国的价格从 4.2 美元下降到 2 美元，消费者的需求量从 4.5 亿码增加到 7 亿码，而国内生产商的供应量从 4.5 亿码下降到 2 亿码。其中的 5 亿码差额就是纺织品的进口量。

自由贸易的观点是，每个国家都应该专业化生产其享有比较优势的商品和服务。如果外国生产者能够以比国内生产者低得多的成本生产纺织品，它们就具有比较优势。随着世界纺织品价格跌至 2 美元时，美国国内的供给下降，资源会转移到其他行业。这些其他部门，可能是没有在图 20.4（a）中表示出来的出口行业或国内行业。显然，以 2 美元的价格分配资源是更有效率的。美国为什么要使用国内资源来生产外国生产者可以以更低的成本就能生产的东西呢？美国的资源应该转到那些它最擅长的东西的生产中去。

现在来考虑在有贸易壁垒时，国内纺织品价格会发生什么变化。图 20.4（b）显示了对进口纺织品征收每码 1 美元关税的影响。关税将纺织品的国内价格提高到 2+1=3 美元。结果就是损失了一部分来自贸易的收益。首先，消费者必须为购买同样的商品支付更高的价格。由于一些消费者不愿意支付更高的价格，纺织品需求量从自由贸易时的 7 亿码下降到 6 亿码。图 20.4（b）中标记为 ABC 的三角形，是关税造成的无谓损失或超额负担。如果没有关税，这 1 亿码纺织品的价格超过每件的成本 2 美元，将会产生收益。

425

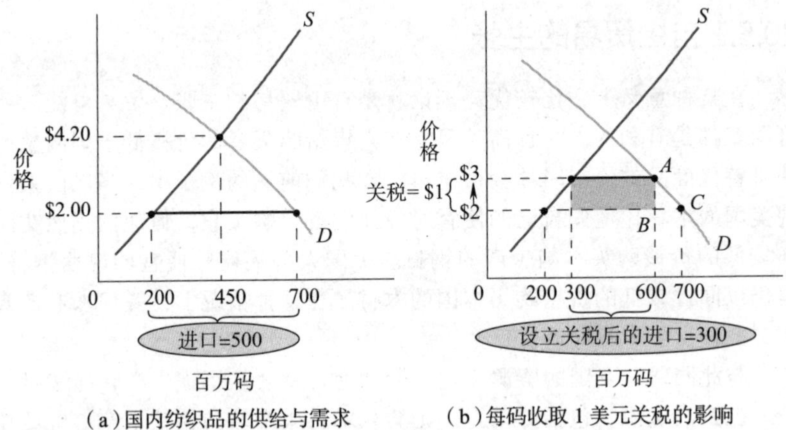

▲ 图 20.4　贸易收益和征收关税的损失

1 美元的关税将使消费者面对的市场价格从每码 2 美元提高到每码 3 美元。政府所获得的收益等于（b）中的阴影区域。效率损失有两个部分。首先，消费者必须为本能够以更低成本生产的商品支付更高的价格。其次，边际生产者被吸引到纺织业，不再生产其他商品，导致国内生产的效率低下。（b）中标记为 *ABC* 的三角形是关税造成的无谓损失或额外负担。

同时，较高的纺织品价格把一些边缘的国内生产者拉回到纺织品生产之中，它们原来在 2 美元的价格下是无法获得利润的（回想一下，国内生产者不需要支付关税。）。而当价格上升到 3 美元的时候，生产者的供给量则从 2 亿码上升到了 3 亿码。结果就是进口从 5 亿码下降到了 3 亿码。

最后，关税的征收意味着政府征收了等于图 20.4（b）中的阴影区域的关税。阴影区域等于每单位关税税率（1 美元）乘以关税生效后进口的单位数量（3 亿码）。因此，政府的关税收入为 3 亿美元。

征收关税的最终结果是什么？在开征关税前，国内生产商每件产品的收入仅为 2 美元，现在它们的价格更高，利润也更高。但是，高利润的背后却是以效率的损失为代价的。贸易壁垒使一个国家无法从专业化中获益，推动其采用相对低效的生产技术，并迫使消费者为那些受保护的产品支付比原来更高的价格。

20.5.2 保护主义的主张

也有人提出拥护关税和配额的主张。在美国历史上，众多行业在国会的许多委员会面前都曾多次提出这一主张，所有要求保护的请愿似乎都拥有相同的主题。我们对最常听到的请愿内容进行以下描述。

保护可以保全工作岗位　保护主义的主要论点是，外国竞争会使美国人失去他们的工作。当美国人购买进口的丰田汽车时，美国的汽车就没有销路。这将导致国内汽车行业裁员。当美国人购买外国纺织品或鞋类时，美国缅因州、马萨诸塞州、南卡罗来纳州和佐治亚州的工人可能会失业。

的确，当我们从外国生产商那里购买商品时，国内生产商就会遭受 426
损失。但是没有理由相信，那些从收缩的部门中被解雇的工人最终无法被其他正在扩张的部门重新雇用。例如，纺织业的外国竞争意味着美国在该行业丧失了工作机会。近 40 年来，由于纺织厂的关闭，新英格兰成千上万的纺织工人失去了工作。然而，随着高科技产业的扩张，马萨诸塞州的失业率在 20 世纪 80 年代中期降至全国最低水平，新罕布什尔州、佛蒙特州和缅因州也繁荣起来了。

当我们认识到保护中间产品会令使用这些中间产品的国内行业的成本增加，从而使这些公司的竞争力下降时，就业情况就更加复杂了。保护美国国内轮胎行业会增加国内汽车行业的成本，可能会减少该行业的就业机会。

自由贸易带来的就业问题可以通过多种方式加以解决。我们可以禁止进口和放弃从自由贸易中得到的利益，并承认我们愿意支付高价来保护那些在国外可以更有效率生产的国内行业的就业机会；或者我们积极地想办法援助自由贸易的受害者，帮助他们为未来的就业进行再培训。在某些情况下，将人们重新安置在正在扩张地区的计划可能是必要的。有些计划直接解决了劳动力转移问题而且没有放弃从贸易中得到的好处。

有些国家采取不公平的贸易手段　根据《谢尔曼法案》和《克莱顿法案》，美国企业企图垄断某一行业的做法是违法的。如果某一实力强大的企业企图通过制定低于成本的价格来逐出市场上的竞争对手，它将受到司法部反垄断部门严厉的起诉。但是，问题并没有就此解决。有人认为，如果我们不允许任何一家美国公司进行掠夺性定价或垄断一个行业或市场，面对一家德国公司或日本公司，我们就能以自由贸易的名义袖手旁观吗？这是一个合理的论点，近年来得到了广泛的支持。当一个跨国企业或一个国家有策略地对付国内某一厂商或某一行业时，人们应该作何反应呢？当每个人都遵守规则时，自由贸易也许是最好的解决途径，但有时人们却不得不进行反击。目前，世界贸易组织是进行此类争端谈判的平台。

廉价外国劳动力造成不公平竞争　让我们假定一个特定国家通过付给工人低工资而在纺织品方面获得“比较优势”。美国纺织企业如何与工资不到美国企业四分之一的公司竞争？

首先，要知道，竞争性经济中的工资反映了生产率：产出与劳动单位的高比率。美国工人工资高是因为他们的生产率更高。美国的人均资本更多；也就是说，普通工人使用更好的机器和设备工作，而且受到更好的培训。其次，贸易流动不是根据绝对优势而是根据比较优势：即使有一个国家能够更有效率地生产每一种商品，所有的国家也都能受益。

实践中的经济学

一份请愿书

427 尽管大多数经济学家都主张自由贸易，但重要的是要认识到一些群体可能会因自由贸易而蒙受损失。利益受损的团体反对贸易的争论已经存在了数百年。在下面这篇文章中，你将看到一篇 19 世纪法国讽刺家弗雷德里克 · 巴师夏（Frederic Bastiat）的文章，他抱怨太阳给蜡烛制造商带来了不公平竞争。您可以看到，作者建议对太阳发放配额，而不是征收关税。

遮挡阳光会增加对蜡烛的需求。蜡烛制造商是否应该受到保护，免受不公平的竞争？

这份请愿书来自蜡烛、点火木条、灯笼、胶水、路灯、熄烛器和灭火器的制造商以及动物油脂、石油、树脂、酒精等与照明有关的所有东西的生产商。

尊敬的各位议员，
先生们：

你们走上了正确的道路。你们拒绝那些抽象晦涩的理论，而且很少考虑产品的丰富性和价格低廉。你们主要关心的是生产商的命运。你们希望把它们从外国竞争中解救出来，也就是说，为国内行业保留国内市场。

我们来为您提供一个绝佳的机会，我们该怎么称呼它呢？你们的理论吗？不，没有什么比理论更具有欺骗性。你们的教条？你们的制度？还是你们的原则？但是你们并不喜欢教条，你们讨厌制度，至于原则，你们否认在政治经济学中有任何原则；因此，我们称它为你们的实践——没有理论和原则的实践。

我们正在遭受一个对手毁灭性的竞争，他生产光的工作条件显然比我们的条件优越得多，因此，他正在以令人难以置信的低价涌入国内市场；他一出现，我们的销售就停止了，所有的消费者都转向了他，一个具有无数分支的法国行业因此立刻陷入完全停滞的状态。这个敌人，不是别人，正是太阳，他正在无情地向我们发起竞争，我们怀疑他是被背信弃义的阿尔比恩（Albion，古时用以指不列颠或英格兰）所煽动起来反对我们的（现在的外交手腕真高明！），尤其是因为他向那个岛国表示了我们从未见过的尊敬。（参考英国作为雾岛的名声。）

我们请求你们仁慈一点儿，能制定一项法律来命令人们关闭所有的窗户，老虎窗、天窗、内外百叶窗、窗帘、门式窗、圆天窗、舷窗、卷帘——简而言之，所有的通道、孔洞、缝隙和裂缝等阳光通常通过而进入房屋的地方，即他（太阳）通过这些地方破坏了行业的公平竞争。我们可以自豪地说，我们已经把这个行业奉献给了国家，这个没有背叛和忘恩负义的国家不能在今天把我们抛弃给一场如此不公平的竞争。

思考

1. 利用供需曲线，说明遮挡阳光对蜡烛价格的影响。

资料来源：弗雷德里克·巴师夏（1801—1850）写给法国议会的一封公开信，最初发表于 1845 年。

保护可以捍卫国家安全　除了保全就业岗位之外，某些行业还可能出于其他原因而寻求保护。多年来，钢铁行业的厂商一直强调自己对国防的重要性，而且他们的努力已经产生了效果。他们声称，一旦发生战争，美国将不能指望依赖从外国进口到像钢铁这样至关重要的产品。这样，尽管我们承认其他国家有比较优势，但我们也可能想保护自己的资源。

实际上，所有的行业在要求保护时都会援引国防论据。剪刀行业的代表提出，“如果国家出现紧急情况而进口中断，美国将没有剪刀的来源，而剪刀是许多行业的基本生产工具，并且对我们的国防具有重要的作用”。所以，问题并不在于这一观点的正确性如何，而在于如果每个行业都同样利用它，那么它的严肃性到底如何。

保护减少依附　同国防论据紧密相关的另一种主张是，一些国家，特别是小国或发展中国家，可能在许多项目上过于依赖一个或多个贸易伙伴。如果一个小国在粮食、能源或一些大国具有比较优势的重要原材料 428
方面依附于大国，那么这个小国可能很难保持政治中立。一些自由贸易的批评者宣称，超级大国一直有意识地开展对小国的贸易正是为了形成这种依附关系。

因此，较小的独立国家就应该有意识地避免可能导致政治依附的贸易关系吗？这也许意味着要发展某些具有比较劣势的本国行业。而要这么做就意味着要保护该行业免受国际竞争。

环境问题　近年来，对环境的关注已经导致一些人质疑自由贸易的优势。例如，一些环保组织认为，世贸组织的自由贸易政策可能会损害环境。其核心论点是，贫穷国家将成为污染行业的避风港，这些企业将在几乎不受环境控制的情况下经营钢铁和汽车工厂。有人认为，缺乏环境控制给这些国家的企业带来了一种虚幻的优势。

这些问题相当复杂，经济学家对自由贸易与环境之间的相互影响存在许多争议。例如，最近一项关于二氧化硫的研究发现，从长远来看，自由贸易主要通过增加各国的收入来减少污染；富裕国家通常选择改善环境的政策。[②] 因此，尽管自由贸易和发展加速最初可能导致污染水平

---

② Werner Antweiler, Brian Copeland, and M. Scott Taylor, “Is Free Trade Good for the Environment? ” *American Economic Review*, September 2001.

上升，但从长远来看，繁荣对环境是有利的。许多人还认为，要在污染控制跟贫困国家的营养不良和健康等问题之间做出复杂的权衡。美国和欧洲在发展的早期都以更快的经济增长和收入来换取更清洁的空气和水。一些人认为，发达国家把自己的偏好强加给其他面临更艰难权衡的国家是不公平的。

然而，对全球气候变化的关注激发了这一领域的新思考。由于碳排放的影响是全球性的，而所有的国家都不愿意签署有约束力的全球排放控制协议，那么与发展中大国的贸易可能是发达国家逃避减排承诺的一种方式。一些人认为，可以对那些没有签署国际气候控制条约的国家生产的高污染产品实施惩罚，以确保以这种方式进口的商品价格反映出这些产品对环境造成的危害。[3] 然而，实施这些政策可能是复杂的，一些人认为将贸易和环境问题捆绑在一起是错误的。正如本书涉及的其他领域一样，经济学家对正确答案仍存在分歧。

新兴产业：一种可能需要暂时得到保护以免受其他国家现有产业竞争，以发展比较优势的年轻产业。

保护能够维护新兴产业　一个国家的新兴产业可能在一段时间内很难与其他国家的成熟产业竞争。在一个动态的世界中，一个受保护的**新兴产业**（infant industry）可以由于后来获得的但确实存在的比较优势而成长为一个强大的全球性产业。如果这样的产业在其成立之初就由于竞争者削价而被抢走生意，然后被驱逐出世界市场，那么比较优势可能永远也不会形成。

然而，保护新兴产业的努力可能适得其反。1991 年 7 月，美国政府对从日本进口的主动式矩阵液晶显示器（也叫“平板显示器”，主要用
429 于笔记本电脑）征收 62.67% 的关税。美国商务部和国际贸易委员会一致认为日本的生产者在美国市场上以低于其成本的价格销售显示器，而且，这种“倾销”威胁到了美国国内笔记本电脑屏幕生产者的生存。这项关税旨在保护美国的新兴产业，直到它能与日本正面竞争为止。

▶ 图 20.5　世界贸易开放程度（指数为 100 减去该地区平均有效关税）

随着越来越多的国家加入世界市场，世界各地都提出了自由贸易的理由。该数据显示了 1980 至 2005 年全球范围内的关税走势。这些线显示了这些国家的贸易开放指数，计算方式为 100 减去关税。（所以更高的数字意味着更低的关税。）我们看到，在过去 25 年里，全球范围内，特别是新兴市场和发展中国家的关税迅速下降。

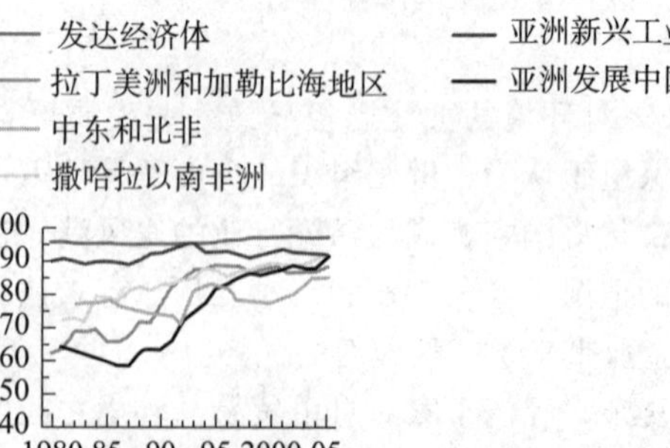

资料来源：国际货币基金组织《2007 年世界经济展望》。
贸易开放的衡量标准是 100 减去该地区的平均有效关税。

---

③　Judith Chevalier, “A Carbon Cap That Starts in Washington,” *New York Times*, December 16, 2007.

不幸的是，对于美国笔记本电脑的生产者与消费者来说，这项关税对该行业产生了一种无意（尽管可以预见）的影响。由于人们通常认为美国的笔记本电脑屏幕质量比日本对手的要差，美国对其征收关税使美国电脑制造商有三种选择：（1）它们可以使用从国内生产者那里购买的屏幕，然后眼看着它们最终产品的销售额由于国外的较高质量竞争而下降；（2）它们可以为高质量的屏幕支付关税，然后眼看着它们最终产品的销售额由于国外的较低价格竞争而下降；（3）它们可以做对它们来说利润最大化的事情——把它们的生产设备转移到国外来彻底避免关税。苹果公司和国际商业机器公司（IBM）所做的就是最后一个选择。最后，不仅笔记本电脑产业及其消费者受到了征收关税的损害（由于更高的生产成本和更高的笔记本电脑价格），而且美国的屏幕行业同样也受到了损害（因为它损失了一部分产品的购买者），而损害却来自旨在帮助它而特别设计的政策。

20.6 经济学共识

20.6 学习目标

概述国际贸易如何适应经济结构。

自由贸易主义者和保护主义者之间的争论对我们学习国际经济学是至关重要的。争论的一方是比较优势理论，该理论是由大卫·李嘉图在 19 世纪早期正式提出的。根据这一观点，所有的国家都能从专业化和贸易中获益。来自贸易的收益是实在的，并且可能是非常巨大的；自由的国际贸易增加了实际收入，提高了生活水平。

争论的另一方则是贸易保护主义者，他们指出就业岗位的减少，并主张保护工人免受外国竞争的伤害。尽管外国竞争可能导致特定行业的就业岗位减少，但不太可能导致一个经济体的净就业岗位减少，而且随着时间的推移，工人将被吸收到不断扩张的行业中。自由贸易和充分就业可以同时存在。虽然经济学家在很多问题上意见不一，但他们中的绝大多数人都赞成自由贸易。

总结

1. 所有经济体，无论其规模大小，都在一定程度上依赖于其他经济体，并受到国外事件的影响。

20.1 贸易盈余与赤字　页 506

2. 直到 20 世纪 70 年代，美国一直是出口大于进口——它拥有贸易盈余。在 70 年代中期，美国的进口开始大于出口，即产生了贸易赤字。

20.2 贸易的经济基础：比较优势　页 506 430

3. 可以追溯到 19 世纪大卫·李嘉图的比较优势理论，该理论认为，专业化和自由贸易将有利于所有的贸易伙伴，即使对于那些从绝对意义上来说生产效率较低的生产者也是如此。
4. 当一个国家生产一种商品所使用的资源比另一个国家少时，它在生产这种商品时享有绝对优势。当一种商品生产的机会成本（就必须放弃生产其他商品的机会而产生的成本）低于另一国家时，一国享有生产该商品的比较优势。

5. 贸易使各国能够超出原有的资源和生产力的限制。当各个国家集中生产那些它们具有比较优势的产品时，它们就能最大限度地提高综合产出，并更有效地分配资源。
6. 在自由贸易的情况下，贸易格局和贸易流动是数千家进出口商以及数百万个私人家庭和厂商独立决策的结果。
7. 外国商品对美国购买者的吸引力，以及美国商品对外国购买者的吸引力都要在一定程度上取决于汇率，即两种货币交易时的比率。
8. 对于任何两个国家来说，存在能够自动使两国都能从专业化和比较优势中获益的某一汇率范围。在这一范围之内，汇率将决定哪个国家从贸易中获利更多。我们因此得到了汇率决定贸易条件的结论。
9. 如果汇率最终位于恰当的范围内（即有利于国家间商品流通的区间），自由市场将推动各国将资源转移到其享有比较优势的部门。一个国家里只有那些具备比较优势的产品才能在世界市场上有竞争力。

20.3 比较优势的来源　页 516

10. 赫克歇尔–俄林定理用相对要素禀赋来解释比较优势理论与贸易流动。根据这个定理，如果一个国家主要用于生产某种产品的投入禀赋相对较好，那么，该国家就具有生产这种产品的比较优势。
11. 一份相对简短的投入清单——自然资源、知识资本、实物资本、土地以及熟练和非熟练的劳动力——解释了世界贸易格局中大得惊人的一部分。然而，比较优势理论的简化版不能解释为什么许多国家对同一种商品既进口又出口。
12. 有些理论提出，比较优势是可以后来获得的。正如一个国家内部各行业为占领国内市场而进行产品差异化一样，它们也会为满足世界范围内各种不同的爱好而进行产品差异化。这一理论与比较优势理论是一致的。

20.4 贸易壁垒：关税、出口补贴和配额　页 518

13. 贸易壁垒有许多种形式。最常见的三种是关税、出口补贴和配额。它们都是使某些经济部门免受外国竞争的保护形式。
14. 尽管美国一直都是一个高关税的国家，但美国仍在向远离关税和配额的自由贸易方向迈进。23 个国家于 1947 年签署的《关税及贸易总协定》实际上一直延续至今；其目标在于减少世界贸易的壁垒，并防止壁垒的再次出现。同样重要的是 1988 年签署的《美加自由贸易协定》以及在布什当政的最后一段日子里由美国、墨西哥和加拿大三国签署的《北美自由贸易协定》，该协定于 1994 年起生效。
15. 世界贸易组织是由关税及贸易总协定决定设立的，目的是作为各国贸易争端的谈判论坛。
16. 欧洲联盟是由 27 个国家组成的自由贸易区：奥地利、比利时、保加利亚、克罗地亚、塞浦路斯、捷克共和国、丹麦、爱沙尼亚、芬兰、法国、德国、希腊、匈牙利、爱尔兰、意大利、拉脱维亚、立陶宛、卢森堡、马耳他、荷兰、波兰、葡萄牙、罗马尼亚、斯洛伐克、斯洛文尼亚、西班牙和瑞典。许多经济学家认为，欧盟内部的自由贸易优势、统一后的德国以及作为一个整体良好运作的能力，将使欧盟在未来几十年成为国际市场上最强大的竞争者。

20.5 自由贸易还是保护？　页 522

17. 从某种意义上来说，比较优势理论就是自由贸易的主张。贸易壁垒阻碍一个国家从专业化中获益，迫使其采用相对缺乏效率的生产技术，并迫使消费者为那些受保护的产品支付比原来更高的价格。
18. 赞成保护的主张依赖于许多命题。其中之一就是外国竞争导致国内就业机 431
会减少，但是我们没有理由相信，那些从萎缩的部门中被解雇的工人最终无法被其他正在扩张的部门重新雇用。然而，这种调整过程并非是没有成本的。
19. 其他要求保护的论点认为：廉价的外国劳动力导致了不公平的竞争；有些国家采用不正当的手段；保护能够捍卫国家安全，抑制依附，维护新兴产业。尽管存在这些论点，但绝大多数经济学家仍然都赞成自由贸易。

术语和概念回顾

绝对优势，页 507
比较优势，页 507
《谷物法》，页 506
多哈发展议程，页 521
倾销，页 518
经济一体化，页 522
欧盟（EU），页 522
汇率，页 514
出口补贴，页 518
要素禀赋，页 517
关税及贸易总协定（GATT），页 520
赫克歇尔－俄林定理，页 517
新兴产业，页 528
《北美自由贸易协定》(NAFTA)，页 522
保护，页 518
配额，页 519
《斯穆特－霍利关税法》，页 520
关税，页 518
贸易条件，页 513
比较优势理论，页 507
贸易赤字，页 506
贸易盈余，页 506
《美加自由贸易协定》，页 522
世界贸易组织（WTO），页 521

习题

20.1 贸易盈余与赤字

学习目标：贸易盈余和贸易赤字是如何定义的？

1.1 就进出口总价值而言，美国的前五大贸易伙伴是中国、加拿大、墨西哥、日本和德国。登录 www.bea.gov，搜索“美国的货物和服务贸易，按选定国家和地区”。找出这些国家最近一年的进出口总额和贸易差额。美国对这些国家中的哪一个有贸易盈余？贸易赤字呢？在网上搜索一下，找出美国从这五个国家进口和出口的一些主要商品和服务。你对你发现的这些商品或服务感到惊讶吗？为什么？

20.2 贸易的经济基础：比较优势

学习目标： 解释国际贸易是如何从比较优势理论中产生的，以及是什么决定了贸易条件。

2.1 假设拉脱维亚和爱沙尼亚两国各自只生产两种商品，即拖拉机和雪橇。两者都是独立使用劳动力生产的。假设这两个国家都充分就业，你得到下列资料：

拉脱维亚：生产一台拖拉机需要 12 个单位的劳动
生产一辆雪橇需要 4 个单位的劳动
劳动力总数：90 万单位

爱沙尼亚：生产一台拖拉机需要 16 个单位的劳动
生产一个雪橇需要 8 个单位的劳动
劳动力总数：60 万单位

a. 在没有贸易的情况下，画出每个国家的生产可能性边界。

b. 如果允许进行贸易，而且运输费用可以忽略，那么拉脱维亚和爱沙尼亚之间会进行贸易吗？请做出解释。

c. 如果谈判达成了贸易协定，它们会同意在什么比率（每辆雪橇所换的拖拉机数量）下进行贸易呢？

2.2 美国和巴西各自只生产奶酪和葡萄酒。两国国内价格列于下表：

		巴西	美国
奶酪	每磅	4 巴西雷亚尔	6 美元
葡萄酒	每瓶	7 巴西雷亚尔	9 美元

4 月 1 日，伦敦交易所公布的汇率为 1 美元 = 1 巴西雷亚尔。

432 a. 哪个国家在生产奶酪上有绝对优势？在生产葡萄酒上呢？

b. 哪个国家在生产奶酪上有比较优势？在生产葡萄酒上呢？

c. 如果美国和巴西是仅有的两个从事贸易的国家，假设汇率是由供需规律自由决定的，你预测汇率会发生怎样的调整？

2.3 下表给出了伊利诺伊州和堪萨斯州每英亩产量的最新数据：

	小麦	大豆
伊利诺伊州	48	39
堪萨斯州	40	24

资料来源：美国农业部，*Crops Production*。

a. 如果我们假设伊利诺伊州和堪萨斯州的农民使用相同数量的劳动力、资本和化肥，哪个州在生产小麦上有绝对优势？哪个州在生产大豆方面有绝对优势？

b. 如果我们将用于生产小麦的土地转而生产大豆，在伊利诺伊州每增加 1 蒲式耳大豆要放弃生产多少蒲式耳的小麦？在堪萨斯州呢？

c. 哪个州在小麦生产上有比较优势？哪个州在大豆生产上有比较优势？

d. 下表以百万英亩为单位，给出了每个州耕地的分配情况：

	耕作总面积	小麦	大豆
伊利诺伊州	22.9	1.9 （8.3%）	9.1 （39.7%）
堪萨斯州	20.7	11.8 （57.0%）	1.9 （9.2%）

这些数据与你对 c 部分的回答一致吗？解释一下。

2.4 英国和美国生产切德干酪和蓝纹奶酪。现将每一种乳酪的每磅在两国国内目前的价格列于下表：

	英国	美国
切德干酪	3 英镑	6 美元
蓝纹奶酪	6 英镑	9 美元

假设汇率是 1 英镑 =1 美元。

a．如果每个国家的价格比率反映了资源的使用情况，哪个国家在生产切德干酪方面具有比较优势？ 哪个国家在生产蓝纹奶酪方面具有比较优势？

b．假设没有其他贸易伙伴，并且持有外币的唯一动机是购买外国商品。目前的汇率是否能使两国之间产生双向贸易流动？请解释。

c．你预期汇率会如何调整？请具体说明。

d．在汇率调整后，你对英国和美国之间的贸易流动作何预期？

2.5 与胡特维尔国相比，皮斯利国在任何产品的生产上都具有绝对优势。这两个国家还能从彼此的贸易中获益吗？请解释一下。

2.6 评价以下陈述：如果汇率降低增加了一个国家的出口，政府应尽其所能确保其货币的汇率尽可能地低。

20.3 比较优势的来源

学习目标：描述比较优势的来源。

3.1 下表为 2013 年美国进出口商品的情况：

	出口	进口
总计	1 592.0	2 294.6
民用飞机	53.7	14.1
服装	6.9	93.7
原油	4.9	272.8
车辆、零部件和发动机	152.6	308.8
食物、饲料和饮料	136.2	115.1

所有的数字都四舍五入到十亿美元。
资料来源：www.census.gov。

从上表中可以看出美国相对于其贸易伙伴在生产商品方面有什么比较优势？怎样解释服装跟飞机与其他商品之间的巨大差异？

3.2 你可以将自己所在的国家看成是多个省级行政单位互相之间没有贸易壁垒的独立经济体的组合。在这样一个开放的经济环境中，每个省级行政单位都专业化生产它所擅长的产品。

a. 你所在的省级行政单位专注于哪些产品的生产？

b. 你能确定隐藏在这些产品背后的比较优势是从何而来吗？（例如自然资源、大量廉价劳动力或熟练劳动力等）

c. 你认为比较优势理论与赫克歇尔–俄林定理有助于解释你所在的省级行政单位为什么用现在的方式进行专业化生产吗？请做出解释。

3.3 有些实证贸易经济学家指出，对于许多产品来说，一些国家既是进口国又是出口国。例如，美国既进口又出口衬衫。这怎么解释呢？

20.4 贸易壁垒：关税、出口补贴和配额

学习目标：分析贸易壁垒的经济效应。

4.1 **[与页 519“实践中的经济学”相关]** 如前文所述，《北美自由贸易协定》于 1993 年得到美国国会批准，并于 1994 年 1 月 1 日生效，除少数关税外，所有的承诺都在 2003 年得到充分履行。访问 http://www.usa.gov，搜索“NAFTA: A Decade of Success”（北美自由贸易协定：十年的成 433
功），可以找到来自美国贸易代表办公室的一份文件，其中详细说明了美国、加拿大和墨西哥之间的自由贸易协定的好处。请描述一下在 2003 年充分履行《北美自由贸易协定》之后，这些国家在经济增长、出口、总贸易量和生产率方面发生的变化，现在利用网络进行搜索，找出《北美自由贸易协定》的缺点，看看它们与上文中保护主义的论点有何关联。解释一下你是否认为这些不利因素超过你所描述的经济增长、出口、总贸易量和生产率方面的好处。

4.2 下图为国内煤炭供需情况。

a. 在没有贸易的情况下，均衡价格和均衡产量是多少？

b. 政府开放市场进行自由贸易，印度尼西亚进入市场，煤炭定价为每吨 40 美元。

国内煤炭价格会发生怎样的变化？新的国内供给量和国内需求量是多少？将从印度尼西亚进口多少煤炭？

c. 在国内煤炭生产企业多次投诉后，政府对所有进口煤炭征收每吨 10 美元的关税。国内煤炭价格会发生怎样的变化？新的国内供给量和国内需求量是多少？现在将从印度尼西亚进口多少煤炭？

d. 政府将从每吨 10 美元的关税中获得多少收入？

e. 谁最终为每吨 10 美元的关税买单？为什么？

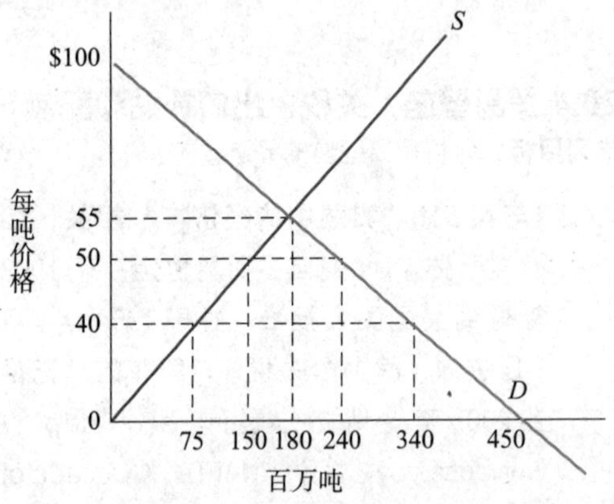

4.3 参照 4.2 中的问题。假设市场是开放贸易的，印度尼西亚仍以每吨煤 40 美元的价格进入市场。但为了回应国内煤炭生产商的抱怨，政府没有对其每吨煤炭征收 10 美元的关税，而是对印尼煤炭实行 9 000 万吨的进口配额。配额的结果与征收关税的结果有何不同？

4.4 **[与页 520“实践中的经济学”相关]** 2015 年，美国和古巴恢复外交关系，这是自 1961 年以来首次在对方的首都重开大使馆。自 20 世纪 60 年代初以来，美国对古巴实施了禁运，几乎禁止了两国之间的所有贸易。随着外交关系的恢复，古巴政府正在寻求结束这一禁运，并敦促美国政府恢复两国之间的贸易。假设美国决定取消对古巴的出口禁令，同时维持对古巴的进口禁令。请解释一下，这种单边的改变会使没有国家受益，其中一个受益，还是两个国家都受益呢？

20.5 自由贸易还是保护？

学习目标：评价关于自由贸易和保护主义的争论。

5.1 **[与页 526“实践中的经济学”相关]** 当美国总统向国会提交一份贸易协定以供其批准时，许多国内行业都对此表示反对。2005 年，美国正在进行《中美洲–多米尼加共和国自由贸易协定》（CAFTA-DR）的谈判。写一篇关于美国政治上的反对 2004 年和 2005 年的 CAFTA-DR 的短文。美国有哪些行业反对这项贸易协定？将这些行业的论点与蜡烛制造商提出的论点进行比较是否公平？

第 21 章
发展中经济体的经济增长

2000 年，联合国 189 个成员国一致同意，到 2015 年为发展中国家实现 8 项千年发展目标（Millennium Development Goals）。目标从消除饥饿和实现普及初等教育到降低儿童和产妇死亡率，再到促进性别平等和环境可持续性。2015 年秋季，联合国再次召开会议，衡量这些目标和制定接下来的步骤。尽管人们对一些目标的可实现程度和哪些战略最有帮助存在分歧，但这些目标的广度使我们清楚地了解到，发展中国家与我们在书中研究的发达经济体在多少维度上存在差异，以及这个发展过程将是多么的复杂。

本章我们将从比较发展中国家和发达国家的一些数据开始讨论。在此背景下，我们将先研究经济发展的总体战略，然后研究发展中国家一些主要针对最贫困家庭的具体干预措施。作为本次讨论的一部分，我们将探讨当前经济学中的一些方法论问题，即如何最好地确定特定的政策干预是否有效。

本章概述和学习目标

21.1 发展中国家的生活：人口与贫困

21.1 学习目标

讨论发展中国家的特点。

435

南方国家：在亚洲、非洲和拉丁美洲的发展中国家。

2015 年，世界人口超过 70 亿。世界上有 200 多个国家，其中大多数属于发展中国家，也被称为“**南方国家**”，世界上大约四分之三的人口生活在那里。

在过去的十年里，经济的快速发展使一些发展中国家与发达国家的关系更加密切。阿根廷和智利等仍被认为是南方国家的一部分，但拥有活跃的中产阶级。俄罗斯和许多独联体国家也已攀升至中等收入水平。中国和印度虽然仍面临着一些挑战，但正在成为经济超级大国。目前，中国的国内生产总值（GDP）仅次于美国，居世界第二位。世界其他地区，尤其是亚洲和非洲的部分地区，在联合国和其他机构确定的福祉的许多核心方面都落后。发展经济学面临的一个核心挑战是解释一些国家为何落后，以及过去成功的战略对那些仍然落后的国家是否有借鉴意义。

表 21.1 描述了从 1990 年到 2013 年十几个国家在千年发展目标中所针对的两项人力资本指标，即 5 岁以下儿童死亡率和识字率方面的进展情况。我们将在下一节看到，卫生和教育是经济发展的两大支柱。如果你回顾一下我们在第 16 章对经济增长的讨论，你就会想起人力资本在促进经济增长方面的重要性。

表 21.1　1990 年和 2013 年部分国家儿童死亡率和识字率的比较

国家	1990 年：5 岁以下儿童死亡率（‰）	2013 年：5 岁以下儿童死亡率（‰）	1990 年：15 至 24 岁人群识字率（%）	2013 年：15 至 24 岁人群识字率（%）
阿富汗	179.1	97.3	无	47.0
安哥拉	225.9	167.4	无	73.0
澳大利亚	9.2	4.0	100.0	100.0
乍得	214.7	147.5	17.3	48.9
中非共和国	176.9	139.2	Na	36.4
中国	53.9	12.7	94.3	99.6
丹麦	8.9	3.5	100.0	100.0
几内亚比绍	224.8	123.9	无	74.3
印度	125.9	52.7	61.9	81.1
尼日尔	327.3	104.2	无	23.5
塞拉利昂	267.7	160.6	无	62.7
美国	11.2	6.9	100.0	100.0

资料来源：联合国千年发展目标 2015 年统计数据。

实践中的经济学

我们能从孩子的身高中了解什么?

千年发展目标的首个目标是大幅减少遭受极端饥饿的家庭数量。世界上每四名5岁以下的儿童中就有一名儿童由于营养不足而发育不良，非常矮小。这些儿童一半生活在亚洲，三分之一生活在非洲。对这些孩子来说，早年营养不良留下了永久的印记，反映在他们的寿命和收入上。

最近的经济学研究集中在印度的发育迟缓问题上。印度的发育不良率是世界上最高的，甚至超过了比印度贫穷得多的非洲国家。此外，印度尽管在过去的十年中经济增长迅速，但在减少发育不良率方面几乎没有取得任何进展。美国西北大学的西玛·贾亚钱德兰（Seema Jayachandran）和哈佛大学肯尼迪学院的罗西尼·潘德（Rohini Pande）研究了几个大型数据集，试图理解其中的原因。[1]

第一个线索来自印度的发育不良。通过研究数据，贾亚钱德兰和潘德发现，印度第一个出生的儿子实际上比他们的非洲同龄人要高。发育不良只出现在晚出生的孩子身上，而且发育不良的数量随着孩子数量的增加而增加。发育迟缓最严重的是没有哥哥的女孩，她们的父母会继续试图生儿子。

这项研究展现的模式使千年发展目标的两项要务成为焦点：消除饥饿和实现性别平等。研究人员认为，印度的高发育迟缓率可以解释为，印度家庭强烈的重男轻女观念以及随之而来的决定，即尽管家庭贫困，但仍将过多的家庭资源投给长子，以确保他的生存。

思考

1. 为什么整体经济的增长没有降低发育不良率呢?

[1] Seema Jayachandran and Rohini Pande，"Why are Indian Children so Short？" Working Paper，March 2015.

数据告诉我们了什么？好消息是，在过去 25 年里，这两项指标的表现都向好。在所有国家，无论发达国家还是发展中国家，儿童死亡率都有所下降，识字率都有所提高。中国儿童死亡率的改善尤其显著。但全球南北之间的差距仍然很大。2014 年，撒哈拉以南国家有十分之一的儿童在 5 岁前死亡。在非洲的一些国家，包括尼日尔、乍得和中非共和国，文盲率仍然很高，接近成年人口的一半。此外，即使南方国家提高了其初等教育水平，北方国家仍在为其更大比例的人口提供大学教育。虽然发展中国家在其生活水平和具体增长的方面表现出相当大的多样性，但它们与发达国家之间仍然存在着明显的差异。

南方国家的绝大多数人口居住在农村地区，那里的农业工作既辛苦又极其耗时。生产率（每个工人的产出）较低，部分原因在于农民工作时没有多少资本。低生产率意味着人均农业产出仅够勉强养活农民自己的家庭。联合国数据显示，2014 年有 8.7 亿人（主要是发展中国家）经历了极度饥饿。此外，许多发展中国家正在进行内战和对外战争。

近年来，随着一些国家的发展，不平等现象日益加剧，这引起了人们越来越多的关注。印度在世界银行的低收入国家名单上，但是孟买，一邦首府，却是世界上十大商业中心之一，是世界上最大的电影产业宝莱坞的所在地。随着中国经济的快速增长和城市地区富裕程度的提高，中国也仍有大量的农业人口。我们将在本章中讨论的许多具体干预措施都侧重于设计战略，从而使处于收入分配最底层的家庭，进入一个国家的主流经济。

21.2 学习目标

描述经济发展的源泉。

21.2 经济发展：源泉和战略

自 18 世纪和 19 世纪的亚当·斯密和大卫·李嘉图时代以来，经济学家一直试图理解经济增长和发展，但发展经济学在发展中国家的研究历史要相对短得多。第二次世界大战之后的地缘政治斗争使人们更加关注发展中国家及其经济问题。在此期间，发展经济学的新领域提出了一个简单的问题：为什么有些国家贫穷，有些国家富有？如果经济学家能够了解阻碍国家发展的经济增长的障碍和帮助国家发展的先决条件，他们就能够为其实现经济进步制定战略。

我们在这次讨论中将看到，关于一些国家为什么贫穷以及我们如何
437 帮助这些国家摆脱贫困这一问题存在着激烈的争论。另一方面，约翰·贝茨·克拉克奖（John Bates Clark award）的获得者，麻省理工学院教授阿比吉特·班纳吉（Abhijit Banerjee）和埃丝特·迪弗洛（Esther Duflo）在他们颇具影响力的著作《贫穷的本质》（*Poor Economics*）[1] 中辩称，目前还不可能很好地回答为什么有些国家贫穷而另一些国家富有的问题。最重要的问题是，什么样的政策干预有助于家庭摆脱贫困。我们将在本章最后一节继续讨论。

21.2.1 经济发展的源泉

虽然尚未出现一种适用于所有国家经济发展的通用理论，但有人提出了限制贫穷国家经济增长的一些基本因素。这些问题包括资本形成不

① Abhijit Banerjee and Esther Duflo, *Poor Economics*, Perseus Books, 2011.

足、人力资源和企业家能力不足以及基础设施缺乏。

资本形成　相较于其他资源而言，几乎所有发展中国家都缺乏资本，尤其是劳动力。实物资本（工厂、机械、农业设备和其他生产性资本）的存量很低，这限制了劳动力的生产率，抑制了国民产出。

哥伦比亚大学地球研究所教授、帮助发展千年发展目标的重要经济学家杰弗里·萨克斯（Jeffrey Sachs）强调了资本在帮助国家摆脱贫困方面的作用。[②] 面对恶劣的气候、稀缺的资源和疾病，贫穷国家很难筹集到发展所需的资金。他们陷入了"贫困陷阱"，有时也被称为**贫困的恶性循环**（vicious circle of poverty）。没有投资，资本存量就不会增长，收入就维持在低水平，这就陷入了恶性循环，贫穷则变成一种自我永续。

贫困的恶性循环： 表示由于贫困国家无法拥有足够的储蓄和投资来积累资本，从而促进它们经济的增长，贫困变成自我永续的。

萨克斯认为，人们可以利用外国援助作为一个杠杆，帮助国家摆脱贫困，为公共和私人投资提供所需的关键资本。事实上，萨克斯估计，每年 1 950 亿美元的外国援助可以在 20 年内消除全球贫困。其他经济学家则对外国援助能否发挥这样的作用缺乏信心。纽约大学发展研究所所长威廉·伊斯特利（William Easterly）在其著作《经济增长的迷雾》（*The Elusive Quest for Growth*）[③] 中指出，外国援助实际上会扭曲对当地企业家的市场激励，从而阻碍了其发展。赞比亚经济学家丹比萨·莫约（Dambisa Moyo）在其著作《援助的死亡》（*Dead Aid*）[④] 中也提出了同样的观点。

贫穷国家自身无法产生资本的假设，也存在一些问题。20 世纪初日本的人均国内生产总值远低于今天许多发展中国家的人均国内生产总值，但今天已跻身发达国家之列。在许多人均资本水平较低的国家中，有些国家——比如中国——在过去 20 年里成功实现了增长和发展，而另一些国家则落在了后面。即使在最贫穷的国家，如果条件合适，仍有一些资本盈余可以利用。目前许多人认为，一些发展中国家的资本匮乏可能更多是因为缺乏鼓励公民储蓄和有效投资的激励，而不是因为资本积累获得的绝对收入匮乏。许多发展中国家的富人将他们的储蓄投资于欧洲或美国，而不是他们自己的国家，因为他们的国家可能有更危险的政治氛围。而转移到美国的储蓄不会导致发展中国家的实物资本的增长。**资本外逃**（capital flight）一词指的是，人力资本和金融资本（国内储蓄）离开发展中国家，到其他地方寻求预期更高或风险较小的收益率。发展中国家的政府政策——包括最高限价、进口控制，甚至直接占有私人财产——往往会抑制投资。人们越来越重视包括

资本外逃： 人力资本和金融资本都倾向于离开发展中国家，到其他风险较小的地方寻求更高的预期收益率。

② Jeffrey Sachs, *The End of Poverty: Economic Possibilities for Our Time*, Penguin press, NY, 2005.

③ William Easterly, *The Elusive Quest for Growth*, MIT Press, 2001.

④ Dambisa Moyo, *Dead Aid: Why Aid is Not Working and How There Is a Better Way for Africa*, Allen Lane 2009.

会计制度和产权规则在内的金融机构在鼓励国内资本形成方面所发挥的作用。

无论资本短缺的原因是什么，有一点是十分清楚的，那就是任何经
438 济体的生产资本的短缺都会阻碍其收入增长。资本的可得性是经济增长的必要条件，但不是充分条件。发展中国家到处是闲置的工厂和废弃的机器。实现经济进步还需要其他因素。

人力资源和企业家能力 资本并不是生产产出所需要的唯一生产要素，劳动是一个同样重要的投入。首先，要想提高生产力，那么劳动者必须是健康的。如今，疾病是世界许多地区发展的首要威胁。2011年，近100万人死于疟疾，几乎都在非洲。盖茨基金会将消灭疟疾作为未来十年的主要目标之一。2011年，艾滋病毒/艾滋病仍然造成近200万人死亡，其中大多数都在非洲，并使非洲1 400多万儿童成为艾滋孤儿。缺铁和寄生虫削弱了发展中国家许多工人的体力。控制疟疾和艾滋病毒/艾滋病是千年发展目标在2015年的目标之一。

如表21.1所示，低收入国家的识字率也落后于高收入国家。为了提高生产力，劳动力必须接受教育和培训。例如，基本的读写能力以及专门的培训可以给工人个人和整个经济带来高回报。在许多发展中国家，教育已成为政府开支的最大类别，部分原因是人们认为人力资源是经济发展的最终决定因素。然而，在许多发展中国家，许多儿童，特别是女孩，只接受了几年的正规教育。随着科技推高熟练工人的工资溢价，低识字率对一国GDP的影响也在上升。

智力流失：发展中国家的人才倾向于在发达国家接受教育，并在毕业后留在那里。

正如金融资本寻求最高和最安全的回报一样，人力资本也是如此。每年都有成千上万来自发展中国家的学生从美国的学院和大学毕业，其中许多人得到了发展中国家政府的资助。毕业后，这些人面临着一个艰难的选择：是留在美国赚取高薪，还是回国接受一份薪水低得多的工作。许多人都选择了留在美国。这种**智力流失**（brain drain）从发展中国家吸走了许多才华横溢的人才。

随着国家的发展，受教育工人的流动发生了什么变化？越来越多的来自新兴经济体的学生毕业后回国，因为他们渴望在新兴经济体中运用自己的技能。这种人力资本的回流刺激增长，是增长正在发生的信号。的确，发展经济学家发现，有证据表明，印度父母为子女选择的学校对就业机会变化的反应相当明显。[⑤] 增长和人力资本之间的联系实际上是双向的。

---

⑤ 这方面的经典著作是Kaivan Munshi and Mark Rosenzweig，"Traditional Institutions Meet the Modern World：Caste，Gender，and Schooling Choice in a Globalizing Economy，" *American Economic Review*，September 2006，1225-1252。近年的研究包括Emily Oster and Bryce Millett，"Do Call Centers Promote School Enrollment？ Evidence from India，" Chicago Booth Working Paper，June 2010。

实践中的经济学

腐败

许多人认为，许多国家经济发展的一个障碍是政府的腐败和低效的程度。衡量腐败和效率低下的程度可能很困难。一些研究人员尝试了调查和实验。雷·菲斯曼（Ray Fisman）[1] 用了一种不寻常的方法来衡量政治关系对印尼市场运作的影响。

从 1967 年到 1998 年，印度尼西亚由苏哈托总统统治。在苏哈托执政期间，他的子女和长期盟友都隶属于一些印尼公司。当苏哈托意外病倒时，菲斯曼想出了一个聪明的主意，那就是观察那些与苏哈托家族有关联的公司的股票市场价格相对于那些没有关联的公司的价格发生了什么变化。菲斯曼发现，因疾病传言，那些关联公司的价值大幅下降。439 这告诉我们什么？公司的股价反映了投资者对公司预期盈利的看法。以与苏哈托有关联的公司为例，它们股价的下跌告诉我们，投资者认为这些公司表现良好，在很大程度上是因为家族关系，而非公司固有的效率。腐败对经济有害的一个原因是，它经常导致不好的、效率较低下的公司，在社会上生产商品和提供服务。

思考

1. 随着一个国家腐败程度的下降，生产成本往往会下降。为什么？

[1] Raymond Fisman, "Estimating the Value of Political Connections," *The American Economic Review*, September 2001, 1095-1102.

即使受过教育的工人去了发达国家工作，他们也可能为祖国的发展做出贡献。最近，经济学家开始研究汇款，即近期移民寄回欠发达国家的家庭汇款。虽然很难准确计算，但估计这些汇款每年约为 1 000 亿美元。汇款为留守家庭提供住房和教育资金，而且也可以为小企业提供投资资金。2007 年，美国的非法移民汇款以每年 20% 的速度增长，但随着移民法规执行力度的加强，这一数字似乎开始下降。2008 年至 2009 年，随着经济衰退，汇款额进一步下降，但在最近经济的回暖中又有所回升。

近年来，我们越来越认识到企业家精神在经济发展中的作用。在 19 世纪，许多对美国早期工业发展做出了巨大贡献的标志性公司——标准石油公司、美国钢铁公司、卡内基钢铁公司——都是由一些原始资本很少的企业家创立的。在中国，最大的搜索引擎之一是百度，这是一家 2000 年创建的公司，现在在纳斯达克上市，在线零售商阿里巴巴也是如此。为有创造力的冒险者提供机会和奖励似乎越来越成为促进发展所需要做的工作的一部分。伊斯特利和梅奥（Easterly and Mayo）的研究都关注重点不明确的外国援助可能会扭曲当地的创业动机，从而阻碍其经济增长。

基础设施资本　在发展中国家生活过的人通常知道，过好日常生活是
440 多么困难。供水问题，糟糕的道路，频繁的断电——这还是在少数有供电系统的地区，此外通常不起作用的蚊虫控制使生活和商业活动十分艰难。

社会间接资本：道路、电力和灌溉系统等社会基础设施。

在任何经济体中，无论是发展中国家还是发达国家，政府都扮演着投资角色。在一个发展中国家，政府必须建立基本的基础设施——道路、发电和灌溉系统。这些项目有时被称为**社会间接资本**（social overhead capital），通常不能由私营部门独立运营。许多这种项目的运营具有规模经济，这意味着它们只有在规模非常大的情况下才可能是有效率的，甚至可能大到任何私营公司或集团都无法运营。另一方面，一些发展项目收益虽然非常有价值，但却很难交易。清洁空气和饮用水的利用就是例子。在这方面，政府必须发挥自己的作用，才能让私营部门发挥作用。例如，最近一些经济学家提出，印度的增长前景受到其糟糕的铁路运输系统的限制。从新加坡到印度的货物很容易通过水路在不到一天的时间内运输，但从港口城市运到内陆工厂可能需要数周时间。相比之下，中国在 2008 年至 2009 年期间花费了大量刺激资金，努力建设新的交通网络，部分原因是政府明白这种社会间接资本对经济增长有多么重要。第 544 页的“实践中的经济学”栏目描述了孟加拉国政府提供基础设施后产生的意想不到的结果。

建设基础设施需要公共资金。许多欠发达国家难以提高税收来支持这些项目。过去几年，希腊一直难以偿还债务，部分原因是该国最富有的公民普遍逃税。在许多欠发达国家，腐败限制了政府用于生产性投资的公共资金，正如第 541 页“实践中的经济学”栏目所说的那样。

21.2.2 经济发展的策略

尽管对成百个国家进行了许多研究，但在使一个国家摆脱贫困的正确战略上仍无共识。不过，有些有效的战略在某些情况下可能对国家发展有用。

政府的角色　在现代资本主义世界，大多数投资资本是由第三方提供给企业家的，要么通过我们在前几章中描述的银行体系，要么通过股市。要让这些市场发挥作用，让资本流动起来，就需要信任。在一个大多数投资都是非个人的环境中发展这种信任，这就反过来需要政府的一些监督。需要政府制定和执行规则，包括管理财务报表中报告的数据类型，保护存款的方式和执行贷款条款。政府在现代非个人经济所需的财产保护方面也发挥着类似的作用。这些机构是经济发展的必要补充。第 544 页“实践中的经济学”栏目描述了在金融机构不太发达的孟加拉国，家庭贷款部分替代非个人贷款的方式。

从 1991 年到 1997 年，美国公司进入东欧寻找市场和投资机会，并立即意识到一个主要的障碍：使美国市场运作相对平稳的一些机构在东欧却并不存在。美国的银行体系、风险资本基金、股票市场、债券市场、证券交易所、经纪公司、投资银行等等，都是数百年来发展起来的，不可能在东欧国家一蹴而就。

许多支持市场的制度是如此必需，以至于美国人认为它们是理所当然的。例如，私有财产制度是一种必须受到由政府制定的法律来保护的权利。假设法国连锁酒店诺富特（Novotel）决定在其他地区新建一家酒 441
店。诺富特必须首先获得土地。然后，它将建造一栋基于向客户出租房间来获得回报的大楼。这项投资是基于一个期望，即所有者有权使用它们，并有权获得它们所产生的利润。而要进行这样的投资，这些权利必须由一套财产法来保障。这同样适用于大型企业和想要开办自己企业的当地企业家。

同样，法律必须规定合同的执行。在美国，一个庞大的法律体系决定了如果你违背了真诚做出的正式承诺会发生什么。企业存在的基础是生产的承诺和支付的承诺。如果违反合同时不依法追究法律责任，那么就不会签订合同，不会生产商品，也不会提供服务。

保护知识产权也是发达市场经济的一个重要特征。当艺术家发行唱片时，艺术家和他的工作室有权从中获得收入。当苹果开发 iPod 时，它也获得了为其专利所有权收取收入的权利。许多欠发达国家缺乏保护外国投资及其现有和未来投资者知识产权的法律和执行机制。保护的缺失阻碍了贸易和本土发明。

另一件看似简单却十分复杂的事情是会计准则的建立。在美国，会计游戏规则体现在一套具有法律效力的公认会计原则（GAAP）中。公司被要求记录它们的收入、支出、资产和负债，以便股东、税务机关和其他与公司有利害关系的人能够观察和评估他们的业绩。如果你学过会计，你就会知道这些规则有多详细。想象一下，在一个遵循数百套不同规则的国家如何做生意。

显然，经济发展需要这些金融和法律制度。关于这些制度的缺乏在多大程度上导致了一些国家的贫困，存在更多的争论。阿西莫格鲁、约翰逊和罗宾逊在研究非洲国家历史时指出，一些国家缺乏制度是造成贫困的一个重要原因。[⑥] 其他研究表明，这些制度自动地与市场和经济并行发展，因此制度的缺失标志着市场失灵，但并不是市场失灵的原因。[⑦]

---

⑥ Daron Acemoglu，Simon Johnson and James Robinson，“The Colonial Origins of Comparative Development：An Empirical investigation，” *American Economic Review*，2001，1369-1401.

⑦ Edward Glaeser，Rafael La Porta，Florencio Lopez-de-Silanes and Andrei Shleifer，“Do Institutions Cause Growth?” *Journal of Economic Growth*，September 2004.

实践中的经济学

你的结婚对象，可能雨说了算

孟加拉国与许多其他低洼国家一样，在一年中的大部分时间里，河水泛滥通常会淹没土地。通过在河边建造堤防，政府可以延长种植季节，使农作物可以种植几个季节。其结果是生活在受堤坝保护农村地区的人们财富获得增长。在近年的一篇论文中，一些经济学家追踪创建堤防以增加农村人口财富所带来的不寻常后果。[1]

在孟加拉国，新娘的娘家通常需要给新郎家提供嫁妆。对于贫穷的家庭来说，筹集嫁妆可能会很困难。先结婚之后再分期付款也不容易。让孟加拉国的人兑现承诺并偿还债务并不比世界上其他地方容易！结果怎样呢？在困难时期和较贫穷的家庭，孟加拉国人经常与表亲结婚；大家庭中的承诺更容易兑现，而家庭内部的财富共享也更为常见。

现在让我们思考一下政府建造防洪堤会带来什么后果，堤防一侧的农民一年中的大部分时间里都能耕地，而另一侧的农民则面临六个月的洪水。受洪水影响的一侧农民依然在大家庭中结亲，作为收到嫁妆的策略。而河流较稳定的一侧农民，表亲婚姻的现象大量减少。

由于表亲婚姻可能会带来健康风险，因此对农村基础设施的投资可能会对该地区产生无法预料的积极影响。

思考

1. 您认为修建堤防对整体结婚率会造成什么影响？

[1] Ahmed Mushfiq Mobarak, Randall Kuhn, Christina Peters, "Consanguinity and Other Marriage Market Effects of a Wealth Shock in Bangladesh," *Demography*, forthcoming, 2013.

从农业到工业的运动　思考表 21.2 中的数据。列出的最富裕的国家——美国、日本和韩国的服务业创造了大部分 GDP，而农业生产贡献的价值很小。另一方面，最贫穷的国家拥有大量的农业部门，尽管如你所见，在这些经济体中，服务业贡献也很大。发展中经济体的过渡通常涉及从农业的转型。

近年的研究记录了发展中国家非农业部门工人与农业部门相比具有更高生产率。即使仔细调整这两个部门的劳动力人力资本差异，非农业
442 部门的人均增加值也要高得多。⑧这告诉我们，如果这些国家能够更快地将工人从农业部门迁出，迁入城市工作，那么这些国家的生产率会更

⑧ Douglas Gollin, David Lagakos and Michael Waugh, "The Agricultural Productivity Gap," *Quarterly Journal of Economics*, 2014, 939–993.

表 21.2　2008 年部分发达经济体和发展中经济体的生产结构

国家	人均国民总收入	国内生产总值占比		
		农业	工业	服务业
坦桑尼亚	$460	30	23	47
孟加拉国	570	19	29	52
中国	3 040	11	47	40
泰国	3 640	12	44	44
哥伦比亚	4 640	8	35	57
巴西	7 490	6	28	66
韩国	21 430	3	36	61
日本	37 840	1	27	71
美国	47 890	1	21	78

资料来源：世界银行。

高。事实上，来自伦敦经济学院的加拉德·布赖恩（Gharad Bryan）和斯坦福大学的梅拉尼·莫顿（Melanie Morton）估计，1976 年至 2012 443
年间，印度尼西亚近 20% 的增长可以归因于此期间移民成本的减少。⑨在一个实验中也发现了类似的结果，该实验为孟加拉国工人提供随机补贴，以便他们在农业年度的非收成期从农业地区迁移到城市。⑩这项工作表明，改善发展中国家经济增长的一种方法是投资运输网络或其他机制，以降低农村和城市地区之间的迁移成本。

出口或进口替代？　随着发展中国家扩大其工业活动，它们必须决定采用何种贸易战略。发展经济学家讨论了两种选择：进口替代（import substitution）或出口推动（export promotion）。

进口替代指的是发展本地工业，用国内生产的产品代替进口的战略。如果国家需要进口化肥，进口替代战略意味着需要发展国内化肥工业，生产进口化肥的替代品。20 世纪 50 年代这种战略在整个南美洲取得了巨大的成就。当时，大多数发展中国家出口农产品和矿产品，这些产品面对的国际市场是不确定且往往不稳定的。在这种情况下，需要进口替代政策是可以理解的。为了鼓励新兴的国内产业，政府采取了一些特殊的举措，包括关税和配额保护以及对机器的进口补贴。跨国公司还受到多国邀请去开展国内业务。

进口替代：一种工业贸易战略，有利于发展本地工业，用国内生产的产品代替进口。

大多数经济学家认为，进口替代战略甚少奏效。国内产业因高关税

⑨ Gharad Bryan and Melanie Morton, "Economic Development and the Spatial Allocation of Labor: Evidence From Indonesia," Stanford Working Paper, February 2015.

⑩ Gharad Bryan, Shymal Chowdhury and Ahmed Mushfiq Mobarak, "Underinvestment in a Profitable Technology: The Case of Seasonal Migration in Bangladesh," *Econometrica*, 2014.

（经常高达200%）而免受国际竞争的影响，这导致了严重的经济效率低下。例如，秘鲁的人口约为2 900万，其中只有一小部分人买得起汽车。然而，有一段时间，该国有多达五六家的汽车制造商，每家每年只生产几千辆汽车。由于汽车生产有巨大的规模经济，每辆汽车的生产成本远高于要求，而这些本来可以投入到其他生产率更高的活动的资源，都浪费在生产汽车上。

出口推动：旨在鼓励出口的贸易政策。

作为进口替代战略的替代方案，一些国家采取了**出口推动**的战略。出口推动是鼓励出口的政策。作为一个工业市场经济体，日本为发展中国家提供了依靠出口带来巨大经济效益的典范。从1960年到1990年，日本的人均实际GDP年均增长率约为6%。这一成就部分得益于面向外国消费者的工业生产。

一些发展中经济体试图效仿日本的早期成功。从1970年左右开始，中国香港、中国台湾、新加坡和韩国开始寻求制成品的出口推动战略，取得了良好的效果。其他经济体，包括巴西、哥伦比亚和土耳其，在推行外向型贸易政策方面也取得了一些成功。中国大陆的增长也曾通常是出口驱动。

政府对出口推动的支持采取的形式往往是保持有利的汇率，使出口能够与发达经济体生产的产品相竞争。

对于通过在世界市场上销售出口来获得经济增长的国家来说，最大的问题是自由贸易。尤其是非洲国家，一直在推进欧洲和美国减少对其农产品征收的关税，因为这些关税大大降低了非洲在世界市场上的竞争力。

小额信贷　20世纪70年代中期，孟加拉国一位年轻的经济学家穆罕默德·尤努斯（Muhammad Yunus）创建了孟加拉国的格莱珉银行（Grameen Bank）。尤努斯曾在美国范德堡大学接受过培训，曾是中田
444 纳西州立大学的教授，他通过格莱珉银行向发展中国家提供小额信贷。2006年，尤努斯因其贡献获得诺贝尔和平奖。小额信贷贷款金额小、无须抵押，也接受小额储蓄存款。[11]它旨在让发展中国家最贫穷地区的企业家进入资本市场。截至2002年，已向超过2 500家机构提供小额贷款，为超过6 000万人提供服务。三分之二的贷款人生活在自己国家的贫困线以下，他们是真正的赤贫。

尤努斯在孟加拉国教授经济学时，开始将自己的钱借给有创业野心的贫困家庭。他发现即使是用少量的钱，村民也可以开始简单的生意：编织竹制品或美发。传统银行认为从这些借款人身上无利可图：金额太小，而且要弄清楚哪些潜在借款人的信用风险大，成本也很高。由于借款人没有抵押品，所以个性信息是关键，而大银行很难获取这些信息。

---

⑪　对小额信贷的精彩讨论参见 Beatriz Armendariz de Aghion and Jonathan Morduch, *The Economics of Microfinance*（MIT Press，2005）。

然而，当地村民通常对彼此了解很深。这种见解构成了尤努斯小额信贷企业的基础。在一个村庄里，有兴趣借钱开办企业的人被要求加入五人贷款小组。首先向前两个潜在的借款人提供贷款，然后再贷款给接下来的两个人，最后贷款给剩下的那个人。只要每个人都偿还贷款，下一批人就会收到他们的贷款。但只要有借款人不能按时地偿还，那么所有组员也就不能再次得到贷款。这样操作的目的是什么？这样一来，社区压力相当于抵押品。此外，一旦理解了同行借贷机制，村民就有动力仅仅加入其他可靠的借款人。同行借贷机制是前一章所述信息不完善问题的一种解决方法。

格莱珉模型迅速发展。到 2002 年为止，格莱珉已向 200 万会员提供贷款。30 个国家和美国的 30 个州都复制了格莱珉模式的小额信贷。相对于传统的银行贷款，小额信贷贷款规模小得多，偿还周期更早开始，而且大部分贷款都面向女性（在很多情况下，主流银行对女性服务不周）。越来越多的证据表明，为贫困妇女提供机会比起为男性提供同等机会，在改善儿童福利方面具有更强的溢出效应。最近，小额储蓄账户也被引入发展中国家，面向无法得到银行服务的人群。自从尤努斯引入小额贷款以来，小额信贷领域发生了巨大的变化，虽然有些人仍质疑它在促进重大发展和经济增长方面所能发挥的作用，但它改变了许多人对创业的可能性以及世界上贫困人口更广泛地获取金融机构支持的看法。

21.2.3 两大发展案例：中国和印度

中国和印度是两大快速发展的经济体。在 1978 至 2003 年的 25 年间，中国平均每年经济增长 9%，这一速度比世界上其他任何国家都快。即使在 2008 至 2009 年美国经济衰退期间，中国仍在保持增长，现在也还在继续增长。虽然印度的崛起是近期的事情，但在近几年里，它的年增长率也在 6% 到 8% 之间。许多评论家预计，印度和中国将在 21 世纪主导世界经济。

这两个相当不同的国家如何设计自身的发展？中国和印度都采取了自由市场经济，中国比起印度在努力取消一些历史监管机制方面处于领先地位。

社会资本怎么样？印度和中国人口都很密集。虽然中国是世界上人口最多的国家，但土地面积较小的印度人口更稠密。然而，正如大多数 445
发展中国家一样，两国的出生率有所下降。中国的识字率和预期寿命相当高，部分来自早期政策的成果。另一方面，印度的识字率和预期寿命低于中国。

那么这两个国家的发展战略呢？中国的方法被称为“摸着石头过河”。就行业而言，中国的大部分增长都是由制造业推动的。在印度，服务业带动了经济增长，特别是软件行业。总而言之，从印度和中国的比较可以清楚地看出，没有单一的发展战略。

实践中的经济学

手机提高了印度渔民的利润

喀拉拉邦是印度一个贫穷的邦。渔业是当地经济的重要组成部分，雇用了100多万人口，并且成为当地人的主要蛋白质来源。渔船每天出海；当返回时，船长需要决定把鱼卖到哪里。这个决定有很多不确定性因素：将捕获多少鱼；某个地点会有哪些其他船只来售卖；一个地方有多少买家？此外，燃料成本高且时间很难把握，因此一旦船上岸，渔民就无法寻找更好的市场。在最近对该地区进行的一项研究中，罗伯特·詹森（Robert Jensen）[1] 在1997年11月的一个星期二早上发现，伯德格拉的11名渔民正在倾倒货物，因为他们在码头没有遇到任何买主。然而，他们不知道，距离他们15千米，有27名买家空手离开市场，对鱼类的需求没有得到满足。

从1997年开始到随后几年，移动电话服务被引入印度这个地区。到2001年，大部分捕鱼船队都有移动电话，他们通过移动电话呼叫供应商上岸，以确认购买者的位置。结果怎么样呢？一旦引入电话，浪费（平均占总捕获量的5%至8%）几乎不再存在。此外，正如我们根据简单的供应和需求定律所预测的那样，渔业市场沿线各个村庄的鱼类价格比以前更接近。詹森发现，随着浪费的减少，渔民的利润平均上升了8%，而鱼的平均价格下降了4%。

事实上，通过提供价格和数量信息，手机正在改善欠发达国家市场的运作方式，让生产者和消费者都能做出更好的经济决策。

思考

1. 用供需图形表示印度手机对渔业市场价格的影响。

[1] Robert Jensen, "The Digital Provide: Information Technology, Market Performance, and Welfare in the South Indian Fisheries Sector," *The Quarterly Journal of Economics*, August 2007.

21.3 学习目标

讨论发展经济学家所使用的干预措施。

21.3 发展的干预措施

在过去的20年里，发展经济学家越来越多地转向更为精细和微观经济的方案，看看哪些干预措施确实有助于改善发展中国家收入分配底层的状况，以及如何复制那些成功的方案。在大多数情况下，这项工作已经成为主要内容，因为寻求增长和发展的通用方法不再是重点。

21.3.1 随机实验和自然实验：经济发展的一些新技术

假设我们正在判断是否应该多聘请教师来降低师生比例以提高学生 446
成绩。为了找到答案，传统方式是在其他条件相似的学校系统中找到两个入学人数不同的班级，并研究学生的教育表现。我们每天在报纸上的政策讨论中看到这种比较，而许多研究项目都采用了这种方法的变体。但这种方法受到严厉的批评。除了入学人数之外，两个班级之间的学习表现差异还可能是由于我们在对比时无法控制的其他变量导致的。较贫困地区的教室通常比较拥挤（实际上，贫困可能是拥挤的原因），教师可能效率较低，可能还缺乏其他资源。在社会科学研究中，很难确保对比研究中只有一个变量。我们的干预措施涉及人员这一事实使得单一变量更加难以实现。对于招生人数较少的班级，很可能是最细心的父母推动促成他们的孩子进入这些班级，并相信他们会因此变得更优秀。也许是最好的老师申请管理这些班级，这些教师教学质量优秀，使得他们更可能挑到自己中意的班级。只要任何一种可能出现，两个班级就可能从系统上产生差异，导致研究结论可能偏向于人数较少的班级成绩更好。更加细心的父母可以提供家庭支持，即使教室很拥挤，孩子们也会取得更好的考试成绩。无论教室多么拥挤，更好的教师都能提高学生的学习表现。这类问题有时被称为“选择性偏差”，困扰着社会科学研究。

近年来，一群发展经济学家开始使用从自然科学借鉴的技术，即**随机实验**（random experiment），试图避开评估干预措施的选择问题。例如，实验人员随机分配条件一样的班级选择是否进行干预，而不是根据班级人数或者课本数量做出选择。学生和教师不可以变动。通过比较大量随机选择的受试者与对照组的结果，社会科学家希望以自然科学家评估各种药物疗效的方式确定干预措施的效果。

随机实验：对随机选择的样本进行干预，然后比较实验组和控制组的结果来确定特定干预措施的结果的一种技术。

在教育和卫生领域率先进行随机实验的发展小组是麻省理工学院的贫困研究实验室，由埃丝特·迪弗洛和阿比吉特·班纳吉管理。通过与非洲、拉丁美洲和亚洲的一系列非政府组织和政府机构合作，这些经济学家研究了各种可能的投资，以帮助改善最贫困人口的产出。

当然，并非所有政策都可以通过这种方式进行评估。实验者并不总是能够进行随机分配。另一种方法是依靠**自然实验**（natural experiment）来模拟受控实验。假设我对财富增加对贫困家庭的女儿入学率的影响感兴趣。对比富裕家庭和贫困家庭的入学行为显然是有问题的，因为两边可能在很多方面有所不同，无法充分控制。大幅增加大量随机选择的父母的财富，似乎也不可行。但是在农业社区，我们可能会观察到有时一些随机的天气事件会自然而然地导致偶然的丰收年，并且通过观察这些年份与其他年份的对比，我们可能会了解到很多东西。在这种情况下，天气创造了一个自然实验。

自然实验：基于和干预无关的外源性事件，选择控制组与实验组来测试干预的结果。

因此，实证发展经济学开始采用实验方法，以回答哪些干预能够改变发展中国家穷人的命运。现在我们来看一下近年在教育和卫生领域的一些研究，关注这些实验工作，以了解这一领域发生的激动人心的事情。

21.3.2 教育理念

正如我们所说，人力资本是一个国家经济增长的重要组成部分。随着经济的增长，教育的产出通常也会增长。随着我们从传统的农业经济转向更加多样化和复杂的经济，个人从教育获得的优势也随之增加。因此，如
447 果我们希望一个国家的穷人从经济增长中受益，那么教育水平是关键。这就引出了过去十年发展经济学家关注的主题：人们投资教育的哪个方面能获得最大的收益？投资更多的书籍和投资更多的老师相比，哪个更有利？教师素质有多重要？最初几年的投资重要还是后期的投资重要？在资源有限的世界中，教育收益非常重要，所以得出这些问题的正确答案至关重要。

大多数美国的中产阶级学生可能会惊讶地发现，在发展中国家，教师缺勤是一个严重的问题。例如，世界银行研究人员最近的一项研究发现，乌干达和印度平均每天有 27% 和 25% 的教师没有上班。在 6 个贫穷国家当中，教师缺勤率平均为 19%。贫困研究实验室已经在一系列发展中国家进行实验，以了解如何减少缺勤率。最成功的干预措施是由一家名为塞瓦 · 曼迪（Seva Mandir）的非政府组织在印度拉贾斯坦邦引入的。塞瓦 · 曼迪要求 160 多家单师学校（single teacher school）中一半的老师每天与孩子合影。相机带有日期戳。这种出勤证据与教师的报酬挂钩。相对于没有相机的同样的教室，教师缺勤率降低了一半。

学生缺勤也是发展中国家的一大问题，即使学校配备了资质良好的教师，也不利于教育产出。包括墨西哥在内的一些国家已经向家长支付现金，以激励他们按时送孩子上学。墨西哥政府引进这一制度一段时间以来，研究人员以看似与教育产出无关的方式，将该地区的学生缺勤率与大致相同的区域（无论是否有现金激励）进行比较，作为自然实验的一种形式。有一些证据表明，现金激励确实会增加学校的出勤率。自然实验也被用来研究工业化的效果，这种效应可以提高教育产出，从而提高学生出勤率；结果是积极的。

利用自然和随机实验进行的研究，仍处于发展经济学的早期阶段。虽然这些改革方法已被证明有助于改善发展中国家的教育成果，但是很难找到一个适用于全球的方案。尽管如此，这些新方法似乎前景良好，可以作为解决改善发展中国家穷人教育问题的一种方式。

21.3.3 健康改善

健康状况不佳是导致个人贫困的第二大因素。在发展中国家，估计有四分之一的人口感染肠道蠕虫，肠道蠕虫会削弱儿童和成年人的体质。疟疾和艾滋病毒 / 艾滋病一样，在非洲仍然是一个重大挑战。

改善健康的干预措施中，人的行为起着重要作用，这是发展经济学所关注的问题。我们有针对许多疾病的有效疫苗。但我们需要弄清楚如何鼓励人们前往卫生所或学校接种疫苗。我们想知道疫苗的收费是否会影响接种疫苗的数量。对于许多通过水传播的疾病，用漂白剂处理饮用水是有效的，但味道不好，而且漂白剂不是免费的。我们如何引导人们使用漂白剂呢？经过处理的蚊帐可以减少疟疾，但前提是它们使用得当。在每一种情况下，个人能够从寻求治疗或预防性护理中获益，但也有一定的成本。在过去几年中，一些发展经济学家研究了发展中经济体的个人对尝试改变成本和福利的政策是如何做出反应的。

肠道蠕虫在非洲卫生条件不足的地区很常见，可以用成本相对较低的 448
定期药物治疗。迈克尔·克雷默（Michael Kremer）和特德·米格尔（Ted Miguel）与世界银行合作，在肯尼亚使用随机实验来检验健康教育和药物费用对家庭接受子女治疗的影响。克雷默和米格尔发现了许多有趣的结果，且非常符合经济原则。首先，收取药费的项目，即使是相对较低的费用，也大大降低了治疗率。世界银行试图使项目能够依靠自身收益运转，但如果应用于健康领域，可能会对公共卫生产生巨大的不利影响。需求弹性远高于 1。克雷默和米格尔还发现，随着一个村庄接种疫苗的人口比例增加，传染风险下降，想要接受治疗的人数更少，这表明村民们对成本和福利计算有一定的敏感性。令人失望的是，健康教育似乎没有带来太大的改变。

与教育领域一样，发展经济学家在健康和人类行为方面还有许多需要了解。发展经济学仍然是经济学中最令人兴奋的领域之一。

总结

1. 南方国家即发展中国家所面临的经济问题，往往与那些工业化国家面临的经济问题截然不同。

21.1 发展中国家的生活：人口与贫困　页 536

2. 联合国在其千年发展目标中确定了发展中国家关注的一些领域：饥饿、识字率、儿童死亡率、孕产妇死亡率以及艾滋病和疟疾等疾病、性别平等和环境质量。

21.2 经济发展：源泉和战略　页 538

3. 与其他资源，特别是劳动力相比，几乎所有发展中国家都缺乏物质资本。贫困陷阱或贫困的恶性循环假说认为，贫穷国家无法摆脱贫困，因为无法负担延迟消费，即存钱，以用作投资。关于贫困陷阱的普遍程度以及解决问题的正确方法仍存在争议。
4. 人力资本——劳动力的受教育程度和技能——在经济发展中起着至关重要的作用。
5. 发展中国家往往受限于不充足的基础设施或社会间接资本，从糟糕的公共卫生和卫生设施，到不完善的道路、电话和法院系统。这种社会管理资本通常很昂贵，许多政府因为费用问题无法承建许多有用的工程。
6. 低效和腐败的官僚机构也妨碍了许多地方的经济发展。
7. 转向复杂的市场经济需要政府支持和对私有财产、法律和财务申报机构的监管，以便在不相关的个体之间分配资本。

8. 证据表明，在发展中国家，工业城市的劳动生产率要高得多。一些经济学家建议降低迁移成本作为增长的战略。
9. 进口替代政策是一种有利于发展能够制造商品来取代进口的当地工业的贸易战略，在发展中国家曾经普遍存在。总体来说，这些政策与促进开放的、出口导向型经济的政策一样没有成功。
10. 小额信贷，即通过同行借贷小组向贫困借款人提供少量小额贷款，已成为鼓励发展中国家企业家精神的重要新工具。
11. 中国和印度在近年的发展中采取了截然不同的道路。

21.3 发展的干预措施　页 548

12. 发展经济学家已经开始使用随机实验来检验各种干预措施的有效性。在以自然科学为模型的这些实验中，个体甚至村庄被随机分配接受各种干预，并将其结果与对照组的结果进行比较。在教育和健康领域，随机实验最为普遍。
13. 发展经济学家还依靠自然实验来了解各种干预措施的有效性。在自然实验中，我们对比不同条件的地区在不相关外力下产生的结果。
14. 许多新的经济研究都侧重于了解如何激励个人采取支持政府干预的行动：正确使用卫生设备、上学、接种疫苗。

术语和概念回顾

智力流失，页 540	南方国家，页 536	随机实验，页 549
449 资本外逃，页 539	进口替代，页 545	社会间接资本，页 542
出口推动，页 546	自然实验，页 549	贫困的恶性循环，页 539

习题

21.1 发展中国家的生活：人口与贫困

学习目标：讨论发展中国家的特点。

1.1 **[与页 537“实践中的经济学”相关]** 世界银行 2014 年发布的一份文件指出，虽然经济增长对于降低贫困率至关重要，但增长本身是不够的，减少贫困的努力必须辅之以为极端贫困人口投入更多资源的计划。根据该报告，随着极端贫困的减少，增长本身往往不能成功地使更多的人摆脱贫困，因为在这个时候，许多仍遭受极端贫困的人发现很难改善生活。你同意这个评估吗？为什么？这里体现了什么基本经济概念？

1.2 西非小国赤道几内亚被世界银行评定为高收入国家，当用美元计算时，人均国民总收入超过 22 000 美元。赤道几内亚的贫困率也超过 76%，位居世界前列。出生时预期寿命仅为 53 岁，婴儿死亡率几乎为 10%。对赤道几内亚做一些研究，并尝试解释赤道几内亚这个高收入国家以上所述的明显反差。

21.2 经济发展：源泉和战略

学习目标：描述经济发展的源泉。

2.1 发展中国家经济发展需要资本。大多数国家的主要资金来源是国内储蓄，但刺激国内储蓄的目标通常与减少收入分配不平等的政府政策相冲突。评论公平与增长之间的权衡。如果你是一个贫穷小国的总统，你会如何解决这个问题？

2.2 任何国家的国内生产总值都可分为两种商品：资本品和消费品。国民产出中资本品的比例在一定程度上决定了国家的增长率。

a. 解释资本积累如何带来经济增长。

b. 简要描述市场经济如何决定每个时期将进行多少投资。

c. 消费与投资是发展中国家要解决的更痛苦的冲突。请评论该观点。

d. 如果你是一个发展中国家的一位仁慈的大权在握者，你会采取什么计划来增加人均 GDP？

2.3 贫穷国家陷入贫困的恶性循环。为了增加产量，他们必须积累资本。为了积累资本，他们必须储蓄（消费少于生产）。因为他们很穷，他们很少或没有额外的产出可用于积累，必须全部用于当代的衣食住行。因此他们注定要永远保持贫困。请评论该论证中的每一步。

2.4 过去几年中显著增长的小额信贷分支被称为众筹基金。通过众筹，个人、企业和社区寻求对主要通过互联网产生的其他个人的想法或项目提供货币支持。在美国，三个最大和最成功的众筹互联网站点是 GoFundMe、Kickstarter 和 Indiegogo，虽然“众筹”一词的使用相对较新，并且与这些在线网站相关联，但这个概念已存在多年，例如利用这种资金建造的自由女神像基座等项目。做一些关于众筹的研究，并解释你是否认为众筹是孟加拉国等贫穷国家小额信贷的一种可行的替代方式。您认为哪种同行借贷、小额信贷或众筹的来源在减少逆向选择问题方面最成功？为什么？

2.5 **[与页 548“实践中的经济学”相关]** 找到另一个使用手机作为改善发展中经济体市场运作的方法的例子。

2.6 **[与页 541“实践中的经济学”相关]** 政府腐败往往伴随着经济效率低下。为什么这个命题为真？

50 2.7 资本主义经济中的收入分配可能比社会主义经济更不平等，为什么如此？限制不平等的目标跟激励冒险和努力工作的目标之间是否存在冲突？请详细解释你的答案。

2.8 尽管智力流失通常发生在发展中国家，但最近希腊的债务危机导致了这个国家高学历人力资本的流失。希腊的大学教育是由政府支付的，估计大约有 10% 的受过大学教育的劳动力已经离开该国，其中大部分都不到 40 岁。这种人力资源的流失对希腊经济的增长前景有何影响？政府支付大学教育是如何加剧这一问题的呢？做一些调查，了解近年来希腊国内生产总值发生了什么，以及不久的将来的 GDP 预测是什么，看看结果是否支持你的答案。

2.9 **[与页 544“实践中的经济学”相关]** 除了大家庭中结亲数量的减少之外，政府在河堤建设等基础设施项目上支出的增加，以及随之受影响农村人口财富的增长，可能会为孟加拉国的农村、洪水易发地区带来其他哪些积极影响？

2.10 明确以下各项如何限制发展中国家的经济增长。

a. 资本形成不足

b. 人力资源短缺

c. 缺乏社会管理资本

2.11 你被聘为了虚拟的伊什塔尔国的经济顾问。伊什塔尔是一个发展中国家，最近摆脱了长达十年的内战；结果，它经历了严重的政治不稳定。伊什塔尔严重缺乏资本形成，资本外逃一直是内战开始以来的一个问题。作为一名经济顾问，你会对伊什塔尔的经济发展提出哪些政策建议？

21.3 发展的干预措施

学习目标： 讨论发展经济学家所使用的干预措施。

3.1 正如文中所述，人力资本的投资是国家经济增长的一个重要因素。下表中的数据显示了 1999 年和 2013 年 10 个发展中国家小学净入学率占相关群体的百分比。在 http://data.worldbank.org 查询这 10 个国家 1999 年和 2013 年的人均 GDP。（搜索人均 GDP［以美元现值表示］的数据。）计算这 10 个国家 1999 年到 2013 年人均 GDP 的百分比变化。人均 GDP 的变化与入学率的变化看上去相关吗？除了入学人数的增加外，人均 GDP 的变化可能出于什么原因？

国家	小学净入学率，相关组的百分比		
	1999	2013	百分比变动
安哥拉	54	86	59
布基纳法索	35	67	91
布隆迪	41	95	132
乍得	50	86	72
冈比亚	74	69	–7
肯尼亚	62	84	35
利比里亚	47	38	–19
马里	47	64	36
尼日尔	27	63	133
坦桑尼亚	49	83	69

资料来源：世界银行。

3.2 正文中提到，在发展中国家，教师缺勤是一个严重的问题，6 个贫困国家的平均缺勤率为 19%。《经济展望杂志》上的一篇文章指出，在可获得数据的 5 个国家中，护工的缺勤率平均为 35%，几乎是教师缺勤率的两倍。为这些国家提供减少护工缺勤率的方法，并评估落实过程中可能遇到的问题。

资料来源：Nazmul Chaudhury，Jeffrey Hammer，Michael Kremer，Karthik Muralidharan，and F. Halsey Rogers，"Missing in Action：Teacher and Health Worker Absence in Developing Countries，" *Journal of Economic Perspectives*，20，no.1，Winter 2006，pp. 91–116。

第五部分

方　法　论

第 22 章
对研究的批评性思考

整本教科书中，我们强调了许多领域，经济学家正是在这些领域使 451
用数据和统计方法回答对家庭、企业和政府决策者都很重要的问题。其中一些问题比较微观：当生产者提高番茄酱的售价时，番茄酱的销售情况会发生什么变化？在发展中国家为疫苗收取少量费用会对疫苗接种率带来多大的影响？其他的则更为宏观：房价出现意外下跌会对家庭消费产生重大影响吗？如果我们提高最低工资，就业会发生什么变化？正如您在本书中所看到的，这些都是我们可以用经济理论来初步回答的问题。但要获得这些问题的定量解答，我们需要使用统计方法来研究现实世界的数据。在本章中，我们将介绍经济学家和其他社会科学家用来研究数据的工具。我们将重点关注所使用的标准技术，以及一些使用数据回答复杂问题时最常见的陷阱。

经济学家用来分析问题的统计工具是经济学的重要组成部分。如果你继续深入学习经济学，你将会学到更多关于这些工具的知识。对于不再继续学习经济学的人，我们希望本书的介绍将使您成为更具有辨别力的读者，来阅读媒体和其他地方所描述的经济研究。

您将在本章中学到的方法同样适用于经济学以外的许多领域。心理学、政治学以及一些历史研究、体育研究和医学研究也使用这些技术。

本章概述和学习目标

22.1 选择性偏差
页 558
举出一些可能受到选择性偏差影响的研究实例。

22.2 因果关系
页 559
理解相关性和因果关系的差别。

22.3 统计显著性
页 568
理解研究人员如何判断他们的研究结果是否有意义。

22.4 回归分析
页 569
理解回归分析如何用于评估和测试。

452

22.1 学习目标

举出一些可能受到选择性偏差影响的研究实例。

22.1 选择性偏差

众所周知，随着年龄的增长，人的生理机能运转会逐渐减缓。45 岁的田径运动员不会创造世界纪录。很少有职业棒球运动员在 45 岁之后还能继续参加比赛。然而考虑下面的例子：在 2013 年的芝加哥马拉松比赛中，30 至 39 岁男性组的平均完赛时间为 4 小时 17 分钟，这与 40 至 49 岁男性组的平均完赛时间 4 小时 18 分钟基本相同。我们对此有何看法？比如说，我们是否应该得出结论，马拉松比赛参赛者在 35 岁至 45 岁的 10 岁年龄段基本上没有速度的减缓？

或者有一项研究，随机抽取了 1 000 名 70 岁男性和 1 000 名 90 岁男性，并测量他们的骨密度。我们能否将 70 岁的平均骨密度与 90 岁的平均骨密度进行比较，以估计平均骨密度随年龄下降的程度？

选择性偏差：当使用的样本不是随机样本时，就会发生选择性偏差。

这两个问题的答案都是否定的。这两种情况下都极有可能存在**选择性偏差**。有许多年龄在 30—39 岁的普通人参加芝加哥马拉松比赛，但 40—49 岁的普通选手却少得多。许多年龄在 30—39 岁之间的人为了好玩、给朋友留下深刻印象或者付出了赌注而参加比赛。这些普通选手中的许多人可能在 40 岁时就不再参加比赛。此外，人们选择退出比赛或停止跑步的一个原因就是他们发现自己并不擅长跑步。因此，年龄在 40—49 岁区间的参赛者可能比 30—39 岁区间的参赛者更擅长跑步。所以这两个年龄段跑步者所用的平均时间差别不大也并不奇怪，但这并没有说明某一个特定跑步者随着年龄增长而速度减缓的变化有多快。从某种意义上说，我们比较这两组人群就像比较苹果和橘子一样。

骨密度研究中也存在选择性偏差。90 岁的男性要比 70 岁的男性人数少。那些 70 岁时骨密度较低的人更容易摔倒，髋部骨折过世。因此，活到 90 岁的男性更大比例上是由那些年轻时骨密度较高的人组成。所以，比较这两个样本的平均骨密度是不明智的。这种比较不能告诉我们对于某个人来说骨密度如何随着年龄的变化而变化。

幸存者偏差：当一个样本中只包含随时间推移而保留下来的观察结果时，该样本便不能代表更广泛的人群，而是存在幸存者偏差。

这两个例子中的选择性偏差类型也被称为**幸存者偏差**，原因显而易见。人口中身体更健康的人群存活了下来，所以在比较年轻和年长的人群时就存在着偏差。在金融市场中，当我们从在市场存活了很长时间的公司群体推断一般市场的公司回报时，也会出现类似的问题。幸存下来的公司通常与一般公司不同，往往更加成功。苹果公司已经存在了多年，在提供人们想要的创新产品方面，它的能力肯定不同于一般公司。

选择性偏差问题在经济学（和其他学科）的许多研究中普遍存在。近年来，人们对了解和改善美国的教育成果表现出极大的兴趣。在许多地区，特许学校的发展在一定程度上是为了尝试不同的教育方法。特许学校是公立学校，为学生提供免费教育，但独立于传统的学区运作，因此在教师选择、上课时间和教学方法方面有更多自主权。自然地，人们对这些有别于传统学校的特许学校的表现如何产生了相当大的兴趣。你可能会想到，回答这个问题的一种方法是比较一个地区的特许学校和传统学校的学生，在现在全美所有学校通用的课程掌握情况测试中的分数。而且事实上，我们经常在当地报纸上看到类似的比较。但是在做这个比较的时候，你也会遇到选择性偏差的问题。

这里的偏差是从哪里来的？在美国大多数特许学校系统中，学生是被随机挑选而入学的。你可能认为这会消除选择性偏差问题。不幸的是，这种随机选择并没有完全消除选择性偏差问题。在大多数特许学校体系中，要想在抽签中被选中，你首先必须申请。但是，申请特许学校抽签的这些家庭可能与没有申请的家庭有很大的不同。而这些差异——更关注教育，更有组织能力，等等——都可能对教育表现有影响，而且我们很难观察到。换句话说，申请特许学校的孩子即使没有被选中进入特许学校，他们在课程掌握情况测试中仍然可能比一般孩子做得更好。我们在后面的部分将会看到，有一些方法可以解决这个选择性偏差问题，但是它们需要一些独创性。

另一个例子可能有助于理解涉及的选择性偏差问题的范围。医学领 453
域的许多研究旨在帮助我们弄清楚如何更长寿和健康。假如你对运动对寿命的影响感兴趣。假如你幸运地发现了一项追踪人们多年来锻炼频率的长期研究，该研究发现那些锻炼得多的人也活得更久。你是否应该得到这样的结论：运动实际上会延长寿命？答案同样是否定的。在这个例子中，我们将一组选择锻炼的人与一组选择不锻炼的人进行比较。一组人选择锻炼或不锻炼的事实告诉我们，他们可能在许多其他可能独立影响寿命的因素上存在差异。选择锻炼的人也可能做出其他健康的选择，其中大部分选择都是研究人员难以观察到的。因此，长寿的优势可能来自一组运动，而另一组没有运动。但同样可能是因为第一组由做出健康选择的人组成，而第二组则不是。

许多这类案例的一个共同问题是，我们比较的群体不仅从事不同的活动，还做出不同的选择，而我们试图衡量这些活动的影响。当那些选择反映出的群体差异足够影响到我们正在测量的结果时，我们得出的结果会有偏差（或曲解）。在过去几年中，经济学家对选择性偏差的问题越来越敏感，并采用了许多创造性的方法来试图消除这种偏差问题。我们稍后将在本章描述解决偏差问题的一些方法。现在，我们希望你会带着更加怀疑的眼光去看一些报纸的头条新闻！

22.2 因果关系

22.2 学习目标

理解相关性和因果关系的差别。

正如我们所见，选择性偏差让我们难以确认某个治疗方案对人们的影响。换句话说，选择使得因果效应很难确认。识别因果关系是数据分析中的一个普遍问题，并且超出了选择性偏差引起的问题范畴。在本节，我们将考虑一些因果关系问题。

22.2.1 相关性与因果关系的对比

大多数蓝眼睛的人也有浅色头发。大多数有面包车的人也有孩子。

有证据表明，肥胖的人有多得不成比例的肥胖朋友。我们可以从这些事实中得出什么结论？蓝眼睛会造成金色头发吗？面包车会使得人们生孩子吗？肥胖会传染吗？是从朋友那里传染的吗？

相关：如果两个变量的值倾向于一起移动，那么这两个变量是相关的。

当两个变量趋于一起移动时，我们说它们是**相关**的。如果两个变量倾向于向同一方向移动，我们说它们是正相关的；如果它们倾向于向相反的方向移动，我们说它们是负相关的。在上面的例子中，三组中每一组的变量都是正相关的。但是相关性并不意味着因果关系。我们不需要攻读生物学学位就知道蓝眼睛不会导致金色头发。很可能是进化同时选择了这两个特征，使它们一起出现。如果把一瓶过氧化物倒在我的头上，虽然它肯定会让我变成金发，但根本不会改变我眼睛的颜色！在经济学以及其他领域，理论通常非常有助于我们区分相关性和因果关系。

我们需要理清相关性和因果关系，面包车和孩子的关系是另外一个例子。在数据中，我们看到大多数面包车业主都有孩子。很明显，面包车不会经常导致孩子的出生（“可能还会有第四个孩子。我们已经拥有一辆面包车！”）。在这里，因果关系可能是相反的。面包车对有孩子的家庭最有吸引力。因此，孩子出生可能确实会让人们买一辆面包车。现在想想为什么得到正确的因果关系很重要。例如，如果日本想要提高其极低的出生率，那么给每个人一辆免费的面包车不会起到作用。面包车基本上不会让人们想要孩子。但了解面包车和孩子之间的关系显然与汽车制造商相关，他们利用这种关系，重点对家庭进行营销活动。平均家庭规模的增加导致对大型面包车的需求增加，但反过来却并非如此。

454 这些例子中最复杂的是肥胖症。这里有一些理论论据支持双向的因果关系假设。对于许多人来说，吃饭和运动是社交性的，因此，肥胖的（或偏瘦的）朋友可能会对你自己的体重产生影响。但至少在某些圈子里，肥胖是一种社会耻辱，而肥胖可能会限制一个人的朋友选择。因此，有肥胖的朋友似乎确实会增加你自己肥胖的机会，但肥胖也可能会增加你有肥胖朋友的机会。

确定因果关系对于许多政策工作至关重要。了解早期接触阅读与成年后高收入相关是很有趣的。知道早期阅读会导致高收入，这表明需要政策干预。考虑到因果关系对政策问题的重要性，经济学中的许多实证研究都致力于尝试确定这种关系。让我们考虑一下研究人员用来识别因果关系的几种方法。

22.2.2 随机实验

实证研究的黄金标准是随机实验，人们大多对医学研究中的随机实验比较熟悉。例如，如果一个研究小组试图确定一种特定药物是否有助于治疗某种形式的癌症，那么标准方案是将患有该疾病的患者随机分成两组，向一组提供药物，而给予另一组安慰剂。如果患者足够多，而且时间足够长，人们应该能够判断出药物是否有效。（当然，出于安全原因，还有很多非人类预测试。）注意在本方案中，我们没有通过让人们选择是否想要服药来选择我们的样本（所有人都同意服用药物）。实际上，标准医疗方案的一部分就是患者在实验期间不知道他们在哪个组。在这种类型的实验中，我们没有选择问题，因为没有用户选择。

这类实验同样也在经济学中进行，并且在经济发展领域相对普遍。举个例子，假设我们对课堂规模对教育成就——比如考试成绩——的影响感兴趣。比较人数不同的班级显然不会提供有用的信息。众所周知，除其他因素外，富裕地区的班级比贫困地区的班级规模更小，而且富裕地区会有许多可能提升分数的优势。但是，我们可以进行一个实验，随机将学生们分配到入学人数不同的班级，然后比较不同组的考试成绩。如果分配是真正随机的，那么就没有选择性偏差的问题。

虽然随机实验很常见，尤其是在医学领域，但并不是所有情况都能进行随机实验。假设我们对吸烟与癌症之间的联系感兴趣。当然，我们可以利用老鼠做实验，将一大群老鼠随机分成两组，一组接触烟，另一组不接触烟，看两组的癌症发病率是否不同。只要我们的样本量相当大，如果吸烟与癌症之间存在因果关系，我们应该能够看到癌症发病率的差异。正如我们描述的那样，我们做了一个随机实验。请注意这个实验与仅仅比较吸烟者与非吸烟者的癌症率有何不同。吸烟的人选择吸烟，很可能做出了许多其他不利于健康的选择。尽管我们试图控制那些吸烟者 / 非吸烟者的差异，我们这样做的能力是有限的。

对于老鼠来说，没有选择问题需要担心。但是，即使我们发现吸烟会导致老鼠患上癌症，我们仍然需要确定这一结论是否适用于人类。显然，我们不能随机选择一组人强迫他们吸烟，然后看他们的癌症发病率是否与参照组不同。对于经济学家感兴趣的许多问题，很难使用随机实验。随机地选择一组人群并让他们接触可能有害的事物是不道德的，并且不能通过人类受试者协议审查。即使我们考虑只有潜在利益而且没有成本的干预措施，我们仍然面临着这样一个问题：我们一开始随机选择的受试者可能决定不加入研究或提前离开实验。如果发生这种情况，剩下的组将不再是随机的。如果受试者可以自行决定要么接受一个治疗方案，要么继续原来的治疗，选择性偏差将再次潜入我们的实验。在这种情况下我们该怎么做?

考虑某所大学已经录取了 200 名低收入家庭的学习落后的学生。在 455
大学开始之前，有一个暑期项目，可以更好地帮助这些学生为大学生活做好准备。该大学想知道这项计划是否能提高学生在 4 年大学中的表现，比如说以学生的 4 年 GPA（美国教育体制中学生在某一时期内的平均绩点）来衡量的成绩。这项研究要怎么进行?

假设该大学在 200 名学习落后的学生中随机抽样出 100 名，并邀请他们免费参加暑期项目。有 60 名学生接受提议并参加暑期项目。4 年后，我们收集了这 200 名学生的 GPA 成绩，我们了解到参加该项目的

60 名学生的平均 GPA 高于未参加该项目的 140 名学生的平均 GPA。你能否从中得出结论，该项目产生了积极影响？答案是否定的。我们再次遇到了选择问题。虽然这 100 名被提供该项目的学生确实是一个随机样本，但是接受这项项目的 60 名学生却不是随机的。也许这 60 人的平均天赋低于拒绝了这项课程的 40 人，这 60 人认为有必要接受这项项目，而那 40 位更有天赋的学生则认为没有必要。或者可能是这 60 名学生更认真，更有条理。不管偏差如何，我们不能假设接受项目的这 60 名学生是最初的 200 名学生的随机样本。我们甚至不确定接受项目的人是否比不接受的人更好或更差。

但最初抽签选择并邀请加入该项目的 100 名学生是随机设计的。因此，4 年后我们可以将被提供该项目的这 100 名学生的平均 GPA，与 100 名没有被提供该项目的学生进行比较。如果该项目具有正面效果，则第一组的平均 GPA 应高于第二组。您可能认为这是一种测试暑期项目效果的奇特方式。毕竟，第一组中有 40 名学生没有参加该项目！如果他们没有参加该项目，为什么他们与参加项目的学生一起被计算平均 GPA？我们在测试样本中包括了所有被提供该项目的学生，是为了避免选择性偏差。这一过程也用于有病人退出的医学实验，称为**意向性分析**。但这样处理确实有代价。

意向性分析：一种比较根据实验方案最初确定的两组随机样本的方法。

假设这 100 名学生中只有 10 名接受了我们的提议。在这种情况下，我们比较了两组随机选择的学生，一组没有人参加项目，另一组 10 人参加，90 人不参加。由于有如此多的未参加项目者，我们将很难发现项目的收益。如果所有被邀请参加该项目的 100 名学生都入学了，那么很明显，我们将更有信心发现该项目的效果（如果有的话）。但不管是什么情况，我们都需要比较 100 名被提供该项目的学生和 100 名未被提供该项目的学生的成绩，从而避免选择性偏差。注意，意向性分析使得找到结果变得更加困难，从这个意义上说，这是一种保守的统计技术。第 563 页的“实践中的经济学”栏目描述了美国住房和城市发展部（HUD）使用随机分配的住房券进行的一项实验，以检验社区对家庭福利的影响。这里采用意向性分析。

22.2.3 断点回归

在许多情况下，经济学家不会用随机实验来解答他们的实证问题，而是试图从市场数据、日常交易数据和个人做出的选择中进行推论。使用市场数据有许多优点：这些数据反映了家庭在日常生活中做出的真实选择。当然，大部分数据都是由政府或企业收集的，因此研究人员很容易获得。另一方面，精心设计的实验却是非常昂贵的。但事实上，数据反映了个体的选择，这些选择是在相对不受控制的环境下进行的，这使得因果关系的识别特别困难。研究人员已经使用了许多方法，试图在这一领域取得进展。

实践中的经济学

搬向机遇

众所周知，在极贫困地区长大的儿童成年后平均受教育程度较低，健康状况较差，收入水平较低，而且在其生命的某个阶段被监禁的可能性更高。这些结果在多大程度上归因于这些孩子成长的社区？与之相关的是，如果生活地点改变，他们可以改变多少？

这些是美国住房和城市发展部（HUD）在 20 世纪 90 年代中期进行的一项实验所提出的非常核心的政策问题，最近由一组经济学家重新评估。[1]

“搬向机遇”计划随机选择生活在极贫困住房项目中的家庭，提供给这些家庭住房优惠券，他们可以用优惠券搬到经济状况更好的社区。随机授予优惠券是避免早期住房研究和之后的结果中发现的选择性偏差问题的一个直接尝试。很容易看出，如果我们仅仅简单地比较家庭搬离高贫困地区和仍然留在那些地区的孩子的生活结果，那么我们就会有严重的选择性偏差问题。搬出的家庭可能拥有更多的资源——也许是我们无法观察到的资源——也许还有更多的主动性或组织能力。这些差异可能会对他们孩子的生活结果产生影响，这些影响和搬家的收益无关。通过随机化优惠券选择，HUD 尝试剔除选择元素。由于并非所有得到优惠券的家庭都搬家了，研究人员使用本章描述的意向性分析方法来控制潜在的选择性偏差。

以前的实验结果发现搬出的家庭在经济福利方面改善甚微，尽管心理和身体健康都有所改善。这些研究者近年刚刚完成了一项长期的研究，他们通过查看税收数据，发现搬家对于搬家时年龄小于 13 岁的儿童的收入水平有显著影响，他们的平均收入提高了 31%。

思考

1. 从事上述研究的人员中有些人也做了另一项研究，他们研究的对象是在总人口中搬家的家庭和没有搬家的家庭。为了控制选择性偏差，研究人员比较了家庭中不同年龄段的儿童，以了解在更好的社区生活更长的时间，对年龄较小的儿童和年龄较大的儿童有多大的影响。这样做是如何减弱选择性偏差问题的？

[1] Raj Chetcy, Nathaniel Hendren, Lawrence Katz, “The Effects of Exposure to Better Neighborhoods on Children: New Evidence for the Moving to Opportunity Experiment,” NBER working paper, May 2015.

美国人均罪犯人数超过任何其他经合组织国家，大约有 200 万人被监禁。许多从监狱释放的人在很短的时间内再次被捕。一个人在监狱经历的一切如何影响他们将来被重新逮捕的可能性？监狱的条件会影响再犯率吗？① 456

① 本讨论基于 M. Keith Chen and Jesse Shapiro, “Do Harsher Prison Conditions reduce Recidivism? A Discontinuity-based Approach,” *American Law and Economics Review*, June 2007。

457

实践中的经济学

出生体重和婴儿死亡率

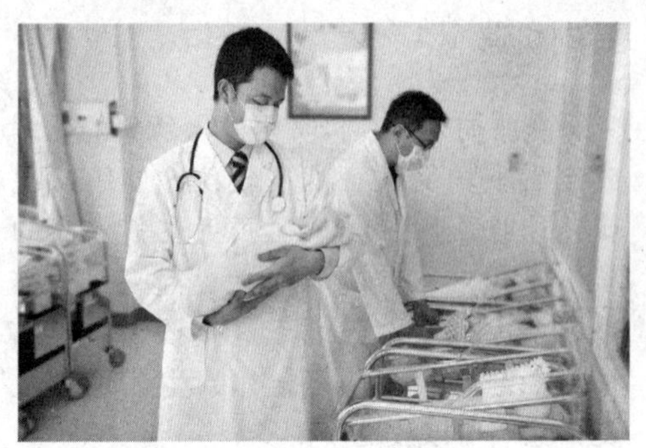

即使是与其他发达国家对比，美国的人均医疗费用也相当高。这些支出大部分集中在人口中两个完全不同的人群：年迈的老人和年幼的小孩。公共政策的一个核心问题是提高这些高额支出的有效性。

医学实践经常以 1 500 克来区分婴儿，分为 1 500 克以下的婴儿和 1 500 克以上的婴儿。前者被称为 VLBW（Very Low Birth Weight）婴儿，即出生体重非常低的婴儿，并且在大多数医院中，这些婴儿在出生时及之后需要立刻进行特别照顾。这种特殊护理费用昂贵，而且有充分证据表明 VLBW 婴儿的医院账单远远高于体重较高的婴儿。但这些昂贵的花销有用吗？

当然，仅通过比较不同出生体重婴儿的死亡率（如一年死亡率），是很难回答这个问题的。我们知道，出生体重低的婴儿面临高风险。因此，即使我们发现治疗后他们的死亡率还是很高，也不足以说明什么，因为我们不知道在没有特殊治疗的情况下死亡率是多少。阿尔蒙德（Almond）等人的一项研究运用我们在文中讨论的断点回归分析法解决了这个问题。[1]

如前文所说，VLBW 婴儿是指出生体重小于 1 500 克的婴儿。在医学上，这种分类是一项惯例，并不反映在此重量之上或之下一定会或一定不会出现什么疾病。但一旦低于 1 500 克，大多数医院确实开始为婴儿提供护理。因此，我们对断点回归分析可设定：出生体重和根据出生体重提供的治疗是不断变化的，但触发治疗的值是恒定的一条线。阿尔蒙德等学者研究了触发线两侧的婴儿的情况。他们发现了什么？如果我们将触发线下方的婴儿与上方的婴儿进行对比，那么线下方婴儿的一年死亡率比相对较重的婴儿低 1%。一年死亡率约为 5% 多一点，则 1% 是很大的改善。为什么有这么大的不同？答案是给予 VLBW 婴儿的额外医疗护理！

思考

1. 你能够再想一个可以用断点回归分析的医学研究吗？

[1] Douglas Almond, J. Doyle, A. Kowalski and H. Williams, "Estimating Marginal Returns to Medical Care: Evidence from At-Risk Newborns," *Quarterly Journal of Economics*, 2010.

关于这个问题的争论有两种不同的观点。一些人认为恶劣的条件会减少再犯，因为条件越差，被释放的囚犯就会有更多的动力避免再次入狱。另一方面，严酷的监狱条件可能会增加对暴力的体验或降低囚犯未来劳动力市场的价值。这表明恶劣的条件会增加再犯。

在研究这类问题时，我们需要提供数据和证据。如果我们仅仅比较来自条件更恶劣的监狱和不太恶劣的监狱的罪犯的再犯率，会怎样？这样确定因果关系也是有问题的。总体来说，条件更恶劣的监狱关押着罪行更严重的罪犯。因此，如果我们发现更多的累犯来自那些条件更恶劣监狱的罪犯，那很可能是累犯的特征导致了监狱的选择，而不是监狱的类型导致了累犯的特征。

陈和夏皮罗（M. Keith Chen and Jesse Shapiro）使用了一种有趣的策略，称为**断点回归**（regression discontinuity），以找到因果关系。设计如下，一旦囚犯被定罪并进入联邦监狱系统，他就会获得一个安保分数。该分数预测了囚犯可能的不当行为和所需的安保。分数不是由人来决定，是根据囚犯犯罪记录简单地相加。然后根据分数和空床位来确定去往哪里。超过 6 分意味着需要更安全（通常更苛刻）的设施。但罪犯安置也取决于有无床位，这意味着分数相似的囚犯最终可能会进入不同类型的监狱。断点回归有效地比较了接近分界线两侧的个体的结果。在这个例子中，我们有效地比较了被发送到苛刻的与不那么苛刻的监狱、分数几乎相同的囚犯的再犯率。事实上，这项研究发现，严厉的监狱不会减少累犯，还可能会增加再犯率。

断点回归：通过查看位于阈值或截止值两侧的两个样本，来确定策略或因子的因果效应。

在其他情况下也使用了类似的方法，这些情况下也是有个人的累计分数，基于累计分数有一条明确的分界线，决定个体是否需要“治疗”。大多数政府失业或残疾人保险福利计划都具有这种特性，其中有接受救济的一个阈值，允许研究人员基本上使用非常接近阈值线两侧的个体做对照。在上面的“实践中的经济学”栏目中，我们根据这种方法描述了一项关于出生体重和婴儿死亡率的研究。

22.2.4 双重差分 458

在社会科学研究中试图更好地确认因果关系的另一个有趣的程序是**双重差分**（difference-in-differences）。

双重差分：是一种通过将结果变量随时间的平均变化与对照组的平均变化进行比较，来识别因果关系的方法。

假设有一个社区，一个小型非营利组织在社区开展了社区园艺项目。该组织确信该项目可以提高住房价值。小组中的某些人建议，他们只是看一下自项目开始以来，四年中社区房价的变化，作为项目是否成功的衡量标准。我们很容易看出这行不通。住房价格相当不稳定，随着一个地区的整体经济活动水平而变化。换句话说，住房价格的大部分波动与社区花园如何无关。另一个建议可能是将该社区的住房价格与没有该项目的类似邻近社区的住房价格进行比较。但是这个方法也存在问题，因为不存在两个完全相同的社区。

双重差分法采用的就是第三种方法，它融合这两种方法。我们试图将社区住房价值随时间变化的差与同时间段邻近社区的变化的差再做差（因此叫双重差分）。如果影响住房价值的其他因素在两个社区之间是相同的（这就是我们选择邻近社区的原因），那么这种双重差分会让我们了解园艺项目对房价的影响。

为了进一步了解这种方法是如何进行对比的，用 $pbega$ 和 $pbegb$ 表

示在社区 a 开始园艺项目之前，社区 a 和 b 的平均房价。用 $penda$ 和 $pendb$ 表示两个社区四年后的平均房价。然后，园艺项目对社区 a 住房价值的影响估计如下：

$$effect=penda-pbega-(pendb-pbegb)$$

我们对社区 a 的两个值做差，然后减去社区 b 的变化值。

双重差分的方法在社会科学中相当普遍。下面的“实践中的经济学”栏目中提供了一个典型的例子，了解最低工资的影响。但是这种方法也存在缺陷，一部分是因为很难找到一个适当的对照组。

试想一下以下例子：因为一些专业运动员，特别是美式足球运动员，老年的时候出现认知功能方面问题，大学领导越来越关注大学体育运动中受伤的长期影响。为了减少受伤，除了有人支持禁止美式足球外，还有人提建议，可以佩戴更好的头盔和/或取消开球（开球总是在 20 码线处）。

假设几年前常春藤联盟（Ivy League）的学校开始实施这样的规定，研究人员想了解这些规定是否真的减少了伤害。为了测试规则的效果，我们可以比较新规则制定之前一年中所测量的每场比赛的平均受伤数（记为 $ybeg$），与新规则制定后的一年里的平均受伤数（记为 $yend$）。但和房价的例子一样，我们不能确定除了新的规则外，常春藤联盟的足球界有没有发生其他任何变化。也许美国全国大学体育协会（NCAA）为了减少受伤为该国所有大学，包括常春藤盟校，制定了其他规则，例如让裁判更严格等。因此我们需要一个比较组，即第二组差值。

一个可能的比较组是太平洋十二校联盟（PAC-12 conference）。假设十二校联盟没有引入关于头盔和启动的新规则。同样，我们收集了与常春藤联盟案例中所研究的相同的两年里，十二校联盟平均受伤数据，表示为 $zbeg$ 和 $zend$。然后我们可以将这两个值做差以及常春藤联盟的两个值之间也做差（双重差分）：

$$effect=yend-ybeg-(zend-zbeg)$$

通过从常春藤差值中减去太平洋十二校联盟的差值，我们除去了两年内发生在全国范围的其他规则变化的影响。然后，最后得出的影响只能归功于常春藤联盟新规则。

459 研究看起来非常合理，但这项研究计划存在一些潜在的缺陷。最基本的是，我们假设两年内除了常春藤联盟新的规则变化，两个联盟的其他变化是相同的。但十二校联盟与常春藤联盟足球并不是一模一样的（如果你问任何严肃的大学体育迷，都能得到相同的答案！）。这差异可能不仅在一开始就不同（这可以接受），而且是会随着时间变化（这不可以接受）。因为十二校联盟水平高于常春藤联盟的水平，所以两年内每场比赛伤病的变化可能与常春藤联盟在没有规定的情况下不甚相同。也许十二校联盟教练的训练更加严苛，这会导致伤病增加。如果十二校联盟不适合做比较组，那么就无法使用双重分差。

实践中的经济学

利用双重差分研究最低工资

经济学家和决策者之间就最低工资对失业的影响进行了激烈的辩论。提高最低工资是否会大幅增加失业率，特别是低技术工人的失业率？或者能否通过立法增加低工资工人的工资，而不引起雇主的强烈反应？

如下描述的双重差分方法的应用例子，是第一个也是最经典的例子之一，是戴维·卡德（David Card）和艾伦·克鲁格（Alan Krueger）在他们对州最低工资变化的研究中列举的。[1]

20 世纪 90 年代初，新泽西州决定提高最低工资标准。尽管联邦有其最低工资标准，但许多州对在州内雇用工人的公司采用了更高的最低工资标准。卡德和克鲁格决定将新泽西州的快餐店作为调查对象，了解最低工资增长对就业的影响。快餐店一般雇用了大量非技术工人，所以选择快餐店也就很容易理解。但仅仅看新泽西是不够的。假设最低工资提高后就业率下降，人们无法知道没有提高最低工资的就业率的变化。毕竟，就业取决于经济中的许多其他因素。

这就是需要用到双重差分的地方。新泽西州与宾夕法尼亚州接壤，宾州没有在我们研究期间提高最低工资，并且也有快餐店。所以卡德和克鲁格将宾夕法尼亚州的快餐数据作为对照组。要看最低工资改变的效果，最重要的是在研究期间两个州的就业率变化值上再做差值。他们发现提高最低工资标准对就业率并无影响。虽然并非所有研究这个主题的人都同意这个结论，但大多数人都同意使用双重差分方法是有效的。

思考

1. 请你设计另外一个实验，使用双重差分来研究你的学校政策改变带来的影响。

[1] David Card and Alan Krueger, "Minimum Wage and Unemployment: A Case study of the Fast Food Industry in New Jersey and Pennsylvania," *American Economic Review*, September 1994.

在这个足球例子中还有一点要反思。使用更安全的头盔可能会让运动员比赛时更加粗暴，因为运动员知道他们得到了更好的保护，而如果其他所有条件相同，更加粗暴地比赛会增加受伤概率。法规有可能以监管机构未预料到的方式影响行为。芝加哥经济学家萨姆·佩尔兹曼（Sam Peltzman）研究了这种效应。他发现系安全带的人可能会比在没有安全带的情况下开得更快，因为他们觉得更安全。② 在头盔的例子下，

② Sam Peltzman, "The effects of automobile safety regulation," *Journal of Political Economy*, August 1975.

头盔的物理保护带来的一些好处可能会被它引起的行为变化，如比赛的激烈程度所抵消。经济研究不是一件容易的事，但我们希望您能看到它鼓励更多人关注和创新！

460 **22.3 学习目标**

理解研究人员如何判断他们的研究结果是否有意义。

22.3 统计显著性

我们都知道，投掷硬币有50%的可能性我们会得到正面。然而，硬币投掷并非以一正一反交替出现。有时我们会在得到反面之前连续抛出两到三个正面。那么连续出现多少次正面会让我们开始怀疑这枚硬币有问题呢？

在硬币的例子中，回答这个问题我们可以思考，如果是一个公平（或正常）硬币，它可能连续出现多少次正面朝上。连续两次是相对常见的，发生概率在25%（0.5乘以0.5）。有时连续四次（大约6%的概率）。但是连续六次的概率大概是一百次才有一次。如果连续六次都是正面，你可能会对抛硬币的人或者硬币本身产生怀疑，开始认为这不是一枚公平的硬币！

当考虑我们在经济学中的实证研究结果时，我们使用相同的基本逻辑。我们试图从收集的数据和采用的统计检验中找出可以得出的结论。研究人员的关键问题是弄清楚他发现的结果是“偶然”得到的还是真的有意义。为此，研究人员提出统计显著性的概念。

回到之前暑期项目实验的例子，假设在参加暑期项目后，满分4.0的绩点提高了0.3，则我们是否能得出结论，认为该课程确实对绩点产生了积极的影响？还是因为0.3的变化太小，可能这样的变化是偶然的？常见的解决方法就是首先假设我们测试的对象（在这个例子中是暑期项目），其影响为零，然后考虑如果其真实影响为零，得到我们实验结果的概率是多少。这种无影响的假设称为零假设。在我们之前的例子中，我们的零假设是硬币是一枚常规硬币。这里的零假设就是参与暑期项目对绩点没有任何影响。然后思考：如果零假设是真的，那么出现0.3的绩点差异的概率是多少？

p值：研究的因果间无关系的零假设为真时，由样本数据得到实验结果的可能性。

统计显著性：如果计算的p值小于某些预定数值（通常为0.05），则结果具有统计显著性。

在给定的统计假设下，可以计算得出当零假设为真时，出现所得到的实验结果的概率。它被称为**p值**。当p值较小，说明当零假设为真时，出现所得实验结果的概率很小。如果出现0.3的绩点差异的p值为0.02，则说明如果暑期课程对绩点没有影响，那么有2%的可能得到这样的绩点差异。**统计显著性**这一术语，一般用于p值小于或等于0.05的情况。如果p值小于或等于0.05，我们说该结果具有统计显著性。

要清楚我们在做什么。无论我们试图估计什么影响，我们都先假定这种影响不存在（为零）。我们收集我们的数据并进行计算，以获得我们感兴趣的影响的特定估值。我们计算该估值的p值，这又是在给定我们获得的特定估值的情况下真实影响为零的概率。如果 p 值很小，通常是指小于或等于 0.05，我们就得出结论，我们估计的影响在统计上是显著的。我们就拒绝了无影响的零假设。

如果继续进行统计，我们将了解如何计算 p 值。它们取决于所分析人群的可变性。假设暑假项目实验中有 200 名学习落后的学生，假设他们全然相同，这意味着如果他们不参加暑期项目，他们将在 4 年学习结束时获得相同的 GPA。如果有人参加暑期项目，那么所有参加暑期项目的人都也会获得相同的 GPA，而如果项目对 GPA 有影响的话，该 GPA 才会有所不同。

我们想测试项目效果是否为零。我们进行了所讨论的实验，最后结果是 0.3 的 GPA 变化。那么这种差异是否具有统计显著性？答案显然是肯定的。如果项目真实效果为零，那么无论是否参加该项目，每个人都会得到相同的 GPA，因此差异应该恰好为零。而事实上，我们得到了非零结果，因此我们确信真正的效果不是零。p 值为 0.00。事实上，这个例子里我们只需要两名学生，一名学生参加课程，一名学生不参加课程。如果两个 GPA 的差异不是零，则暑期项目是有效果的。在这种情况下，没有必要使用意向分析法——这里并没有选择，因为每个人都是相同的。

现在假设 200 个学生将要达到的 GPA 有巨大的差异。经过 4 年的学习，有些人可能成绩优秀，有些人可能勉强合格。无论学生是否参加暑期项目，由于学生的巨大差异，4 年学习后的 GPA 差异会很大。我们进行实验并得到 0.3 的差异。这种差异是否具有统计显著性呢？如果学 461
生差异很大，也许就不具有统计学意义。0.3 的差异相当小，很容易偶然获得。碰巧的是，这次抽签抽到的 100 名学生得出了这一结果，但可能再抽一次差异会是 0.2。因此 0.3 的结果计算的 p 值可能非常大，可能接近 1.00。

从这个讨论中得出的结论是，人们对从差异度低人群获得的结果比从差异度高的人群中获得的结果更可信。为了从高差异群体中得出潜在的重要规律，需要大量样本。如果我们有 2 000 名学生，给 1 000 学生提供暑期项目，并且得到 0.3 的差异，这结果可能有意义。最后我们采用 1 000 个 GPA 的平均值，个体学生特征会在大样本量中抵消，我们可以更加确信 0.3 的差异正是参加暑期项目带来的影响。在计算 p 值时，样本的大小以及总体差异都很重要。

22.4 回归分析

22.4 学习目标

理解回归分析如何用于评估和测试。

实证经济学中最重要的统计工具是回归分析。如果继续学习经济学，你会发现回归分析在微观经济学和宏观经济学中都有应用。它可用于预测价格上涨对社区销售的猫粮数量的影响或股市下跌对家庭消费的影响。接下来，我们学习回归分析的初步知识。

有证据表明经济表现对美国总统的选票有影响。[③] 如果选举时经济表现良好，这可能对现任党候选人的选票产生积极影响，如果经济状况不佳，则有负面影响。这一理论表明，许多选民在总统执政期间会将经济表现的好坏归功于总统。如果这是真的，那么这个理论就表明，在其他所有条件相同的情况下，一个在职期间经济良好的总统会发现他的政党在下次选举中会有很好的表现。

我们如何使用回归分析来检验这一理论？我们首先需要一些衡量经济表现的指标。经济增长率是衡量经济实力的常用指标。因此，我们可以将这一理论表述得更易于检验：我们假设选举年的经济增长率（表示为 g）对现任政党的总统在选举中得到的选票比例（表示为 V）产生了积极影响。注意我们这里选择了具体的绩效衡量标准，即增长率，以及时期，即选举年度。一般来说，当我们将经济学从理论转向实际检验时，我们需要做出一些选择。在本案例中，我们选择以一年的经济增长率来衡量经济表现。

我们将研究增长率对投票份额的影响方式。我们先假设两者有如下关系

$$V=a+bg \tag{1}$$

如果 b 是正数，则该等式表明增长率对投票份额有正面影响，我们希望验证的理论是对的。此外，假设 V 和 g 之间的关系是线性的。如果我们用 V 做纵轴，g 做横轴，则得到图形如图 22.1 所示，该线是直线，截距为 a，斜率为 b。回归分析的工作是估计系数 a 和 b，特别是验证 b 是否为正，并且它是否在统计学意义上“显著”。

思考一下我们如何确定或估计 a 和 b 的值。美国总统选举每四年举行一次，有关 V 的数据可以追溯到美国建国初期。g 也有很多年的数据。如果我们的数据从 1916 年开始，在 1916 年到 2012 年之间就有 25 次总统选举。所以我们对 V 和 g 有 25 个数据点或观察点。将点标在如 22.1 的图中。图中我们标出了 10 个假设点。如图所示，投票份额与增长率之间存在正相关关系。然而，我们也看到数据点不是全部都在线上。如果等式（1）是精确的，则所有点都在一条直线上。事实上，在现实世
462 界中，等式（1）并不精确。还有其他影响总统选票的变量。其中包括其他经济措施，例如选举时的通货膨胀。投票份额也可能受到外交政策和个人特征以及选举办公室管理人员的观点的影响。因此，在投票份额和增长率图中的点，并不完全在同一条直线上。回归分析的工作是找到 a 和 b 的值，这些值可以很好地拟合线周围的数据。或者，换句话说，找到最能代表图中数据的线。

---

③　参见 Ray C. Fair，*Predicting Presidential Elections and Other Things*，2nd ed. Stanford University Press, 2012，其中对此进行了讨论。

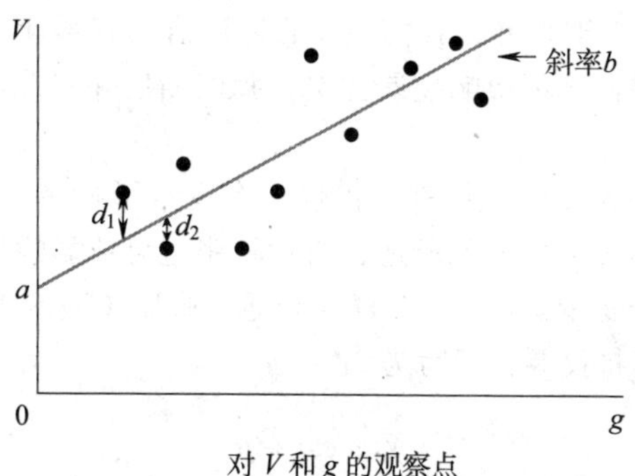

对 V 和 g 的观察点

◀ 图 22.1　投票份额和增长率的假设点图

如何确定拟合呢？最能代表数据的线是什么意思？这可以在图 22.1 中看到。画出具有截距 a 和斜率 b 的特定直线。对于每个数据点，计算点和线之间的垂直距离。我们已经为图中的前两个点计算了距离，分别标记为 d_1 和 d_2。算出 1916 年到 2012 年的所有 25 个点到线的距离。d 的有些值是正值，有些值是负值。上方或下方的点离直线的距离越大，这一点对直线的拟合越差。因此，这样的距离通常被称为"残差"。确定拟合的方式是首先算出每个距离的平方。每个距离的平方都是正数，因为负数的平方是正数。然后我们将所有距离的平方加起来，在我们的例子中就是 25 个值。此总和为 *SUM*。总和显然是拟合的一个衡量标准。较小的 *SUM* 值意味着这些点非常接近此线，而较大的值则说明点离线较远。用距离的平方和，意味着在计算 *SUM* 时较大异常值（距离）的权重大于较小的异常值。

虽然在实践中，会用更有效率的方法找到最适合的曲线，您可以将回归分析简单理解为如下步骤：[④] 尝试一百万组不同的 a 和 b 的值，并为每组计算 *SUM*。我们就有了一百万个 *SUM* 值。选择最小值。该最小值对应的 a 和 b 的值就是最佳拟合系数——最佳拟合截距和斜率。这些估算称为**最小二乘估计**，因为它们是对应于距离或误差的平方和的最小值的估计。

最小二乘估计： 最小二乘估计是对应于距离或误差的平方和的最小值的估计。

在我们的理论中，我们关注增长率系数：增长是否会提高投票份额？估计的大小范围通常也很重要。例如，如果 b 的估计值为 1.0，则表明增长率增加 1 个百分点会导致投票比率增加 1 个百分点。这种经济增长对选票的影响就很不平常了。如果 b 的估计值为 0.01，那么政客们可能不需担心糟糕的经济会影响他们的选票！（现实中估计约为 0.67。）

回归分析有助于检验我们的理论。在我们的选票的例子中，我们对 b 是否为零特别感兴趣。如果 b 为零，这说明经济增长率对选票没有影响，否定了最初的理论。为了确定我们是否应该继续相信我们的理论，我们需要测试 b 是否为零。

我们如何测试 b 是否为零？在这里，我们回到我们从统计显著性和 p 值的讨论中已经学习的内容。我们首先做出零假设，即 b 是零。然后我们使用回归分析来估计 b，然后计算出 b 为零的可能性（p 值）。如果

④　有许多统计程序（包括 Excel）可以使用一个简单的命令进行计算。

p 值较小，比如小于 0.05，我们说 b 的估计值具有统计学意义。我们反对零假设，即增长率不影响投票比率，我们相信并支持经济表现影响投票的理论。

经济学中的大多数理论都比仅仅一个变量影响另一个变量更复杂。在我们的选票例子中，如上所述，通货膨胀也可能影响投票行为。在这种情况下，两个变量都影响 V，即 g 和通货膨胀（表示为 p）。在这种情况下，我们可以将投票方程写为

$$V=a+bg+cp \tag{2}$$

等式（2）有两个变量来影响投票比率，加上一个常数项。现在有三个而不是两个系数要估算：a、b 和 c。如果有多个变量，我们就无法像之前那样绘制图形。但是，添加变量后，我们介绍的拟合思想以同样的方式进行。鉴于对 V、g 和 p 的观察，您可以将分析视为尝试 a、b 和 c 的一百万组值并选择提供最佳拟合的那组值。对于每组的三个系数值，都能计算出每个观测值对应的 V 的估计值，而距离是 V 的估计值与 V 的实际值之间的差值。我们求出该距离的平方，算出所有观测值的距离平方，然后将距离的平方相加。这样我们得到一组特定的三个系数值对应的 SUM 值。我们对一百万组三个系数值进行了一百万次这样的操作，并选择最小的 SUM 值。最小的 SUM 值对应的三个系数值就是 a、b 和 c 的最小二乘估计。[⑤] 我们还可以用类似的方式讨论 b 和 / 或 c 是否为零。

总体来说，回归分析有很多应用。在商业中，它用于评估影响的大小：当价格上涨时，购买的商品的数量会下降多少？广告增加对汽车销售有何影响？在公共政策中，量级也很重要，可以通过回归分析来确定合适的量级：如果人们获得医疗服务是免费的，他们会增加使用多少医疗服务？这对他们的健康有多大帮助？通过降低高速公路的速度限制我们可以拯救多少人的生命？这些都是实证问题，其中回归分析有助于分析真正的影响的大小。随着可获得的数据每日增长，回归分析也变得日益重要。

总结

22.1 选择性偏差 页 558

1. 选择性偏差的一个例子是幸存者偏差，其中最健康的人才能幸存。这使得我们很难比较年纪轻和年纪大的群体。
2. 如果不同类型的人选择进入不同的群体，可能会出现选择性偏差，这会使群体的比较产生偏差。

22.2 因果关系 页 559

3. 相关性与因果关系不同。
4. 随机实验有时可用于检验因果效应。有时在随机实验中使用意向性分析法来

⑤ 如果你继续学习经济学，你会发现有时必须修改这个最小二乘法来解决各种统计问题。但主要目标仍然是找到好的拟合。

处理实验中的有限占用。

5. 断点回归性和双重差分方法也被用于识别经济学中的因果关系。

22.3 统计显著性　页 568

6. 如果在实际影响为零时获得某特定估计的概率很小，则估计的影响在统计学上是显著的。通常使用小于或等于 5% 的概率作为标准。

22.4 回归分析　页 569

7. 回归分析用于估算方程中的系数。它既可用于估计各种经济因素的影响程度，也可用于测试不同的理论。

术语和概念回顾 464

相关，页 560

双重差分，页 565

意向性分析，页 562

最小二乘估计，页 571

p 值，页 568

断点回归，页 565

选择性偏差，页 558

统计显著性，页 568

幸存者偏差，页 558

习题

22.1 选择性偏差

学习目标：举出一些可能受到选择性偏差影响的研究实例。

1.1 描述在以下情况下可能存在的选择性偏差：

a. 一项针对芝加哥 5 000 名上班族的研究发现，那些每周吃三次或更多次快餐作为午餐的人患心脏病的可能性比那些每周午餐带饭三次或更多次的人多 30%。因此，每周吃三次或更多次快餐会导致上班族患心脏病的比例增加。

b. 一项针对养老院的调查发现，养老院 80% 的住户是女性。因此，随着年龄的增长，男性在日常生活中需要的帮助往往比女性少。

c. 一项对 1 000 名大学毕业生的研究发现，从一所著名的私立大学毕业的学生，平均每年比从一所典型的公立大学毕业的学生多赚 40 000 美元。因此，著名私立大学的教育将提高学生的收入。

1.2 第二次世界大战期间出现了选择性偏差的典型例子。在战争期间，英国人在敌方领土上失去了许多飞机，因此决定在他们的轰炸机上增加装甲。装甲不仅重，而且价格昂贵，因此英国决定只在飞机的最关键区域增加装甲，他们根据回来的飞机的弹孔位置集中的地方判断应该在哪里增加装甲。弹孔常见的地方是机翼、飞机前端和尾巴。在该计划实施之前，奥地利经济学家亚伯拉罕・瓦尔德对这些数据进行了审查，声称英国计划正好与所需要的相反，并且应该将装甲添加到英国计划中未指定加装装甲的区域：机身和方向舵。英国人遵循了瓦尔德的建议，因此，被击落的飞机数量大大减少。解释原来英国计划中存在的选择性偏差。

22.2 因果关系

学习目标：理解相关性和因果关系的差别。

2.1 判断以下的例子是否存在因果关系、正相关和 / 或负相关，并做出解释。

a. 与其他任何行业的人相比，更多的律师拥有昂贵的外国跑车。

b. 大多数年平均降雨量超过 40 英寸的城市在雨季发生洪水的概率较高。

c. 美国大学生的平均成绩越高，他就越不可能住在大学兄弟会的宿舍里。

d. 大多数秃头或掉发的男士也戴眼镜。

e. 大多数定期回收垃圾的人比不经常回收的人驾驶大型 SUV 的概率更低。

2.2 **[与页 563“实践中的经济学”相关]** 在对患有荷兰榆树病的 100 棵榆树进行的一项为期一年的随机实验中，50 棵只用杀菌剂（我们称之为 A 组），另外 50 棵用杀菌剂并在六个月后用杀虫剂（我们称之为 B 组）。假设杀虫剂对治疗荷兰榆树病无效，因此平均而言，每组中相同比例的树木将死于该疾病。在 B 组中，50 棵树中有 5 棵在用杀虫剂前的六个月内就已经死亡。在剩下的 45 棵树中，5 棵在杀虫剂处理后的 6 个月内死亡。由于我们知道杀虫剂处理无效，因此 A 组平均来看，其树木将遭受与 B 组相同的命运，前 6 个月有 5 棵树死亡，而后 6 个月有 5 棵树死亡。

a. 对于 A 组，荷兰榆树病死亡率是多少？

b. 如果我们仅看 B 组那些接受杀虫剂处理的树木，那么荷兰榆树病的死亡率是多少？

465 c. 结合 a 和 b 部分的答案，对于使用杀虫剂后荷兰榆树病死亡率减少，你有何建议？

d. 用杀虫剂有效性分析中，这个分析有什么缺陷或问题？如何用意向分析法验证你的答案？

2.3 **[与页 564“实践中的经济学”相关]** 1991 年，经济学家乔舒亚·安格里斯特（Joshua D. Angrist）和艾伦·克鲁格（Alan B. Krueger）发表了一项关于出生日期和受教育年限之间相互关系的研究。假设是，普通人在学校度过的实际时间与人们出生的年份相关。假设在纽约市实行义务教育，学生在 8 月 31 日之前年满 6 岁能入读一年级。根据法律规定，除了自己在途中选择退学的学生，其他学生必须在 16 岁之前一直在学校学习。您如何使用断点回归来评估一个人的出生日期是否与该人在纽约市学习的年数相关？

2.4 **[与页 567“实践中的经济学”相关]** 东马古和西马古两镇相邻，两镇间是昆西河。两镇的地理面积和人口结构很相似。这两个城镇的居民供电完全由巴克斯县电力和照明公司提供，其收费标准为每千瓦时 0.10 美元（kWh）。东马古和西马古都需要交每千瓦时 0.02 美元的能源使用税。作为增加收入的一种方式，东马古镇镇长说服镇议会从 2015 年 1 月 1 日开始，将能源使用税翻倍。每个家庭的平均每月能源使用量列于下表。使用双重方差法估算能源使用税增加对东马古每户平均每月能源使用量的影响。

镇名	每户平均每月能源使用量	
	2014	2015
东马古	1 775kWh	1 917kWh
西马古	1 815kWh	2 033kWh

2.5 在上一道题中，2015 年底，东马古镇镇长发表以下声明：“在我们将能源使用税翻倍后，我们镇的平均电力消耗增加了。这证明增加税收不会让我们的居民减少用电量，事实上，它似乎鼓励他们用更多的电！”市长的逻辑有什么问题？

22.3 统计显著性

学习目标： 理解研究人员如何判断他们的研究结果是否有意义。

3.1 在以下四种情景中，哪些调查结果可能是统计学上最显著的，哪些可能是统计上最不显著的。请解释为什么。

情景 1：在一项研究中，为了研究洋基球迷或休斯敦太空人球迷是否在棒球比赛中会花更多钱购买球队周边商品，分别对进入纽约洋基体育场的 20 个人和对进入休斯敦美汁源公园球场调查的 20 个人进行调查。

情景 2：调查 700 名一年前完成法庭强制的防卫安全驾驶课程的人，研究完成课程后他们的驾驶是否有改善。

情景 3：调查俄亥俄州立大学的 75 名二年级工程专业的学生，以了解讲座“获取奖学金的最佳途径”是否有效。

情景 4：调查 500 名最近退休的宾夕法尼亚州煤矿工人，以确定在煤矿工作是否会导致煤工尘肺病（CWP），即通常所说的黑肺病。

22.4 回归分析

学习目标：理解回归分析如何用于评估和测试。

4.1 下表中的数据是用于估算以下消费函数的系数：C=10+0.5Y。在图形上绘制消费函数并绘制表中的点。计算表中每个点的“误差”，然后根据“误差”计算 SUM。

点	总收益（Y）	总消费（C）
A	10	13
B	20	23
C	30	30
D	40	32
E	50	33
F	60	44

4.2 以下哪种消费函数最符合下表中的值？

1. C=6+0.8Y
2. C=4+0.75Y
3. C=2+0.6Y
4. C=3+0.5Y

总收益（Y）	总消费（C）
5	10
10	14
20	23
40	38

术语表

支付能力原则（ability-to-pay principle） 这项原则要求公民按支付能力承担纳税责任。页 491

绝对优势（absolute advantage） 当一个国家生产一种商品所耗用的资源比另一个国家少时，它在生产这种商品方面享有绝对优势。页 507

绝对优势（absolute advantage） 如果一个生产者能够使用更少的资源生产该产品（每单位的绝对成本更低），那么就说其在生产商品或服务方面具有绝对优势。页 32

逆向选择（adverse selection） 由于信息不对称、优质商品或客户不能被市场区分而出现的优质商品或客户最终被排挤出市场的情况。页 435

税后收入（after-tax income） 税前收入减去税收。页 449

信息不对称（asymmetric information） 在交易中，交易的一方比另一方拥有更多的相关信息。页 435

平均固定成本（average fixed cost，AFC） 总固定成本除以总产量，是固定成本的单位计量。页 205

平均产量（average product） 每单位某种可变生产要素可以生产的平均产品数量。页 181

平均税率（average tax rate）所缴税款除以总收益。页 479

平均总成本（average total cost，ATC） 总成本除以总产量，是总成本的单位计量。页 212

平均可变成本（average variable cost，AVC） 总可变成本除以总产量，是可变成本的单位计量。页 210

进入壁垒（barriers to entry） 是指阻碍新厂商进入并阻止新厂商在不完全竞争行业中参与竞争的一系列因素。页 334

税前收入（before-tax income） 市场收入加上转移支付。页 449

行为经济学（behavioral economics） 经济学的一个分支，通过使用心理学和经济学方法来研究决策。页 387

受益原则（benefits-received principle） 一种公平理论，受益原则认为纳税人应该根据他们从公共支出中的获益大小来决定对政府的贡献。页 490

黑市（black market） 以市场决定的价格进行非法交易的市场。页 94

债券（bond） 债券是承诺在未来某一时期内，借款人保证向贷款人偿还贷款的一份合同。有些债券也会要求定期支付利息，比如一年一次或两次。页 278

智力流失（brain drain） 发展中国家的人才倾向于在发达国家接受教育，并在毕业后留在那里。页 540

收支平衡（breaking even） 厂商恰好获得正常投资收益率的情况。页 228

预算约束（budget constraint） 收入、财富和产品价格对家庭选择的限制。页 139

资本（capital） 由经济系统产生，作为投入品出现，并用于今后商品和服务的生产的商品。页 274

资本外逃（capital flight） 人力资本和金融资本都倾向于离开发展中国家，到其他风险较小的地方寻求更高的预期收益率。页 539

资本收益（capital income） 在金融资本市场中，从储蓄中得到的收益称为资本收益。页 279

资本市场（capital market） 一种投入或要素市场，在这个市场中，家庭为了获取利息或未来利润的索取权，将存款提供给需要资金来购买资本品的厂商。页 56

资本存量（capital stock） 对于单个公司来说，其工厂、设备、存货和无形资产的当前市场价值即资本存量。页 275

资本密集型技术（capital-intensive technology） 更多依赖资本而非劳动力的技术。页 179

卡特尔（cartel） 是指几家厂商联合起来制定价格和产量决策，以最大限度地实现共同利润。页 358

《塞勒–凯弗尔法案》（Celler-Kefauver Act） 扩大了政府控制合并的权力。页 373

其他所有条件相同，或其他所有条件不变（*ceteris paribus*，or *all else equal*） 令其他变量的值保持不变时，分析两个变量之间的关系。页 11

选择集或机会集（choice set or opportunity set） 由预算约束定义和限制的选项的集合。页 140

《克莱顿法案》（Clayton Act） 该法案由美国国会于 1914 年通过，旨在加强《谢尔曼法案》和阐明合理性准则，其禁止了诸如捆绑合同、价格歧视和无限合并等特定的垄断行为。页 346

科斯定理（Coase theorem） 在一定条件下，当存在外部性时，私人当事者可以在没有政府参与的情况下达成有效的解决方案。页 408

计划经济（command economy） 一种中央政府直接或间接设定产出目标、收入和价格的经济体制。页 46

承诺机制（commitment device） 个人在一个时期内采取的试图在未来一个时期内控制自己行为的行为。页 388

公共资源（common resource） 一种具有非排他性但在消费上具有竞争性的资源。页 423

普通股（common stock） 持有一股普通股就代表拥有公司的一份所有权，所有者有权获得利润。页 280

比较优势（comparative advantage） 如果一个生产者能够以较低的机会成本生产该产品，那么就说其在生产商品或服务时具有比较优势。页 34

比较优势（comparative advantage） 当一国生产某种商品的机会成本（必须放弃生产其他商品的机会而产生的成本）低于另一国家时，该国在生产这种商品方面享有比较优势。页 507

补偿性差异（compensating differentials） 工作环境差异所导致的工资差异。高风险工作往往提供高工资，越理想的工作往往支付的工资也越低。页 453

互补品（complements，complementary goods） 需要一起使用的商品；一种商品的价格下降导致对另一种商品的需求增加，反之亦然。页 62

集中度（concentration ratio） 顶尖厂商在行业产出中所占的销售或就业份额。页 355

规模报酬不变（constant returns to scale） 厂商生产规模扩大对单位生产成本没有影响。页 234

成本不变行业（constant-cost industry） 随着行业的扩张，不存在外部经济或外部不经济的行业。这种行业的长期供给曲线是水平的。页 253

消费品（consumer goods） 为当前消费生产的商品。页 37

消费者主权（consumer sovereignty） 消费者通过决策购买什么（以及不购买什么）来最终决定生产什么（或不生产什么）。页 46

消费者剩余（consumer surplus） 一个人愿意为某一商品支付的最高金额与其当前市场价格之间的差额。页 101

可竞争市场（contestable markets） 是指进入和退出都很容易，即使没有真正的进入，价格也能保持在竞争水平的市场。页 356

《谷物法》（Corn Laws） 19 世纪初，英国议会为抑制谷物进口和鼓励谷物出口而制定的关税、补贴和限制。页 506

相关（correlated） 如果两个变量的值倾向于一起移动，那么这两个变量是相关的。页 560

需求的交叉价格弹性（cross-price elasticity of demand） 衡量一种商品的需求量对另一种商品价格变化的反应的一种弹性测度。页 123

垄断厂商的无谓损失或超额负担（deadweight loss or excess burden of a monopoly） 是指与垄断价格扭曲消费相关的社会成本。页 338

无谓损失（deadweight loss） 生产不足或生产过剩造成的生产者剩余及消费者剩余的总损失。页 103

成本递减行业（decreasing-cost industry） 表现出外部经济的行业，即随着行业扩张，平均成本降低的行业。这种行业的长期供给曲线斜率为负。页 252

规模报酬递减或者说规模不经济（decreasing returns to scale or diseconomies of scale） 厂商生产规模扩大会导致单位生产成本增加。页 235

需求曲线（demand curve） 一种说明一个家庭愿意以不同的价格购买多少给定的产品的图形。页 58

需求计划（demand schedule） 显示在给定的时间段内，一个家庭愿意以不同的价格购买多少给定的产品。页 57

需求决定价格（demand-determined price）是指固定供给的商品的价格，该价格完全由家庭和厂商愿意为它支付的价格决定。页 262

折旧（depreciation） 一项资产的经济价值随着时间推移而下降。页 276

派生需求（derived demand） 对资源（投入）的需求取决于用这些资源所生产的产品的需求。页 255

钻石与水的悖论（diamond/water paradox）这个悖论指出了：（1）使用价值很高的东西往往具有很低的交换价值，甚至没有交换价值；（2）交换价值很高的东西往往具有很低的使用价值，甚至没有使用价值。页 149

双重差分（difference-in-difference） 是一种通过将结果变量随时间的平均变化与对照组的平均变化进行比较，来识别因果关系的方法。页 565

边际效用递减（diminishing marginal utility） 在一段时间内，任何一种商品的消费越多，对同一种商品的边际或增量单位的消费所产生的增量满意度就越低。页 430

红利（dividend） 当利润直接分配给股东时，这种支付被称为红利。页 280

多哈发展议程（Doha Development Agenda）世界贸易组织的一项倡议，侧重于贸易和发展问题。页 521

占优策略（dominant strategy） 是指在博弈中，无论对手怎么做，对该厂商本身来说都是最优策略的一种策略。页 365

沧海一粟问题（drop-in-the-bucket problem） 公共产品固有的一个问题是，提供某种商品或服务的成本非常高，以至于它的供应通常不取决于任何一个人是否支付。页 418

倾销（dumping） 某厂商或行业以低于其生产成本的价格在世界市场上销售产品的行为。页 518

双寡头垄断（duopoly） 只有两家厂商的寡头垄断。页 360

经济增长（economic growth） 经济总产出增加。当一个社会获得新资源或学习使用现有资源生产更多产品时，就会出现增长。页 42

经济一体化（economic integration） 当两个或两个以上的国家联合组成一个自由贸易区时，就会产生。页 522

经济利润（economic profit） 指同时包含显性成本和机会成本的利润。页 175

经济学（economics） 研究个人和社会如何决策使用由自然和前几代人提供的稀缺资源。页 4

效率（efficiency） 在经济学中，“效率”意味着“分配效率”。有效的经济是一种能够以尽可能低的成本生产人们想要的东西的经济。页 14

有效市场（efficient market） 一种获利机会稍纵即逝的市场。页 5

富于弹性的需求（elastic demand） 指在绝对值上，需求量变化百分比大于价格变化百分比的需求关系（需求弹性的绝对值大于 1）。页 112

弹性（elasticity） 用来量化一个变量对另一个变量变化的反应的一般概念。页 110

劳动力供给弹性（elasticity of labor supply） 衡量劳动力供给量对劳动力价格变化的反应程度的指标。页 125

供给弹性（elasticity of supply） 衡量一种商品供应量对该商品价格变化的反应程度的指标。在产出市场上可能是正的。页 123

实证经济学（empirical economics） 收集和使用数据来检验经济理论。页 12

企业家（entrepreneur） 组织、管理和承担企业风险，实践新想法或制造新产品并将其转变为成功事业的人。页 54

均衡（equilibrium） 当供给数量和需求数量相等时存在的状态。在均衡状态下，价格没有变化的趋势。页 75

平等（equity） 此处指公平。页 15

遗产（estate） 一个人去世时遗留的财产。页 493

遗产税（estate tax） 对一个人的全部遗产价值征收的税。页 493

超额负担（excess burden） 税收负担创造的超出政府收入的部分，也被称为无谓损失。页 487

需求过剩或短缺（excess demand or shortage） 当前价格水平下，需求量超过供给量时所存在的状态。页 75

供给过剩或盈余（excess supply or surplus） 在当前价格水平下，供过于求时所存在的状态。页 77

汇率（exchange rate） 两种货币交易的比率，即一种货币以另一种货币表示的价格。页 514

消费税（excise tax） 一种针对特定商品的单位税。页 125

预期收益率（expected rate of return） 指公司期望通过资本投资获得的年度收益率。页 286

期望效用（expected utility） 一项交易下每种可能结果的相应效用与该结果发生的概率的乘积之和。页 432

期望值（expected value） 每种可能结果的相应收益与该结果发生的概率的乘积之和。页 430

出口推动（export promotion） 旨在鼓励出口的贸易政策。页 546

出口补贴（export subsidies） 政府为鼓励出口而向国内厂商支付的款项。页 518

外部经济和外部不经济（external economies and diseconomies） 如果长期平均成本随行业扩张而下降，就称这个行业中存在外部经济；如果长期平均成本随行业扩张而提高，就称这个行业存在外部不经济。页 250

外部性（externality） 强加于与本事件无关的个人或者组织的成本或收益。页 313

要素禀赋（factor endowments） 一个国家的劳动力、土地和自然资源的数量和质量。页 517

生产要素（factors of production，**或要素**[or factors]） 生产过程的投入品。资源的另一个术语。土地、劳动力和资本是生产的三大要素。页 56

公平博弈或公平投注（fair game or fair bet） 期望值为零的一种博弈。页 430

优待客户 在需求过剩的情况下，接受经销商特殊待遇的人员。页 94

联邦贸易委员会（Federal Trade Commission, FTC） 由美国国会于 1914 年设立的联邦监管机构小组，负责调查从事州际贸易的厂商的组织结构和行为，确定什么构成非法的“不公平”行为，并向违反《反垄断法》的厂商发出结束和停止命令。页 346

金融资本市场（financial capital market） 由资本的供给者（储蓄的家庭）和资本的需求者（想要投资的厂商）发生相互作用的复杂机构组成。页 158

厂商（firm） 当一个人或一群人决定生产有需求的某种商品或服务时，厂商就产生了。页 174

厂商（firm） 将资源（投入）转化为产品（产出）的组织。厂商是市场经济中的主要生产单位。页 54

五力模型（Five Forces model） 是由迈克尔·波特（Michael Porter）提出的模型，该模型帮助我们理解决定一个行业竞争水平和赢利能力的五种竞争力量。页 354

固定成本（fixed cost） 不依赖于厂商的产量水平的成本。即使厂商不生产任何数量的产品，这些成本也会发生。在长期不存在固定成本。页 203

搭便车问题（free-rider problem） 公共产品固有的一个问题是，因为不管是否付款，人们都可以享受公共产品的好处，因此他们通常都不愿意为此付出。页 418

博弈论（game theory） 分析竞争对手厂商、个人甚至政府在试图使自身利益最大化以及对环境中其他人的行为做出预测和反应时所做出的选择。页 364

关税及贸易总协定（General Agreement on

Tariffs and Trade，GATT） 1947 年由 23 个国家签署的促进对外贸易自由化的国际协定。页 520

一般均衡（general equilibrium） 当经济中的所有市场同时呈现均衡时，一般均衡就实现了。页 302

基尼系数（Gini coefficient） 从洛伦兹曲线中衍生出来的一种常用于衡量收入不平等程度的工具。它的取值在 0 至 1 之间。页 451

南方国家（Global South） 在亚洲、非洲和拉丁美洲的发展中国家。页 536

政府失灵（government failure） 是指当政府成为寻租者的工具时，市场的资源配置效率还不如政府插手以前的情况。页 341

赫克歇尔－俄林定理（Heckscher-Ohlin theorem） 通过一国的要素禀赋解释该国的比较优势的理论。如果一个国家在主要用于生产某种产品的投入方面要素禀赋比较好，那么，该国就在生产这种产品方面具有比较优势。页 517

赫芬达尔－赫希曼指数（Herfindahl-Hirschman Index，HHI） 是市场集中度指数，由厂商在市场中所占百分比的平方和得出。页 373

同质产品（homogeneous products） 没有差别的产品，彼此相同或无法区分的产品。页 136，215

横向差异化（horizontal differentiation） 产品差异使它们对某些人有利，对另一些人不利。页 385

家庭（households） 经济中的消费单位。页 54

人力资本（human capital） 知识储备以及人类拥有的技能和天赋，可以是天生的或者是在教育和训练中获得的。页 452

人力资本（human capital） 是一种无形资本，包括工人通过教育和培训获得的技能及其他知识，并随着时间的推移为厂商提供有价值的服务。页 275

不完全信息（imperfect information） 缺乏关于产品特性、价格等方面的所有信息。页 314

不完全竞争行业（imperfectly competitive industry） 个别厂商对其产品价格有一定控制权的行业。页 324

进口替代（import substitution） 一种工业贸易战略，有利于发展本地工业，用国内生产的产品代替进口。页 545

不可能性定理（impossibility theorem） 由肯尼斯·阿罗证实的主张，即加总个人偏好进行社会决策，且结果公正、不矛盾的投票系统是不存在的。页 494

收入（income） 给定时间内家庭的全部薪水、工资、利润、利息、租金和其他形式的收入的总和。这是一种流量式度量的方式。页 61

需求的收入弹性（income elasticity of demand） 衡量需求量对收入变化的反应程度的一种弹性测度。页 122

规模报酬递增或规模经济（increasing returns to scale or economies of scale） 厂商生产规模扩大可以使单位生产成本降低。页 234

成本递增行业（increasing-cost industry） 表现出外部不经济的行业，即随着行业扩张，平均成本上涨的行业。这种行业的长期供给曲线斜率为正。页 252

无差异曲线（indifference curve） 是由一系列点构成的，每个点都代表商品 X 和商品 Y 的一个组合，所有这些组合带来的总效用都是相同的。页 165

工业革命（Industrial Revolution） 英国在 18 世纪末和 19 世纪初期间，新的制造技术和改善的交通运输引起了现代工厂系统和人口从农村到城市的大规模迁移。页 6

缺乏弹性的需求（inelastic demand） 指对价格变化有一定但不是很大反应的需求。缺乏弹性的需求的数值总是在 0 到 1 之间。页 112

新兴产业（infant industry） 一种可能需要暂时得到保护以免受其他国家现有产业竞争，以发展比较优势的年轻产业。页 528

劣等品（inferior goods） 收入增加时需求趋于下降的商品。页 62

禁令（injunction） 禁止伤害行为继续的法院命令。页 409

投入或要素市场（input or factor markets） 用于生产商品和服务的资源交换的市场。页 55

投入或资源（inputs or resources） 自然或前几代提供的任何可以直接或间接用于满足人类需求的东西。页 30

无形资本（intangible capital） 有助于生产未来商品和服务的非物质资本。页 275

意向性分析（intention to treat） 一种比较根据实验方案最初确定的两组随机样本的方法。页 562

利息（interest） 为使用资本而支付的款项。页 279

利率（interest rate） 以贷款额的百分比表示的利息支付。页 279

投资（investment） 利用资源产生新资本的过程。也指增加公司资本存量的新资本。资本是在给定的时间点上进行衡量的（存量），但是投资是在一段时间内进行衡量的（流量）。投资使得资本存量增加。页 276

等成本线（isocost line） 表示某一总成本可以实现的所有资本和劳动组合的图形。页 195

等产量线（isoquant） 表示可用于生产某一产量的所有资本和劳动组合的图形。页 194

劳动力市场（labor market） 一种投入或要素市场，在这个市场中，家庭为用人单位提供劳动力以获取报酬。页 56

劳动力供给曲线（labor supply curve） 显示不同工资率下劳动力供给数量的曲线，它的形状取决于家庭对工资率变化的反应。页 155

劳动密集型技术（labor-intensive technology） 更多依赖劳动力而非资本的技术。页 179

自由放任经济（laissez-faire economy） 字面意思来自法语：“允许（他们）这样做。”指一种个人和厂商在没有任何政府指导或监管的情况下追求自身利益的经济体制。页 46

土地市场（land market） 一种投入或要素市场，在这个市场中，家庭提供土地或其他不动产以换取租金。页 56

需求定律（law of demand） 价格与需求量之间是负相关关系：其他所有条件相同时，随着价格的上涨，需求量在一定时间内减少；随着价格的下跌，需求量在一定时间内增加，其他一切都保持不变。页 59

边际效用递减规律（law of diminishing marginal utility） 在给定时期内，对任何一种商品消费的数量越多，消费这种商品的每个额外（边际）单位所产生的满足感（效用）就越少。页 144

收益递减规律（law of diminishing returns） 在达到某一特定点之后，随着某种可变投入品不断地加入固定投入，这种可变投入的边际产量下降。页 181

供给定律（law of supply） 商品的价格和供给量之间的正相关关系：在其他所有条件相同的情况下，市场价格的上涨会导致供给量的增加，市场价格的下降会导致供给量的减少。页 70

最小二乘估计（least squares estimates） 最小二乘估计是对应于距离或误差的平方和的最小值的估计。页 571

责任规则（liability rules） 要求 A 向 B 针对 A 对 B 造成的损害进行赔偿的法律。页 410

互投赞成票（logrolling） 国会议员在投票时达成交易以帮助各自的法案通过。页 495

长期（long run） 是指没有固定生产要素的时期，厂商可以扩张或缩小其经营规模。新厂商可以进入该行业，现有的厂商可以退出该行业。页 178

长期平均成本曲线（long-run average cost curve，*LRAC*） 展示了在长期内单位成本如何随产量变化而变化。页 234

长期竞争均衡（long-run competitive equilibrium） *P=SRMC=SRAC=LRAC*，此时利润为零。页 242

长期行业供给曲线（long-run industry supply curve，*LRIS*） 表示随着时间推移和行业扩张，价格和总产量之间关系的图形。页 252

洛伦兹曲线（Lorenz curve） 收入分配中广泛应用的曲线，横轴表示家庭的累计百分比，纵轴表示收入的累计百分比。页 450

宏观经济学（macroeconomics） 经济学的一个分支，研究全国范围内的整体——收入、就业、产出等——的经济行为。页 7

边际成本（marginal cost，*MC*） 多生产 1 单位产品带来的总成本增加量。边际成本反映了可变成本的变化。页 207

边际产量（marginal product） 保持其他投入不变的情况下，每多使用 1 单位的某种特定要素可以得到的额外产出。页 180

劳动力的边际产量（marginal product of labor, MP_L） 一个厂商多雇用 1 单位劳动所增加的额外产出。页 255

边际替代率（marginal rate of substitution） MUx/MUx，一个家庭愿意用商品 *Y* 来代替商品 *X* 的比率。页 165

边际技术替代率（marginal rate of technical substitution） 厂商保持产量不变时用资本代替劳动力的比率。页 195

边际转化率（marginal rate of transformation, *MRT*） 生产可能性边界（ppf）的斜率。页 39

边际收益（marginal revenue, *MR*） 厂商在增加 1 单位产量时获得的额外收益。对一个竞争厂商来说，边际收益就等于多销售 1 单位产品的当前市场价格。页 216

边际收益产品（marginal revenue product, MRP）**或边际产品价值**（value of maginal product, VMP） 其他所有条件相同的条件下，厂商多使用 1 单位投入品所增加的额外收益。页 257

污染的边际社会收益（marginal social benefit of pollution） 额外产生 1 单位污染对社会造成的收益增量。页 406

边际社会成本（marginal social cost, MSC） 生产 1 单位额外商品或服务给社会带来的总成本。*MSC* 等于生产该产品的边际成本与生产过程中被准确测量的边际外部成本之和。页 401

边际税率（marginal tax rate） 每收入 1 美元中所需上缴的部分的比重。页 479

边际效用（marginal utility, MU） 多消费 1 单位的某种商品或服务所获得的额外的满足感。页 144

边际主义（marginalism） 分析决策或决定产生的额外或增量成本或收益的过程。页 4

市场（market） 买卖双方互动和参与交易的场所。页 46

市场需求（market demand） 指在一段时期内，市场上购买某一商品或服务的所有家庭对该商品或服务的需求量的总和。页 68

市场失灵（market failure） 在出现资源配置错误，或者配置无效的时候，就出现了市场失灵。市场失灵会导致资源浪费和价值损失。页 311

市场收入（market income） 计算转移支付和税收之前的工资和资产收入。页 449

市场劳动力供给曲线（market labor supply curve） 某一特定地区劳动者的个体劳动力供给曲线的水平加总。页 258

市场力量（market power） 不完全竞争厂商有在涨价时不会失去所有市场需求的能力。页 324

市场信号（market signaling） 在不确定性中，用来沟通质量的买卖双方的行为。页 438

市场供给（market supply） 由单个产品的所有生产商在每个期间提供的所有产品的总和。页 74

最大最小策略（maximin strategy） 在博弈论中，玩家最大化其最低收益的一种策略。页 367

机制设计（mechanism design） 经济学的一个研究领域，分析合同和交易结构如何能够克服信息不对称问题。页 442

医疗补助和医疗保险（Medicaid and Medicare） 在美国，是一项政府的实物转移项目，提供健康和医疗救助。医疗补助针对低收入人群；医疗保险针对老年人及其家人，以及特定残疾人群体，无收入限制。页 465

微观经济学（microeconomics） 经济学的一个分支，研究个体产业的运作和个体决策单位，即厂商和家庭的行为。页 7

中点公式（midpoint formula） 是一种更精确的计算百分比的方法，使用 P_1 和 P_2 的平均值作为计算价格变化百分比的基数，使用 Q_1 和 Q_2 的平均值作为计算需求量变化百分比的基数。页 114

最小有效规模（minimum efficient scale, MES） 使长期平均成本最小的最小生产规模。页 235

最低工资（minimum wage） 厂商被要求支付给工人的最低工资。为劳动力价格设定的最

低限价。页 468

模型（model） 理论的一种正式表述，它通常是对两个或多个变量之间关系假说的数学表述。页 10

垄断竞争（monopolistic competition） 一种常见的行业（市场）结构，其主要特点是有大量的厂商，没有进入壁垒，以及产品存在差异。页 382

道德风险（moral hazard） 当合同的一方根据合同改变行为，从而导致另一方损失时产生。页 441

沿需求曲线的移动（movement along a demand curve） 由价格变化引起的需求量变化。页 66

沿供给曲线的移动（movement along a supply curve） 供给量的变化是由价格的变化引起的。页 72

纳什均衡（Nash equilibrium） 是指在博弈论中，所有玩家都根据对手行为选择对他们来说最好策略的结果。页 366

自然实验（natural experiment） 基于和干预无关的外源性事件，选择控制组与实验组来测试干预的结果。页 549

自然垄断（natural monopoly） 是指一个行业实现了很大的规模经济，以至于只有一个厂商在提供产品或服务时的成本效益最高。页 334

负相关（negative relationship） 两个变量 *X* 和 *Y* 之间的关系，其中 *X* 的减少与 *Y* 的增加相关，并且 *X* 的增加与 *Y* 的减少相关。页 23

网络外部性（network externalities） 是指产品对消费者的价值随着产品在市场上销售或使用数量的增加而增加。页 337

非排他性（nonexcludable） 公共产品的一个特征是，一旦生产了该产品，就不能排除其他人享受其带来的收益。页 417

消费的非竞争性（nonrival in consumption） 公共产品的一个特征是，一个人享受公共产品的好处不会干扰另一个人对它的消费。页 417

正常品（normal goods） 当收入较高时需求上升，而当收入较低时需求下降的商品。页 61

正常投资收益率（normal rate of return） 恰好使所有者和投资者满意的收益率。对于风险较小的公司来说，其收益率应该几乎与无风险的政府债券利率相同。页 175

规范经济学（normative economics） 经济学的一种方法，分析经济行为的结果，评估其好坏，并可能规定行动方针，也被称为政策经济学。页 10

《北美自由贸易协定》（North American Free Trade Agreement，NAFTA） 由美国、墨西哥和加拿大签署的一项协议，三国同意将整个北美建立为一个自由贸易区。页 522

奥卡姆剃刀原则（Ockham's razor） 一种主张无关细节应该被删减的原则。页 11

官方贫困线（official poverty line） 官方设立的收入水平，旨在区分贫困和非贫困人群。在美国，它被定为美国农业部给出的最低食物预算的 3 倍左右。页 467

寡头垄断（oligopoly） 是一种以少数几家厂商主导为特征的行业（市场）结构形式。产品可以是同质的，也可以是差异化的。页 354

机会成本（opportunity cost） 当我们做选择或决策时，我们放弃的最佳替代决策。页 31

公共产品的最优供给（optimal level of provision for public goods） 当社会愿意为 1 单位公共产品所支付的总额等于生产该公共产品的边际成本时的供给水平。页 421

最佳生产方法（optimal method of production） 在给定的产量水平上使成本最小的生产方法。页 178

最佳生产规模（optimal scale of plant） 使长期平均成本最小的规模。页 238

产出（outputs） 对家庭有价值的商品和服务。页 30

帕累托效率或帕累托最优（Pareto efficiency or Pareto optimality） 是指这样一种情形，即不存在任何一种改进可以在使社会中某些人的情况改善的同时，不使另一些人的境况变糟。页 305

局部均衡分析（partial equilibrium analysis） 分别考虑单个市场、单个家庭和厂商的均衡条件的过程。页 302

专利（patent） 是一种进入壁垒，专利使得

发明者拥有对专利产品或生产工艺的独家使用权。页 336

收益（payoff） 来自一个结果或可能的结果的金额。页 430

完全竞争（perfect competition） 这是一种产业结构，其中有许多厂商，每个厂商相对于该行业规模都很小，并且生产完全相同的产品，没有一家厂商的规模大到足以控制价格的地步。在一个完全竞争的行业里，新的厂商可以自由进入该行业，现有的厂商也可以自由退出该行业。页 136，215

完全知识（perfect knowledge） 假设家庭拥有市场上关于商品的质量和价格的所有知识，厂商拥有关于工资率、资本成本、技术和产品价格的所有知识。页 136

完全价格歧视（perfect price discrimination） 是指厂商可以为每单位产品收取购买者愿意支付的最高价格。页 341

完全替代品（perfect substitutes） 完全相同的产品。页 62

完全弹性需求（perfectly elastic demand） 指需求量在价格稍有上涨时降至零。页 111

完全无弹性需求（perfectly inelastic demand） 指需求量对价格变化根本没有反应。页 111

实物资本或有形资本（physical, or tangible, capital） 用于今后商品和服务的生产的投入品。实物资本的主要类别包括非住宅建筑、耐用设备、住宅建筑和存货。页 274

点弹性（point elasticity） 一种通过计算斜率来度量弹性的衡量标准。页 114

实证经济学（positive economics） 经济学的一种方法，旨在理解行为和系统的运作而不做出决断。它描述了存在的内容以及它的工作原理。页 10

正相关（positive relationship） 两个变量 X 和 Y 之间的关系，其中 X 的减少与 Y 的减少相关，并且 X 的增加与 Y 的增加相关。页 23

后此谬误（post hoc, ergo propter hoc） 字面意思是，“在此之后，因而由此造成”。在思考因果关系时容易犯这类错误：如果 A 事件发生在 B 事件之前，并不一定是 A 事件导致了 B 事件的发生。页 12

偏好图（preference map） 某个消费者的无差异曲线的集合。页 166

折现值（present discounted value, PDV）**或净现值**（net present value, NPV） 未来 t 年后 R 美元的现值是你在当前利率下现在需要支付的金额，以确保从现在起，在未来 t 年后得到 R 美元。它是在 t 年后得到 R 美元的当前市场价值。页 294

最高限价（price ceiling） 卖方为某一商品可能收取的最高价格，通常由政府规定。页 93

价格歧视（price discrimination） 是指对同质产品，向不同的购买群体收取不同的价格，此处的价格差异并不是成本差异造成的。页 341

需求的价格弹性（price elasticity of demand） 需求量变化百分比与价格变化百分比的比率，度量的是需求量对价格变化的反应。页 111

最低限价（price floor） 最低价格，低于这一价格不得交易。页 98

价格领导制（price leadership） 是寡头垄断行业的一种类型，在该行业中有一家厂商占有主导地位并制定价格，其余多家小型厂商追随它的价格策略。页 359

价格配给（price rationing） 当需求量超过供给量时，市场系统向消费者分配商品和服务的过程。页 90

中立原则（principle of neutrality） 其他所有条件相同的情况下，对经济决策保持中立（即不干扰经济决策）的税收要优于干扰经济决策的税收。非中立的税收导致超额负担。页 487

次优理论（principle of second best） 一项扰乱经济决策的税收并不总会导致超额负担。如果干扰在此之前就存在，那么这项税收有可能会提升经济效率。页 489

囚徒困境（prisoners' dilemma） 是一种游戏，在这种游戏中玩家之间被阻止进行合作，并且每个玩家都有一个占优策略，这使得各方的情况都比能够合作时更糟。页 365

生产者剩余（producer surplus） 当前市场价格与厂商生产成本之间的差额。页 102

产品差异化（product differentiation） 厂商用来获得市场力量的策略。通过生产和市场中其他厂商不同的产品来实现。页 383

产品或产出市场（product or output markets） 商品和服务交换的市场。页 55

生产函数（production function）**或者总生产函数**（total product function） 描述投入和产出之间关系的数字或数学表达式，生产函数把总产量表示成投入的函数。页 179

生产可能性边界（production possibility frontier，ppf） 一张显示在有效使用所有社会资源的情况下可以生产的所有商品和服务组合的图形。页 37

生产（production） 将投入要素进行组合、转化并转变为产出的过程。页 174

生产技术（production technology） 投入和产出之间的数量关系。页 179

某种投入品的生产力（productivity of an input） 每单位投入品可以生产的产品数量。页 255

利润（profit） 总收益和总成本之间的差额。页 69，175

累进税（progressive tax） 税负占收入的比例随收入增加而增加的一种税。页 478

财产收入（property income） 从房地产和其他金融资产的所有权中获得的收入。它以利润、利息、股利和租金的形式存在。页 449

比例税（proportional tax） 所有家庭的税负占收入比例都相同的一种税。页 478

保护（protection） 保护经济部门免受外国竞争的政策。页 518

公共产品或社会产品（public goods or social goods） 将利益给予全体社会成员的商品和服务。一般来说，没有人能被排除在享受公共产品所带来好处的范围之外。最典型的例子就是国防。这种产品在消费上是非竞争性的，其带来的利益是不排他的；有时被称为集体产品。页 312

完全垄断（pure monopoly） 该行业中仅有一个厂商，并且不存在与该厂商产品相近的替代品；该行业存在着巨大的进入壁垒，使得其他厂商很难进入该行业中与原有厂商进行竞争。页 324

纯租金（pure rent） 供给固定的生产要素的回报叫作纯租金。页 262

p 值（p-value） 研究的因果间无关系的零假设为真时，由样本数据得到实验结果的可能性。页 568

需求量（quantity demanded） 一个家庭在一定时期内，愿意并且能够在当前市场价格下购买的某种产品的数量。页 57

供给量（quantity supplied） 在一定时间段内，厂商愿意并能够以一定价格出售的某种产品的数量。页 70

排队（queuing） 排队作为分配商品和服务的一种手段，是一种非价格分配机制。页 93

配额（quota） 进口数量的限制。页 519

随机实验（random experiment） 对随机选择的样本进行干预，然后比较实验组和控制组的结果来确定特定干预措施的结果的一种技术。页 549

配给券（ration coupons） 凭票或优惠券使个人有权每月购买一定数量的特定产品。页 94

罗尔斯正义观（Rawlsian justice） 一种分配公平理论，认为从原始状态出现的社会契约将要求一种能最大限度地提高社会中最贫困成员福利的收入分配。页 460

实际收入（real income） 由价格和货币收入决定的、家庭可以实际购买的商品和服务的机会集。页 142

断点回归（regression discontinuity） 通过查看位于阈值或截止值两侧的两个样本，来确定策略或因子的因果效应。页 565

累退税（regressive tax） 税负占收入的比例随收入增加而减少的一种税。页 479

寻租行为（rent-seeking behavior） 是指家庭或厂商为保持其经济利润而采取行动的行为。页 340

风险规避（risk-averse） 在具有相同期望值的情况下，相对于不确定性收益，一个人更偏好于某种确定收益。页 433

风险偏好（risk-loving） 一个人即便在期望值为负的情况下也会接受赌注。页 433

风险中性（risk-neutral） 一个人愿意接受一个期望值为零的公平赌注。页 433

合理性准则（rule of reason） 是指 1911 年美国最高法院制定的一项标准，用以确定在《谢尔曼法案》的条款范围内某一特定行为是非

法的（“不合理的”）还是合法的（“合理的”）。页 345

稀缺性（scare） 有限的。页 4

选择性偏差（selection bias） 当使用的样本不是随机样本时，就会发生选择性偏差。页 558

需求曲线的移动（shift of a demand curve） 需求曲线发生的变化，反映一种商品的需求量和价格之间的新关系。这种变化是原有条件的变化引起的。页 66

供给曲线的移动（shift of a supply curve） 供给曲线发生的变化对应于商品供给量与商品价格之间的新关系。这种变化是原始条件的变化引起的。页 72

短期（short run） 是指以下两个条件成立的时期：厂商具有固定生产规模，在这一期间内没有厂商进入或者退出这个行业。页 177

短期行业供给曲线（short-run industry supply curve） 行业内全部厂商的边际成本曲线（*AVC* 以上部分）的加总。页 232

停止营业点（shutdown point） 平均可变成本曲线的最低点。当价格低于 *AVC* 曲线的最低点时，总收益不足以支付可变成本，厂商将会停止生产并承担数量上等于固定成本的损失。页 232

《斯穆特–霍利关税法》（Smoot-Hawley tariff） 20 世纪 30 年代的美国关税法，制定了美国历史上最高的关税（60%）。它引发了一场国际贸易战，并导致了贸易的下降，其通常被认为是 20 世纪 30 年代全球经济大萧条的原因之一。页 520

社会资本（social capital）**或基础设施**（infrastructure） 为公众提供服务的资本。大多数社会资本以公共设施（道路和桥梁）和公众服务（警察和消防）的形式存在。页 274

社会选择（social choice） 决定社会偏好的问题。通过加总个人偏好来为社会整体做出决策的过程。页 494

社会间接资本（social orerhead capital） 道路、电力和灌溉系统等社会基础设施。页 542

美国社会保障体系（Social Security system） 美国联邦社会保险项目，它包含三项独立项目，分别由养老保险（OASI）、残疾人保险计划（DI）和健康保险（HI）或者说医疗保险等三种独立基金提供资金。页 463

分摊经常费用（spreading overhead） 总固定成本分摊到越来越多的产品数量上的过程。平均固定成本随着产出增加而下降。页 205

稳定（stability） 一种国家产出稳步增长、低通货膨胀和资源充分利用的状况。页 15

统计显著性（statistical significance） 如果计算的 p 值小于某些预定数值（通常为 0.05），则结果具有统计显著性。页 568

替代品（substitutes） 可以彼此替代的商品；当一方的价格上涨时，对另一方的需求就会增加。页 62

供给曲线（supply curve） 用图形说明一家厂商将以不同价格出售多少产品。页 70

供给计划（supply schedule） 显示产品厂商将在不同价格下销售多少产品。页 70

幸存者偏差（survivor bias） 当一个样本中只包含随时间推移而保留下来的观察结果时，该样本便不能代表更广泛的人群，而是存在幸存者偏差。页 558

默契共谋（tacit collusion） 共谋是当厂商间的价格和产量限定协议明确达成时发生的。而当协议达成仅仅是心照不宣，就会形成默契共谋。页 359

关税（tariff） 对进口商品征收的税。页 518

税基（tax base） 征税的标准或价值。页 478

税负归宿（tax incidence） 税负的最终分配。页 481

税率结构（tax rate structure） 所缴税额占税基的百分比，比如收入的 25%。页 478

税收转移（tax shifting） 当家庭改变或作出行动时，避免了部分税收，这个过程就是税收转移。页 481

技术革新（technological change） 引进新的生产方法或新产品，目的是提高现有投入品的生产力或者增加边际产品。页 266

贸易条件（terms of trade） 一个国家用国内产品所能交换到进口产品的比率。页 513

比较优势理论（theory of comparative advantage） 李嘉图的理论认为，专业化和自由交换将使所有交换方受益（实际工资将上

涨），即便是那些可能“绝对”更有效率的生产者。页 32，507

蒂伯特假设（Tiebout hypothesis） 当本地土地 / 住房价格和税收反映消费者偏好时，就会出现公共产品生产的有效组合，正如私人产品市场中发生的一样。页 422

针锋相对策略（tit-for-tat strategy） 是一种重复的博弈策略，参与者对对手的博弈会做出同样的反应。页 369

总成本（total cost） 现金支出和所有生产要素的全部机会成本之和。页 175

总成本（total cost，TC） 总固定成本与总可变成本之和。页 203

总固定成本（total fixed costs，TFC）**或经常费用**（overhead） 不随产出变化而变化的所有成本之和。即使产量为 0 时，它们也依然存在。页 203

总收益（total revenue） 从销售产品中获得的全部收益（$q \times P$）。页 175

总收益（total revenue，TR） 一个厂商销售产品获得的总收益：每单位产品价格乘以厂商决定生产的总产量（$P \times q$）。页 216

总效用（total utility） 产品所带来的全部满足感。页 144

总可变成本（total variable cost，TVC） 短期内随产量水平变化而变化的成本总和。页 205

总可变成本曲线（total variable cost curve）显示总可变成本与厂商产量水平（q）之间关系的曲线。页 206

贸易赤字（trade deficit） 一个国家的进口大于出口。页 506

贸易盈余（trade surplus） 一个国家的出口大于进口。页 506

转移支付（transfer payments） 政府向个人做出的不需个人提供商品或服务作为交换的支付。页 449

失业救济金（unemployment compensation）在美国，是一项州政府转移项目，为项目覆盖的厂商工作一定时间的下岗职工可以在一定时期内领取失业救济金。页 464

单位弹性（unitary elasticity） 指产品需求量变化百分比与价格变化百分比在绝对值上相等的一种需求关系（需求弹性的绝对值为 1）。页 112

功利主义正义（utilitarian justice） 观点是“富人手中的 1 美元不如穷人手中的 1 美元的价值大”，如果收入的边际效用随着收入的增加而下降，那么将收入从富人转移到穷人身上就会增加总效用。页 460

效用（utility） 拥有某种商品所获得的满意度。页 144

效用最大化原则（utility-maximizing rule）所有商品的边际效用与其价格之比都相等。页 147

变量（variable） 一种随着观测点或时间的变化而变化的量度。页 10

可变成本（variable cost） 取决于产量水平的成本。页 203

纵向差异化（vertical differentiation） 一种产品差异，从每个人的角度来看，它使一种产品比竞争产品更好。页 387

贫困的恶性循环（vicious-circle-of-poverty）表示由于贫困国家无法拥有足够的储蓄和投资来积累资本，从而促进它们经济的增长，贫困变成自我永续的。页 539

投票悖论（voting paradox） 对于多数决定理论如何导致矛盾结构的简单证明。通常引用的对此类矛盾的证明，在不可能性定理中有介绍。页 495

财富或净资产（wealth or net worth） 家庭的总资产减去总负债。这是一种存量式度量的方式。页 61

世界贸易组织（World Trade Organization，WTO） 处理国家之间贸易规则的谈判论坛。页 521

索 引

注意：索引页码为英文原版页码，即本书边码。关键术语及其释义的所在页码**加粗**显示。加 n 的页码，指脚注中的信息。

D

J

K

N

Q

R

S

照片致谢

注意：涉及页码为英文原版页码，即本书边码。

第 1 章： 边码 1, heeby/Fotolia; 边码 5, nenadmilosevic/Fotolia; 边码 9, James Woodson/Digital Vision/Getty Images

第 2 章： 边码 22, Richard Drew/AP Images; 边码 25, allesalltag/Alamy; 边码 35, Sharon Oster

第 3 章： 边码 42, Daniil Peshkov/123RF; 边码 50, Nicosan/Alamy; 边码 51, Phovoir/Alamy; 边码 65, Hughes Herve/Hemis/Alamy

第 4 章： 边码 72, RSBPhoto/Alamy; 边码 77, Liz Roll/FEMA; 边码 81, Arvind Garg/Alamy

第 5 章： 边码 89, Cosmin-Constantin Sava/123RF; 边码 102, Monkey Business/Fotolia

第 6 章： 边码 112, Fuse/Getty Images; 边码 121, Charles Stirling（Travel）/Alamy, 边码 125, 06photo/Shutterstock; 边码 127, DR/Fotolia

第 7 章： 边码 141, servickuz/Shutterstock; 边码 150, Hirun Wanthongsri/123RF; 边码 151, Sheri Armstrong/Fotolia

第 8 章： 边码 164, Monkey Business/Fotolia; 边码 172, Everett Collection Inc/Alamy

第 9 章： 边码 185, paf/Fotolia; 边码 193, Aliaksandr Mazurkevich/Alamy; 边码 195, Bildarchiv Pisarek/akg-images/Newscom; 边码 199, Ray Fair

第 10 章： 边码 209, Jordache/Shutterstock; 边码 211, wavebreakmedia/Shutterstock; 边码 211, Blaine Harrington III/Alamy; 边码 217, Teri and Jackie Soares/Shutterstock

第 11 章： 边码 225, Richard Drew/AP Images; 边码 228, Lisa Werner/Alamy; 边码 233, adrian_ilie825/Fotolia

第 12 章： 边码 248, Denys Prykhodov/Fotolia; 边码 252, hanmon/Shutterstock

第 13 章： 边码 263, Rachel Youdelman; 边码 266, Rachel Youdelman; 边码 273, Dmitry Kalinovsky/123RF; 边码 280, left and right, Ray Fair; 边码 282, Ian G Dagnall/Alamy

第 14 章： 边码 288, Carlos Santa Maria/Fotolia; 边码 290, georgejmclittle/Fotolia; 边码 293, Theodor Horydczak/Library of Congress Prints and Photographs Division [LC-H814-T-2184-004]; 边码 296, auremar/Shutterstock; 边码 305, Cathy Yeulet/123RF

第 15 章： 边码 310, JackF/Fotolia; 边码 314, sergantstar/Fotolia; 边码 318, U.S. Coast Guard

第 16 章： 边码 326, Martin Haas/Shutterstock; 边码 329, D. L. Kernodle/Library of Congress Prints and Photographs Division [LC-USF34-001615-ZE]; 边码 337, WavebreakmediaMicro/Fotolia; 边码 339, yuttana590623/Fotolia

第 17 章： 边码 349, Monkey Business Images/Shutterstock; 边码 356, Sam Spiro/Fotolia; 边码 358, Jérôme Rommé/Fotolia; 边码 360, Tatiana Popova/Shutterstock

第 18 章： 边码 364, AMA/Shutterstock; 边码 368, Monkey Business Images/Shutterstock; 边码 3711, Plesea Petre/E+/Getty Images; 边码 373, Title page from ‘Le Pere Goriot’ by Honore de Balzac, published in 1922（colour litho）, Quint（fl.1900）/Musee de la Ville de Paris, Maison de Balzac, Paris, France/Archives Charmet/Bridgeman Art Library

第 19 章： 边码 388, Jenn Huls/Shutterstock

第 20 章： 边码 410, mickyso/Fotolia; 边码 421, John Foxx Collection/Imagestate; 边码 422, 123RF; 边码 427, Timmary/Fotolia

第 21 章： 边码 434, Niu Xiaolei/Xinhua/Alamy; 边码 436, TheFinalMiracle/Fotolia; 边码 442, Zakir Hossain Chowdhury/ZUMA Press, Inc./Alamy; 边码 445, Aleksandar Todorovic/Fotolia

第 22 章： 边码 451, JackF/Fotolia; 边码 456, BlueSkyImages/Fotolia; 边码 457, Sean Pavone/Shutterstock; 边码 459, Tom Wang/Fotolia